U0136928

民初直魯豫盜匪之研究
(1912-1928)
修訂版

吳蕙芳　著

臺灣 學生書局 印行

獻給

記憶中的雙親

摘　要

中國的盜匪問題自古即有，而民初尤盛，曾被外人蔑稱為「盜賊共和」及「世界第一盜匪國家」；然對於此一重要社會現象，涉及多人之社會問題，以往史學界似未予以適當重視，相關研究成果有限，本文即意圖針對此一課題貢獻心力。

由於中國幅員廣大，各區人文地理狀況不一，因此盜匪活動及盜匪本身均各有特色；為便於精確研究，本文的研究空間限於重大盜匪個案頻生的直魯豫地區，研究時間斷限則為軍閥橫行的民初階段。在研究內容上，本文欲探究的課題有三：一是促使盜匪活動產生的時代背景，擬就政治、軍事、經濟、社會四方面加以分析；二是盜匪的內部狀況，包括種類、巢窟、分布、組織、規律、隱語、習性等，藉此了解盜匪團體維持發展之關鍵；三是盜匪的外在影響，除因燒殺、劫掠、綁票等行為造成的破壞外，另就政治外交、社會經濟兩方面說明盜匪活動的影響。在研究資料上，本文主要依據直魯豫三省及其他相關省份共一百六十餘種地方志書，再配合報紙、期刊、檔案、日記、回憶錄等史料以建構出民初盜匪活動實況。

在結論部分，本文提出的說明有三：第一、促使民初直魯豫地區盜匪頻仍的原因，除傳統民性強悍外，民初政治腐敗、軍事動亂及經濟崩潰，再再壓迫著直魯豫地區百姓投入盜匪活動以求生存，特別是軍閥混戰對民初盜匪問題尤有嚴重影響。第二、盜匪團體屬秘密社會性質，往往以形勢隱蔽及易守難攻的巢窟，數股結合且成員各有職司的組織，一定的規律、特別的隱語、多方來源且性能優良的武器，狡詐而靈活的戰術等條件維持團體的存在；其中，武器與戰術兩項，對盜匪團體的生存尤居關鍵地位。值得注意的是，盜匪團體無涉宗教意識，並非利用宗教信仰聚眾起事，此與其他秘密社會的情況有所不同。第三、導致盜匪活動失敗的主因，在其言行不一；盜匪活動標榜的正義目的、崇高理想僅為宣傳口號，不敵其燒殺、劫掠、綁票造成嚴重破壞及損失之實情，故盜匪活動終將面臨失敗命運也是必然的。

Bandits in Hebei, Shandong, and Henan
in the Early Years of the Republic of China
(1912-1928)

Bandit problems have been prevalent in China throughout its history, particularly in the early years of the Republic of China. Therefore, the country has contemptuously been referred to as "Pirate Republic" and "the world's number one bandit country" by people from other countries. However, for this important social phenomenon and a social problem involving many people, the academic circles seem to have not given proper attention to it in the past, and the relevant research results are limited. This paper intends to contribute to this topic.

Because of China's vast territory, its human geographic conditions vary widely from region to region. Therefore, the characteristics of banditry has varied across the regions of China. To focus the scope of this research, this study explored Hebei, Shandong, and Henan, where major cases of banditry occurred frequently in the early years of the Republic of China, at which time warlords were rampant. This study focused on the following three topics: (1) The background of the era that led to frequent banditry, analyzed from the perspectives of politics, military affairs, economics, and social conditions. (2) The internal practices and conditions of the bandits, including their types, hideouts, distribution, organizations, rules, argots, and habits, that are the key to understanding how the bandit groups were maintained and developed. (3) The external impact of banditry, specifically the damage caused by arson and murder, pillaging, and kidnapping as well as the effect of banditry on politics, diplomacy, and social economy. Historical materials of more than 160 regions, including Hebei, Shandong, and Henan, along with newspapers, periodicals, archives, diaries, memories, etc., were examined to describe the facets of the banditry activities in the early years of the Republic of China.

The analysis results are as follows: (1) Banditry was rampant in Hebei, Shandong, and Henan because of the strong traditional traits of the people there. Moreover, political corruption, military turmoil, and economic collapse in the early years of the Republic of China forced these people to engage in banditry to survive. In particular, the conflict between warlords contributed greatly to the severity of the banditry. (2) The bandit groups were secret societies, who hid in hideouts that were concealed and easy to defend but difficult to attack. Each group consisted of several subgroups and established a clear division of labor among its members. Specified rules, unique argots, high-quality weapons that were acquired from different sources, and cunning and flexible tactics helped these bandit groups survive—particularly the weapons and tactics. Unlike other secret societies, these bandit groups were not religious and did not use religion to mobilize rioters. (3) Banditry groups failed because their actions didn't match their words; the just causes and lofty ideals advertised by bandits were typically mere propaganda, which could not mask the severe damage and losses caused by the bandits' crimes. Consequently, the failure of banditry was inevitable.

序

　　民國七十二年，筆者甫入政大歷史研究所，即修習戴玄之教授講授的「中國社會史研究」課程。一年的教誨，使筆者獲益殊深，奠定對社會史研究的興趣；其中，對盜匪問題尤為注意。次年(民國七十三年)，修習李雲漢教授講授的「中國現代史專題研究」課程時，即以「民國十二年孫美瑤臨城劫車事件之研究」為題作為學期報告，希望由個案之研究而深入了解盜匪問題，且不時與戴師請益、研商，得其鼓勵，並願指導筆者，遂決定正式朝此方向努力。

　　從決定論文題目到完成論文，在短短不到兩年(民國七十三年～七十五年)的時間裡，筆者遭遇到不少困難與挫折，幸賴戴師悉心指點，釐清觀念，糾正錯誤，並不時予以鼓勵，才使論文得以順利完成，飲水思源，此恩永銘在心。口試時，李國祁教授與蔣永敬教授亦提供寶貴意見，實為感激。值得一提的是，論文口試通過後，戴師即鼓勵立刻付梓，並代為引薦出版社；惟文稿因故被拖延，直至今年才轉由臺灣學生書局刊行。在此，特別感謝學生書局使文稿得以重見天日。然其間物換星移，變化甚大，筆者喜見的是，幾年內盜匪問題的研究成果日增，顯示此領域已漸為人重視；而難過的是，恩師戴玄之教授不幸於年初病逝。猶記去年見恩師時，其仍殷殷詢問出書之事；如今書已付梓，人卻已去，憶昔情景，怎不令門生悲痛！

　　在歷史的領域裡，筆者雖沈浸數年，然才疏學淺，許多地方尚待努力學習，此一研究成果，仍係未定稿，將其問世，藉以督促自己。惟盼各方高明先進不吝賜教，筆者不勝感激！

吳蕙芳序於臺北拙廬

中華民國七十九年七月七日

民初直魯豫盜匪之研究
(1912-1928)

目　次

緒　論

　　對於從事掠奪行為的人，通常稱之為「盜」、「賊」、「寇」或「匪」，這四個字的意思，據《辭海》解釋：盜是「非其所取而取之」；[1]賊與盜通，若分開來說，則是「強取曰盜，私偷曰賊」；[2]寇是「劫取也」；[3]匪是「賊寇也」。[4]由以上解釋可知「盜」、「賊」、「寇」、「匪」四個字意思差距不大，而本文所以採「盜匪」一詞，是因為「盜」字可涵蓋其他三者之意，而自清嘉慶年間教亂起，對於民間叛亂行為多加上「匪」字，[5]相襲至今，因此本文統一用「盜匪(Bandits)」一詞，然「盜匪」二字並不含任何價值判斷的意義，僅以其行為之特性稱呼。除統一稱呼外，盜匪在各地也有許多地方性名稱，如東北稱「紅鬍子」、「鬍匪」、「馬賊」，[6]四川稱「棒客」，[7]湖南稱「梭標隊」，[8]山西、陝西稱「刀客」，[9]河南稱「趙

1　《辭海》(臺北：臺灣商務印書館，1969.01，大字修訂本，2版)，下冊，頁 2027。

2　《辭海》，下冊，頁 2028、2748。

3　《辭海》，上冊，頁 915。

4　《辭海》，上冊，446。

5　何西亞，《中國盜匪問題之研究》(上海：泰東圖書局，1925.11)，頁 3。

6　Harvey J. Howard, *Ten Weeks with Chinese Bandits*, New York, Dodd, Mead and Company, second printing, 1927, pp.3-4. 趙中孚，〈近代東三省鬍匪問題之探討〉，《中央研究院近代史研究所集刊》，7 期(1978.06)，頁 509。

7　長野朗，《土匪軍隊紅槍會》(東京：支那問題研究所，1931.06.18)，頁 21-22、126。

8　高處寒，〈何鬍子與梭標隊的故事〉，《春秋》，11 卷 3 期(1969.09.01)，頁 35。

9　黃石，〈記關中「刀客」郭堅〉，《藝文誌》，93 期(1973.06.01)，頁 21。

將」、「踢將」，豫西稱「刀客」，河北稱「老攪」，[13]山東稱「老攪」或「老䑏」，[14]這些都是民間對盜匪的習慣性稱呼。

　　盜匪活動中國自古即有，而民初尤甚，曾被蔑稱為「盜賊共和」(Pirate Republic)、[15]「世界第一盜匪國家」(the world's number one bandit country)；[16]據一個觀察家說，當時人們聽到盜匪二字，便會「像老鼠聽到貓來般地跳起來」；[17]又民初報紙上一篇題名〈天禍中國入於危亡時代之現象〉文更指出當時現況乃「大股土匪，小股土匪，南北各省，全有土匪，吾謂中國近世，可稱土匪時代」。[18]對於如此重要的社會現象，涉及多人之社會問題，是值得深究及探討的，而本文即是針對此一課題貢獻心力。

　　由於中國幅員廣闊，各區人文地理狀況不一，因此盜匪活動或盜匪本身都各有特徵，為便於研究，本文的研究空間僅限直魯豫地區；該區盜匪問題的嚴重程度是否居全國之冠，因缺乏比較研究，不得而知，然據方志記載可知，盜匪問題確是當時一個相當普遍而嚴重的社會問題，劫商、擄人對百姓

---

[10] 《(河南)鄢陵縣志》(靳容鏡、晉克昌等修，蘇寶謙纂，1936鉛印本，成文華北458)，卷5，地理志，頁594。

[11] 《(河南)西平縣志》(陳銘鑑纂，李毓藻修，1934刊本，成文華北460)，卷37，故實，頁1078。

[12] 長野朗，《土匪軍隊紅槍會》，頁95。

[13] 《(河北)清河縣志》(張福謙修，趙鼎銘纂，1934鉛印本，成文華北518)，卷9，頁556。

[14] 《(山東)夏津縣志續編》(謝錫文等修，許宗海等纂，1934鉛印本，成文華北35)，卷5，典禮志，頁670。

[15] Jean Chesneaux Francoise Le Barbier, Marie Bergere 著，宋淑章譯，〈從共和到獨裁(1911-1916)〉，《中國現代史論文暨史料選集》(臺中：逢甲大學，1984.09.01)，頁88。

[16] 〈中國大事記〉，《正誼》，1卷3期(1914.03)，頁10；引自 Richard Philip Billingsley, *Bandits in Republican China*, Stanford University press, 1988, p.353.

[17] 《革命週報》，1929.09.01；引自 Richard Philip Billingsley, "Banditry in China, 1911 to 1928, with particular reference to Henan Province," Ph. D. dissertation, Leeds University, 1974, p.276.

[18] 《順天時報》，1914.02.14，5版。

造成極大困擾，如河北《南皮縣志》說：

> 水中之害有鱷魚，山中之害為猛虎，鱷魚猛虎雖害人，未若土匪害人
> 苦，宵行始亦畏人知，入必踰垣出由戶，驚人有術在，一鳴槍則如林
> 彈如雨，三兩為羣魂且飛，況復嘯聚成巨股，搜括遍及小康家，豈但
> 路行劫商賈，財物未能饜貪心，將人攜去等俘虜，稱家有無以為償，
> 券署由原資借取，真乃禍從天上來，朝擁厚資夕貧竇，昔日衛民惟恃
> 官，鴻雁今哀誰安撫，亂離遭喪日以艱，真如小兒失其乳，小民處此
> 將奈何！[19]

《清河縣志》也說，「吁嗟乎，中華民國廿世紀，遍地土匪如蠭起，綁票之
案積如山，劫數茫茫苦閭里」；[20]山東《冠縣志》載：「民國後連年匪患，
遍地萑苻，燒殺劫掠，民無寧日」，[21]《青城縣志》更明白指出當時的情形
是「國幾不國，竟成土匪世界」；[22]河南情形與前二省相較也毫不遜色，
《陝縣志》曰：「民國以來，土匪蜂起，倚山一帶，受害尤巨，人命等諸螻
蟻，良民朝不保夕」，[23]並稱匪亂蠭起實為「地方黑暗時代」；[24]其他相關
資料甚多，無法一一列舉。[25]

---

[19]　《(河北)南皮縣志》(王德乾等修，劉樹鑫等纂，1932 鉛印本，成文華北 144)，卷
　　　11，文獻志 5，頁 1515。

[20]　《(河北)清河縣志》，卷 15，頁 1035。

[21]　《(山東)冠縣志》(〔清〕梁永康等修，趙錫書等纂，1934 補刊本，成文華北 29)，
　　　卷之 1，頁 152。

[22]　《(山東)青城縣志》(楊啟東修，趙梓湘纂，1935 鉛印本，成文華北 17)，頁 402。

[23]　《(河南)陝縣志》(歐陽珍修，韓嘉會等纂，1936 鉛印本，成文華北 114)，卷 17，頁
　　　609。

[24]　《(河南)陝縣志》，卷 1，頁 67。

[25]　其他相關資料可見：《(河北)棗強縣志》(宋兆升監修，張宗載、齊文煥等纂修，1931
　　　鉛印本，成文華北 520)，卷 3，行政，頁 100。《(河北)平谷縣志》(李興焯修，王兆
　　　元纂，1934 鉛印本，成文華北 217)，卷 6 上，文類，頁 521。《(河北)南宮縣志》(黃
　　　容惠重修，賈恩綬纂，1936 刊本，成文華北 519)，卷 22，掌故志，頁 747。《(河北)

　　此外，一些俗諺、歌謠也反映出當時盜匪數量之多與盜匪活動之頻，如河北、河南均有「年年防歉，夜夜防賊」的諺語，[26]河北新河縣俗諺說：

寧晉縣志》(蘇毓琦等修，張雲科纂，1929 石印本，成文華北 203)，卷之 1，序，頁76。《(河北)滄縣志》(張坪等纂，1933 鉛印本，成文華北 143)，卷 6，經制志，頁487；卷12，事實志，頁1708-1709。《(河北)東明縣新志》(任傳藻修，穆祥仲等纂，1933 鉛印本，成文華北 166)，卷之 11，忠義，頁 801。《(河北)清河縣志》，卷2，頁 145。《(河北)邯鄲縣志》(楊肇基補修，李世昌纂，1939 刊本，成文華北 188)，卷10，人物志上，頁 642。《(山東)臨沂縣志》(沈兆禕等修，王景祐等纂，1917 鉛印本，成文華北 23)，卷 11，防衛，頁 1103-1104。《(山東)續修鉅野縣志》(郁濬生纂修，1921 刊本，成文華北31)，卷之 7 下，墓表，頁 667；德望碑，頁 707。《(山東)商河縣志》(石毓嵩、路程誨纂修，1936 鉛印本，成文華北 354)，卷 11，藝文志，頁582-583。《(山東)臨淄縣志》(舒孝先纂修，1920 石印本，學生 88)，頁 391。《(山東)重修泰安縣志》(孟昭章等纂修，1929 鉛印本，學生86)，卷 4，政教志，頁 438。《(山東)館陶縣志》(丁世恭修，劉清如纂，1936 鉛印本，成文華北 357)，政治志，頁 192。《(山東)續修清平縣志》(梁鐘亭等修，張樹梅等纂，1936 鉛印本，成文華北27)，序，頁 55。《(山東)單縣志》(項葆禎等續修，李經野等纂，1929 石印本)，卷23，藝文，頁 14 下。《(山東)朝城縣續志》(劉文禧、吳式基等修，趙昶、賈恩銘等纂，1920 刊本，成文華北49)，卷之 2，頁35 上。《(山東)青城縣志》，頁 535-536。《(河南)通許縣新志》(張士傑修，侯崑禾纂，1934 鉛印本，成文華北 464)，頁 395。《(河南)靈寶縣志》(張椿榮修，張象明等纂，1935 鉛印本，成文華北 477)，卷8，藝文上，頁 461。《(河南)新修閿鄉縣志》(韓嘉會等纂修，1932 鉛印本，成文華北119)，人物，頁 547-548。《(河南)商水縣志》(徐家璘、宋景平等修，楊凌閣纂，1918 刻本，成文華北454)，卷14，麗藻志，頁673-674。《(河南)滑縣志》(王蒲園等纂修，1932 鉛印本，成文華北 113)，卷 20，大事，頁 1648。《(河南)中牟縣志》(蕭德馨修，熊紹龍纂，1936 石印本，成文華北96)，列傳，頁 789。

26　《(河北)新河縣志》(傳振倫纂修，1929 鉛印本，成文華北 171)，風土志，頁 589。《(河北)南皮縣志》，卷 4，風土志下，頁 493。《(河南)鄢陵縣志》，卷 5，地理志，頁 597。《(河南)獲嘉縣志》(鄒方愚等纂修，1935 鉛印本，成文華北 474)，卷9，諺語，頁447。《(河南)續安陽縣志》(方策修，王幼僑纂，1933 鉛印本)，卷 10，社會志，頁10 上。《(河南)封邱縣續志》(姚家望、黃蔭枏等纂修，1937 鉛印本)，卷2，地理志，頁 27 下。《(河南)西華縣續志》(潘龍光等修，張嘉謀等纂，1938 鉛印本，成文華北101)，卷5，民政，頁 302。也有下列幾種說法：
(一)「年年防賤，日日防賊」：見《(河北)三河縣新志》(唐玉書等修，吳寶銘等編輯，1935 鉛印本)，卷之 8，經制志，頁 13 上。

「除不盡的草，拿不敗的賊」，[27]河南西部新安、澠池一帶有「白日不敢出外跑，黑夜不敢聽狗叫，一聽放槍砲，人人膽破了」的歌謠，[28]這些都足以論證直魯豫地區盜匪問題的普遍性與嚴重程度；又直魯豫地區位於黃淮平原上，就地理情勢而言不容分割，且其面積幾占黃淮平原的全部，因此，對於此一地區的研究成果，或可代表黃淮平原上的盜匪情形。

除研究空間上的限制外，研究時間上的斷限是自民國元年(1912)至十七年(1928)；因為，民國以來軍事主義高張，軍人成為國家政治的實際操縱者；袁世凱死後，各地軍人更分裂成數個派系，彼此間為爭權奪利而窮兵黷武，不但造成國家的南北分裂，且陷地方於不斷爭戰中，直到民國十七年北伐完成，全國統一，才大致結束此一混亂局面；對於這段時間加以研究，或可看出盜匪問題與政治混亂、社會不安定的關係。

另需加以說明的是，本文對盜匪的定義是具有燒殺、劫掠、綁票行為者，其中，具有上述行為但被收編為正式軍隊，及性質不同的教匪、會匪等，均不包括在內。[29]

(二)「年年防旱，夜夜防賊」；見《(河南)密縣志》(汪忠修，呂林鐘等纂，1923 鉛印本)，卷 6，風土，頁 4 下。《(河南)偃師縣風土志略》(喬榮筠等撰，1934 鉛印本，成文華北 115)，頁 122。韓貫一，〈中原諺語(二)〉，《中原文獻》，4 卷 1 期(1972.01.01)，頁 39。

(三)「年年防儉，夜夜防賊」；見《(河南)禹縣志》(王琴林等纂修，1931 刊本，成文華北 459)，卷 10，謠俗志，頁 943。《(河南)陽武縣志》(竇經魁等修，耿愔等纂，1936 鉛印本，成文華北 443)，卷 3，禮俗，頁 355。

(四)「天天防火，夜夜防賊」；見苗文齋，〈簡談汝南縣之地理人文(二)〉，《中原文獻》，14 卷 6 期(1982.06.30)，頁 30。

27　《(河北)新河縣志》，風土志，頁 587。

28　何西亞，《中國盜匪問題之研究》，頁 89。

29　直魯豫地區集會結社團體甚多，如八卦教、天門會、大刀會、廟道會(妙道會)、紅槍會、黃紗會(黃沙會)、白纓會(白槍會)、綠纓會(綠槍會)、無極會、白旗會、紅沙會、太極會、黑槍會、在園會(在圓會)等；這些團體成立目的原非打家劫舍，後來變質，行為與盜匪無異，故縣志中呼為「教匪」、「會匪」，實則兩者性質並不相同。以紅槍會為例，成立宗旨本為「防禦盜匪，保衛身家，守望相助」，後發展迅速，勢力日大，份子愈雜，土豪劣紳、地痞流氓紛紛加以利用，遂使紅槍會性質大變。參見戴玄

　　在研究內容上，本文所要探討的問題有三：首先是盜匪的時代背景；任何一個社會現象的產生，必有其孕育環境，民初的多匪情況亦不可免；本文擬就政治、軍事、經濟、社會四方面來說明此一問題。其次是盜匪的內部狀況；盜匪是一種特殊團體，內部的種種情形，如種類、巢窟、分布、組織、規律、隱語、習性，都是需要了解的；由內部情形的探究，或可知其維持發展的關鍵。最後是盜匪的外在影響；盜匪行為不外燒殺、劫掠、綁票，不論何者均屬禍害，影響甚巨；本文除介紹盜匪的破壞行為外，更要就政治外交、社會經濟兩方面，說明盜匪活動造成的影響。配合上述問題，本文的架構，除緒論、結論外，共分六章，分別是：第一章〈盜匪的時代背景〉、第二章〈盜匪的種類、巢窟與分布〉、第三章〈盜匪的組織、規律與隱語〉、第四章〈盜匪的武器、戰術與習性〉、第五章〈盜匪的活動〉、第六章〈盜匪的影響〉。

　　在研究資料方面，有關民國盜匪問題的探討，1925 年何西亞即出版《中國盜匪問題之研究》一書，作者主要根據當時報紙刊載及當事人書信往返等資料，將民國以來盜匪的定義、起源、種類、歷史觀、生活等情形予以介紹，並對當時中國各省的盜匪分布狀況加以調查；此書屬民國盜匪及其活動的編著，最大貢獻是開啟了對盜匪史研究的關注，為日後研究者奠下基礎。1949 年中共建政後，在以「農民革命」為重心的社會史研究風氣下，民國時期的盜匪研究漸開，然主要是個案討論，尤其是對歷時三年(1911-1914)、縱橫五省(豫、鄂、皖、陝、甘)的大股盜匪首領白朗(白狼)之研究最為普遍而深入；偶有文章論及另外一些著名匪首，如劉桂堂、老洋人、孫美瑤(臨城劫車案)等個案。[30]而一海之隔的臺灣學界，由於並不強調群眾運動

之，《紅槍會》(臺北：食貨出版社，1982.05，再版)。

[30] 大陸學界自二十世紀五〇年代即有相關資料及研究成果出現，六〇、七〇年代因文化大革命影響一度中斷，然八〇年代又恢復研究；總計四十年間有關民國時期盜匪研究的相關資料及成果，不論是單篇文章或專著、中文著作或外文譯著，數量不下六十種。參見吳蕙芳，〈大陸學界有關民國盜匪之研究〉，《中華民國史專題論文集(第四屆討論會)》(臺北：國史館，1998.12)。

的社會史研究，[31]故在此一課題上雖有相關材料，卻少有人利用。

　　1950 年代英國學者霍布斯邦(Eric J. Hobsbawm)著《原始的叛亂 (*Primitive Rebels*)》一書，指出包括社會盜匪活動(Social Banditry)、祕密社會活動、農民革命運動、城市民眾暴動及勞工階級活動等，數種發生於工業化以前社會中的原始叛亂模式；書中將社會盜匪活動列為農村社會最原始的、組織化的社會抗議形式。[32]十年後，其又著《盜匪(*Bandits*)》一書，以提綱挈領方式，活潑生動筆法，描述世界各地的盜匪及其活動狀況，並特別強調產生於農村社會、為鄉民認同、以劫富濟貧之高尚行為解救受壓迫民眾的「社會盜匪(Social Bandits)」之原型觀念後，[33]對西方學界之研究民國盜匪史有莫大之影響，其中，最受矚目的是貝思飛(Richard Philip Billingsley)的成果。

　　貝思飛於 1974 年在英國里茲大學(Leeds University)完成博士論文 "Banditry in China, 1911 to 1928, with particular reference to Henan Province"；1988 年，將論文大幅修改後由美國史丹福大學(Stanford University)出版而成《民國時期的盜匪(*Bandits in Republican China*)》一書。與十四年前的博士論文相較，該研究成果在時間及空間範圍上均更為擴大，論述的是民國以後到中共建政以前全中國各省的盜匪活動，書中有關「社會盜匪」的觀念討論雖仍是一大重點，然作者在論述架構及行文布局方面則重新安排；且於資料蒐集甚為用心，全書採用的中、日、西文資料達百種之多，性質涵蓋田野調查、回憶錄、日記、小說、方志、期刊雜誌及報紙等，可謂豐碩。[34]惟作者

[31] 杜正勝，〈中國社會史研究的探索──特以理論、方法與資料、課題論〉，《第三屆史學史國際研討會論文集》(臺中：國立中興大學歷史學系，1991.02)，頁 43-51。

[32] Eric J. Hobsbawm, *Primitive Rebels*：該書中譯本見艾瑞克‧霍布斯邦著，楊德睿譯，《原始的叛亂：十九至二十世紀社會運動的古樸形式》(臺北：麥田出版、城邦文化發行，1999)。

[33] Eric J. Hobsbawm, *Bandits*, London, Richard Clay, The Chancer Press, copyright, 1969, pp.17-20；該書中譯本見霍布斯邦著，鄭明萱譯，《盜匪：從羅賓漢到水滸英雄》(臺北：麥田出版、城邦文化發行，1998)。

[34] 有關筆者對該書較詳細的說明，見吳蕙芳，〈書介書評：*Bandits in Republic China*, by

應用的中文資料，特別是對民國時期的方志及臺灣方面的刊載，相對於其他性質及地區的史料而言似嫌不足；此或導因於作者認為方志之撰寫與刊載屬士紳階層有其既定立場，[35]又作者的研究環境主要在英、日等地亦有其侷限；[36]然研究成果的論點往往立足研究資料的採用及詮釋，故不同來源的史料應可使人們自不同角度檢視課題，並多樣化地呈現實況。有鑑於此，筆者之撰寫本文，即是就現有研究條件，對前人較為忽略的方志資料及臺灣方面的相關刊載大量運用，並跳脫以往主要著眼於全中國或大型個案的研究角度，從區域探究入手，藉以呈現民初直魯豫地區盜匪活動的面貌及其特色。

Phil Billingsley, Stanford University press, Stanford, California, 1988〉，《人文及社會學科教學通訊》，4卷3期(1993.10)，頁200-206。

[35] Philip Billingsley, *Bandits in Republican China*, p.6.

[36] 〔英〕貝思飛著，徐有威等譯，《民國時期的土匪》(上海：上海人民出版社，1992.11)，〈中譯本前言〉，頁1。本書另有其他中譯本見〔美〕菲爾·比林斯利著，王賢知等譯，《民國時期的土匪》(北京：中國青年出版社，1991.06)。

第一章　盜匪的時代背景

第一節　政治背景

民國肇建，地方不安，用人行政，不但無共同標準，且任免自由，濫用私人；[1]加上軍閥混戰，爭奪地盤，一旦占領，即控制地方行政權，派用效忠自己者為縣長，這些縣長既為殘暴虐民的軍閥所信任，本身往往屬貪贓枉法惡劣之徒；如民國元年，張鎮芳控制河南，任用六十多個私人為縣長，其中「堂堂正正，聲名素著者寥寥然，貪利忘義，卑鄙齷齪，吸民膏髓、民膏血者，比比皆是」；[2]民國十七年八月，劉珍年占領山東煙臺，九月任命郭培武為牟平縣縣長，而郭培武實為無賴，並曾入李奎五匪夥。[3]因此，縣長不再是地方百姓父母官，乃軍閥之鷹犬爪牙，專為軍閥籌辦給養，[4]為固其榮寵，不惜犧牲百姓，茲舉河北成安縣為例，《成安縣志》載：

> (民國)十四年馮李之戰，直督李犧牲南四府，撤兵回津，直軍去而豫軍來，豫軍敗而奉軍又至。來往錯拆，如鋸切木，地方愈益不支，愈形糜爛，(邑令)蓬春不顧民艱，悍然立奴隸性質之支應局，委派專員

---

[1] 經世文社編，《民國經世文編》，收入沈雲龍主編，《近代中國史料叢刊》，50 輯 (臺北：文海出版社影印，1970)，內政 4，整飭官方令，頁 2479。

[2] 《時報》，1914.03.30，引自董克昌，〈關於白朗起義的性質〉，《史學月刊》，1960.05，頁 26。

[3] 《(山東)牟平縣志》(宋憲章等修，于清泮等纂，1936 鉛印本，成文華北 58)，卷 6，政治志，頁 915。

[4] 《(河南)重修正陽縣志》(魏松聲等纂，1936 鉛印本，成文華北 123)，卷 2，政治，頁 159。

主管其事，冀飽各軍之欲壑，固其榮寵。今日捉車騾，明日籌糧秣，今日徵夫役，明日派門兵。一切床鋪、麩草、酒食、宴會之資尚不在內，民知斂錢納款，並不知所納者係何款目。警團絡繹於途，到鄉勒索，例費之餘，皆催促曰交款、交款而已，於是民但知縣署為要錢機關，除要錢外，百事不管也。……十五年夏秋之交，遼人宋家駒奉褚玉璞之委，到縣任事。適南北兩軍正在縣境對峙之時，民房為兵住，道路橋樑為兵守，商家停止營業，農戶停止營生，鄉村彼此不能往來，民不堪命，而家駒於陰十月至十二月，徵本年糧銀帶地方款共九萬餘元；預徵十六年糧銀八萬餘元；按畝派購善後公債七萬餘元；按畝派購八釐公債七萬餘元。區區成邑，兩月之間，徵款三十餘萬，而派車派役及支應局支用各款尚未計及。催役則盡法警及行政警察之數尚不足用，加派保衛隊兩百餘人分段勒催，村長因款被押在所者差房為滿，常十倍其息稱貸交款。鄉間催款則左執斗，右執秤，挨戶搜查，有粟有斗，布棉過秤，賤價出售，足其應攤之額而止。若棉粟全無者，逕縣責押，不容分辯。以故民有質莊典地者，有鬻妻賣子者，有自盡以尋非命者，而家駒則記功受獎，為一省最，民恨之入骨。[5]

縣長除巴結軍閥外，其貪污及惡行實不勝枚舉，如民國二年(1913)，馬武金任山東齊東縣知事，對人民用刑殘酷，杖苔動以千數，故邑人號之曰「馬一千」；[6]民國五年(1916)十月，山東臨沂縣知事蕭仁暉侵吞公款而逃；[7]民國六年(1917)，總理段祺瑞南下過境河南信陽縣，人未下車，而縣知事閻鳳岡卻趁機報銷酒席費六百餘元。[8]民國十四年(1925)，李星垣任山東廣饒縣

5 《(河北)成安縣志》(張應麟修，張永和纂，1931 鉛印本，成文華北 199)，卷 15，故事，頁 912-914。

6 《(山東)齊東縣志》(梁中權修，于清泮纂，1935 鉛印本，成文華北 361)，卷 3，政治志，頁 370。

7 《(山東)臨沂縣志》，卷 3，大事記，頁 899。

8 《(河南)重修信陽縣志》(陳善同等纂，1936 鉛印本，成文華北 121)，卷 11，食貨 2，

縣長，時張宗昌據山東，李星垣即挾其勢苛派斂索，民不堪命；[9]民國十七年，奉軍退卻，經山東齊河縣莊，搶掠一空，而縣長宮邦彥藉機攜款潛逃；[10]同年九月，郭培武任山東牟平縣縣長，蒞任以來，藉端苛罰，誣商會副會長楊叔平為劣紳，刑逼三萬五千元，至傾家蕩產。[11]

除壓迫善良百姓，飽其私囊外，縣長對於盜匪事，更採不聞不問態度，隱瞞地方不安情形，放縱盜匪；如民國二年，河南光山縣有盜匪四出掠奪，知事朱蔚然昏庸不敢問，使盜匪肆無忌憚；[12]民國十一年(1922)，膠匪入境山東平度縣大掠，縣長郭占鰲縱不截剿。[13]民國十四年冬，馬文龍股至山東臨朐縣招匪，知事李時亮任其所為，於是「內外頡頏以相和應，邑匪始嘯邊鄙，繼囂內部，蜂屯蟻雜，紛紛麻起」。[14]山東《陽信縣志》云：

> 自民國變法以來，大柄下移，姦宄無忌，富商殷農之戶，每深夜被劫，倒囊罄篋，一不如願相償，則以煤油灌頂，洋火燒胸，稍與之較，機槍斃命，如此情狀，更僕難數，赴城告訴，則再劫倍慘，而官家以為常事，漫無矜憐之心，故十劫九不報，九案一無成，非隔靴撓癢，即掩耳盜鈴，閭閻殺人如麻，而官場中方且呼盧奪采，誇妓鬥戲，安然享太平之福，玩法留弊日甚一日。[15]

頁 524。

9　《(山東)續修廣饒縣志》(王文彬等修，王寅山纂，1935 鉛印本，成文華北 64)，卷 26，雜志，頁 1115。

10　《(山東)齊河縣志》(楊豫等修，閻廷獻等纂，1933 刊本，成文華北 6)，卷首，大事記，頁 73。

11　《(山東)牟平縣志》，卷 6，政治志，頁 915。

12　《(河南)光山縣志約稿》(晏兆平編輯，1936 鉛印本，成文華北 125)，兵志，頁 229。

13　《(山東)續平度縣志》(丁世平等修，尚慶翰等纂，1936 鉛印本，成文華北 61)，卷 4 上，政治志，頁 260-261。

14　《(山東)臨朐續志》(周鈞英修，劉仞千纂，1935鉛印本，成文華北67)，卷19之20，頁 934-935。

15　《(山東)陽信縣志》(朱蘭等修，勞迺宣等纂，1926 鉛印本，成文華北 12)，卷 4，兵事志，頁 194。

河南《重修正陽縣志》載：

> 民國四、五年後，法遞變而莫衷一是，人日新而奏效維艱，甚或不慎
> 汲引，潛釀亂源，卒致盜賊公行，城陷多次，民苦不堪，而政治當
> 局，亦付之無可如何，而多不聞問。[16]

此足以說明縣長不盡剿匪責任，坐視盜匪橫行。

　　縣長亦有巴結盜匪或勾結盜匪者，如民國七年(1918)，山東茌平縣縣長
蕭贊昌在盜匪入據縣城後，猶認賊作父，為之建醮演戲，竭力奉承；[17]民國
十四年，禹三山股攻入河南光山縣境，縣令任熙與之勾結，匪使往來不許民
間攔阻，有民與匪為難者，治以罪，遂使遠近皆畏，送酒犒軍以悅之；[18]民
國十七年，山東范縣縣長倪光端，勾結盜匪攻入縣城，攜款潛逃；[19]山東青
城縣於民國十七年六月二十日遭匪屠城後，匪仍不滿足，時加恫嚇，地方官
束手無策，非贈送匾額，即派人接洽；[20]尤有甚者，乃河北成安縣縣令林蓬
春，《成安縣志》曰：

> 民國九年，大旱飢饉，邑令林蓬春侵沒賑款，不以民命為急，民死者
> 十之三，逃者十之三，為匪者十之三，始有抬肉墩，請財神之案。次
> 年流亡未復，獨沙河村窪地棉花收較豐，蓬春即指為瑞棉。從京津購
> 來女優數人，大演堂戲，藉口為瑞棉慶戲，貲在邑屬各村加額攤派，
> 民重困，為盜益多，擄人掠贖之案，月必數十起，民以匪患不能安

16　《(河南)重修正陽縣志》，卷2，政治，頁155。
17　《(山東)茌平縣志》(牛占城等修，周之禎等纂，1935鉛印本，成文華北26)，卷11，
　　災異志，頁1534-1535。
18　《(河南)光山縣志約稿》，大事記，頁240-241。
19　《(山東)續修范縣縣志》(張振聲等修，余文鳳纂，1935鉛印本，成文華北53)，卷
　　4，職官志，頁316。
20　《(山東)青城縣志》，頁401。

度。……向例民有搶劫案件,令必親驗,必遣警團追躡數里或數十里,回報曰,賊遠逸乃已,徐出拘票標明嚴緝字樣,派差勒限拘捕,藉平事主之氣。蓬春則聞報不驗,又不令警團追躡。駐防軍隊已令既如此,遇有匪警,亦率置不理。惟來要給養,駐責供應,去索開拔費,甚者藉端擾民,民間匪盜非所問也。……搶劫案件既多,始猶派警隔三、五日分頭下鄉勒驗一次,繼而蓬春以為煩,且以詳報或擔考成,不詳報又有匿盜之律,因令幹警轉告事主,謂報案則贖人時多費錢項,且不易託人管說。一面通知匪徒,使掠罷臨行時必揚言曰:「報案要多一千,不報案要八百。」從此民遭搶掠,不復到縣署呈報,遂將數千年仰仗縣署之心轉而之他。蓬春方幸無事,且喜得一意聚斂,邀上峯歡,而不知縣署之責任既推脫,縣署之權限亦因此而減消,民遂不知署為何物。[21]

由上述記載,可知民初地方父母官早將一切責任推脫,不但未能保民育民養民,且勾結盜匪,殘害百姓;甚有開門揖盜,藉匪固位者,如河南《重修正陽縣志》云:

民十年後,盜賊遍地,人命草菅,官法官心,亦隨之墮落無餘,綜覽正陽近況,歷年焚掠民居數十里,屠戮民命千百人,縣官之賢者,間或請兵言剿,會議營救,甚有不聞不問,安之若素者,尤甚有開門揖盜,藉匪固位者,或謂大股桿匪,縣武力薄,不能抗,似已,若地面小匪,或五、七人,或三、二十人,以縣有數百武裝,准可剷除無難,乃竟聽其架票殺人,積年累月,坐令滋蔓,浸至於引踞縣城,與官紳混迹雜處,周旋宴樂,恬不為怪。[22]

---

[21] 《(河北)成安縣志》,卷15,故事,頁910-912。

[22] 《(河南)重修正陽縣志》,卷2,政治,頁171。

善良百姓在官吏壓迫下，遂有種種諷刺的歌謠和諺語，如河北井陘縣歌謠說：「老百姓，真倒楣，連鬧兵災帶鬧匪。殺人放火綁肉票，官府知道不敢追」；[23] 河南安陽縣歌謠云：「安陽縣，地面寬，又生糧食又長棉；吃不盡，穿不完，就是近來不平安；有錢的，怎能歡，也怕混鬼也怕官；地賣盡，房賣乾，心裏時常如刀剸；貧窮人，也心酸，不得平靜不能安；兒被打，女被姦，三間茅房也變錢；縣知事，他不管，玩了麻雀玩妓院；民不睬，匪不剿，惟知往家刮金錢」；[24] 民間諺語有「千里作官，為的吃穿」、[25]「殺人的知縣，滅門的知州」、[26]「紗帽底下無窮漢」、[27]「有官就有私，有私就有弊」、[28]「作官一日強起為民一世」、「六年清知府，十萬雪花銀」、「官久自富」、[29]「要得安，先辦官」、[30]「只許州官放火，不許百姓點燈」、[31]「當官不撒賴，不如在家挨」、[32]「衙門口向南開，有理無錢莫進來」、[33]「一字入公門，九牛曳不出」、[34]「官斷十條路，九條人不

23　《(河北)井陘縣志料》(傅汝鳳等纂修，1934 鉛印本，成文華北 160)，10 編，風土，頁 563。

24　《(河南)續安陽縣志》，卷 10，社會志，頁 6 下。

25　《(河北)無極縣志》(耿之光等修，王重民等纂，1936 鉛印本，成文華北 510)，卷 4，風俗志，頁 140。亦有云：「千里求官為吃穿」，見《(河北)元氏縣志》(李林奎纂修，1931 鉛印本，成文華北 507)，風土，頁 519。

26　《(河北)三河縣新志》，卷之 8，經制志，頁 14 下。

27　《(河北)威縣志》(尚希賢等纂修，1929 鉛印本，成文華北 517)，卷末，頁 1588。《(山東)牟平縣志》，卷 10，文獻志，頁 1654。

28　《(河北)南皮縣志》，卷 4，風土志下，頁 493。

29　《(山東)牟平縣志》，卷 10，文獻志，頁 1654。

30　《(河北)三河縣新志》，卷之 8，經制志，頁 14 下。《(河北)新河縣志》，風土志，頁 589。亦有云：「要得寬，先完官(完官者完糧也)」，見《(河北)晉縣志料》(劉東藩修，王召棠纂，1935 石印本，成文華北 526)，卷上，風土志，頁 128。

31　《(山東)臨清縣志》(徐子尚修，張樹梅等纂，1934 鉛印本，成文華北 33)，禮俗志，頁 642。《(山東)續修清平縣志》，禮俗，頁 571。

32　《(河南)獲嘉縣志》，卷 9，諺語，頁 447。

33　《(河北)晉縣志料》，卷上，風土志，頁 128。也有下列幾種說法：
　　(一)「衙門口朝南開，有理無錢莫進來」，見《(河南)重修信陽縣志》，卷 17，禮俗

知」、[35]「打官司要錢，水裏撈鹽」、[36]「人犯王法身無主，見官三分災」、[37]「屈死不告狀」等。[38]

2，頁724。

(二)「衙門口向南開，有理沒錢莫進來」，見《(河南)偃師縣風土志略》，頁122。

(三)「衙門口朝南開，有理沒錢莫進來」，見韓貫一，〈中原諺語(二)〉，頁3。

(四)「衙門口兒朝南開，有理無理拿錢來」，見《(河北)盧龍縣志》(董天華修，胡應麟纂，1931鉛印本，成文華北145)，卷10，歌謠，頁229。

(五)「衙門口向南開，有理無理拿錢來」，見《(河北)三河縣新志》，卷之8，經制志，頁14下。

(六)「衙門口朝南開，有理無錢休進來」，見《(山東)牟平縣志》，卷10，文獻志，頁1654。

(七)「衙門口朝南開，沒錢難進來」，見《(河北)新河縣志》，風土志，頁589。

(八)「衙門口向南開，沒有錢進不來」，見《(河北)靜海縣志》(白鳳文等重修，高毓浵等纂，1934鉛印本，成文華北140)，申集，頁964。

(九)「衙門口往南開，要打官司必得錢來」，見《(河北)昌黎縣志》(梁埰等修，張鵬翔纂，1933鉛印本，成文華北151)，卷5，風土志，頁450。

34　《(河北)三河縣新志》，卷之8，經制志，頁14下。也有下列幾種說法：

(一)「一字入公門，九牛拔不出」，見《(山東)牟平縣志》，卷10，文獻志，頁1654。《(河南)西華縣續志》，卷5，民政，頁301。

(二)「一字入公門，九牛拉不出」，見《(河南)獲嘉縣志》，卷9，諺語，頁447。《(河南)續安陽縣志》，卷10，社會志，頁10下。《(河南)鄢陵縣志》，卷5，地理志，頁597。

35　《(河南)西華縣續志》，卷5，民政，頁301。《(河南)獲嘉縣志》，卷9，諺語，頁447。也有下列幾種說法：

(一)「官斷十條路」，見《(河北)霸縣新志》(劉延昌等修，劉崇本等纂，1934鉛印本，成文華北134)，卷4，頁272。《(河北)大名縣志》(程廷垣續修，洪家祿等纂，1934鉛印本，成文華北165)，卷22，季節，頁1512。《(河北)新河縣志》，風土志，頁589。

(二)「官斷十條路，腳踏兩支船」，見《(河北)威縣志》，卷末，頁1588。

36　《(河南)封邱縣續志》，卷2，地理志，頁27下。

37　《(河南)密縣志》，卷6，風土，頁4下。

38　《(河北)大名縣志》，卷22，季節，頁1503。《(河北)靜海縣志》，申集，頁964。《(河北)三河縣新志》，卷之8，經制志，頁14下。《(山東)臨清縣志》，禮俗志，頁639。《(山東)牟平縣志》，卷10，文獻志，頁1654。《(山東)續修清平縣志》，

　　善良百姓既不得地方官保護，遭受種種壓迫，又須負擔應盡之納糧義務，而為非作歹之徒，卻為官方包庇巴結，橫行無阻，於是一人振臂奮起，眾人紛紛響應，此乃盜匪大起因素之一。

禮俗，頁 570。《(河南)密縣志》，卷 6，風土，頁 4 下。《(河南)禹縣志》，卷 10，謠俗志，頁 943。《(河南)鄢陵縣志》，卷 5，地理志，頁 597。也有下列幾種說法：
(一)「屈死別告狀」，見《(河北)高邑縣志》(王天傑、宋文華纂修，1933 鉛印本，成文華北 169)，卷 6，風土，頁 220。《(河北)清河縣志》，卷 9，頁 558。《(河北)南皮縣志》，卷 4，風土志下，頁 493。
(二)「屈死莫告狀」，見《(河北)無極縣志》，卷 4，風俗志，頁 140。
(三)「氣死不告狀」，見《(河北)清苑縣志》(金良驥等修，姚壽昌等纂，1934 鉛印本，成文華北 127)，卷 3，風土，頁 317。《(河北)新河縣志》，風土志，頁 589。
(四)「冤殺莫告狀」，見《(山東)齊東縣志》，卷 2，地理志，頁 212。
(五)「屈死休告狀」，見《(河南)獲嘉縣志》，卷 9，諺語，頁 446。《(河南)續安陽縣志》，卷 10，社會志，頁 10 上。《(河南)封邱縣續志》，卷 2，地理志，頁 27 下。

第二節　軍事背景

　　民國成立以來，無歲無地不苦兵禍，[1]作戰區被破壞尤為嚴重，如民國十五年(1926)二月二十三日，直魯聯軍分三路進河北青縣，與國軍激戰二十餘日，火線所履廣六、七十里，袤三、四十里，縱橫踩躪，居民之家私蕩然無存，被焚燬廬舍千有餘間。[2]再以河南安陽縣為例：

> 十六年冬，國民軍馮玉祥部軍長孫連仲、師長魏鳳樓、韓德元等，駐守安陽。十七年春，奉天張作霖退守直隸來反攻，眾數萬，勢頗盛，夏曆二月二十三日，國民軍守韓陵山，奉軍于學忠率眾攻之，激戰五、六日，殺傷甚眾，奉軍軍長戰翼翹率騎兵繞西路，經魚洋、水治等處東進旁抄，國民軍出死力抵禦，相持至三月十二日，奉軍無紀律退，國民軍尾追，是役洹北博愛村、六寺、疊子、武官及沿洹河一帶村莊，庭宅如洗，受害最烈。[3]

河南北部的安陽如此，河南南部的信陽亦不例外，《重修信陽縣志》載：

> 十四年秋，吳佩孚率討逆軍北伐，十二月十三日，孫建業旅部攻佔賢山、龜山、馬鞍山、三里店，寇英傑師部進攻兩河口鐵橋，陝軍蔣士傑部扼守獅河，西自二道河，東至平橋劉家灣，深溝高壘，苦戰旬餘，尸骸遍野，村落為墟。……十五年正月，討逆軍靳雲鵬部復由山東取道隴海路，徑搗開封岳西峯，督辦西遁，邑人官楚者董錫廣謁吳

1　全國商會聯合會，〈築路養兵意見書〉，《東方雜誌》，19 卷 13 號(1922.07.10)，頁125。

2　《(河北)青縣志》(萬震霄等修，高遵章等纂，1931 鉛印本，成文華北 142)，卷之12，故實志，頁 914。

3　《(河南)續安陽縣志》，卷 1，大事記，頁 14 下。

　　請停戰，並函城紳勸蔣就撫皆報可。二月初一日，陝軍開城，繳械寇
　　部撤圍，計守城四十九日，事後檢查，除兩車外城關共死亡七千餘人，
　　其存者皆面目黧瘠氣厭厭，居民皆犁庭掃穴，無門窗、無雞犬箱篋，
　　無一完者，屋墻受槍處密如闐釘，同城親友相見喜極而泣，互驚彼此
　　之尚在人世也。[4]

劫後餘生之災民，雖僥倖保全性命，卻一貧如洗無以維生，十室九空，困苦
益甚；[5]苟全性命者既無法生活，[6]老弱不免轉填溝壑，而少壯遂鋌而走險，
如河北《平山縣志料集》曰：「邇來國事蝸蜷，兵燹迭遭，蓋藏既無，衣食
交迫，漸有鋌而走險者」；[7]《南皮縣志》亦云：「民國紀元兵事糾紛，畿
輔各屬經直皖直奉之戰，盜賊竊發，嘯聚益夥，焚殺擄掠，日有所聞」。[8]
此實因戰爭頻仍，戰火破壞，迫使百姓不得不為匪以求生存。

　　民初戰事不斷，各軍閥為求戰爭勝利，不斷擴充軍隊人數增加兵力，以
河南省為例，民國元年，共有軍隊二萬三千人；[9]到民國四年(1915)底，增至
三萬七千六百人；[10]民國九年(1920)，已有五萬六千五百五十人；[11]民國十
一年，達七萬八千六百五十人；[12]到民國十三年(1924)，更高達二十萬人。
[13]另據文公直《最近三十年中國軍事史》一書記載，民國十四年，河南當地

---

[4]　《(河南)重修信陽縣志》，卷18，兵事1，頁776-777。

[5]　《(河南)陝縣志》，卷1，頁67。

[6]　集成，〈各地農民狀況調查——山東省〉，《東方雜誌》，24 卷 16 號(1927.08.25)，頁
　　136。

[7]　《(河北)平山縣志料集》(金潤璧修，張林、焦遇祥輯，1932鉛印本，成文華北505)，
　　頁61。

[8]　《(河北)南皮縣志》，卷13，故實志中，頁1733。

[9]　*China Year Book*, 1912, p.289.

[10]　*China Year Book*, 1916, p.304.

[11]　*China Year Book*, 1921-1922, p.519.

[12]　*China Year Book*, 1923, p.583.

[13]　何西亞，〈甲子大戰後全國軍隊之調查〉，《東方雜誌》，22 卷 2 號(1925.01.25)，頁
　　44。

駐軍計有：(1)國民二軍十一個師，十八個混成旅，兩個騎兵旅，十二個補充團，六個獨立步兵團，一個獨立騎兵團，三個獨立砲兵團，兵額二十餘萬。(2)毅軍四個混成旅，一個獨立團。(3)建國豫軍共四路，三旅及衛隊、警衛兩司令。(4)國民軍第三軍有兩個師，七個旅，六個混成旅，三個補充旅。另外收編三個旅，四個團。[14]可見民國十四年，河南當地軍隊已超過二十萬人。

山東的軍隊人數亦不遜於河南，民國十三年時，號稱有二十餘萬人；[15]而民國十四年張宗昌督魯，任意擴張軍隊，[16]人數當超過十三年份的數字。此股龐大軍隊，維持起來費用驚人，河南在民國十四年的軍費竟超過十三年份直魯豫三省的總數。[17]由於軍費過大，併中央地方各種捐稅尚不足以供給，於是竭澤而漁，田賦徵借，紙幣充斥，物無鉅細，莫不稅捐數重，人民膏血為之罄盡，[18]而軍閥搜括仍無止盡，假借討赤、公債等名目斂財；如民國十五年，直隸省長褚玉璞與國民軍作戰，號稱「討赤」，以軍費無出，令各縣每地丁銀一兩，附收討赤捐二元三角解用。[19]民國十六年(1927)春，褚玉璞又下令各縣連徵討赤費兩次，發行長短期公債各一次，每次討赤費暨公債之額數均以各縣糧銀額數為準，時河北邯鄲縣每年糧銀共合洋八萬二千五百三十二元有零，而擔負討赤費及公債款共三十三萬零一百二十八元有零，超過田賦的四倍。[20]

張宗昌督魯時亦巧立名目徵收各種苛捐雜稅達五十餘種，名目如下：

---

[14] 文公直，《最近三十年中國軍事史》(臺北：文星書局，1962.06)，上冊，頁184。

[15] 集成，〈各地農民狀況調查——山東省〉，頁136。

[16] 《(山東)茌平縣志》，卷11，災異志，頁1536。

[17] 翰笙，〈中國農民擔負的賦稅〉，《東方雜誌》，25卷19號(1928.10.10)，頁10。

[18] 文公直，《最近三十年中國軍事史》，上冊，頁160。

[19] 《(河北)廣宗縣志》(姜檽榮修，韓敏修等纂，1933鉛印本，成文華北195)，卷7，財政略，頁206。

[20] 《(河北)邯鄲縣志》，卷1，大事記，頁141-142。此外，張宗昌在督魯時期也曾徵收討赤特捐，見《(山東)臨清縣志》，大事記，頁139。〈時事日誌〉，1926.10.12，《東方雜誌》，23卷22號，頁135。

(1)地丁軍事善後一次特捐　　　　(2)漕糧善後一次特捐

(3)地丁討赤一次特捐　　　　　　(4)漕糧討赤捐

(5)地丁軍事特捐　　　　　　　　(6)地丁軍事附捐

(7)漕糧軍事附捐　　　　　　　　(8)李董堵口附捐

(9)賑濟特捐　　　　　　　　　　(10)河工特別附捐

(11)汽車路附捐　　　　　　　　　(12)營房捐

(13)軍事借款　　　　　　　　　　(14)善後公債

(15)煙酒稅費特捐　　　　　　　　(16)公賣買特捐

(17)登記成立掛號費　　　　　　　(18)登記印花

(19)不動產登記費　　　　　　　　(20)紙幣執照捐

(21)紙幣印花　　　　　　　　　　(22)長途電話費

(23)煙種捐　　　　　　　　　　　(24)煙苗罰金

(25)營業牌照　　　　　　　　　　(26)軍鞋捐

(27)第一軍甲子戰役撫恤券　　　　(28)直魯軍討赤撫恤券

(29)驗煙憑照費　　　　　　　　　(30)菸照印花

(31)修張宗昌生祠捐　　　　　　　(32)張宗昌鑄銅像捐

(33)墊柴草費　　　　　　　　　　(34)慰勞將士費

(35)鍋頭捐　　　　　　　　　　　(36)養狗捐

(37)住房捐　　　　　　　　　　　(38)富戶捐

(39)人口捐　　　　　　　　　　　(40)官賣鴉片局

(41)煙燈捐　　　　　　　　　　　(42)小車捐

(43)人力車捐　　　　　　　　　　(44)印花稅

(45)牲畜稅　　　　　　　　　　　(46)落地稅

(47)青菜稅　　　　　　　　　　　(48)官賣大糞的金汁行

(49)娼捐　　　　　　　　　　　　(50)戲捐

(51)雞捐

另外,在借款方面,計有(1)以財政廳名義借款:中國銀行本息五十六萬三千三百餘元,交通銀行本息三十七萬七千餘元。(2)以財政廳名義擔保省銀

行借款：欠中國銀行二十八萬三千餘元，欠交通銀行二十八萬三千餘元。(3)張宗昌勒借中國銀行(是財政廳借款合同)，欠本息六十九萬餘元，欠交通銀行(是督辦公署張宗昌收據)本息二十四萬六千餘元。(4)濟寧借款：本息合計中國銀行四萬二千三百餘元。至於濫發紙幣計有(1)山東省銀行票，(2)軍用票，(3)金庫券，其數不下數千萬，毫無基金，亦毫無實數。[21]據估計，張宗昌自民國十六年六月到山東，至民國十七年四月三十日夜狼狽而逃，三年之內，剝削人民血汗達三萬萬五千萬元；[22]山東人民對張宗昌恨之入骨，遂有種種諷刺民謠，如「張宗昌，坐山東，山東百姓受了坑；不怕雨來不怕風，怕的是兵來一掃清」、「張督辦，坐濟南，也要銀子也要錢；雞納稅來狗納捐，誰要不服就把眼剜」、「也有葱，也有蒜，鍋裏煮的張督辦」、「也有蒜，也有薑，鍋裏煮的張宗昌」；[23]此可說明張宗昌的橫徵暴斂，到達民怨沸騰地步。

　　除本地軍隊由當地居民負擔維持，客軍及外地的軍需補給亦屬當地居民責任；此種補給供應不僅種類繁，且數量多。以河北為例，霸縣於民國十一年直奉戰役時，直軍駐北關一帶，奉軍駐信安，戰於城東經日，奉軍東退至縣境，要縣內供應車馬數達五百輛。[24]青縣於民國十五年二月，有直魯聯軍和國軍大戰，事定雙方的供給費以億計，均由縣民負擔。[25]邯鄲縣於民國十三年冬有國民二軍經過，被迫供給糧秣用款二十餘萬元；民國十五年冬，奉軍經過時，供給麩料柴草及一切雜項，共用款十八萬餘元；民國十六年冬，直魯軍、奉軍相繼過境，供給柴草車輛，用款約一萬餘元。[26]高邑縣於民國十二年(1923)，供給陝軍第一師砲一團二營穀草五萬斤；民國十五年，供給晉軍白麵九千九百二十八斤、饅饅餅三萬九千七百二十七斤、小米四千五百

---

[21]　永樂，〈張宗昌禍魯記(中)〉，《逸經》，6 期(1936.05.20)，頁 46-47。

[22]　《(山東)茌平縣志》，卷 11，災異志，頁 1537。

[23]　匯稿，〈張宗昌禍魯記(下)〉，《逸經》，7 期(1936.06.05)，頁 31。

[24]　《(河北)霸縣新志》，卷 6，頁 728。

[25]　《(河北)青縣志》，卷之 12，故實志，頁 915。

[26]　《(河北)邯鄲縣志》，卷 1，大事記，頁 140-143。

一十六斤、花料一萬七千八百斤、柴炭二萬零八十四斤、穀草五萬零五百斤，晉軍東路監部白麵六千零六十五斤、饃饃一萬斤，聯軍二十七混成旅三套大車四十輛，陸軍第十六混成旅司令部三套大車二十輛，東北陸軍四十六旅司令部三套大車三十輛；民國十六年，供給冀南鎮守使署副官處兩套大車二十輛，冀南鎮守使署獨輪小車二十輛。[27]還有連續數月或數年徵用者，如東明縣的徵收情形是：

> 民國十三年十一月，國民軍第二軍約三千餘人來駐防，共用白麵五千斤、麩子五百斤、葦蓆五百條、麻包五百條、大車二十輛。十二月，國民第三軍約一萬八千人，共提款七千五百元，其司令部用麵三萬七千斤、餘一萬八千斤，其總兵站用紅糧一萬三千五百斤、包穀三千斤、白麵一萬三千斤、大米四百六十斤、鹹菜四千斤、穀草十六萬二千斤、麩子一萬六千斤、黑豆七千斤、菉豆四千斤、餘六萬四千斤、小米一萬四千斤、煤炭二萬八千斤、煤油汽油五百箱、大車六百三十五輛。
> 民國十四年八月，直隸陸軍第三混成旅約六千餘人來駐防，共用小米兩萬五千斤、白麵二萬五千斤、麩子兩千斤、紅糧兩千斤、黑豆兩千斤、穀草一萬六千斤。[28]

總計三個月共徵麵糧二十五萬五千四百六十斤、柴草十七萬八千斤，時東明縣有三萬零九百三十三戶，[29]平均每戶負擔糧麵八斤多，柴草近六斤，其餘雜物、錢財尚不包括在內，而東明縣於民國六年、十年(1921)、十二年，三次遭黃河決口，造成「廬舍物畜，漂沒殆盡」，[30]一般民眾在「糟糠不饜，

27　《(河北)高邑縣志》，卷11，故事，頁413、415。

28　《(河北)東明縣新志》，卷之18，兵事，頁1411-1412。

29　《(河北)東明縣新志》，卷之7，丁戶，頁32。

30　《(河北)東明縣新志》，卷之20，災荒，頁1434。

饔餐不給」情形下，[31]何以能夠擔負得了？

又如景縣的徵收情形是：

民國十四年國民軍第二軍一營二連過景，提洋共三千元，支應洋一千六百八十八元六角；又國民第二軍一團赴武邑過景縣，提洋三千元；又直隸陸軍第三混成旅一營住連鎮，支應洋四百三十元。直隸李景林提小米九十包、穀草五萬八千一百十四斤、秫稭一千六百二十五斤。劈柴二千二百六十斤，又國民第二軍提快槍四十九枝。

民國十五年國民第二軍第六混成旅騎兵第一旅赴武邑過景縣，提洋六千五百元，糧秣四千五百元，支應洋二千七百三十八元九角；又李景林返攻天津住景縣，支應洋三萬一千六百元，四鄉支應洋十六萬五千八百元、麵洋三千五百九十元；又直隸游擊第三路三團一營，提洋四百元；又省方強迫分用直隸流通券，提洋三千一百八十三元八角；又直魯聯軍第二十四混成旅，提洋二千元；又陸軍第十三師司令部騎兵團迫擊砲輜重營營團隊約五師，由河渠一帶經過，支應洋一千七百六十一元七角三分；又陸軍騎兵第七八兩團住連鎮，支應洋四百五十八元。陸軍第一混成旅派人提馬鞍三十二付；又津南游擊總司令部，提小米五十石；又德臨道尹直魯聯軍總司令部，提穀草十萬斤；又住德縣第六軍徐源泉，提穀草二萬七千九百斤。

民國十六年陸軍騎兵第三支隊住留智廟，支應洋五百零九元三角；又督辦直隸軍務善後事宜兼省長褚玉璞提撫卹獎券，洋一千五百六十元；又直魯聯軍四十四團赴德縣過景，支應洋三千一百零二元。駐德兵站善後辦公處，提穀草十五萬斤；又駐德六軍兵戰處函徵煤二十七萬斤、穀草十萬零三千二百斤。

民國十七年直隸陸軍第二十軍第七師赴泊鎮，支應洋二千六百八十九元五角五分；又張褚軍北潰，支應洋二萬四千五百十六元七角八分；

31　《(河北)東明縣新志》，卷之13，生活，頁1332。

又直魯聯軍第二路兵站司令部辦公處，提柴草煤洋三千三百三十七元零七分九厘；又東北陸軍第六旅，提糧秣洋六百十四元零六分；又國民革命軍陸續經過共七十五日，供給支應洋十一萬零七百八十六元四角九分，四鄉支應糧秣車輛頭緒紛繁不可細數；又方指揮振武提洋五千元；又第二集團軍東路總監左路分監部，提糧秣洋二萬四千一百十四元二角四分四厘；又遞騎哨洋二百八十三元一角；又任應歧兵站總監部，提洋一千元。陸軍第三、四方面軍聯合軍團二十軍司令部，函提每日柴草五千斤共十三日；又國民革命軍第二集團軍東路總監部左路分監部，提給養五十萬斤、麩料二十萬斤、穀草一百萬斤、大車二百輛。[32]

總計四年內共徵糧麵七十一萬五千六百二十五斤，柴草一百五十萬六千四百七十四斤，洋四十萬八千一百六十三元六角三分；而據民國二十一年的調查，景縣有四萬八千八百二十七戶，[33]平均每戶負擔糧麵近十五斤，柴草三十多斤，洋八元多。

由上述縣志記載，可知人民負擔沈重；因此有民謠曰：「軍隊無其數，箇箇如狼虎，就地徵糧草，人民吃不住」。[34]河北如此，山東、河南也不例外；山東臨清縣於民國十二年，供應軍隊糧秣及一切雜項共二萬八千餘元；[35]民國十七年，有南北軍過境，過境部隊不下三十萬，縱橫四十餘里，大軍雲集，供給甚多；[36]同年，褚玉璞軍過境，供給及辦公費支洋二萬三千四百餘元。[37]臨沂縣於民國十五年潰軍過境，用洋三萬一千四百一十元；蘇軍用

---

32 《(河北)景縣志》(耿兆棟監修，張汝漪總纂，1932 鉛印本，成文華北 500)，卷 14，史事，頁 2035-2042。

33 《(河北)景縣志》，卷 3，戶口，頁 539。

34 《(河北)井陘縣志料》，10 編，風土，頁 563。

35 《(山東)臨清縣志》，大事記，頁 137。

36 《(山東)臨清縣志》，防衛志，頁 656。

37 《(山東)臨清縣志》，大事記，頁 143。

洋十四萬零四百九十一元。[38]東平縣於民國十七年春，國民第二軍指揮孫良誠率部北伐過境，該部副官長劉龍震駐縣練兵；秋，梁師長冠英、吉師長鴻昌各率部過境，本年地方供給共計費洋八、九萬元。[39]霑化縣於民國十七年，因過境及駐防各軍就地籌餉，由地方供給軍費共七萬零八百六十元。[40]臨朐縣於民國十七年，駐安邱南軍謝文炳索款四千元而去。[41]河南信陽縣於民國七年夏，奉軍張敍五過境，供應尤侈；民國十一年直奉之役，該省宏威軍及南陽鎮守使李治雲部隊次第調至，所需糧秣外，兼索鴉片及牀舖被褥；民國十三年秋直奉再戰，縣內支應局費至七、八萬元；[42]冬，吳佩孚敗至縣境住十餘日，支應各費並前後軍事派款不下二十萬；十二月，陝軍鄧寶山、張得樞、劉鵬及建國豫軍等部移駐信陽城關，兵額約三萬，糧秣柴炭悉數取給地方，公款局支應日需數千元。[43]民國十七年，信陽、確山等縣因靳雲鵬、魏益三大軍屯駐五月，民食被徵殆盡。[44]滎陽縣於民國九年六月，因第三師為備西北軍計，於縣城須水鎮各駐軍一團旅部，支應供給統計費六千餘緡。[45]長葛縣於民國十四年春，因豫督胡景翼與洛西憨玉琨戰，大軍雲集，日供糧草器具，月餘約費洋三萬元；民國十四年秋，吳佩孚部屬聯絡南方，與奉軍又戰，徵款約洋五、六萬元、麩料十四萬六千斤、柴草四十九萬斤。[46]閡鄉縣於民國十二年夏，二十師七十八團和機關槍砲兵營由陝移閡，糧秣

---

[38]　《(山東)臨沂縣志》，卷3，大事記，頁903。

[39]　《(山東)東平縣志》(張志熙等修，劉靖宇纂，1936鉛印本，成文華北46)，卷16，大事，頁971。

[40]　《(山東)霑化縣志》(梁建章修，于清泮纂，1935石印本，成文華北360)，卷5，教育志，頁791。

[41]　《(山東)臨朐續志》，卷1之2，頁48。

[42]　《(河南)重修信陽縣志》，卷11，食貨2，頁524。

[43]　《(河南)重修信陽縣志》，卷18，兵事1，頁775-776。

[44]　〈時事日誌〉，1927.03.06，《東方雜誌》，24卷9號，頁90。

[45]　《(河南)續滎陽縣志》(盧以洽修，張沂纂，1924石印本，成文華北105)，卷11，雜記附錄，頁635。

[46]　《(河南)長葛縣志》(劉盼遂纂，張鴻疇修，1930鉛印本，成文華北467)，卷3，頁120。

全取於地方，月需一萬五千餘元；[47]民國十五年十月，劉軍、馮軍全駐縣境，糧秫由地方供給，分支兩部，大軍毫無限制，是歲地丁每石派至四十五元有奇。[48]禹縣於民國九年六月，直軍旅長閻相文率兵過境，住禹二旬，供糧芻九千元有奇，及去復索二萬元；[49]民國十三年九月，曹士英從吳佩孚北伐，責禹縣供餉，而曹士英駐禹未三年，供餉已逾百萬；同年十月，某帥遣委徵餉二十五萬圓；[50]民國十四年三月二十八日，毅軍第二混成旅旅長劉正芳率兵過境，索民車五百輛。[51]其他相關資料甚多，茲不多述。[52]

　　軍隊徵糧草外，還徵召力役，亦即拉夫。拉夫目的為運送彈藥補給，當

---

[47]　《(河南)新修閺鄉縣志》，通紀，頁 82、180。

[48]　《(河南)新修閺鄉縣志》，通紀，頁 85。

[49]　《(河南)禹縣志》，卷 2，大事記，頁 244。

[50]　《(河南)禹縣志》，卷 2，大事記，頁 254。

[51]　《(河南)禹縣志》，卷 2，大事記，頁 257。

[52]　其他相關資料見：《(河北)平山縣志料集》，頁 181-183。《(河北)定縣志》(呂復等重修，賈恩紱等纂，1934 刊本，成文華北 204)，卷 17，志餘，頁 968。《(河北)順義縣志》(李芳等修，楊得馨等纂，1933 鉛印本，成文華北 138)，卷 16，雜事記，頁 962。《(河北)望都縣志》(王德乾修，崔蓮峯纂，1934 鉛印本，成文華北 158)，卷 11，雜志，頁 639-640。《(河北)廣宗縣志》，卷 1，大事記，頁 61。《(山東)荏平縣志》，卷 11，災異志，頁 1535-1536。《(山東)德縣志》(李樹德修，董瑤林纂，1935 鉛印本，成文華北 37)，卷 2，輿地志，頁 40；卷 6，政治志，頁 123。《(山東)臨沂縣志》，卷 3，大事記，頁 900、907、909。《(山東)續修博山縣志》(王蔭桂等修，張新曾等纂，1937 鉛印本，成文華北 14)，卷 1，大事記，頁 114-115。《(山東)民國東阿縣志》(周竹生修，靳維熙纂，1934 鉛印本，成文華北 363)，卷之 11，政教 7，頁 247。《(山東)東平縣志》，卷 5，風土，頁 226。《(山東)陵縣續志》(苗恩波修，劉蔭岐等纂，1936 鉛印本，成文華北 51)，卷 4，24 編，官師傳，頁 414-415。《(山東)臨清縣志》，防衛志，頁 655-656。《(山東)臨朐續志》，卷 19 之 20，頁 937。《(河南)靈寶縣志》，卷 10，外紀，頁 724。《(河南)重修正陽縣志》，卷 2，財務，頁 225-226。《(河南)鄢陵縣志》，卷 1，大事記，頁 108-110；卷 14，宦蹟志，頁 1028。《(河南)淮陽縣志》(鄭康侯修，朱撰卿纂，1934 鉛印本，成文華北 470)，卷 8，大事記，頁 954。《(河南)禹縣志》，卷 2，大事記，頁 259。《(河南)鞏縣志》(劉蓮青、張仲友等纂修，1937 刊本，成文華北 116)，卷 5，大事紀，頁 358。《(河南)陝縣志》，卷 1，頁 61-64、66-67。《(河南)長葛縣志》，卷 3，頁 119。

戰事緊急，即將軍箱四壁撤除，載以柴草，逼令車伕牲口衝鋒前進，試探地雷，或燃燒車上柴草，衝擾敵方陣地。[53]因此，夫役多被用作試探地雷和破壞敵人及其他防禦工事的一種工具；也有拉夫挖濠或做其他工作者，如民國十五年馮奉作戰，國民軍退守南口，當在河北順義縣城時，即設立兵站，拉夫挖濠。[54]同年，青縣有直魯聯軍至，徵召男子供輸送，女子任爨炊。[55]被拉夫者，不但田事荒廢，在軍隊中飽受折磨，且離鄉背井，生死難知，河北歌謠曰：「老百姓，真正苦，出錢出驢又當夫。抬傷兵，送給養，說個不去就挨棒」。[56]「當兵好，當兵好，當兵穿得大皮襖，早起吃的大米飯，晌午吃的洋白麵，吃的沒來百姓攤；老百姓，真可憐，年年月月把兵差，忽然兩家又開仗，抓夫挑壕還是咱，這些勞苦咱不怕，就怕到前敵堵炮眼」。[57]河南歌謠云：「老鄉見老鄉，兩眼淚汪汪，你是榾子隊，我夯的是竹竿，咱兩怎能回故鄉」，[58]這些均足以形容百姓被拉夫之痛苦。

　　軍隊借口軍需，強迫百姓提供錢糧力役，固然使人民不勝負荷，無法忍受，尤有甚者，乃軍隊公開之不法行為，包括燒殺、劫掠、綁票等。如民國十一年三月十六日，河南中牟縣直軍進城，大肆搶掠。[59]八月二十日，趙倜部眾三千人攻克商邱，全城被劫。[60]民國十三年十二月十日，有兵一團至孟縣，住宿縣署公款局，財物搶掠一空，東西街商號亦有損失，臨行還將縣知事陸爾爽、武裝警察隊長何啟堂帶至崇義鎮，勒令士紳偽稱軍士在孟縣毫無騷擾，切結始行釋放。[61]民國十四年一月一日，陝軍旅長蔣某入禹縣，焚殺

53　〈直系軍閥馬蹄下的山東人民〉，《響導週報》，88 期；引自戴玄之，《紅槍會》，頁 25。

54　《(河北)順義縣志》，卷 16，雜事記，頁 962。

55　《(河北)青縣志》，卷之 12，故實志，頁 914。

56　《(河北)井陘縣志料》，10 編，風土，頁 563。

57　《(河北)平山縣志料集》，頁 102。

58　《(河南)重修信陽縣志》，卷 17，禮俗 2，頁 723。

59　《(河南)中牟縣志》，卷 1，天時，頁 48。

60　〈時事日誌〉，1922.08.20，《東方雜誌》，19 卷 18 號，頁 142。

61　《(河南)孟縣志》(阮藩濟等修，宋立梧等纂，1932 刊本，成文華北 445)，卷 4，大事

三晝夜，繁市半為灰燼，死五千餘人，掠五日始止。十二日，曹士英軍又至，城內車馬財貨如箆如洗。[62]同年秋，有自稱國民三軍營長續寶峰駐紮河北平山縣城內，每日派兵下鄉，名為招兵搜槍械，見有富戶，則至家中翻箱倒筴，搜查銀錢，稍不如意即帶至城中百般拷打。[63]民國十五年一月五日，奉軍入河南，經安陽縣北辛集，東蘇度、博愛村一帶村莊，焚燒房屋，強搶衣物牲畜，人民損失甚鉅。[64]一月二十九日，國民第二軍旅長康振邦駐防河南陝縣城，派軍一團往屠溫塘，後防駐紮新店石橋鎮搜括無遺，兵至溫塘，逢人便殺，焚燒房屋二百餘間，計擊斃村民老幼三十餘人。[65]二月二十六日，河南鞏縣寇家灣、益家窩等村方鬧元宵，某軍一哨突至，掠奪戲劇服飾，及芝田警察分所槍械、電話、鐘錶、細軟服物飽颺而去。[66]三月三日，一個美國人投書至上海《密勒氏評論報》說：「你若站在北京城門口，可以常見駐防軍人除向農民取捐收稅外，還隨意拿些果品、茶蔬或肉類，然後方許農人挑擔入城」。[67]三月十三日，鎮嵩軍數路入河南陝縣城，俘擄甚多。[68]同年馮奉軍作戰，有軍駐河北順義縣馬頭莊、董各莊、沙峪、古城等村，拉牲畜、搶糧秣、占民房、賣用具、掘炕地、搜索銀錢，強令民眾供給美食，民多避居遷徙，田園荒廢，城鎮商號停閉買賣五、六個月，時有學軍歌曰：「打粳米，罵白麵，不打不罵小米飯」，[69]可見人民之憤。民國十六年奉軍至河南孟縣，強宿民房。[70]孫傳芳軍隊過境山東臨朐縣，東南鄉大被擾

記，頁 444。

62　《(河南)禹縣志》，卷 2，大事記，頁 255-256。

63　《(河北)平山縣志料集》，頁 182。

64　《(河南)續安陽縣志》，卷 1，大事記，頁 13 下。

65　《(河南)陝縣志》，卷 1，頁 65-66。

66　《(河南)鞏縣志》，卷 5，大事紀，頁 359。

67　翰笙，〈中國農民擔負的賦稅〉，頁 28。

68　《(河南)陝縣志》，卷 1，頁 66。

69　《(河北)順義縣志》，卷 16，雜事記，頁 962-963。

70　《(河南)孟縣志》，卷 4，大事記，頁 446。

掠。[71]東北第八軍駐防河南正陽縣，派員到淮河江家埠造架木橋，勒伐民樹，不給價，強拉工匠，甚至有銂死江麻，威逼人死等事。[72]民國十七年十一月二十二日，駐山東臨沂縣劉福隆旅開拔，索開拔費四千圓，並殺未贖之幼女七人，男二人。[73]

此外，軍隊甚有假借盜匪名義四處騷擾，或以剿匪之名行搶劫之實；如民國十四年底，榮臻、徐源泉等軍隊入駐河北景縣城內外，將民宅住滿，預備過年之物皆被搜括一空，居民反無地容身，無物可食；軍隊復以不厭其求，假充盜匪，出城擄掠，趙、柏等村受害甚巨。[74]再如民初盜匪白朗竄擾各地，[75]追剿之官兵每至一處，則「強取硬索，猶覺不足，常至焚其房屋，

---

71 《(山東)臨朐續志》，卷1之2，頁46。
72 《(河南)重修正陽縣志》，卷3，大事記，頁378。
73 《(山東)臨沂縣志》，卷3，大事記，頁912。
74 《(河北)景縣志》，史事，頁2036-2037。
75 白朗，河南巨匪，綽號白狼，有關其背景說法甚多，列舉如下：
　(一)名白朗，字永丞，一字西台，世為豫東望族，曾為陸軍學生，畢業考試列四，同學稱為白老四，初隨吳祿貞部下為弁目，吳被害後，矢志報仇。見《順天時報》，1914.02.15，5版。
　(二)姓白名朗，清末曾在第六鎮吳祿貞手下充當參謀，吳被暗殺後，他和「中州大俠」王天縱同在嵩山為匪。見陶菊隱，《北洋軍閥統治時期史話》，冊2(北京：生活讀書新知三聯書店，1957)，頁38。
　(三)原名永成，後改名閣，字朗齋，清光緒三年(1877)歲次丁丑生，故小字丑子；河南寶豐縣西大營鎮東南十八里大柳莊人，出身農家，幼讀詩書，喜閱水滸精忠等傳；初為縣衙小吏，以倡言反清，易名七命北逃，投入清軍第六鎮，升為管帶，受吳祿貞賞賜；武昌起義，促吳響應，後吳被害，憤然返里，糾集黨徒，據魯山響應革命。見王天從，〈白狼其人其事〉，《春秋》，11卷3期(1969.09.01)，頁42。王天從，〈民初匪禍話「白狼」(一)〉，《中原文獻》，10卷2期(1978.02.25)，頁30。《順天時報》，1914.02.19，9版。
　(四)名白朗，字明心，乳名六兒，河南寶豐縣大劉莊人，漢族，1873年生，曾入塾，不久輟學，識字不多；1908年受誣入獄；出獄後，扛過官鹽，冶過鐵，結交豪傑，名動鄉里，在1911年起義。見開封師院歷史系，河南歷史研究所白朗起義調查組，〈白朗起義調查簡記〉，《史學月刊》，1960.02，頁20。
　(五)名白朗，河南寶豐人，生於沒落地主家庭，曾在河南陸軍小學堂學習。見野沢

被掠一空」；[76]且「到處搜山，婦女被害尤苦」，[77]故時有諺語云：「狼是

豐，〈白朗〉，《アジア歷史事典》，冊 7(東京：平凡社，1974.01，初版 10
刷)，頁 360。

(六)生於魯山，曾充防營下士，以犯律潛逃，歸鄉不務正業，糾眾打劫，甘為戎首。
見王仲霖，〈麻黃支隊防匪記〉，收入杜春和編，《白朗起義》(北京：中國社
會科學出版社，1980.07)，頁 277。

(七)回人，原名朗，世人訛傳為白狼，曾習軍事學，充第六師(鎮)參謀，因吳祿貞遇
害，流為匪；與王天縱在河南，白素輕王，民國肇建，王受撫而身膺上賞，白心
不悅，後因北京政府施詐，殺受撫的白狼部下，白憤而四處殺掠。見佚名，〈白
狼猖獗記〉，收入杜春和編，《白朗起義》，頁 352。

(八)河南寶豐縣人，名閻齋，曾為陸軍學生，宣統二年(1911)入吳祿貞營，受營長
職；吳被刺後，為報復號召黨羽，擬揭竿獨立，後因南北統一，所謀未遂，乃結
交綠林豪客，將步王天縱後塵，接受招撫，因張鎮芳朘削，河南盜賊蜂起，白狼
也起而作亂。見慕壽祺，〈甘青寧史略〉，收入杜春和編，《白朗起義》，頁
339。

(九)河南寶豐人，姓白名朗，有時叫白狼宣，化名齊天化，曾為縣廳小吏；段祺瑞稱
白狼為袁世凱在魯撫任內的下級軍官。見趙介民，〈雜談河南狼禍〉，《中原文
獻》，9 卷 10 期(1977.10.25)，頁 24。臺灣中華書局編輯部編，《袁世凱竊國記》
(臺北：臺灣中華書局，1967.03，臺 2 版)，頁 177。

(十)河南寶豐人，白姓朗名，初為兵，因事削籍為匪。見《(河南)重修信陽縣志》，
卷 18，兵事 1，頁 771。

(十一)名白浪安，時人因其行速，目之為狼。見《(甘肅)華亭縣志》(鄭震谷等修，辛
邦隆總纂，1933 石印本，成文華北 554)，卷 3，7 編，大事記，頁 322。

此外，有說他是河南汝陽人；或姓白，名永丞；或姓白名琅；或姓馮、姓李、姓蕭；
或說他曾在鄭州為小官，或曾在謝寶勝戎前當戈什；日本報紙說白朗在十八歲時充河
南巡防營兵士，雖目不識丁然膽壯，後私自逃脫，成為江湖會頭目之一。見呂咨予，
〈白狼擾戮記〉附〈狼禍述聞〉，收入杜春和編，《白朗起義》，頁 320-321。據林建
發，〈白狼軍性質分析〉，《食貨月刊復刊》，15 卷 9、10 期合刊本(1986.04.01)，頁
87，認為上述說法以(四)較為可信，且其以為白朗是河南寶豐縣大劉莊人，漢族，生
於 1870 年代中期一個沒落地主家庭，可能入過伍，但與吳祿貞、王天縱沒有任何關
係。

[76] 《大自由報》，1914.01.23，引自董克昌，〈關於白朗起義軍的性質〉，頁 26。
[77] 熊賓，〈商城失陷記〉，收入杜春和編，《白朗起義》，頁 305。

梳，官兵是篦」。[78]民國十五年，山東臨朐縣有鄧團假名剿匪搶掠辛寨一空。[79]軍隊甚至有誣民為匪實例，如民國七年三月二十八日，山東東平縣有盜匪來襲，擄去居民八十餘人，損失財物不下十餘萬，事後駐軍何鋒鈺旅長派隊到縣，反將良民李金山、劉長麟、滿寶棟、劉學漢、臧慶五、臧衍庚、解兆仁、池泮富及王某等十一人逮去，誣之為匪，盡戮於汶。[80]

更嚴重者，乃軍隊與盜匪勾結，如民初白朗之亂，匪眾買通魯山駐軍，使不採任何行動，而與匪立於同一陣線，因此魯山軍隊有諢號曰「娘子軍」，以其實無剿匪行為。[81]民國二年九月，白朗侵襲湖北襄陽，事先亦向駐城軍隊賄賂，於是守軍不與盜匪發生正面衝突。[82]民國十年，河南汝南縣某駐軍與匪潛通，故意縱匪擾民。[83]民國十一年八月二十九日，馮玉祥呈報趙倜、趙傑軍隊勾結豫東盜匪。[84]民國十五年二月二十一日，臨時執政令指出：吳佩孚盤踞鄂疆，勾結盜匪，騷擾陝豫之地。[85]同年十月，河南陳留被盜匪侵掠，雖當時在十五里外的開封有駐軍，但軍隊直至次日早晨才來，且停在半路，盜匪則留至下午一點始離去，而軍隊在匪走後兩小時才到達被劫掠一空的城市，據盜匪告訴一個被俘的傳教士說，他們送了大筆賄賂給軍隊長官。[86]由於軍匪勾結，即使兵剿匪也是裝模作樣，不發生任何實際效用，因此有歌謠說：「兵剿匪，瞎胡鬧，圍莊村，放空炮；百姓哭，土匪笑，土匪來了嚇一跳，土匪走了不知道，那箇敢睡安生覺」。[87]

78　臺灣中華書局編輯部編，《袁世凱竊國記》，頁 181。

79　《(山東)臨朐續志》，卷 1 之 2，頁 45；卷 12 之 14，頁 663。

80　《(山東)東平縣志》，卷 16，大事，頁 985-988；卷 12，列女，頁 755-756。

81　《順天時報》，1912.07.04，4 版。

82　*North China Herald*, Nov. 8, 1913, p.411.

83　《(河南)重修汝南縣志》(陳伯嘉修，李成均等纂，1938 石印本，成文華北 453)，卷 17，人物下，頁 1011。

84　〈時事日誌〉，1922.08.29，《東方雜誌》，19 卷 18 號，頁 144。

85　〈時事日誌〉，1926.02.21，《東方雜誌》，23 卷 7 號，頁 151。

86　*North China Herald*, Feb. 12, 1927, p.257.

87　《(山東)臨清縣志》，禮俗志，頁 628。

軍隊的徵糧拉夫，乃至燒殺、劫掠、綁票行為，在在使民不堪其擾，痛苦萬分，民間普遍流行「好鐵不碾釘，好人不當兵」的觀念，[88]又流行種種諷刺歌謠，如「忽聽炮火響連天，吓是我提心吊著膽，最可怕的夜，敲門戶又來搶銀錢，一時不湊手，性命還要遭危險」、「民國過了十四年，國民三軍到平山，人數雖有三、四百，個個赤手攢空拳；先搶巡警局，後搶保衛團，有了快槍逞威嚴，供著吃供著穿，閒著沒事到四鄉穿，明著來收槍，其實找洋錢，鬧的全縣不安然」、[89]「中華民國十七年，大兵來到井陘縣，看見誰家房舍好，進去就是胡拾翻；東家要雞蛋，西家要油鹽，也要鋪蓋，也要洋錢，門板棚戰濠，糧食墊馬圈，梁檁木料，都燒了個完」、「聽說東西軍，嚇掉婦女的魂，本是青春年少女，打扮成個老婦人，前邊短髮向後貼，罩上一塊破手巾」、「天不怕，地不怕，就怕飛機拉巴巴」、[90]「沒有盒子炮，不敢瞎胡鬧；沒有機關槍，不敢打飢荒」、「天不怕，地不怕，但怕飛機把蛋下」、[91]「天不怕，地不怕，就怕當兵的下鄉罵；罵狗狗不咬，罵雞雞不叫，逼得活人潑死鬧」、[92]「民間業，不自主，丘八來，妨害衣食住；既劫糧，復伐樹，蚩蚩者氓不敢言，而敢怒，莫如何，羣側目」、[93]「當兵好，當兵好，當兵能穿對門襖，腰裏跨著盒的炮(盒子炮)，手裏拿著指揮刀，打勝仗，殺同胞，名利兩得回家了」。[94]此種受壓迫環境下，小民百姓不僅在物質上被搜括的無以為生，精神上亦飽受折磨，為求生存及反抗迫害，自然會鋌而走險變成盜匪。

---

[88] 《(河北)昌黎縣志》，卷5，風土志，頁450；也有下列幾種說法：

　　(一)「好漢不當兵，好鐵不打釘」，見《(河北)無極縣志》，卷4，風俗志，頁134。

　　(二)「好鐵不打釘，好人不當兵」，見《(河北)晉縣志料》，卷上，風土志，頁127。

　　(三)「好漢不當兵，好鐵不撻釘」，見《(河南)禹縣志》，卷10，謠俗志，頁945。

[89] 《(河北)平山縣志料集》，頁103。

[90] 《(河北)井陘縣志料》，10編，風土，頁563-564。

[91] 《(河北)平山縣志料集》，頁103。

[92] 《(河北)清河縣志》，卷15，頁1048。

[93] 《(山東)東平縣志》，卷5，風土，頁213。

[94] 《(河南)續安陽縣志》，卷10，社會志，頁6。

　　民初多匪的另一軍事原因在招撫惡例的影響，亦即對盜匪多不採剿辦方式，而授以營團長之榮，使其歸順，改編成正式軍隊。當時許多盜匪曾被招撫，茲列表如下：

省份	姓名	招撫後官職	招撫者	招撫者軍職	招撫時間	資料來源[95]
河北	趙文印		李廷棟	警務長	三年	(1)
	劉子起	營長	曹鍈	二十六師師長	十一年五月	(2)
	王鴻升					
	張樹青					
	丁寶成					
	丁睡不醒					
	劉沒耳朵	奮勇團營長			十一年三月	(3)
山東	袁永平	第三支隊隊長	翟文林	鎮守使	十五年三月	(4)
	侯六合	營長				
	鄭嘉平					
	趙玉琢					
	孫安仁		劉荊山	直魯軍補充		

95　資料來源對照如下：
　　(1)《(河北)遷安縣志》(滕紹周等修，王維賢等纂，1931 鉛印本，成文華北 501)，記事，頁 174。
　　(2)《(河北)南皮縣志》，卷 13，故實志中，頁 1795。
　　(3)《(河北)滄縣志》，卷 16，事實志，頁 2091。
　　(4)《(山東)臨沂縣志》，卷 3，大事記，頁 904。
　　(5)《(山東)臨沂縣志》，卷 3，大事記，頁 911。
　　(6)《(山東)臨沂縣志》，卷 3，大事記，頁 912。
　　(7)《(山東)膠澳志》(趙琪修，袁榮等纂，1928 鉛印本，成文華北 62)，大事記，頁 603。
　　(8)《(山東)膠澳志》，大事記，頁 1485。
　　(9)《(山東)館陶縣志》，大事記，頁 940。
　　(10)《(山東)館陶縣志》，職官志，頁 1089。

	董福樓			旅長		
	劉二					
	萬福沛					
	孫百萬	膠東游擊司令	熊炳琦	山東督辦	十一年十二月	(7)(8)(54)
	馮西鈞					(10)
	王六鋼火					
	孫學彥		田中玉	山東督軍	十一年	(11)
	毛思忠	團長	張敬堯	四省剿匪督辦	六年十月	(38)(44)(61)
	油青海					(40)
	郭安	團長	張敬堯	四省剿匪督辦	七年六月	(57)(58)

(11) 《(山東)膠志》(趙文運、匡超等纂修，1931 鉛印本，成文華北 69)，卷 33，兵防兵事，頁 1369。

(12) 《(山東)利津縣續志》(王廷彥修，蓋爾佶纂，1935 鉛印本，成文華北 8)，頁 484。

(13) 《(山東)臨朐續志》，卷 1 之 2，頁 44。

(14) 《(山東)臨朐續志》，卷 1 之 2，頁 45。

(15) 《(山東)臨朐續志》，卷 6 之 7，頁 195。

(16) 《(山東)臨朐續志》，卷 12 之 14，頁 663。

(17) 《(山東)濟寧縣志》(潘守廉修，袁紹昂等纂，1927 刊本，成文華北 15)，卷 4，故實略，頁 510-511。

(18) 《(河南)淮陽縣志》，卷 8，大事記，頁 952。

(19) 《(河南)太康縣志》(杜鴻賓修，劉盼遂纂，1933 年鉛印本，成文華北 466)，卷 1，通紀，頁 39。

(20) 《(河南)西華縣續志》，卷 1，大事記，頁 59。

(21) 《(河南)西華縣續志》，卷 1，大事記，頁 61。

(22) 《(河南)西華縣續志》，卷 1，大事記，頁 62。

(23) 《(河南)西華縣續志》，卷 1，大事記，頁 63。

(24) 《(河南)陝縣志》，卷 1，頁 61。

(25) 《(河南)陝縣志》，卷 1，頁 64。

史殿臣				七年七月	(58)
于三黑					
栗鳳玉					(17)(58)
徐清揚					
顧德麟					
李四		馮佑菴	利津縣知事	十三年	(12)
丁匪		劉桂堂		十七年十二月	(6)
劉黑七					(5)(39)(40)
孫殿英	連長				(47)
褚玉璞	旅長	張勳			(47)(48)(51)
郭其才	招兵團長 山東招安旅 參謀長	張敬堯 田中玉	湖南督軍 山東督軍	十二年六月	(48)(49)(51)
紀學湯		馬文龍	隊長	十五年	(14)(16)
王曰治					
袁七		吳可章			(13)
馬文龍	游擊隊隊長				(13)(16)

---

(26)《(河南)滑縣志》，卷20，大事，頁1651。

(27)《(河南)滑縣志》，卷20，大事，頁1653。

(28)《(河南)鄢陵縣志》，卷1，大事記，頁100、102。

(29)《(河南)西平縣志》，卷38，故實，頁1087。

(30)《(河南)重修正陽縣志》，卷3，大事記，頁377。

(31)《(河南)封邱縣續志》，卷1，通紀，頁7下。

(32)《(河南)封邱縣續志》，卷5，建置志，頁13上。

(33)《(河南)重修信陽縣志》，卷18，兵事1，頁776。

(34)《(河南)重修汝南縣志》，卷1，大事紀，頁145。

(35)《(河南)夏邑縣志》(黎德芬等纂修，1920石印本，成文華北99)，卷9，雜志，頁1263-1264。

(36)《(河南)新修閿鄉縣志》，通紀，頁80。

(37)長野朗，《土匪軍隊紅槍會》，頁53。

(38)長野朗，《土匪軍隊紅槍會》，頁54。

(39)長野朗，《土匪軍隊紅槍會》，頁80。

(40)長野朗，《土匪軍隊紅槍會》，頁81。

王得勝	隊長			十三年	(13)
孫美瑤	山東招安旅旅長	田中玉	山東督軍	十二年六月	(50)
孫美松	山東招安旅第一團團長				
周天松	山東招安旅第二團團長				
孫桂枝	山東招安旅軍需長				(53)
鍾連江					(58)
武占山		劉志陸		十七年九月	(5)
趙家枌					
張保道					(15)
王六				元年	(9)
焦二					
馮西鈞					
王洛文					

(41)長野朗，《土匪軍隊紅槍會》，頁 91。

(42)長野朗，《土匪軍隊紅槍會》，頁 92。

(43)段劍岷，〈樊鍾秀其人其事〉，《春秋》，3 卷 2 期(1965.08.01)，頁 11。

(44)丁燕公，〈張敬堯為害三湘〉，《春秋》，9 卷 3 期(1968.09.01)，頁 8。

(45)劉延壽、李正中，〈河南省羅山縣地文人文概述〉，《中原文獻》，6 卷 10 期(1974.10.25)，頁 9-10。

(46)雲崗，〈民初的一支流寇──白狼軍〉，《春秋》，9 卷 3 期(1968.09.01)，頁 19。

(47)王仲廉，〈回憶與孫殿英的一段往事〉，《傳記文學》，26 卷 1 期(1975.01)，頁 30。

(48)田少儀，〈細說孫美瑤與臨城劫車案(一)〉，《藝文誌》，56 期(1970.05.01)，頁 29。

(49)田少儀，〈細說孫美瑤與臨城劫車案(二)〉，《藝文誌》，57 期(1970.06.01)，頁 47。

(50)田少儀，〈細說孫美瑤與臨城劫車案(六)〉，《藝文誌》，61 期(1970.10.01)，頁 46。

河南	老洋人	團長 游擊司令			十一年十二月	(18)(19)(20) (28)(43)(54) (55)(56)
	曲三省		潘占魁	國民二軍團長		(25)
	鄭福禮					
	王海	牌(排)長	張子良	陝西陸軍團附	十年六、七月	(26)
	孫廷棟					
	耿盡孝					
	李得道					
	杜釗	營長				
	劉守義	連長				
	李書田					
	趙盡善					
	史萬成				十五年六月	(21)(23)
	劉老三				十五年五月	(21)
	郭得勝		張國威		三年	(28)
	陳鳳林		李鵬	豫南剿匪司令	十一年十一、十二月	(29)
	胡冠斗					
	路老九	聯隊長	岳維峻		十四年四月	(30)(41)

(51)田少儀，〈細說孫美瑤與臨城劫車案(六)〉，頁48。

(52)田少儀，〈細說孫美瑤與臨城劫車案(六)〉，頁58。

(53)賀家昌，〈孫美瑤臨城劫車始末〉，《春秋》，5卷4期(1966.10.01)，頁32。

(54)南雁，〈臨城劫車土匪收撫成功〉，《東方雜誌》，20卷11號(1923.06.10)，頁7。

(55)南雁，〈老洋人竄川與孫美瑤伏誅〉，《東方雜誌》，20卷24號(1923.12.25)，頁9。

(56)南雁，〈豫省匪勢與老洋人部譁變〉，《東方雜誌》，20卷22號(1923.11.25)，頁5-6。

(57)〈中國大事記〉，1918.06.17，《東方雜誌》，15卷7號，頁199。

(58)〈中國大事記〉，1918.07.09，《東方雜誌》，15卷8號，頁210。

(59)〈中國大事記〉，1918.07.09，《東方雜誌》，15卷8號，頁211。

(60)〈時事日誌〉，1923.02.25，《東方雜誌》，20卷6號，頁130。

(61)〈中國大事記〉，1917.10.08，《東方雜誌》，14卷11號，頁214。

湯有光				十四年	(41)
賈青雲	團長				(41)(42)
張宗桂					
武林	游擊隊營附	趙步雲	宏威軍營長	十一年春	(31)(32)
大金寶					
楊法秋	營長				(26)
董老五	團長				(41)(42)
潘占魁				十二年二月	(60)
禹三山					(33)
李茂森		田維勤	駐汝陝軍旅長		(34)
羅大天	旅長	任應歧	國民革命軍第十二軍軍長		(45)
侯祥夫					
宋老年	營長	陳樹藩			(46)
張得盛					(43)
姜明玉					
樊鍾秀					(54)(55)
陳樹基		岳維峻		十四年四、五月	(30)
孫朝仲	營長	王相賢			(27)
牛繩武				十五年九月	(22)
丁保成		丁香玲	豫西鎮守使		(24)
杜效士				三年	(35)
徐得功	陝邊游擊隊	蘇思宜		九年	(36)

以上只是較著名且有紀錄者，實際上曾被招撫的盜匪當數倍於此。[96]

---

[96] 某些資料只顯示出有盜匪被招撫，但未言明盜匪姓名，如田少儀，〈細說孫美瑤與臨城劫車案(一)〉，頁 29，記載：「廣東軍閥龍濟光，曾在抱犢崮招收土匪到南方打革命軍」；田少儀，〈細說孫美瑤與臨城劫車案(二)〉，頁 46，記載抱犢崮盜匪的自白提到：「我輩本不願為匪，也知愛國。前受招撫，開赴湖南」；由上述資料可知抱犢崮有很多盜匪都被招撫過。其他相關資料見：《(山東)臨朐續志》，卷 1 之 2，頁

　　招撫盜匪，對軍隊而言，一方面可使盜匪人數在表面上減少，顯示其致力剿匪之成效，另一方面則可增加自己軍隊人數，加強實力。對盜匪而言，接受招撫被編為正規軍隊，一方面可得高官厚祿，有正式名義頭銜，不再被視為惡劣之徒，一方面又可趁機在軍隊中補充軍需，增進力量；尤為重要者，盜匪一旦被收編成正規軍，則所有不法行為均可合法化；而事實證明，被招撫收編之盜匪，往往惡行不斷，甚至變本加厲；如民國十年六、七月間，河南二軍某師長派張子良至河南滑縣收撫盜匪，時滑北楊法秋已被安陽巡緝隊收為營長，張子良因兼收劉守義、李書田、趙盡善為連長，李得道、王海、孫廷棟、耿盡孝、杜釗為牌長，悉歸楊法秋管領，而匪一旦變為官，凶焰尤烈，有賀營長者，有賀連長者，無日不演劇作賀，村村下帖，人人出錢，規定各村視大小，致賀儀千元百元不等，還索麥索米，送豬送饃，道路不絕，稍不如意，禍即隨之。[97]民國十一年春，河南宏威軍營長趙步雲，新收武林、大金寶等數百人，駐河南封邱縣，改名為游擊隊，以武林為營附，率該部居城外，趙步雲以原帶官軍居城中，然新收者既無紀律又乏餉需，索糧索料，騷擾不堪，而又時出架票，勒令回贖。[98]三月，河北滄縣統率第二十六師的曹鍈，招撫劉沒耳朵為奮勇團營長，率其本部部眾百餘人駐孟村，綁票如故。[99]五月，曹鍈又招劉子起、王鴻升、張樹青、丁寶成、丁睡不醒五人為營長，分駐各縣，逼滄縣孟村、王石橋各地演劇相賀，四出搶掠益甚。[100]十二月，山東孫百萬被招撫為膠東游擊司令，然滋擾如故。[101]老洋人在歸順後亦不受約束，[102]將河南東部駐紮地四縣完全當成自己的勢力範

45。《(山東)臨沂縣志》，卷3，大事記，頁912。《(河南)禹縣志》，卷2，大事記，頁261。《(河南)鄢陵縣志》，卷1，大事記，頁104。

[97] 《(河南)滑縣志》，卷20，大事，頁1651。

[98] 《(河南)封邱縣續志》，卷1，通紀，頁7下；卷5，建置志，頁13上。

[99] 《(河北)滄縣志》，卷16，事實志，頁2091。

[100] 《(河北)南皮縣志》，卷13，故實志中，頁1795。

[101] 《(山東)膠澳志》，政治志，頁603；大事記，頁1485。

[102] 老洋人，河南巨匪綽號，有關其背景，縣志有下列幾種記載：

　　(一)河南魯山人，姓張，綽號老洋人，收撫後改名國信，為豫西股匪渠魁，初嘯聚黨

圍，四處掠奪，朝兵夕匪地自由變化，軍隊每天的必須糧食，由勢力範圍內
供給，軍人衣服由民間婦女縫製。收稅局以老洋人軍的名義募錢，地租暴增
二倍，且每畝田收二斗麥，又對鴉片栽培者採保護徵稅制度。[103]民國十三
年，山東利津縣知事馮佑菴主張對匪招撫，然招安後，盜匪較前尤多，假官
長名號，挨戶勒捐，抗違者處以極刑，在小口子地方，一夜剾害一家九命，
更有不肖子弟被牽引加入，初則逍遙河干，繼乃馳騁海上，商船漁船俱歸伊
等應用。[104]曲三省受潘占魁收編，駐紮河南靈寶縣罐頭村，日肆剽掠，毫
無顧忌，人民不敢抵禦，不獨靈民受害無窮，且患及鄰封，民國十四年底至
十五年初，曲三省派馬隊二十餘人至陝縣官莊村捕人，該村居民紛紛逃避，
附近鄰村亦聞風遠匿，城村禹王廟下老幼婦女藏匿遍地，馳馬追逐開槍轟擊
死亡十餘人。[105]民國十五年三月，山東臨沂縣鎮守使翟文林，招降袁永
平、侯六合、鄭嘉平、趙玉琢等人，編袁永平為第三支隊隊長，餘為營長，

徒不過二百，槍枝有限，後增至數千，盤距魯郊一帶。見《(河南)淮陽縣志》，卷
8，大事記，頁952。《(河南)鄢陵縣志》，卷1，大事記，頁102。《(安徽)太和
縣志》(丁炳烺修，吳承志等纂，1925 鉛印本，成文華中 96)，卷6，武備，頁
509。

(二)河南匪首，名張國威。見《(河南)確山縣志》(李景堂纂，張繢璜修，1931 排印
本，成文華北 451)，卷1，輿地，頁71。張人鏡，〈確山地文人文概述〉，《中
原文獻》，8卷2期(1976.02.25)，頁11。

(三)魯寶巨匪張名盛，綽號老洋人。見《(河南)確山縣志》，卷20，大事記，頁490。

(四)河南寶豐人，原名張慶，身細長，毛髮捲曲似外國人，故綽號老洋人。見《(河
南)陝縣志》，卷1，頁62。《(河南)西平縣志》，卷14，文獻，頁433；卷38，
故實，頁1087。《(河南)重修正陽縣志》，卷3，大事記，頁375。關麟毅，〈民
初土匪洗劫城池實錄——「老洋人」劫掠阜陽目睹記〉，《春秋復刊》，5卷5
期(1984.11.01)，頁16。又有說老洋人是河南臨汝人，見田少儀，〈細說孫美瑤與
臨城劫車案(二)〉，頁46。

另有關老洋人較詳細之說明，見吳蕙芳，〈老洋人活動始末〉，《中國歷史學會史學
集刊》，27期(1995.09)，頁259-278。

[103] 長野朗，《土匪軍隊紅槍會》，頁55-56。

[104] 《(山東)利津縣續志》，頁484。

[105] 《(河南)陝縣志》，卷1，頁64-65。

分駐各鄉，仍暗中擄掠。[106]同年，山東臨朐縣紀學湯受馬衛隊招撫，焚劫冷家山、郭家溝兩村，縣知事李時亮派員放賑兩次，共國幣三千元。[107]

由於軍隊經常招撫盜匪，而盜匪接受招撫好處甚多，因此吸引人民紛紛視入行盜匪為升官發財捷徑；河南俗諺云：「要作官，去拉杆(當土匪)」、[108]「要做官就當土匪頭，要有轎子坐就綁肉票」。[109]盜匪中也流行這樣一句話：「鬧得越大，得的官越大」。[110]可見軍隊對盜匪的招撫政策，實為促成民初多匪之一大原因。[111]

百姓會因戰爭破壞、軍隊壓迫及招撫引誘成匪外，許多軍人也會加入盜匪行列，此包括潰兵、變兵、散兵、逃兵及退伍兵等。這些軍人因戰敗、兵變、逃避兵役、年紀太大等因素離開軍隊，在生存壓力下，往往四處騷擾，形同盜匪；如民國元年二月，青州防營譁變，潰兵入山東臨朐縣境，鄉民大震。[112]四月，河南禹縣吳鴻昌兵變，白晝搶劫。[113]山東掖縣也有變兵劫掠。[114]民國八年(1919)三月四日，駐河南信陽縣吳光新部趙旅長兩營譁變，搶掠車站，焚毀商號，擊斃巡警、商民，損失財物五十餘萬元；次日，變兵分三支逃竄，一向羅山至馬家沖，劫三家；一向正陽至二十里河，劫四家；一向桐柏至出山店，劫八家，游河平昌關各劫十餘家，損失之數不下二十餘萬。[115]民國九年二月二十日，宏衛軍兵變，竄入河南禹縣，劫人勒贖，遭

---

[106] 《(山東)臨沂縣志》，卷3，大事記，頁904。

[107] 《(山東)臨朐續志》，卷1之2，頁45。

[108] 治喪委員會，〈陳故代表舜德先生事略〉，《中原文獻》，14卷10期(1982.10.30)，頁19。盛良瑞，〈宛西怪傑別庭芳(上)〉，《中外雜誌》，15卷2期(1974.02)，頁37。

[109] 長野朗，《土匪軍隊紅槍會》，頁53。

[110] 長野朗，《土匪軍隊紅槍會》，頁54。

[111] 方志分析盜匪猖獗原因之一乃：「惑於招安之說，避難就易，而賊遂得以跳梁，不剿而先撫，且授以營團長之榮，故引起野心家窺伺」；見《(山東)續修鉅野縣志》，卷之8下，剿匪事，頁847-848。

[112] 《(山東)臨朐續志》，卷1之2，頁38-39。

[113] 《(河南)禹縣志》，卷2，大事記，頁233。

[114] 《(山東)續平度縣志》，卷首，紀要，頁43。

[115] 《(河南)重修信陽縣志》，卷18，兵事1，頁773-774。

害者數十家。[116]同年夏,直皖戰起,河南信陽縣被散兵劫掠十餘萬元。[117]十月一日夜,河南許昌縣城內兵變,搶掠七十餘家,燒壞房屋數十間。[118]民國十一年五月,直魯豫巡閱副使吳佩孚與河南督軍趙倜衝突,兵戰於鄭汴,馮玉祥入河南開封,趙督東退,潰兵橫竄,有數十人入河南正陽縣南朱店、夏灣派飯,繼擾潘家、大林、涂家各店,抄搶架票,盤踞土扶橋十餘日。[119]民國十四年十一月,河北南皮縣有潰兵焚掠馬村,並搶劫龍王、李朱莊、砥橋、張彥恒等村。[120]

也有軍人與盜匪勾結,或帶著手邊武器投入匪幫者,如民國八年,直皖戰後,有逃兵與張狗振等股百數十人,盤據河北省晉縣大尚村搶掠。[121]民國十七年三月,有變兵與盜匪勾結,盤踞河北青縣西南邊境架票搶掠。[122]同年,張宗昌潰兵一旅,由蒲臺竄入山東廣饒縣境,與壽光盜匪互相勾結。[123]另外,白朗部眾有許多散兵、退伍兵;[124]尤其在民國二年的最後幾個月中,不少潰兵和遣散的軍官加入,[125]據民國三年(1914)的估計,其中有百分之六十的人,原來是軍人。[126]孫美瑤本人及部眾多人原屬張敬堯、[127]張勳

[116] 《(河南)禹縣志》,卷2,大事記,頁243。

[117] 《(河南)重修信陽縣志》,卷18,兵事1,頁774;卷26,人物志2之1,頁1194。

[118] 《(河南)許昌縣志》(王秀文等修,張庭馥等纂,1923 石印本,成文華北 103),卷19,雜述上,頁1736。

[119] 《(河南)重修正陽縣志》,卷3,大事記,頁375。

[120] 《(河北)南皮縣志》,卷13,故實志中,頁1801。

[121] 《(河北)晉縣志料》,卷下,故實志,頁313。

[122] 《(河北)青縣志》,卷之12,故實志,頁915。

[123] 《(山東)續修廣饒縣志》,卷26,雜志,頁1116。

[124] 〈中國大事記〉,1914.01.16,《東方雜誌》,10卷9號,頁5。

[125] 喬敘五,〈記白狼事〉,收入杜春和編,《白朗起義》,頁411。

[126] 《順天時報》,1914.02.19,9版。

[127] 孫美瑤,號明亮,先世本籍江蘇銅山,後移居到山東嶧縣的白莊;孫家兄弟共五人,孫美瑤居末,長兄孫美珠,號明甫;民國七年湖南督軍張敬堯派人到此地招兵,孫美珠兄弟因而入伍,後因張敬堯兵敗,軍隊被繳械,兄弟二人回歸鄉里,本欲為良民,但為官府逼迫,憤而為匪,據抱犢崮為根據地,附近盜匪推孫美珠為首;民國十年,孫美珠死,孫美瑤繼承兄職而為匪首。見《順天時報》,1923.05.27,頁7。南雁,

的部下，後因兵敗解甲，變成盜匪。[128]據《順天時報》登載，民國元年十月的調查顯示，河南盜所有豫軍中被解散的士兵。[129]河北《成安縣志》曰：「民國八年退伍兵多，謀生艱難，間有鋌而走險變為匪徒者甚夥」。[130]《完縣新志》分析民國十三至十五年間，縣內匪勢大熾的原因，就在於潰兵加入。[131]由於民初軍閥混戰不休，這些潰兵、變兵、散兵、逃兵及退伍兵的人數勢必日益增加，而盜匪情形亦因之日趨嚴重。

〈臨城土匪大掠津浦車〉，《東方雜誌》，20 卷 8 號(1923.04.25)，頁 2。賀家昌，〈孫美瑤臨城劫車始末〉，頁 31。長野朗，《土匪軍隊紅槍會》，頁 27-28。田少儀，〈細說孫美瑤與臨城劫車案(一)〉，頁 29-30。田少儀，〈細說孫美瑤與臨城劫車案(二)〉，頁 47。丁燕公，〈張敬堯為害三湘〉，頁 8。

[128] 田少儀，〈細說孫美瑤與臨城劫車案(一)〉，頁 29。

[129] 《順天時報》，1912.01.01，4 版。

[130] 《(河北)成安縣志》，卷 7，行政，頁 282。

[131] 《(河北)完縣新志》(彭作楨等纂修，1934 鉛印本，成文華北 164)，卷 9，故實 7，頁 653。

第三節　經濟背景

　　中國以農立國，農民人口比例甚高，位居黃淮平原上的直魯豫地區，農業人口尤多；如山東省農業人口，於民國三年的調查結果，占總人口百分之七十五，[1]民國九年，則增加至百分之七十九。[2]若就各縣情況分別觀察，則比例更高，如河北霸縣、清河縣的務農者均占全縣人口的十之八、九，[3]靜海縣占百分之九十八；[4]盧龍縣全縣人口十六萬餘，十、九業農；[5]順義縣十七萬民眾，全以農為業；[6]山東牟平縣務農者約百分之七十，[7]高密縣則在百分之九十以上，[8]冠縣居百分之九十強；[9]河南光山縣更高達百分之九十九。[10]由這麼高的農業人口比例，可知大部分人民都靠土地收成維生，然直魯豫地區的土地收成，卻往往無法提供人民基本生活所需，其原因在於地少人多與天災頻仍。

　　民初雖屢經戰亂，人口仍不斷增加；如河北成安縣自民國元年至十一年，人口成長情形如下表：[11]

---

[1]　田原天南，《膠州灣》，頁 375；引自張玉法，《中國現代化的區域研究——山東省(1860-1916)》(臺北：中央研究院近代史研究所，1982.02)，上冊，頁 8。

[2]　陳登元，《中國土地制度》，頁 666；引自張玉法，《中國現代化的區域研究——山東省(1860-1916)》，上冊，頁 8。

[3]　《(河北)霸縣新志》，卷 4，頁 249。《(河北)清河縣志》，卷 9，頁 542。

[4]　《(河北)靜海縣志》，申集，人民部，頁 919。

[5]　《(河北)盧龍縣志》，卷 10，民生，頁 209。

[6]　《(河北)順義縣志》，卷 12，風土志，頁 557。

[7]　《(山東)牟平縣志》，卷 3，地理志，頁 453。

[8]　《(山東)高密縣志》，卷之 5，民社，頁 287。

[9]　《(山東)冠縣縣志》，卷之 1，頁 152。

[10]　曾鑑泉，〈各地農民狀況調查——光山(河南省)〉，《東方雜誌》，24 卷 16 號(1927.08.25)，頁 136。

[11]　《(河北)成安縣志》，卷 4，人口，頁 155-160。

年份(民國)	人口數	人口成長率	年份(民國)	人口數	人口成長率
一	88,364		二	88,545	2‰
三	89,141	7‰	四	89,767	7‰
五	90,503	8‰	六	91,309	9‰
七	108,395	158‰	八	108,769	3‰
九	109,475	6‰	十	111,323	17‰
十一	111,476	1‰			

根據上表可知，成安縣在十一年內增加二萬三千一百一十二人，平均每年增加二千多人，平均人口成長率達千分之二十五；山東齊河縣於民國十五年有人口二十七萬七千六百六十一人，民國十七年增至二十九萬二千六百一十三人，[12]兩年內增加一萬四千九百五十二人，平均每年增加七千多人，平均人口成長率達千分之二十六。

人口持續增加，但生存空間並未擴大，據吳希庸的統計，乾隆三十六年(1717)，全中國平均人口密度為每平方公里十九人，而直魯豫三省平均人口密度高達 129.9 人，到民國三年更增至每平方公里 177.88 人。[13]再據民國十一年中國郵政局的統計，河南有人三千零八十三萬一千九百零九口，生存空間為六萬七千九百五十四方里，密度高達每方里四百五十四人；[14]此外，民國十四年《東方雜誌》根據山東地方最近的調查，得知山東人口密度每方里約有二千七、八百人，高居全國首位。[15]

人口密度如此高，每個農民所能分得耕地數就可想而知：河北威縣在光緒時有人七萬六千一百九十九口，有地八千二百一十五頃五畝六分，每人可得地十畝有餘；到民國時，人增為十六萬八千七百六十八口，地未變動，每

---

[12]　《(山東)齊河縣志》，卷之 12，戶口，頁 253-254。

[13]　吳希庸，〈近代東北移民史略〉，《東北集刊》，2 期；引自趙中孚，〈1920-30 年代的東三省移民〉，《中央研究院近代史研究所集刊》，4 期(1973.05)，頁 333。

[14]　*China Year Book*, 1924-25, pp.8-9.

[15]　徐恆燿，〈滿蒙的勞動狀況與移民〉，《東方雜誌》，22 卷 21 號(1925.11.10)，頁 31。

人只得四畝有奇；[16]三河縣有地六千六百八十頃零一分二厘，有人二十四萬八千零六十九口，[17]平均每人得地僅二畝六分九厘；山東牟平縣全縣糧地一百十六萬二千七百五十一畝有奇，丁口六十五萬三千餘人，平均支配，每人尚不足二畝；[18]河南滑縣有地三千零二十八頃有奇，全縣人口總數六十二萬多，每人平均分得地不足半畝；[19]以上乃各縣分別情形，若就一省情況而言，據劉大鈞的統計，民國十年左右，河北省平均每一農民可攤得的耕地是2.87畝，山東省是3.25畝，[20]至於需要多少畝數才夠維持生活，說法不一，據研究河北、山東二省近代經濟的美國學者馬若孟(Ramon H. Myers)指出，最富之區都需要五畝，[21]可見直魯豫地區農民擁有土地畝數實不足維生。

值得注意的是，上述農民所有土地畝數，實際上並不能完全代表農民真正擁有之耕地數，因為民初大地主壟斷現象非常嚴重，如河南寶豐縣大部分土地被十家大地主擁有；距縣城十餘里的馬街，有五百戶居民，全村耕地約有五十頃，大地主楊家兄弟三人占了二十四頃多；魯山縣情形也差不多，全縣百分之七、八十的土地握在地主手上，從胡州營以下沿途十五里的土地，皆為外號「葉半縣」的大地主所有。[22]信陽縣城內最大地主有好田一萬二千畝；羅山縣地主劉楷堂有農田數萬畝，中經分家和出賣，到民國二十年(1931)還有好田一萬兩千畝以上。[23]再如，河南彰德袁世凱家占所有田地約

---

[16] 《(河北)戚縣志》，卷4，頁236。

[17] 《(河北)三河縣新志》，卷之15，因革志，頁2上。

[18] 《(山東)牟平縣志》，卷3，地理志，頁452。

[19] 《(河南)滑縣志》，民政，頁545。

[20] 劉大鈞，〈中國農田統計〉，《中國經濟學社社刊》，1卷；引自趙中孚，〈1920-30年代的東三省移民〉，頁333。

[21] Ramon H. Myers, *The Chinese Peasant Economy: Agricultural Development in Hopei and Shontung, 1890-1949*(臺北：虹橋書局翻印，1978.10.16)，頁158。

[22] 開封師院歷史系，河南歷史研究所白朗起義調查組，〈白朗起義調查簡記〉，頁18-19。

[23] 行政院農業復興委員會編，《河南省農村調查》，頁1、4、70-71；引自來新夏，〈談民國初年白朗領導的農民起義〉，《史學月刊》，1957.06，頁12。

三分之一。徐世昌在輝縣有五十多頃地，[24]河北曹錕兄弟在天津、靜海一帶也是大地主。[25]若將此種大地主壟斷情形加入計算，則每一農民分得耕地更少，收入也會更低。

收入既然如此低，生活貧乏情形不難想像；就飲食而言，河北平谷縣人民食料以粟米為主，高粱、玉蜀次之，黍稷又次之，一遇凶荒，輒有饑餓。[26]望都縣食物以小米為大宗，小麥次之，麩麥、高粱、玉蜀黍又次之，中上之戶飯皆粗糲，中下之戶則皆攙糠，和菜為食；豐年糧尚不足，一遇凶年，恐慌立至，則樹葉、草根亦以充饑。[27]山東牟平縣必中產以上方得食粒，「普通農戶類皆以甘薯代五穀，菽水鹽菜，不擇味也」。[28]嶧縣抱犢崗山區在豐收時，一年還少三、四個月的食糧，如遇荒年，尤不堪想像，所以凡是可吃的樹葉，均為人們及時收集，曬乾用秫楷編成「摺子」存儲屋裡，備春冬青黃不接之季節食用。[29]河南靈寶縣人民除居城者多食麥粉外，居鄉者，中人之家半年食麥，半年食包穀、雜糧，貧寒小戶則每年食麥之期不過麥罷一、二個月，餘全食包穀、雜糧。[30]安陽縣農民，一到冬季，十分之八均以兩次菜湯充饑。[31]寶豐、魯山、臨汝一帶甚有人民吃草根、樹皮、石頭面、雁屎以充饑。[32]陝州居民更餓至吃土。[33]

24　田中忠夫，《國民革命與農村問題》，上卷，頁 9；引自李宏略，〈數字中底農家生活〉，《東方雜誌》，31 卷 7 號(1934.04.01)，頁 98。又據國民黨政府農村復興委員會，《河南省農村調查》，頁 89，載曰：「袁項城(即袁世凱)從前在彰德、汲縣、輝縣等地有田產四百頃左右」；引自章有義編，《中國近代農業史資料》，2 輯(1912-1927)(北京：生活讀書新知三聯書店，1957.12)，頁 14。

25　穆嚴，〈華北農村經濟問題〉，《政治月刊》，1 卷 4 期(1934.07)，頁 142；引自章有義編，《中國近代農業史資料》，2 輯，頁 16。

26　《(河北)平谷縣志》，卷 3，民生，頁 294。

27　《(河北)望都縣志》，卷 10，風土志，頁 596。

28　《(山東)牟平縣志》，卷 3，地理志，頁 455。

29　田少儀，〈細說孫美瑤與臨城劫車案(一)〉，頁 28。

30　《(河南)靈寶縣志》，卷 2，人民，頁 101-102。

31　《(河南)續安陽縣志》，卷 10，社會志，頁 1 上。

32　開封師院歷史系，河南歷史研究所白朗起義調查組，〈白朗起義調查簡記〉，頁 19。

　　在衣著方面，河北望都縣居民率皆衣土布，自織自用，只取其蔽體禦寒，不求華美，尋常衣服棉改袷，袷成單，敝而後已，雖襤褸之衣猶作鞋履之用，不肯輕於一擲。[34]井陘縣因不產棉，衣著更為粗陋，為河北省各縣之最，農家衣服補綴如衲，污垢特甚，夏秋兩季，男子著犢鼻褲，赤足破履，袒裼終日。[35]山東牟平縣農民衣服僅求蔽體，談不上溫暖與美觀。[36]

　　人民生活貧困至此，因而有農民兼作副業維生，如河北邯鄲縣普通人家多借運煤為生活補助，也有以人力推煤為業者。[37]井陘縣農民副業更多，安水磨，到石家莊做腳夫、下煤窯，往山西刣上坡，向平山販煤及炭，向獲鹿賣草、做小粉、燒大甕、燒粗瓷器、燒石灰、燒磚瓦、編荊條用具、賣黍米麵糕；還有向獲鹿買生山藥回家蒸賣，又或買麥子用水磨磨成麵販賣，或賣黃豆豆腐、蕎麥爬糕等，另有到山上砍伐柴薪，或用槍打些野鳥野獸。[38]凡此種種皆因土地收成不足，不得不尋求其他副業維生。

　　農民平時生活已苦，遇災荒更難生存，而直魯豫地區災荒種類繁多、次數密集與災情慘重，實令人瞠目結舌，茲根據方志將直魯豫數縣災荒情形製表如下：

省份	縣份	年份																	比例	資料來源(方志頁數)
		一(年)	二	三	四	五	六	七	八	九	十	十一	十二	十三	十四	十五	十六	十七		
河北	東明			旱蝗			水		風	旱	水雨		水	旱		水風		霜	9/17	(新)1446、1519
	元氏			蝗	蝗		雨	疫地		旱疫						雨		雪蝗	7/17	258-259

[33]　王星拱，〈今日中國的社會根本問題〉，《東方雜誌》，21卷20號(1924.10.25)，頁134。

[34]　《(河北)望都縣志》，卷10，風土志，頁596。

[35]　《(河北)井陘縣志料》，10編，風土，頁501。

[36]　《(山東)牟平縣志》，卷3，地理志，頁455。

[37]　《(河北)邯鄲縣志》，卷6，風土志，頁294。

[38]　趙德華，〈井陘農民生活狀況〉，《東方雜誌》，24卷16號(1927.08.25)，頁98-99。

	寧晉		水	旱蝗	蝗	蝗	雨		旱			風								7/17	245-247
	義安		水	水	雹		水	蝗疫	蝗水	旱蝗地									7/17	1281-1283
	南皮	風	風				水	疫	蝗風	蝗旱風	雹風	水	疫				雹	雹蝗	11/17	1832-1834
	大名	風水蝗	蝗	風雨	水	水	蝗水疫	風	旱	雹霜		水		雨	寒	旱			13/17	1645-1646
	新河		水	風蝗		蝗	雨水	蝗	旱	旱疫	雨	風地	旱雨水	蝗	風雨	旱		旱蝗	14/17	107-110
	晉					雨水	疫	蝗	旱			風		雹	雪			蝗雪	8/17	320
山東	臨朐			雹	雹蝗	旱	雹	蝗		霜旱水			旱				雹	水蝗	9/17	48-49、38-39
	平度		水		水蝗	水蟲		水	旱疫	蟲蝗		旱	旱		雹			蝗	10/17	43-46
	博山	旱	蝗	霜旱蝗	蝗	蝗	旱	蝗疫旱	蝗	雹蝗水	蝗水	蝗水	水		疫		雹	水	15/17	101-102
	東平			蝗	旱風	水疫	旱	旱蝗	水	雹	雹	水			旱				10/17	1016-1017
	曲阜			蝗	雹	雹		蝗		雹						水	旱蝗	蝗	8/17	195-196
	陽信				雹	雨蝗	風雹蝗	旱雨		旱雹蝗疫	旱	雨							7/17	82-83
	冠				雹			旱地	旱		蟲				雨	旱	霜		7/17	1550-1551
河南	許昌	旱蝗	蝗旱	風		地		雨	地	蟲水	霜	水	旱						10/17	1698-1770
	淮陽	旱	旱雨			蝗		旱		雹						水	雹	旱	8/17	919-921、954
	鄢陵	旱	旱	雹	蝗	地	旱地	疫旱雨	疫雪	雨	旱	雪				雨	霜	旱	14/17	2062-2064

西平			地風	地	地	水				旱	旱	旱	7/17	1037-1038
孟	旱	風雹	旱雹	水	水雹	地	地		風				8/17	1258
確山	地	雹	風	地		旱	雨水	風雹	雹			旱雪	9/17	222-223

由上表可知，直魯豫地區災荒種類有水(包括大雨)、旱、蝗、雹、雪、霜、風、地震、時疫等，而出現頻率在十七年中，有高至十三、十四、十五年者，且每年出現的災害不只一種，甚有連續受災數年不止者；其餘出現七至十一年者都算是相當的頻繁。

由表中雖可看出災荒種類與頻繁，卻無法瞭解災情之慘重，茲舉數例說明：就一省情形而言，如民國二年八月，河北天津、保定各處，陰雨兼旬，山洪暴漲，大清河、運河各堤先後決隘，田舍村莊，多遭淹沒，淹斃人口約二、三千人。[39]民國六年，山東大水，淹沒四十餘村。[40]河北大水，一百零三縣被災。[41]民國九年，華北五省大旱災，直魯豫三省被災地方，赤地千里，餓莩載道。[42]民國十一年，山東利津口上、下游漫溢，淹沒三縣一百數十村。[43]民國十五年，河北獻縣等處狂風及潰堤，被災二十餘縣，災區六百餘里。[44]民國十六年，山東蝗、旱災，受災者九百萬人。[45]民國十七年，山東利津黃河決口，災民達二萬餘名。[46]汶河、彌河水漲，溺斃一千八百人，無家可歸者三萬餘人。[47]就各縣情形而論，如民國三年五月，河南獲嘉、修武縣蝗生布子滿地，至六、七月，蝗已長成，飛則遮天，落則蓋地，亦能鳧

39　〈中國大事記〉，1913.08.10，《東方雜誌》，10 卷 3 號，頁 7。

40　〈中國大事記〉，1917.09.21，《東方雜誌》，14 卷 11 號，頁 211。

41　章有義編，《中國近代農業史資料》，2 輯，頁 618。

42　〈中國大事記〉，1920.09.11，《東方雜誌》，17 卷 19 號，頁 142。

43　〈時事日誌〉，1922.02.17，《東方雜誌》，19 卷 6 號，頁 127。

44　〈時事日誌〉，1926.08.14，《東方雜誌》，23 卷 18 號，頁 143。

45　章有義編，《中國近代農業史資料》，2 輯，頁 619。

46　〈時事日誌〉，1928.02.28，《東方雜誌》，25 卷 8 號，頁 128。

47　〈時事日誌〉，1928.08.19，《東方雜誌》，25 卷 20 號，頁 179。

水渡河，齧噬禾穗殆盡。[48]民國四年，河北寧晉縣傾盆大雨，日夜弗止，洪水瀰漫，平地水深四、五尺，六、七尺，十餘尺不等，境內房屋傾塌大半，禾稼盡被淹沒，人民牲畜漂沒無算。[49]河南長葛縣大雨成災，共淹草房三千九百三十二間，瓦房九十一間，地二百五十一頃五十四畝一分，災民四千三百一十九戶。[50]民國八年六月，山東陽信縣飛蝗蔽日自東北來，田禾食盡；閏七月，遍地飛蝗滿盈溝，兩月不絕，仔蚄又生，晚禾不食，麥苗食盡，另種，又食盡。[51]民國九年，華北大旱，河北磁縣十三個月不雨，赤地千里；[52]河南確山縣自六至七月，兩月無雨。[53]民國十七年，山東臨朐縣大雨，山洪暴發，辛寨、蔣峪、柴家莊、冕崮、前鹿、皋岸、青虎崖、曾家寨等數十餘村，淹斃男婦四百八十餘名，房舍倒塌，田禾沖沒無算。[54]河北東明縣飛蝗大至，田苗囓食過半，繼之蝻蝗復生，綿延遍野，村人挖溝驅逐不能制止，所有高粱、穀禾、玉蜀黍等俱被食盡，邑之全境不免，而四、五、六等區尤甚，勘定成災九分。[55]

除上述水、旱、蝗災外，其他風、雹、雪等災造成之損害亦大，如民國三年五月二十六日，河南正陽縣大風，黃霧昏塞，因風霧麥穗莖上發生黴菌，頹朽盡秕。[56]民國十年，河北大名縣有大雨雹，舊魏治左右一帶折禾苗，損瓜果，雙井集、傅夾河野莊前後，文義諸村屋瓦多半破碎，樹木皮葉全殘，鳥鵲死亡幾盡，雙井、野莊間，有舊日河身一段，積雹三尺餘深，數

---

[48]　《(河南)獲嘉縣志》，卷 17，祥異，頁 791。《(河南)修武縣志》(焦封桐等重修，周泰霖等纂，1931 鉛印本，成文華北 487)，卷 16，祥異，頁 1175。

[49]　《(河北)寧晉縣志》，卷之 1，封域，頁 245。

[50]　《(河南)長葛縣志》，卷 5，頁 160。

[51]　《(山東)陽信縣志》，卷 2，祥異志，頁 83。

[52]　《(河北)磁縣縣志》(黃希文等纂輯，1941 鉛印本，成文華北 167)，20 章，災異，頁 441。

[53]　《(河南)確山縣志》，卷 20，大事記，頁 489。

[54]　《(山東)臨朐續志》，卷 1 之 2，頁 48。

[55]　《(河北)東明縣新志》，卷之 20，蝗災，頁 1445。

[56]　《(河南)重修正陽縣志》，卷 3，大事記，頁 374。

日未曾化淨。[57]民國十六年九月,山東昌樂縣雨雹為災,西北至臨朐,東南至安邱,長八十餘里,禾稼菜果淨盡如掃,雹積尺餘,三日始消。[58]

　　由以上災情可知,災荒結果實嚴重影響農田收成,一旦收成不好,糧食大減,糧價速漲,如山東臨淄縣於民國六年春大旱,斗麥十千;[59]民國九年華北五省大旱災後,河北新河縣小米每斗八千二百文、高粱四千一百文、棉花每斤六百八十文;[60]山東陽信縣斗粟十餘斤,價昂三千餘文,斗麥十餘斤,價昂五千餘文;[61]朝城縣米麥斗值制錢六千,粗糧亦如之;[62]河南滎陽縣斗米價至二千六、七百文。[63]此外,河北三河縣於民國十年大旱,小米價逾十元;[64]河南確山縣於民國十七年大旱,斗麥漲至二十五串,雜糧漲至十九串有零,此種價格,縣志云:「誠自古及今未有之奇貴也」。[65]

　　農民在無力購糧求生存下,有坐以待斃者,如山東《陽信縣志》所載:「民餓死者慘不忍聞」;[66]有鬻妻賣子者,如河南正陽縣於民國三年先後發生風、旱等災,民食極匱,即有人鬻妻女;[67]山東冠縣於民國十七年因旱、霜等災大饑,賣子女於他省者約千餘口。[68]有逃荒乞食者,如河南寶豐、魯山境內一般村莊,平常年景也不免有一成至二成的農民外出逃荒,遇災年則餓莩塞道;寶豐縣的大劉村,百分之九十九的農民曾逃荒討過飯。[69]民國十

[57]　《(河北)大名縣志》,卷26,祥異,頁1645。

[58]　《(山東)昌樂縣續志》(王金嶽等修,趙文琴等纂,1934鉛印本,成文華北66),卷之1,總記,頁63。

[59]　《(山東)臨淄縣志》,卷14,災祥志,頁513。

[60]　《(河北)新河縣志》,紀,頁108。

[61]　《(山東)陽信縣志》,災異志,頁83。

[62]　《(山東)朝城縣續志》,卷之2,災祲,頁47上。

[63]　《(河南)續滎陽縣志》,卷12,雜記附錄,頁648。

[64]　《(河北)三河縣新志》,卷之8,經制志,頁9下。

[65]　《(河南)確山縣志》,卷8,時政,頁223。

[66]　《(山東)陽信縣志》,卷2,祥異志,頁83。

[67]　《(河南)重修正陽縣志》,卷3,大事記,頁374。

[68]　《(山東)冠縣縣志》,卷之10,頁1551。

[69]　開封師院歷史系,河南歷史研究所白朗起義調查組,〈白朗起義調查簡記〉,頁18-19。

七年夏秋間，河南確山縣大旱數月，秋禾收成不及三分，西北數千里尤甚，饑民逃難者遍地皆是。[70]百姓饑餓到這種地步，所謂「饑寒起盜心」，[71]於是有人鋌而走險，如河北《望都縣志》云：「民國四年，大雨成災，秋禾不登，歲大饑，土匪蠭起」。[72]《新河縣志》亦云：「民國九年，旱魃為虐，時疫流行，土匪蠭起」。[73]山東《無棣縣志》曰：「(民國)九年夏，無麥，土匪起」。[74]《德平縣續志》載：「民國九年，大旱，歲饑饉，始發生架票勒贖案」。[75]河南《陝縣志》亦載曰：民國十七年，因天氣亢旱，秋禾歉收，麥未安種，民大饑，於是「伏莽四起」。[76]凡此種種，均足以說明農地收成不足，百姓饑寒交迫是促使成匪的一大經濟因素。

賦稅奇重，是造成人民為匪的另一經濟因素。民初直魯豫地區農民除繳納定額的正稅外，還有許多不定額的附加稅，這些附加稅不但名目多且數量大；如河北無極縣賦額五萬五千餘元，而附加警教等捐竟達五萬餘元，其中保衛團款建設經費依糧附徵者尚不在內。[77]清河縣在民國十七年，因軍事增加的軍事特捐及糧秣折價都是隨糧帶徵，其中軍事特捐共徵二萬五千四百三十六元五角二分七厘，糧秣折價三萬零五十元。[78]張宗昌督魯時期更是橫徵暴斂無所不至，如山東牟平縣除田賦正附稅捐外，有軍事特捐、營房捐、討赤特捐、河工特捐、河工附捐、賑濟特捐、汽車路附捐等各種名目，總計正附各稅捐達十六種以上，徵額至每兩二十五元九角七分，又大錢七百七十八

[70]　《(河南)確山縣志》，卷8，時政，頁223。

[71]　韓貫一，〈中原諺語(二)〉，頁39。

[72]　《(河北)望都縣志》，卷5，政治志2，頁269。

[73]　《(河北)新河縣志》，總述，頁330。

[74]　《(山東)無棣縣志》(張方墀等纂，1925 排印本，成文華北 13)，卷 16，祥異，頁643。

[75]　《(山東)德平縣續志》(呂學元等修，嚴綏之等纂，1935 鉛印本，成文華北 39)，卷首，大事記，頁27。

[76]　《(河南)陝縣志》，卷1，頁68。

[77]　《(河北)無極縣志》，卷3，財賦志，頁69。

[78]　《(河北)清河縣志》，卷4，頁299。

文之多，另外強索的現銀三十餘萬還不包括在內。[79]夏津縣則民國十四年被徵軍事善後一次特捐洋十二萬八千七百五十四元，民國十五年徵討赤特捐十三萬五千八百五十七元、地丁軍事附捐洋二萬八千九百七十元、漕米軍事附捐洋二萬一千六百七十二元、善後公債洋十三萬三千五百零五元，民國十六年徵軍事特捐洋十六萬九千一百零一元、地丁附捐洋四萬二千二百七十五元、漕糧軍事附捐一萬六千五百九十六元，民國十七年徵地丁軍事附捐洋十一萬五千八百八十三元、漕糧軍事附捐洋二萬一千六百七十二元，總計四年內特捐附捐額達洋八十一萬四千二百八十五元；此外，還有各年營房捐、軍鞋捐、驗槍費、生祠捐、煙種捐等(每丁銀一兩洋若干，漕米每石洋若干)，均為附捐。[80]莘縣在民國十四年加徵軍事特捐洋四萬三千五百五十五元一角八分，次年徵軍事附捐洋一萬四千五百一十八元三角九分，又徵完漕米項下討赤特捐米五千七百七十三石一斗八升四合三勺，以上是就漕糧附徵的，就地丁附徵的則有民國十四年的軍事善後一次特捐銀一萬九千二百五十六兩；民國十五年的軍事附捐洋九千九百八十二元、九千二百七十四兩，討赤軍事一次特捐銀一萬九千二百五十六兩；民國十六年的新舊軍事附捐洋三萬八千五百一十二元。[81]

另據《東方雜誌》對山東農民狀況的調查，民國十六年山東地丁銀每兩應繳納數及漕糧每石應繳納數如下表：

民國十六年地丁銀每兩應繳納數目表(單位：元)

去年原徵數		本年重行加徵數		地方附徵數	
名目	合洋	名目	合洋	名目	合洋
國家稅	1.800	軍事附捐	1.000	地方公款	0.150
地方稅	0.400	汽車路附捐	0.550	警備捐	0.330

---

[79] 《(山東)牟平縣志》，卷4，政治志，頁551-552。

[80] 《(山東)夏津縣志續編》，卷4，食貨志，頁472-473。

[81] 《(山東)莘縣志》(王嘉猷修，嚴綏之纂，1937 鉛印本，成文華北 355)，卷4，食貨志，頁228、234。

教育附捐	0.050	河工特別捐	0.660	教育捐	0.099
河工附捐	0.200	賑濟特捐	1.000	手續捐	0.060
加收軍事附捐	1.000			清鄉費	0.050
				單票京錢 24 文	
合計	3.470	合計	3.210	合計	0.689
總計	7.369				

民國十六年漕糧一石應繳納數目表(單位：元)

去年原徵數		本年重行加徵數		地方附徵數	
名目	合洋	名目	合洋	名目	合洋
每石原徵	6.000	未加徵		地方公款	0.150
加徵軍事附捐	2.000			警備捐	0.450
				教育捐	0.900
				手續費	0.100
合計	8.000			合計	1.600
總計	9.600				

根據上列二表，可知民國十六年山東地丁銀每兩應繳納七元三角六分九(串票錢不在內)，漕糧每石應繳納九元六角；[82]又根據翰笙〈中國農民擔負的賦稅〉一文中指出實證：民國十六年，山東萊陽縣城東五十里水溝頭地方的農民李福謙報告田賦年銀每兩徵收的情形是：[83]

名目	數目	名目	數目
正額	1.800 元	賑濟特捐	1.000 元
省縣附捐	0.400 元	警備捐	0.330 元
省教育附捐	0.050 元	清鄉費	0.050 元
河工附捐	0.220 元	地方公款	0.150 元
河工特捐	0.660 元	徵收費	0.060 元

---

[82] 集成，〈各地農民狀況調查──山東省〉，頁 135-136。
[83] 翰笙，〈中國農民擔負的賦稅〉，頁 20-21。

軍事附捐	2.000 元	合計每兩共	7.369 元
汽車路附捐	0.550 元		(作 7 元 4 角)
縣教育附捐	0.099 元		

此數值與上述地丁銀每兩應繳納數值相符，除可見資料的真實性外，[84]還可得知田賦附加稅是正稅的三倍。

河北、山東農民飽受各種附加稅壓迫，河南亦不例外；商水縣在民國五年秋已有田賦附加，每畝加至六十文；[85]民國十七年度，田賦附加稅更超過正稅約六倍。[86]《重修正陽縣志》指稱，民國七年起「地方附加，有進無已，按錢數計，值超過清代三十倍之多」。[87]

正稅附加有增無減，田賦本身(不含附加)的公開稅率都不斷上漲，如河北昌黎縣民國元年的稅率每畝平均洋一分五，民國十七年漲到二分三，增加率是 53.3%。山東萊州民國元年的稅率每畝平均洋七分二，民國十七年漲到一角零六，增加率是 47.2%。上述乃公開狀況，私下實際徵收情形如何，外人多不易得知；據翰笙指出，民國十六年份，山東田賦共繳四次，合計每畝一元九角，印花稅還不在內。[88]中國農民負擔的沉重，由此可見。

田賦正稅、附加稅徵收外，還有預徵田賦的實施，其理由，據河北財政廳民國十七年四月三日的公布：

> 要叫將士奮勇前敵，不准軍隊需索地方，是非先將軍費餉糈一一籌足不可。所以此次本廳奉督辦省長的令，預徵十八年上忙地糧，並照收軍事善後特捐一次，……你們須要曉得這種稅款本是人民應納的國稅，這種特捐亦是人民應助的義助。今提前徵收原為濟急。如果你們

84　戴玄之，《紅槍會》，頁 55。

85　《(河南)商水縣志》，序例，頁 17。

86　《社會學期刊》，4 卷 1 期，頁 33；引自柯象峯，《中國貧窮問題》(上海：正中書局，1947.11，滬 1 版)，頁 214。

87　《(河南)重修正陽縣志》，卷 2，財務，頁 209。

88　翰笙，〈中國農民擔負的賦稅〉，頁 20、21。

稍有遲緩短欠，則軍事就不免稽延貽誤。……總之，人民與國家原是一體，政府的事本是你們人民之事。貽誤政府便是貽誤自己。欠的是帳，終要償還。遇到時候不好的那天，不但不能少，反恐倒要加倍交出來。[89]

這種冠冕堂皇的理由，說穿了只是欲加之「稅」，何患無辭；於是預徵情形比比皆是；如河北南宮縣民國十六年秋預徵田賦至民國二十一年(1932)，山東莘縣民國十六年預徵田賦至民國十七年，德州民國十六年秋預徵田賦至民國十九年(1930)，河南民國九年秋預徵田賦至民國十年、民國十七年春預徵田賦至民國二十一年。[90]

　　農民勞苦終年所得，往往不夠賦稅，因此視有田為苦事，認為「田是累字頭，系絡不自由」；[91]每屆年終，有地者多將下地賣給其他貧民，每畝反給買主大洋三、四角，期免納糧之累，貧民迫於饑寒，明知飲鴆止渴，亦不惜忍痛承受暫度，年關一到，地糧開徵，多有逃亡或自盡者。故民謠曰：「有地又有錢，歡喜過新年，一聽催完糧，逼的要上天」。[92]而官吏徵稅，不論水災旱災，一律照徵，百姓為納糧完稅有售兒賣女者，山東東平縣歌謠云：

農夫苦，農夫苦，鋤禾日當午，背赤紫汗滴，禾下土終日，勞作不息止；農夫苦，農夫苦，天旱地又枯，釜中無粒粟，兒女牽衣淚如雨；農夫苦，農夫苦，胥吏催租，收成不足，無錢付，只得咬牙切齒，售兒賣女。[93]

89　翰笙，〈中國農民擔負的賦稅〉，頁 22。
90　翰笙，〈中國農民擔負的賦稅〉，頁 22-23。《(山東)莘縣志》，卷 4，食貨志，頁 225。
91　《(河北)晉縣志料》，卷上，風土志，頁 127。
92　《(河北)晉縣志料》，卷上，風土志，頁 126。
93　《(山東)東平縣志》，卷 5，風土，頁 216-217。

河南《淮陽縣志》刊有詩名「賣小孩」者，內容為：

> 賣小孩，鄉裡來，破衫掩面哭聲哀；賣小孩，聲嗚咽，嗚咽一聲腸寸裂，腸雖裂，聲不止，但得兒有噉飯處，阿母也緩須臾死；賣小孩，不斷聲，官府撤振又開徵。[94]

賦稅奇重，迫民至此，無怪民命不堪，鋌而走險。[95]

---

[94] 《(河南)淮陽縣志》，內集詩，頁1135-1136。

[95] 《(河南)夏邑縣志》，卷1，地理，頁274。

第四節　社會背景

　　直魯豫地區自古屬燕趙鄒魯之地，民性慷慨悲歌任俠成風。如河北《柏鄉縣志》載：「柏屬趙地古所稱，多感慨悲歌之士，尚任俠而矜氣勇」；[1]《交河縣志》載：「質直好義，任俠成風，乃燕趙舊俗」；[2]《房山縣志》載：「其俗愚悍少慮，敢於急人，燕丹遺風也」；[3]《清河縣志》載：「清河地毗齊趙，昔古燕趙之風，人民任俠好武」；[4]山東《臨清縣志》載：「吾臨習尚任俠，輕金錢，重情誼，慷慨有燕趙風」；[5]《德縣志》載：「德邑南接鄒魯，北連燕趙，有慷慨任俠之風」；[6]河南《滑縣志》載：「壤接燕趙，風多慷慨」；[7]《永城縣志》載：「性情大致剛勁，彷彿燕趙間多慷慨悲歌之士」。[8]

　　除上述外，方志中對此區民情風俗還有許多記載，如河北《大名縣志》云：「俗不知禮讓，好勇鬥狠，多尚氣輕生」；[9]《成安縣志》云：「成民務農尚武，好俠任氣」、「民性憨直」；[10]《東明縣續志》云：「民風獷

---

[1]　《(河北)柏鄉縣志》(牛寶善修，魏永弼纂，1932 排印本，成文華北 525)，卷 5，志，頁 338。

[2]　《(河北)交河縣志》(高步青等重修，苗毓芳等纂，1916 刊本，成文華北 148)，卷 1，興地志，頁 259。

[3]　《(河北)房山縣志》(馮慶瀾等修，高書官等纂，1928 鉛印本，成文華北 133)，卷 5，禮俗，頁 416。

[4]　《(河北)清河縣志》，卷 9，頁 541。

[5]　《(山東)臨清縣志》，禮俗志，頁 643。

[6]　《(山東)德縣志》，卷 13，風土志，頁 362。

[7]　《(河南)滑縣志》，民政，頁 526。

[8]　《(河南)永城縣志》(〔清〕岳廷楷修，胡贊采、呂永輝等纂，高明元增補，1903 刊本)，卷 13，俗產，頁 538。

[9]　《(河北)大名縣志》，卷 30，雜俎，頁 1996。

[10]　《(河北)成安縣志》，卷 10，風土，頁 429。

悍」；[11]《薊縣志》云：「好禮、好義、好武、尚勇，有慷慨悲歌之風，惟
躁急亦所難免」；[12]山東《長清縣志》云：「性行檢樸，不畏強，禦屈必求
伸」；[13]《單縣志》云：「單父民俗強悍，素號難理」；[14]《重修泰安縣
志》云：「山居之民多質樸，遇事直言敢為」；[15]《高密縣志》云：「人性
剛勁」；[16]《牟平縣志》云：「民性愎戾而好訟鬪」、「性皆獷直」；[17]
《齊河縣志》云：「民粗而好勇」；[18]河南《重修信陽縣志》云：「人性躁
勁，風氣果決」、「尚氣力」；[19]《光山縣志約稿》云：「人民強悍難
馴」；[20]《陝縣志》云：「民多尚氣，不忍小忿」等。[21]而報紙亦載山東沂
州屬費縣：「人民強悍，素稱難治」。[22]

　　綜合上述記載，可知直魯豫地區人民具強悍、急躁、好勇、輕生等屬較
激烈個性特質，具有此個性者一旦為環境逼迫，往往反應強烈，如山東《陽
信縣志》記載：

　　　按陽信居齊北，鄙毗近燕趙，多拔劍擊筑慷慨悲歌之士，風俗強勁有

---

[11]　《(河北)東明縣續志》(周保琛修，李增裕纂，1924 鉛印本，成文華北 514)，卷之 1，
　　　建置，頁 69。
[12]　《(河北)薊縣志》(仇錫廷等纂修，1934 鉛印本，成文華北 180)，卷 3，鄉鎮，頁
　　　307。
[13]　《(山東)長清縣志》(李起元等修，王連儒等纂，1935 鉛印本，成文華北 9)，卷 1，地
　　　輿志下，頁 356。
[14]　《(山東)單縣志》，卷 19，藝文，頁 20 下。
[15]　《(山東)重修泰安縣志》，卷 4，政教志，頁 473。
[16]　《(山東)高密縣志》(余友林等修，王照青等纂，1935 鉛印本，成文華北 63)，卷之
　　　5，民社，頁 317。
[17]　《(山東)牟平縣志》，卷 3，地理志，頁 437。
[18]　《(山東)齊河縣志》，卷之 12，戶口，頁 255。
[19]　《(河南)重修信陽縣志》，卷 17，禮俗 2，頁 697。
[20]　《(河南)光山縣志約稿》，土田，頁 61。
[21]　《(河南)陝縣志》，卷 5，頁 198。
[22]　《順天時報》，1912.04.12，4 版。

自來矣，往事多不可考，稽近數十年來遇暴力壓迫至不能堪，輒合羣眾，不恤喪頂滅踵以與之抗。[23]

民國初年的環境，無論政治、軍事、經濟方面，莫不對人民構成極大壓力，個性激烈的直魯豫地區人民自會群起反抗，力求自保，如河北《滄縣志》云：「滄縣風俗強悍，自漢以還，弄兵潢池之事時或不免，今則盜匪日熾，視昔尤盛」。[24]

除民性強悍，個性激烈外，觀念偏差也是促使人民成匪的因素之一。而造成觀念偏差原因在於風俗閉塞與教育落後。就前者而言，直魯豫地區除部分地方臨海，與外界溝通較易外，大部分地方僻處內陸，少有機會對外接觸，故人民大多保守、閉塞，如河北《寧晉縣志》云：該縣西南方土厚水深，農民終歲勤動，但知服田力、守牆株，故「民風較塞」。[25]霸縣不易與外界聯絡，因此人民「遇有閑暇則集數十人於古廟前，或籬畔、或樹蔭下談外間新事，語多附會而聽者頗信之」。[26]山東《冠縣縣志》云：「冠縣僻處魯西，風俗閉塞」；[27]又云：「地僻，民情愚直，囿於一隅不習外務」。[28]《陵縣續志》云：「地處偏隅，開化較晚」。[29]河南《太康縣志》亦云：道路交通不便，風俗閉塞。[30]民國二年三、四月間，北洋大學地質考察隊赴山東考察，中途與驢夫談話，詢及武昌革命事，彼茫然不知所問，[31]可見民情閉塞。最足以說明直魯豫地區風俗閉塞者，乃流行各縣的迷信風俗，如扶

[23]　《(山東)陽信縣志》，卷4，兵事志，頁195。

[24]　《(河北)滄縣志》，卷6，經制志，頁410。

[25]　《(河北)寧晉縣志》，卷之1，封域，頁209。

[26]　《(河北)霸縣新志》，卷4，頁273。

[27]　《(山東)冠縣縣志》，卷之1，頁150。

[28]　《(山東)冠縣縣志》，卷之1，頁132。

[29]　《(山東)陵縣續志》，卷3，16編，風俗，頁349。

[30]　《(河南)太康縣志》，卷2，輿地志，頁109。

[31]　梁宗鼎，〈山東地質實習記〉，《東方雜誌》，10卷8號(1914.02.01)，頁8。

乩、搖會、女巫等。[32]

就後者而論,直魯豫地區教育落後頗為普遍,據中華教育社統計,民國十二年以前,直魯豫地區就學比率是:河北 24.2%(京師及京兆為 22.1%),山東 25.5%,河南 8.9%,[33]此乃平均數值,若窮鄉僻壤之地實無法有上述就學人數。如山東嶧縣籍人梁繼璐曾言,在其家鄉抱犢崮山區裡,從未設置學校,甚至私塾也很少,偶有一、二家,幼童入塾目的,只求能上個「工夫帳」,家長即心滿意足,談不卜讀書的意義;且絕大部分人仍不識字,如當地風俗,嬰兒受驚嚇,叫做「掉魂」,治療方法是寫個招貼,貼至路旁樹上去「叫魂」,其文曰:「天皇皇,地皇皇,我家有個夜哭郎,行路君子唸三遍,一覺睡到大天亮」,如此簡單數語,某些村莊竟找不到人書寫,還要跋涉數十里出山求人;[34]此地教育落後情形,可想而知。

地域偏僻、風氣閉塞、教育不發達,使人們觀念產生偏差,亦即不認為當盜匪是不對的、可恥的;[35]故河南出現「父紹其子,兄勉其弟,婦勖其夫」為匪的情形,若不肯為匪,則「妻室恨其懦,其願為匪,父老誇其能」。[36]一個在豫西被擄的外國人也發現,盜匪在當地所受到的尊敬與服務。[37]此種偏差觀念促使當地年輕人紛紛從事盜匪行業,自然形成民初盜匪人數的不斷增加。

民初多匪的另一原因,在於招撫惡例的引誘和刺激。前已提及(參見第

---

[32] 有關直魯豫地區流行的扶乩、搖會、女巫等事可見:《(河北)磁縣縣志》,7 章,風俗,頁 111-112。《(河北)井陘縣志料》,10 編,風土,頁 550。《(河北)晉縣志料》,卷上,風土志,頁 120。《(山東)東平縣志》,卷 5,風土,頁 198-199。《(山東)齊東縣志》,頁 211。《(河南)偃師縣風土志略》,頁 119-121。《(河南)鞏縣志》,卷 7,民政,頁 403-406。《(河南)獲嘉縣志》,卷 9,習慣,頁 435-436。《(河南)新修閿鄉縣志》,風俗,頁 217。

[33] 鄭世興,《我國近代鄉村教育思想和運動》(臺北:正中書局,1974),頁 66-67。

[34] 田少儀,〈細說孫美瑤與臨城劫車案(一)〉,頁 28。

[35] 長野朗,《土匪軍隊紅槍會》,頁 13。

[36] 《學術論壇》,頁 35;引自黃廣廓,〈有關白朗起義的一些資料〉,《史學月刊》,1960.02,頁 24。

[37] *North China Herald*, Mar. 5. 1927, p.388.

一章第二節)，盜匪招撫後，視人數多寡而授以營、團長之名，改編成正式
軍隊，這對盜匪而言，只有好處沒有壞處，一方面可得高官厚祿，有正式名
義頭銜，不再被視為惡劣之徒；一方面可趁機在軍隊中補充軍需。尤為重要
的是，一旦被收編為正規軍，則所有燒殺、劫掠、綁票等不法行為均可合法
化，無盜匪惡名而有盜匪實質利益，因此吸引多人爭相投入盜匪團體，特別
是一些大的盜匪首領，在名利雙收下，衣錦還鄉，成為地方英雄，此舉被地
方子弟視為陞官發財捷徑，爭相效法，如河南《新修閿鄉縣志》說：

> 近歲地方不靖，綠林伏莽一經收撫，則歸鄉自豪，而無識少年，因視
> 此為陞官發財捷徑，野心勃勃。[38]

《順天時報》亦載：河南盜匪視被招撫為「得高官厚爵之捷徑；故豫人之痛
心匪禍者，每謂自撫匪之議起，而山澤之父老不免父詔兄勉其子弟之為
匪」。[39]此實招撫惡例造成盜匪大起。

38　《(河南)新修閿鄉縣志》，風俗，頁 187-188。
39　《順天時報》，1914.04.14，10 版。

第二章　盜匪的種類、巢窟與分布

第一節　盜匪的種類

盜匪的種類不一，直魯豫盜匪有下列幾種類型：

一、就性質而言，可分為職業性盜匪與業餘性盜匪。

職業性盜匪專以掠奪為生，除掠奪外無其他謀生之道；業餘性盜匪則視掠奪行動為副業，主要仍從事農業或其他工作，只有在收成不佳、經濟拮据，或農閒時才參加掠奪行動。如山東孫美瑤部眾中就有許多業餘性盜匪，有機會就參加行動，作完案仍回家種田或做工。[1]業餘性盜匪多半只是一時經濟困窘促成，故較無組織，不固定參加某一股盜匪活動，只要知道行動目標、時間與地點，臨時即可加入；行動時間亦不長，通常只是一個夜晚，天明時又回到原工作崗位，不像職業性盜匪終日在外行動，甚至遠及各省劫掠。此種業餘性盜匪聚集之處稱「土匪村」，[2]如山東濟陽縣王哥附近就有土匪村，[3]村中居民平日與善良百姓無異，惟其觀念並不以掠奪為非；民國十二年，在臨城劫車案中被擄的美國人鮑惠爾(John B. Powell)行經此種土匪村時，曾親眼目睹一名女子將掠奪來的珠寶首飾戴滿一身向眾人炫耀，她手上的一個戒指，還是鮑惠爾的學校班級紀念戒指。[4]

---

[1]　田少儀，〈細說孫美瑤與臨城劫車案(一)〉，頁31。

[2]　長野朗，《土匪軍隊紅槍會》，頁2。〈論評選輯──魯省大舉剿匪〉，《國聞週報》，8卷14期(1931.04.13)，頁6。

[3]　長野朗，《土匪軍隊紅槍會》，頁75。

[4]　John B. Powell著，尹雪曼譯，〈臨城劫車被俘記(二)──上海密勒氏評論報主持人鮑惠爾回憶錄之八〉，《傳記文學》，16卷2期(1970.02.01)，頁16-17。

二、就地域而言，可分為陸地盜匪與水上盜匪。

陸地盜匪以陸地為活動範圍，由於行動往來常依恃馬匹，故有稱之為「馬賊」；如民國元年，河南《商水縣志》載：「有大股馬賊，執快槍自鄢城、西華一帶入境，在巴村、鄧城地方肆行搶掠」。[5]也有稱之為「響馬」者，因盜匪常繫響鈴於馬頸，使人聞而心驚。[6]

水上盜匪是在水上從事活動，又可分為海盜與湖匪。前者專門在海岸地帶騷擾商船旅客，如天津海關報告說：「夏季直隸灣間，出有海盜，搶劫中國蓬船，曾聚匪徒，將一蓬船裝往魯省之煤油，搶掠一空」。[7]山東霑化縣、利津縣的沿渤海灣一帶，河汊縱橫，人烟稀少，向為海盜出沒嘯聚之所，而以行經渤海灣往來煙臺、龍口、羊角溝、塘沽等處之小型商船為劫掠對象。[8]此外，濰縣、膠縣、日照縣等海岸地帶也有海盜蹤跡，人民不堪其擾。[9]民國十七年二月十三日，山東海州、青島間甚有海盜劫日輪海通丸，乘之侵襲往來商船。[10]後者則是在內地湖泊中進行活動，如山東廣饒縣、濟

---

5 《(河南)商水縣志》，卷 3，職官表，頁 192。

6 《(山東)陵縣續志》，卷 4，28 編，雜記，頁 471。然據何西亞，《中國盜匪問題之研究》，頁 16，曰：響馬「最先產生於直隸。明史載明正德四年，京畿有響馬盜起，霸州劉六、劉七、齊彥名等亦聚眾作亂，是為響馬之始。其後橫行於山東，有清一代，禍亂數作，不勝盡紀。其出也，亦一如馬賊之乘騎而出，故謂之響馬。民國以後，此類盜匪已盡奔滿蒙投入胡賊；間亦有效順軍隊者，故已不復聞有響馬之名矣」，此恐有誤。

7 〈中華民國三年天津鈔關貿易情形論略〉，《中華民國海關華洋貿易總冊(民國三年)》(新店：國史館史料處，1982.06，重印)，冊 1，頁 28。

8 《(山東)霑化縣志》，卷 7，武備志，頁 947。《(山東)利津縣續志》，雜志，頁 483-484。此外，《(山東)壽光縣志》(宋憲章等修，鄒允中等纂，1936 鉛印本，成文華北65)，卷 5，兵防，頁 577；卷 6，職官表，頁 650，也記載民國七年，海盜擾羊角溝事。

9 《(山東)膠志》，卷 32，兵防兵制，頁 1326。《(山東)濰縣志稿》(陳鶴齋、劉東侯、丁偉千纂修，1941 鉛印本，學生 87)，卷 17，武備，頁 977。此外，《(山東)膠澳志》，大事記，頁 1473，也記載民國四年十二月，駐青島日軍捕獲我匪船事。

10 〈時事日誌〉，1928.02.13，《東方雜誌》，25 卷 7 號，頁 114。

寧縣都有湖匪群起騷擾的記載。[11]水上盜匪雖以海洋河湖為活動範圍，但有時亦侵襲陸地，如民國三年十月二十日，山東掖縣有盜匪百餘人，由虎頭崖上岸，搶劫沙河一帶；[12]民國十三年夏，廣饒縣有海盜侵入吳營鄉的南莊子擄人，勒贖三萬餘元。[13]

三、就性別而言，可分為男匪與女匪。

盜匪工作男性實較女性適合，然盜匪中不乏女性成員，且居重要地位；如河北的曹巨氏、[14]山東的趙媽媽、[15]劉李氏、[16]開步走(綽號)等人。[17]一般而言，女性成匪多為家庭因素所致，如山東張如南之妻，由於丈夫為匪首，也因而從事盜匪行業，為夫運送子彈。[18]臨沂縣的趙媽媽與她二十餘歲的女兒共同行動，傳說她們常以美人計將討伐隊擊退。[19]

11　《(山東)續修廣饒縣志》，卷26，雜志，頁1115。《(山東)濟寧縣志》，卷2，法制略，頁198。

12　〈中國大事記〉，1914.10.20，《東方雜誌》，11卷6號，頁2。

13　《(山東)續修廣饒縣志》，卷26，雜志，頁1114。

14　《(河北)新河縣志》，列傳前編，頁664。

15　《(山東)臨沂縣志》，卷3，大事記，頁901。

16　《(山東)臨淄縣志》，卷7，軍事志，頁328。

17　《(山東)續修廣饒縣志》，卷13，政教志，頁417。

18　《(山東)臨淄縣志》，卷35，志餘，頁1091。

19　長野朗，《土匪軍隊紅槍會》，頁71。

第二節　盜匪的巢窟

　　巢窟是盜匪的根據地，功用甚多，可供彈藥補給、分配掠奪物、窩藏人質、策劃行動之地方。[1]巢窟多設在省縣交界處，所謂「三不管」地帶，[2]或利用天然地勢之便利；[3]如孫美瑤以山東嶧縣抱犢崮為巢窟，此地位於巨梁山、熊耳山、駱駝山、九頂蓮花山、東兒山、西兒山、運穀山、鳳凰嶺、卓山等山間，為一高約五千公尺的大石柱形山，山頂平坦，可供耕種。[4]整座山陡峭異常，據被擄人質鮑惠爾形容此山說：

> 愈往上行，寬度愈窄，如此直到一條隘路；這條隘路的兩旁，全是陡峭的山壁，中間則是一條窄窄的小徑。……從這座山的半腰間起，有了逐漸的傾斜度，但是上半部卻全是堅硬的岩石和陡峭的山壁，因此很難攀登。[5]

抱犢崮山勢之險絕，由此可知。全山唯一出口乃位於抱犢崮西南的羗山口，而對外唯一通路是自抱犢崮懸崖向西南行，由羗山口出而達棗莊，整條路僅羗山口和棗莊間可行牛車；[6]山頂有許多洞穴，並築有碉堡，附有牆垛與槍

---

[1]　長野朗，《土匪軍隊紅槍會》，頁8。

[2]　劉仲康，〈火眼狻猊——朱信齋〉，《春秋》，8卷4期(1968.04.01)，頁24。

[3]　《(山東)桓臺志略》(袁勵杰修，王家廷纂，1933排印本)，卷2，法制略，頁15下。

[4]　抱犢崮，又名抱犢谷、豹子谷，舊名君山，是山東嶧縣著名八景之一；其名稱起源乃因遠年有道士欲墾山田，又苦牲畜難於攀登山頂，故抱幼犢登山飼養而耕之。參見：南雁，〈臨城土匪大掠津浦車〉，頁4。〈論評選輯——魯省大舉剿匪〉，頁6。《(山東)臨朐續志》，卷19之20，頁1029。魏肇九口述，孔祥宏筆錄，〈關於「臨城劫案」真象補遺〉，《山東文獻》，4卷4期(1979.03.20)，頁123。田少儀，〈細說孫美瑤與臨城劫車案(一)〉，頁27。

[5]　John B. Powell，尹雪曼譯，〈臨城劫車被俘記(二)——上海密勒氏評論報主持人鮑惠爾回憶錄之八〉，頁16。

[6]　田少儀，〈細說孫美瑤與臨城劫車案(一)〉，頁27。

眼；[7]此種地勢與防備，使抱犢崮成為易守難攻的絕佳根據地，官兵剿滅不易。[8]孫美瑤即依恃此一優勢，劃附近數縣為勢力範圍，恣意侵擾。[9]

至於流竄各地的大盜匪團，則會視情況在各地利用地形建立臨時性根據地，如白朗在母豬峽、老龍山、崆洞山、[10]樂山、朗陵的根據地均是如此。母豬峽位於河南遂平、確山、泌陽、舞陽四縣邊境之嵯岈山(磋牙山)間，[11]東去遂平四十里，西南去泌陽一百五十里，北去舞陽約五十里，東南去確山一百餘里；山勢盤曲，綿亙數百里，中有洞穴可深入，山前有馬鞍山，眾峯拱抱，突兀奇峭，滿山均是奇形怪狀的大石頭，參差不齊，犬牙相錯，登陟幽阻；白朗在此駐紮後，即布置各種防禦設施，成為絕佳根據地，[12]官兵很難進攻，[13]此地後來亦為老洋人利用。[14]另外，樂山地形，「最為險要，有一夫當關，萬夫莫開之勢」。[15]而朗陵則深山窮谷、岡陵起伏，《確山縣志》云：

　　為天中奧區，遠控荊襄，近依宛洛，其東北曠野平原，與汝遂各界壤

7　田少儀，〈細說孫美瑤與臨城劫車案(一)〉，頁 16、23。據說山上建有「巢雲觀」，人質全囚禁在此；見〈孫籌成調停臨城劫車案〉，《春秋復刊》，5 卷 3 期(1984.09.01)，頁 55。

8　民國十二年，北洋政府第二十旅軍隊，由吳長植旅長率領，擬大規模對抱犢崮圍剿，結果也只能做到守而未能攻進；見田少儀，〈細說孫美瑤與臨城劫車案(二)〉，頁 45-47。又據《(山東)臨朐續志》，卷 19 之 20，頁 1029，載：「兗屬多山，嶧縣抱犢崮尤稱天險，有悍匪踞此久，官軍莫之伊何」。

9　長野朗，《土匪軍隊紅槍會》，頁 27。

10　王天從，〈白狼其人其事〉，頁 42。

11　《順天時報》，1913.02.18，4 版。

12　程玉鳳，〈白狼史話(四)〉，《中原文獻》，10 卷 5 期(1978.05.25)，頁 33-34。白朗死後，繼而為首的宋老年，也據守母豬峽；見王天從，〈民初匪禍話「白狼」(一)〉，頁 33。

13　張錫元率軍攻擊母豬峽時，遭到全軍覆沒的慘劇；見長野朗，《土匪軍隊紅槍會》，頁 7-8。

14　張白山，〈民初中原流寇禍皖紀實〉，《春秋》，21 卷 1 期(1974.07.01)，頁 40。

15　《(河南)確山縣志》，卷 20，大事記，頁 489。

　　地相接，牙錯廣褒達數百里，西北南三面深山窮谷，岡陵起伏，盜賊出沒。[16]

　　另據《順天時報》載：白朗最緊要的匪窟乃河南府嵩縣山谷之內，此地「四圍均係崇山峻嶺，道路崎嶇，窄而且斜，兩旁斷崖中一曲徑，白匪搶得銀錢、糧米均囤於該處」。[17]

　　除上述外，山東臨朐縣的聚糧崗，「在巨洋西岸，縣治南七十里，山頂四周斗絕，惟西偏一線微徑可以攀登」，民國十五年秋，為張保道股盤踞。[18]嵩山在縣治西南六十里，一名七寶山，是西南境的主山，「山勢高大，北面排闥而立，狀如屏，中峯高聳，然獨尊西閃，大峪三峯互接，南面巍峨，凝碧連天，東麓大壑幽巖，鬱鬱蒼蒼」，民國十六年正月為孫小司令股占據。[19]方山「南北袤延數里，三面峭壁危聳，惟西北略可攀躋，巑徑仄曲，舉步悚慄」，民國十七年冬，王二麻子股嘯聚百餘人盤踞此山，擄掠焚殺毒痛一方，迭經剿擊而不能克。[20]河南信陽縣的四望山在縣西南九十里，為境內最高山，地勢險絕，向為盜匪窩集處。[21]汜水縣的三家店，「在寒山寨、金山之間，為鞏、汜分界處，兩山夾峙，汜水中流，其最狹處不過數十武」，乃「汜南方之咽喉也，過而南羊腸鳥道，為赴登間道，日鞏密關在五至嶺下，近時山多伏莽，數年間匪徒據為巢穴，出沒焚掠」。[22]禹縣的葫蘆

16　《(河南)確山縣志》，卷1，輿地，頁64。

17　《順天時報》，1913.12.05，8版。

18　《(山東)臨朐續志》，卷6之7，頁194-196；又此山於民國十九年至二十年間為衣來好、王百川股數百人先後盤踞。

19　《(山東)臨朐續志》，卷6之7，頁189-190；又此山於民國二十一年為衣來好股占據。

20　《(山東)臨朐續志》，卷6之7，頁205。

21　《(河南)重修信陽縣志》，卷2，輿地1，頁97；又卷18，兵事1，頁779，載：「四望山，邑西南九十里，地界楚豫之交，山周約百里，其高峯可望信、桐、隨、應四縣，故名；山中有田千石，人六百戶，皆貧民，入山小路三皆天險」。

22　《(河南)汜水縣志》(田金祺重修，趙東階等纂，1928鉛印本，成文華北106)，卷1，地理，頁48。

套位於城西方十五里左右的險峻山中，三面為峭立的高山環繞，一方開口處的中央有大劍山聳立，此山只有後方一條路往外通，其餘三方全是峭壁懸崖，此地曾為白朗、老洋人等股占據。[23]另外，河北的門連駒、井老四、郭五、欒成烈、竇經緯、門馬栓、李連生、李老皂以馬耳山為窩藏地，[24]山東的于三黑據千人洞，[25]河南的魏國柱、趙齡、李聾子依大雄山為巢窟，[26]丁保成、韓祥踞薈萃山，[27]王振、張得勝盤據西山，[28]白占標據車峪等，[29]莫不利用山勢險絕，有利防守，築為巢窟。而叢山環繞，森林廣布之地因而盜匪遍地。[30]大致而言，一望無際的平原地區，由於缺乏掩護，相形之下屬安全區域，如河南的黃河北岸地區與省城開封附近，[31]山東中部盜匪的大規模掠奪亦較少。[32]

　　盜匪除利用山地形勢建巢窟，也利用河川湖泊的天然險阻；如距離抱犢崓不遠的湖泊區內就有盜匪巢窟，其形勢北有南陽湖，南有微山湖，中有昭陽湖，三湖首尾相銜作長蛇形，更有獨山湖在左，此種形式俗稱龜蛇，範圍北到山東濟寧，南到江蘇銅山，周圍七百多里，內中港汊非常複雜，非熟悉情形者不能辨別來去道路。[33]再如山東壽光縣的巨淀湖，「湖受眾水，其廣狹視歲之旱澇，其中蒹葭叢生，綿亙數十里」、「匪人恆借蒹葭為蔽蔭，軍隊不能深入搜索」。[34]此乃利用山川河湖的天然屏障建立巢窟之實例。

---

[23]　長野朗，《土匪軍隊紅槍會》，頁95-96。

[24]　《(河北)完縣新志》，卷9，故實7，頁652。

[25]　《(山東)續修博山縣志》，卷1，大事記，頁128-129。

[26]　《(河南)禹縣志》，卷2，大事記，頁257。

[27]　《(河南)禹縣志》，卷2，大事記，頁242。

[28]　《(河南)禹縣志》，卷2，大事記，頁249。

[29]　《(河南)新修閿鄉縣志》，通紀，頁84。

[30]　長野朗，《土匪軍隊紅槍會》，頁71、85。方洪疇，〈民初河南巨匪白狼、老洋人實錄〉，《中原文獻》，6卷6期(1974.06.25)，頁20。

[31]　長野朗，《土匪軍隊紅槍會》，頁87。

[32]　長野朗，《土匪軍隊紅槍會》，頁72。

[33]　南雁，〈臨城土匪大掠津浦車〉，頁3。

[34]　《(山東)壽光縣志》，卷2，河泊，頁169-170。

　　又普通村寨具備有利條件者亦可成為盜匪根據地，如民國十七年九月，
山東臨沂縣盜匪破四區之王幅鼻子寨，殺二百餘人，以寨有積糧據為巢穴。
[35]還有一些小股盜匪四處作案，時聚時散，並不設立任何根據地。[36]

---

[35]　《(山東)臨沂縣志》，卷3，大事記，頁911-912。
[36]　《(河北)東明縣新志》，卷之20，匪災，頁1441。

第三節　盜匪的分布

　　欲掌握直魯豫盜匪之分布實屬不易，因盜匪本身流動性甚大，變化太多，外人既無從了解，內部亦毫無紀錄，不似軍隊演變，有明確線索可尋。就筆者搜集的資料中，僅何西亞《中國盜匪問題之研究》與日人長野朗《土匪軍隊紅槍會》兩書曾調查盜匪之分布情形，然僅限於山東、河南兩省，時間約在民國十二、三年左右，內容如下：

山東省[1]

匪首	巢窟	人數	
范明新	曹縣	1,500 人	
張得功	曹縣	400 人	
梁得勝	曹縣	300 人	
梁勝懷、朱延振	曹縣	300 人	
王順	鉅野	200 人	
范玉麟(范玉鱗)、方連勝	金鄉	700 人	
	單縣	約 1,000 人	
戴得功、吳三秀	單縣	數百人	
	魚臺	700 人	
	鄒縣	500 人	
	曲阜	1,000 人	
馮福堂	曹縣	千人	
李憲之	曹縣	500 人	
孫矮子	東平汶上境界	500 人	
李憨子、張九	濟寧	共 1,000 人	
王世嶧	肥城		600 人
孫某	平陰	650 人	

1　長野朗，《土匪軍隊紅槍會》，頁 73-75。何西亞，《中國盜匪問題之研究》，頁 83-88。

魏大廩	嶧縣	300 人
劉持之	嶧縣	300 人
梁金襄	嶧縣	700 人
王麟	嶧縣	400 人
劉殿祥	嶧縣	200、300 人
王恆喜	嶧縣	200 人
孫美瑤	嶧縣	1,000 人
海賊出沒	日照	
徐鼻子	臨沂	700、800 人
	沂水	100 人
	太平山	200 人
	霹靂山	數百人
徐鳳子、趙成治	臨沂	300 人
趙媽媽	郯城	600、700 人
小部隊土匪	臨沂	
李某	臨沂石泉山	1,000 人
	郯城	數百人
張其	臨沂	200 人
孫美松	臨城	600 人
寶二墩	江蘇境近湖	500、600 人
大小土匪團三、四十	郯城	2,000 人
王貫卿	濰河沿岸四十餘村	350 人、300 人
楊大神	諸安境界二十餘村	200 人
曹二虎	安邱南鄉三十餘村	120 人
高二虎	諸城北鄉四十餘村	200 人
李田龍	高密西北二十餘村	200 人
田九	高密城子莊二十餘村	200 人
于雙龍(於雙龍)	昌邑峽山	1,000 人
董褲腰	高密廟戶莊一帶	180 人、200 人
鐘斗	高密西鄉	160 人
董九江(曹九江)	高密掠臺一帶	130 人
李平頭王(李平頭五)	安邱十餘村	150 人、200 人

岳邦順		300 人
胡墨峰		800 人
小光棍		百餘人
濟陽的土匪村	王哥附近居民	十之八、九為匪
李四	霑化	800 人
朱禿玉	高唐	300 人
王廣勝	范縣	320 人
劉子超(劉子起)	無隸	600、700 人
	壽縣	170 人
劉茂讓等四人	武城	不明
	掖縣	數百人
	武城	500、600 人
	聊城	不明
王祥(二十餘團體)	禹城	1,000 人
稱自治軍者	利津	300 人
	臨朐	80 人
孫二青眼	長山	200 人
闞襄金	長山	200 人

河南省[2]

匪首	巢窟	人數
董老五	洛陽	2,000 人
王老五	臨汝	千人
賈青雲	孟津	3,000 人
鄧老七	洛陽	千人
鄭復禮	洛寧	千餘人
張秀明	洛寧	500 人
趙昇高	洛寧	2,000 人
寧老七	洛寧	3,000 人

---

[2]　長野朗，《土匪軍隊紅槍會》，頁 87-88。何西亞，《中國盜匪問題之研究》，頁 89-94。

王庭林	新安	千餘人
王光治	新安	400 人
何剛	新安	500 人
陳四麥	鄧縣	千餘人
張得勝	臨汝	6,000 人
姜明玉	臨汝	5,000 人
翟十一	鄭州	300 人
韋鳳歧	洛寧	200 人
連四麻子	魯山	300 人
老昏王	豫西各縣	800 人
大領子	豫西各縣	千餘人
安玉江	豫西各縣	200 人
李品三	豫西各縣	300 人
孫殿英	豫西各縣	600 人
詹憲章	豫西各縣	400 人
劉團久	豫西各縣	千餘人
金秀山	豫西各縣	300 人
任山山	豫西各縣	200 人
胡家敗	豫西各縣	300 人
馬文德	豫西各縣	400 人
劉十一	魯山黃山嶺一帶	3,000 人
姚老五	魯山	數百人
趙振岡	魯山	數百人
劉時一	魯山	數百人
唐存宜	沈邱	千餘人
梁金環	荊紫關	千餘人
李天尊	洛陽桐柏	500 人
賈文生	洛陽桐柏	500 人
宋萬林	洛陽塚頭	千人
王和尚	洛陽柏樹墳	千人
張西魁	洛陽石橋鎮	700 人
周銀匠	洛陽瓦店	700 人

王得榮	洛陽橋頭	200、300 人
張老九、王老五	西平、遂平	不明
馮黑臉	洛陽馮沖	100、200 人
劉保賓	洛陽清華鎮	500 人
耿十八	洛陽老河	200、300 人
馬振圖(馬振團)	洛陽掘地坪	200 人
裴十閻王(裴十團王)	洛陽石門	200 人
王學顯	洛陽下河	200 人
楊石滾	洛陽青臺	200 人
李占標	洛陽劉官營	300 人
張老六	洛陽母豬峽	1,000 人、千餘人
劉天奎、于二摩	信陽	1,000 人
張九	洛陽袁店	500 人
董九	洛陽地方	100 人
王得功	洛陽地方	100 人
陳四麥	洛陽地方	800 人
李五子	洛陽地方	200 人
花二娃	洛陽地方	100 人
郭祥臣	洛陽地方	100 人
老班長	洛陽地方	100 人
謝二少	洛陽地方	100 人
齊希林	洛陽地方	100 人
胡國楨	洛陽地方	100 人
顧保	洛陽地方	80 人
劉老三	洛陽地方	100 人
喬成榮	洛陽地方	100 人
魏飄	西平、遂平	數百人
任大鼻子	商邱	2,000 人
陳大個	考城	千餘人
崔國章	虞城	千餘人
田匪	商邱	2,000 人
老洋人	鹿邑、寧、陵、睢縣、考城一帶	3,000 人

　　上述只是規模較大的盜匪，其他小股盜匪更是不計其數，如三、四十人一股的盜匪，僅山東諸城縣就有數百個。[3]

　　根據上表，可知民國十二、三年左右，山東大股盜匪至少在三萬人以上，河南則在六萬人以上；大股盜匪數目已不少，若再加上小股盜匪，數量當更驚人，保守估計以增加一倍計算，則山東盜匪數達六萬人以上，河南達十二萬人以上；則山東全省 107 縣，平均每縣至少有盜匪 560 人，河南全省108 縣，平均每縣至少有盜匪 1,111 人，[4]此一數值還只是平均數，某些縣份的盜匪數量應大大超過平均值，如山東曹縣有四千人，嶧縣有三千二百人，郯城縣、臨沂縣各約三千人；河南臨汝縣有一萬二千人，洛寧縣約七千人，魯山縣約四千人，商邱縣四千人，孟津縣三千人。

　　除經由何西亞及長野朗兩人的調查紀錄可概略了解盜匪分布情形外，根據方志記載，筆者整理出民國元年至十七年間，在直魯豫地區活動的盜匪股別及大概情形如下：

河北省

匪名	區域	人數	補充說明	資料來源（方志頁數）
王洛么				清苑，頁 442
張和尚				滄，頁 1293
王惠				
劉沒耳朵		百餘人		滄，頁 2091
劉三	河北	300 餘人	共 14 幫	滄，頁 2092、2093
丁鍋腰		300 餘人	共 11 幫	滄，頁 2092、2093 南皮，頁 1800
尤清海	山東			南皮，頁 973
劉子起				南皮，頁 1795
王鴻升				

---

[3]　長野朗，《土匪軍隊紅槍會》，頁 75。

[4]　山東、河南的縣份數及縣名，見內政部編，《中華民國行政區域簡表》，11 版(上海：商務印書館，1947.11)，頁 119-131。

張樹青				
丁寶成				南皮，頁 1795、1800
丁睡不醒				南皮，頁 1795
活馬武				南皮，頁 1797
劉大興				南皮，頁 1800
吳八				
閻王				
丁八萬				
朱玉璞(朱寶珍)			原名朱寶珍	盧龍，頁 546
海金龍(宋魁元)			原名宋魁元	
大青(王青)			原名王青	盧龍，頁 547
姚老疙疸		數十人	據高碑店一帶，擾邑西鄉近	新城，頁 921
張三賴		各三數萬或數千人不等		望都，頁 433
老洋人	河南			
老混王				
門連駒	河北完	百數十人	據馬耳山	(完、唐、望都)，完，頁 264、653
冀鳳蒯				完，頁 265
楊洛八				
張大個				
張洛胖				
高文法				
李振清				
門馬栓	河北完		據馬耳山	完，頁 265、652
井老四	山東			完，頁 652
郭五				
欒成烈	山東東昌			
竇經緯	河北定			
李連生	河北完			
李老皂				

老張	河北定			完，頁653
胡友爾	固城			
湯禿	河北大名		西區著名桿匪	大名，頁692
老王爺	山東			東明(新)，頁1437
顧德鄰(顧得林)		(與許四共)170、180人		東明(新)，頁1437 威，頁1544、1545、1546
劉長久		千餘人	以黃莊為根據地	東明(新)，頁1437、1439、1440
野狸子				東明(新)，頁1437
范明心				
高順喜(高喜順)		400人	據劉士寬寨	東明(新)，頁1437、1438
劉佩玉				東明(新)，頁1437
吳田				
黑五				
六王爺				
七王爺				
高少爺				
王留成	河北	百餘人	東南匪首	東明(新)，頁1442
陳同樂		數百人		東明(新)，頁1443
褚大莊	河北寧晉		寧晉縣大楊莊巨盜	新河，頁90
蔡二夜貓		數十人		新河，頁396、663
陳三	山東臨清	500、600人		(清河、南宮、威)，新河，頁503 威，頁1509、1541 東明(新)，頁502、503
張黑面	河北寧晉		寧晉縣曹庄村巨盜	新河，頁395、664
曹全貴				
曹巨氏			寧晉縣曹庄村女盜	
胡洛起		千餘人		廣宗，頁60
陳剛	山東館陶	千餘人		廣宗，頁61
崔福彥(崔福	山東臨清	百餘人	據威縣南鄰曲周之馬蘭	廣宗，頁60

			堡、張家莊、劉村，廣宗縣的石井疃、馬房營，踞清河縣西，邱縣安褚莊一帶	清河，頁 396、783 威，頁 1508、1539、1550、1553、1547、1548、1549
韓玉田	河北成安			成安，頁 283
房作賓				
周牛子				
王善銀				
閻世軒	河北			景，頁 1192、1193
袁得才				景，頁 1193
王立春				
曹書亭				
李永勝				
路大個子				
黑旋風	河北景		西南鄉巨匪	景，頁 1687
鋼蹄子				
林大禿	河北			景，頁 2042
邱炳章				
張好賢				威，頁 694、1512、1548
張玉柱				
張四				
張吉盛				
董四				威，頁 694、1512
陳清林				
李大傻子	山東臨清	(與崔福彥共)400、500 人	據威縣東北邱境之常家屯、安褚莊、潘家莊，踞清河縣西，邱縣安褚莊一帶	威，頁 1508、1539、1540、1547、1553 清河，頁 396、397、783
馬夫				威，1541
李春堂	山東		據威縣東北邱境之常家屯、安褚莊、潘家莊	威，頁 1544、1546、1547 清河，頁 398
許四			據威縣東南臨清縣下堡寺、留善固	威，頁 1544、1545、1546

姚四禿子			據威縣東北邱境之常家屯、安褚莊、潘家莊、踞清河縣西邱縣安褚莊一帶	威，頁 1544、1546、1547 清河，頁 396
邱洛胖			據威縣東北邱境之常家屯、安褚莊、潘家莊	威，頁 1544、1546、1547、1556
王文清				威，頁 1545
王治法				威，頁 1546
胡錫華			據威縣西南邱境之古城營、宋八疃	威，頁 1547
李三	山東臨清			威，頁 1547、1553
屈六疤拉				威，頁 1547、1556、1557
蘇七			據威境南鄰西周之馬蘭堡、張家莊、劉村，廣宗縣之石井疃、馬坊營	威，頁 1547
馬對山				
常五	山東臨清		據威縣東南臨清縣之下堡寺、留善固	
王小美			據威縣西北廣宗縣之杜楊莊、柏城村	
楊清珍				
呂大領				威，頁 1548
郭寅賓				
郭書琴				
馬小黑				
陳好為				
王配文				
王文上				
李洛貴				
馬林				
周二禿子				
柏墨林				
范增田				
范長增				
程連佩				
高雲卿				

王竟成				
王合順				
楊振周				
任克功				威，頁 1548、1549
李小冒失				威，頁 1549
牛七				
王珍時				
張文德				
王丕成			屬崔福彥股	威，頁 1549、1551
趙印				威，頁 1549
賀大許				
田小辮				
林愷琹				
楊九扛子				
劉寶恩				
楊三關				
金貴				
牛有				
楊成獻				
王四				威，頁 1551
李長清				
張二黑	山東臨清			威，頁 1553
張鴻業				威，頁 1554
胡二萬				威，頁 1556
胡甲三				
趙六				
趙同祥				
胡登九				
劉克忍				威，頁 1559、1560
徐五				
李得功				
趙文印	河北		口北票匪	遷安，頁 174

張狗振		百數十人		晉，頁313
陳海峯	河北晉	百餘人		晉，頁313 無極，頁728
謝小森				晉，頁313
劉邦彥				
花芳其				
關永祥				無極，頁729
韓開江				清河，頁329
小羅成	河北		據清河縣張二莊、許二莊、王仙莊、李六莊等村	
王秀荃				
張懷誠				清河，頁798
張得勝				
獨角龍	河北唐山			柏鄉，頁47
楊木廉	河北			柏鄉，頁48

山東省

匪名	區域	人數	補充說明	資料來源 (方志頁數)
王瞎仔				齊河，頁815
卞杰三	山東曹州			齊河，頁483
李四	山東霑化			
于三黑	山東蒙		據千人洞	博山，頁128 臨沂，頁899 臨朐，頁76
白天祖				博山，頁129 鉅野，頁204
蓋三省	山東臨朐			博山，頁129
小白龍	山東			
孫立子	山東莒州			
趙錫	山東益都			
孫小司令(小司令)	山東臨朐			博山，頁130 臨朐，頁45、189、1012

劉黑七(劉桂堂)	山東費	3,000 餘人		博山，頁 131 臨朐，頁 47、936、937 臨沂，頁 904、911、1236
五洲				博山，頁 130
張鳴九	山東			青城，頁 399 齊東，頁 372、556
王寶慶		百餘人		青城，頁 399、400
岳濱州				青城，頁 400
王懷玉				曲阜，頁 636
王為	山東		抱犢崮股匪	臨沂，頁 899
王四痲子				
郭安				
張梁				
胡宗銀				臨沂，頁 900
張繼先				
趙成志				
徐大鼻子(徐鼻子)				臨沂，頁 900、1104、1238
王景龍				臨沂，頁 900
劉四				
徐黃臉				
徐牛				
孫安仁				臨沂，頁 901-904
趙媽媽			女匪	臨沂，頁 901
宋東泰				臨沂，頁 902、905、1105
解王志				臨沂，頁 902
董福樓				臨沂，頁 902、904
田思青		數千人		臨沂，頁 903、1104
孫復堂				
宋朝勝				臨沂，頁 904、905
劉天增		百餘人		臨沂，頁 904、905、

				906、908、1105、1106
張黑臉				臨沂,頁 904、908、1107
袁永平				臨沂,頁 904
侯六合				
鄭嘉平				
趙玉琢				
劉二				臨沂,頁 904 夏津,頁 1079
萬福沛				臨沂,頁 904
毛學田				臨沂,頁 905
劉作五				
陳錫保				
吳鳳志				臨沂,頁 906、1106
徐寶獻		千餘人		臨沂,頁 906、1105、1106、1107
王連慶		40餘人		臨沂,頁 906、913、1105
趙承學				臨沂,頁 906、1105
趙家粉				臨沂,頁 906、908、1106
謝圭德				臨沂,頁 906
許振聲				臨沂,頁 907
劉竹溪				
高近彪				
武占山				
陸寶山				
劉麻子				臨沂,頁 908
相克受				
丁大祥				臨沂,頁 908、911、912、1107
李斗金				臨沂,頁 908、1105、1106

李斗銀				臨沂，頁 908、1106
史思聰兄弟				臨沂，頁 909
袁照文兄弟		20 餘人		臨沂，頁 910
劉四順				臨沂，頁 911
二平把				
徐耳朵				臨沂，頁 1104
倪大牙				
黃臉		千餘人		臨沂，頁 1105
硬甲子				
王大合子				臨沂，頁 1106
王元濟				
謝立德				
姜文勝		500 餘人		臨沂，頁 1107、1238
謝康侯				
王永勝				臨沂，頁 1238
林貨郎				
張料物				荏平，頁 1019
張四貝				
薛傳峯				范，頁 711 荏平，頁 1019
王金法				荏平，頁 1019
顧得林(顧德林、谷德林、顧德鄰)	山東	千餘人、百餘人、200 餘人		清平，頁 150、601、605、607、925 冠，頁 1582 臨清，頁 132 夏津，頁 244、1079 平原，卷 9，頁 12 下 東阿，頁 242 東平，頁 991、992
傅鳥子(傅苗子、傅眇子)		400、500 人		清平，頁 607 夏津，頁 1079 東阿，頁 243
李懷義		百餘人		清平，頁 942
王六桿火(王六鋼火)	山東冠			冠，頁 1580 館陶，1089、1165、

				1207、1208
周七		各數十人		冠,頁1581
王培武				
劉懷德				
二豬嘴				
鄔景山(鄔金山)	山東	(與李扒子共)2,000餘人		鉅野,頁85 單,卷4,頁8下
范秉心				鉅野,頁204
龐子周				
王良義		200餘人		鉅野,頁205
張景榮				
解永昌		19人		
程進德				
張三			嘯聚於河北威縣一帶	臨清,頁134
許十一				臨清,頁137
張二天爺				
徐四				夏津,頁1016
霍大拃		千餘人		夏津,頁91、241
楊五子				夏津,頁1016
畢三彪				夏津,頁1079
于文煥				
趙全德				
郭大拃				
李四考		百餘人、數百人、400餘人	據梁山	朝城,頁240 范,頁710 東阿,頁241 東平,頁77、985
李九江		70餘人		朝城,頁240
石殿華	山東范	500人		朝城,頁241 范,頁710
大辮子		百餘人		(陵、德),陵,頁432、465、466
二狗子(張二狗子)				陵,頁432、464、465、466

花蝴蝶			陵，頁 432
鳳字匪			陵，頁 466
紅字匪			
張二西			范，頁 710
石野狸子			
岳四魁			
汪歪脖子			范，頁 711
韓效朱			
韓效成		70、80 人	
劉三滑		千餘人	范，頁 710、711
吳大旗			范，頁 711
劉曰南	山東	百餘人	萊陽，頁 124、1628、1631、1632
李奎五			萊陽，頁 1628 牟平，頁 1536、1574
趙輔臣			萊陽，頁 1628
徐子山	山東		萊陽，頁 1629
田益三			
孫東明			
李務豐			
張咸洲		聚雙山	
李道河	山東即墨	聚姜山	萊陽，頁 1629、1631
左萬成		聚阜山	萊陽，頁 1629
孔慶臣			
韓俠若	山東高密	聚日莊	
劉紹周		(與李奎五共) 200 餘人	牟平，頁 1629
郭培武	河北	李奎五匪夥，以歸山菴為巢窟	
丁守己	山東平度	東鄉土匪	平度，頁 46、254、483
王子成	山東高密	高密屬景芝之井溝人	平度，頁 46、486
王章武		兄弟	平度，頁 483

王炳文				
秦學禮				
胡海瑞				平度，頁483、491
仲積昌				平度，頁483
仲積漢				
郭廷禮	山東昌邑		昌邑屬三泊之郭家莊人	平度，頁486
張居梁	山東平度	百餘人	南鄉匪首	平度，頁491
丁丙陳				
陳子成				高密，頁107
徐華亭				
王子明	山東高密	數千人	西鄉匪	
宋煥金		數千人		
楊麻子			東鄉匪	
王世祿				
王大鬍子				高密，頁792、793
朱寅生				廣饒，頁417
李征		60餘人		廣饒，頁417、1112
崔九		50餘人	原屬劉奴才部下	廣饒，頁417、1113 臨淄，頁1091
孫眼(孫二青眼)				廣饒，頁417
開步走			女匪	
劉奴才		30餘人	據趙艾莊為巢	廣饒，頁1110、1111
吳鰲	山東廣饒		原屬劉奴才部下，西南鄉匪首	廣饒，頁1111
李二		80餘人、60餘人		廣饒，頁1112、1113
馬文龍		(與孫學彥、張健齋共)數千人	海西悍匪	臨朐，頁44、663 膠，頁1367
王得勝				臨朐，頁44
袁七				
紀學湯				臨朐，頁45、663
王曰治(王曰				

智)				
謝全好				臨朐，頁 46
王二痲子		百餘人		臨朐，頁 46、205
張保道				臨朐，頁 195
孫寶善	山東膠縣		南鄉土匪	膠，頁 667
王三月				膠，頁 1364、1366
董金柱				
孫學彥		(與馬文龍共)數千人		膠，頁 1367
張健齋				
馬七				膠，頁 1368
鄭桂華		百餘人		膠，頁 1377
劉孝先				
李萬				膠，頁 1377、1378
劉昭富			屬劉孝先部	膠，頁 1377
范進玉				
孫協(孫鴻賓)		數十人		膠，頁 1379、1380、1381
梁毅		數十人		膠，頁 1379、1380
馮超(馮明齋)		數十人	屬孫協部	膠，頁 1379、1380、1381
唐起文		數十人		
劉河清(劉合清)		數十人		
孫鴻勛		200 餘人	孫協胞弟，據大珠山	膠，頁 1831、1832
邢敬臣		80 餘人		
邢振江				莘，頁 467
馮西鈞	山東冠			館陶，頁 939
王六				
焦二				
王洛文	山東館陶			
三禿子				
任慶林	山東臨清			館陶，頁 940
孔向瑤				館陶，頁 1090

馮得山			
瞎永通			
張五羣			
白狼	河南		館陶，頁 1096
麻老九			館陶，頁 1098
孔九	200 餘人		館陶，頁 1207
李三			館陶，頁 1209
林四黑	300 餘人		館陶，頁 1209、1210
白玉山	山東館陶	祖籍河北南宮，本姓韓，生於山東館陶	館陶，頁 939
任振堂	百餘人		館陶，頁 1212
史清揚(史老五)	70、80 人		東阿，頁 242
徐五和尚	千餘人		東阿，頁 243
李小音			
齊二	400、500 人，200 餘人		東阿，頁 244、332
陳競秀	200 餘人		東阿，頁 244、245
陳二酉			東阿，頁 244
李清倫			臨淄，頁 327
張易周			
朱希增			
劉鴻恩			
李福仔	山東諸城		
閆相順			臨淄，頁 328
劉李氏		女匪	
張如南			臨淄，頁 329、1091
常緒坤			臨淄，頁 329
王二炒瓢			
王卓古			
吳順			
劉九封			
褚振岳			臨淄，頁 330

禿印子				臨淄，頁 331
王流(王右丿)				
王二等仔				臨淄，頁 337
石立品				臨淄，頁 1090
趙根				
許秀甲		百餘人		臨淄，頁 1091
趙金棠				平原，卷 9，頁 12 下
趙金德	山東	300 餘人		
張振標				
崔四成				
崔五成				
李鴻坤		40 餘人		桓臺，卷 1，頁 17 下
大興棚		200 餘人		桓臺，卷 1，頁 18 上
李扒子	山東	(與鄔金山共) 2,000 餘人		單，卷 4，頁 8 下
徐二茅草				
戴得功				
梁盛懷				單，卷 4，頁 9 上
范明新				
馮天臣			據梁山	東平，頁 77、985
宋狗眼				
高開成				
姜懷璞		百餘人		東平，頁 593
張老六				
倪景春				
王金深				
陶狄				
王成				
王明珠				
劉藍玉				
王二				

匪名	區域	人數	補充說明	資料來源(方志頁數)
張占元				東平,頁 592
李魁五				東平,頁 593
孟玉亭				
商鳳倫				東平,頁 592、683、684
郭愛卿				
王昌彩				
石老五				
蕭成龍				
于學先				
王克寅				
范繼束				
范繼法				
侯家詩				東平,頁 592、683、684
曹長太				
陳同樂		數百人		(曹),東明(新),頁 1443
陳三		500、600 人		(武城),新河,頁 503
李大傻子	山東			(邱),清河,頁 396
姚四禿子				
崔福彥				

河南省

匪名	區域	人數	補充說明	資料來源(方志頁數)
武林	河南			滑,頁 1011
楊法秋	河南滑		滑北土匪	滑,頁 1011、1651
劉丕玉	河北濮			滑,頁 1200
張淮	河南湯陰	共千餘人		滑,頁 1201、1650
李春和				滑,頁 1201
李書田	河南			滑,頁 1201、1410、1650
樊錫國(二斗半)		200 餘人	綽號二斗半	滑,頁 1410、1649、1650

劉春明	河南濮陽	200人		滑，頁1411、1649
李中元(李二紅)			擾滑東一帶，又名李二紅	滑，頁1649
郭黑甕				
大君保	河南湯邑			
劉培玉				滑，頁1649、1650
張二黑				滑，頁1650
李景和	河南湯邑			滑，頁1650、1652
戴敬先				滑，頁1650
劉守義	河南			滑，頁1650、1651
何九妮				滑，頁815、1650
王海	河南			滑，頁1650、1651
游青海	山東	百餘人		滑，頁1651
杜釗	河南			滑，頁1651、1654
李二清(李大朵驢)				滑，頁1651
趙盡善	河南			
李得道				
孫廷棟				
耿盡孝				
韓克明(韓合子)	河南湯邑			滑，頁1652
王恒富				
李連元				滑，頁1654
靳昆嶺				滑，頁1652
孫朝仲				滑，頁1652、1653、1655
趙玉山				滑，頁1652
劉鳳舞	山東			滑，頁1653
郭二倉		數百人		滑，頁1655
王林				許昌，頁985
安西坤				許昌，頁986
宋一眼	河南臨潁	(與劉光山共)	豫西著匪	許昌，頁1735

		數十人，(與楊土銀共)數百人		西華，頁 54、55 鄢陵，頁 99
高欣	河南			許昌，頁 1735 禹，頁 234
劉光山		(與宋一眼共)數十人	豫西著匪	西華，頁 54
老洋人(張國信、張慶、張國威、張名盛)	河南魯山	萬餘人、千餘人、20,000 餘人、數千人		(上蔡、西華、淮陽、太康、陝、正陽、閿鄉、確山、鄢陵、西平、靈寶)， 西華，頁 57、59 太康，頁 39、228 淮陽，頁 952 陝，頁 61、62、164 正陽，頁 164、166、173、375 閿鄉，頁 81、537 確山，頁 71、490 鄢陵，頁 102 西平，頁 151、433、1087 靈寶，頁 801-803、806-808、810
馮狗窩				西華，頁 58
張法	河南通許			西華，頁 58 通許，頁 218
李天知	河南			西華，頁 58
范明新	山東	千餘人		西華，頁 60 淮陽，頁 952、953
路老九	河南	數百人、千餘人		西華，頁 60 淮陽，頁 574、953
史萬成	河南商水		商水縣鄧城陽河人	西華，頁 60、61 淮陽，頁 953、954 鄢陵，頁 110、111
杜老五	河南			西華，頁 60
劉老三				西華，頁 60、61
張老四				西華，頁 60

牛繩武(牛盛武、牛繩五)	河南	不下數千人、數千人、3,000餘人		西華，頁 61、62 通許，頁 195、396 淮陽，頁 954 太康，頁 40、229 鄢陵，頁 105、106 西平，頁 1088 禹，頁 254
王泰(王學聚)	河南	數千人	原屬任應歧部，又名王學聚，豫西桿匪	西華，頁 62、64 光山，頁 203 正陽，頁 165、378、379 閺鄉，頁 378
孫士貴(孫世貴)			豫西桿匪	西華，頁 62 太康，頁 229 正陽，頁 378 閺鄉，頁 378
舒德合				林，頁 273、274
高二成		數十人		通許，頁 222
王卯		百餘人		淮陽，頁 953
劉鬍子				淮陽，頁 953 汝南，頁 1013
金貴彬				太康，頁 40
蔡老二				太康，頁 228
張祥	河南	(與李信共)千餘人、不下千餘人		太康，頁 228 鄢陵，頁 103、104、105 長葛，頁 121
張發				太康，頁 228
馮賀	河南		縣東境匪徒	太康，頁 229
張貫一	河南			
任老二	河南洛寧			陝，頁 61
魏老十(韋老十、衛老十)				陝，頁 61 閺鄉，頁 78、667
鄭復禮(鄭福禮)		200 餘人		陝，頁 62、64、605、606
鄭福成(鄭富成)				陝，頁 63 靈寶，頁 808

衛鳳歧(韋鳳歧)		1,300 餘人		陝,頁 63 閿鄉,頁 82
寧老七				陝,頁 64 靈寶,頁 698
寧田生			寧老七侄	陝,頁 64、605、606 靈寶,頁 698
曲三省(屈三省)	河南靈寶	一旅		陝,頁 64 靈寶,頁 461
孫半腳				陝,頁 67
馮致中		百餘人		
張明昇	河南洛寧			
楊老四				
牛得山		數千人		陝,頁 68
孫耀光				
張么				信陽,頁 779
任應歧				
劉排長				
王心泰				信陽,頁 1207
金文斌				
段洪濤	河南偃			鞏,頁 356
周烈				
李合			父子	
李大套				
史根柱				
朱保成	河南			
屈子舟				
袁象昇	河南登封			鞏,頁 357
劉申	河南偃師			鞏,頁 359
姜有			起自東南山	鞏,頁 360
王振武				
王姜	河南登			鞏,頁 1027
禹三山				光山,頁 203、230、240

劉培春				光山，頁 239、240
白狼	河南魯山 河南寶豐			光山，頁 240 信陽，頁 771 禹，頁 234、236 西平，頁 432、1085 正陽，頁 374 汝南，頁 145 確山，頁 489
李老末		萬餘人		光山，頁 203、241 西平，頁 1090
王太	河南寶豐			光山，頁 241 正陽，頁 494
王心暗				正陽，頁 378
史際身				
于保洗				
吳頓煮				
李萬林		(與王泰共) 20,000 餘人	樊鍾秀部屬	正陽，頁 378、379
王牢八		數百人		正陽，頁 460
樊老二	河南雒			閿鄉，頁 79
徐得功			東開匪首	閿鄉，頁 80
黃占標				
朱震漢				
白占標	河南嵩		據車峪為巢	閿鄉，頁 82
姜鳴玉				
孫根盛	河南			閿鄉，頁 86
武漢清			嶺南匪首	
張大腳	河南			
張天恩				閿鄉，頁 664
張有	河南			禹，頁 225
劉安				禹，頁 225、227
李鳳朝	河南汝			禹，頁 226
杜起賓				
趙保亮				禹，頁 227

王金明				
史太娃				
草上飛		2,000 餘人		禹，頁 235
程甲	河南			禹，頁 241
王大保				
秦椒紅	河南汝			
丁保成			白狼餘黨，聚薈萃山	禹，頁 242 密，卷 15，頁 7 上
韓祥				禹，頁 242
王聚星				
劉方	河南			禹，頁 244
王振			聚西山	禹，頁 249
張得勝				禹，頁 249 夏邑，頁 1268
高登雲				禹，頁 250
瞿建功				
周郁文				禹，頁 252
鐵老四				
李萬長		百餘人		禹，頁 252、253
侯鐵蛋				禹，頁 253
馬留志				
魏國柱	河南	不下千餘人	依大雄山為巢	禹，頁 254、257 鄢陵，頁 105、106
趙齡				禹，頁 257
李聾子				
劉喜全				禹，頁 262
趙丙寅				
李庚	河南	數千人		禹，頁 262、265、267 、270、271、273、 275、278
柴福智				禹，頁 267、269、273 、275、278
王輔清				禹，頁 269、270、272

南化文		數千人		禹，頁 269、271、272、273、275、278
賀小和				禹，頁 272、278
王根				禹，頁 272
王大有				禹，頁 273
王有				禹，頁 273、275
謝太山				禹，頁 278
竇金山		400 餘人		夏邑，頁 1256
童得功				
盧開印				夏邑，頁 1256、1257
杜效士	山東	80 餘人、數百人		夏邑，頁 1256、1257、1259、1260、1263
王金標				夏邑，頁 1256
姜棟		千餘人		夏邑，頁 1258
姜白				
王金妮(金韜)				
褚得				夏邑，頁 1259
褚水				
季路				
程繼豬				夏邑，頁 1259、1274
李占元				夏邑，頁 1259
周黑				
張二奪				夏邑，頁 1259、1261
韓閣				夏邑，頁 1259
馬文俊				夏邑，頁 1260、1265、1266、1268、1273
張克敬				夏邑，頁 1260、1268、1272
黃二城	永境			夏邑，頁 1263
薛三壞醋				
張三傑				夏邑，頁 1265、1268
岳氏			女匪	夏邑，頁 1265

杜三				夏邑，頁 1266、1267
萬成				夏邑，頁 1266
郭田				夏邑，頁 1268、1270
王馬九				夏邑，頁 1268
陳羣				
張三				
李占				
聶二				夏邑，頁 1268、1270、1271、1344
彭道隆				夏邑，頁 1268
萬四				
汪三				
楊志強				夏邑，頁 1270
王占				
程啟全				
彭乃忠				夏邑，頁 1271
韓景賢(韓四母狗)				夏邑，頁 1271、1272
張珠				夏邑，頁 1271
王闖				夏邑，頁 1272
王好				
邵克俊				夏邑，頁 1273
吳心科				
李占二				
莊領				
朱茂				夏邑，頁 1274
張兌				
倪得山				
李凱得				夏邑，頁 1275
劉遂	河南魯山			夏邑，頁 1275 西平，頁 432、1085
王四				夏邑，頁 1275、1276
戴闖				夏邑，頁 1275

郭遠訓				
魯本				
魯馬川				
韋老八		百餘人		長葛，頁 118、119
連文崖				長葛，頁 118
劉得寨		數十人		長葛，頁 119
王鴻恩				
王建升	河南	百數十人		孟，頁 442
白四				孟，頁 961
白天中	河南			孟，頁 301
黃振中				
尚福元	河南許境			鄢陵，頁 99
沈東		百餘人		
楊黑漢				鄢陵，頁 99、100
侯天佑				鄢陵，頁 99
姬來子				
蘇合				
楊土銀	河南臨潁	(與宋一眼共) 數百人		
王老三	河南西華			鄢陵，頁 100
郭得勝	河南汝州			鄢陵，頁 100、101
陳黑漢	河南許境			鄢陵，頁 101
陳黑				鄢陵，頁 100
李信		不下千餘人		鄢陵，頁 103、104、105、106
張獻				鄢陵，頁 105、106、107
盧老九				鄢陵，頁 105
陸振家				
司庚先				
王岳	河南鄢陵		邑西匪	
于村				
于三合				

范老九				鄢陵，頁 106
萬長青				
李鳳雉	河南臨穎			鄢陵，頁 107、110
王子玉	河南扶溝			
王儀亭	山東	2,000 餘人		鄢陵，頁 109
李福先				鄢陵，頁 110
龍振江				
裴之慎				
朱登科		百餘人		西平，頁 432、1084、1085
董文燦	河南			西平，頁 432、1023、1084
張大蹇				西平，頁 432、1023
張書顯			白狼支黨	西平，頁 432、1085
侯毛頭(侯山林)	河南	70 餘人，(與樂保、張重共) 80 餘人	招撫後改名侯山林	西平，頁 432、1084
陳鳳林	河南	(與張西庚共) 600 餘人，(與胡冠斗共)千餘人	儀保丁堂村土匪	西平，頁 433、1025、1086、1087
楊得奎				西平，頁 433、1086
張西庚		(與陳鳳林共) 600 餘人		西平，頁 433、1025、1086
李應川	河南			西平，頁 433、1086
陳青雲				(上蔡、西平)，
李鳴盛				西平，頁 433、1087
程九		萬餘人		西平，頁 433
屈文明	河南			西平，頁 434、1088
譚興元				
王汰		數千人		西平，頁 434、1028、1089、1090
戴正		數千人		西平，頁 434、1089
高廣智	河南臨汝	2,000 餘人		

樂保		(與侯毛頭、張重共)80餘人		西平，頁1084
張重		(與樂保、侯毛頭共)80餘人		
丁萬松	河南舞陽			西平，頁1084、1085
韓大率				
丁大松				西平，頁1085
宋老年	河南舞陽	千餘人		西平，頁1084
董馬鳴	河南鄾城	千餘人		
王振江	河南魯山			西平，頁1085
李鴻賓			白狼黨	
崔鳳朝				
李治				
張栓				西平，頁1086
胡彭				
任友林				
胡冠斗		(與陳鳳林共)千餘人		西平，頁1087
盧占魁				
李伯喳				西平，頁1088
蕭桂女		(與李老末共)3,000人		西平，頁1090
李茂森				汝南，頁145
張廷獻	河南寶豐	數萬人		靈寶，頁460、694、724
張仁山		數千人		靈寶，頁461
王鎮	河南		官道口巨匪	靈寶，頁696、697
黃青山				靈寶，頁697
蔣明玉				
楊占光				靈寶，頁801
馬得勝				靈寶，頁807
董十五				靈寶，頁808

杜老六	河南洛寧	300 餘人		靈寶，頁809
吳秀山	河南			封邱，卷1，頁8下
吳秀明	河南靈寶			靈寶，頁811、697

說明：(1)「區域」欄指盜匪的原屬地區。

      (2)「資料來源」欄除可用以說明資料出處，並代表盜匪活動縣份，若欄內加括弧表示活動縣份與資料來源縣份不同，括弧內才是盜匪的活動縣份。

      (3)資料中只記載「ｘ匪」或「ｘ某」者，為免重覆不予計算。

根據上表，可知曾在直魯豫地區活動的盜匪股數是：

(一)河北省

清苑縣 1	滄　縣 5	南皮縣 13	盧龍縣 3	新城縣 1
望都縣 4	完　縣 16	大名縣 1	東明縣 14	新河縣 5
廣宗縣 3	清河縣 10	成安縣 4	景　縣 10	威　縣 71
遷安縣 1	晉　縣 5	無極縣 2	柏鄉縣 2	南宮縣 1
唐　縣 1				

(二)山東省

齊河縣 3	博山縣 9	臨沂縣 65	臨朐縣 11	鉅野縣 8
青城縣 3	齊東縣 1	曲阜縣 1	夏津縣 10	茌平縣 4
范　縣 11	清平縣 3	冠　縣 6	臨清縣 4	東阿縣 10
館陶縣 18	朝城縣 3	陵　縣 6	萊陽縣 12	牟平縣 3
平度縣 11	單　縣 6	高密縣 7	廣饒縣 8	臨淄縣 21
膠　縣 18	莘　縣 1	平原縣 6	桓臺縣 2	德　縣 1
東平縣 27	曹　縣 1	武城縣 1	邱　縣 3	

(三)河南省

滑　縣 33	許昌縣 4	西華縣 15	鄢陵縣 33	禹　縣 41
淮陽縣 7	太康縣 9	陝　縣 15	正陽縣 11	閿鄉縣 13
確山縣 2	西平縣 40	通許縣 3	光山縣 6	林　縣 1
汝南縣 3	長葛縣 5	靈寶縣 16	信陽縣 6	鞏　縣 12
夏邑縣 56	孟　縣 4	密　縣 1	封邱縣 1	上蔡縣 3

總計河北全省 130 縣，其中有紀錄者 21 縣(占 16.15%)共 173 股，平均每縣 1.33 股；山東全省 107 縣，其中有紀錄者 34 縣(占 31.78%)共 304 股，平均每縣 2.84 股；河南全省 108 縣，其中有紀錄者 25 縣(占 23.14%)共 340 股，平均每縣 3.15 股；因此是河南最多，山東次之，河北最少。[5]當然，其中不乏重複者，因盜匪往往不固定在某地作案，除在同省各縣到處騷擾外，亦侵犯鄰省；除去同省各縣間重複者，總計河北 160 股，山東 277 股，河南 288 股，與前述總數相比，河北相差 13 股，山東相差 27 股，河南相差 52 股，可見盜匪騷擾同省各縣情形以河南最多，山東次之，河北最少。

　　至於不同省間騷擾情形，由於對每一盜匪原屬省份無法完全確認，故統計困難，由已知情形觀察，河北盜匪有郭培武、劉丕玉擾山東、河南；山東盜匪有尤青海、井老四、郭五、欒成烈、老王爺、顧德林、劉長久、野狸子、高順喜、劉佩玉、吳田、黑五、六王爺、七王爺、高少爺、崔福彥、陳剛、李大傻子、李春堂、姚四禿子、陳三、馬夫、許四、邱洛胖、李三、屈六疤拉、常五、張二黑、劉鳳舞、范明心、杜效士、王儀亭擾河北、河南；河南盜匪有老洋人、白朗擾河北、山東；[6]由上可知，盜匪竄擾不同省份情形是山東最多，河北、河南其次。綜合而論，山東、河南盜匪的股數較多，且活動範圍較河北盜匪大，此可用以說明河北盜匪的勢力不如山東、河南，即長野朗在《土匪軍隊紅槍會》一書中所指稱的：「直隸的土匪尚不成氣候」。[7]

5　此計算方式是將盜匪股數除以各省全部縣份數，若將盜匪股數僅除以各省有紀錄之縣份數，則計算結果分別為：河北省 8.24、山東省 8.94、河南省 13.6，仍是河南最多，山東次之，河北最少。

6　各有關資料見方志所列頁數。

7　長野朗，《土匪軍隊紅槍會》，頁 121。

第三章　盜匪的組織、規律與隱語

第一節　盜匪的組織

　　盜匪組織是由小股盜匪集合而成大股盜匪，如河南的白朗有白瞎子、宋老年、李鴻賓、尹老婆等數十股；[1]老洋人有姜明玉、任應歧、李鳴盛、陳青雲、張得勝等股；[2]山東的孫美瑤有周天倫、周虯龍、褚思叢、劉守廷、郭其才等數十股。[3]每股人數不一，或十餘人、數十人、數百人、乃至千餘

---

[1]　白朗部眾，據王天從，〈民初匪禍話「白狼」(二)〉，《中原文獻》，10 卷 3 期 (1978.03.25)，頁 37，載：除了白朗，共有四股，即白瞎子、李鴻賓、秦椒紅、宋老年；但據政府檔案記載，白朗部眾頗多，主要有白瞎子、宋老年、張起雲、張建德、李鴻賓、陳莫生，黃建功、黃治三、于占海、丁萬松(以上各數百人或千人)、野人娃、翟長庚、王十二、王海彥、溫振清、馮少林、王老十、石立富、張三喜、王傳薪、劉二刀子、馬四老管、常中海、曹九朴、曹紅玉、王承敬、龔硯章、龔華冠、劉八王、康壽才、張黑子、夜里獾、余八娃、李和尚(以上各數百人或百餘人)。見《北洋政府檔案》，〈王天佑條陳〉，1913.08.10，收入杜春和編，《白朗起義》，頁 28。又據被補盜匪說，白朗部眾全部分為四大旗，即白朗(白旗)、李鴻賓(紅旗)、宋老年(藍旗)、尹老婆(黑旗)，見《北洋政府檔案》，〈張敬堯致袁世凱、統率辦事處電〉，1913.06.13，收入杜春和編，《白朗起義》，頁 190。

[2]　張白山，〈民初中原流寇禍皖紀實〉，頁 40。段劍岷，〈樊鍾秀其人其事〉，頁 11。

[3]　孫美瑤的部眾計有下列數十股：孫美瑤、孫桂枝、周天倫、周天松、周虯龍(周虹龍)、褚思叢、劉守廷(劉守亭)、郭其才(郭琪才、郭奇才)、柏老太爺、張家標、李振海、劉清源、陳元清、王承全、齊守江、任文煥、王二掌櫃、杜雲廷、郭五、閻守聚、張傳德、王守業、李廷臣、陳金升、王如德、董福樓、胡先聖、孫玉乾、趙得志、王文欽、郝三怪、閻振山、尹士興、朱朝聖、丁三、王守義、王孝禮、趙有、徐光西、戒換銀、徐鼻子等股，每股十餘人或數十人，最大的只有百餘人，僅孫美瑤與

人，皆各有首領，當形成大股盜匪時，則由眾股推出一個總首領。[4]

　　總首領是盜匪團的最高權力者，無論是內在需要，如部眾的生活條件、人質的對待，或外在事物，如與官方交涉、四處攻陷城鎮等事，均由其統籌；[5]遇重要大事，總首領可召開會議，聽取各股首領意見，再行決議。如民國三年，白朗到達湖北老河口，為決定未來去向，舉行各股首領會議，有主張採用流動戰略的，有主張建立根據地以求安定的，結果白朗採用後者，迂迴陝、甘，由西北入川，在天府之國的四川尋找根據地。[6]民國七年，山東冠縣縣長林介玉委人招撫周七、王培武、劉懷德、二豬嘴等十餘股，為討論是否就撫，諸股在莘縣境內孫家莊開聯股首領會議。[7]民國十二年，孫美瑤作出轟動國內外的臨城劫車案後，為與官方談判，數度召開各股首領會議，商量對策。[8]

　　由於總首領位重權大，故擁有此特殊榮譽者便成為眾人注目之焦點。論及匪首外貌，總會令人想到是面容凶狠，體格魁武的彪形大漢，然揆諸事實，則頗有差距。如孫美瑤的長相，據當時與之交涉釋放人質的上海總商會代表孫福基(孫籌成)描述：他「圓圓的臉，穿白紡綢長衫」，像一個「白面書生」；[9]其鄉人魏隸九亦云：孫美瑤「貌清秀，殊不類綠林粗獷人物」。[10]白朗的相貌具有「較溫和的形態」，[11]其鄉人王天從說他「儀表非凡，面貌清秀」。[12]老洋人則有較不同於常人之相貌，河南《陝縣志》載：其「身

　　周天倫兩股是過百人的。見《順天時報》，1923.06.07，7 版。田少儀，〈細說孫美
　　瑤與臨城劫車案(一)〉，頁 30-31。

[4]　王天從，〈民初匪禍話「白狼」(一)〉，頁 31。

[5]　何西亞，《中國盜匪問題之研究》，頁 33。

[6]　開封師院歷史系、河南歷史研究所白朗起義調查組，〈白朗起義調查簡記〉，頁
　　22。韓學儒，〈白朗起義軍在陝西的鬥爭〉，《史學月刊》，1965.07，頁 37-38。

[7]　《(山東)冠縣縣志》，卷之 10，頁 1581。

[8]　南雁，〈臨城劫車後的官匪交涉〉，《東方雜誌》，20 卷 9 號(1923.05.10)，頁 2。

[9]　〈孫籌成調停臨城劫車案〉，頁 55。

[10]　魏隸九口述，孔祥宏筆錄，〈關於「臨城劫案」真象補遺〉，頁 124。

[11]　*North China Herald*, Nov.8, 1913, p.411.

[12]　王天從，〈民初匪禍話「白狼」(一)〉，頁 31。

細長，毛髮捲曲，形似外國人，故綽號老洋人」。[13]不論相貌如何，被推為首領，為眾人信服，內在特質是關鍵所在；如白朗是一個「有相當高尚品質」與「快速行動」的人；[14]老洋人亦具有好的才能，因此「當他講話時，會使人們雀躍」；[15]外國人質形容孫美瑤手下的許多首領是有才能及親切的；[16]此外，范明新「與人交往時，胸襟開闊，勇敢沈著，且擁有細緻的頭腦」，[17]實具大將之風。

在總首領、各股首領之下是部眾，部眾稱首領為大哥，首領則稱部眾為弟兄。[18]首領地位在盜匪集團中固然重要，但若無一批支持者，亦組織不成團體，所謂「光棍大，朋友架」，[19]即為此一道理。

盜匪團裡負責獻計掌參謀者，屬團體中重要幕僚，與整個集團發展有密不可分關係，此種人物在集團中甚受尊敬，地位僅次於首領，且人數眾多，如白朗部中除有「智多星」之稱的正軍師陸文褆，訛稱「李白毛」的副軍師李白茅外，另有「智囊團」組織，內分南北兩派謀士，包括楊芳洲、吳士仁及神機妙算的「鐵冠道人」吳子虛、策士劉生等；[20]孫美瑤部中的郭其才也是負責參謀職務，臨城劫車的構想即由其計劃而來。[21]

盜匪團的書記專掌文書事，如寫人質信勒贖，孫美瑤部下即有此種人

13　《(河南)陝縣志》，卷 1，頁 62。

14　*North China Herald*, Mar. 21, 1914, pp.867-868.

15　*North China Herald*, Mar. 26, 1927, p.521.

16　*China Weekly Review*, Jun. 2, 1923, p.3.

17　范明新，又名范明心，山東人，活動範圍包括魯豫皖蘇四省，山東曹州地方為其根據地。見長野朗，《土匪軍隊紅槍會》，頁 13-14；並參見第二章第三節內有關資料。

18　開封師院歷史系、河南歷史研究所白朗起義調查組，〈白朗起義調查簡記〉，頁 23。王士霈，〈白匪陷害隴南見聞錄〉，收入杜春和編，《白朗起義》，頁 330。

19　《(河南)獲嘉縣志》，卷 9，諺語，頁 449。耿昭，〈中原的侃子、諺語、歌謠和農村遊樂活動(五)〉，《中原文獻》，14 卷 8 期(1982.08.30)，頁 26。

20　王天從，〈白狼其人其事〉，頁 43。

21　尹致中，〈閧動國際的臨城大劫車案(上)〉，《山東文獻》，3 卷 4 期(1978.03.20)，頁 19。

才。[22]

　　軍職方面，除實際指揮作戰的勇將，如白朗部中的王成敬、張繼賢、尹老婆、段青山、杜其彬、孫玉章等外，[23]最重要者，乃搜集情報的探子；所謂「賊無底線，寸步難移」，[24]探子專門扮成各種人混居城中當眼線，提供消息與情報，以便攻擊行動。如白朗在攻城前「先派其黨或紳學界，或賣菜傭，或商人，或乞丐，溷入城中，甚或有充當縣隊者」；[25]亦有「扮作小販，以黃帶纏腰為記」；[26]其中，組織成乞丐隊者被人稱之為「花匪」，專門「調查富家之實虛，然後報告搶掠隊」。[27]而民國七年十月九日，山東楊某率眾百餘人攻平原縣莘莊，也派趙金棠做眼線。[28]民國九年，老洋人欲攻擊皖北重鎮阜陽，先挑選精明者八百餘人，施以特殊訓練，雜以各種行業，陸續混進城中，經營各種職業，以吃食業居多，間有說書、賣唱、賣藥、卜命者。陽為作買賣，陰則搜集情報，待城外匪眾發動攻擊時，裡應外合，一舉占下阜陽。[29]民國十一年，攻河南陝縣縣城，也因丁保成等人為內應，致陝城失守，[30]探子的重要性由此可知。

　　盜匪團裡還設有窩家，供窩藏盜匪、人質或贓物。[31]河南密縣的曲梁鐵

22　田少儀，〈細說孫美瑤與臨城劫車案(二)〉，頁 49。

23　王天從，〈民初匪禍話「白狼」(一)〉，頁 33。

24　韓貫一，〈中原諺語(二)〉，頁 39。

25　《北洋政府檔案》，〈張鎮芳致袁世凱、參陸兩部電〉，1914.01.29，收入杜春和編，《白朗起義》，頁 230。

26　《順天時報》，1914.03.19，8 版。

27　《順天時報》，1914.03.08，9 版。

28　《(山東)續修平原縣志》(〔清〕曹夢九修，趙祥俊纂，1935 排印本)，卷之 9，頁 12 上。

29　關麟毅，〈民初土匪洗劫城池實錄——「老洋人」劫掠阜陽目睹記〉，頁 16。張白山，〈民初中原流寇禍皖紀實〉，頁 40-41。

30　《(河南)陝縣志》，卷 1，頁 61；卷 11，頁 361-362。《(河南)靈寶縣志》，卷 9 下，藝文下，頁 696。

31　《(河北)新河縣志》，風土考，頁 572。

佛寺即窩匪近數百人，[32]信陽縣境內大冶某村亦素窩匪。[33]窩家雖表面為民，然不為官兵所容，因而會遭到軍隊懲辦，如河南許、臨、襄、鄖一帶許多村寨窩匪，官方視為通匪，欲將各村剿洗示警。[34]劉鎮華在民國五年六月間率軍駐河南閿鄉縣陽平鎮，即懲辦潼紳之窩匪者。[35]另外，盜匪團還設看守人質者，不分晝夜執槍守門，人質絕難脫逃。[36]

大致說來，盜匪組織中缺乏醫護人員。臨城劫車案被孫美瑤擄進抱犢崮的美國人鮑惠爾，乃一新聞記者，因在山中為另一人質——義大利律師墨素安(G. D. Musso)腳上的水泡稍加治療，即被視為醫生，匪眾紛紛請求治病；[37]此或由於醫護技術過於專門高深，故盜匪中很難有此種人才。

大股盜匪既由小股盜匪集合而成，平時各股散居各地，可單獨行動，由原來首領統率，[38]甚至冠上原股稱號，如秦椒紅雖屬白朗的一股，然平時活動仍舊可稱自己之名，而不冠白朗之號；[39]一有大規模行動，則各股立刻集合，由總首領指揮行動；這種組織方式，日人長野朗認為「像是一個股份有限公司」，[40]而研究白朗的林建發認為，這種組織方式可能仍然統有結盟前各股自己的部眾，因此彼此間協議合作性質居多，此點和捻軍頗為相像。[41]

當盜匪作案完畢，將掠奪成果獻出，統一集中某地再予分配，如抱犢崮是附近一帶盜匪集中財物之處。[42]分配財物的原則有依作案時危險程度或根

32 《(河南)密縣志》，卷15，循政，頁7上。

33 《(河南)重修信陽縣志》，卷26，人物志2之1，頁1135。

34 《北洋政府檔案》，〈成慎稟張鎮芳〉，1913.03.10，收入杜春和編，《白朗起義》，頁8。

35 《(河南)新修閿鄉縣志》，通紀，頁78。

36 《(河南)淮陽縣志》，卷8，大事記，頁954。

37 John B. Powell 著，尹雪曼譯，〈臨城劫車被俘記(二)——上海密勒氏評論報主持人鮑惠爾回憶錄之八〉，頁15。

38 長野朗，《土匪軍隊紅槍會》，頁2、9。

39 《(河南)禹縣志》，卷2，大事記，頁241。

40 長野朗，《土匪軍隊紅槍會》，頁11。

41 林建發，〈白狼軍性質分析〉，頁79。

42 長野朗，《土匪軍隊紅槍會》，頁7。

據擁有槍枝好壞而定；就前者而言，凡任眼線者，所得最多，照案子所得數總分一至二成；擔任外圍警戒者，所得最少。[43]就後者而論，凡有槍者可多得成果，即一個盜匪團若有二百五十人，每一人均有槍，則每一名有槍者可分兩份，若每人槍枝均向首領借來，則只能分一份，而匪首可分得兩百五十一份；[44]孫美瑤的分配方法，視槍械種類的好壞定為：自來得手槍(即盒子槍)分雙帳，三八式步槍分頭帳，套筒子、漢陽造等類步槍次之，土造五響、單打一等步槍又次之。[45]

　　對於盜匪整個組織結構，西人貝思飛認為是仿效中國傳統家庭的繼承結構，總首領是大家長，次首領是二家長，其他以此類推，而首領與部眾間互稱「大哥」、「兄弟」，亦採用此傳統觀念而來。[46]筆者的看法是：盜匪組織實際上是兼顧現實環境與需要而產生，因數股而成的組織，運作起來較為靈活，平時可各自活動，戰時集合，一旦情況不對，可速散自保；然為共同行動，團體中必須設有總首領，首領與部眾間以兄弟互稱，是基於義氣(參見第四章第三節)，同時可加深彼此間關係而利於合作行動。

[43] 田少儀，〈細說孫美瑤與臨城劫車案(一)〉，頁31。

[44] 長野朗，《土匪軍隊紅槍會》，頁389-390。

[45] 田少儀，〈細說孫美瑤與臨城劫車案(一)〉，頁31。

[46] 〔英〕貝思飛著，徐有威等譯，《民國時期的土匪》，頁123。

第二節　盜匪的規律

　　盜匪維持秩序之準繩為規律，無論燒殺、劫掠、綁票等活動是如何嚴重，行為舉止是多麼殘酷，只要不違反規律，均被容許存在。規律由盜匪首領訂定，非局內人很難得知詳情，據何西亞《中國盜匪問題之研究》一書云，盜匪規律，各地不一，然大致相同；所謂相同，指大多以紅幫條規為基礎，而紅幫條規大略如下：

　　一、四盟約

　　　　(一)嚴守秘密　　(二)謹守規律　　(三)患難相共　　(四)與山同休[1]

　　二、八賞規

　　　　(一)忠於山務者賞　　(二)拒敵官兵者賞　　(三)出馬最多者賞

　　　　(四)擴張山務者賞　　(五)刺探敵情者賞　　(六)領人最夥者賞

　　　　(七)奪勇爭先者賞　　(八)同心協力者賞

　　三、八斬條

　　　　(一)洩露秘密者斬　　(二)抗令不遵者斬　　(三)臨陣脫逃者斬

　　　　(四)私通奸細者斬　　(五)引水帶線者斬　　(六)吞沒水頭者斬[2]

　　　　(七)欺侮同類者斬　　(八)調戲婦女者斬

以上四盟、八賞、八罰，綜其要旨乃忠勇勞苦者賞，刁詐懦怯者罰。[3]

　　直魯豫盜匪是否同樣具上述規律，筆者缺乏資料，無法證明，然據搜集到的資料，可知直魯豫盜匪訂有下列規律：

　　一、兔子不吃窩邊草

　　即不准盜匪在自己家鄉作案，此一方面基於故鄉情誼，一方面是因在故鄉作案，難免人情牽連；故真正盜匪聚集地反而「路不拾遺，夜不閉戶」，非常安全，非但不受騷擾，且有妥善保護。如孫美瑤的根據地——抱犢崮山

1　「山」指巢窟，見何西亞，《中國盜匪問題之研究》，頁33。

2　「水頭」指贓物，見何西亞，《中國盜匪問題之研究》，頁67。

3　全部紅幫規律，見何西亞，《中國盜匪問題之研究》，頁36-38。

區裡，一般行人無論持任何財物，均不被掠奪；[4]劉桂堂也嚴令禁止黨徒在其家鄉——費縣附近作案，[5]若有外地盜匪到其家鄉討生活，他還認為是在找他麻煩。[6]而河洛附近盜匪，如王士平、張安桂等，也都禁止在洛陽境內有任何活動。[7]

二、嚴禁女色

盜匪中訂有嚴禁女色規律，如一個被擄人質指出，臨城盜匪規定要尊重婦女；[8]范明新也標示「不燒殺、不奸淫」之語。[9]白朗對奸淫婦女亦嚴令禁止，據曾經參加剿白朗的喬敘五說，當他在陝西邠州作戰時，見城內西街楊家祠堂前有一大片血跡，本街貢生楊雲生說是白朗斬殺部下貪色所致。[10]白朗當年的一個部下劉紹武也說白朗嚴禁奸淫，違者就地正法，不管是誰，只要犯了這條，立刻處死；大家在白朗面前都不敢正眼看女人，因為只要看到部下對女人嗤鼻弄眼，白朗就會痛罵。[11]

首領雖訂有上述規律，但部眾是否一定遵守，則很難掌握。如前述的抱犢崮盜匪，規定不准在家鄉作案，但當生意清淡，缺穿少吃時，亦會轉而注意鄰近居民，只是態度較為客氣，並不動武，僅名曰「借糧」。[12]又據山東

---

[4]　田少儀，〈細說孫美瑤與臨城劫車案(一)〉，頁 29。

[5]　劉桂堂，又名劉桂棠，綽號劉黑七，山東費縣人，流竄直魯豫等省。見呂傳俊，〈巨匪劉桂棠禍魯及其滅亡〉，《山東史志資料》，1 輯(濟南：山東人民出版社，1983.03)，頁 155。胡旦旦，〈黑道奇才劉桂堂傳奇〉，《藝文誌》，119 期(1975.08.01)，頁 43。並參見第二章第三節內有關資料。

[6]　田少儀，〈細說孫美瑤與臨城劫車案(一)〉，頁 31。

[7]　郭子彬，〈追憶劉鎮華將軍剿匪政績〉，《中原文獻》，5 卷 5 期(1973.05.25)，頁 30。

[8]　*North China Herald*, May 12, 1923, p.382.

[9]　《(河南)淮陽縣志》，卷 8，大事記，頁 952-953。《(河南)西華縣續志》，卷 1，大事記，頁 59。

[10]　喬敘五，〈記白狼事〉，收入杜春和編，《白朗起義》，頁 417。

[11]　開封師院歷史系、河南歷史研究所白朗起義調查組，〈白朗起義調查簡記〉，頁 23。

[12]　賀家昌，〈孫美瑤臨城劫車始末〉，頁 31。

《續修鉅野縣志》載：「山東土匪所以騷擾父母桑梓之邦，委因於鄰封肅清，又各增邊防，北不得逾直，西不能入汴，南不敢越皖一步」。[13]可見，在某些情況下，盜匪亦騷擾自己家鄉。而嚴禁女色更難做到，白朗部眾打家劫舍時，曾屢次侮辱婦女，如民國二年破河南光山縣，就有婦女多人被逼不從而死；[14]湖北襄陽被白朗盤距半月之久，該城居民記載：「城內許多年輕的婦女，有些被強姦，有些被擄走，有的竟珠胎暗結，感到沒臉見人，服毒死，上吊死，跳井死的，時有所聞」。[15]民國三年白朗侵襲河南淅川，事後據《順天時報》載：「此次匪到之日，搜出時為多，故無醜無俊無老無少，凡為匪搜出，無不被其姦淫者」。[16]攻荊紫關時，年幼婦女有百餘人被害。[17]此外，陝西婦女慘死者也不少，有因躲避不及，「賊強之」不應而被擊斃者，[18]有被抓，被逼墜樓者，[19]有不願受辱而先自殺者。[20]這些都足以說明盜匪難以遵守規律。

　　由盜匪規律不難看出首領企圖約束部眾行為，以建立內部秩序之努力；然部眾人數過多，且來源不一，此輩既不顧外在社會規範，又豈能完全接納首領規律，故盜匪內雖有規律，而難有紀律。

13　《(山東)續修鉅野縣志》，卷之 8 下，剿匪事，頁 846-847。

14　《(河南)光山縣志約稿》，列女傳，頁 540。

15　楊子烈，《張國燾夫人回憶錄(原名往事如烟)》(自聯出版社，1970.07)，頁 40-41。

16　《順天時報》，1914.04.07，8 版。

17　《順天時報》，1914.04.08，8 版。

18　《(陝西)鄠縣志》(趙葆貞修，段世光等纂，1933 鉛印本，成文華北 233)，卷 6，列女，頁 558。

19　《(陝西)商南縣志》(路炳文纂，1919 鉛印本，成文華北 534)，卷 9，節烈，頁 434。
　　《(陝西)寶雞縣志》(強振志等編輯，1922 鉛印本，成文華北 310)，卷 10，節烈，頁 425-426。

20　《(陝西)邠州新志稿》(趙晉源纂修，1929 抄本，成文華北 256)，卷 17，人物，頁 152-157。

第三節　盜匪的隱語

　　盜匪所用的術語稱為隱語，隱語來源複雜不清；據何西亞《中國盜匪問題之研究》一書云：「土匪隱語，濫觴於紅幫切口，而紅幫切口之多，幾有數十萬言，蓋一物有一物之異名，一事有一事之特稱，土匪亦然」。[1]西人貝思飛認為盜匪隱語通常奠基純粹地方方言型態，而這些特殊的字，只有當地說這種話的人才能夠了解。[2]暫且不論其來源為何，盜匪使用隱語，且不易為外人了解之特性，是可以確定的。

　　隱語既有上述特性，故局外人難知內容。何西亞曾整理出盜匪隱語分對內語、對外語及雜語三種，內容如下：

　　一、對內語

碼子	盜匪自稱
湖碼子	水路盜匪
山碼子	陸路盜匪、山地盜匪
高碼子	馬賊
地碼子	平地盜匪
跑底子	搶輪船的盜匪
跑車板	搶火車的盜匪
跑荒車	搶火車的盜匪
採荷	扒手
架子樓	買賣匪贓物的地方
槽兒	窩家

---

[1]　何西亞，《中國盜匪問題之研究》，頁 65。

[2]　〔英〕貝思飛著，徐有威等譯，《民國時期的土匪》，頁 149。著者於書中舉出 North China Herald 所刊載的一項資料，認為河南土匪的隱語，是以許昌地區所說的話為基礎，混入各種俚語，因此不可能不經教導而了解；見 North China Herald, Apr. 30, 1927, p.224。

大當舖	窩家
當家	盜匪中的頭領
掌櫃	盜匪中的頭領
眾兒郎	各匪兵
牛一	盜匪中的書記
白扇	盜匪中的書記
軍師	參謀
賑架	出納員
巡風	匪探
落草	入匪
吃血	行盟禮
洗手	棄邪歸正出匪為良
開差	出門行劫
私差	私人行劫
水頭	贓物
沒水頭	吞沒贓物
落底	出贓貨
帶線	熟盜
巡冷子	巡邏
防風	把守風頭
漏水	走漏風聲
開咪	與官兵對壘開火
撲風	迎敵
落水	被官兵捉去或殺死
帶彩	受傷
挂彩	受傷
貼金	中彈
過方	死

睡	死
上線	走
得風	交戰勝利
失風	交戰敗北
陣上失風	當場被官兵捉去或殺害
拾	捉
反水	歸隊回山
認交情	兵匪交好
撲空	兵捕不到匪
劈霸	分贓
開花	分贓
爬	搶
堆	打
尋	偷
武差使	大搶掠
上雲頭	化裝
拏落帽風	官廳傳票捉匪
拉肥豬	擄人勒贖
接財神	擄人勒贖
請豬頭	擄人勒贖
養鵝生蛋	擄人勒贖
吊羊	擄人勒贖
接觀音	架女人
抱童子	架小孩
撬死祖	掘祖墳
打單	恐嚇人
開條子	販女人
搬石頭	販小孩

搬黑老　　　販土

走沙子　　　販私鹽

放台子　　　聚賭

壓水　　　　說票者

水頭　　　　票價

叫票　　　　講票價

洋票　　　　外國人

本票　　　　國人

新票　　　　初架去者

舊票　　　　架去久者

彩票　　　　富票

當票　　　　貧票

天牌票　　　男票

地牌票　　　女票

土票　　　　農夫或本地人

行水　　　　買路錢

還規矩　　　照匪章施行

票房　　　　藏人質的地方

二、對外語

古子　　　　官

威武窰　　　衙門

冷子　　　　兵

槍頭子　　　兵

大兔羔子　　兵

蚱蜢　　　　警察

揀子子　　　團練

雜種會　　　一切與匪利害衝突的會匪

踏線　　　　偵探

引水帶線　　　為官兵引路的眼線

風頭　　　　　捕快

快窨　　　　　監牢

豆腐乾　　　　被禁帶枷

猴猻戲　　　　帶枷示眾

圈子　　　　　縣城

放　　　　　　殺

望城圈　　　　殺頭

拍豆腐　　　　打屁股

橫梁子　　　　殺人

劈堂　　　　　槍斃

三、雜語

噴筒　　　　　槍

旗子　　　　　槍

胳膊　　　　　槍

牲口　　　　　手槍

腰逼子　　　　手槍

白米　　　　　子彈

外國糖蓮子　　子彈

一粒金丹　　　子彈

大洋　　　　　子彈

口鋒子　　　　刀

大片子　　　　單刀

小片子　　　　刺刀

旱煙管　　　　棍

苦水子　　　　本領

壯　　　　　　富

瘦　　　　　　貧

地鼠	金
地龍	銀
地蛇	錢
活龍	現銀
水	財
大水	財多
小水	財少
窰堂	房子
啞吧窰	廟
跳窰	妓院
洋底子	輪船
輪子	車
簾子	馬
篷索	衣飾
捆龍	繩
堂	人
二五	處女
條子	信
頂天	帽
草卷	煙捲[3]

此外，盜匪對人質所用刑罰也有特定名稱，如：

打晦氣	也稱戴瘡子，盜匪綁票後即遭官兵追擊者，事後被綁人質須負責任，每個打棍百下，以除晦氣
戴眼鏡	用膏藥兩張貼滿兩眼
煙薰眼	燒木屑敗布用來燒人質眼睛
臥泥河	掘地成溝，滿灌河泥，令人質裸臥其中

---

[3]　何西亞，《中國盜匪問題之研究》，頁 50、65-76、98。

坐糞窖	與臥河泥相似,但這是臥在糞坑裡
立水牢	利用水池、水缸或河流,使人質裸立其中,水浸至肩
抽皮鞭	令人質脫去上衣,用皮鞭抽打
燒財神	用線香燙身,如和尚受戒
澆冷水	脫去衣服,用冷水澆人質全身
上大架	將人質兩手的拇指用蔴繩紮緊,繫於高架,吊起全身,四處縣於空中,然後前後左右推動,如打秋千
賣豆腐	先用皮鞭用力抽人質背使之腫,然後用刀割成如豆腐般大小的方塊,再用火燒
絨背心	用燈草束於人質周身,再用火燒
烙乳	用燒紅的鐵烙人質雙乳
烤背	令人質背貼近爐旁燒烤
撥筋	用刀尖撥人質筋骨
牌票	將女人質衣服褪去,使仰臥地面,在腹上置牌聚賭取樂,若人質身體稍動以致牌墜地,則痛答之
灌辣酸水	用辣水、酸水或火油灌入人質鼻中
夾太陽穴	用二筷夾人質太陽穴,有盲目之虞[4]

直魯豫盜匪使用的隱語是否全如上述,筆者資料不足難以證實,據搜集到的資料顯示,直魯豫盜匪所用隱語內容如下:

一、有關盜匪者

桿	股、群[5]
桿頭	盜匪首領[6]
架桿的	盜匪首領[7]

4　何西亞,《中國盜匪問題之研究》,頁 39-41。

5　《(山東)陵縣續志》,卷 4,28 編,雜記,頁 464。

6　《(河南)滑縣志》,卷 20,大事,頁 1648。呂咨予,〈白狼擾戮記〉,收入杜春和編,《白朗起義》,頁 314。《順天時報》,1914.03.04,9 版。

7　《(河南)鄢陵縣志》,卷 5,地理志,頁 594。《(河南)西平縣志》,卷 37,故實,頁

桿子頭	盜匪首領
老領	盜匪首領
黑官	盜匪首領[8]
掌櫃	盜匪首領[9]
大旗匯	盜匪首領[10]
當家的	盜匪首領[11]
葉子官	看守人質匪[12]
把水	擔任外圍警戒工作匪[13]
老櫃	放贓物的地方[14]
山裡碼子	山地匪[15]
充公	匪劫人財物[16]
趟	入夥
排	找
鋼洋	銀元[17]
叫牌子	作案後公開喊出匪首姓名[18]

二、有關人質者

1078。

8　《(河北)成安縣志》，卷10，風土，頁442。《順天時報》，1928.01.01，2版。

9　《(河北)東明縣新志》，卷之20，匪災，頁1436。

10　《(河南)滑縣志》，卷20，大事，頁1649。

11　張白山，〈民初中原流寇禍皖紀實〉，頁40。賀家昌，〈孫美瑤臨城劫車始末〉，頁31。

12　《(河南)淮陽縣志》，卷8，大事記，頁954。

13　田少儀，〈細說孫美瑤與臨城劫車案(一)〉，頁31。

14　長野朗，《土匪軍隊紅槍會》，頁7。

15　〈論評選輯——魯省大舉剿匪〉，頁6。

16　田少儀，〈細說孫美瑤與臨城劫車案(三)〉，《藝文誌》，58期(1970.07.01)，頁25。

17　關麟毅，〈民初土匪洗劫城池實錄——「老洋人」劫掠阜陽目睹記〉，頁17。

18　開封師院歷史系、河南歷史研究所白朗起義調查組，〈白朗起義調查簡記〉，頁20。

票	人質[19]
肉票	人質[20]
葉子	人質[21]
架票	擄人勒贖[22]
綁票	擄人勒贖
請財神	擄人勒贖
抬肉墩	擄人勒贖
架肉票	擄人勒贖[23]
趕肥豬	擄人勒贖
抱鳳雛	擄人勒贖[24]
濾票子	刑審人質[25]
洗葉子	刑審人質[26]
贖票	用財物將人質換回[27]
領票	用財物將人質換回[28]

---

[19] 《(山東)陵縣續志》，卷4，28編，雜記，頁464。

[20] 《(河南)重修信陽縣志》，卷18，兵事1，頁771。

[21] 張白山，〈民初中原流寇禍皖紀實〉，頁42。

[22] 《(山東)臨沂縣志》，卷3，大事記，頁899。《(河南)許昌縣志》，卷9，雜述上，頁1735。

[23] 《(河北)南皮縣志》，卷13，故實志中，頁1790。《(河北)廣宗縣志》，卷3，民生略，頁119。《(河北)成安縣志》，卷10，風土，頁442；卷15，故事，頁910。《(山東)陵縣續志》，卷4，25編，人物傳，頁432。

[24] 《(山東)陽信縣志》，卷4，兵事志，頁194。

[25] 《(河南)禹縣志》，卷2，大事記，頁275。

[26] 張白山，〈民初中原流寇禍皖紀實〉，頁42。

[27] 《(河北)成安縣志》，卷10，風土，頁442。《(河南)重修信陽縣志》，卷18，兵事1，頁771。關麟毅，〈民初土匪洗劫城池實錄──「老洋人」劫掠阜陽目睹記〉，頁18。

[28] 《(山東)陽信縣志》，卷4，兵事志，頁194。

捐餉	勒索捐獻財物[29]
借糧	勒索捐獻財物[30]
撕票	殺死人質[31]
裂票	殺死人質
快票	女人質，贖不過夜者
老財神	老人質
銀娃娃	小孩人質[32]
旱葉子	男人質
水葉子	女人質[33]
花票	女人質[34]

三、有關人質刑罰者

帶紅索	對稍具氣力的人質，為防止逃逸，將鐵鍊穿入其鎖骨或繫於胸前肋骨，被繫索者，因胸部瘀血發炎，三數日即死
點天燈	將人質縛於樹，裹上棉被或柴薪，灌油點燃，使人活活燒成灰燼
扒皮	生剝人質皮，釘置壁間，被剝者，滾號於地，二、三日內尚不得死
大卸八塊	將人質肢體分解
大開膛	將人質由胸及腹，分割為二
摘零件	將人質拔舌、挖眼、割去耳鼻及十指、十趾

29　岑樓，〈韓復榘三門徐龍章〉，《春秋》，10卷1期(1969.01.01)，頁36。

30　賀家昌，〈孫美瑤臨城劫車始末〉，頁31。

31　《(河北)廣宗縣志》，卷3，民生略，頁29。《(河北)成安縣志》，卷10，風土，頁442。《(河南)重修信陽縣志》，卷18，兵事1，頁771。〈孫籌成調停臨城劫車案〉，頁55-56。《順天時報》，1928.01.01，2版。

32　《(山東)陽信縣志》，卷4，兵事志，頁194。

33　張白山，〈民初中原流寇禍皖紀實〉，頁42。

34　關麟毅，〈民初土匪洗劫城池實錄——「老洋人」劫掠阜陽目睹記〉，頁17。

　　　穿紅綉鞋　　將燒紅犁鋤套置人質腳上

此外，還有生烤活豬、洗滾水澡、[35]裸身冷浴、[36]灌辣椒水等。[37]

　　四、其他

　　盜匪隱語除單一名詞、動詞外，亦有複雜句子，如劉黑七對部眾掙錢與用錢，分別定有規矩；掙錢為：

　　　只對富貴不對窮，要來老大孬狗熊；

　　　凡柴只准砍一半，淌出綠水不淌紅！

第一句意思是：綁架對象，只准是富人或貴人，不准對付窮人，因勒索窮人有限，而富人、貴人可多勒索錢財。第二句意思是：綁架時，不要綁主人及主人父母，因綁架主人，家中無人做主，勒索起來，反而困難；綁架主人父母，亦得不到錢財，因大多數人不孝順，寧可置父母於死地而不肯贖，故綁架對象若為主人或主人父母，甚為愚蠢。第三句意思是：綁架人質，要求贖金，不能要人家全部財產，最多只能要一半。第四句意思是：得到錢財，不可再傷人；「淌綠水」指花花綠綠的鈔票，「淌紅水」則是流血。用錢規矩是：

　　　東面龜孫西面爺，狗寶吊插山水穴；

　　　腰裏常懸銅百串，賣相要似大肥鵝。

第一句意思是：平時大家雖當強盜，是下流惡人，然一旦銀錢到手，換個地方，即立刻變成紳士、名流或闊大爺。第二句意思是：平時作案須處處小心，一有變故，則將槍械與錢財收藏山水間；「狗」指槍械，「寶」指錢財。第三句和第四句意思連在一起是：每人身上，要經常保持一筆相當數量錢財，必要時，可靈活運用，以保存性命；而身上既存錢財，花用起來，要

35　張白山，〈民初中原流寇禍皖紀實〉，頁 42。

36　白朗對被擄人質未贖者施以之慘刑有三，即「一在山巔用冷水浴之裸體凍死，二用刀將足割破使履荊棘，三置火中焚斃」；見《順天時報》，1913.01.28，4 版。

37　關麟毅，〈民初土匪洗劫城池實錄──「老洋人」劫掠阜陽目睹記〉，頁 18。另據方志載，有刑罰是「以豬脬蒙面，以膏藥糊眼」，然未知此刑之名；見《(河北)東明縣新志》，卷之 20，匪災，頁 1437。

爽快大方，不可露出寒酸相，必須裝成大亨樣，顯出有錢架勢。[38]

　　由上述直魯豫盜匪所用隱語，與何西亞的研究成果相較，可以發現相同部分；[39]此外，由盜匪隱語的遣詞用字，亦可了解這些隱語形式，與普通的習慣、觀念密切相關，如人質稱「票」、「肉票」，係因用人質勒索，可得錢財，其功用和鈔票相同；另有稱人質為「老財神」、「銀娃娃」者，均含錢財之意；而擄人勒贖稱「架票」、「架肉票」、「綁票」、「請財神」、「抬肉墩」等，其中「架」、「綁」有搶之意，用「請」、「抬」則是對人質表示客氣。又盜匪首領擔當全部大任，如同一家之主，故稱「當家的」、「掌櫃」；至於盜匪規矩與種種刑罰名目，也都是與實際情況相符而用通俗詞句表示，這些足以說明盜匪隱語形式，是以民間通俗背景為基礎的。

---

[38] 胡旦旦，〈黑道奇才劉桂堂傳奇〉，頁46-47。

[39] 這個論點也為何西亞認同，在其書中曾言：隱語，「按土匪各地微有不同，惟重要者則類多相同」；見何西亞，《中國盜匪問題之研究》，頁65。

第四章　盜匪的武器、戰術與習性

第一節　盜匪的武器

盜匪從事掠奪行為，掠奪的憑藉為武器，故盜匪重視武器，不啻第二生命，[1]有「彈盡眾散」之語。[2]至於盜匪武器的種類及來源多無記載，筆者根據兵匪交戰，官方所獲戰利品的紀錄及其他零星資料整理出直魯豫盜匪使用武器的種類如下表：

種類	款式	資料來源[3]
棍棒		(11)
刀	鷹嘴砍刀	(1)
	大刀	(11)
	馬刀	(22)

1　盜匪一旦遇到危險狀況，必先將武器藏匿好再逃走；如山東的劉黑七，每當遇到大部隊進剿時，總是在荒山野嶺間，將槍枝武器分散埋藏在山澗、懸崖、谷壁或水溝下，人員則化裝成各色人等，分別離去，以後再約定時間、地點另行集合。見胡旦旦，〈黑道奇才劉桂堂傳奇〉，頁 47。又根據《(山東)東平縣志》，卷 16，大事，頁 991，載：「八年秋，大股悍匪由汶境泗汶金屯竄入縣境，經過接山寨子等處，沿途焚燒，人心惶恐，全境保衛團團長王慶雲派隊長孫吉祥率隊追擊時有接觸，追至城北解家林，該匪恃險抵抗，激戰終日，卒將該匪擊散，獲匪槍數枝，匪多將槍枝埋沒變農逃散」。

2　何西亞，《中國盜匪問題之研究》，頁 57。

3　資料來源對照下列：
(1)郭子彬，〈追憶劉鎮華將軍剿匪政績〉，頁 30。
(2)姜穆，〈樊鍾秀的英雄故事〉，《中原文獻》，10 卷 8 期(1978.08.25)，頁 4。
(3)程玉鳳，〈白狼史話(三)〉，《中原文獻》，10 卷 4 期(1978.04.25)，頁 27。

槍	新式步槍(快槍)	(2)(3)(5)(6)(9)(10)(19)(23)(25)(26)(29)(31)(34)(42)(43)(46)(47)(48)(49)(50)(51)
	三八式步槍(大蓋子)	(7)(8)
	晉造步槍	(7)(8)
	套筒子步槍	(7)(8)

---

(4)尹致中，〈鬧動國際的臨城大劫車案(上)〉，頁18。

(5)張白山，〈民初中原流寇禍皖紀實〉，頁41。

(6)王天從，〈白狼其人其事〉，頁43。

(7)田少儀，〈細說孫美瑤與臨城劫車案(一)〉，頁28。

(8)田少儀，〈細說孫美瑤與臨城劫車案(六)〉，頁47。

(9)劉紹唐，〈民國人物小傳——白朗〉，《傳記文學》，43卷6期(1983.02.01)，頁144。

(10)段劍岷，〈樊鍾秀其人其事〉，頁11。

(11)長野朗，《土匪軍隊紅槍會》，頁11。

(12)長野朗，《土匪軍隊紅槍會》，頁27。

(13)長野朗，《土匪軍隊紅槍會》，頁45-46。

(14)長野朗，《土匪軍隊紅槍會》，頁47-48。

(15)長野朗，《土匪軍隊紅槍會》，頁69。

(16)《(河南)光山縣志約稿》，大事記，頁239。

(17)治喪委員會，〈陳故代表舜德先生事略〉，頁19。

(18)《(河南)夏邑縣志》，卷9，雜志，頁1269。

(19)《(河南)夏邑縣志》，卷9，雜志，頁1270。

(20)《(河南)夏邑縣志》，卷9，雜志，頁1272。

(21)《(河南)夏邑縣志》，卷9，雜志，頁1274。

(22)《(河南)夏邑縣志》，卷9，雜志，頁1275。

(23)《(河南)夏邑縣志》，卷9，雜志，頁1277。

(24)《(河南)陽武縣志》，卷2，武備，頁216。

(25)《(山東)單縣志》，卷13，鄉賢，頁25下。

(26)《(山東)朝城縣續志》，卷之2，匪患，頁43下-44上。

(27)《(山東)青城縣志》，頁402。

(28)《(山東)昌樂縣續志》，卷27，忠義集，頁945。

(29)《(山東)膠志》，卷33，兵防兵事，頁1377。

(30)《(山東)膠志》，卷33，兵防兵事，頁1381。

(31)《(山東)膠志》，卷33，兵防兵事，頁1382。

(32)《(山東)夏津縣志續編》，卷首，大事記，頁91。

水連珠步槍	(8)
漢陽造步槍[4]	(7)(8)
曲尺手槍	(8)
八音手槍	(39)
小六桿手槍	(38)
六輪手槍	(37)(38)
七皇手槍[5]	(37)
自來得手槍	(7)(8)(20)(21)(27)(37)(38)(39)(56)

(33)《(山東)夏津縣志續編》，卷2，建置志，頁242。

(34)《(山東)莘縣志》，卷9，藝文誌，頁665。

(35)《(山東)臨淄縣志》，卷7，軍事志，頁327。

(36)《(山東)臨淄縣志》，卷7，軍事志，頁328。

(37)《(山東)臨淄縣志》，卷7，軍事志，頁329。

(38)《(山東)臨淄縣志》，卷7，軍事志，頁330。

(39)《(山東)臨淄縣志》，卷7，軍事志，頁331。

(40)《(山東)臨淄縣志》，卷35，志餘，頁1091。

(41)《(山東)東平縣志》，卷16，大事，頁991。

(42)《(山東)續修鉅野縣志》，卷之3，駐防，頁203-204。

(43)《(山東)續修鉅野縣志》，卷之3，駐防，頁204-205。

(44)《(山東)臨沂縣志》，卷11，防衛，頁1106。

(45)《(山東)臨沂縣志》，卷3，大事記，頁913。

(46)《(河北)東明縣新志》，卷之20，匪災，頁1438。

(47)《(河北)東明縣新志》，卷之20，匪災，頁1439-1440。

(48)《(河北)東明縣新志》，卷之20，匪災，頁1443。

(49)《(河北)咸縣志》，卷10，頁694。

(50)《(河北)咸縣志》，卷19，頁1512。

(51)《(河北)咸縣志》，卷20，頁1543。

(52)《(河北)咸縣志》，卷20，頁1548-1549。

(53)《(河北)咸縣志》，卷20，頁1559。

(54)《(河北)咸縣志》，卷20，頁1560。

(55)《(河北)景縣志》，卷8，武功，頁1193。

(56)《(河北)景縣志》，卷14，史事，頁2042。

4　其他記載有步槍，但未標明何種型式步槍的資料，見表中(12)(13)(14)(20)(24)。

5　其他記載有手槍，但未標明何種型式手槍的資料，見表中(13)(16)(41)(51)。

	手提式槍[6]	(45)
	俄國造九響毛瑟槍	(19)
	單響毛瑟槍	(37)
	駁壳槍	(4)
	套筒	(38)
	舊式騎兵槍	(12)
	火繩槍	(11)
	來福槍	(17)
	曼利夏槍	(21)
	馬槍	(24)
	十三響馬槍	(35)
	大槍	(28)
	三十年式槍	(39)
	德國圍槍	(37)
	匣槍	(41)(55)
	輕、重機關槍	(3)(5)(9)(15)(44)
	土造五響	(8)
	單打一響	(8)
	大抬桿	(29)
	無烟鋼	(38)
	四響鋼	(1)
	大十響	(1)
	馬堤尼	(1)
	鐵門墩	(1)
	鉛乾墻[7]	(1)
	各式槍彈	(6)(19)(21)(22)(30)(37)(38)(39)
砲	短雙筒洋砲	(1)
	大砲	(3)(6)(9)
	山砲(山野砲)	(3)(5)(10)
	鐵砲	(11)
	火砲	(19)
	鋼砲	(22)

[6] 其他記載有式槍,但未標明何種型式式槍的資料,見表中(53)。

[7] 其他記載有土槍,但未標明何種型式土槍的資料,見表中(22)。

	快砲	(21)
	插砲	(18)
	各式砲彈	(3)(6)
其他	炸彈	(40)(56)
	毒氣彈[8]	(40)

　　由盜匪使用武器種類之繁雜，可見其迫切需要武器而不計何種款式；由盜匪使用武器種類之新穎，亦可明瞭何以其勢如此猖獗而不畏官兵；事實上，盜匪不僅擁有性能優良的武器，且數量甚多，如民國七年十一月七日，河北東明縣有盜匪四十餘人來襲，每人各持快槍一枝、手槍一枝。[9]山東的解永昌、程進得等股十九人，有槍十餘桿；王良義、張景榮等股二百餘人，有槍一百九十餘桿；[10]甚至有一股千餘人而各執快槍者。[11]此種比例，實不亞於軍隊，與缺乏武器的地方保衛團相比，更有天壤之別。[12]

　　盜匪武器種類精良，數量龐大，其來源如下：

　　一、購買：如孫美瑤部槍彈即在抱犢崮山區購得。在抱犢崮山區裡，每

---

[8]　據《(山東)臨淄縣志》，卷35，志餘，頁1091，載：「八年仲夏，匪首崔九，勾結大連髻匪百餘人，踞愚公山山巔，勢張甚，李君率兵往剿，匪眾我寡，匪逸我勞，又乘高拋擲炸彈，施放毒氣彈，在前列者，往往踣昏暈」。惟中國毒氣武器在二次世界大戰都未能充分發展，而此時便有盜匪使用毒氣彈，誠使人懷疑。

[9]　《(河北)東明縣新志》，卷之20，匪災，頁1438。

[10]　《(山東)續修鉅野縣志》，卷之3，駐防，頁205。

[11]　《(山東)續修鉅野縣志》，卷之3，駐防，頁204-205；又頁203-204，載：「山東土匪范秉心、白天祖、龐子周股，聚集金山，自稱為司令，有快槍一萬七千枝」。此外，《(山東)莘縣志》，卷9，藝文誌，頁665，載：「民國十三年春二月二十六日午時，西毛坊村距城六里餘，突被悍匪六七十人各持快槍利器入村佔據」。《(山東)膠志》，卷33，兵防兵事，頁1382，載：「股匪邢敬臣，有匪徒八十餘人，快槍三十餘枝」。

[12]　據《(河北)涿縣志》(宋大章等修，周存培等纂，1936鉛印本，成文華北135)，4編，黨政組織，頁206，載：「涿縣於民國二十年調查全縣警區才只有大槍十枝，手槍四枝，子彈不滿五百粒」，因此，「遇有匪警深感困難」。此外，其他縣志也有記載警力不足禦匪的事實；見《(河北)盧龍縣志》，卷9，自治，頁176。《(河北)滄縣志》，卷6，經制志，頁410。

距十數里有一小鄉集，每十天兩次集，集市時，槍枝子彈如瓜果蔬菜般擺置地上，定有時價，任人選購，如盒子槍子彈，每條十粒，時價現大洋十元；大蓋子、晉造等步槍所用的六五子彈，以及套筒子、漢陽造等步槍所用的七九子彈，一排五粒，時價現大洋一元。[13]除抱犢崮山區外，青島也可購得精良武器。[14]

　　二、勒索：如山東沿海一帶海盜向商船勒繳例規中，即包括槍彈一項。[15]民國七年，高順喜率四百人據河北東明縣劉士寬寨，遣人至五霸岡寨索快槍二十枝，不與即攻。[16]同年，山東夏津縣的胡官屯被匪勒索洋五千元，快槍二十枝，否則焚掠。[17]民國十七年，王大鬍子等聚眾山東高密縣南曲，向民眾索械勒捐。[18]此外，河南的屈三省架匪一旅、張仁山架匪數千，人問其槍從何來，答「皆扯票洒葉而得」。[19]白朗也規定人質贖回代價是槍枝與彈藥，標準為商人要槍二十五枝、子彈二千五百顆，傳教士要槍十枝、子彈一千顆，工程師要槍五枝、子彈五百顆。[20]

　　三、劫掠：如白朗於民國元年四月，率眾洗劫前寶豐縣知事張禮堂家，獲快槍二十餘枝。[21]民國七年七月二十七日，十一股盜匪包圍山東夏津縣苗

---

[13] 田少儀，〈細說孫美瑤與臨城劫車案(一)〉，頁28。

[14] 《(山東)續平度縣志》，卷6，政治志，頁491，載：平度盜匪「槍枝大抵自青島竊購而來」。《(山東)濰縣志稿》，卷17，武備，頁977，載：「濰縣毗近青島，土匪槍枝易得精利」。其他相關資料見：《(山東)壽光縣志》，卷8，禮俗，頁843-844，載：「自民國三年膠濟路屬於外人，莠民倚為逋逃藪，槍彈易於購買，匪風因以大熾」。《(河北)東明縣新志》，卷之20，匪災，頁1436，載：「東明縣東北菏澤縣境匪本不大，後勢漸擴，購快槍運子彈」。

[15] 劉仲康，〈劉景良一生忠義〉，《春秋》，10卷1期(1969.01.01)，頁30。

[16] 《(河北)東明縣新志》，卷之20，匪災，頁1438。

[17] 《(山東)夏津縣志續編》，卷2，建置志，頁241；卷9，藝文志，頁1079。

[18] 《(山東)高密縣志》，卷之14上，人物，頁793。

[19] 《(河南)靈寶縣志》，卷8，藝文上，頁461。

[20] *North China Herald*, Nov. 15, 1913, p.533.

[21] 開封師院歷史系、河南歷史研究所白朗起義調查組，〈白朗起義調查簡記〉，頁21。

堂團局，搶去快槍十餘枝；[22]十月十二日，有盜匪千餘人，由劉莊入韓橋，當地失快槍二十四枝；[23]同時，又有另外一股盜匪攻入韓橋，搶去快槍四十餘枝。[24]民國八年七月二十七日，河北南皮縣蓮花池警局被搶，槍械盡失；[25]次年，荒旱成災，盜匪四起，東區槍枝被掠幾近半數。[26]同年十二月，老洋人攻安徽阜陽城，掠得野砲三十餘門、重機關槍百挺、步槍四萬餘枝、輕機關槍六百六十餘挺。[27]民國十二年八月二十四日午時，黃建升率眾百數十人入河南孟縣縣城，搶去警察槍十枝、子彈五百四十九粒、武裝警察槍七枝、子彈三千五百十五粒。[28]民國十六年冬，河北盜匪二十餘名闖入隆平縣署及警察局搜槍索款而去。[29]民國十七年，張鳴九攻陷山東齊東縣城，將城中槍砲盡劫之。[30]

四、戰利品：如民國二年六月，白朗在銅山溝大敗張敬堯，得大砲二門、步槍百餘枝、山砲砲彈及輕重機關槍子彈無算。[31]民國三年一月五、六日，官兵與白朗在河南光州金家寨作戰，官兵大敗，失機關槍、快槍及槍砲等武器。[32]民國十五年九月二十二日，駐泊一百三十九旅至河北南皮縣焦山

22　《(山東)夏津縣志續編》，卷2，建置志，頁242。

23　《(山東)夏津縣志續編》，卷首，大事記，頁91。

24　《(山東)夏津縣志續編》，卷2，建置志，頁242。

25　《(河北)南皮縣志》，卷13，故實志中，頁1791。

26　《(河北)南皮縣志》，卷5，政治志上，頁593。

27　張白山，〈民初中原流寇禍皖紀實〉，頁41。

28　《(河南)孟縣志》，卷4，大事記，頁442-443。長野朗，《土匪軍隊紅槍會》，頁24-25。

29　《(河北)柏鄉縣志》，卷首，志，頁48。

30　《(山東)齊東縣志》，卷4，政治志，頁544。其他相關資料見：《(河北)滄縣志》，卷16，事實志，頁2092，載：「十三年冬土匪趁直軍之大潰也，聯結二十五幫劫奪軍械」。《(山東)民國東阿縣志》，卷之11，政教7，頁241，載：「賊李四考股至姜家溝搶掠釐金局槍枝」。《(河南)重修信陽縣志》，卷18，兵事1，頁771，載：「六年夏某日……五里店突有匪徒槍斃守衛二人，搶槍數枝」。

31　程玉鳳，〈白狼史話(三)〉，頁27。

32　《北洋政府檔案》，〈劉文翰呈段祺瑞報告〉，1914.02.08，收入杜春和編，《白朗起義》，頁84。

寺剿匪失利，失機關槍五架。[33]

　　五、潰兵：盜匪武器來自潰兵情形有二，一是潰兵攜械來歸，如民國九年，吳佩孚繳西北防軍宋一勤、張亞威兩旅的槍，不慎逃走一部分官兵，致三八式步槍流入樓子頭李老五、東大郊黃建聲兩大股盜匪手中。[34]民國十七年底，山東臨朐縣城中有叛兵兩名竊械投匪。[35]曹州區盜匪亦因潰兵攜械來歸而擁有極為精銳的機關槍武器。[36]白朗則有「凡退伍兵來投效者，無帶軍火不收用」的布告。[37]另一是潰兵遺棄槍械，如民國紀元初，河北保定縣兵變後，槍枝遺落盜匪手中，匪藉之搶掠。[38]民國十六年五月，孫傳芳潰兵五、六萬人由淮海北遁，過境山東臨沂縣，沿途遺棄槍彈多為盜匪所得。[39]

　　六、勾結：盜匪勾結對象，有地方惡紳，如直魯豫的土棍惡紳往往買進步槍，放租與匪從事掠奪。[40]有保衛團，如河南林縣的巡緝隊與匪相通，對其假以槍械濟以子彈。[41]最嚴重的是勾結軍隊，方式很多，有匪與軍隊事先商量好，匪夜襲軍隊駐地，軍隊假裝不支而退，留下槍械彈藥，待匪以錢換取；[42]或匪伴裝被軍隊打敗，使軍隊可向上立功，代價是軍隊秘密輸送彈藥與匪。[43]民國十二年，臨城劫車案後，有記者訪問盜匪，道出兵匪勾結內幕，其對話如下：

　　問：山上究有軍火若干？

[33]　《(河北)南皮縣志》，卷13，故實志中，頁1805。

[34]　郭子彬，〈追憶劉鎮華將軍剿匪政績〉，頁30。

[35]　《(山東)臨朐續志》，卷19之20，頁1011。

[36]　長野朗，《土匪軍隊紅槍會》，頁69。

[37]　雲尚，〈民初的一支流寇——白狼軍〉，頁18。程玉鳳，〈白狼史話(五)〉，《中原文獻》，10卷6期(1978.06.25)，頁27。

[38]　《(河北)完縣新志》，卷4，行政2下，頁266。

[39]　《(山東)臨沂縣志》，卷3，大事記，頁906。

[40]　長野朗，《土匪軍隊紅槍會》，頁47-48。

[41]　《(河南)林縣志》(張鳳臺修，李見荃等纂，1932石印本，成文華北110)，卷4，民政，頁273-274。

[42]　長野朗，《土匪軍隊紅槍會》，頁46-47。

[43]　長野朗，《土匪軍隊紅槍會》，頁49。

答：步槍八百，手槍較多。

問：此種軍火從何而來？

答：皆由軍隊方面供給。

問：大批供給，抑或零星供給？

答：大批亦有，零碎亦有。

問：大批如何供給？小批如何運入？

答：我等既無製造局，全靠各處供給。大概大批由軍官處設法，小批向
　　士兵中零購。

問：此種軍火，渠等向政府承領，皆有確數，安能分售給我等？

答：軍隊與我等開一次火，即我輩多一批軍火。蓋捉住一兵，僅扣留其
　　槍械，而另給金錢欲送還之。且官兵用去子彈百顆，即可向上峰報
　　稱用去千顆，所餘之九百顆，即售與我輩。

問：售價貴否？

答：亦有上落，總之我輩視軍火較金錢更重，故山中兄弟所得之錢無不
　　先購軍火。

問：未劫抱犢崮之前，與軍隊開仗否？

答：近來時常開仗，上一個月甚至開了二十三仗，故所得軍火較前更
　　多。[44]

　　上述對話，足以證明兵匪勾結事實。不僅山東盜匪和軍隊有勾結，河
北、河南盜匪亦同，如政府軍隊在攻打白朗時，槍械彈藥，不是被劫奪，便
是被收買；[45]《順天時報》曾完整刊載官匪相通之實況：

---

[44] 《申報》，1923.06.08，6 版。長野朗，《土匪軍隊紅槍會》，頁 45-46。又有關孫美
　　瑤部眾武器狀況的詳細說明，可見吳蕙芳，〈"社會盜匪活動"的再商榷——以臨城
　　劫車案為中心之探討〉，《近代史研究》，1994 年 4 期(1994.07)，頁 178-180。

[45] 程玉鳳，〈白狼史話(四)〉，頁 33。另據報載：由於「豫軍素與白狼通聲息，前白狼
　　缺乏軍器，豫軍之兵士甚至將自己所用之槍或彈藥賣與白狼」；見《順天時報》，
　　1914.03.02，3 版。

匪之來焉，飽掠商民膏血，官軍為面子計，不能不出隊。其交戰時，官兵祇須放空鎗，匪已聞聲而退避，退時沿途遍投衣服、首飾、銀元、角子，分兵餉之遺沫以為餽贈焉，兵士拾之、藏之、分派之。及畢，乃事計匪已遠竄一、二十里，打電到省謂官兵大捷，匪黨竄逃，長官餉再追，兵再進與匪相值。此時，匪則不願再逃，倒戈回擊，官軍亦必以退答之，沿途亦有餽贈，贈品無他物，即搜括民脂民膏，官家所購之鎗械、子彈也。兵士退後再打電到省，謂窮寇之追究竟不利，暫退以圖後舉，如是，則兵與匪一來一往之酬酢畢矣。第一次如是，第二、第三以次類推，無不如是。

故河南人談論此現象時云：「汴中兵匪乃商家之買賣焉，交易而退，各得其所。又似文人之唱和焉，詩酒往還，應酬頻繁，在局外視之目為兵匪，其實彼輩乃好友也」！[46]

　　由此可知盜匪使用的武器多為官方出品；以官方出品的武器來對抗官兵，從事掠奪，實為民初盜匪之一大特色。

---

[46]　《順天時報》，1914.02.13，3版。

第二節　盜匪的戰術

　　盜匪生存的憑藉，是大批精良的武器，然高明的戰術，可使盜匪的掠奪行為更為順利，故戰術運用，是盜匪行動中的重要部分。一般而言，直魯豫盜匪採用的戰術，主要有下列幾種：

　　一、游擊戰術：盜匪活動由於受到種種條件限制，無法採取長期而全面性的持久戰，必須運用短期而重點式的游擊戰，亦即集中全力攻擊某一目標，一旦得手則不控制，只將重要物資取走，再準備攻擊下一目標；如白朗行動飄忽靡定，速戰速決，是典型的游擊戰術。其對官兵作戰，避實就虛，聲東擊西，使敵疲勞，再俟機選擇適當地點，誘致官兵，然後集中力量以大吃小將之殲滅。一旦官兵全力進攻，則委棄財帛退走，官兵貪財，往往棄械彈以爭取財物，白朗則趁機反攻，官兵貪財惜命而逃，如此進退來去，使敵人疲於奔命，處於劣勢。[1]攻陷城鎮則不占據，將糧食物資徵集，裹脅壯丁即走，陝西《續修醴泉縣志稿》曰：

> 白狼行不整隊，住不結營，得不據城，所至裹脅壯丁，殘燬器物，一日夜走數百里，騎疲則或棄或宰，另拉壯健者代之。[2]

討伐白朗的政府軍表示，白朗「破城之後，一搶即去，不少停留」；[3]此種方式，人力無缺，補給不愁，故活動力特強，一日夜奔二三百里是常事，[4]

1　呂咎予，〈白狼擾戰記〉附〈狼禍述聞〉；喬敘五，〈記白狼事〉，均收入杜春和編，《白朗起義》，頁 323、411。趙介民，〈雜談河南狼禍〉，頁 25。

2　《(陝西)續修醴泉縣志》(張道芷等修，曾驤觀等纂，1935 鉛印本，成文華北 314)，卷 11，兵事志，頁 748。

3　《北洋政府檔案》，〈雷震春呈陸軍部報告〉，1913.07.05，收入杜春和編，《白朗起義》，頁 56。

4　劉汝明，〈入伍與打白狼〉，《傳記文學》，5 卷 3 期(1964.09.01)，頁 41。

官兵只能望風興嘆，束手無策。河南的老洋人也採用游擊戰術，因此所到之處，住屋全焚，裹脅而去。[5]

　　二、心理戰術：盜匪掠奪行為本不容於法而為人所棄，但其為求羣眾基礎，常以心理戰術獲取人們——特別是社會底層者的支持。這些心理戰術通常是一些不實的名稱、口號或行為；就名稱而言，盜匪常對自己軍隊冠上正式稱呼以惑民眾，如山東的劉竹溪、高近彪、武占山等股白稱「蘇魯義軍」，[6]李鴻坤股冒稱「國民革命軍」，[7]另有稱「南軍別動隊」、[8]「建國自治軍」、[9]「國軍」者；[10]白朗以對抗袁世凱為名，自稱「中華民國撫漢討袁司令大都督」、「中原扶漢軍大都督」或「南軍大都督」，[11]稱其部眾為「中原扶漢軍」或「公民討賊軍」。[12]就口號而言，「打富救貧」、「替天行道」等傳統口號，幾乎為每一盜匪運用，[13]如白朗有歌謠云：

　　　　好白狼，白狼好！鋤暴安良，替天行道，人人都說白狼好！老白狼，白狼老！打富救貧，替天行道，兩年以來，貧富都勻了。[14]

孫美瑤股則流行這樣的歌謠：「上等人們該我錢，中等人們莫管閒，下等人

[5]　《(河南)新修閡鄉縣志》，通紀，頁81-82。

[6]　《(山東)臨沂縣志》，卷3，大事記，頁907。

[7]　《(山東)桓臺志略》，卷1，疆域志，頁17下。

[8]　《(山東)膠志》，卷33，兵防兵事，頁1379。

[9]　長野朗，《土匪軍隊紅槍會》，頁27。

[10]　《(山東)萊陽縣志》(王丕煦等纂，梁秉錕等修，1935鉛印本，成文華北57)，卷2之1，內務，頁347。

[11]　《北洋政府檔案》，〈王天從呈段祺瑞報告〉，1913.08.23，收入杜春和編，《白朗起義》，頁61。

[12]　劉紹唐，〈民國人物小傳——白朗〉，頁144。

[13]　John B. Powell著，尹雪曼譯，〈臨城劫車被俘記(一)——上海密勒氏評論報主持人鮑惠爾回憶錄之八〉，《傳記文學》，16卷1期(1970.01.01)，頁22。長野朗，《土匪軍隊紅槍會》，頁5。

[14]　陶菊隱，《六君子傳》，收入沈雲龍主編，《近代中國史料叢刊》，792輯(臺北：文海出版社影印，1981)，頁178。

們快來吧！跟我上山來過年」。[15]此亦利用「打富濟貧」觀念鼓勵窮人加入
盜匪行列。白朗在心理戰術上運用尤其高明，與官兵作戰時，提出口號曰：
「白狼軍專打官長，不打弟兄」，並對政府軍發動心理攻勢，號召士兵來
歸，提出保證，只打連級以上官長，對視若兄弟的士兵不予攻擊，藉此瓦解
軍隊的戰鬥意志。[16]每攻下一地，輒張布告說他是「奮起畎畝，志在救
民」，[17]斥袁為「神姦國賊，天地不容」，[18]「雖托名共和，實屬行專
制」，自己是「糾合豪傑，為民請命」，「一俟兵精糧足，便當雄據北方，
席卷東南」、「設立完美之政府」，[19]並配合一些行動來表示濟民之意，如
「將大商號的銅錢滿街拋散，讓羣眾拾，同時開倉濟貧，把糧食分給羣眾。
商店布匹綢緞等值錢貨物，也讓羣眾隨便拿」，[20]藉以攏絡民心。此外，河
南《光山縣志約稿》載：「游匪架票所過，嘗取富人財貨散給貧民，故愚民
聞匪不懼，冀分餘潤」，[21]此亦盜匪心理戰術運用之例證。

　　三、青紗戰術：盜匪為掩護行動，利用天然屏障，常選在夏末秋初，所
謂「青紗帳起」時，大肆活動。如河北有民團歌，歌詞開頭即言：「狼烟四
起土匪亂，來時七月天，青紗帳影漫」。[22]《霸縣新志》曰：「霸縣每值青
紗帳起，路劫架票，時有所聞」。[23]《高陽縣志》云：「自十七、八年間全
縣雀苻遍地，搶劫時間尤以青紗帳起之時甚」。[24]《香河縣志》亦載：

[15] 長野朗，《土匪軍隊紅槍會》，頁 3-4。

[16] 雲崗，〈民初的一支流寇——白狼軍〉，頁 17。

[17] 《天津大公報》，1914.04.24，引自董克昌，〈關於白朗起義的性質〉，頁 26。趙介
民，〈雜談河南狼禍〉，頁 25。王天從，〈民初匪禍話「白狼」(一)〉，頁 31。

[18] 程玉鳳，〈白狼史話(六)〉，《中原文獻》，10 卷 7 期(1978.07.25)，頁 31。

[19] 王士蔚，〈白匪陷害隴南見聞錄〉，收入杜春和編，《白朗起義》，頁 330。

[20] 王留現等，〈白朗起義始末〉，引自侯宜杰，《袁世凱一生》(鄭州：河南人民出版
社，1982.08)，頁 292。

[21] 《(河南)光山縣志約稿》，兵志，頁 230。

[22] 《(河北)棗強縣志》，卷 4，風土，頁 189-190。

[23] 《(河北)霸縣新志》，卷 3，頁 142。

[24] 《(河北)高陽縣志》(李大本重修，李曉冷等纂，1931 鉛印本，成文華北 157)，卷 2，
行政，頁 136-137。

> 香河界平津之間，僻處北運河東，民風樸厚，素多業農，輕徭薄賦，
> 尚能自給；民國以來，地方多故，捐稅日增，民眾始告匱乏，而生活
> 程度，且逐漸提高，由是鋌而走險者，亦愈出愈多，強搶案件，層見
> 疊出，強搶之不已，則綁票以勒贖，向之鼠竊狗偷者，乃不數見，稍
> 有資產之家，無日不在戒備，青紗帳起，更不堪問矣。[25]

河北如此，山東、河南也不例外。山東《續平度縣志》云，該縣盜匪在「青
紗帳起，幾於無日無之」；[26]河南鄉人夏兆瑞說：

> (青紗帳起)適成盜賊行劫出沒，製造罪惡的庇護所，不僅行旅客商，
> 時有被劫遭擄之虞；即當地稍富人家或攜帶財物者，亦不敢于此時輕
> 易出入曠野，婦孺更視青紗帳為畏途，真成了「崔符盜藪」，莫敢接
> 近的險地。[27]

所謂「青紗帳」是指高粱成熟時，高逾人身，一片青綠，有如紗帳，易於藏
匿，「一鑽進去，就是百里不見太陽」，[28]故盜匪多利用以便逃匿。北方俗
諺：「亂世怕秫(高粱俗稱蜀秫)[29]起」，[30]即是針對此一情形而言。待高粱
收割後，盜匪就無處躲藏，因有「殺倒蜀黍(高粱別名)狼出來」的諺語。[31]
由於瞭解高粱成長對盜匪之助益，故山東軍人要剿盜匪，多在高粱收成後才

---

[25] 《(河北)香河縣志》(王葆安等修，陳武諲等纂，1936 鉛印本，成文華北 131)，卷 4，
　　治安，頁 228-229。

[26] 《(山東)續平度縣志》，卷 6，政治志，頁 490-491。

[27] 夏兆瑞，〈青紗帳起憶中原〉，《中原文獻》，10 卷 7 期(1978.07.25)，頁 39-40。其
　　他相關資料見：《(河北)盧龍縣志》，卷 13，史事，頁 547。《(河北)昌黎縣志》，
　　卷 2，地理志上，頁 163。《(山東)館陶縣志》，人物志，頁 1208。《(河南)商水縣
　　志》，卷 5，地理志，頁 335。趙介民，〈雜談河南狼禍〉，頁 24。

[28] 李祥亭，〈又是高粱成熟時〉，《中原文獻》，8 卷 8 期(1976.07.25)，頁 30。

[29] 《(河北)晉縣志料》，卷上，風土志，頁 143。

[30] 李祥亭，〈又是高粱成熟時〉，頁 32。

[31] 朱介凡，〈說河南風土諺(一)〉，《中原文獻》，15 卷 2 期(1983.02.20)，頁 37。

行動。[32]

　　四、聯合戰術：盜匪為擴充實力，常與外地盜匪聯合，共同行動。如民國元年二月四日，河南禹縣的劉安聯合汝縣的李鳳朝、杜起賓諸股共千餘人，陷方岡三寨；[33]民國三年春，汝州的郭得勝帶領手下與許昌的楊黑漢股合，共同掠奪邊界鄉村；[34]以山東濮縣紅船集為根據地，縱橫數十里的張占元，與河北盜匪勾結，而山東的顧得林也遙為聲援。[35]民國八年仲夏，山東的崔九勾結大連盜匪百餘人，雄踞愚公山。[36]民國十二年八月二十日，河南的李萬長、侯鐵蛋、馬留志等股與西山盜匪連結，日肆東掠。[37]民國十五年春夏間，史萬成勾結魯山、寶豐盜匪約數千，蹂躪淮陽縣西南兩面，所過為墟。[38]民國十六年三月，太康縣東境的馮賀勾結亳縣的張貫一煽亂。[39]此種聯合，沒有明確保障，只是暫時性，為達共同目的而形成的。[40]

　　官兵進剿，盜匪則利用縣界或省界逃避。[41]如官兵剿河南，盜匪便逃入山東、湖北、陝西等鄰省，[42]剿山東，則逃往河南、江蘇等省，[43]此剿彼

---

[32]　*China Weekly Review*, Aug. 11, 1923, p.359.

[33]　《(河南)禹縣志》，卷2，大事記，頁226。

[34]　《(河南)鄢陵縣志》，卷1，大事記，頁27。

[35]　《(山東)續修鉅野縣志》，卷之8下，剿匪事，頁845。又顧得林，亦名顧德鄰、顧德林、谷德林、顧德麟等，山東北部的大盜匪頭目，被稱為山東的匪王；見長野朗，《土匪軍隊紅槍會》，頁14-15。南雁，〈鐵路共管聲中的大舉剿匪〉，頁3。並可參見第二章第三節內有關資料。

[36]　《(山東)臨淄縣志》，卷35，志餘，頁1091。

[37]　《(河南)禹縣志》，卷2，大事記，頁253。

[38]　《(河南)淮陽縣志》，卷8，大事記，頁953-954。

[39]　《(河南)太康縣志》，卷3，政務志，頁229。

[40]　長野朗，《土匪軍隊紅槍會》，頁66。

[41]　長野朗，《土匪軍隊紅槍會》，頁65-66。此外，民國六年，《北華捷報》載：「這個國家(中國)的一部分總是盜匪的溫床，特別是因為其能夠很方便地逃避每一個省的權威」；見 *North China Herald*, Aug. 11, 1917, p.317.

[42]　長野朗，《土匪軍隊紅槍會》，頁86、112-113。

[43]　長野朗，《土匪軍隊紅槍會》，頁69。丁龍堈，〈辮帥張勳與直督褚玉璞〉，《春秋》，7卷5期(1967.11.01)，頁13。

竄，官兵無法達到目的，只有任其四處流竄，結果是境縣或省境間成為盜匪來往聚集最頻繁的地區。如河北《成安縣志》云：「成安縣毗連豫省，與該省臨漳縣境，犬牙相錯，土匪出沒無常，影響所及，村民夜不安枕」；[44]山東《館陶縣志》曰：「股匪嘯眾，每盤踞各縣界地，以便此剿彼竄，越境倖脫」；[45]河南《通許縣新志》也說：「縣西南、東南各處與扶、尉、太、杞接界，向為匪徒出沒之處，始則彼剿此逃，此緝彼竄，繼則蔓延全縣」。[46]其他相關記載，不勝枚舉。[47]

　　盜匪有時也利用洋人力量阻止官兵進攻，如民國二年，白朗在襄陽擄教士，政府軍雖將其包圍，卻奉命必待八名俘虜收贖釋放後，才准攻擊，盜匪此舉顯然是利用洋人力量，阻止官兵進攻。[48]民國十二年，孫美瑤劫持火車，擄大批洋人作為人質，附近警備民團曾開槍企圖阻止，因恐傷及洋人而作罷；[49]在官匪交涉時期，官方為早日釋放洋人，只有允諾盜匪提出之種種要求。[50]同年十一月十三日，膠東雙龍盜匪亦將昌邑教堂法籍教士擄去，向官軍要求收撫。[51]除擄洋人脅迫官兵外，盜匪亦曾利用洋人勢力範圍作為護符，如青島盜匪，官兵捕急則遁入租界，弛防又出沒嶗山、小珠山、海西一帶。[52]凡此皆恃外力以抗官兵之實例。

---

[44]　《(河北)成安縣志》，卷7，行政，頁281。

[45]　《(山東)館陶縣志》，政治志，頁738。

[46]　《(河南)通許縣新志》，卷之5，官師志，頁197。

[47]　其他相關資料見：《(河北)清河縣志》，卷2，頁85、87-88。《(河北)大名縣志》，卷1，沿革，頁106。《(河北)磁縣縣志》，14章，武備，頁240。《(河北)咸縣志》，續修1冊，頁1610。《(山東)續修博山縣志》，卷12，人物志，頁1069-1070。

[48]　《北洋政府檔案》，〈吳慶桐致袁世凱參陸兩部電〉，1913.10.08，收入杜春和編，《白朗起義》，頁234-235。

[49]　南雁，〈臨城土匪大掠津浦車〉，頁2。

[50]　有關臨城劫車案的官匪交涉過程，參見：吳蕙芳，〈"社會盜匪活動"的再商榷——以臨城劫車案為中心之探討〉，頁184-188。田少儀，〈細說孫美瑤與臨城劫車案(五)〉，《藝文誌》，60期(1970.09.01)，頁18-22。

[51]　田少儀，〈細說孫美瑤與臨城劫車案(六)〉，頁48。

[52]　《(山東)膠澳志》，政治志，頁603。

第三節　盜匪的習性

　　直魯豫盜匪的習性主要有下列幾種：

　　一、重義氣：盜匪社會最講究義氣，此或由於從事盜匪生涯者多個性俠義；如白朗，尚俠義而廣交遊，為人疏財仗義，路見不平，即拔刀相助；[1]甚至對重義氣者，寬厚以待。[2]又如抱犢崮盜匪首領孫美珠，具豪爽慷慨性格，賣命換來的錢財，毫不吝惜地周濟鄉鄰。[3]由於義氣，使盜匪間擁有甚於手足的情誼，遇到危險，不分彼此互相幫助，如湖北盜匪為官兵追趕，逃入河南時，河南盜匪會起而援助。[4]一旦同儕遇害，則立誓報仇，如民國十一年七月，孫美珠在嶧縣附近西集地方，被當時山東第六混成旅旅長兼兗州鎮守使何鋒鈺派隊擒獲並槍決，消息傳出，手下弟兄非常生氣，厲兵秣馬，蓄意報仇，後來的臨城劫車就是一個報復行動。[5]同儕間若有背義行為，更為盜匪社會所不恥；如臨城案後，老洋人被吳佩孚招撫，兩人計殺安徽的蕭春子，[6]此事為范明新得知，憤而合併蕭春子部下，與老洋人血戰。[7]基於義氣，也使盜匪重視彼此承諾，特別是對同樣重義氣的人，因此，轟動中外，喧囂多時的臨城劫車案，只有在幫會人物如黨金元、李炳章、張鏡湖等人的

1　開封師院歷史系、河南歷史研究所白朗起義調查組，〈白朗起義調查簡記〉，頁20。劉紹唐，〈民國人物小傳——白朗〉，頁144。

2　據報載：一名偵查白狼之拱衛軍連長李某，不慎被匪捉拿，匪中多人勸其入夥，然李某不為所動並言誓死不能相從，不料「匪亦敬重忠義，以李連長不愧好漢，非為不置死地且釋縛」，李某終得平安歸回；見《順天時報》，1914.03.13，10版。

3　田少儀，〈細說孫美瑤與臨城劫車案(一)〉，頁29。

4　長野朗，《土匪軍隊紅槍會》，頁17。

5　賀家昌，〈孫美瑤臨城劫車始末〉，頁31。

6　蕭春子，又名蕭同生，安徽蕭縣人，勢力範圍以安徽北部為基礎，而擾及河南、安徽、江蘇、山東四省交界之地；見長野朗，《土匪軍隊紅槍會》，頁15。南雁，〈鐵路共管聲中的大舉剿匪〉，頁2。

7　長野朗，《土匪軍隊紅槍會》，頁14-16。

出面協調下才得以順利解決。[8]

　　二、嗜鴉片：盜匪與鴉片幾乎不可分離，因鴉片不僅可治病、減輕傷痛，尤可鬆弛賣命生活的緊張不安情緒，故盜匪多染有吸鴉片嗜好；[9]白朗部隊，不論首領或部眾，十之七八為煙民。[10]臨城劫車案中被擄人質亦證實，在抱犢崮中有吸鴉片煙的裝備，且常有吸鴉片之盛大聚會。[11]民國十二年，董四、陳清林潛伏河北威縣曲周的北劉村，當官方得知消息入內逮捕時，兩人正「橫臥土榻，對吸金丹」。[12]嗜鴉片的結果，必定影響身體健康，[13]但盜匪仍樂此不疲，為獲得鴉片，不惜運用各種方法，如搶劫——民國九年，老洋人部眾攻進安徽阜陽，一入城即四處找大煙；[14]在河北南部與山東北部接壤處，瀕臨渤海灣西南岸，黃河入海地區，盜匪經常向來往此地船隻勒索規費，而例規中即包括來自天津日本租界的海洛英、鴉片等物，[15]「鴉片之外，又加之以金丹白丸，由青島而傳送山東各縣，更進而流毒於直豫之域，歷年兵禍匪禍，亦嘗直接間接與煙禍相因而至」。[16]

　　三、殘酷：盜匪殘酷的習性，可由虐人、殺人方式中得到證明。這些方

---

[8]　這些人的背景如下：黨金元(伯泉)，滕縣人；李炳章(麟閣)，嶧縣人；張鏡湖，鄒縣人；上述三人均屬安清幫「大字班」人物。此外，被官方派往負責交涉的天津警察廳長楊以德，本身是紅幫頭目；見田少儀，〈細說孫美瑤與臨城劫車案(四)〉，《藝文誌》，59 期(1970.08.01)，頁 47-48。魏隸九口述，孔祥宏筆錄，〈關於「臨城劫案」真象補遺〉，頁 124。甄鳳鳴，〈臨城大劫車案的幾點補充意見〉，《山東文獻》，4 卷 4 期(1979.03.20)，頁 140。尹致中，〈鬧動國際的臨城大劫車案(下)〉，《山東文獻》，4 卷 1 期(1978.06.20)，頁 50、58。

[9]　丁龍墥，〈辮帥張勳與直督褚玉璞〉，頁 14。

[10]　程玉鳳，〈白狼史話(五)〉，頁 27-28。

[11]　*China Weekly Review*, May 19, 1923, p.407; Jun. 23, 1923. p.99.

[12]　《(河北)威縣志》，卷 19，頁 1512。

[13]　據 *China Year Book* 載，老洋人吸食鴉片，對他的健康有嚴重的不良影響；見 *China Year Book*, 1925-1926, p.575.

[14]　關麟毅，〈民初土匪洗劫城池實錄——「老洋人」劫掠阜陽目睹記〉，頁 187。

[15]　劉仲康，〈劉景良一生忠義〉，頁 30。

[16]　《(山東)膠澳志》，政治志，頁 646。

式除前述盜匪施於人質刑罰中略為提及(參見第三章第三節)，其他方式甚多，如在臨城劫車案中被擄人質李福生，親眼目睹盜匪們將一個四十多歲，有著圓頭頸、圓肚皮的矮胖人質當球似的，在碎石地上踢來踢去取樂；[17]也有將人質排成一列，盜匪們平舉槍枝，作瞄準射擊姿勢，以測試人質膽量，並藉機捉弄人質者。[18]或用粗木棍打人者，如臨城劫車案中，人質鮑惠爾即遭盜匪以粗木棍擊肩膀，受傷多天才痊癒。[19]也有用槍柄擊人喉者，如民國八年五、六月間，盜匪破河南閿鄉縣東常寨，擄樊根之女樊柏葉入山，首領魏老十養子調戲樊女，女謾罵不止，遂被槍擊喉而死。[20]有將人口齒全打落者，如民國十七年六月十八日，河北南皮縣有盜匪將傳貞女二姑，潞灌鎮玉慶女綁去，「至蘆莊子北里許，置橋上欲強犯之，不從，斷其髮，乃厲聲大罵，匪怒以槍柄擊女齒，至全口脫落」。[21]也有用牛筋、麻繩縛住人大拇指懸於樑上鞭打者。[22]尤有甚者，還有剝頭皮者，如民國十三年九月，河北南皮縣有盜匪擄保衛團團員張慶元、于蘭坡、趙樹棠、張玉林四人，其中趙樹棠至半壁店先被害，其餘被脅至白塔寺毆撻，張慶元罵不絕口遂被剝頭皮。[23]有用刀攪人口者，如民國元年冬，河南許昌縣城西大路村髦家有盜匪突至，欲強汙女李美姐，女罵不從，「匪怒以刀入女口，攪之至死」。[24]有用刀刖人足者，如民國十一年十二月十五日夜，河南淮陽縣李金生女被綁，女兩手攀門，誓死不前，又罵不絕口，「匪大怒，以刀砍其手，且刖其足」。[25]有用刀刳人腹者，如民國十六年，盜匪破河南淮陽縣楊寨，欲強污女馬

17　尹致中，〈鬧動國際的臨城大劫車案(上)〉，頁 22-23。

18　尹致中，〈鬧動國際的臨城大劫車案(下)〉，頁 54-55。

19　John B. Powell 著，尹雪曼譯，〈臨城劫車被俘記(二)——上海密勒氏評論報主持人鮑惠爾回憶錄之八〉，頁 15。

20　《(河南)新修閿鄉縣志》，列女，頁 667。

21　《(河北)南皮縣志》，卷 10，文獻志 4，頁 1257。

22　長野朗，《土匪軍隊紅槍會》，頁 91。

23　《(河北)南皮縣志》，卷 9，文獻志 3，頁 1095-1096。

24　《(河南)許昌縣志》，卷 15，列女下，頁 1245。

25　《(河南)淮陽縣志》，卷 7，列女，頁 836。

嚴，女大罵不從，「匪怒，以刀剖女腹」。[26]另尚有分割四肢，懸掛樹上；[27]將小孩從兩股間活生生撕裂等。[28]對婦女則多姦而殺之，[29]無怪乎盜匪經過之地，「婦女赴井皆滿，嬰兒亦裂體洞腹」，[30]「死屍枕藉，血流縱橫」。[31]虐人、殺人外，甚至有食人情形，如民國十年春節期間，老洋人率部隊在潁州過年，曾宰食嬰兒五、六百人，[32]盜匪殘酷習性，由此愈見。

四、生活無度：盜匪生涯實為賣命，隨時有死亡可能，若非劫掠中當場斃命，即逮捕後梟首示眾，如民國十四年二月，河北滄縣獲劉三、丁鍋腰等股十餘人，梟首於泊頭並撮影傳貼各鎮；[33]民國十五年夏天，河南封邱縣的吳秀山及其黨羽數十人被擒，梟首示眾；[34]民國十六年十月十七日，山東高密縣軍隊拿獲盜匪首領十五名，一律梟首示眾解至膠縣，分掛各要路以昭炯戒。[35]即使被收撫改編成正規軍，仍不免遭正法命運，如孫美瑤及部眾等人於民國十二年六月收編成軍，至同年十二月即被兗州鎮守使張培榮誘之正法；[36]民國十七年十月，山東馬鴻逵師長誘降小羅成等百餘人，旋移調白莊誅之。[37]故盜匪多持「今朝有酒今朝醉」、「只求今日不問明日」心態；窮

---

[26] 《(河南)淮陽縣志》，卷7，列女，頁837。

[27] 長野朗，《土匪軍隊紅槍會》，頁80。

[28] 長野朗，《土匪軍隊紅槍會》，頁24。

[29] 姦殺婦女實例很多，除第三章第二節述及外，另可見《(河南)禹縣志》，卷2，大事記，頁252。尹致中，〈閧動國際的臨城大劫車案(下)〉，頁53-54。長野朗，《土匪軍隊紅槍會》，頁93。

[30] 《(河南)長葛縣志》，卷3，頁120。

[31] 《(河南)淮陽縣志》，卷8，大事記，頁954。

[32] 張白山，〈民初中原流寇禍皖紀實〉，頁42。

[33] 《(河北)滄縣志》，卷16，事實志，頁2093。

[34] 《(河北)封邱縣續志》，卷1，通紀，頁8下。

[35] 《(山東)膠志》，卷33，兵防兵事，頁1376。其他相關資料見：《(山東)冠縣縣志》，卷之9，頁1475。《(河南)夏邑縣志》，卷9，雜志，頁1263-1265、1274。《(河南)陝縣志》，卷1，頁68；卷15，頁485-486。

[36] 南雁，〈老洋人竄川與孫美瑤伏誅〉，頁9-10。〈時事日誌〉，1924.02.10，《東方雜誌》，21卷3號，頁119。《(山東)膠澳志》，大事記，頁1490。

[37] 《(山東)夏津縣志續編》，卷首，大事記，頁99。

困時，玩命作案，餐風宿露，備至辛勞，如人質鮑惠爾、李福生即指出，抱犢崮盜匪穿短裝，吃、喝都和人質相同，且席地而眠；[38]然一旦有錢，則不知積蓄，吃喝玩樂，無所不盡，如劉黑七及部眾有錢時，便至城中喝酒賭錢、尋花問柳、衣服也換成「北洋式」的大禮服、大馬靴、大肩章、金箍長纓帽、指揮刀等；[39]山東《陽信縣志》載，盜匪一有錢則「沉酣於酒食聲色中，幾千元購一綺筵，幾千元接一妓女，幾千元交一優子，幾千元比一玩童」，[40]此種生活自然毫無節制。

　　五、迷信：盜匪迷信除因所受教育不多而無知外，[41]畏懼死亡，也是因素之一；盜匪每天出生入死，早已練出極大膽量與勇氣，然怕死乃人類天性，即使盜匪亦不例外，[42]故有「賊人膽虛」的俗諺。[43]由於迷信，盜匪在行動前多求神問卜，如民國三年，白朗進至陝西邊境，為決定未來去向而問卜於易，得辭曰：「南向、西向，俱吉；惟返里，大凶」；[44]民國十二年臨城劫車案發生後，官方請盜匪派人下山交涉，盜匪代表在出發前，也舉行傳統儀式，以卜吉利。[45]

38　尹致中，〈閧動國際的臨城大劫車案(上)〉，頁 18、20。John B. Powell 著，尹雪曼譯，〈臨城劫車被俘記(二)——上海密勒氏評論報主持人鮑惠爾回憶錄之八〉，頁15-16。

39　胡旦旦，〈黑道奇才劉桂堂傳奇〉，頁 44-45。

40　《(山東)陽信縣志》，卷 4，兵事志，頁 194。

41　盜匪無知的例證，可由孫美瑤部眾見到北洋政府飛機在抱犢崮上空偵察而嚇得四處奔逃得知；見尹致中，〈閧動國際的臨城大劫車案(下)〉，頁 57。田少儀，〈細說孫美瑤與臨城劫車案(五)〉，頁 20。

42　長野朗，《土匪軍隊紅槍會》，頁 34。

43　《(河北)新河縣志》，風土志，頁 587。《(山東)牟平縣志》，卷 10，文獻志，頁1655。也有下列幾種說法：
　　(一)「賊人膽虛，怕處有鬼」，見《(河南)獲嘉縣志》，卷9，諺語，頁447。
　　(二)「賊人膽底虛」，見《(河南)禹縣志》，卷 10，謠俗志，頁 944。

44　程玉鳳，〈白狼史話(三)〉，頁 30。

45　John B. Powell 著，尹雪曼譯，〈臨城劫車被俘記(四)——上海密勒氏評論報主持人鮑惠爾回憶錄之八〉，《傳記文學》，16 卷 4 期(1970.04.01)，頁 81。

除上述主要習性外，直魯豫盜匪也有一些傳統思想，如「世襲觀念」，孫美瑤的首領地位，即繼承其兄孫美珠而來；[46]也有「敬老觀念」，在抱犢崮裡，一個六十多歲的老匪，無實際領導權，卻被大家視為「山祖」，稱之「老太爺」；[47]還「重視親情」，白朗率眾在各地劫掠經年，終因部眾思鄉情切而回歸故里。[48]

由盜匪習性可知盜匪有現實的一面，也有傳統的一面；大致說來，對團體內部眾，多能表現傳統而善良的一面，對團體外之人，則多現實而殘酷。

---

[46] 魏隸九口述，孔祥宏筆錄，〈關於「臨城劫案」真象補遺〉，頁 124。

[47] 《順天時報》，1923.06.07，7 版。

[48] 劉汝明，〈入伍與打白狼〉，頁 43。陳森甫，〈西北軍興亡之經緯〉，《春秋》，20 卷 3 期(1974.03.01)，頁 22。

第五章　盜匪的活動

第一節　燒　殺

殺人放火是盜匪最普遍的行為之一；每攻陷一目標，往往以燒殺將目標燬壞，特別是在無所收穫時，燒殺更為激烈。雖然，某些盜匪並不從事此種破壞，如山東諸城縣盜匪，只綁票而不燒殺，[1]但畢竟屬少數，大部分盜匪攻擊目標，或燒、或殺、或兩者兼而有之。

以放火而言，如民國元年一月十二日，河北清苑縣有盜匪趁駐軍譁變而「掠府庫、焚市廛，火光達於霄漢，亘兩晝夜，凡百財物，蕩然一空，四達之衢，受禍尤烈，閭閻櫛比，悉成灰燼」，「受禍較庚子尤十倍之盡，蓋二百餘年未有之浩劫」。[2]民國二年九月十一日，朱登科破河南西平縣權寨鎮，燒屋七十餘間。[3]民國三年一月十九日，韋老八盤踞河南長葛縣王陂村，焚掠遠近，城內保衛團，約禹縣軍隊夾攻，四面包圍，悍然對擊，燒房數間；[4]一月二十四日，白朗進攻安徽六安縣城，放火焚掠，全城大半被燬；[5]二月四日，河南夏邑縣吳家寨為盜匪攻破，四圍縱火，火光沖天，樓房數十間，俱成焦土；[6]五月，河南的宋一眼突竄至西華縣境紅花集、黃

1　長野朗，《土匪軍隊紅槍會》，頁 71。

2　《(河北)清苑縣志》，卷 6，大事記，頁 894-895。

3　《(河南)西平縣志》，卷 14，文獻，頁 432。

4　《(河南)長葛縣志》，卷 3，頁 119。

5　〈中國大事記〉，1914.01.24，《東方雜誌》，10 卷 9 號，頁 10。

6　《(河南)夏邑縣志》，卷 9，雜志，頁 1259-1260。

崗，陷東高樓寨，大肆焚掠。[7]民國六年九月十七日，侯毛頭率眾七十餘人潛入河南西平縣出山寨，四面放火。[8]民國七年二、三月間山東茌平縣劉連亭莊有盜匪攻入，沿村放火，燒燬盧舍器具牲畜不計其數；[9]同年九月，傅眇子糾合徐五和尚、李小音等千餘人攻入山東東阿縣遲家橋，燒燬民房八百餘間。[10]民國十年一月六日，河南許昌縣縣城被盜匪搶掠，焚燒數十家，停市十餘日。[11]民國十一年十一月八日，老洋人竄擾正陽縣，沿途焚掠土扶橋、永興舖、王笏橋、承興、王家、萬安、閭河、龍興、王牌各店，是夜息縣正陽間一百餘里，自暮至旦，劫火燭天，所過村落街市，多成焦土；[12]十日，盜匪夜入河南滑縣金德寨，燒房三百餘間。[13]民國十二年四月二十四日，程九率眾萬餘，由河南舞陽縣澧河店、曹集犯西平縣境，焚掠三十餘村；[14]同年，老洋人竄擾河南西南地區，當地居民紛向四處逃避，使得鄉村間人煙絕跡，大小城鎮只有空屋，待盜匪攻至，因無物可搶，無人可殺，遂大肆焚屋，所過之地，莫不變為焦土。[15]民國十三年冬，河南長葛縣大孟莊各村，被盜匪燒房百餘間。[16]民國十四年三月十日，鄭福禮、寧老七、寧田生搶河南陝縣溫塘，放火燒死成鳳歧全家十一口；[17]十二日，山東臨沂縣有盜匪焚三區的廟前村。[18]十二月二十八日，屈文明、譚興元橫行河南西平縣，連燒小關莊、仁和莊、楊環莊、劉信莊、過莊、仙莊、杜莊、牛廠、范

7　《(河南)西華縣續志》，卷1，大事記，頁55。

8　《(河南)西平縣志》，卷14，文獻，頁432。

9　《(山東)茌平縣志》，卷11，災異志，頁1533-1534。

10　《(山東)民國東阿縣志》，卷之11，政教7，頁243。

11　《(河南)許昌縣志》，卷19，雜述上，頁1736。

12　《(河南)重修正陽縣志》，卷3，大事記，頁375-376。

13　《(河南)滑縣志》，卷20，大事，頁1651。

14　《(河南)西平縣志》，卷14，文獻，頁433。

15　方洪疇，〈民初河南巨匪白狼、老洋人實錄〉，頁30。

16　《(河南)長葛縣志》，卷3，頁120。

17　《(河南)陝縣志》，卷1，頁64。

18　《(山東)臨沂縣志》，卷3，大事記，頁903。

莊、董莊、坡周莊、前張坡、後張坡十三村；[19]同年，牛繩五率眾攻入周口城，一條街一條街地放火燒，將房屋財產坌燬，周口損失無法估計，元氣大傷，久久不能恢復。[20]民國十五年二月二十七日，蓋三省夜襲山東博山縣太河鎮，焚燒團局，大肆劫掠；[21]八月，河南西華縣青年村突有盜匪侵入青年公學，校舍及設備付之一炬。[22]民國十六年一月，盜匪攻入山東臨沂縣，焚四區的鐵山坡十餘村；[23]三月十七日，王汰、戴正等率眾數千，由河南舞陽縣吳城鎮竄入西平縣，攻陷油坊張寨、師靈寨，王寨，屯聚二十餘日，日以焚燒為戲，高屋大廈悉付一炬；[24]同年夏，張銀堂在洛陽共燒燬房屋三十餘萬間；[25]七月，薛傳峯攻破山東范縣縣城，近城村莊焚燬殆盡；[26]九月十八日，河南周口復為盜匪攻入，縱火焚燒三日，人民死傷損失極大，是繼白朗、老洋人劫後最大慘劇，災情並延及附近各村。[27]民國十七年三月二十六日，盜匪夜襲河南禹縣羅集寨，焚屋三百餘間，掠一百五十餘人；[28]四月，南化文、李庚等率眾數千人分三路擾禹縣，中路焚薛河、曹璜、邢莊、陳莊、于溝、暴溝、樊岡、張溝等十餘村，房屋多成焦土；[29]十月十六日，張明九、張禿判侵入山東章邱縣，焚燬村莊七十餘處；[30]同年，劉黑七率眾五千人至山東，分成二隊，三千人守呂縣，二千人將泰山山脈要害穆陵關內第一大村王莊包圍，攻一晝夜，將石頭包上棉布，注上石油，點火投入村莊，

---

[19]　《(河南)西平縣志》，卷14，文獻，頁433-434；卷38，故實，頁1088。

[20]　陳霖，〈周口人談周口事〉，《中原文獻》，16卷3期(1984.03)，頁42。

[21]　《(山東)續修博山縣志》，卷1，大事記，頁129。

[22]　《(河南)西華縣續志》，卷1，大事記，頁61-62。

[23]　《(山東)臨沂縣志》，卷3，大事記，頁905。

[24]　《(河南)西平縣志》，卷14，文獻，頁434。

[25]　郭子彬，〈追憶劉鎮華將軍剿匪政績〉，頁30。

[26]　《(山東)續修范縣縣志》，卷6，災異志，頁711。

[27]　〈時事日誌〉，1926.09.18，《東方雜誌》，23卷21號，頁140。

[28]　《(河南)禹縣志》，卷2，大事記，頁270。

[29]　《(河南)禹縣志》，卷2，大事記，頁271。

[30]　〈時事日誌〉，1928.10.16，《東方雜誌》，25卷24號，頁120。

引起大火，火焰燃燒一整夜，全村無人脫險，極為淒慘。[31]

　　再以殺人而言，除前述盜匪殺人方法之殘酷外(參見第三章第三節及第四章第三節)，在殺人數量上亦非常驚人，如民國二年十一月二十八日，白朗支黨張書顯陷河南西平縣出山寨，殺守寨壯士韓丙寅等二十七人；[32]十二月底至次年一月間，白朗攻陷河南光山縣盧家河寨，殺該寨男女九百餘口。[33]民國三年一月九日晨，又攻陷正陽縣張灣寨，殺男女一百七十餘人；[34]十口，東竄至信陽縣張家灣，寨中八十餘家全被殺，無倖免者。[35]民國五年六、七月間，韋老十破河南閿鄉縣東常寨，殺四十餘人。[36]民國七年四月二十四日，盜匪二千餘人攻陷山東夏津縣胡官屯，鄉民男女共死百餘人；[37]十一月，張繼先等大掠山東臨沂縣三區、四區各村，東屠五區之棗棵村，殺八十二人。民國九年，盜匪破太湖村，殺百餘人。[38]民國十一年四至九月間，陳鳳林、楊得奎、張西庚、李應川率眾五、六百人橫行河南西平縣，迭破酒店、出山寨、觀音寺寨、師靈寨，而觀音寺寨居民因抗拒不降，被屠幾盡。[39]民國十二年，老洋人竄至湖北邊境，攻破李官橋村寨，殺四千餘人，並將寨民拋入江中，填成人橋而行。[40]民國十四年一月十二日，劉鬍子攻陷河南淮陽縣楊寨，殺人百口；[41]十二月二十日，盜匪入山東德平縣王家莊，槍殺男女一百二十餘人；[42]同月，孫復堂、田思青等屠臨沂縣穆家疃，殺一千一

[31] 長野朗，《土匪軍隊紅槍會》，頁81。

[32] 《(河南)西平縣志》，卷14，文獻，頁432。

[33] 《(河南)光山縣志約稿》，大事記，頁240。

[34] 《(河南)重修正陽縣志》，卷3，大事記，頁374。

[35] 《(河南)重修信陽縣志》，卷18，兵事1，頁771。

[36] 《(河南)新修閿鄉縣志》，通紀，頁78。

[37] 《(山東)夏津縣志續編》，卷2，建置志，頁241。

[38] 《(山東)臨沂縣志》，卷3，大事記，頁900。

[39] 《(河南)西平縣志》，卷14，文獻，頁433。

[40] 田少儀，〈細說孫美瑤與臨城劫車案(六)〉，頁48。

[41] 《(河南)淮陽縣志》，卷8，大事記，頁953。

[42] 《(山東)德平縣續志》，卷6，人物，頁305-306。

百餘人。[43]民國十五年六月十二日晚，范老九、萬長青股攻陷河南鄢陵縣西南望田寨，屠殺厄民千餘口。[44]民國十六年四月九日，高廣智率眾二千餘，由河南葉縣白潭，經舞陽縣入西平縣師靈寨、王寨，被害及赴水死者約四千人，河水為赤；[45]五月，盜匪破山東臨沂縣廟疃村，殺八十三人；趙家粉、徐寶獻、謝主德等破峯山村，殺二百餘人；又破小丁村，殺四十六人；[46]十月，盜匪破劉家湖村，殺二百餘人。民國十七年二月，史思聰兄弟劫掠齊莊一帶各村，殺四十餘人；[47]八月，丁大祥等破掛劍鄉，殺五百餘人。[48]

　　此外，有關盜匪燒殺兼具實例亦多，如民國二年十二月至次年一月，白朗率眾數千，到處焚掠，河南確山縣西南一帶盡被蹂躪，如大橋窪、盧庄、獅子橋等處，房屋半成焦土，人民死者不計其數，而盧庄尤甚。[49]民國九年底，老洋人攻陷安徽阜陽城，焚殺結果使阜陽古城化為灰燼，城內外遺屍二萬多具。[50]民國十年五月十八日，老洋人又率眾攻陷河南西華縣凌老寨，環攻一晝夜，殺戮老幼三百餘口，並放火焚寨，光照城樓如畫；[51]九月，二斗半入滑縣傅村，炮斃二十餘人，焚房百間。[52]民國十一年，孫安仁等破山東臨沂縣的姚家官莊，殺七人，焚屋五百間。民國十二年六月，趙媽媽等破叠衣莊，殺傷七十餘人，房屋盡焚；[53]八月中，山東郯城八里港村被盜匪屠戮，死千餘人，焚數百家。[54]民國十四年四月，盜匪攻入河南長葛縣竹園、

43　《(山東)臨沂縣志》，卷3，大事記，頁903。

44　《(河南)鄢陵縣志》，卷1，大事記，頁106。

45　《(河南)西平縣志》，卷14，文獻，頁434-435。

46　《(山東)臨沂縣志》，卷3，大事記，頁906。

47　《(山東)臨沂縣志》，卷3，大事記，頁909。

48　《(山東)臨沂縣志》，卷3，大事記，頁911。

49　《(河南)確山縣志》，卷20，大事記，頁489。

50　張白山，〈民初中原流寇禍皖紀實〉，頁41。

51　《(河南)西華縣續志》，卷1，大事記，頁57-58。

52　《(河南)滑縣志》，卷20，大事，頁1650。

53　《(山東)臨沂縣志》，卷3，大事記，頁901。

54　〈時事日誌〉，1923.08.14，《東方雜誌》，20卷17號，頁134。長野朗，《土匪軍隊紅槍會》，頁25-26、70-71。南雁，〈鐵路共管聲中的大舉剿匪〉，頁3。

董村，燒房二百餘間，死十二餘人；[55]五月二日，盜匪入滑縣高家寨，殺死
良民三十三口，燒房八十餘間；[56]十一月，解王志等破山東臨沂縣南沙窩
村，殺二十三人，焚屋百餘間。民國十五年一月，盜匪破樓子村，殺五十二
人，全村盡焚；[57]六月二十日，盜匪入河南滑縣小丁將村，炮死田思科等十
七人，焚屋七十間。[58]民國十六年八月，相克受、丁大祥等破山東臨沂縣西
潘村，殺四百餘人，焚屋七百餘間；劉天增、張黑臉糾眾破莊家村，殺八十
餘人，房屋盡焚。[59]民國十七年五月十七日，南化文、賀小和、王輔清、王
根等陷河南禹縣陳岡，村中少壯突圍走，死婦女老弱共五百餘人，燬村為
墟，並焚坡村、坡街、柳林、尹家、岡繩、李神、林店、黨寨等二十餘村；
[60]十九日，又有李庚、王大有等三百餘人陷晏窞寨，焚掠附近孔樓、柳村、
賀莊、山張、前袁、凹郭、酸棗、樹楊、大風寨、唐口等二十七村，烽火直
達城南五里堡；[61]同年，孫士貴焚掠河南太康縣道陵岡一帶。[62]

　　盜匪殘酷殺人放火行為的結果，是村舍田廬盡成灰燼，骨殖遍地，慘酷
狀況，幾令人目不忍覩，耳不忍聞。[63]

---

[55]　《(河南)長葛縣志》，卷3，頁120。
[56]　《(河南)滑縣志》，卷20，大事，頁1652-1653。
[57]　《(山東)臨沂縣志》，卷3，大事記，頁902。
[58]　《(河南)滑縣志》，卷20，大事，頁1654。
[59]　《(山東)臨沂縣志》，卷3，大事記，頁908。
[60]　《(河南)禹縣志》，卷2，大事記，頁272-273。
[61]　《(河南)禹縣志》，卷2，大事記，頁273。
[62]　《(河南)太康縣志》，卷3，政務志，頁229。
[63]　《(山東)陽信縣志》，卷4，兵事志，頁195-196。

第二節　劫　掠

　　盜匪劫掠方式有二：行動與不行動；不行動指盜匪掠奪時，並不直接訴諸武力強搶，而是用勒索方法，即巧立名目規定繳納一定錢財、食物或其他盜匪需要的物品；如民國元年二月四日，劉安、李鳳朝、杜起賓等千餘人陷河南禹縣方岡寨，勒束爐寨，輸二千金始免。[1]民國七年一至四月間，河北東明縣被盜匪騷擾的村莊有陽進集、任寨、劉士寬寨、于潭寨、宋莊、馬主簿、唐莊、段莊、葛岡、李千戶寨、里長營、袁長營、東明集、小井、杜勝集、南張寨等處，有一至、再至、三至者，或食派飯、或掠牲畜、或擄人口。[2]民國九年，徐得功至河南閿鄉縣陽平鎮，徵束六里錢糧。[3]民國十年九月二十四日，張二黑、張淮、李景和等千餘人至河南滑縣，據丁承、相孤屋、輝莊等村勒索，人民苦不堪言；[4]同年，劉長久率黨羽千餘人至河北東明縣，向黃莊附近村寨催討食物，民間畏如虎狼，俯首下氣奔走供給。[5]民國十二年春，河南滑縣北鄉盜匪勒捐鄉愚，使富戶皆逃。[6]民國十三年十一、二月間，王恒富、靳昆嶺、李景和，分布河南滑縣小吳等村，南至高寨，下帖勒索，慘無人道。[7]民國十四年四月，河北東明縣沙塌堆、油樓一帶，突有盜匪數百人自東北來盤踞，日食派飯，勒索金錢。[8]民國十六年，姚老疙疸至河北新城縣西部，向附近村莊按等級開條攤派，並急如法令。[9]

1　《(河南)禹縣志》，卷2，大事記，頁226。

2　《(河北)東明縣新志》，卷之20，匪災，頁1436。

3　《(河南)新修閿鄉縣志》，通紀，頁80。

4　《(河南)滑縣志》，卷20，大事，頁1650。

5　《(河北)東明縣新志》，卷之20，匪災，頁1439-1440。

6　《(河南)滑縣志》，卷12，武備，頁1011。

7　《(河南)滑縣志》，卷20，大事，頁1652。

8　《(河北)東明縣新志》，卷之20，匪災，頁1442。

9　《(河北)新城縣志》(侯安瀾等修，王樹枬纂，1935鉛印本，成文華北152)，卷22，地輿篇，頁922。

民國十七年六月八日拂曉，張鳴九率眾入山東齊東縣縣城，威逼各莊供給養或騾馬、銀錢等物，使農民野食宿露不得安處；[10]同年，岳濱州、王寶慶據山東青城縣派款；[11]汪歪脖子率眾七、八十人占范縣縣城兩月餘，徵收附捐數萬。[12]此外，山東曹州盜匪常要附近百姓供給飲食。[13]孫美瑤及部眾平日吃用物品是向山外各村莊勒索而來。[14]又經常行駛東窪一帶的商船，必須向盜匪繳納規費，取得保護，才可通行無阻，這些例規包括麵粉、布疋、南貨、彈藥及鴉片等物。[15]山東臨沂縣盜匪則徵收房屋稅或十地稅，稅額視房屋大小及土地好壞為準；[16]曹州地區盜匪也常向村民投遞徵稅信件，村民必須親自帶著稅額去繳納；[17]中部盜匪徵稅往往在住家門戶上貼帖子，帖上書明期限與稅額，要村民於期限內繳清，時間通常是十天，若有中間人交涉，可拖延五天。[18]

　　除盜匪主動勒索外，也有村民因畏懼而主動滿足盜匪需求；如山東安邱縣各村課每畝五十錢的保護稅，聯合請盜匪負責保護縣境安寧，[19]名義上是保護，實際上是用錢滿足匪欲，使不提出更大要求。

　　盜匪表明勒索而村民不理會或無法滿足需要時，就會發生攻擊事件；如民國七年四月二十八日，劉二、畢三彪等至山東夏津縣，向胡官屯民團索快槍、銀洋被拒，遂夥同顧德林、于文煥、趙全德、郭大拼等股攻入村莊；[20]同年九月，傅眇子糾眾四、五百人至東阿縣，據傅家莊一帶各村莊，每莊派

10　《(山東)齊東縣志》，卷4，政治志，頁556。

11　《(山東)青城縣志》，頁400。

12　《(山東)續修范縣縣志》，卷6，災異志，頁711。

13　長野朗，《土匪軍隊紅槍會》，頁69。

14　田少儀，〈細說孫美瑤與臨城劫車案(二)〉，頁48。

15　劉仲康，〈劉景良一生忠義〉，頁30。

16　長野朗，《土匪軍隊紅槍會》，頁33。

17　長野朗，《土匪軍隊紅槍會》，頁69。

18　長野朗，《土匪軍隊紅槍會》，頁72-73。

19　長野朗，《土匪軍隊紅槍會》，頁63。

20　《(山東)夏津縣志續編》，卷9，藝文誌，頁1079-1080。

款若干元，違即往攻，遲家橋恃有圍牆，抗不納款，遂被圍攻。[21]民國十四年，盜匪包圍河北南皮縣店孫莊西南兩面，索銀不遂即直接攻入；[22]同年底，孫朝仲、趙玉山在河南滑縣因下帖索錢不滿其欲，遂焚燒數村而去。[23]民國十五年一月二十一日夜，張祥圍長葛縣縣城，要求甚多，城內臨時城防局局長張蔚藍、公款局局長桑本中及商務會會長王瑞桐出城交涉，談判不成，盜匪怒而攻之。[24]

　　盜匪不用勒索方法，直接以武力強搶，是行動的掠奪；如白朗四處竄擾，常常是逢州搶州，遇縣掠縣。[25]民國元年一月二十八日，有盜匪大小數十桿聚河南禹縣賈樓、包爐等村，白晝劫掠，居民皆避入寨；[26]同年十二月至次年一月間，沈東等數十人攻陷鄢陵縣羅寨及順羊寨，擄掠一空。[27]民國二年六至七月間，宋一眼、楊土銀率眾數百大掠只樂、順羊等處；[28]九月十一日，秦椒紅攻陷禹縣，據神垕一日夜，飽掠而去；[29]十月，韋老八、連文崖等百餘人，夜攻長葛縣西關，掠去財物無算；[30]同年，商水縣盜匪蠭起，富戶大商時被搶劫。[31]民國三年九月二十二日，劉得寨踞長葛縣石象鎮，掠去財物無數。[32]民國七年二至三月間，劉丕玉等在滑縣行劫，被害村莊有馬廠、輝莊、邊營、蘇寨、孤屋、韓亮、閆莊、安上村、碾子頭、小留固等村，劫案山積，不勝枚舉；[33]十月十一日，盜匪攻陷山東肥城縣，肆行劫

21　《(山東)民國東阿縣志》，卷之11，政教7，頁243。

22　《(河北)南皮縣志》，卷9，文獻志2，頁1096。

23　《(河南)滑縣志》，卷20，大事，頁1652。

24　《(河南)長葛縣志》，卷3，頁121。

25　趙介民，〈雜談河南狼禍〉，頁25。

26　《(河南)禹縣志》，卷2，大事記，頁226。

27　《(河南)鄢陵縣志》，卷1，大事記，頁99。

28　《(河南)鄢陵縣志》，卷1，大事記，頁99-100。

29　《(河南)禹縣志》，卷2，大事記，頁241。

30　《(河南)長葛縣志》，卷3，頁118。

31　《(河南)商水縣志》，卷24，雜事志，頁1246。

32　《(河南)長葛縣志》，卷3，頁119。

33　《(河南)滑縣志》，卷12，武備，頁1200。

掠。[34]民國九年九月二十五日,盜匪入河南滑縣黃莊寨大肆搶掠。[35]民國十年八月二十九日,杜釗、王海等攻了堤頭寨,掠牲畜財產無算;[36]九月間,張淮、李春和、李書田等率眾千餘,據縣城東北高陽鄉肆行搶掠。[37]民國十一年五月十七日,河北南皮縣被盜匪劫去牛車;[38]九月一日夜,鄭復禮率眾二百餘人攻入河南陝縣東樊村、南陽村一帶,拉走牲口二百多頭;[39]十一月八日,衛鳳歧率黨羽一千三百餘人至張茅鎮大肆搶掠,搜劫張茅車站二萬餘元。民國十二年十一月二日,鄭福成率眾至過村、中莊一帶搶掠,牽走牲口一百三十六頭;[40]同年,許十一、張二天爺等在山東臨清縣到處搶架。[41]民國十三年,李景和、韓克明攻入河南滑縣小槐林寨,掠去財物共十二大車。[42]民國十四年三月,盜匪攻破長葛縣城西河側李寨、城北羅家寨、城東斧頭寨,擄掠人畜無算;[43]十一月二十三日黑夜,盜匪攻入太康縣,衣食財物輦載而去;[44]同年,盜匪攻破滑縣李官寨,財物盡失。[45]民國十五年八月二十六日,牛繩武率數千人至通許縣,所過村莊如底閣、吳沼、王城、耳崗、大小雙溝、九女塚、朱氏崗等,皆搶掠一空;[46]九月,大辮子等二、三百人搶山東陵縣鄭家寨,搶去什物六大車;[47]十二月至次年一月間,姜有、王振武

---

[34] 〈中國大事記〉,1918.10.11,《東方雜誌》,15 卷 11 號,頁 215。

[35] 《(河南)滑縣志》,卷 20,大事,頁 1649-1651。

[36] 《(河南)滑縣志》,卷 20,大事,頁 1651。

[37] 《(河南)滑縣志》,卷 14,職官,頁 1201。

[38] 《(河北)南皮縣志》,卷 13,故實志中,頁 1795。

[39] 《(河南)陝縣志》,卷 1,頁 62-63。

[40] 《(河南)陝縣志》,卷 1,頁 63。

[41] 《(山東)臨清縣志》,大事記,頁 137。

[42] 《(河南)滑縣志》,卷 20,大事,頁 1652。

[43] 《(河南)長葛縣志》,卷 3,頁 120。

[44] 《(河南)太康縣志》,卷 10,人物傳下,頁 683。

[45] 《(河南)滑縣志》,卷 20,大事,頁 1653。

[46] 《(河南)通許縣新志》,卷之 13,故實志,頁 395-396。

[47] 《(山東)陵縣續志》,卷 4,28 編,雜記,頁 465。

等恣行搶劫河南鞏縣芝田村。[48]民國十六年二月,王泰率眾萬餘攻陷西華縣道陵岡,打劫各鄉村財物,糧米搜掠無遺;[49]三月,劉作五、陳錫保等劫山東臨沂縣五區十餘村;[50]六月,許振聲等遍掠城西各村;[51]十一月至十二月,盜匪攻破河南滑縣李家岩,掠去牲畜車輛無算;十二月九日,盜匪攻東北二區北召寨,搶去大槍十枝,財物運走兩百餘車。[52]民國十七年三月一日,盜匪焚掠禹縣樓劉、南袁莊二十餘村,掠人畜無算;[53]五月,李老末率眾萬餘至光山縣,循大山西擾,所過燒殺擄掠極其兇暴,人民財產損傷無算;[54]五月至七月間,王子成、郭廷禮率眾百餘人,據山東平度縣大萬家屯肆行劫掠,附近程家、傅家、任家等二十餘村皆被其害;[55]八月三十一日,劉黑七劫掠博山縣郭莊;[56]九月,盜匪攻陷昌樂縣縣城,截留田賦,搜括民財槍枝,公私損失不下三百餘萬元;[57]十月十九日,李連元等約千餘口據河南滑縣小留固、長均寨、楊莊、李莊、梁莊、王新莊,架人百餘口,損失財物牲畜無算;[58]十一月十六日,郭二倉等率數百人至南苑村,先入陳家街搶掠一空,並架去老幼十餘口,復將趙姓之寨攻開,槍斃十餘人,搶去財物無數。[59]

　　行動的掠奪除搶官府、民宅外,也有盜墓行為;如河南西華縣潘崗鄉有漢末潘乾墓、明王都堂墓等,民國二年,王都堂墓被盜匪挖掘,僅留一陰棺

[48] 《(河南)鞏縣志》,卷5,大事紀,頁360。

[49] 《(河南)西華縣續志》,卷1,大事記,頁62。

[50] 《(山東)臨沂縣志》,卷3,大事記,頁905。

[51] 《(山東)臨沂縣志》,卷3,大事記,頁907。

[52] 《(河南)滑縣志》,卷20,大事,頁1654。

[53] 《(河南)禹縣志》,卷2,大事記,頁267。

[54] 《(河南)光山縣志約稿》,大事記,頁241。

[55] 《(山東)續平度縣志》,卷6,政治志,頁486。

[56] 《(山東)續修博山縣志》,卷1,大事記,頁131。

[57] 《(山東)昌樂縣續志》,卷之1,總記,頁64。

[58] 《(河南)滑縣志》,卷20,大事,頁1654-1655。

[59] 《(河南)滑縣志》,卷20,大事,頁1655。

尸。[60]民國七年夏秋間,山東濟寧縣也發生盜匪掘墳事。[61]民國十一年,河北成安縣某村浮厝之尸被盜匪割去頭部,主人用錢贖回。三年後,成安縣某村已葬之尸又被盜匪割其首。[62]

　　此外,也有搶劫火車行為;即在車站附近,預先伏駐盜匪數十百人,俟車將抵站速度較緩時,為首者突出鳴槍發動,於是四處伏者亦齊聲鳴槍響應而出,大部分匪眾集於一適中地點,其餘舉槍向車頭,威脅停駛;或將軌道拆毀,置障礙物於車軌上,使車不得前進;車停後,除少數在四周把風外,餘皆入車內,傾箱倒篋,恣意取掠,稍與抵抗,輒遭殺戮。[63]如民國三年,白朗率眾襲擊河南確山縣南六十里的新安店車站,火車被毀,旅客傷亡。[64]民國十二年五月五日凌晨三時左右,[65]由浦口北上開往天津的火車,在駛至山東嶧縣境的沙溝和臨城兩站間,即為孫美瑤部眾預先扒去鐵軌,中途攔截,將車上行李財物悉行劫去,[66]並殺死一名不聽話的英籍乘客。[67]受孫美

60　《(河南)西華縣續志》,卷2,疆域志,頁96。

61　《(山東)濟寧縣志》,卷4,故實略,頁511。

62　《(河北)成安縣志》,卷15,故事,頁899。

63　何西亞,《中國盜匪問題之研究》,頁48。

64　劉汝明,〈入伍與打白狼〉,頁42。

65　劫車時間,說法不一。據交通部呈稱是三時,見《政府公報》,2571號。交通總長致電各軍政首長時,說是二時五十分,見 North China Herald, May 12, 1923. 中文報紙的刊載是二時五十五分,見《順天時報》,1923.05.07,3版。

66　據目擊者鮑惠爾說:「土匪派人在河堤上監視著我們,其餘的則在車廂中從容不迫地洗劫;從旅客們的廂籠行李到郵車中的郵包,真是無一倖免。不但如此,甚至連牀墊、毛毯等也都被土匪搶走,並搜尋裡面有沒有藏著值錢的東西。而我親眼目睹一個土匪,在他的口袋裡裝滿了電燈泡」,可見掠奪是多麼徹底;見 John B. Powell 著,尹雪曼譯,〈臨城劫車被俘記(一)──上海密勒氏評論報主持人鮑惠爾回憶錄之八〉,頁22。此外,有關孫美瑤劫車經過的資料;見南雁,〈臨城土匪大掠津浦車〉,頁2。田少儀,〈細說孫美瑤與臨城劫車案(二)〉,頁48。

67　據鮑惠爾記載,被殺的是一名羅馬尼亞籍乘客,因其不願聽從盜匪的擺佈,突然抓起一把茶壺向盜匪擲去,結果被盜匪一槍打死;見 John B. Powell 著,尹雪曼譯,〈臨城劫車被俘記(一)──上海密勒氏評論報主持人鮑惠爾回憶錄之八〉,頁22。然據中國目擊者李福生說,被打死的是一名英籍乘客,原因是雙方語言不通,英籍乘客向盜

瑤劫車影響，十二天後(即五月十七日)，山東泰安附近盜匪毀壞鐵軌，意圖劫津浦特快列車，幸驛員及早發現，盜匪未能得逞；[68]十月二十二日，老洋人也在官亭車站截持南下火車。[69]劫車風險雖大，但奪得財物較多，樂為盜匪所採用。

匪抱怨抗議，盜匪不耐煩而將之殺死；見尹致中，〈鬧動國際的臨城大劫車案(上)〉，頁 18-20。又據外交部檔案記載，被殺死的乘客名羅斯門(Rathaman)屬英國籍；見《外交部檔案》，〈英館會晤問答(十二)〉，英字 14 號。

68 長野朗，《土匪軍隊紅槍會》，頁 31。
69 〈時事日誌〉，1923.10.23，《東方雜誌》，20 卷 22 號，頁 148。

第三節　綁　票

盜匪擄人勒贖，稱為綁票。[1]綁票好處有三：

一、風險較小。盜匪一旦擄人而逃，官兵往往不敢追趕過急，怕盜匪怒傷人質；如民國九年，河北成安縣某村某姓家長被盜匪劫去，鄉人持械追之，盜匪懼為眾所奪而撕票。[2]民國十二年，孫美瑤部眾在臨城劫車，俘擄大批中外人質上山，時鐵路當局曾自附近縣城調來民團部隊追趕，雙方發生槍戰，惟怕傷到人質，官方都是朝天開槍，故對盜匪行為不發生阻力。[3]人質家屬亦不敢報案，怕觸怒盜匪，損傷人質。[4]

二、行動較便利。盜匪可以強迫人質行走，走不動者殺之，不成累贅；如民國十五年七月三十日，牛繩武等率千餘人攻入河南太康縣縣城，盤踞十日後帶票千餘名西去，時連日霪雨，泥水沒膝，盜匪繫票鞭策而行，多道斃者。[5]

三、容易處理。掠奪來金錢，固然花用方便，掠奪來物品，則銷贓不易，而掠奪來人質，通常家屬會想盡辦法贖回，即便傾家蕩產，在所不惜。如民國十二年，盜匪擄山東平度縣張氏子樹震勒贖，張氏即泣言，「苟得無恙，破產不恤也」，遂鬻田將子贖回。[6]

由於上述原因，故綁票成為盜匪最普遍之行為，在山東，即使白晝也常發生，一般百姓並不以為怪；[7]且盜匪勒贖價碼相當多，據日人長野朗調查，山東盜匪一年的贖金收入達一千萬元以上，和當時山東省的總稅收一

---

[1] 又稱架票、請財神、抬肉墩等，參見第三章第三節。

[2] 《(河北)成安縣志》，卷15，故事，頁898。

[3] John B. Powell 著，尹雪曼譯，〈臨城劫車被俘記(一)——上海密勒氏評論報主持人鮑惠爾回憶錄之八〉，頁23。

[4] 《(山東)陽信縣志》，卷4，兵事志，頁194。

[5] 《(河南)太康縣志》，卷3，政務志，頁229。

[6] 《(山東)續平度縣志》，卷9下，人物志，頁786。

[7] 長野朗，《土匪軍隊紅槍會》，頁67-68。

樣，[8]因此綁票實為盜匪主要財源。由於綁票風熾，盜匪也稱「綁匪」，[9]或「票匪」，[10]山東《臨朐續志》解釋「勳」這個字的記載是：「說文劫也，今謂架票」。[11]

　　盜匪綁票的對象，多為富人，所謂「富者貧之怨」；[12]然亦有綁票對象不限富人者，如山東盜匪以前綁票選擇富戶，後來則不論家有十畝、八畝地或三百、二百元者，均難倖免。[13]被擄之人，男女老少均有；[14]如河南夏邑縣於民國三年八月十二日，黃二城至一呂團村，架走儒童彭鳳臺。[15]民國四年五月八日，萬成等人入祝庄寨，抬去童男女九名。[16]民國八年六月二十三日，盜匪又抬孫樓二童子；[17]七、八月間，巡緝第一隊隊官張筱臣，在李樓寨剿盜匪，救出劉姓小兒肉票一名；[18]十二月二十六日，王四搶吳莊，閻峻峯母丁氏被架；[19]又搶張莊，張錫珍兒媳李氏及六歲次孫張信被架。民國九年一月十九日，王四搶劉樓，劉兆昌四歲曾孫劉紹年被架；[20]二月二十八日，王四等搶會里村張蘭臺家，架走其祖母司氏。[21]民國十二年，孫美瑤在臨城劫車所擄之人，有尤筱林老翁，年逾古稀，[22]也有抱著吃奶孩子的趙太

8　長野朗，《土匪軍隊紅槍會》，頁 18-19、75。

9　《(山東)續平度縣志》，卷首，紀要，頁 45。

10　《(河南)太康縣志》，卷 10，人物傳下，頁 682。

11　《(山東)臨朐續志》，卷 12 之 14，頁 883。

12　《(河南)獲嘉縣志》，卷 9，諺語，頁 449。

13　集成，〈各地農民狀況調查──山東省〉，頁 136。

14　日人長野朗在其著作中言，盜匪不喜歡捕捉女人質，此值得商榷；見長野朗，《土匪軍隊紅槍會》，頁 19。

15　《(河南)夏邑縣志》，卷 9，雜志，頁 1263。

16　《(河南)夏邑縣志》，卷 9，雜志，頁 1266。

17　《(河南)夏邑縣志》，卷 9，雜志，頁 1273。

18　《(河南)夏邑縣志》，卷 9，雜志，頁 1274-1275。

19　《(河南)夏邑縣志》，卷 9，雜志，頁 1275。

20　《(河南)夏邑縣志》，卷 9，雜志，頁 1275-1276。

21　《(河南)夏邑縣志》，卷 9，雜志，頁 1276。

22　〈孫籌成調停臨城劫車案〉，頁 55。

太。[23]民國十六年，河北成安縣某村某姓小兒被盜匪擄去。[24]

　　盜匪對人質的國籍並不分別，中外均可；如民國二年九月二十七日，白朗攻陷湖北襄陽縣，擄去西人男女十三名。[25]民國十二年五月五日，孫美瑤劫車案中，三百多名中外乘客悉數架至抱犢崮；[26]九月二十三日，范明新由江蘇、安徽竄入河南西華縣，擄去西洋女教士兩人及男女二百餘人；[27]十一月，山東嶧山盜匪綁架法國教士。[28]民國十三年十一月二十六日，河南汝州盜匪擄挪威教士兩名。[29]

　　盜匪綁票不但男女老少不分，中外不拘，且多寡不限；如民國四年五月十八日，任老二率眾搶河南陝縣張汴、瑤底、廟后等村，拉票三十餘人。[30]民國五年七、八月間，陳鳳林率眾掠西平縣觀音寺寨附近各村男女千餘。[31]民國七年一月七日，聶二等人搶夏邑縣南石井村，王樓、尤莊、胡小樓等莊，擄去王景虞等十三人；[32]三、四月間，盜匪焚掠山東臨朐縣五井、冶源、三岔店、璞邱等處，擄男婦數百口；[33]七、八月間，劉培玉等七百餘人攻入滑縣東北二區的趙拐寨、牡丹街寨，擄去男女一百四十口；[34]八月，胡宗銀等人破山東臨沂縣橫山鎮，擄三十餘人。[35]民國八年六、七月間，劉培玉等人至河南滑縣回墓、八馬廠數村，擄人三十餘名；[36]九月二十四日，衛

23　尹致中，〈鬧動國際的臨城大劫車案(上)〉，頁 47。

24　《(河北)成安縣志》，卷 15，故事，頁 900。

25　〈中國大事記〉，1913.09.27，《東方雜誌》，10 卷 5 號，頁 8。

26　〈時事日誌〉，1923.05.05，《東方雜誌》，20 卷 11 號，頁 131。

27　〈時事日誌〉，1923.09.23，《東方雜誌》，20 卷 19 號，頁 140。

28　《(山東)膠澳志》，大事記，頁 1489。

29　〈時事日誌〉，1924.11.26，《東方雜誌》，21 卷 24 號，頁 119。

30　《(河南)陝縣志》，卷 1，頁 61。

31　《(河南)西平縣志》，卷 38，故實，頁 1086。

32　《(河南)夏邑縣志》，卷 9，雜志，頁 1268-1269。

33　《(山東)臨朐續志》，卷 1 之 2，頁 41。

34　《(河南)滑縣志》，卷 20，大事，頁 1649。

35　《(山東)臨沂縣志》，卷 3，大事記，頁 900。

36　《(河南)滑縣志》，卷 20，大事，頁 1649。

老十率眾入陝縣塜底村劫掠，拉票十餘人；[37]同年，盜匪劫山東臨沂縣車莊及傅家莊等處，擄二十三人。[38]民國九年八月間，吳鳳山、艾松年、張鳳台等千餘人攻破河南淅川縣上集寨，架去男女二百餘人，使寨內居戶十室九空。[39]民國十年六月十二日，劉培玉劫滑縣徐固營、馬廠、宋莊等村，炮斃八人，擄去二十三人；[40]六月二十六日，游青海率百餘人夜入金德寨，栓繫多人，酷索金錢；[41]七月一日，何九妮至莊邱寺，架去第二高等小學校校長一名，學生二十一名。[42]民國十一年五月十日，盜匪陷禹縣山連寨，掠百餘人去；[43]八月二十九日，李萬長陷圯村寨，掠五百餘人；[44]十二月，盜匪入滑縣小渠寨，擄去二十餘人，至開州界殘酷勒索，[45]民國十三年一月，張祥劫掠太康縣第五、六區，架票數百人勒贖；十一月十五日，孫某掠丁集，架票數十名；[46]十二月十三日，路老九率數百人破淮陽縣南寨，盤據一日，架去男女票數百名。[47]民國十四年四、五月間，突有盜匪二百餘人入滑縣老安東門，架去三十二人；[48]十一月，宋東泰破山東臨沂縣許家莊，擄三十餘人，殺五人；[49]同年，劉鳳舞至河南滑縣，盤踞萬集、沙窩營等村，架去二十餘人；西竄至八里營、楊莊等村，逗留三十餘日，擄去數村人口五十餘

37　《(河南)陝縣志》，卷1，頁61。

38　《(山東)臨沂縣志》，卷3，大事記，頁900。

39　高應篤，〈宛西地方自治與陳舜德(三)〉，《中原文獻》，3 卷 1 期(1971.01.01)，頁 25。治喪委員會，〈陳故代表舜德先生事略〉，頁 18。盛良瑞，〈宛西怪傑別庭芳(上)〉，頁 39。

40　《(河南)滑縣志》，卷20，大事，頁1650。

41　《(河南)滑縣志》，卷20，大事，頁1651。

42　《(河南)滑縣志》，卷20，大事，頁1650。

43　《(河南)禹縣志》，卷2，大事記，頁251。

44　《(河南)禹縣志》，卷2，大事記，頁252。

45　《(河南)滑縣志》，卷20，大事，頁1652。

46　《(河南)太康縣志》，卷3，政務志，頁228。

47　《(河南)淮陽縣志》，卷8，大事記，頁953。

48　《(河南)滑縣志》，卷20，大事，頁1652。

49　《(山東)臨沂縣志》，卷3，大事記，頁902。

名。民國十五年一、二月間，盜匪攻王三寨，炮死七人，架走二十八人；攻李官寨至白莊等處村，死者三十九人，絕門者十家，架去三十餘人；攻小王固，擄去七人，炮死二人；攻北趙莊寨，傷七人，擄去數十人；[50]二月，宋朝勝、劉天增、張黑臉、劉黑七等破山東臨沂縣大山寨，殺六十三人，擄三百餘人；[51]六月，盜匪陷河南禹縣董村寨，掠二百餘人；[52]六、七月間，劉申劫鞏縣五岳廟，掠去高小學校教員一人，學生十人；[53]七月十三日，牛繩武攻西華縣紅花集，擄去男女甚多；[54]七、八月間，盜匪至閿鄉縣南麻莊村架走六十餘人，又到鹿臺拉去五十餘人；[55]九月十八日，牛繩武等率眾萬餘，破淮陽縣周口，盤据五日，帶票無算；[56]十月，盜匪陷禹縣十里舖寨，掠二百餘人；[57]十二月八日，紅字盜匪搶山東陵縣董家莊，架去董光玥等二十餘人；同時，大辮子股搶德縣土橋街，架去二十餘人；[58]同年十二月至次年一月間，孫半腳率眾入河南陝縣西過村、曲村、曹村，拉票三十餘人，受傷十人，[59]民國十六年一月，毛學田等人破山東臨沂縣庫屯村，殺十五人，擄四十餘人；[60]三月十日，盜匪千餘人至河南西平縣油坊張寨，寨內居民悉數被擄；[61]三月，劉天增、宋東泰、宋朝勝等破山東臨沂縣南曲坊村，殺十餘人，擄二百餘人；[62]四月，劉天增破土城子，擄四百餘人；徐寶獻等破守

[50]　《(河南)滑縣志》，卷20，大事，頁1653。

[51]　《(山東)臨沂縣志》，卷3，大事記，頁904。

[52]　《(河南)禹縣志》，卷2，大事記，頁260。

[53]　《(河南)鞏縣志》，卷5，大事紀，頁359。

[54]　《(河南)西華縣續志》，卷1，大事紀，頁61。

[55]　《(河南)新修閿鄉縣志》，通紀，頁84。

[56]　《(河南)淮陽縣志》，卷8，大事記，頁954。

[57]　《(河南)禹縣志》，卷2，大事記，頁262。

[58]　《(山東)陵縣續志》，卷4，28編，雜記，頁466。

[59]　《(河南)陝縣志》，卷1，頁67。

[60]　《(山東)臨沂縣志》，卷3，大事記，頁905。

[61]　《(河南)西平縣志》，卷38，故實，頁1088-1089。

[62]　《(山東)臨沂縣志》，卷3，大事記，頁905。

義莊，殺四十餘人，擄二十餘人；[63]六月二十七日，劉竹溪、高近彪、武占山等焚掠曰茅村，殺五人，擄十餘人；次日，陸寶山等破後東門，擄十一人；[64]七月，盜匪破城子村，殺二十餘人，擄二百餘人；八月，劉麻子破尖山寨，殺二十一人，擄三百餘人；[65]九月二十一日，馮致中率眾百餘人入河南陝縣曹村劉寺，拉票五十餘人，受傷二十餘人；[66]二十三日，李庚劫禹縣郭村，掠五十餘人；二十六日，盜匪陷下宋寨，掠五百餘人；[67]十月一日，劉黑七率三千餘人入山東蒙陰，架去四百餘人，被害村莊三十餘；[68]四日，盜匪陷河南禹縣龍池寨，掠去四百餘人。[69]民國十七年三月五日，李庚等攻泉店不克，歸焚柏山左右諸村，沿路掠七百餘人；[70]五月，武漢清，張大腳等擾害閿鄉縣程原、臨湖、鼎陽三地，燒房殺人，架票六百餘名；[71]二十二日，南化文、柴福智、王有等焚禹縣邵岡、竹園、碉樓、山連、桐樹、張寨、李黃寨、唐窪、井李寨、吾溝等村，掠男女三千餘人；[72]八月，又攻侯溝寨未下，陷王山寨，死十餘人，掠百餘人；[73]九月二十一日，王泰、孫世貴等數千人至閿鄉縣縣城，燒殺劫掠兩日，擄走男女以千百計；[74]十月，盜匪破山東臨沂縣鵝莊，殺七人，擄二十餘人；又破杭頭村，殺五人，擄三十餘人。[75]

　　人質被盜匪擄進巢窟，想要救出頗不容易，惟付出贖價，才得釋放。贖

63　《(山東)臨沂縣志》，卷3，大事記，頁906。

64　《(山東)臨沂縣志》，卷3，大事記，頁907。

65　《(山東)臨沂縣志》，卷3，大事記，頁908。

66　《(河南)陝縣志》，卷1，頁67。

67　《(河南)禹縣志》，卷2，大事記，頁265。

68　《(山東)續修博山縣志》，卷1，大事記，頁131。

69　《(河南)禹縣志》，卷2，大事記，頁266。

70　《(河南)禹縣志》，卷2，大事記，頁267。

71　《(河南)新修閿鄉縣志》，通紀，頁86-87。

72　《(河南)禹縣志》，卷2，大事記，頁273-274。

73　《(河南)禹縣志》，卷2，大事記，頁275-276。

74　《(河南)新修閿鄉縣志》，宦績傳，頁378-379。

75　《(山東)臨沂縣志》，卷3，大事記，頁912。

價通常是現金，但在特殊情形下，亦可用其他物品取代；如民國十六年底，山東臨沂縣大饑，沭東一帶擄人者，米麥鞋襪均可贖。[76]訂定贖價前，盜匪會先用刑拷問人質，使人質誠實說出家財數目，再依個人財產多寡訂贖價。[77]在河南，通常是有田一畝，贖金十圓，[78]山東則是一畝地，要價洋二百元；[79]有盜匪以酷刑逼迫人質承認家財萬貫，而訂出高贖價，[80]也有盜匪不拷問人質直接訂定贖價，如孫美瑤臨城劫車擄來之人質，即以所坐車廂為準，三等車者二千元，二等車者一萬元，頭等車者三萬元。[81]贖價訂定，盜匪必須聯繫人質家屬，有時家屬也會主動打聽人質被架至何處？盜匪要多少贖金？[82]然因盜匪綁票並不限於本地，如劉黑七地盤在山東南部，卻常至河北綁票，家屬要找到人質並不容易，[83]故大多由盜匪寄勒贖信給家屬，通知贖金、期限與地點。如白朗擄河南沁陽縣春水鎮汪滄海三女至母豬峽，即派人到其家通風送信，要王某速備款前來贖人。[84]勒贖信若人質不會寫，可由匪中書記或人質中通文墨者代筆，如孫美瑤臨城劫車中被擄人質李福生，即曾擔任此項工作。[85]寫勒贖信時，若人質有反悔意圖，則往往遭受皮肉痛苦，割鼻子或割耳朵，附在信內一同寄出，[86]甚至有被斃命者，如李福生曾

76　《(山東)臨沂縣志》，卷3，大事記，頁909。

77　《(河南)光山縣志約稿》，兵志，頁230。

78　《(河南)禹縣志》，卷2，大事記，頁257、275。

79　《(山東)陵縣續志》，卷4，28編，雜記，頁464。

80　《(河南)淮陽縣志》，卷8，大事記，頁954。

81　南雁，〈臨城土匪大掠津浦車〉，頁5。另有說法是：三等車者一百元，二等車者三百元，頭等車者五百元，而最低有至五十元，最高也有到三千元；見田少儀，〈細說孫美瑤與臨城劫車案(三)〉，頁25。尹致中，〈鬧動國際的臨城大劫車案(上)〉，頁47。

82　胡旦旦，〈黑道奇才劉桂堂傳奇〉，頁48。

83　田少儀，〈細說孫美瑤與臨城劫車案(三)〉，頁24-25。

84　程玉鳳，〈白狼史話(三)〉，頁27。

85　尹致中，〈鬧動國際的臨城大劫車案(上)〉，頁24。

86　陳霖，〈周口人談周口事〉，頁42。田少儀，〈細說孫美瑤與臨城劫車案(三)〉，頁25。

親眼見一個操蘇北口音的中年男子，被盜匪一刀砍下腦袋，殺一儆百，令其他人質嚇得面無人色，不敢出聲。[87]

　　人質家屬收到勒贖信，會請人與盜匪談判交涉；由於交涉被視為通匪，捉到與盜匪同罪，因此一般人都不願擔任。臨城劫車案中，為與孫美瑤交涉，請出幫會人物，如黨金元、李炳章，及招安匪首郭泰勝、丁宏荃擔任中間人；[88]交涉者見盜匪時，必須帶著家屬準備的禮物，如煙草、茶葉、食物、手帕、靴子、帽子等，以討盜匪歡心，[89]然討論贖金時，若講價太低，會令匪怒而殺害人質。[90]

　　交涉期間，人質待遇的好壞，全視盜匪心情而定。通常盜匪對待人質都很凶暴，民國八年四月六日，山東齊東縣馬家莊人盛連明之父振江為匪所綁，在巢窟中因年老步遲而被杖擊。[91]民國九年，老洋人攻陷阜陽城，擄走錢店的二掌櫃，對之非常殘酷，白天幹重活，晚上被審問，有時還被吊起來灌辣椒水；[92]山東利津縣城武裝警察李春照，民國九年隨軍出防北海新區剿匪時，嘗巡於野，見盜匪縛人於樹，拷逼甚慘。[93]河南盜匪對待人質是「每數十百人閉置一室，或土穴中束縛，饑渴之至，迫令自飲其溺焉，夜弗使寐，蟣蝨累累」，因此「死者什之三四」。[94]李老末甚至有殺人質而令其他人質吃食之行為。[95]孫美瑤對人質行為並不限制，可以在巢窟中自由行動或說話，[96]其他則視交涉情形而定；與官方談判有眉目時，吃的用的均得到優

---

[87] 尹致中，〈鬨動國際的臨城大劫車案(上)〉，頁 26-27。

[88] 田少儀，〈細說孫美瑤與臨城劫車案(四)〉，《藝文誌》，59 期(1970.08.01)，頁 47-48。南雁，〈臨城劫車後的官匪交涉〉，頁 2。

[89] 長野朗，《土匪軍隊紅槍會》，頁 20-21。

[90] 《(山東)陵縣續志》，卷 4，28 編，雜記，頁 464。

[91] 《(山東)齊東縣志》，卷 5，人物志，頁 637。

[92] 關麟毅，〈民初土匪洗劫城池實錄──「老洋人」劫掠阜陽目睹記〉，頁 17。

[93] 《(山東)利津縣續志》，雜志，頁 485。

[94] 《(河南)禹縣志》，卷 2，大事記，頁 275。

[95] 張白山，〈民初中原流寇禍皖紀實〉，頁 42。

[96] 田少儀，〈細說孫美瑤與臨城劫車案(三)〉，頁 25。John B. Powell 著，尹雪曼譯，〈臨城劫車被俘記(二)──上海密勒氏評論報主持人鮑惠爾回憶錄之八〉，頁 17。

待，然談判破裂，則優待立刻消失不見；[97]當巢窟中飲食不足時，盜匪便將人質自山上扔下致死。[98]有時盜匪也以人質為取笑作樂的對象，或對女人質加以侮辱。[99]亦有盜匪對人質並不虐待，如河南嵩縣的白占標，[100]范明新對待人質也很寬厚，[101]被劉黑七所擄者，更是吃得好、穿得好。[102]但這些均屬特例，一般說來，人質被虐情形是較為普遍的。

　　家屬能夠付出贖金，人質多半可平安脫險，但時間拖得愈久，對人質愈為不利。山東莘縣人武福增路(滿人)，代父被擄至巢窟，盜匪勒款甚急，一時措辦不及，幾被匪打死，待贖金到後始回。[103]白朗手下白瞎子及宋老年所擄者，若贖回稍慢，會被活活燒死。[104]有時盜匪為使被擄者家屬快點贖回人質，會殺死一、二名人質以示威。[105]無錢贖回的人質，大多被殺，如民國十二年十一月二日，鄭福成掠河南陝縣過村、中莊一帶，架票七十餘人，未贖而殞命者有楊庚申等三人。[106]民國十六年一、二月間，張明昇、楊老四率領部眾搶掠王彥、上斷、寬坪等村，拉去男女百餘人，擊斃二十餘人，無資贖回男女均死於山中。[107]最不幸的，是付了贖金仍未能將人質贖回，如民國十一年九月一日，鄭復禮率眾二百餘人侵入河南陝縣南陽村，劫

97　田少儀，〈細說孫美瑤與臨城劫車案(三)〉，頁 25-26。John B. Powell 著，尹雪曼譯，〈臨城劫車被俘記(一)──上海密勒氏評論報主持人鮑惠爾回憶錄之八〉，頁 23、24。尹致中，〈鬨動國際的臨城大劫車案(下)〉，頁 46、48-49、51-52、53-55、55-56。

98　田少儀，〈細說孫美瑤與臨城劫車案(六)〉，頁 46。

99　盜匪以人質做為取笑作樂對象，可參見第四章第三節。此外，盜匪對女人質的侮辱，見尹致中，〈鬨動國際的臨城大劫車案(上)〉，頁 53-54。

100　《(河南)新修閣鄉縣志》，通紀，頁 84。

101　長野朗，《土匪軍隊紅槍會》，頁 14。

102　胡旦旦，〈黑道奇才劉桂堂傳奇〉，頁 44-45。

103　《(山東)莘縣志》，卷 7，人物誌，頁 456。

104　趙介民，〈雜談河南狼禍〉，頁 25。

105　《(河北)廣宗縣志》，卷 3，民生略，頁 119。

106　《(河南)陝縣志》，卷 1，頁 63。

107　《(河南)陝縣志》，卷 1，頁 67。

男女老幼九十餘口，得款仍殞命者有三人。[108]民國十二年十一月，河北南皮縣任莊李寶德被盜匪綁去，費洋三千未贖回。[109]對於未贖人質，除了被殺，也有被利用者；如男的可入夥成匪，白朗對所擄人質常勸其入夥。[110]女的可充做押寨夫人，白朗和孫美瑤部眾中就有這種情形。[111]對於未贖回的小孩，盜匪會扶養他們，待其長大成人，加入盜匪行列。[112]

---

[108] 《(河南)陝縣志》，卷 1，頁 62-63。

[109] 《(河北)南皮縣志》，卷 13，故實志中，頁 1797。

[110] 《順天時報》，1914.03.13，10 版。

[111] 方洪疇，〈民初河南巨匪白狼、老洋人實錄〉，頁 21。John B. Powell 著，尹雪曼譯，〈臨城劫車被俘記(二)──上海密勒氏評論報主持人鮑惠爾回憶錄之八〉，頁 17。

[112] John B. Powell 著，尹雪曼譯，〈臨城劫車被俘記(三)──上海密勒氏評論報主持人鮑惠爾回憶錄之八〉，《傳記文學》，16 卷 3 期(1970.03.01)，頁 23-24。

第六章 盜匪的影響

第一節 政治外交方面

　　盜匪猖獗，匪亂頻仍，使中國在政治外交上均受影響；如行政上造成公文投遞受阻、公家檔案散失，前者有民國元年河南汝州「驛馬夫投遞公文路被匪截」，故「飭警務公所將公文查補，並嚴札該州認真緝補以靖地方」。[1]後者包括民國十一年，盜匪攻破河南正陽縣縣城，使卷簿損失。[2]民國十五年七、八月間，金貴彬、牛繩武等股破河南太康縣，將縣署卷宗損毀殆盡。[3]民國十七年，山東范縣被盜匪攻陷，清末民初歷年田賦興除改革卷宗被毀；[4]同年，山東昌樂縣所有地丁賦捐紀錄也因匪亂遺失。[5]山東壽光縣因十七、八兩年盜匪陷城，冊卷遺失，縣立高小畢業者二十四班計九百餘人，而鄉區各校無從稽考。[6]河南光山縣因民國以來屢為盜匪攻陷，致各鄉里徵冊損失不全。[7]山東因民國後「土匪滋熾，民不聊生，關於戶口根本要政，各縣多未遑實行」，[8]館陶縣的立法機構自清末成立，民國更新後，至七、八年間，因匪患無形消滅；[9]此外，地方財政管理處雖於民國十二年一月遵令

1　《順天時報》，1912.04.07，4 版。

2　《(河南)重修正陽縣志》，卷 2，財務，頁 230。

3　《(河南)太康縣志》，卷 1，通紀，頁 40。

4　《(山東)續修范縣縣志》，卷 3，田賦志，頁 181。

5　《(山東)昌樂縣續志》，卷之 8，田賦志，頁 313。

6　《(山東)壽光縣志》，卷 9，小學教育，頁 873。

7　《(河南)光山縣志約稿》，財務表，頁 164。

8　《(山東)館陶縣志》，政治志，頁 178。

9　《(山東)館陶縣志》，法治志，頁 756。

成立，惟因匪亂未能發揮功能。[10]河北威縣在民國九年亢旱成災，匪患繼起，縣內辦公各機關，除警察照章供職外，一律停止。[11]山東膠澳地方沙子口海關分卡，於民國十一年十二月間，因盜匪猖獗，暫停辦公。[12]

　　盜匪影響最嚴重的是對外交涉。由於盜匪燒殺、劫掠、綁票對象不限本國人，且某些盜匪對洋人極具惡感，如孫美瑤部眾就有許多厭惡洋人，民國十二年，在臨城劫車中擄獲大批洋人時，就有人主張統統槍斃；[13]當一名英籍乘客被殺時，其他乘客見有洋人被殺而大嚷，盜匪即厲聲斥罵：「要你嚷什麼喪」，「洋人不一樣是人嗎？」[14]由此可見其對洋人之觀感。由於排外思想，所以洋人被殺被擄之事時有所聞，除前述例子外(參見第五章)，還有許多實例；如民國二年九月，白朗破湖北襄陽縣，對「教民洋員捕戮甚慘」。[15]三年一月二十四日，攻陷安徽六安縣縣城，殺法國教士奚鳳鳴，並擄去教士二名；[16]三月八日，在東鄉鎮又殺挪威教士一名。[17]民國七年三月八日，美國工程師凱爾及丕爾西二人，在河南測量工程，至葉縣附近被盜匪擄去；[18]同年四月四日，山東的郭安、史殿臣、范玉林、于三黑、顧得林等股，在滕、嶧、金鄉、蒙陰、禹城、平原一帶肆擾，並擄劫外國教士。[19]民國九年三月十九日，河南沁陽縣盜匪攻進教堂，殺死英國教士一名。[20]民國十一年，河南陝州匪亂，擄去洋員二名；[21]同年，有美國教士二名(Lundun,

---

10　《(山東)館陶縣志》，政治志，頁 317-318。

11　《(河北)威縣志》，卷 8，頁 497。

12　《(山東)膠澳志》，大事記，頁 1485。

13　田少儀，〈細說孫美瑤與臨城劫車案(三)〉，頁 22、25-26。

14　尹致中，〈鬧動國際的臨城大劫車案(上)〉，頁 18-19。

15　《亞細亞報》，1913.10.27，引自黃廣廓，〈有關白朗起義的一些資料〉，頁 25。

16　〈中國大事記〉，1914.01.24，《東方雜誌》，10 卷 9 號，頁 10。

17　〈中國大事記〉，1914.03.08，《東方雜誌》，10 卷 10 號，頁 33。

18　〈中國大事記〉，1918.03.08，《東方雜誌》，15 卷 4 號，頁 209。

19　〈中國大事記〉，1918.04.04，《東方雜誌》，15 卷 4 號，頁 215。

20　〈中國大事記〉，1920.03.19，《東方雜誌》，17 卷 7 號，頁 129。

21　《外交檔案》，〈比館會晤問答(二)〉，比字 5 號。

Fonbey)在汝州被盜匪綁架。[22]民國十二年，義大利籍神父梅司鐸在河南被盜匪擄去；[23]同年十一月十三日，法國教士二人在膠濟鐵路的丈嶺站附近被盜匪擄去；[24]十二月，河南盜匪在湖北棗陽縣擄走美國遵道教會女教士齊夫人(Mrs. Kilen)。[25]同時，教堂被攻擊事例亦多；如民國三年一月十六日，白朗破橫川，「城內所有教會家具均被燬除」，「美國聖教公會也同時受劫」；[26]不久，又在安徽霍山燬去教堂一所。[27]民國十一年，河南襄城縣盜匪擾亂義大利教堂；[28]同年，陝州義大利教堂被盜匪搶劫，損失估計為七千五百元。[29]民國十五年四月二十日，義大利公使又向我國外交部反應，開封有一教堂被盜匪搶光。[30]

對於盜匪的種種騷擾，外國政府自不甘心本國國民受害，因此一有事情發生，紛紛向中國政府提出抗議；或要求徹底調查事件真相，如民國七年三月八日，美國工程師凱爾與丕爾西二人，在河南葉縣被擄一案，駐北京美使立即向外交部交涉，要中國政府派員赴河南查辦。[31]也有要求賠償損失者，如民國元年至三年間，白朗竄擾各地，使不少外人遭劫，法國以白朗燒毀教堂與擄殺傳教士為由，要求中國政府修碑亭，賠款八十萬兩。[32]各國駐北京公使會議決定，在華外人凡因白朗侵襲遭受損失者，可直接向中國政府索取

22　《外交檔案》，〈美館會晤問答(七)〉，美字36號。

23　《外交檔案》，〈義館會晤問答(四)〉，義字14號。

24　〈中華民國十二年煙臺口華洋貿易情形論略〉，《中華民國海關華洋貿易總冊》(民國十二年)，冊1，頁5。

25　《外交檔案》，〈美館會晤問答(十)〉，美字37號。

26　《亞細亞報》，1914.01.21；《神州叢報》，卷1，冊2；引自黃廣廓，〈有關白朗起義的一些資料〉，頁25。

27　〈中國大事記〉，1914.01.24，《東方雜誌》，10卷9號，頁10。

28　《外交檔案》，〈義館會晤問答(三)〉，義字12號。

29　《外交檔案》，〈義館會晤問答(二)〉，義字9號。

30　《外交檔案》，〈義館會晤問答(九)〉，義字8號。

31　〈中國大事記〉，1918.03.08，《東方雜誌》，15卷4號，頁209。

32　《大自由報》，1914.02.17，引自董克昌，〈有關白朗起義的性質〉，頁22。《順天時報》，1914.02.17，9版。

賠償。[33]此外，美國公使因有僑民十餘人在甘肅洮泯一帶被白朗劫掠，損失慘重，而向中國政府要求賠償。[34]民國十一年，河南陝州義大利教堂被盜匪搶劫一案，義大利公使要求「速為賠償」。[35]民國十三年十二月三十日，京津火車發生劫案，外交團除嚴屬責問外，並要求賠償外人損失。[36]也有要求中國政府保護教堂及外人生命財產安全者，如民國十二年七月十六日，駐華美使因山東濰縣美長老會被盜匪大肆侵襲，要求中國政府派兵保護；[37]八月一日，又因嶧縣及泰山附近匪勢猖獗，再度要求保護；[38]同年九月，義大利梅司鐸被擄案發生後，義使要求中國政府注意保護河南外人生命安全；[39]十二月，美國女教士齊夫人被擄案發生後，美使立即面見中國外交總長，要求設法保護美國人民。[40]而義使於民國十三年十一月間，也兩次要求中國政府保護河南的義大利教堂。[41]

　　要求派員徹底調查事件、賠償損失及保護外人生命財產安全等條件，使當時已飽受外國勢力壓迫的中國政府窮於應付；然站在受害人立場而言，這些都算是合理要求，且不侵犯中國主權；真正對中國政府構成威脅的，是外人藉口匪亂企圖以武力干涉中國內政，如白朗之亂，英、美、法、俄等國駐北京公使，紛紛派遣武官以「觀戰」名義，參加鎮壓白朗行動；[42]其中，英國武官認為擒拿白朗只有兩個方法，一是派輕便馬隊跟蹤追擊，一是派步兵

---

[33] 《亞細亞報》，1913.11.30，引自黃廣廓，〈有關帝國主義對白朗起義干涉的資料〉，《史學月刊》，1960.04，頁33。

[34] 《順天時報》，1914.06.20，2版。

[35] 《外交檔案》，〈義館會晤問答(三)〉，義字12號。

[36] 〈時事日誌〉，1923.12.30，《東方雜誌》，22卷2號，頁154。

[37] *Records of the U.S. Legation in China*, Jul. 16, 1923. No.557.

[38] *Records of the U.S. Legation in China*, Jul. 16, 1923. No.576.

[39] 《外交檔案》，〈義館會晤問答(四)〉，義字14號。

[40] 《外交檔案》，〈美館會晤問答(十)〉，美字37號。

[41] 《外交檔案》，〈義館會晤問答(五)〉，義字18、19號。

[42] 《北洋政府檔案》，〈徐樹錚致段祺瑞電〉，1914.03.05，收入杜春和編，《白朗起義》，頁245。

圍困，並提出追剿節略；[43]各國公使更知照外交部，認為白朗之亂「蔓延數省，外人之財產損失頗鉅，即各國商務間接受其影響者亦非淺鮮」，因此如不能及日剿平白朗，擬請本國政府幫同剿辦；[44]漢口的外人也以白朗大礙各國商務活動，建議中國政府仿照聖彼得堡使用飛行艇、投擲炸彈，或照阿爾加用飛行艇投擲電石剿滅野蠻人方法，炸盡盜匪，且表示「如中國無此飛行家，可向外人聘用」。[45]由白朗之亂各國的反應已可明顯看出這種干涉，至民國十二年孫美瑤臨城劫車案發生後，外人以武力干涉中國內政的企圖更實際付諸行動，且白朗之亂時，各國行動是個別的，孫美瑤劫車案後，則是十六國首次聯合行動；[46]對於此一事件，英國公使認為是自庚子以來，中國最嚴重的外交事件。[47]為明白其嚴重性，茲將事件發生後外國要求及中外交涉經過略述如下：

民國十二年六月十二日，當臨城劫車被擄人質全部釋放後，各國駐北京公使，包括英、美、法、義、比、荷、葡七國公使及日本代辦，於十四日組成特別委員會，討論臨城劫車案的善後問題。[48]次日，英使於會議中提出改組特別路警，以保障在華外人安全主張，此立即得到法、義、比、荷諸使支持；[49]七月三日，英國政府提出補救中國亂局的辦法是：

(一) 以國際軍隊占據京津鐵路。

(二) 以外員編練中國警察，歸中國政府管轄，以免侵犯中國主權。

---

43 《北洋政府檔案》，〈照譯英使館送來英武員對於剿匪節略〉，原文油印件，收入杜春和編，《白朗起義》，頁 242-244。

44 《北洋政府檔案》，〈駐京各國公使會議〉，1914.03.08，《天津大公報》，收入杜春和編，《白朗起義》，頁 244-245。

45 《北洋政府檔案》，〈旅漢口外國人會議〉，1913.11.16，收入杜春和編，《白朗起義》，頁 241。

46 據當時的外交總長顧維鈞指出：臨城劫車案造成整個外交團的第一次聯合照會；見中國社會科學院近代史研究所譯，《顧維鈞回憶錄》(北京：中華書局，1983.05)，頁 329。

47 《外交檔案》，〈英館會晤問答(十二)〉，英字 10 號。

48 *China Year Book*, 1924, pp.819-821.

49 *U.S. Foreign Relations*, 1923, Vol. I, pp.660, 678-679.

(三) 在中國口岸外，舉行國際示威行動。

(四) 徵收附稅，以應付國際共管下之軍民行政經費。[50]

八月十日，由十六國公使或代辦署名的臨城案通牒，為領袖公使葡使面交中國外交總長顧維鈞，[51]通牒內容開始即說明外人護路的理由，原文如下：

> 此次臨城發生劫案，外人此後在該路之旅行，將受極大之危險，此實予中國交通界一最大之打擊。外交團自國際武官團赴臨城調查之結果，已證實中國護路辦法之組織，尚未達完善之域。故現外交團對於此事，以為中國目下路政之改良，為一急不容緩之計畫，故其願以職責所在，幫助中國政府共同辦理此種事宜，但外交團對於此種改良護路之意見，已擬定改組特別路警辦法，並由外人武官從中監督。[52]

這項改組特別路警辦法，八月二十日由英國提出，內容是：

(一) 設立一護路行政局於中央政府交通部，以外國軍官為之長，握有全中國國有鐵路之警察權，此為其在中央之機關。

(二) 於中國每路設立護路辦事處，亦以外國軍官管轄之。

(三) 組織護路常備隊，分配於事後之各路，此項常備軍隊，直接受護路行政局之指揮。

(四) 為欲確保護路軍隊之經費起見，中國各路之會計及事務總管，應用外國人充當。[53]

由上可知，十六國護路案實已侵犯中國主權，干涉中國內政，引起極為困難的對外交涉；中國政府應付方針是一方面自動改良鐵路警備，聘請瑞典

---

[50] 〈時事日誌〉，1923.07.03，《東方雜誌》，20 卷 15 號，頁 147。《時報》，1923.07.04，頁 1。

[51] 南雁，〈臨城劫車案中的十六國賠償通牒提出了〉，《東方雜誌》，20 卷 14 號 (1923.07.25)，頁 2-4。

[52] 《順天時報》，1923.08.11，2 版。

[53] 《順天時報》，1923.08.22，2 版。

籍保安隊教官曼德中將為鐵路警備長，另派美國軍官學校畢業的王賡中校籌畫護路事，希望以中國自己的護路方法，抵制外人護路案；[54]一方面則於九月二十四日，由外交總長顧維鈞親筆回覆公使團通牒，文中表示：

> 外交團欲見中國改良護路辦法，實與本國政府之方針，適相符合。本國政府對於此項問題，業已詳加研究，並已規定辦法，以達保護各路行旅安全之旨。所有京漢、隴海、京奉、京浦各路所經之地，現劃為四區。每區沿路擇定險要地點，駐紮軍隊，以資保護。交通部並將原有維持車站列車治安之特別路警，力加改良，決定於必要時，聘用外國專門人才，以資襄助。因此現已設立專處，任用富有經驗之軍官，從事訓練路警，改編新隊，暨辦理調遣稽查各事務。本國視護路一事，為中國目前內政要舉，應負之責，未嘗放棄。

因此，「中國政府對外交團所擬定提議之計畫，義難承受」。[55]另外，對通牒中的其他要求也一併拒絕。

中國的做法，並未使各國公使滿意，致有十月四日臨案二次通牒的產生；[56]經過一個多月的交涉，最後，因中國政府的堅持、民間輿論的反對、[57]及其他涉外事件的發生，[58]使公使團態度軟化，才平息此一風波，保住中

---

[54] 《交通公報》，1923，310 號。《外交檔案》，〈美館會晤問答(九)〉，美字 23 號。南雁，〈臨城劫車案中的十六國賠償通牒提出了〉，頁 2、4。〈時事日誌〉，1923.08.25，《東方雜誌》，20 卷 18 號，頁 124。

[55] 南雁，〈十六國臨案通牒的答覆〉，《東方雜誌》，20 卷 18 號(1923.09.25)，頁 4。*Great Britain, Foreign Office, China, Embassy and Consular Archives, Correspondence*, F. O. 228/2045-2047, Sep. 24, 1923, No.239.

[56] 《順天時報》，1923.10.05，2 版。

[57] 民間輿論方面，如上海國際政治研究會、全國商會都有表示反對意見，而各報紙、雜誌上亦紛紛刊登有關的社論與文章，反映中國的憤慨與不滿。參見《順天時報》，1923.08.23，2 版；1923.08.26，3 版；1923.08.27，2 版。堅瓠，〈國際共管〉，《東方雜誌》，20 卷 11 號(1923.06.10)，頁 1。

[58] 田少儀，〈細說孫美瑤與臨城劫車案(七)〉，頁 37-38。

國的主權獨立與完整。

　　臨城劫車案中，被擄外人包括美、英、法、墨、義五國共二十人，[59]然事件發生後卻是十六國的聯合行動，可見各國均欲藉機要求；這次行動雖未成功，但匪亂提供外人干涉中國內政機會，造成中國對外交涉困難的事實，是值得注意的。

---

[59] 外國人質的名單如下：

(一)鮑惠爾——美國人，上海密勒氏評論報(*Millard's Review of the Far East*)記者。

(二)佛萊德曼(Mr. Leon Friedman)——美國人，上海汽車商人。

(三)平格(Mr. Pinger)——美國人，陸軍少校，此行帶有夫人(Mrs. R. W. Pinger)及兩個兒子，其中之一名柔蘭德(Rowland Pinger)。

(四)艾倫(Mr. Allen)——美國人，陸軍少校，此行帶有夫人(Mrs. R. A. Allen)及兒子羅拔(Robert Allen)。

(五)安司納‧威瑞阿(Mr. Ancera Verea)——墨西哥人，工業家，此行帶有夫人。

(六)墨素安——義大利人，律師，此行帶有祕書卡羅麗小姐(Miss Garalti)。

(七)露絲奧德利奇小姐(Miss Lucy Aldrich)——美國人，參議員女兒。

(八)美法敦小姐(Miss McFadden)——美國人，前者朋友，此行帶有法籍女傭瑪達毛賽兒‧施康葆(Modemoiselle Schonberg)。

(九)柏如比(Mr. M. Berube)——法國人，任職中國關務署。

(十)香德閣(Mr. Schonberg)——美國人，少校，此行帶有女兒香德閣小姐(Miss Schonberg)。

(十一)史密司(Mr. Smith)——英國人。

見 John B. Powell 著，尹雪曼譯，〈臨城劫車被俘記(一)——上海密勒氏評論報主持人鮑惠爾回憶錄之八〉，頁 21。《順天時報》，1923.05.08，7 版。《外交檔案》，〈美館會晤問答(八)〉，美字 18 號。*Record of U.S. Legation in China*, May 7, 1923, No.482. *U.S. Foreign Relations*, 1923, Vol. I, p.631.

第二節　社會經濟方面

　　盜匪對社會經濟的影響，除促使人民生計更加困難外，還可分下列幾項說明：

　　一、交通方面：由於匪亂頻仍，使交通不便。在海路方面，無論是河南的內陸河航運，或山東的外流河航運，都因匪亂使航路受阻。[1] 在陸路方面，河南南部因盜匪之禍，汽車交通線被迫停止。[2] 鐵路也因屢遭盜匪侵襲而影響正常運輸，如民國七年九月十七日，顧德林勾結其他盜匪，在津浦鐵路沿線晏城、禹城各地肆行焚掠，並拆毀鐵路，使津浦鐵路停車數日。[3] 民國十一年十月二十七日，河南盜匪萬餘人，向京漢鐵路沿線西平、臨潁等五個車站侵襲，使京漢鐵路交通斷絕，[4] 直至十一月十二日才恢復通車。[5] 民國十二年五月六日，孫美瑤率部眾在臨城截軌，襲擊津浦鐵路特快車，擄人勒贖收穫甚大，使膠濟沿線盜匪聞風猖獗，致津浦線自是月起停開夜車，至十一月中旬才恢復原狀。[6]

　　此外，聯繫交通往來的橋樑也被盜匪破壞，如河南汝南縣楊阜橋，在汝南城東南八十餘里，位於南北兩寨間，跨澧水，為往來新息及安徽阜陽等線必經之地，卻在民國十六年被盜匪毀壞。[7] 地方政府對於陸路交通的修建，亦因匪亂無暇顧及，如河南西平縣城內馬路，於民國八年四月修築自縣城南門至火車站的一段，民國十年，又將此路延伸，自西平火車站起，經上蔡縣

1　《(河南)重修汝南縣志》，卷 12，交通，頁 656-657。《(山東)壽光縣志》，卷 10，航路，頁 979-980。

2　長野朗，《土匪軍隊紅槍會》，頁 94。

3　〈中國大事記〉，1918.09.17，《東方雜誌》，15 卷 10 號，頁 212。

4　〈時事日誌〉，1922.10.27，《東方雜誌》，19 卷 23 號，頁 129。

5　〈時事日誌〉，1922.11.12，《東方雜誌》，19 卷 23 號，頁 132。

6　《(山東)膠澳志》，大事記，頁 1487。〈中華民國十二年膠州口華洋貿易情形論略〉，《中華民國海關華洋貿易總冊》(民國十二年)，冊 1，頁 7。

7　《(河南)重修汝南縣志》，卷 12，交通，頁 660。

境至周家口，民國十一年秋，因老洋人騷擾，攻陷上蔡縣城，遂使此項路事未能繼續。[8]盜匪猖獗嚴重影響交通運輸情形，由此可見，一旦到青紗帳起時，匪亂更多，交通更不便利，無怪乎河北《昌黎縣志》云：「青紗幛後，較蜀道之難，且逾倍蓰」。[9]

除交通運輸不便外，訊息聯絡也因匪亂受阻，如河南偃師縣於民國十一年間設有電話，然被盜匪毀壞。[10]又河北清河縣於民國二年一月一日設立郵局，發展信件、包裹、匯兌等業務，民國十七年因盜匪作亂使包裹、匯兌完全停止。[11]

二、教育方面：匪亂頻仍，也影響到教育發展。學校因匪亂遭受的損害，如民國十一年八月二十五日，河南洛陽東關外第八中學被盜匪攻進，架去校長、學監、學生等四十餘人。[12]民國十七年，山東昌樂縣教育基金洋二千六百元存於城內殷實商號，被匪取走；[13]山東平度縣教育基金也因盜匪勒逼而剩餘無幾。[14]

由於盜匪騷擾，學校常被迫遷移，如河南滑縣的縣立農業學校，本位於南四區莊邱寺，民國十年因匪亂遷至大王莊寨；[15]山東臨朐縣第三區立龍岡小學，民國六年成立於吳家辛興莊，民國十一年冬因匪亂遷至龍岡關帝廟內；[16]山東德平縣縣立范家橋小學，位於城西十二里的范家橋前街，民國十三年夏因匪亂被迫遷於義渡口街；[17]河南汝南縣縣立龍王廟小學校，本在東

8　《(河南)西平縣志》，卷3，輿地，頁151。

9　《(河北)昌黎縣志》，卷2，地理志上，頁163。

10　《(河南)偃師縣風土志略》，頁82。

11　《(河北)清河縣志》，卷5，頁365、366、369。

12　〈時事日誌〉，1922.08.25，《東方雜誌》，19卷18號，頁143。

13　《(山東)昌樂縣續志》，卷之8，田賦志，頁318。

14　《(山東)續平度縣志》，卷4下，政治志，頁387。

15　《(河南)滑縣志》，卷10，教育，頁815。

16　《(山東)臨朐續志》，卷12之14，頁609-610。

17　《(山東)德平縣續志》，卷8，教育，頁258-259。

店的龍王廟內，民國十三年因匪亂遷至柳樹店。[18]甚至有些學校因匪亂被迫
關閉，如河南安陽縣六區的蔣村小學校(民國八年成立)、[19]西華縣的青年公
學(民國十五年停止)，[20]通許縣大孟昶村的高等小學校(民國六年成立)，[21]太
康縣的私立先聲女子小學校(民國十四年成立、民國十五年停止)、[22]縣立農
業學校(民國十二年八月成立，民國十五年停止)、縣立初級中學(民國十二年
成立，民國十五年停止)，[23]光山縣的師範傳習所簡易科(民國元年秋成立)、
[24]女子小學校(民國二年成立)、[25]縣立第六完全小學(民國十六年成立)，[26]正
陽縣的區立普照小學校(民國十一年成立，民國十六年停止)、[27]縣立職業學
校(民國元年成立)、[28]南關初級小學校(民國十七年成立)、私立紹明第一小
學校(民國四年成立)、私立紹明第二小學校，[29]閿鄉縣的女子小學校(民國元
年成立，民國八年停止)，[30]山東臨朐縣的第三區立龍岡小學(民國六年成
立，民國十四年秋停止)、[31]第五區立五井小學(民國七年成立，民國十五年
停止)、[32]第六區立柳山小學(民國八年成立，民國十五年停止)、[33]第七區立

---

[18]　《(河南)重修汝南縣志》，卷10，教育下，頁543。

[19]　《(河南)續安陽縣志》，卷8，教育志，頁7下。

[20]　《(河南)西華縣續志》，卷1，大事記，頁61-62；卷13，文徵，頁815。〈豫匪蹂躪
農村教育之慘劇〉，《教育雜誌》，18卷12號(1926.12.20)，頁9-10。

[21]　《(河南)通許縣新志》，卷之6，人物志，頁231。

[22]　《(河南)太康縣志》，卷4，教育志，頁248。

[23]　《(河南)太康縣志》，卷4，教育志，頁251。

[24]　《(河南)光山縣志約稿》，教育志，頁196。

[25]　《(河南)光山縣志約稿》，教育志，頁201-202。

[26]　《(河南)光山縣志約稿》，教育志，頁199。

[27]　《(河南)重修正陽縣志》，卷1，建置，頁119。

[28]　《(河南)重修正陽縣志》，卷3，教育，頁298。

[29]　《(河南)重修正陽縣志》，卷3，教育，頁299。

[30]　《(河南)新修閿鄉縣志》，教育，頁268。

[31]　《(山東)臨朐續志》，卷12之14，頁609-610。

[32]　《(山東)臨朐續志》，卷12之14，頁612。

[33]　《(山東)臨朐續志》，卷12之14，頁612-613。

蔣峪小學(民國九年成立，民國十四年停止)、[34]第八區立寺頭小學(民國十年成立，民國十四年停止)，[35]齊河縣的縣立乙種蠶業學校(清宣統二年成立，民國十七年停止)，[36]萊陽縣的縣立初級中學(民國十年成立，民國十七年停止)等，均因匪亂而關閉。[37]又據河南《光山縣志》記載，光山縣城在民國元年設有一百零一所初等小學校，民國二年秋，因匪亂導致「城內所有各校均暫停辦」，[38]或「時辦時停不能進展」。[39]

　　三、鹽、漁與實業方面：經濟成長必須在安穩的社會環境中，民初直魯豫地區盜匪橫行，對經濟的影響是負面的；如就鹽業而言，山東《清平縣志》云：「鹽業經營以農村為銷場，自民國以來清平境內匪患頻仍」，故「營業亦日見蕭條」。[40]河南太康縣鹽務向由官運，至民國改為商辦，每年運銷蘆鹽二千四百引，迨民國十五年盜匪陷城，鹽務破壞，迄未恢復。[41]就漁業而言，山東廣饒縣漁業昔日非常繁榮，後因「近海之區，萑苻多盜，海匪騷擾，漁船匿跡」，已不復往日盛況。[42]山東利津縣沿海一帶的漁業，向稱發達，莊科十六戶，各莊船戶藉捕魚蝦謀生者甚多，然因海盜出沒無常，網戶皆裹足，漁業大不如昔。[43]山東霑化縣的近海漁業，也常有盜匪出沒為患。[44]就商業而言，可分對內貿易與對外貿易；前者如河北新河縣每十數里有一市集，溝通有無，後來因地面不靖，盜匪猖獗，架票勒索層出不窮，於是市易減色，販夫裹足。[45]山東青城縣自民國十七年六月二十日遭到盜匪屠

[34] 《(山東)臨朐續志》，卷12之14，頁613-614。

[35] 《(山東)臨朐續志》，卷12之14，頁614-615。

[36] 《(山東)齊河縣志》，卷3，政治志，頁390-391。

[37] 《(山東)萊陽縣志》，卷2之4，教育，頁554。

[38] 《(河南)光山縣志約稿》，教育志，頁197。

[39] 《(河南)光山縣志約稿》，教育志，頁203。

[40] 《(山東)續修清平縣志》，經濟，頁487。

[41] 《(河南)太康縣志》，卷3，政務志，頁185。

[42] 《(山東)續修廣饒縣志》，卷9，政教志，頁359-360。

[43] 《(山東)利津縣續志》，法制，頁164-165。

[44] 《(山東)霑化縣志》，卷6，建設志，頁873。

[45] 《(河北)新河縣志》，食貨，頁300。

城後，商業空虛。[46]後者如山東《膠澳志》記載，沿海貿易額「在民國六年以前，恆迴翔於四、五百萬兩之間，白七至十年，每年增加一百萬兩，民國十年遂增至八百九十萬兩，十一年因沿海盜匪猖獗，突減至五百三十萬」。[47]據海關記載，青島帆船進出口貿易，在 1900 年得三百十四萬兩關平銀，1910 年遞增至五百九十七萬兩，民國四年，因日德交關，減至一百十萬兩，其後又加至八、九百萬兩；民國十一年，因沿海一帶盜匪猖獗，水路交通甚形窒礙，驟減至五百萬兩。[48]另據《中華民國海關華洋貿易總冊》記載，民國十五年津海關的內地土貨輸出值關平銀八千二百萬兩，比民國十四年的八千五百萬兩少，原因之一就是盜匪擾亂。[49]民國十七年東海關也因匪患使貿易淨值總額降至二千八百三十四萬八百兩關平銀，較上年少二百七十四萬五千三百兩。[50]由此可見盜匪影響商業發展的嚴重程度。

除因匪亂致各行業不得發展外，許多原本是商業重鎮之地，亦因匪亂而沒落，如山東平原縣的腰站，為南北通衢，前清中葉，冠蓋往來向稱繁華之地，古有大集，五、十日為市，以線貨葦席為大宗，銷路甚暢，北京、津東、濰黃各商客駐此收買，自民國七、八年來盜匪騷擾，外客不敢居留，集場生意大為蕭疏。[51]河南西華縣老窩鎮，在縣城西南六十五里，一名五龍集，清季商務頗盛，與逍遙集並稱，均每日集，後因匪擾而衰弱；[52]阜陵渡口，在城西南六十里，原係大渡口，也因匪亂而廢。[53]

46　《(山東)青城縣志》，頁 401。

47　《(山東)膠澳志》，食貨志，頁 780。

48　《(山東)膠澳志》，交通志，頁 977-978。

49　〈津海關民國十五年華洋貿易統計報告書〉，《中華民國海關華洋貿易總冊》(民國十五年)，冊 1，頁 32。

50　〈東海關民國十七年華洋貿易統計報告書〉，《中華民國海關華洋貿易總冊》(民國十七年)，冊 1，頁 6。

51　《(山東)續修平原縣志》，卷之 9，實業，頁 4 上。

52　《(河南)西華縣續志》，卷 2，疆域志，頁 111。

53　《(河南)西華縣續志》，卷 3，河渠，頁 208。

　　由於匪亂，各行業無法發展，因此沒有大資本家出現；[54]商會也失其作用而停頓，如山東齊東縣自民國元年即設商務分會，民國四年正式成立商會，至民國十七年，地方屢遭匪亂，百業凋敝，商會因以中斷。[55]

　　四、人口方面：由於盜匪侵襲，使直魯豫地區人口減少，人們不是在匪亂中死亡，就是移居他處。人口遷移可分移到本鄉大城市與遷至外地兩種；就移到本鄉大城市而言，由於鄉村自衛能力有限，對於盜匪無法遏阻，因此人們多往有正規軍隊駐紮，防衛能力較強的大城市移居。就遷至外地而言，山東《東平縣志》云，因「兵災匪禍，本地無以為生，因而遠徙關外謀食他鄉者，鄉村動以百計」；[56]山東《膠澳志》亦云：民國十五年，兵災、旱災、匪災等相繼並起，「魯西、魯南良民襁負棄產而逃赴關外者數十萬」；[57]又山東臨朐縣於民國十年後，兵匪交擾，搶架勒贖屠殺焚燒，動輒村落灰燼全家遇害，甚至數十里炊煙斷絕，至民國十五年，自春徂夏，車老擔小相率赴關外謀生者，絡繹不絕，使人口大為流失。[58]

　　由於死亡與遷移，農村人口愈少，不但影響農業生產，[59]也使鄉村出現各帶土槍以備不虞的特殊景象，如山東《昌樂縣續志》載：

> 民元以來，土匪蠭起，架人如同攘雞，農村人人自危，朝不謀夕，集場會場日午則散，日暮則道路以肅，日入晚餐，則各家嚴閉門戶以防不測，十七、十八、十九數年尤足酸鼻，農民工作有偵候之設，各帶土槍以備不虞，男子親迎，夫役荷槍嚴裝而往，由女家迎歸，並請鄉團護送，一若新郎將軍，娘子能軍者。[60]

54　《(河北)大名縣志》，卷10，商業，頁474。

55　《(山東)齊東縣志》，卷3，政治志，頁252。

56　《(山東)東平縣志》，卷1，方域，頁58。

57　《(山東)膠澳志》，大事記，頁1514-1515。

58　《(山東)臨朐續志》，卷10之11，頁414-415。

59　長野朗，《土匪軍隊紅槍會》，頁21。

60　《(山東)昌樂縣續志》，卷15，民社志，頁438-439。

為禦防盜匪，農村多築牆圍寨建高樓，如河南陝縣溫塘村，民國十一年八月十七日受老洋人蹂躪後，邑紳曲著勳倡議建寨防盜，逐於民國十六年五月間築成一周長四里半的溫塘寨。[61]河南西華縣姚家橋鄉，於民國十三、四年間，也因匪亂而築寨。[62]另據河北《南皮縣志》載：「鄉間以迭遭匪患，羣起自衛，諸村圍寨，碁布星羅」。[63]又民國初年，河北滄境盜匪竄擾，南皮縣東二、三區首被其害，南四區亦受其害，二、三區村莊先後修築圍寨殆徧，南區亦修築圍寨數十餘處，星羅碁布，互為犄角。[64]山東臨清縣鄉村的房屋，原為茅舍柴門短垣，後因匪患，改為高牆竣宇。[65]河北《威縣志》云，自盜匪蜂起，威縣各村為禦盜計，多建層樓。[66]河北《清河縣志》也有因匪患而建樓的記載。[67]

　　五、其他方面：有因匪亂太盛，影響地方修志者，如山東《臨朐續志》曰，民國十三、四年間本欲修志，因遭匪亂未果。[68]河南孟縣也因巨匪渡河滋擾，書冊半歸散失而無法修志。[69]河南《確山縣志》云：「金石一門與藝文相輔成行，倘能搜殘拾墜亦足考古證今，確邑名山古剎所在多有，其樂石吉金散見於荒煙蔓草者，當必不在少數，但數年以來土匪肆擾，未敢入山搜尋」。[70]此亦為匪亂影響修志實例。其他類似例子甚多，茲不多述。[71]

61　《(河南)陝縣志》，卷4，頁164。

62　《(河南)西華縣續志》，卷2，疆域志，頁105。

63　《(河北)南皮縣志》，卷1，輿地志上，頁75。

64　《(河北)南皮縣志》，卷1，輿地志上，頁76-77。

65　《(山東)臨清縣志》，禮俗志，頁643-644。

66　《(河北)威縣志》，卷13，頁965。

67　《(河北)清河縣志》，卷9，頁542。

68　《(山東)臨朐續志》，卷1之2，頁3。

69　《(河南)孟縣志》，卷首，序，頁23。

70　《(河南)確山縣志》，凡例，頁36。

71　參見：《(河北)廣宗縣志》，卷首，序，頁7-8。《(山東)續修范縣縣志》，卷6，雜志，頁729。《(山東)壽光縣志》，卷首，頁10。《(山東)德縣志》，卷1，序，頁1。《(河南)洛寧縣志》(賈毓鶚等修，王鳳翔等纂，1917鉛印本，成文華北118)，卷1，頁5、7。《(河南)封邱縣續志》，序，頁1。《(河南)續安陽縣志》，序，頁12

　　此外，匪亂也使一些團體或公共設施被廢止，如山東昌樂縣的農民運動，自民國十七年八月有籌備委員會的組織，旋因匪亂停止；[72]婦女團體自民國十七年八月有婦女協會籌備會的組織，也因匪亂停止。[73]河南正陽縣於民國六年在驛站馬號地點，設看守習藝所，分置重犯於看守所，輕犯於習藝所，民國十一年盜匪陷城，案犯逃颺，習藝所遂廢。[74]

　　總之，盜匪活動對社會、經濟的影響是多方面的，同時，社會所遭受之災害，經濟所遭受之損失，是無法估計與彌補的。

上。

[72]　《(山東)昌黎縣續志》，卷13，黨務志，頁391。

[73]　《(山東)昌黎縣續志》，卷13，黨務志，頁393。

[74]　《(河南)重修正陽縣志》，卷2，政治，頁173。

第三節　盜匪活動的統計

　　為對盜匪活動情形能有較清楚了解，筆者採用統計與量化方式，由數字呈現實況。統計數字的依據是直魯豫三省方志，將方志中記載的盜匪活動，分省份、縣份、時間、地點、匪首、人數等項列表；由於各縣方志記載詳略不一，要納入一個共同模式相當困難，筆者的解決方法是以地點為主，必須記載出確切地點的盜匪活動才納入統計；又時間上全採陽曆。茲將統計情形分列如下：

一、就省份與縣份而言

　　河北全省 130 縣，其中 27 縣有紀錄(占 20.8%)，共 354 個案件，各縣情形分別是：

清苑縣 1	香河縣 1	霸　縣 1	青　縣 5	滄　縣 4
南皮縣 150	盧龍縣 3	完　縣 5	大名縣 4	東明縣 79
新河縣 11	邯鄲縣 1	廣宗縣 8	成安縣 11	南宮縣 2
藁城縣 1	景　縣 9	威　縣 19	遷安縣 1	晉　縣 2
無極縣 1	清河縣 15	柏鄉縣 11	井陘縣 1	棗強縣 6
東光縣 1	隆平縣 1			

　　山東全省 107 縣，其中 43 縣有紀錄(占 40.19%)，共 331 個案件，各縣情形分別是：

齊河縣 2	陽信縣 5	無隸縣 2	博山縣 19	青城縣 8
曲阜縣 3	臨沂縣 81	茌平縣 3	清平縣 2	冠　縣 4
鉅野縣 3	臨清縣 1	夏津縣 16	德平縣 5	東平縣 13
朝城縣 15	陵　縣 8	范　縣 5	福山縣 1	萊陽縣 17
掖　縣 1	平度縣 10	德　縣 1	高密縣 3	廣饒縣 7
壽光縣 3	昌樂縣 3	臨朐縣 18	膠　縣 14	商河縣 4
莘　縣 5	館陶縣 6	齊東縣 4	東阿縣 9	泰安縣 1

臨淄縣 1	單　縣 12	平原縣 3	菏澤縣 1	曹　縣 5
武城縣 1	邱　縣 5	陽穀縣 1		

河南全省 108 縣，其中 27 縣有紀錄(占 25%)，共 630 個案件，各縣情形分別是：

滑　縣 82	許昌縣 2	西華縣 33	林　縣 1	通許縣 14
商水縣 2	淮陽縣 38	洛寧縣 1	太康縣 17	陝　縣 38
信陽縣 12	鞏　縣 14	光山縣 17	正陽縣 33	閿鄉縣 25
禹　縣 127	夏邑縣 35	確山縣 4	長葛縣 19	陽武縣 1
孟　縣 2	鄢陵縣 51	西平縣 46	汝南縣 1	靈寶縣 11
安陽縣 3	上蔡縣 1			

由上述統計，可知三省盜匪活動總數以河南最多，其次是河北、山東；盜匪活動分布的縣份以山東最多，其次是河南、河北；各省平均盜匪活動數以河南最多(5.83)，其次是山東(3.09)、河北(2.72)；[1]若將上表情形由地圖上視之，可發現河北盜匪活動分布縣份多在南部，與河南、山東交界處，山東多在北部，與河北交界處，河南多在東部，與河北、山東、江蘇等省交界處；(參看附錄：直魯豫地圖)此可用以說明省交界處盜匪活動情形較普遍。

二、就年份而言

直魯豫三省自民國元年至十七年間，各縣每年發生盜匪活動數，及各省每年發生盜匪活動數如下表：

---

[1]　此計算方式是將盜匪活動數除以各省全部縣份總數，若僅將盜匪活動數除以各省有紀錄之縣份數，則計算結果分別為：河北省 13.11、山東省 7.69、河南省 23.33，仍是河南最多，然河北其次，山東再次之。

河北省

縣份/年份	一	二	三	四	五	六	七	八	九	十	十一	十二	十三	十四	十五	十六	十七	合計
清苑	1																	1
香河																1		1
霸															1			1
青																5		5
滄												1	1			1	1	4
南皮					6		4	1	26	22	24	4	21	14	13	9	6	150
盧龍																3		3
完												2	1		1	1		5
大名							1	1	2									4
東明						2	30	1	7	18	9		2	6	4			79
新河									1	4		3			1	1		11
邯鄲															1			1
廣宗									2		1	4			1			8
成安					1	1			1	1	1		1	2		1	2	11
南宮									1		1							2
藁城																1		1
景								1							7		1	9
威	1	1							7	2	6	2						19
遷安													1					1
晉								1								1		2
無極																1		1
清河									4	1		7	1					13(註)
柏鄉	3								2			1	1	1			3	11
井陘																		0(註)
棗強						1		1	1	2						1		6
東光															1			1
隆平																1		1
合計	5	1	0	0	7	4	34	6	50	55	41	20	29	19	35	29	16	351

(註)清河縣十五～十六年有 2 次，井陘縣十一～十二年有 1 次。

山東省

縣份/年份	一	二	三	四	五	六	七	八	九	十	十一	十二	十三	十四	十五	十六	十七	合計
齊河							2											2
陽信			1								1				2	1		5
無隸									1		1							2
博山															13	5	1	19
青城																8		8
曲阜							2									1		3
臨沂						1	3	2	1		2	4	1	7	6	37	17	81
茌平							3											3
清平							1				1							2
冠							2				2							4
鉅野							3											3
臨清				1														1
夏津			1				14				1							16
德平									1	1	1	1	1					5
東平	1						2	1		1	4				2	2		13
朝城	3						12											15
陵															7	1		8
范							1								1	1	2	5
福山						1												1
萊陽																	17	17
掖													1					1
平度				1								1			1		7	10
德															1			1
高密																3		3
廣饒									1		1	2	1	1	1			7
壽光			1				1									1		3
昌樂			1													2		3
臨朐	1						5		1		1					3	7	18
膠												5	2			2	5	14
商河													1	1	1			3(註)
莘	1	1					1		1			1						5
館陶	2		1				2									1		6
齊東								1								3		4
東阿	2		1				3	2		1								9

縣份/年份	一	二	三	四	五	六	七	八	九	十	十一	十二	十三	十四	十五	十六	十七	合計
泰安							1											1
臨淄							1											1
單	4			1	2	1	1		1	1				1				12
平原							3											3
菏澤							1											1
曹																5		5
武城													1					1
邱		5																5
陽穀							1											1
合計	14	6	1	4	4	4	65	7	4	5	21	12	4	11	35	60	73	330

(註)商河縣有 1 個案不明年份。

河南省

縣份/年份	一	二	三	四	五	六	七	八	九	十	十一	十二	十三	十四	十五	十六	十七	合計
滑	2			3			12	2	1	20	1		3	14	8	2	14	82
許昌	1									1								2
西華	1	2	4							1		5	2	3	8	2		28(註)
林											1							1
通許		1								2	1				10			14
商水	2																	2
淮陽											6	12	1	6	8	4		37(註)
洛寧			1															1
太康											1	1	1	1	9	3	1	17
陝			3						1		10	3		9		4	5	35(註)
信陽		1	7			3										1		12
鞏									9		3				1			13(註)
光山		2	5						2					5				14(註)
正陽			4						2		15	2		1			7	33
閿鄉				1		1	1	1			9				2		10	25
禹	9	5					1		2	3	4	1	1	5	2	7	87	127
夏邑	4	1	7	3	2		7	5	4									33(註)
碻山											1							1(註)
長葛		1	2										1	14	1			19
陽武																1		1
孟												2						2

鄢陵		6	4											1	25	10	3	49(註)
西平	3	3	4		1	1					9	1		15	1	8			46
汝南																1			1
靈寶			1								9	1							11
安陽					1		1									1			3
上蔡											1								1
合計	22	22	39	6	7	4	22	9	21	28	71	27	10	74	78	42	128		610

(註)西華縣十五～十六年有 5 次。淮陽縣十三～十四年有 1 次。陝縣十五～十六年有 3 次。鞏縣十五～十六年有 1 次。光山縣二～三年有 3 次。夏邑縣二～三年有 1 次，七～八年有 1 次。確山縣二～三年有 3 次。鄢陵縣一～二年有 2 次。

　　由上表可知，各縣及各省每年發生盜匪活動數均不同，每年的增減亦無一定規則，然若將民國元年至十七年分成二個階段，即民國元年至八年為前一階段，民國九年至十七年為後一階段，則可發現後一階段的盜匪活動數平均較前一階段多，如河北是 7.12 比 32.67(總數分別是 57 及 294)，山東是 13.13 比 25(總數分別是 105 及 225)，河南是 16.38 比 53.22(總數分別是 131 及 479)；即河北增加四倍多，山東增加二倍，河南增加三倍多，上述比例雖未將一些跨越兩個年份的個案加入計算(見表中有「註」記號者)，但那些例外情形的年份亦是屬後一階段較多(23 個例外情形中，屬前一階段者 10 次，屬後一階段者 13 次)，加入計算的結果只是比例數值變動，並不影響後一階段盜匪活動較多的結果。若以縣份的個別情形比較，結果亦同，茲舉河北南皮縣、山東臨沂縣及河南禹縣為例，因此三縣的紀錄較為完整，則十七年間有記載的年份較多(分別是十二年、十一年、十二年)，在比較上可看出趨勢，計算結果，南皮縣是 1.38 比 15.44(總數分別是 11 及 139)，臨沂縣是 0.75 比 8.33(總數分別是 6 及 75)，禹縣是 1.88 比 12.44(總數分別是 15 及 112)，即南皮縣、臨沂縣均增加十一倍多，禹縣增加六倍多。

　　由於民國五年袁世凱死後，北洋軍閥漸分裂成皖系、直系、奉系，三系間雖有不合，然北方局勢大體完整，且三系共同敵人是南方，彼此間爭戰不多；然民國九年，直皖戰爭爆發，北方情勢改觀，此後三系爭戰不斷，北方完全陷入混戰，直至民國十七年北伐完成才較為平靜。若將上述盜匪活動次

數表與北方戰爭情形相配合，可以得到如此結論：戰爭愈頻，盜匪活動愈多，兩者是呈正比的。

三、就月份或季節而言

直魯豫三省各縣盜匪活動發生的月份或季節，及一省的總和情形如下表：

河北省

縣份/月份.季節	一	二	三	四	五	六	七	八	九	十	十一	十二	春	夏	秋	冬	合計
清苑	1																1
香河															1		1
霸																	0
青	5																5
滄						1	1				1				1		4
南皮	2	9	15	10	6	19	16	9	17	12	22	9				1	147
盧龍								3									3
完	1		2		1			1									5
大名							1					1				2	4
東明		1	2	3	10	3	14	3	4		1	1	6	1	2		51(註)
新河								1	2	4						4	11
邯鄲																1	1
廣宗				1	4				1								6
成安						3											3
南宮							1								1		2
藁城							1										1
景						3	1								2		6
威			1	1			6	6			2	1					17
遷安							1										1
晉									1								1
無極															1		1
清河						1	7			1					1		10
柏鄉	3															8	11
井陘																	0
棗強			1														1

縣份	一	二	三	四	五	六	七	八	九	十	十一	十二	春	夏	秋	冬	合計
東光																1	1
隆平																1	1
合計	12	10	20	14	19	26	39	32	31	13	28	12	11	3	8	17	295

(註)東明縣一～四月有 16 次，春夏間有 8 次。

說明：河北省有 35 個案件未載月份或季節，分別為霸縣 1 個、南皮縣 3 個、東明縣 4
　　　個、廣宗縣 2 個、成安縣 8 個、景縣 3 個、威縣 2 個、晉縣 1 個、清河縣 5 個、
　　　井陘縣 1 個、棗強縣 5 個。

山東省

縣份/月份.季節	一	二	三	四	五	六	七	八	九	十	十一	十二	春	夏	秋	冬	合計
齊河																	0
陽信	1	1			1												3(註)
無隸											1						1(註)
博山		2		1			1	2	1							5	12(註)
青城				1							1	2					4
曲阜		1															1
臨沂	8	6	5	4	4	6	5	14	3	5	4	5	1	1			71
荏平			1														1(註)
清平												1					1
冠						2							1				3
鉅野							1										1(註)
臨清																	0
夏津			1				11		3								15(註)
德平												2					2
東平	1	1	1											3		5	11
朝城		4	7				4										15
陵							4		2	1			1				8
范				1		1											2
福山						1											1
萊陽				1	2	1	13										17
掖						1											1
平度						2										1	3(註)
德								1									1
高密																	0
廣饒															3	2	5
壽光						1											1

																		合計
昌樂			1	1				1										3
臨朐	1		1					1						1		1		5(註)
膠		5	1			3												9(註)
商河	1							1								1		3
莘		1																1(註)
館陶		1				1									1	3		6
齊東			1	1	1													3
東阿	2					3	1	3										9
泰安								1										1
臨淄																1		1
單		3		1		3	1		1		1							10
平原									2									2
菏澤											1							1
曹															5			5
武城						1												1
邱																		0
陽穀							1											1
合計	15	23	16	11	8	16	27	40	14	13	9	13		10	9	11	7	241

(註)例外情形統計：

縣份/月份	一~二	二~三	三~四	五~六	六~七	七~八	八~九	九~十	十一~十二		五~七	合計
陽信			1									1
無隸						1						1
博山					1							1
荏平	1	1										2
鉅野						1	1					2
夏津						1						1
平度											4	4
臨朐	1		4					1				6
膠				1		2			2			5
莘	1		1									2
合計	3	1	6	1	1	5	1	1	2		4	25

說明：山東省有 65 個案件未載月份或季節，分別為齊河縣 2 個、陽信縣 1 個、博山縣 6 個、青城縣 4 個、曲阜縣 2 個、臨沂縣 10 個、清平縣 1 個、冠縣 1 個、臨清縣 1 個、德平縣 3 個、東平縣 3 個、范縣 3 個、平度縣 3 個、高密縣 3 個、廣饒縣 2 個、壽光縣 2 個、臨朐縣 7 個、商河縣 1 個、莘縣 1 個、齊東縣 1 個、單縣 2 個、平原縣 1 個、邱縣 5 個。

河南省

縣份/月份.季節	一	二	三	四	五	六	七	八	九	十	十一	十二	春	夏	秋	冬	合計
滑				4	13	4	1	8	6	7	2						45(註)
許昌	1														1		2
西華		2	6		5		2	2	7		3						27(註)
林							1										1
通許			1		2		10										13
商水												2					2
淮陽	3						3		13	5	3	2					29(註)
洛寧						1											1
太康	2	2		3			1			1							9(註)
陝	2		5		3			7	4		4				5		30(註)
信陽	2						1								3	1	7(註)
鞏															1		1(註)
光山						1											1(註)
正陽	4				2				3		15	3			2		29(註)
閿鄉				3				8	2					4			17(註)
禹	4	4	25	20	39	2	5	5	13	10							127
夏邑	5	2		2	1	6	4	7				4					31(註)
確山										1							1(註)
長葛	2		3	2					1	1	5	2		2		1	19
陽武									1								1
孟							1	1									2
鄢陵	2	2	8			1	1				1			3			18(註)
西平		3	4	4				1	2	1	1	16					32(註)
汝南	1																1
靈寶			1		2	2	3										8
安陽			1													2	3
上蔡									1								1
合計	28	15	52	33	59	27	26	43	53	25	41	31	9	9	4	3	458

(註)例外情形統計：

縣份/月份	一~二	二~三	三~四	四~五	五~六	六~七	七~八	八~九	九~十	十~十一	十一~十二	十二~一	三~九	八~十	四~九	合計
滑	7	10		1	1	3	2				3					27
西華													5			5

																	合計
淮陽								1	1			1					3
太康		1				1					1				3		6
陝	3										1	3					7
信陽		5															5
鞏					1	1	1	7			2	1					13
光山		5		5							1	3					14
正陽									1								1
閿鄉				1	2	2	1										6
夏邑											2	2					4
確山												3					3
鄢陵	4					11	1	3	6			2					27
西平			1	1		1	2			4						4	13
合計	14	20	1	7	4	17	8	13	8	8	7	15		5	3	4	134

說明：河南省有 38 個案件未載月份或季節，分別為滑縣 10 個、西華縣 1 個、通許縣 1 個、淮陽縣 6 個、太康縣 2 個、陝縣 1 個、光山縣 2 個、正陽縣 3 個、閿鄉縣 2 個、鄢陵縣 6 個、西平縣 1 個、靈寶縣 3 個。

　　根據上表，配合北方季節所屬月份(春季二至四月，夏季五至七月，秋季八至十月，冬季十一至次年一月)來劃分，結果各省情形如下表：

省份	季節	普通情形	例外情形	總合
河北	春	55	16	71
	夏	87	4	91
	秋	84		84
	冬	69	4	73
山東	春	60	8.5	68.5
	夏	60	8.5	68.5
	秋	78	4.5	82.5
	冬	44	3.5	47.5
河南	春	109	33.5	142.5
	夏	121	32.8	153.8
	秋	125	34.7	159.7
	冬	103	33	136

說明：例外情形中若有跨數個月份或數個季節的，均用比例方式計算加入。如河北省的例外情形中屬於一月(冬季)、二～四月(春季)間的共 16 次，另有

春、夏季間的共 8 次，總計結果是屬於春季的有 16 次，夏季的有 4 次，冬季的有 4 次。山東省的例外情形中，屬於二～四月(春季)的有 8.5 次，五～七月(夏季)的有 4.5 次，八～十月(秋季)的有 4.5 次，十一～一月(冬季)的有 3.5 次，又五～七月(夏季)的另有 4 次，總計結果是屬於春季的有 8.5 次，夏季的有 8.5 次，秋季的有 4.5 次，冬季的有 3.5 次。河南省的例外情形中，屬於二～四月(春季)的有 31.5 次，五～七月(夏季)的有 28.5 次，八～十月(秋季)的有 29 次，十一～一月(冬季)的有 33 次，另三～九月(春、夏、秋季間)的有 5 次，八～十月(秋季)的有 3 次，四～九月(即春、夏、秋季間)的有 4 次，比例計算後加入，總計結果是屬於春季的有 33.5 次，夏季的有 32.8 次，秋季的有 34.7 次，冬季的有 33 次。

根據上表，可知河北省盜匪活動發生季節多屬夏季，次為秋季、冬季、春季，山東省秋季最多，次為夏季與春季、冬季，河南省秋季最多，次為夏季、春季、冬季；綜合言之，夏季、秋季是盜匪活動較盛季節，而夏、秋之交，即七、八月間盜匪活動數亦較其他月份高，如河北、山東均可明顯看出，此與第四章第二節盜匪的戰術中提及，盜匪在夏秋之際，青紗帳起時，利用高逾人身的高粱田為作案掩護，兩者可互相映證。

結　論

　　霍布斯邦構思的「社會盜匪」觀念，在《原始的叛亂》一書中，著重的是盜匪活動代表之社會抗議性質及屬於社會反抗之最原始形式；強調社會盜匪的產生乃農村社會中被富者、有權者壓迫的個人，為自己及其他貧者、弱勢者抗議受到之不公待遇而以暴力行為反擊之；因此，盜匪及其活動在廣大農村中非但不受譴責，反得褒獎，農民甚至予以協助，並視之為英雄好漢；亦即，盜匪與農民實緊密相連，盜匪活動乃農村社會認可的，以劫富濟貧方式而成行俠仗義之舉。[1]然「社會盜匪」觀念到霍布斯邦的另一專著《盜匪》中，則重心轉為強調促成盜匪活動產生的時代背景，而非個人因素，尤其是不良的生存環境造成普遍的盜匪活動；霍布斯邦認為盜匪並非一般人所稱的罪犯(criminal)，其乃農村社會中為逃避特殊環境下的一種自我幫助形式(but a form of self-help to escape it in particular circumstances)；[2]此一解釋實可說明民初直魯豫地區盜匪活動的現象。

　　蓋盜匪遍地、盜匪活動叢生乃民初直魯豫地區社會的寫照，所以會形成如此混亂局面，除傳統民性的強悍外，民初政治的腐敗、軍事的動亂，以及經濟的崩潰，再再壓迫著直魯豫地區百姓為匪以求生存，特別是軍閥混戰對民初的盜匪現象，尤有嚴重影響。因為，自民國建立至北伐完成的十七年間，北方幾乎一直在動亂中，特別是民國五年袁世凱死後，中國現代史進入「軍閥時期」，戰爭頻繁的特色更為明顯；在此時期，大小軍閥為爭奪地盤，擴張勢力，不斷在物力、人力上充實。就前者而言，以各種名目搜括百

---

[1]　艾瑞克‧霍布斯邦著，楊德睿譯，《原始的叛亂：十九至二十世紀社會運動的古樸形式》，第二章。

[2]　Eric J. Hobsbawm, *Bandits*, p.17, 24.

姓，形同勒索，百姓稍有不從，則武力迫之，此舉和盜匪實無差別；就後者而論，大量擴軍、拉夫的結果，士兵品質參差，平時騷擾民眾，強迫供給，戰時更趁機搶劫善良百姓；一旦戰爭失利，潰兵、變兵、散兵等大量湧出，此輩在無其他謀生之途，又手握兵器的條件下，以打家劫舍方式維生是很普遍的，這種情形，看在百姓眼裡，不免視兵與匪為同物。而軍閥們招撫盜匪的惡例，更強化兵匪不分現象，因為，被收編為正規軍的盜匪，並不因此而改變燒殺、劫掠、綁票等行為，反恃正式頭銜庇護而變本加厲地殘害人民。尤其值得注意的是，盜匪被收編為正規軍後，不僅在軍需上得到補給，在軍事技術上也有收穫，一旦叛變，再度恢復盜匪身分，則能力大增，其性質已脫離傳統農民範圍，所造成的破壞與以往相較是有過之而無不及，故有人稱此時期的盜匪為「兵匪」或「官匪」。[3]

　　其次，就盜匪的內部狀況而言；盜匪是一種反政府團體，不容於法律社會，所以必須是秘密的，也因此許多相關的內部情形，如組織、規律、隱語都不易為外人了解，只有表現在外部的狀況，如巢窟、分布、戰術等才可為人概略得知，此乃研究盜匪課題先天上不可避免的困難。由盜匪內部情形，可知直魯豫盜匪主要有三種分類；三省盜匪中，山東、河南的勢力較河北大。另外，盜匪團體大多有形勢隱蔽、易守難攻的巢窟；數股結合而成，且各有職守的組織；一定的規律、特別的語言、多方來源且性能優良的武器、狡詐而靈活的戰術等足以維持團體生存的條件；尤其是武器與戰術方面，就前者而言，由於特殊的軍事背景，使盜匪武器來源不缺，且數量多、性能佳，和軍隊相比毫不遜色；就後者而論，盜匪多利用當時政治上的南北分裂，社會的貧窮困苦，提出動人口號，吸引人們加入，使勢力日漸增大。值得注意的是，盜匪團體雖有某些迷信舉止，卻無強烈宗教成分，盜匪首領或許有不同於常人的相貌及領袖性格，卻沒有神化性傳說，並非利用宗教聚眾起事，此點與其他秘密團體往往以強烈的宗教號召方式，賦予領導者以神奇

3　Diana Lary, Warlord Soldier, *Chinese Common Soldier, 1911-1937*, London, Cambridge University Press, 1985, p.59.

魔力，帶動群眾起事的情形是不同的。

　　導致盜匪團體終歸瓦解，盜匪活動必將失敗的關鍵，在於行為的偏差。霍布斯邦曾將盜匪活動方式分成三種：高貴的掠奪者(noble robber)、原始生存的戰鬥者(primitive resistance fighter)及帶來恐怖的復仇者(terror-bring avenger)；其中，最受農民認同及歡迎的是行為既能秉持正義、劫富濟貧，又不嗜殺人的高貴掠奪者，而原始生存的戰鬥者及帶來恐怖的復仇者往往以過分暴力及駭人舉止，令農民望之生畏，而其則由此樹立威嚴；三者中，霍布斯邦所重視的「社會盜匪」原型非第一類高貴的掠奪者莫屬；[4]惟霍布斯邦此種盜匪行為的劃分方式實過於理想化，在實際的盜匪活動中難以明確區隔，呈現的往往是混合而非單一的行為舉止。

　　如民初直魯豫地區盜匪活動中最受矚目的乃河南盜匪白朗部眾，此股盜匪既以「打富濟貧」、「替天行道」等口號吸引民眾認同，也有將銅錢、貨物、糧食拋撒任人取用，以幫助貧弱者之實際行為，一如前述高貴掠奪者的正直及俠義舉止；然其亦有侮辱婦女、凌虐人質及大規模燒殺、劫掠等不良紀錄，恐怖程度不亞於原始生存者及帶來恐怖復仇者之行徑。又如山東盜匪孫美瑤部眾，雖亦有「兔子不吃窩邊草」的規律以護衛自己家鄉安全，如同高貴掠奪者所為；然其對待人質之凶狠及強迫鄉里提供物質需求之行為，亦與原始的生存者及帶來恐怖的復仇者無二樣。因此，整體而言，盜匪活動實難受到普遍群眾的恆久支持。此外，民初直魯豫地區的盜匪活動往往因威脅到外人安全而形成嚴重的涉外事件，造成外人極大不滿，迫令中國政府加緊對盜匪剿滅，亦使盜匪勢力難以繼續發展。在基礎群眾支持力量日益消失及敵對力量逐漸加強的雙重壓制下，盜匪活動終難持續，盜匪團體終將瓦解的結果也是必然。

---

[4]　Eric J. Hobsbawm, *Bandits*, C.1.

參考書目

一、方志

(一)河北省

《大名縣志》，30 卷首 1 卷，程廷垣續修，洪家祿等纂，1934 鉛印本，全 3 冊，臺北：成文出版社影印，1968.08，華北 165。

《三河縣新志》，16 卷首 1 卷，唐玉書等修，吳寶銘等編輯，1935 鉛印本，全 6 冊，臺北：中央研究院歷史語言研究所藏。

《元氏縣志》，不分卷，李林奎纂修，1931 鉛印本，全 3 冊，臺北：成文出版社影印，1976，華北 507。

《文安縣志》，12 卷首 1 卷末 1 卷，陳禎重修，李蘭等纂，1922 鉛印本，全 3 冊，臺北：成文出版社影印，1968.08，華北 153。

《井陘縣志料》，16 編，傅汝鳳等纂修，1934 鉛印本，全 2 冊，臺北：成文出版社影印，1968.08，華北 160。

《平山縣志料集》，16 卷，金潤璧修，張林、焦遇祥輯，1932 排印本，全 1 冊，臺北：成文出版社影印，1976，華北 505。

《平谷縣志》，6 卷，李興焯修，王兆元纂，1934 鉛印本，全 2 冊，臺北：成文出版社影印，1969，華北 217。

《任縣志》，8 卷，王億年修，劉書旟纂，1915 鉛印本，全 2 冊，臺北：成文出版社影印，1969，華北 210。

《成安縣志》，16 卷，張應麟修，張永和纂，1931 鉛印本，全 3 冊，臺北：成文出版社影印，1969，華北 199。

《安次縣志》，12 卷，劉鍾等纂，熊濟熙等修，1936 合印本，全 2 冊，臺北：成文出版社影印，1969，華北 179。

《交河縣志》，10 卷首 1 卷，高步青等重修，苗毓芳等纂，1916 刊本，全 3 冊，臺北：成文出版社影印，1968.08，華北 148。

《完縣新志》，9 卷，彭作楨等纂修，1934 鉛印本，全 2 冊，臺北：成文出版社影印，

1968.08，華北 164。

《良鄉縣志》，8 卷，周志中續修，呂植等纂，1924 鉛印本，全 1 冊，臺北：成文出版社影印，1968.08，華北 128。

《定縣志》，22 卷首 1 卷，呂復等重修，賈恩紱等纂，1934 刊本，全 3 冊，臺北：成文出版社影印，1969，華北 204。

《青縣志》，16 卷首 1 卷，萬震霄等修，高遵章等纂，1931 鉛印本，全 2 冊，臺北：成文出版社影印，1968.08，華北 142。

《房山縣志》，8 卷，馮慶瀾等修，高書官等纂，1928 鉛印本，全 2 冊，臺北：成文出版社影印，1968.08，華北 133。

《東明縣新志》，22 卷首 1 卷，任傳藻修，穆祥仲等纂，1933 鉛印本，全 3 冊，臺北：成文出版社影印，1968.08，華北 166。

《東明縣續志》，4 卷，周保琛修，李增裕纂，1924 鉛印本，全 1 冊，臺北：成文出版社影印，1976，華北 514。

《昌黎縣志》，12 卷首 1 卷末 1 卷，梁堉等修，張鵬翱纂，1933 鉛印本，全 2 冊，臺北：成文出版社影印，1968.08，華北 151。

《邯鄲縣志》，17 卷首 1 卷末 1 卷，楊肇基補修，李世昌纂，1939 刊本，全 3 冊，臺北：成文出版社影印，1969，華北 188。

《威縣志》，20 卷首 1 卷末 1 卷附續修不分卷，尚希賢等纂修，1929 鉛印本，全 5 冊，臺北：成文出版社影印，1976，華北 517。

《南皮縣志》，14 卷首 1 卷，王德乾等修，劉樹鑫等纂，1932 鉛印本，全 4 冊，臺北：成文出版社影印，1968.08，華北 144。

《南宮縣志》，26 卷，黃容惠重修，賈恩紱纂，1936 刊本，全 3 冊，臺北：成文出版社影印，1976，華北 519。

《香河縣志》，10 卷，王葆安等修，陳式諶等纂，1936 鉛印本，全 1 冊，臺北：成文出版社影印，1968.08，華北 131。

《柏鄉縣志》，10 卷首 1 卷，牛寶善修，魏永弼纂，1932 排印本，全 2 冊，臺北：成文出版社影印，1976，華北 525。

《晉縣志料》，2 卷，劉東藩修，王召棠纂，1935 石印本，全 1 冊，臺北：成文出版社影印，1974，華北 526。

《晉縣鄉土志》，不分卷，李席纂，1928 重印本，全 1 冊，臺北：成文出版社影印，1968.08，華北 159。

《徐山縣新志》，12 卷末 1 卷，劉延昌修，劉鴻書纂，1932 排印本，全 3 冊，臺北：成文出版社影印，1976，華北 502。

《高邑縣志》，12 卷首 1 卷，王天傑、宋文華纂修，1933 鉛印本，全 1 冊，臺北：成文
　　出版社影印，1968.08，華北 169。

《高陽縣志》，10 卷，李大本重修，李曉冷等纂，1931 鉛印本，全 2 冊，臺北：成文出
　　版社影印，1968.08，華北 157。

《望都縣志》，12 卷首 1 卷，王德乾修，崔蓮峯纂，1934 鉛印本，全 2 冊，臺北：成文
　　出版社影印，1968.08，華北 158。

《涿縣志》，18 卷，宋大章等修，周存培等纂，1936 鉛印本，全 2 冊，臺北：成文出版
　　社影印，1968.08，華北 135。

《通縣志要》，10 卷，全士堅等修，徐白纂輯，1941 鉛印本，全 1 冊，臺北：成文出版
　　社影印，1968.08，華北 136。

《清河縣志》，17 卷首 1 卷，張福謙修，趙鼎銘纂，1934 鉛印本，全 3 冊，臺北：成文
　　出版社影印，1976，華北 518。

《清苑縣志》，6 卷，金良驥等修，姚壽昌等纂，1934 鉛印本，全 2 冊，臺北：成文出
　　版社影印，1968.08，華北 127。

《密雲縣志》，8 卷首 1 卷，臧理臣等修，宋慶煦等纂，1914 鉛印本，全 1 冊，臺北：
　　成文出版社影印，1968.08，華北 139。

《景縣志》，14 卷，耿兆棟監修，張汝漪總纂，1932 鉛印本，全 6 冊，臺北：成文出版
　　社影印，1976，華北 500。

《雄縣新志》，7 卷，秦廷秀等修，劉崇本等纂，1929 鉛印本，全 3 冊，臺北：成文出
　　版社影印，1969，華北 218。

《棗強縣志》，8 卷，宋兆升監修，張宗載、齊文煥等纂修，1931 鉛印本，全 1 冊，臺
　　北：成文出版社影印，1976，華北 520。

《無極縣志》，20 卷，耿之光等修，王重民等纂，1936 鉛印本，全 2 冊，臺北：成文出
　　版社影印，1976，華北 510。

《順義縣志》，16 卷首 1 卷，李芳等修，楊得馨等纂，1933 鉛印本，全 2 冊，臺北：成
　　文出版社影印，1968.08，華北 138。

《滄縣志》，16 卷，張坪等纂，1933 鉛印本，全 4 冊，臺北：成文出版社影印，
　　1968.08，華北 143。

《新河縣志》，24 卷首 1 卷末 1 卷，傅振倫纂修，1929 鉛印本，全 2 冊，臺北：成文出
　　版社影印，1968.08，華北 171。

《新城縣志》，24 卷，侯安瀾等修，王樹枏纂，1935 鉛印本，全 2 冊，臺北：成文出版
　　社影印，1968.08，華北 152。

《磁縣縣志》，20 章不分卷，黃希文等纂輯，1941 鉛印本，全 1 冊，臺北：成文出版社

影印，1968.08，華北 167。

《廣平縣志》，12 卷，韓作舟等纂修，1939 鉛印本，全 1 冊，臺北：成文出版社影印，1968.08，華北 168。

《廣宗縣志》，16 卷首 1 卷，姜檻榮修，韓敏修等纂，1933 鉛印本，全 2 冊，臺北：成文出版社影印，1969，華北 195。

《寧晉縣志》，11 卷，蘇毓琦等修，張雲科纂，1929 石印本，全 3 冊，臺北：成文出版社影印，1969，華北 203。

《翟城村志》，不分卷，尹仲材編述，1925 鉛印本，全 1 冊，臺北：成文出版社影印，1968.08，華北 172。

《滿城縣志略》，16 卷首 1 卷，陳寶生修，楊式震等纂，1931 鉛印本，全 2 冊，臺北：成文出版社影印，1969，華北 193。

《遷安縣志》，22 卷首 1 卷，滕紹周等修，王維賢等纂，1931 鉛印本，全 2 冊，臺北：成文出版社影印，1976，華北 501。

《冀縣志》，20 卷，王樹枏等纂修，1929 鉛印本，全 2 冊，臺北：成文出版社影印，1968.08，華北 170。

《靜海縣志》，不分卷，白鳳文等重修，高毓浵等纂，1934 鉛印本，全 3 冊，臺北：成文出版社影印，1968.08，華北 140。

《盧龍縣志》，24 卷首 1 卷，董天華修，胡應麟纂，1931 鉛印本，全 1 冊，臺北：成文出版社影印，1968.08，華北 145。

《薊縣志》，10 卷首 1 卷，仇錫廷等纂修，1944 鉛印本，全 2 冊，臺北：成文出版社影印，1969，華北 180。

《獻縣志》，20 卷附詩文要錄 3 卷，薛鳳鳴等修，張鼎彝纂，1925 刊本，全 10 冊，臺北：中央研究院歷史語言研究所藏。

《藁城縣鄉土地理》，2 卷，林翰儒纂，1923 石印重印本，全 1 冊，臺北：成文出版社影印，1968.08，華北 162。

《霸縣新志》，8 卷，劉廷昌等修，劉崇本等纂，1934 鉛印本，全 2 冊，臺北：成文出版社影印，1968.08，華北 134。

《續修藁城縣志》，12 卷，王炳熙等修，于篋等纂，1933 鉛印本，全 3 冊，臺北：中央研究院歷史語言研究所藏。

(二)山東省

《平原縣志》，12 卷首 1 卷，曹夢九修，趙祥俊纂，1935 排印本，全 4 冊，臺北：中央研究院歷史語言研究所藏。

《民國東阿縣志》，18 卷首 1 卷，周竹生修，靳維熙纂，1934 鉛印本，全 1 冊，臺北：

成文出版社影印，1976，華北 363。

《牟平縣志》，10 卷首 1 卷，宋憲章等修，于清泮等纂，1936 鉛印本，全 3 冊，臺北：
　　成文出版社影印，1968.03，華北 58。

《曲阜縣志》，8 卷，李經野等纂修，1934 鉛印本，全 2 冊，臺北：成文出版社影印，
　　1968.03，華北 19。

《利津縣續志》，9 卷，王廷彥修，蓋爾佶纂，1935 鉛印本，全 1 冊，臺北：成文出版
　　社影印，1968.03，華北 8。

《東平縣志》，17 卷，張志熙等修，劉靖宇纂，1936 鉛印本，全 2 冊，臺北：成文出版
　　社影印，1968.03，華北 46。

《武城縣志》，15 卷首 1 卷，王廷綸總裁，王礩銘纂，1912 刊本，全 2 冊，臺北：成文
　　出版社影印，1976，華北 359。

《青城縣志》，4 卷，楊啟東修，趙梓湘纂，1935 鉛印本，全 1 冊，臺北：成文出版社
　　影印，1968.03，華北 17。

《長清縣志》，16 卷首 1 卷末 1 卷，李起元等修，王連儒等纂，1935 鉛印本，全 3 冊，
　　臺北：成文出版社影印，1968.03，華北 9。

《定陶縣志》，12 卷首 1 卷，馮麟淵等修，曹垣纂，1916 刊本，全 2 冊，臺北：成文出
　　版社影印，1968.03，華北 30。

《昌樂縣續志》，38 卷，王金嶽等修，趙文琴等纂，1934 鉛印本，全 2 冊，臺北：成文
　　出版社影印，1968.03，華北 66。

《冠縣縣志》，10 卷，〔清〕梁永康等修，趙錫書等纂，1934 補刊本，全 3 冊，臺北：
　　成文出版社影印，1968.03，華北 29。

《重修泰安縣志》，14 卷，孟昭章等纂修，1929 鉛印本，全 4 冊，臺北：臺灣學生書
　　局，1968.02，學生 86。

《夏津縣志續編》，19 卷首 1 卷，謝錫文等修，許宗海等纂，1934 鉛印本，全 2 冊，臺
　　北：成文出版社影印，1968.03，華北 35。

《高密縣志》，16 卷首 1 卷，余友林等修，王照青等纂，1935 鉛印本，全 3 冊，臺北：
　　成文出版社影印，1968.03，華北 63。

《桓臺志略》，3 卷，袁勵杰修，王寀廷纂，1933 排印本，全 2 冊，臺北：中央研究院
　　歷史語言研究所藏。

《掖縣志》，6 卷首 1 卷，劉國斌等修，劉錦堂等纂，1935 鉛印本，全 2 冊，臺北：成
　　文出版社影印，1968.03，華北 60。

《陵縣續志》，4 卷，苗恩波修，劉蔭歧等纂，1936 鉛印本，全 1 冊，臺北：成文出版
　　社影印，1968.03，華北 51。

《商河縣志》，15 卷，石毓嵩、路程誨纂修，1936 鉛印本，全 3 冊，臺北：成文出版社
　　影印，1976，華北 354。

《單縣志》，24 卷首 1 卷，項葆禎等續修，李經野等纂，1929 石印本，全 12 冊，臺北：
　　中央研究院歷史語言研究所藏。

《荏平縣志》，12 卷，牛占城等修，周之禎等纂，1935 鉛印本，全 3 冊，臺北：成文出
　　版社影印，1968.03，華北 26。

《陽信縣志》，8 卷附補遺 1 卷，朱蘭等修，勞迺宣等纂，1926 鉛印本，全 1 冊，臺北：
　　成文出版社影印，1968.03，華北 12。

《朝城縣續志》，2 卷，劉文禧、吳式基等修，趙昶、賈恩銘等纂，1920 刊本，全 1 冊，
　　臺北：成文出版社影印，1968.03，華北 49。

《陽穀縣志》，16 卷，董政華等纂修，1942 鉛印本，全 1 冊，臺北：成文出版社影印，
　　1968.03，華北 48。

《無隸縣志》，24 卷，張方墀等纂，1925 排印本，全 2 冊，臺北：成文出版社影印，
　　1968.03，華北 13。

《莘縣志》，12 卷首 1 卷，王嘉猷修，嚴綏之纂，1937 鉛印本，全 2 冊，臺北：成文出
　　版社影印，1976，華北 355。

《福山縣志稿》，10 卷，許鐘璐等修，于宗潼等纂，1931 鉛印本，全 3 冊，臺北：成文
　　出版社影印，1968.03，華北 55。

《鄒平縣志》，18 卷，欒鍾垚修，趙仁山等纂，1914 修，1933 刊本，全 6 冊，臺北：成
　　文出版社影印，1976，華北 358。

《壽光縣志》，16 卷首 1 卷，宋憲章等修，鄒允中等纂，1936 鉛印本，全 4 冊，臺北：
　　成文出版社影印，1968.03，華北 65。

《萊陽縣志》，3 卷首 1 卷末 1 卷，王丕煦等纂，梁秉錕等修，1935 鉛印本，全 3 冊，
　　臺北：成文出版社影印，1968.03，華北 57。

《德縣志》，16 卷，李樹德修，董瑤林纂，1935 鉛印本，全 2 冊，臺北：成文出版社影
　　印，1968.03，華北 37。

《德平縣續志》，12 卷首 1 卷，呂學元等修，嚴綏之等纂，1935 鉛印本，全 1 冊，臺
　　北：成文出版社影印，1968.03，華北 39。

《膠志》，55 卷首 1 卷，趙文運、匡超等纂修，1931 鉛印本，全 4 冊，臺北，成文出版
　　社影印，1968.03，華北 69。

《膠澳志》，12 卷，趙琪修，袁榮等纂，1928 鉛印本，全 3 冊，臺北：成文出版社影
　　印，1968.03，華北 62。

《齊河縣志》，34 卷首 1 卷，楊豫等修，閻廷獻等纂，1933 刊本，全 4 冊，臺北：成文

出版社影印，1968.03，華北 6。

《齊東縣志》，6 卷首 1 卷，梁中權修，于清泮纂，1935 鉛印本，全 3 冊，臺北：成文
　　出版社影印，1976，華北 361。

《霑化縣志》，8 卷，梁建章修，于清泮纂，1935 石印本，全 4 冊，臺北：成文出版社
　　影印，1976，華北 360。

《館陶縣志》，11 卷，丁世恭修，劉清如纂，1936 鉛印本，全 4 冊，臺北：成文出版社
　　影印，1976，華北 357。

《濰縣志稿》，42 卷，陳鶴儕、劉東侯、丁倬千纂修，1941 鉛印本，全 7 冊，臺北：臺
　　灣學生書局，1968.02，學生 87。

《臨沂縣志》，14 卷首 1 卷，沈兆禕等修，王景祐等纂，1917 鉛印本，全 2 冊，臺北：
　　成文出版社影印，1968.03，華北 23。

《臨朐續志》，22 卷，周鈞英修，劉仞千纂，1935 鉛印本，全 2 冊，臺北：成文出版社
　　影印，1968.03，華北 67。

《臨清縣志》，16 卷，徐子尚修，張樹梅等纂，1934 鉛印本，全 3 冊，臺北：成文出版
　　社影印，1968.03，華北 33。

《臨淄縣志》，35 卷，舒孝先纂修，1920 石印本，全 3 冊，臺北：臺灣學生書局，
　　1968.02，學生 88。

《濟寧縣志》，4 卷首 1 卷，潘守廉修，袁紹昂等纂，1927 刊本，全 1 冊，臺北：成文
　　出版社影印，1968.03，華北 15。

《濟寧直隸州續志》，24 卷首 1 卷，潘守廉修，袁紹昂纂，1927 刊本，全 4 冊，臺北：
　　臺灣學生書局，1968.02，學生 84。

《續平度縣志》，12 卷首 1 卷末 1 卷，丁世平等修，尚慶翰等纂，1936 鉛印本，全 2
　　冊，臺北：成文出版社影印，1968.03，華北 61。

《續安邱縣志》，25 卷，馬步元纂修，1920 刊本，全 1 冊，臺北：成文出版社影印，
　　1968.03，華北 68。

《續修平原縣志》，12 卷首 1 卷，〔清〕曹夢九修，趙祥俊纂，1935 排印本，全 3 冊，
　　藏中央研究院歷史語言研究所。

《續修清平縣志》，9 卷首 1 卷，梁鐘亭等修，張樹梅等纂，1936 鉛印本，全 3 冊，臺
　　北：成文出版社影印，1968.03，華北 27。

《續修范縣縣志》，6 卷，張振聲等修，余文鳳纂，1935 鉛印本，全 2 冊，臺北：成文
　　出版社影印，1968.03，華北 53。

《續修鉅野縣志》，8 卷首 1 卷，郁濬生纂修，1921 刊本，全 2 冊，臺北：成文出版社
　　影印，1968.03，華北 31。

《續修博山縣志》，15 卷首 1 卷，王蔭桂等修，張新曾等纂，1937 鉛印本，全 3 冊，臺北：成文出版社影印，1968.03，華北 14。

《續修廣饒縣志》，28 卷首 1 卷，王文彬等修，王寅山纂，1935 鉛印本，全 2 冊，臺北：成文出版社影印，1968.03，華北 64。

《續修歷城縣志》，54 卷，毛承霖修，趙文運纂，1926 鉛印本，全 5 冊，臺北：成文出版社影印，1968.03，華北 4。

(三)河南省

《中牟縣志》，不分卷，蕭德馨修，熊紹龍纂，1936 石印本，全 2 冊，臺北：成文出版社影印，1968.08，華北 96。

《太康縣志》，12 卷首 1 卷，杜鴻賓修，劉盼遂纂，1933 鉛印本，全 2 冊，臺北：成文出版社影印，1976，華北 466。

《氾水縣志》，12 卷，田金祺重修，趙東階等纂，1928 鉛印本，全 2 冊，臺北：成文出版社影印，1968.08，華北 106。

《光山縣志約稿》，4 卷首 1 卷，晏兆平編輯，1936 鉛印本，全 2 冊，臺北：成文出版社影印，1968.08，華北 125。

《西平縣志》，8 卷，陳銘鑑纂，李毓藻修，1934 刊本，全 4 冊，臺北：成文出版社影印，1976，華北 460。

《西華縣續志》，14 卷首 1 卷，潘龍光等修，張嘉謀等纂，1938 鉛印本，全 2 冊，臺北：成文出版社影印，1968.08，華北 101。

《考城縣志》，14 卷，張之清修，田春同纂，1924 鉛印本，全 3 冊，臺北：成文出版社影印，1976，華北 456。

《永城縣志》，38 卷附增補 2 卷，〔清〕岳廷楷修，胡贊采、呂永輝等纂，高明元增補，1903 刊本，全 1 冊，臺北：高明元影印，1976。

《汲縣志》，不分卷，魏青釚撰，1935.11 鉛印本，全 1 冊，臺北：中央研究院歷史語言研究所藏。

《林縣志》，18 卷首 1 卷，張鳳臺修，李見荃等纂，1932 石印本，全 3 冊，臺北：成文出版社影印，1968.08，華北 110。

《孟縣志》，10 卷首 1 卷，阮潘濟等修，宋立梧等纂，1932 刊本，全 4 冊，臺北：成文出版社影印，1976，華北 445。

《長葛縣志》，10 卷首 1 卷末 1 卷，劉盼遂纂，張鴻疇修，1930 鉛印本，全 2 冊，臺北：成文出版社影印，1976，華北 467。

《禹縣志》，30 卷首 1 卷，王琴林等纂修，1931 刊本，全 7 冊，臺北：成文出版社影印，1976，華北 459。

《封邱縣續志》，5 卷，姚家望、黃陰枬等纂修，1937 鉛印本，全 2 冊，臺北：中央研究院歷史語言研究所藏。

《洛寧縣志》，8 卷首 1 卷，賈毓鶚等修，王鳳翔等纂，1917 鉛印本，全 2 冊，臺北：成文出版社影印，1968.08，華北 118。

《重修正陽縣志》，8 卷首 1 卷末 1 卷，魏松聲等纂，1936 鉛印本，全 2 冊，臺北：成文出版社影印，1968.08，華北 123。

《重修汝南縣志》，22 卷首 1 卷，陳伯嘉修，李成均等纂，1938 石印本，全 4 冊，臺北：成文出版社影印，1976，華北 453。

《重修信陽縣志》，30 卷首 1 卷附雜錄 1 卷，陳善同等纂，1936 鉛印本，全 3 冊，臺北：成文出版社影印，1968.08，華北 121。

《陝縣志》，26 卷，歐陽珍修，韓嘉會等纂，1936 鉛印本，全 2 冊，臺北：成文出版社影印，1968.08，華北 114。

《夏邑縣志》，9 卷首 1 卷，黎德芬等纂修，1920 石印本，全 3 冊，臺北：成文出版社影印，1968.08，華北 99。

《修武縣志》，12 卷，焦封桐等重修，周泰霖等纂，1931 鉛印本，全 3 冊，臺北：成文出版社影印，1976，華北 487。

《密縣志》，20 卷，汪忠修，呂林鐘等纂，1923 鉛印本，全 6 冊，臺北：中央研究院歷史語言研究所藏。

《商水縣志》，25 卷，徐家璘、宋景平等修，楊凌閣纂，1918 刻本，全 4 冊，臺北：成文出版社影印，1975，華北 454。

《許昌縣志》，21 卷，王秀文等修，張庭馥等纂，1923 石印本，全 3 冊，臺北：成文出版社影印，1968.08，華北 103。

《偃師縣風土志略》，不分卷，喬榮筠等纂，1934 鉛印本，全 1 冊，臺北：成文出版社影印，1968.08，華北 115。

《鄧城縣記》，3 卷，周世臣等纂修，1936 刊本，全 12 冊，臺北：中央研究院歷史語言研究所藏。

《通許縣新志》，14 卷，張士傑修，侯昆禾纂，1934 鉛印本，全 2 冊，臺北：成文出版社影印，1976，華北 464。

《淮陽縣志》，8 卷附淮陽文徵內外集，鄭康侯修，朱撰卿纂，1934 鉛印本，全 4 冊，臺北：成文出版社影印，1976，華北 470。

《陽武縣志》，6 卷，竇經魁等修，耿愔等纂，1936 鉛印本，全 2 冊，臺北：成文出版社影印，1976，華北 443。

《滑縣志》，20 卷首 1 卷，王蒲園等纂修，1932 鉛印本，全 4 冊，臺北：成文出版社影

印，1968.08，華北 113。

《新鄉縣續志》，6 卷，韓邦孚監修，田芸生總編，1923 刊本，全 2 冊，臺北：成文出版社影印，1976，華北 473。

《新修閿鄉縣志》，24 卷首 1 卷，韓嘉會等纂修，1932 鉛印本，全 2 冊，臺北：成文出版社影印，1968.08，華北 119。

《鄭縣志》，18 卷首 1 卷，周秉彝重修，劉瑞璘纂，1931 重印本，全 3 冊，臺北：成文出版社影印，1968.08，華北 104。

《鞏縣志》，26 卷首 1 卷，劉蓮青、張仲友等纂修，1937 刊本，全 4 冊，臺北：成文出版社影印，1968.08，華北 116。

《確山縣志》，24 卷，李景堂纂，張繕璜修，1931 排印本，全 2 冊，臺北：成文出版社影印，1976，華北 451。

《鄢陵縣志》，30 卷首 1 卷末 1 卷，靳容鏡、晉克昌等修，蘇寶謙纂，1936 鉛印本，全 6 冊，臺北：成文出版社影印，1976，華北 458。

《獲嘉縣志》，17 卷首 1 卷，鄒方愚等纂修，1935 鉛印本，全 2 冊，臺北：成文出版社影印，1976，華北 474。

《靈寶縣志》，10 卷首 1 卷附 2 卷，張椿榮修，張象明等纂，1935 鉛印本，全 3 冊，臺北：成文出版社影印，1976，華北 477。

《續安陽縣志》，16 卷首 1 卷末 1 卷，方策修，王幼僑纂，1933 鉛印本，全 6 冊，臺北：中央研究院歷史語言研究所藏。

《續武陟縣志》，24 卷，史延壽修，王士傑等纂，1931 刊本，全 2 冊，臺北：成文出版社影印，1968.08，華北 107。

《續滎陽縣志》，12 卷，盧以洽修，張沂纂，1924 石印本，全 2 冊，臺北：成文出版社影印，1968.08，華北 105。

(四)其他省份

《〔甘肅〕華亭縣志》，4 卷，鄭震谷等修，辛邦隆總纂，1933 石印本，全 2 冊，臺北：成文出版社影印，1976，華北 554。

《〔甘肅〕漳縣志》，8 卷首 1 卷，楊國楨修，1927 印本，全 1 冊，臺北：臺灣學生書局，1967.12，學生 52。

《〔安徽〕太和縣志》，12 卷首 1 卷，丁炳烺修，吳承志等纂，1925 鉛印本，全 3 冊，臺北：成文出版社影印，1970.05，華中 96。

《〔陝西〕邠州新志稿》，20 卷，趙晉源纂修，1929 抄本，全 1 冊，臺北：成文出版社影印，1969，華北 256。

《〔陝西〕商南縣志》，12 卷，路炳文纂，1919 鉛印本，全 2 冊，臺北：成文出版社影

印，1976，華北 534。

《〔陝西〕鄠縣志》，10 卷，趙葆貞修，段世光等纂，1933 鉛印本，全 2 冊，臺北：成文出版社影印，1969，華北 233。

《〔陝西〕興平縣志》，8 卷，王廷珪修，張元際等纂，1923 鉛印本，全 2 冊，臺北：成文出版社影印，1969，華北 230。

《〔陝西〕盩厔縣志》，8 卷，龐文中修，任肇新纂，1925 鉛印本，全 2 冊，臺北：成文出版社影印，1969，華北 237。

《〔陝西〕寶雞縣志》，16 卷，強振志等編輯，1922 鉛印本，全 2 冊，臺北：成文出版社影印，1970，華北 310。

《〔陝西〕續修醴泉縣志》，14 卷，張道芷等修，曹驥觀等纂，1935 鉛印本，全 2 冊，臺北：成文出版社影印，1970，華北 314。

《〔湖北〕麻城縣志前編》，15 卷首 1 卷，余晉芳纂，1935 鉛印本，全 4 冊，臺北：成文出版社影印，1975，華中 357。

《〔湖北〕麻城縣志續編》，15 卷首 1 卷末 1 卷，余晉芳纂，1935 鉛印本，全 2 冊，臺北：成文出版社影印，1975，華中 358。

《〔湖北〕棗陽縣志》，34 卷首 1 卷，梁汝澤等續修，王榮先等纂，正信印務館，1923 鉛印本，臺北：臺灣學生書局，1969.04，學生 180。

二、檔案、資料集、回憶錄

《中華民國海關華洋貿易總冊》，民國元年(1912)——民國 17 年(1928)，全 53 冊，新店：國史館史料處，1982.06 重印。

《外交檔案》，英館會晤問答，G-4-5，全 19 冊。

　　　　　　美館會晤問答，G-4-5，全 10 冊。

　　　　　　德館會晤問答，G-4-4，全 5 冊。

　　　　　　義館會晤問答，G-4-4，全 9 冊。

　　　　　　比館會晤問答，G-4-4，全 6 冊。

　　　　　　法館會晤問答，G-4-5，全 8 冊。

《交通公報》，1923。

Great Britain, Foreign Office, China, Embassy and Consular Archives, Correspondence, 1923.

Great Britain, Foreign Office, China, Miscellanea, 1912-1914.

Records of the U.S. Legation in China, 1923.

U.S. Foreign Relations, 1923.

《郝培芸回憶錄》，作者自印，1971.07。

中國社會科學院近代史研究所譯，《顧維鈞回憶錄》，北京：中華書局，1983.05。

杜春和編，《白朗起義》，北京：中國社會科學出版社，1980.07。

章有義編，《中國近代農業史資料》，2 輯(1912-1927)，北京：生活讀書新知三聯書店，1957.12。

馮和法編，《中國農村經濟資料》，全 2 冊，臺北：華世出版社，1978.03，臺 1 版。

楊子烈，《張國燾夫人回憶錄(原名《往事如烟》)》，自聯出版社，1970.07。

三、論文

〈孫籌成調停臨城劫車案〉，《春秋復刊》，5 卷 3 期，1984.09.01。

〈論評選輯——民眾匪化〉，《國聞週報》，7 卷 24 期，1930.06.23。

〈論評選輯——魯省大舉剿匪〉，《國聞週報》，8 卷 14 期，1931.04.13。

〈豫匪蹂躪農村教育之慘劇〉，《教育雜誌》，18 卷 12 號，1926.12.20。

丁耘棘，〈崔苻餘錄〉，《國聞週報》，3 卷 20 期，1926.05.30。

丁燕公，〈張敬堯為害三湘〉，《春秋》，9 卷 3 期，1968.09.01。

丁龍墱，〈辮帥張勳與直督褚玉璞〉，《春秋》，7 卷 5 期，1967.11.01。

子寬，〈土匪之勝利〉，《國聞週報》，3 卷 8 期，1926.03.07。

中直，〈張宗昌禍魯記(上)〉，《逸經》，6 期，1936.05.20。

方洪疇，〈河南三害、羅山五劫〉，《中原文獻》，4 卷 11 期，1972.11.25。

方洪疇，〈民初河南巨匪白狼、老洋人實錄〉，《中原文獻》，6 卷 6 期，1974.06.25。

尹致中，〈鬨動國際的臨城大劫車案(上)〉，《山東文獻》，3 卷 4 期，1978.03.20。

尹致中，〈鬨動國際的臨城大劫車案(下)〉，《山東文獻》，4 卷 1 期，1978.06.20。

王天從，〈民初匪禍話「白狼」(一)〉，《中原文獻》，10 卷 2 期，1978.02.25。

王天從，〈民初匪禍話「白狼」(二)〉，《中原文獻》，10 卷 3 期，1978.03.25。

王天從，〈白狼其人其事〉，《春秋》，11 卷 3 期，1969.09.01。

王天從，〈劉鎮華將軍與辛亥革命〉，《藝文誌》，67 期，1971.04.01。

王天從，〈泛述天門會之興滅〉，《藝文誌》，170 期，1979.11.01。

王仲廉，〈回憶與孫殿英的一段往事〉，《傳記文學》，26 卷 1 期，1975.01.01。

王聿均，〈舒爾曼在華外交活動初探(1921-1925)〉，《中央研究院近代史研究所集刊》，1 期，1969.08。

王星拱，〈今日中國的社會根本問題〉，《東方雜誌》，21 卷 20 號，1924.10.25。

王撫洲，〈路不拾遺夜不閉戶記宛西〉，《傳記文學》，16 卷 4 期，1970.04.01。

必達，〈北京西郊一帶農村調查〉，《國聞週報》，3 卷 9 期，1926.03.14。

可夫，〈匪窖日記〉，《國聞週報》，4 卷 38 期，1927.10.02。

田少儀，〈細說孫美瑤與臨城劫車案(一)〉，《藝文誌》，56 期，1970.05.01。

田少儀，〈細說孫美瑤與臨城劫車案(二)〉，《藝文誌》，57 期，1970.06.01。

田少儀，〈細說孫美瑤與臨城劫車案(三)〉，《藝文誌》，58 期，1970.07.01。

田少儀，〈細說孫美瑤與臨城劫車案(四)〉，《藝文誌》，59 期，1970.08.01。

田少儀，〈細說孫美瑤與臨城劫車案(五)〉，《藝文誌》，60 期，1970.09.01。

田少儀，〈細說孫美瑤與臨城劫車案(六)〉，《藝文誌》，61 期，1970.10.01。

田少儀，〈細說孫美瑤與臨城劫車案(七)〉，《藝文誌》，62 期，1970.11.01。

田少儀，〈細說孫美瑤與臨城劫車案(八)〉，《藝文誌》，63 期，1970.12.01。

甘豫立，〈江浙外海漁業之實況〉，《復興月刊》，1 卷 3 期，1932.11.01。

朱介凡，〈說河南風土諺(一)〉，《中原文獻》，15 卷 2 期，1983.02.20。

朱介凡，〈說河南風土諺(六)〉，《中原文獻》，15 卷 7 期，1983.07.30。

朱壽鈞，〈天津的混混兒瑣聞〉，《天津文史資料選輯》，31 輯，1985.04。

全國商會聯合會，〈築路養兵意見書〉，《東方雜誌》，19 卷 13 號，1922.07.10。

永樂，〈張宗昌禍魯記(中)〉，《逸經》，6 期，1936.05.20。

杜正勝，〈中國社會史研究的探索——特以理論、方法與資料、課題論〉，《第三屆史
　　學史國際學術研討會論文集》，臺中：國立中興大學歷史學系，1991.02。

杜春和，〈有關白朗起義的幾個問題〉，《中國近代史百題》，長沙：湖南人民出版
　　社，1982.12。

呂傳俊，〈巨匪劉桂棠禍魯及其滅亡〉，《山東史志資料》，1 輯，濟南：山東人民出
　　版社，1983.03。

何西亞，〈甲子大戰後全國軍隊之調查〉，《東方雜誌》，22 卷 2 號，1925.01.25。

岑樓，〈韓復榘三鬥徐龍草〉，《春秋》，10 卷 1 期，1969.01.01。

李宏略，〈數字中底農家生活〉，《東方雜誌》，31 卷 7 號，1934.04.01。

李祥亭，〈又是高粱成熟時〉，《中原文獻》，8 卷 8 期，1976.07.25。

李然犀，〈走江湖的形形色色〉，《天津文史資料選輯》，25 輯，1983.09。

李蒸，〈中國之農村社會與教育〉，《中華教育界》，19 卷 3 期，1931.09.25。

吳相湘，〈歷史人物何必論出身〉，《傳記文學》，32 卷 1 期，1978.01.01。

吳炳若，〈淮河流域的農民狀況〉，《東方雜誌》，24 卷 16 號，1927.08.25。

吳蕙芳，〈大陸學界有關民國盜匪之研究〉，《中華民國史專題論文集(第四屆討論
　　會)》，臺北：國史館，1998.12。

吳蕙芳，〈老洋人活動始末〉，《中國歷史學會集刊》，27 期，1995.09。

吳蕙芳，〈"社會盜匪活動"的再商榷——以臨城劫車案為中心之探討〉，《近代史研
　　究》，1994 年 4 期，1994.07。

吳蕙芳，〈書介書評：*Bandits in Republic China*, by Phil Billingsley, Stanford University press, Stanford, California, 1988〉，《人文及社會學科教學通訊》，4 卷 3 期，1993.10。

林建發，〈白狼軍性質分析〉，《食貨月刊復刊》，15 卷 9、10 期合刊本，1986.04.01。

孤航，〈紅鬍子的生活觀〉，《東方雜誌》，24 卷 13 號，1927.07.10。

治喪委員會，〈陳故代表舜德先生事略〉，《中原文獻》，14 卷 10 期，1982.10.30。

來新夏，〈談民國初年白朗領導的農民起義〉，《史學月刊》，1957.06。

姜穆，〈樊鍾秀的英雄故事〉，《中原文獻》，10 卷 8 期，1978.08.25。

胡旦旦，〈黑道奇才劉桂堂傳奇〉，《藝文誌》，119 期，1975.08.01。

段劍岷，〈樊鍾秀其人其事〉，《春秋》，3 卷 2 期，1965.08.01。

段劍岷，〈樊鍾秀傲骨丹心〉，《春秋》，3 卷 6 期，1965.12.01。

拾遺，〈張鏡湖神通廣大〉，《春秋》，1 卷 1 期，1964.07.01。

南雁，〈臨城土匪大掠津浦車〉，《東方雜誌》，20 卷 8 號，1923.04.25。

南雁，〈臨城劫車後的官匪交涉〉，《東方雜誌》，20 卷 9 號，1923.05.10。

南雁，〈臨城劫車土匪收撫成功〉，《東方雜誌》，20 卷 11 號，1923.06.10。

南雁，〈臨城劫車案中的十六國賠償通牒提出了〉，《東方雜誌》，20 卷 14 號，1923.07.25。

南雁，〈鐵路共管聲中的大舉剿匪〉，《東方雜誌》，20 卷 17 號，1923.09.10。

南雁，〈十六國臨案通牒的答覆〉，《東方雜誌》，20 卷 18 號，1923.09.25。

南雁，〈臨城劫車案的對外屈服〉，《東方雜誌》，20 卷 21 號，1923.11.10。

南雁，〈豫省匪勢與老洋人部譁變〉，《東方雜誌》，20 卷 22 號，1923.11.25。

南雁，〈外力壓迫下的鐵路警備〉，《東方雜誌》，20 卷 24 號，1923.12.25。

南雁，〈老洋人竄川與孫美瑤伏誅〉，《東方雜誌》，20 卷 24 號，1923.12.25。

朔一，〈新安武軍裁完了〉，《東方雜誌》，20 卷 7 號，1923.04.10。

徐恆燿，〈滿蒙的勞動狀況與移民〉，《東方雜誌》，22 卷 21 號，1925.11.10。

徐紀東，〈北伐前宿遷東鄉匪患紀實〉，《春秋》，16 卷 4 期，1972.04.01。

耿昭，〈中原的侃子、諺語、歌謠和農村遊樂活動(五)〉，《中原文獻》，14 卷 8 期，1982.08.30。

夏兆瑞，〈青紗帳起憶中原〉，《中原文獻》，10 卷 7 期，1978.07.25。

高處寒，〈何鬍子與梭標隊的故事〉，《春秋》，11 卷 3 期，1969.09.01。

高應篤，〈宛西地方自治與陳舜德(三)〉，《中原文獻》，3 卷 1 期，1971.01.01。

教育界的消息，〈豫匪蹂躪農村教育之慘劇〉，《教育雜誌》，18 卷 12 號，1926.12.20。

郭子彬，〈別庭芳先生其人其事〉，《傳記文學》，24 卷 6 期，1974.06.01。

郭子彬，〈追憶劉鎮華將軍剿匪政績〉，《中原文獻》，5 卷 5 期，1973.05.25。

盛良瑞，〈宛西怪傑別庭芳(上)〉，《中外雜誌》，15 卷 2 期，1974.02。

梁宗鼎，〈山東地質實習記〉，《東方雜誌》，10 卷 8 號，1914.02.01。

陳拔，〈辛亥革命時的伏牛山綠林英豪〉，《春秋》，13 卷 6 期，1970.12.01。

陳森甫，〈西北軍興亡之經緯〉，《春秋》，20 卷 3 期，1974.03.01

陳霖，〈周口人談周口事〉，《中原文獻》，16 卷 3 期，1984.03.25。

堅瓠，〈兵與匪〉，《東方雜誌》，20 卷 7 號，1923.04.10。

堅瓠，〈國際共管〉，《東方雜誌》，20 卷 11 號，1923.06.10。

張一痕，〈記汝城土皇帝胡鳳璋〉，《藝文誌》，60 期，1970.08.01。

張人鏡，〈確山地文人文概述〉，《中原文獻》，8 卷 2 期，1976.02.25。

張之素，〈「水滸傳」中的梁山泊遺跡紀遊〉，《藝文誌》，122 期，1975.11.01。

張介侯，〈淮北農民之生活狀況〉，《東方雜誌》，24 卷 16 號，1927.08.25。

張白山，〈民初中原流寇禍皖紀實〉，《春秋》，21 卷 1 期，1974.07.01。

張克明，〈南海海盜小史〉，《國聞週報》，4 卷 12 期，1927.04.03。

張澤深，〈肅清汕尾龜齡島大海盜的經過〉，《廣東文獻》，6 卷 4 期，1976.12.30。

苗文齋，〈簡談汝南縣之地理人文(二)〉，《中原文獻》，14 卷 6 期，1982.06.30。

開封師院歷史系、河南歷史研究所白朗起義調查組，〈白朗起義調查簡記〉，《史學月
　　刊》，1960.02。

集成，〈各地農民狀況調查——山東〉，《東方雜誌》，24 卷 16 號，1927.08.25。

曾鑑泉，〈各地農民狀況調查——光山(河南省)〉，《東方雜誌》，24 卷 16 號，
　　1927.08.25。

程玉鳳，〈白狼史話(三)〉，《中原文獻》，10 卷 4 期，1978.04.25。

程玉鳳，〈白狼史話(四)〉，《中原文獻》，10 卷 5 期，1978.05.25。

程玉鳳，〈白狼史話(五)〉，《中原文獻》，10 卷 6 期，1978.06.25。

程玉鳳，〈白狼史話(六)〉，《中原文獻》，10 卷 7 期，1978.07.25。

程玉鳳，〈白狼史話(七)〉，《中原文獻》，10 卷 8 期，1978.08.25。

程玉鳳，〈白狼史話(完)〉，《中原文獻》，10 卷 9 期，1978.09.25。

程謫凡，〈廢除苛雜後地方教育經費的整理問題〉，《中華教育界》，24 卷 4 期，
　　1936.10.25。

賀家昌，〈孫美瑤臨城劫車始末〉，《春秋》，5 卷 4 期，1966.10.01。

雲崗，〈民初的一支流寇——白狼軍〉，《春秋》，9 卷 3 期，1968.09.01。

黃石，〈記關中「刀客」郭堅〉，《藝文誌》，93 期，1973.06.01。

黃廣廓，〈有關白朗起義的一些資料〉，《史學月刊》，1960.02。

黃廣廓，〈有關帝國主義對白朗起義干涉的資料〉，《史學月刊》，1960.04。

黃寶實，〈別廷芳先生紀念碑〉，《中原文獻》，2卷7期，1970.07.01。

甄鳳鳴，〈臨城大劫車案的幾點補充意見〉，《山東文獻》，4卷4期，1979.03.20。

匯稿，〈張宗昌禍魯記(下)〉，《逸經》，7期，1936.06.05。

趙介民，〈雜談河南狼禍〉，《中原文獻》，9卷10期，1977.10.25。

趙中孚，〈1920-1930年代的東三省移民〉，《中央研究院近代史研究所集刊》，4期，1973.05。

趙中孚，〈近代東二省鬍匪問題之探討〉，《中央研究院近代史研究所集刊》，7期，1978.06。

趙德華，〈井陘農民生活狀況〉，《東方雜誌》，24卷16號，1927.08.25。

龍鈞天，〈記中州四傑之一的樊鍾秀〉，《藝文誌》，115期，1975.04.01。

劉仲康，〈火眼狻猊──朱信齋〉，《春秋》，8卷4期，1968.04.01。

劉仲康，〈六耳獼猴──張步雲〉，《春秋》，8卷6期，1968.06.01。

劉仲康，〈劉景良一生忠義〉，《春秋》，10卷1期，1969.01.01。

劉汝明，〈入伍與打白狼〉，《傳記文學》，5卷3期，1964.09.01。

劉延壽、李正中，〈河南省羅山縣地文人文概述〉，《中原文獻》，6卷10期，1974.10.25。

劉師舜，〈關於臨城劫案國民外交之一頁〉，《傳記文學》，17卷5期，1970.09.01。

劉紹唐，〈民國人物小傳──白朗〉，《傳記文學》，43卷6期，1983.02.01。

董克昌，〈關於白朗起義的性質〉，《史學月刊》，1960.05。

翰笙，〈中國農民擔負的賦稅〉，《東方雜誌》，25卷19號，1928.10.10。

謝興堯，〈梁山泊〉，《國聞週報》，12卷17期，1935.05.06。

酈笑菴，〈廣東匪禍之概觀〉，《國聞週報》，3卷18期，1926.05.16。

魏九隸口述，孔祥宏筆錄，〈關於「臨城劫案」真象補遺〉，《山東文獻》，4卷4期，1979.03.20。

韓貫一，〈中原諺語(二)〉，《中原文獻》，4卷1期，1972.01.01。

韓學儒，〈白朗起義軍在陝西的鬥爭〉，《史學月刊》，1965.07。

關麟毅，〈民初土匪洗劫城池實錄──「老洋人」劫掠阜陽目睹記〉，《春秋復刊》，5卷5期，1984.11.01。

Howard 著，裘陵譯，〈匪窟餘生〉，《春秋》，5卷1期，1966.07.01。

Howard 著，裘陵譯，〈匪窟餘生〉，《春秋》，5卷2期，1966.08.01。

Howard 著，裘陵譯，〈匪窟餘生〉，《春秋》，5卷3期，1966.09.01。

Howard 著，裘陵譯，〈匪窟餘生〉，《春秋》，5卷4期，1966.10.01。

Howard 著，裘陵譯，〈匪窟餘生〉，《春秋》，5卷5期，1966.11.01。

H. J. Howard 著，受百戲譯，〈匪窟餘生述〉，《國聞週報》，3 卷 8 期，1926.03.07。

H. J. Howard 著，受百戲譯，〈匪窟餘生述〉，《國聞週報》，3 卷 9 期，1926.03.14。

H. J. Howard 著，受百戲譯，〈匪窟餘生述〉，《國聞週報》，3 卷 10 期，1926.03.21。

Jean Chesneaux, Francoise Le Barbier, Maire Bergere 著，宋淑章譯，〈從共和到獨裁(1911-1916)〉，《中國現代史論文暨史料選集》，臺中：逢甲大學，1984.09.01。

John B. Powell 著，尹雪曼譯，〈臨城劫車被俘記(一)——上海密勒氏評論報主持人鮑惠爾回憶錄之八〉，《傳記文學》，16 卷 1 期，1970.01.01。

John B. Powell 著，尹雪曼譯，〈臨城劫車被俘記(二)——上海密勒氏評論報主持人鮑惠爾回憶錄之八〉，《傳記文學》，16 卷 2 期，1970.02.01。

John B. Powell 著，尹雪曼譯，〈臨城劫車被俘記(三)——上海密勒氏評論報主持人鮑惠爾回憶錄之八〉，《傳記文學》，16 卷 3 期，1970.03.01。

John B. Powell 著，尹雪曼譯，〈臨城劫車被俘記(四)——上海密勒氏評論報主持人鮑惠爾回憶錄之八〉，《傳記文學》，16 卷 4 期，1970.04.01。

四、專書

文公直，《最近三十年中國軍事史》，全 2 冊，臺北：文星書局，1962.06。

何西亞，《中國盜匪問題之研究》，上海：泰東圖書局，1925.11。

〔英〕貝思飛著，徐有威等譯，《民國時期的土匪》，上海：上海人民出版社，1992.11。

艾瑞克・霍布斯邦著，楊德睿譯，《原始的叛亂：十九至二十世紀社會運動的古樸形式》，臺北：麥田出版、城邦文化發行，1999。

侯宜杰，《袁世凱一生》，鄭州：河南人民出版社，1982.08。

柯象峯，《中國貧窮問題》，上海：正中書局，1947.11，滬 1 版。

孫祚民，《中國農民戰爭問題探索》，上海：新知識出版社，1956.10。

郭廷以，《近代中國史綱 1830-1924》，臺北：南天書局，1980.05。

張玉法，《中國現代化的區域研究——山東省(1860-1916)》，全 2 冊，臺北：中央研究院近代史研究所，1982.02。

張振之，《目前中國社會的病態》，上海：民智書局，1929.05。

陶菊隱，《六君子傳》，收入沈雲龍主編，《近代中國史料叢刊》，792 輯，臺北：文海出版社影印，1981。

陶菊隱，《北洋軍閥統治時期史話》，冊 2，北京：生活讀書新知三聯書店，1957。

經世文社編，《民國經世文編》，內政，收入沈雲龍主編，《近代中國史料叢刊》，50 輯，臺北：文海出版社影印，1970。

〔美〕菲爾・比林斯利著，王賢知等譯，《民國時期的土匪》，北京：中國青年出版社，1991.06。

臺灣中華書局編輯部編，《袁世凱竊國記》，臺北：臺灣中華書局，1967.03，臺 2 版。

鄭世興，《我國近代鄉村教育思想和運動》，臺北：正中書局，1974。

霍布斯邦著，鄭明萱譯，《盜匪：從羅賓漢到水滸英雄》，臺北：麥田出版、城邦文化發行，1998。

戴玄之，《紅槍會》，臺北：食貨出版社，1982.05，再版。

薩孟武，《水滸傳與中國社會》，臺北：三民書局，1982.01，5 版。

五、報紙、期刊、工具書

《申報》，1923。

《時報》，1923。

《順天時報》，1912-1914、1922-1924、1928。

China Weekly Review, 1923.

North China Herald, 1913-1914、1917、1923、1927.

《東方雜誌》，8-25 卷，1912-1928。

《國聞週報》，2-7 卷，1924-1930。

《教育雜誌》，4-20 卷，1912-1928。

《辭海》，全 2 冊，臺北：臺灣商務印書館，1969.01，大字修訂本，2 版。

《中華民國史事紀要》，1912-1928，新店：國史館編印。

《民國五年中國年鑑》，東京東亞同文會編，臺北：天一出版社影印，1975。

《民國八年中國年鑑》，東京東亞同文會編，臺北：天一出版社影印，1975。

《民國十二年中國年鑑》，〔清〕學部總務司編，臺北：中國出版社，1973。

《民國十五年中國年鑑》，東京東亞同文會編，臺北：天一出版社影印，1975。

《民國大事日誌》，1 冊，劉紹唐主編，臺北：傳記文學出版社，1973.07。

《近代中國史事日誌》，1、2 冊，郭廷以編，著者自印，1976、1984。

內政部編，《中華民國行政區域簡表》，11 版，上海：商務印書館，1947.11。

野沢豐，《アジア歷史事典》，冊 7，東京：平凡社，1974.01，初版 10 刷。

China Year Book, 1912、1916、1921-1926.

六、外文資料

"The Lincheng Bandit Outrage," *Survey of International Affairs*, 1925, Vol. Ⅱ, C. A. Macartney and others, Oxford University, London, Humphrey Milford, 1928.

Billingsley, Richard Philip. "Banditry in China, 1911 to 1928, with particular reference to Henan Province," Ph. D. dissertation, Leeds University, 1974.

Billingsley, Richard Philip. *Bandits in Republican China*, Stanford University press, 1988.

Blok, Anton. "The Peasant and the Brigand: Social Banditry Reconsidered," *Comparative Studies in Society History*, Vol. 14, No.4 Sep. 1972.

Chan Lau Kit-Ching. "The Lincheng Incident-A Case Study of British Policy in China Between The Washington Conference (1921-22) and The First Nationalist Revolution (1925-28)," ，《東方文化》，10 卷 2 期，1973.07。

DeAngelis, Richard C. "Resisting Intervention: American Policy and the Lin Ch'ing Incident," 《中央研究院近代史研究所集刊》，10 期，1981.07。

Friedman, Edward. *Backward Toward Revolution: The Chinese Revolutionary Party*, University of California Press, Berkeley Los Angeles, London, 1966.

Hobsbawm, Eric J. *Bandits*, London, Richard Clay, The Chancer Press, copyright, 1969.

Hobsbawm, Eric J. "Social Bandits: Reply," *Comparative Studies in Society and History*, Vol.14, No.4, Sep. 1972.

Howard, Harvey J. *Ten Weeks with Chinese Bandits*, New York, Dodd, Mead and Company, second printing, 1927.

Lary, Diana. *Warlord Soldiers, Chinese Common Soldiers, 1911-1937*, London, Cambridge University Press, 1985.

Myers, Ramon H. *The Chinese Peasant Economy: Agricultural Development in Hopei and Shantung, 1890-1949*, 臺北：虹橋書店翻印，1978.10.16。

Metzger, Thomas A. "Chinese Bandits: The Traditional Perception Reevaluated," *Journal of Asia Studies*, Vol. XXXIII, No.3, May 1974.

長野朗，《土匪軍隊紅槍會》，東京：支那問題研究所，1931.06.18。

修訂版後記

　　得知自己二十幾歲完成的碩士學位論文，在出版三十多年後的今天，有機會重新排版印刷，心情是喜悅而感恩的；為此，首先要向當年願意為一個初出茅廬的年輕人，出版其人生首部學術專著的臺灣學生書局致上誠摯謝意。此書產生過程，筆者在舊版序中已略為提及，惟當年值恩師戴玄之教授(1922-1990)離世，心情複雜而難以詳述，今將若干相關事項及心路歷程補充說明，以呈現實況。

　　從對盜匪團體的好奇、盜匪活動的關注，乃至真正進入盜匪課題的研究，除導因碩士班一年級(1983)修習戴師「中國社會史研究」課程，閱讀其《紅槍會》一書的直接啟發外，或許，自己始終對民間社會、庶民大眾的關懷甚於對統治階層、文人雅士的喜愛，亦有相當程度的關聯性。猶記大學二年級(1980)修習張哲郎教授的「明史」課程，老師規定修課同學須利用寒假，至少精讀明代四大小說中的兩部，並將之列入教學評量範圍；當時的我，不加思索地便選擇了《水滸傳》和《金瓶梅》兩書，因為，梁山上的英雄好漢與民間社會的生活百態，實較好捉弄人的齊天大聖及政治上的爾虞我詐更吸引我的目光，此一往事，可顯現自己的興趣與偏好。

　　選擇研究民初直魯豫地區盜匪作為學位論文課題，在二十世紀八〇年代初的臺灣學界是需要一點勇氣的；不僅必須承受大部分人乍聽此一如小說名稱而非研究課題時，自然產生出的驚訝表情；更困擾的是，在當時主客觀環境諸多限制(海峽兩岸隔絕、西方及東洋資料不易取得)下，研究資源頗為缺乏，探討這個課題實極度考驗自己的能力與耐性。後經仔細考量並與指導教授戴師商議，我決定大量採用臺灣收藏甚豐，且蘊涵較多盜匪訊息的方志材料為基礎，既部分解決上述困境，又凸顯本身特色，如此乃完成學位論文。

　　取得碩士學位後，轉換人生角色，開始春風化雨的高中教學生涯，初為人師的責任感及新工作的挑戰壓力，雖不致沈重到令人完全放棄感興趣的課題，卻也使我數年不曾提筆撰寫有關盜匪的專業文章；這段期間，最讓我注意的學界研究成果是英國學者貝思飛(Richard Philip Billingsley)將其 1974 年在里茲大學(Leeds University)的博士論文 “Banditry in China, 1911-1928, with particular reference to Henan Province” 大幅修改後，於 1988 年由美國史丹福大學(Stanford University)正式出版成專書 *Bandits in Republican China*。

　　貝思飛的博士論文我不陌生，讀碩士班時，曾千方百計地想取得文稿以為參考，終於在畢業前半年，因在國立臺灣大學史丹福中心擔任美國芝加哥大學(Chicago University)艾愷(Guy S. Alitto)教授的半年助理期間(1985.5-10)，經其協助而如願以償。五年後(1990)，在自己著作付梓前一個月，我又取得並閱讀了貝思飛的正式專著，不知何故，對盜匪課題探究之心再度啟動，於是，又一頭栽進眩目浪漫的綠林世界。

　　九○年代初，在高中授課之餘，我又重回母校國立政治大學歷史學系博士班當學生，兩年修課期間(1993-1995)，除陸續蒐集相關資料，期望能夠掌握被自己忽略數年、學界關於中國近現代盜匪史的研究概況，並將長期以來對孫美瑤、老洋人兩股盜匪活動的若干心得撰寫成文，這些博士班課堂上的學期報告，幾經討論與修改，終於成為正式發表的〈“社會盜匪活動”的再商榷——以臨城劫車案為中心之探討〉(1994)、〈老洋人活動始末〉(1995)及〈大陸學界有關民國盜匪之研究〉(1998)三篇專文。回顧自己從當年決定以民初直魯豫地區盜匪作為碩士學位論文的研究課題，到後來有關盜匪史研究回顧的專文刊登，前後十四年，和貝思飛的專著由博士論文發展到正式著作的時間不相上下，或許，這正代表著盜匪史研究者亦如其研究對象盜匪般，總要經歷比常人更多的波折、艱辛、困難與考驗吧！惟博士班修課期間對盜匪課題的重新關注與投入，終究未能持續發展，隨著博士論文轉往明清時期民間社會、四民大眾生活內涵的探究，那些民國時期動亂環境下，必須自力救濟的「英雄好漢」們(也有一些是「英雌好女」)似乎離我愈來愈遠了。

　　自 2000 年起，我全心專注民間社會生活史的探究，十餘年間陸續完成

三本專書，而盜匪課題則進入教室，成為我講授大學部通識課程、研究所專業課程的部分教學內容，每每在課堂上述及相關單元時，年輕時對盜匪課題的熱情景象重回腦海，但與盜匪課題的連結也僅止於此。未料，十年前因緣際會投入天主教聖言會(Societas Verbi Divini, 簡稱 SVD)在華人社會傳教史的研究，因該修會自創會後的首個傳教區即是在中國山東(1880 年代)，後擴及河南(1920 年代)、河北(1930 年代)等地，令自己研究課題的地理範疇再度回到曾經熟悉的華北地區，昔日諸多歷史場景又浮現眼前。而外籍傳教士觀察和記錄下的中國民間社會生活裡，不斷出現的頻繁天災與人禍(戰爭、匪亂等)，與當年自己透過諸多方志掌握到的內容，實可彼此對照、互相印證，令人對相關課題有更完整而全面地掌握。

對於自己的著作，我往往將之視為學習過程的紀錄甚於研究成果的展現；畢竟，個人的能力與時間有限，值得學習且需要學習的知識又是如此繁多，因而，在學習過程中不免疏漏缺失，為此，尚請同道先進大雅齊正；尤其，拙著完成於二十世紀八〇年代初較為封閉的學術環境中，三十多年後的今日，主客觀條件均已大幅變化，新的史料與研究成果陸續出現，新的討論重點與研究方法亦不斷提出，設若讀者同時閱讀該書與筆者後來發表的數篇專論，是可以體會其間之差別。惟此次重新排版、再次印刷，未免更動幅度過巨，影響原書架構及行文，故主要於緒論、結論中補充若干資料及論點，方便讀者閱讀並掌握訊息。

最後，要表達由衷感激的是伴我一路走來，不斷給予支持、鼓勵、肯定與幫助的家人、師長、同窗及好友們，他們多人在這三十幾年間已先後離世，未再有機會與他們分享心情與心得，實人生最大憾事，但卻讓我更加珍惜當下所擁有的一切。在學術研究的道路上成長數十年，途中雖未必稱得上是荊棘滿被，險阻重重，卻也曾令我困擾而難過，然這一切，在眾人持續的關懷下，都顯得微不足道了！

吳蕙芳

記於海大風雨樓 412 室

20230717

附　錄

直魯豫盜匪活動表

河北省

縣份	時間 年月日	地點	匪名	人數	行為 不明	燒殺	劫掠	綁票	災情	資料來源 (方志頁數)
清苑	01.01.12	縣城					√	√		894
香河	17.夏	劉宋鎮					√			304
霸	15	夾河村						√	架2人	663、733
青	16.01.09	流津莊		百餘			√	√		915
		史家莊					√	√		
		戴家莊					√	√		
		大曲頭村					√	√		
		小曲頭村					√	√		
滄	16.07	王寺	張和尚		√					1293
	14.11	某村			√					1290
	13.08	賈官屯		百餘	√					1295
	17.夏	北頭村			√					1433
南皮	11	某村			√					1082
	09.12	徐官莊			√					1094
	13.09	半壁店						√		1095-1096
	14	唐孫莊					√			1096
		半壁店					√			
	15.03	龍王李莊			√					1097
		某村					√	√		
	15.09	龍堂					√			1098
		焦山寺					√			
	16.02	某村			√					
	16.04	何家寨			√					
	17.秋	大莊子		百餘		√	√			1099
	17.06.18	潞灌鎮						√		1257、1807
	05.07.23	大商家						√		1790
	05.07.24	興隆淀						√		

	日期	地點							備註	編號
	05.08.02	佛王家					√			
		閻村					√			
	05.08.04	劉奇家					√			
	05.08.17	楊甫寨						√		1791
	07.02.25	刁公樓				√				
	07.05.23	丈二橋					√			
	07.06.16	潞灌李					√			
		潞灌潘					√			
	08.07.27	蓮花池警局					√		槍械盡失	
	09.06.04	王公良莊						√		1792
	09.06.11	龍門寺					√			
	09.06.14	龍堂					√	√	架2人	
	09.07	龍王李家					√		傷2人	
	09.08	唐家務					√			
	09.10	陳百萬莊					√			
	09.10.26	官張莊					√			
		印子頭布舖					√			
	09.10.28	唐家莊					√			
	09.10	馬家莊					√			
	09.11.01	王果真莊					√			
	09.11.03	金莊			√					
		刁公樓			√					
	09.11.05	潞灌					√	√	架20餘人	
	09.11.12	郝家馬村					√	√		
	09.11.14	郝家馬村						√	架2人	
	09.11.15	王公良莊						√	架2人	
	09.11.21	王少泉莊				√	√	√	死1人、架	1792-1793
		曲家馬村				√	√	√	數人	
	09.11.25	蕭家橋					√			1793
	09.11.26	官張莊					√			
	09.11.29	馬村					√			
		張莊					√			
	09.12.05	陳百萬莊					√			
	09.12.13	佛王家					√			
	10.02.19	大商家					√			
	10.02.22	潞灌張家					√			
	10.02.26	官張莊					√			

日期	地點						備註	西元
10.02.27	大商家				√			
10.03.02	沙泊張家				√			
	陳百萬家				√			
10.03.09	官張家				√		搶空	
10.03.11	官張家			√				
10.03.21	大莊子				√			
10.01	馬莊子				√			
10.03.23	焦山寺				√			
10.04.10	陳百萬家				√			
10.04.22	夜珠高				√			1793-1794
10.06.18	大商家				√			1794
10.09	龍王李家				√	√	架1人、搶劫甚夥	
10.09.12	金莊				√			
10.09.27	朱莊				√			
10.10.02	朱莊			√	√			
	孫營盤			√	√		死1人	
10.10.15	周莊					√		
10.11.06	陳百萬家				√			
10.12.19	金莊				√			
11.02.19	小楊莊					√		
11.03.05	郝家馬村					√	架2人	
11.03.11	姚九樓王蘭軒家				√	√	死1人、傷1人、架3人、失騾馬財產甚多	
11.03.22	丈二橋					√		
11.03.28	龍門寺				√			
	焦山寺					√		1794-1795
11.03.30	曲家馬村				√			1795
11.04.04	大商家					√	架3人	
	陳百萬莊				√			
	佛王家					√	架3人	
11.04.06	劉碩槃				√			
	曲家馬村				√			
11.04.27	旁堤劉莊	劉子起		√				
11.05.11	穆家莊				√	√	死1人、架1人	

11.05.03	龐家莊						√	架 1 人	
11.05.17	朱莊					√			
11.05.18	朱莊					√			1795-1796
11.06.08	沙家墳					√	√	架 4 人	1796
11.06.11	柴莊					√	√	死 1 人、架 6 人	
11.06.27	鳳翔家						√	架 4 人	
11.10	姚家口					√			
11.11.01	刁莊						√	架 1 人	
11.12	龐家莊					√			1796-1797
12.01.23	劉碩槃莊						√	架 3 人	1797
12.02.11	梁莊						√	架 3 人	
12.09.27	小咎莊						√	架 3 人	
12.11	任莊						√	架 1 人	
13.06	郭立山莊					√	√	架 6 人	
13.06.29	後鄭莊						√	架 1 人	
13.07.13	小吳家					√			1797-1798
13.07.22	龍門寺						√	架 2 人	1798
13.07.27	蘆莊子橋						√	架 8 人	
13.08.17	王公良莊						√	架 13 人	
13.08	馬莊子						√	架 1 人	
13.09.03	朝陽村				√			死多人	
	半壁店				√			死 1 人	
13.09.27	小咎莊						√	架 5 人	
	東林子				√			傷 1 人、死 1 人	
	張拔貢家					√			
13.09.28	白家屯			√					1798-1799
13.10.14	前印子頭					√	√	架 10 餘人	1799
13.10.28	刁公樓						√	架數人	
13.11.17	田寨				√			死 1 人	
	劉碩槃				√			死 1 人	
13.11.26	四尖莊					√			
13.11.28	刁公樓					√			
13.12.04.	小吳家					√	√	架 10 餘人	
14.02	蕭家樓						√	架 3 人	1800
14.05	清水窪					√			

	日期	地名					備註	年代
	14.06.10	邢家莊			√			
	14.06.11	丈二橋				√	架1人	1800-1801
		梁莊			√		死1人	1801
	14.07	崔贊莊			√			
	14.06.17	大白莊				√	架1人	
		白集				√	架1人	
	14.09.02	劉福青莊				√	架10人	
		王廠家				√	架2人	
	14.12.03	小吳家			√			
	14.12.09	張彦恒村				√	架1人	1802
	15.03	龍王李寨			√	√	死2人、架54人	1803
	15.11	李七莊				√	架1人	1804
	15.06	李營盤				√	架2人	
	15.07.10	郭圍家			√			
	15.08.04	崔贊家			√		死1人	
	15.09.19	龍堂		√				
		董村			√	√	死1人、搶一空	
	15.10	張營盤				√	架1人	1805
	15.11.06	辛店			√			
	16.06	小周莊		√	√			
	16.07.08	砥橋		√				
	16.07.10	後土橋				√	架12人	
	16.07.24	馬陳莊			√	√	架20人、死3人	
		砥橋鎮		√				
	16.09.27	柴莊			√			1805-1806
	16.08	劉文莊				√	架2人	1806
	17.04.18	邱莊			√			
	17.07.05	大莊子		√	√	√	死3人、架18人、焚屋90餘間、失牲畜財物無算	1807-1808
	17.07.22	砥橋		√				1808
	17.12	李七莊				√	架1人	
盧龍	16.08.12	姚林口	大青、朱玉璞、海			√	架1人、死8人	546

		楡林甸	金龍					√	架多人	547
		西吳莊					√			
完	13.05	西韓童村					√			264
	15.09	李思莊						√	架1人	
	16.01	屯頭村						√	架1人	
	12.03	齊各莊	門連駒、老張					√		653
		莊里	竇經緯、胡友爾	5、6			√	√		
大名	10.冬	西辛莊		千餘	√					691-692
		小莊			√					
	09.12.31	夾河村						√	架1人	1141-1142
	08.07.11	唐村					√			1150
東明(新)	09.09.12	某村		200餘		√				804
	10.07	里長營		數百	√					
	06.秋	祥寨						√		1436
	06.12.23	五霸岡寨			√					
	07.01-04	陽進集					√	√		
		任寨					√	√		
		劉士寬寨					√	√		
		于潭寨					√	√		
		宋莊					√	√		
		馬主簿					√	√		
		唐莊					√	√		
		段莊					√	√		
		葛岡					√	√		
		李千戶寨					√	√		
		里長營					√	√		
		袁長營					√	√		
		東明集					√	√		
		小井					√	√		
		杜勝集					√	√		
		南張寨					√	√		
	07.02.14	南張寨				√			傷數人	
	07.03.24	宋莊寨				√			傷1人	1436-1437
	07.03.26	西孫樓寨				√			傷1人、焚屋1座	1437
	07.04.15	五霸岡寨			√					

日期	地點	人名	人數						備註	參考
07.05.08	東明集	老王爺、顧德鄰、劉長久、野狸子、范明心、高喜順、劉佩玉、吳田、黑五、六王爺、七王爺、高少爺		√						1437、1502
	城子盧寨			√						
	賀莊			√						
	田行			√						
	吳莊			√						
	裕州集			√						
	井店			√						
07.05.19	杜勝集					√			架百餘人	1437
	劉士寬寨	高順喜	400	√						1438
	五霸岡寨					√				
08	高堽							√	架80餘人	1439
09.06	馬廠			√						
09.07	五勝橋					√	√			
	于屯					√	√			
	郭斌寨					√	√			
	小胡莊					√	√			
09.11	郭斌寨			√						
10.春夏之交	黃莊					√	√			
	沙堌堆					√	√			
	五勝橋					√	√			
	張樓					√	√			
	裕州屯					√	√			
	王官屯					√	√			
	油寨					√	√			
	沙河					√	√			
10.07.03	黃莊		千餘			√				1439-1440
	包旗營寨	劉長久	千餘		√	√	√		傷10人、架10餘人	1440、1502
10.07.04	里長營寨			√						1439-1440、1502
	繆家高樓					√		√	死20人、傷10餘、架50、60人、損失10餘萬	
10.08	東孫樓寨			√						1440
10.08.13	高村			√						
10.08.26	于潭寨				√		√		傷數人、架	

	時間	地點	匪首	人數					備註	頁碼
									70、80人	
	10.09.10	劉樓村			√					1440-1441
		解莊				√			殺46人、燒屋40餘間	
	11.春	韓莊			√					1441
		西孫樓			√					
		北耿莊			√					
		趙官營			√					
		喬李莊			√					
		文寨			√					
	11.06.13	黃莊			√					1441-1442
	11.07.19	葛岡寨		200餘				√	架數十人	1442
		裕州屯		百餘	√					
	14.04	沙堌堆		數百			√			
		油樓		數百			√			
	15.06	王菜園村	王留成	百餘		√			死5人、傷2人、燒屋50餘間	
	15.07	李六屯村			√					
		北會樓營			√					
		五營			√					
	15	黃莊					√	√		1442-1443
		劉莊					√	√		
	16.夏	蔡口莊寨	陳同樂	數百		√	√	√		1443
	16	五王莊寨		400、500	√					
	16.秋	黃莊		千餘	√					
	16.09	謝集村		數千	√				傷3人	1443-1444
新河	16.11.11	許家莊					√			90
	17.11.10	孫莊					√			93
	13.冬	白容村					√	√		117
		蘇田南村					√	√		
		杜興村					√	√		
	15.10.19	縣城		百餘			√			394
	09.冬	堯頭村		數十				√	架10數人	396
	10.春	馬庄	蔡二夜貓	數十			√	√		396、663-664
		申家莊					√	√		

		千家莊					√	√		
		九柳樹村					√	√		
邯鄲	15.冬	文莊					√			575-576
廣宗	09	前舊店				√	√	√		60
		後舊店				√	√	√		
	11.05	小房村			√					
	12.06	伏城	胡洛起	千餘			√	√	架數十、牲畜財產無算	
		鹽場					√	√		
		牛里莊					√	√		
		洗馬村					√	√		
	15.09	西賀固村	陳剛	千餘	√					61
成安	15.07.12	鐘樓寺		百餘	√					235、657-659
	05	某村						√	架1人	897
	06	某村						√	架1人	
	09	某村						√	架1人	898
	10	某村						√	架1人	899
	15	某村						√	架1人	900
	16	某村						√	架1人	
	17.07.06	楊村				√				901
		宋村				√				
	11	某村					√			899
	14	某村					√			
南宮	10.秋	鄭家堤			√					543、748
	12.07	贊古村	陳三	500、600				√		東明(新)502-503
藁城	16.07	縣城						√		卷4，2
景	17	雋家窪	袁得才					√	架1人	1193
	15	王謙寺張某宅						√	搶劫一空	1329
	08	王德溥宅						√		1338
	15.08.08	王德廟		百餘		√		√	架4人、死8人、傷7人、燒屋10餘家	2039
		肖德廟				√		√		
		單德廟				√		√		
	15.09.03	棗林村		30餘				√	架3人	
	15.秋	德廟村			√					2039、2040
		小營村			√					

縣	日期	地點	首領	人數					結果	頁碼
威	02	郭固村		百餘	√					693、1538-1539
	10.12.01	郭春魁宅		數十		√			死1人	780
	09.11	劉慶身宅		數十			√		死1人	781-782
	01	南村里警察分所			√				死8人	1538
	09.09.28	方家營	李大傻子、崔福彥	百餘				√		1539
	09.08.07	鄭河村					√	√	死1人、架70餘人	1539
		劉村					√	√		
		王目村						√	架8人	
		南胡帳村			√					
	09.11.06	金塔寨村		百餘		√		√	燒屋80餘間、死8人、架40餘人	1539-1540
	11.05	鄭河村	李大傻子		√					1540
	10.04.09	胡家莊		80餘		√		√	搶掠一空、死數人、架23人	
	12.08.25	魏家莊		400、500				√	死1人、架4人	1541、1553-1557
		鄭家莊						√	架4人	
	11.09.16	董呂店	李春堂、王治法、顧德林、邱洛胖、姚四禿子、許四	500、600				√	害70餘家、焚屋3間、死1人	1543-1544、1547-1548
		掌史村			√					
		張舫村			√				死1人、害20餘家	1545
	11.09.19	臧家莊				√			害7、8家、死1人、燒房數間	1544、1546
	11.09.21	馮家莊	顧德林、許四、王文清	170、180		√			害30餘家	1545、1546
遷安	13.07	羅家屯						√	架10餘人	174、175
晉縣	08	大尚村	張狗振	百數十			√			313
	16.09	縣城	謝小森、劉邦彥、花芳其、陳海峯				√			
無極	16.秋	縣城	陳海峯	百餘			√	√		728

清河	09	安褚莊			√				77
		小屯集			√				
		王官莊			√				
	15-16	李六莊				√	√		
		張二莊				√	√		
	09.春	王官莊寨					√	架1人	782-783、329
	10.秋	尹才莊	崔福彥、李大傻子	400、500	√				783
	12.07	食莊店	陳三	500、600					東明(新)502-503
	12.08.25	畢家莊		400、500			√	架1人	威1541、1553-1557
		太陽廟					√	架1人	
		小莊			√				
		張莊			√				
		王同莊			√				
		徐窰村			√				
		郭莊			√				
柏鄉	01.01.17	縣城				√			47、641
	01.01.18	古鄗城				√			
		白營村				√			
	14.冬	白陽村				√			47-48
	15.冬	古鄗城				√			48
	13.冬	營兒村		30餘	√				
	10.冬	十里舖王姓	獨角龍			√	√	架1人、贖款1,000餘元	47
		中疃村李姓				√	√	勒款千餘元	
	17.冬	邢村張姓	楊木廉			√			48
		西馬村吳姓				√			
		白營村祁姓				√			
井陘	11-12	金柱			√				963
棗強	08	油故村		百餘		√			256、268、379
	06.03	油故村			√				
	09	臣贊村			√				256
	17	黃甫村				√			380
	10	卷鎮			√				
		郭村廟			√				

縣份	時間年月日	地點	匪名	人數	不明	燒殺	劫掠	綁票	災情	資料來源(方志頁數)
東光	15.冬	磚門鎮			√					景 1078
隆平	16.冬	縣署		20餘			√			柏鄉 48

山東省

縣份	時間 年月日	地點	匪名	人數	不明	燒殺	劫掠	綁票	災情	資料來源 (方志頁數)
齊河	07	晏城			√					71
		桑梓店			√					
陽信	15.02.07	邊家莊			√					195
	16.01.28	閻莊				√			死 600 人、百餘戶盡付一炬	195-196、258
	04	平莊村		50、60			√			257
	15.06.18	某民宅		8				√	架 3 人	258
	11.03-04	某民宅						√	架 1 人	325
無隸	10.07-08	南家橋					√		死 4 人	643
	11.春	岳禮莊				√			死 4 人、傷 5 人	
博山	15.02.27	太河鎮	蓋三省			√	√			129
		馮家社	小白龍		√					
	15	下瓦村			√					
		太河鎮	孫立子				√			
		牟莊					√			
		馬陵莊					√			
		同古坪					√			
	15.冬	牟莊	小司令、五洲				√	√	架 30 餘人	130
		馬陵莊					√	√		
		口頭莊					√	√		
		前懷莊					√	√		
		孫家莊					√	√		
	16.04.30	上瓦泉莊			√					
	16.06-07	柿岩莊	劉黑七黨羽					√	架 2 人	
	16.09.29	東峪	劉黑七	3,000餘	√					131
		峨莊			√					
	16.10.01	前懷莊			√					

	17.08.31	郭莊					√			
	15	肖泰山寨			√					164
青城	17	徐家寨			√					399
		柳樹高村	張鳴九					√	架13人	
		六姑臺	王寶慶					√	架3人、贖款共25,000餘元	
		南徐家						√		
	17.06.20	縣城	岳濱州、王寶慶	百餘				√	架20餘人、贖款80,000餘元	400-401
	17.11	縣城	侯某	百餘			√			401-402
	17.12.02	張家莊				√	√		死15人	402、535
		瞿家莊				√	√			
曲阜	16.02.20	某村			√					452
	07	鼉村土寨	王懷玉				√			636
		陳得眾宅					√			
臨沂	06.12	車輞村	郭安				√			899
	07.03	南曲坊村	張梁、于三黑					√	架40餘人	
	07.08	橫山鎮	胡宗銀					√	架30餘人	900
	07.11	棗棵村	張繼先			√			死82人	
	08	車莊					√	√	架23人	
		傅家莊					√	√		
	09	太湖村				√			死百餘人	
	11	姚家官莊	孫安仁			√			死7人、焚屋500間	901
	12.06	疊衣莊	趙媽媽			√			傷70餘人、屋盡焚	
	12.07	湯頭鎮				√				
	14.10	興隆鎮	孫安仁、董福樓		√					902
	14.11	南沙窩村	解王志			√			死23人、焚屋百餘間	
		許家莊	宋東泰			√		√	死5人、架30餘人	
		瞿家官村				√			死8人	903
	14.12	廟前村				√				
		穆家疃	孫復堂、田思青	數千		√			死1,100餘人	903、1104-1105
	15.01	樓子村				√			死52人、	903

	日期	地點	首領	人數					損失	出處
									全村盡焚	
		沙墩	孫安仁		√					
	15.02	大山寨	宋朝勝、劉天增、張黑臉、劉黑七			√		√	死63人、架300餘人	904
	16.01	鐵山坡				√				905
		庫屯村	毛學田			√		√	死15人、架40餘人	
	16.03	南曲坊村	劉天增、宋東泰、宋朝勝	千餘		√		√	死10餘人、架200餘人	905、1106
	16.04	閔家寨				√			死20餘人	905
		魯坊村	徐寶獻、王連慶、吳鳳志、趙承學	千餘、百餘	√					906、1105
		守義莊	徐寶獻			√		√	死40餘人、架20餘人	906
		土城子	劉天增					√	架400餘人	
	16.05	廟疃村				√			死83人	
		峯山村	趙家扮、徐寶獻、謝主德			√			死200餘人	
		小丁莊				√			死46人	
	16.06	富義莊	許振聲			√	√	√	死5人、架140餘人	907
	16.05	山西頭村			√				死49人	907、1237-1240
	16.06.27	曰茅村	劉竹溪、高近彪、武占山			√	√	√	死5人、架10餘人	907
	16.06.28	後東門	陸寶山					√	架11人	
	16.07	蘭陵鎮			√					908、1105
		城子村				√		√	死20餘人、架200餘人	908
		王家莊村	劉天增		√				死182人	
	16.08	尖山寨	劉麻子			√		√	死21人、架300餘人	
		莊家村	劉天增、張黑臉			√			死80餘人、房屋盡焚	
		許家莊	張黑臉			√				908、1106
		曲坊村	王元濟	千餘		√				

	范莊					√			
	西潘村	相克受、丁大祥				√		死400餘人、焚屋700餘間	908
	南大橋				√			死傷20餘人	
16.09	蘭陵鎮	李斗金、李斗銀				√	√		
16.10	劉家湖村					√		死200餘人	909
17	騰馬莊				√			死1人	
17.02	齊莊	史思聰兄弟					√	死40餘人	
17.03	旦彰街					√	√	死14人、架47人	909、1302
17.08	掛劍街	丁大祥				√		死500餘人	911
17.09	王幅鼻子寨					√		死200餘人	912
17.10	杭頭村					√	√	死5人、架30餘人	
	鵝莊					√	√	死7人、架20餘人	
17.12	鄭旺莊	丁大祥				√	√		
11.夏	沙埠村				√				1104
12.01	楊莊	徐大鼻子			√				
12.06	蘭山村				√				
13	蘆塘	徐耳朵、倪大牙					√		
14.12	河疃村	宋東泰			√				1105
15	蘆塘	黃臉、硬甲子	數千		√				
15.02	石城崮	李斗金			√				
15.03	橫山鎮	鄭嘉平			√				
16.03	賈家村	劉天增	百餘		√				
18.08	南屠蘇				√				1105-1106
16	庫屯村	王大合子			√				1106
16.08	盛家莊		300餘				√	死12人	
	峯山村	徐寶獻、謝立德、趙家紛			√				
	小丁莊				√				
	石杭嶺村				√				
16.10	前田家莊		70餘			√	√		1107
17.01	義堂		2,000		√				

				餘						
		尤家村		2,000餘	√					
	17.02.11	武德村	姜文勝	500餘	√					1107、1234
	17.02	相公莊	丁大祥、謝康侯		√					1107
		旦彰街		2,000餘	√					
	17.秋	小尤家村		2,000餘	√					
	16.09	甘林	張黑臉、徐寶獻		√					
	16.06.23	富義莊			√					1238
	16.07.20	王家莊	王永勝、姜文勝、林貨郎	千餘	√				死147人	
	17.01	安樂莊			√					1302
	17	大冶村			√					
		南旺莊				√			死2人	1303
荏平	07.04.17	縣城			√					777-778、1031、1534-1535
	07.02-03	劉連亭莊				√			毀廬舍器具牲畜不計其數	1533-1534
	07.01-02	東齊莊				√	√	√		1533
清平	07	李寨	顧德林		√					925
	11.12.01	安莊	李懷義	百餘	√					942
冠	07.春	十里舖侯氏宅		6	√				死1人	1122
	07	縣城	周七、王培武、劉懷德、二豬嘴	各數十			√			1581-1582
	11.06.05	要莊	顧德林	千餘		√			死18人	1582
		萊莊				√				
鉅野	07.08-09	肥城	范秉心、白天祖、龐子周		√					87、203-204
	07.07-08	百石屯		千餘	√					204-205
	07.08.11	安興	王良義、張景榮、解永昌、程進德	千餘	√					205

臨清	05	指揮屯					√			1124
夏津	07.04.24	胡官屯	劉二、畢三彪、谷德林、于文煥、趙全德、郭大拚、傅苗子	2,000餘		√	√		死179人	90、241、847、1015、1079-1082
	07.07.17	漢王廟	霍大拚	千餘、50餘		√	√	√		91、241
		張官屯				√	√	√	擄掠極慘	91
		姚莊				√	√	√		
		朱官屯				√	√	√		
		王溝				√	√	√		
		劉盧莊				√	√	√		
		張堤				√	√	√		
		宋樓				√				
		靳莊				√				
	07.07.27	曲堂團局					√	√	架16人	91、242
	07.07.28	西張官屯					√	√	架數人	242
	07.10.12	韓橋		千餘、數百		√	√		焚房321間、死33人、架14人、器皿無算、失槍40餘枝	91、242-243、873、1171-1172
	07.10.26	谷莊				√	√		死7人、架30餘人、焚房數十間	91
	11.10.29	淡官屯	谷德林、徐四、楊五子	千餘		√	√	√	架百餘人、死3人、傷10餘人、財物無算	92-93、244、1016
	04.07-08	韓橋		百餘	√					873
德平	11	朱家坊			√					28
	10	劉家集			√					108
	12	王家寨			√					180
	13.12.20	田家大莊田鍾俊宅						√	架1人	191
	14.12.20	王家莊					√		死120餘人	205-206
東平	16	廣惠寺		數十	√					584
	10	戴廟鎮	郭愛卿、商鳳倫、王昌彩、顧德林			√				592、683-684

			、石老五、蕭成龍、于學先、王克寅、范繼束、范繼法、侯家詩、賈長太						
	07.02.12	某民宅		數十	√				747
	08.秋	接山寨				√			991
	07.03.28	縣城	張占元	700、800			√	√	架80餘人、死10餘人、損失不下10餘萬元	592、683、755、798、985-991
	15.春	前碼頭莊	姜懷璞、張老六、倪景春、王金深、陶狄、王成、王明珠、劉藍玉、王二	百餘	√				593
		後碼頭莊			√				
	01	梁山寨	馮天成、李四考、宋狗眼、高開成		√				985
	11.秋	紅廟	顧德林		√				991
		大劉家莊			√				
		張家莊			√				
		戴廟鎮			√			損失甚巨	992
	16.春	前碼頭莊			√				994
朝城	07.02.29	雷莊圩				√		√	222
		趙莊				√		√	
	07.08.31	縣城			√				222-223
	07.02.26	侯莊舖	石殿華	500		√		√	架200餘人、死19人	222、241-242
		餘糧海				√		√	
	01.03	馬集	李四考	百餘				√	240-241
		李台欒屯						√	
		張寨						√	
	07.03.18	馬集	石殿華		√				傷甚多	242
	07.03.19	欒屯				√		√	擄人畜無算	
	07.03.26	馬集			√				
		張寨				√		√	
	07.08.19	濮州城			√				243

縣	日期	地點	姓名	人數					備註	頁碼
	07.08.30	欒屯集		3,000餘	√					
		紙房			√					
陵	15.09.06	李建輝莊						√	架10餘人	432
	15.09.18	鄭家寨	大辮子、二狗子、花蝴蝶	百餘			√	√	架200餘人	432-433、
		前張莊					√	√	、物6大車	405
	15.09	邱莊	二狗子	50、60	√			√	死1人、架10餘人	464
	15.11	張莊						√	架1人	465
		杜莊					√	√		
	16.春	義渡口	張二狗子、鳳字、紅字、大辮子		√					466
	15.12.08	董家莊	紅字匪				√	√	死2人、架20餘人	
范	17.05	縣城			√					710
	07	舊城	石殿華		√					
	15	縣城	劉三滑	千餘		√				710-711
	16.07	縣城	薛傳峯				√			711
	17	縣城	汪歪脖子、韓效朱、韓效成、吳大旗	70、80		√	√			
福山	06.08	城西村						√	架2人	1779
萊陽	17.05.24	縣城	徐子山			√				125、1269
	17.06.16	畢郭	韓俠若			√				1630
		田家村				√				
	17.07.14	葛嶺	李道河		√					1630-1631
	17.08	道口	劉日南			√				1631
		望市				√				
		姜家泊				√				
	17.08.19	荊山			√					1632
		野頭				√				
		後寨				√				
	17.08.16	姜家村	李道河			√				1631
		芥水村				√				
		南村				√				
	17.08.18	五龍村	劉日南			√				1632

		蒿埠				√				
		頭寨				√				
		張家灌村				√				
掖	13.07.04	消水莊		數十			√			588
平度	15	縣城			√					44、480
	17.07.24	縣城	丁守己、王章武、王炳文、秦學禮、胡海瑞、仲積昌,仲積漢		√	√	√			254、483-486、392-393、46
	05.07.21	蘭底		300			√			479-480
	17.05-07	大萬家屯	王子成、郭廷禮	百餘			√			486
		程家			√					
		傅家			√					
		任家			√					
	17	蕡家	張居梁、丁丙陳	百餘			√			491
	12	某民宅						√	架1人	786
	17.冬	某民宅						√		800
陽穀	07.08.29	縣城			√					朝城243
德	15.12.08	土橋街	大辮子					√	架20餘人	陵466
高密	17	縣城	陳子成				√			107、902-903
		殷家樓		數十		√	√			792
		南曲	王大鬍子				√			793-794、795
廣饒	09.春	東王屋	李二	80餘				√		1112
	11	小張鎮	崔九	50餘	√				焚房多間	1113
	12.春	哨頭莊	李二	60餘	√			√	架10餘人、死傷數人、焚屋80餘間	
	12.夏	成家寨			√				損失甚巨	1114
		南莊子						√	損失30,000餘元	
	14	吳家營						√	損失7,000餘元	
	15.春	吳楊鄉		30餘	√				損失3,000餘元	1115

縣	時間	地點	姓名	人數					損失	頁碼
壽光	17	縣城			√					313
	07	羊角溝			√					577、650-651
	04.08.12	河套莊王治行宅		數十	√				死9人	1617
昌樂	17.09	縣城				√			損失300餘萬元	64、348
	17.05.20	縣城			√					64
	05.04	秦淳子				√	√			1135
臨朐	01.03.20	北關				√				38、658
	07.03-04	五井集			√	√	√		架數百人	41
		治源			√	√	√			
		三岔店			√	√	√			
		璞邱			√	√	√			
	11	營子集				√				42
	09.秋	平安社					√			
	16.01.25	青石崖寨	孫小司令		√					45-46、1012
	16	米山	劉黑七	千餘	√					47、936-937
	17.01-02	王家莊			√	√			死400數十餘人	47、937
	17	五井集			√	√				49
		花園河			√	√				
		紙坊			√	√				
		柳山寨			√	√				
		梓羅林			√	√				
	07.10.13	治源	于三黑		√	√			死多人	76、662-663、967-968、
	16.09-10	上五井集	劉黑七	千餘	√					936-937
	17.春	穆陵關			√					1014-1015
膠	11.08.23	西門莊	王三月、童金柱	數十		√		√	架20餘人	1364
	11.08	鬧埠子莊			√					1365
		黑土嶺莊			√					
	16.11-12	談家村	鄭桂華、劉孝先	百餘		√	√			1377
		里岔				√	√			
	17.02.02	靈山衛	孫協、梁毅	各數十		√				1379

縣	日期	地點	匪首	人數				備註	頁
		龍泉	、劉合清、馮超、唐起文				√		
		孫家莊					√		
		趙家莊					√		
		徐哥莊					√		
	11.04.05	漢彝宅		百餘	√			死2人	2022-2023
	12.07-08	高家河				√	√		
	11.07-08	薛蘭堂宅					√	死1人	2337
	12.05-06	西門莊					√	架數人	2342
商河	15.01.31	圍寨		170、180		√	√	死134人、架56人	68
	民初	劉家廟李煥章宅		數十		√			176-177
	14.11	商莊		200餘	√			傷5人、死3人	191-192
	16.冬	馬家廟		1,000、數百	√				600
莘	01	某寨					√	架多人	443
	02.03-04	孫家莊			√				
	07.01-02	某村	邢振江			√			467
	09	徐集三教寺			√				
	12.03.20	西毛坊村		60、70	√				467、665、666
館陶	01.03	孩寨村	白玉山			√			939
	01.秋	藩莊	孔九		√				1207
	04.夏	匣莊	王六鋼火		√				1207-1208
	07.秋	安雷寨		200餘		√			1208-1209
		林潘寨	林四黑	300餘	√	√	√	搶掠一空	1209-1210
	16.07.29	陳沿村	任振堂	百餘	√				1212
齊東	17.06.08	縣城	張鳴九			√	√		372、556
	17.05.22	西馬頭				√	√	架130餘人、贖金40,000餘元	555-557
	08.04.06	馬家莊					√	架1人	637
	17	崔八莊					√	架百餘人	664
東阿	01.01.19	西汪石廟	李四考	400餘		√	√		241
		姜家溝				√	√		
	03.07.20	魏家山			√			死13人‧	242
	07.08.06	雙河村	史清揚	70、80			√	架10餘人	242-243
	07.09	傅家莊	傅眇子	400、		√			243

縣	日期	村	領導	人數				備註	出處
				500					
		遲家橋	傅眇子、徐五和尚、李小音	千餘	√			死35人、焚屋800餘間	
	08.07.10	晉王城	齊二	400、500			√		244、332、337
		顧家莊					√		
	10.09.28	班鳩店	陳競秀、陳二酉	200餘、400餘	√				244
泰安	07.09.08	王家堂		萬餘		√			1079
臨淄	07.秋	房家	許秀甲	百餘	√	√	√	架15人	1091
單	01.02	大李莊	李扒子、鄔金山	2,000餘	√				卷4，8上
		陳蠻莊			√				
	01.02.09	田家海			√	√			
	05.04.19	芳桂集	徐二茅草、戴得功				√	架高等小學全體學生	卷4，8下
	06.06.11	王集寨					√	架10餘人	
	06.07	侯樓寨					√	架8、9人	
	07.06	黃堈集			√				
	08.10	魏寨					√	架10餘人	卷4，9上
	10	白寨					√	架20餘人	
	14	馬莊			√				卷3，26上
	01.06	馬良村			√				卷12，25下
	11.12.03	程新莊			√				卷12，26、卷21，41
平原	07	楊柳寺	顧德麟	200餘		√	√		卷9，12下
	07.10.09	辛莊	趙金堂、楊某	百餘	√				
	07.10.10	辛莊	楊某、趙金堂、張振標、趙金德、崔四成、崔五成		√				
菏澤	07.11.07	侯莊		40餘			√	架30、40人	東明(新)1438
曹	16.夏	娘子營	陳同樂		√	√	√		東明(新)1443
		孟大夫集			√	√	√		
		祥符寨			√	√	√		

縣份	時間	地點	匪名	人數	不明	燒殺	劫掠	綁票	災情	資料來源
		李寨				√	√	√		
		五王莊				√	√	√		
武城	12.07	王桐樹	陳三	500、600				√		新河502-503
邱	02	安褚莊	李大傻子、姚四禿子、崔福彥					√	架數十	清河396
		王官莊						√		
		尹才莊						√		
		鄭家集						√		
		茷二莊						√		

河南省

縣份	時間 年月日	地點	匪名	人數	不明	燒殺	劫掠	綁票	災情	資料來源(方志頁數)
滑	10.07.01	莊邱寺	何九妮					√	架22人	815、1650
	07.02-03	馬廠	劉丕玉			√	√	√		1200
		輝莊				√	√			
		邊營				√	√			
		蘇寨				√	√	√		
		孤屋				√	√			
		韓亮				√	√			
		閻莊				√	√			
		安上村				√	√	√		
		碾子頭				√	√			
		小留固				√	√	√		
	10.09	高陽鄉	張淮、李春和、李書田	千餘			√			1201
	10	傅村何永順家	二斗半	200餘		√	√		焚掠一空、死21人	1410
	01	丁欒集	劉春明	200			√			1411、1649
		余家寨						√		
	05	北留固	二斗半、郭黑甕、大君保					√	架5人	1649
		碾子頭	劉培玉			√	√			
		閻莊				√	√			
	07.07-08	趙拐寨		700餘		√			死16人、	

							傷30餘人	
	牡丹街寨				√		√	架140人、死30餘人、燒房不計其數	
08.06-07	回墓						√	架30餘人	
	八馬廠						√		
09.09.25	黃莊寨					√			1649-1650
10.06.09	左莊		600、700		√		√	死2人、架4人	1650
10.09	南苑村	二斗半			√			死7人	
	傅村				√			死20餘人、焚房百餘間	
10.09.24	傅草坡	張二黑、張淮、李景和	千餘			√	√		
	丁承					√			
	相孤屋					√			
	輝莊					√			
10.06.12	徐固營	劉培玉			√	√	√	死8人、架23人	
	馬廠				√	√	√		
	宋莊				√	√	√		
10.06.21	安化城	李書田、戴敬先			√			死27人	
10.07.21	沙河莊	劉守義			√		√	死21人、架11人、焚房舍百間	
	郭桑村	李書田、王海			√			死5人、傷7人	
	東齊村				√			死4人、傷2人	1651
10.06.26	金德寨	游青海	百餘			√	√	架12人	
10.08.29	了堤頭寨	杜釗、王海			√	√	√	死30餘人、架80餘人、牲畜財產無算	
10.11.10	金德寨	李二清			√		√	死1人、架1人、燒房300餘間	
13	小槐林寨	李景和、韓克明			√	√	√	死35人、架32人、焚房400餘間、財物運	1652

	日期	地點	首領	人數					損失	編號
									去12大車	
	11.12	小渠寨						√	架20餘人	
	13.11-12	小吳村	王恒富、靳昆嶺、李景和				√			
		高寨					√			
	14.04-05	老安東門		200餘				√	架32人	
	16.12.09	北召寨				√	√	√	架80餘人、死120餘人、燒房十分之七、財物運走200餘車	1654
	17.10.19	小留固	李連元	千餘		√	√	√	架百餘人、財物牲畜無算	1654-1655
		長均寨				√	√	√		
		楊莊				√	√	√		
		李莊				√	√	√		
		梁莊				√	√	√		
		王新莊				√	√	√		
	17.11.26	東中冉門				√	√	√	架百餘人、傷1人、財產牲畜殆盡	1655
	14.05.02	李家莊				√	√			1652-1653
		西呼村			√					
		四間房			√					
		高家寨				√			死33人、燒房80餘間	
	17.11.16	南苑村	郭二倉	數百			√	√	架10餘人、搶掠一空	1655
	17.11	邊營			√					
	14	李官寨					√	√	死34人、架百人、財物盡失	1653
		萬集	劉鳳舞					√	架20餘人	
		沙窩營						√		
	17.11.16	趙寨	郭二倉	數百		√	√		死10餘人、財物無數	1655
		八里營						√	架50餘人	
		楊莊						√		
	15.01-02	王三寨				√		√	死7人、架28人	1653
		北趙莊寨				√		√	傷7人、架	

縣	日期	地點	姓名	人數					損失	資料
									數十人	
		小王固				√		√	死2人、架7人	
	15.05-06	西郭村				√	√	√	死5人、傷6人、架6人	
	15.06.20	小丁將村				√			死17人、焚屋70間	1654
	17.01-02	小吳莊	孫朝仲		√					
		小留固			√					
	14.06.23	張莊			√					1652
		小吳莊			√					
		梁莊			√					
		李官寨			√					
		中召村			√					
		楊村			√					
	15.01-02	李官寨		數百		√		√	架39人、絕門10家、架30餘人	1653、1411-1412
		白莊				√		√		
	15.06-07	大丁將村				√	√	√	架12人、死6人、燒房80間	1653-1654、1498
	16.11-12	李家岩				√	√	√	死3人、架50人、牲畜車輛無算	1654
許昌	01.冬	縣城李村髦宅				√			死1人	1245
	10.01.06	縣城				√	√		燒數十家	1736
西華	01.11	張官橋	宋一眼、劉光山	數十			√			54
	02.05.28	七里倉寨					√			55
	03.05	紅花集	宋一眼					√		
		黃崗						√		
		束高樓寨				√	√			
	03.07	田樓寨	宋一眼		√					
	02	潘岡鄉					√			96
	10.05.18	凌老寨	老洋人	萬餘		√			死300餘人	57-58
	12.03	前邵寨	李天知		√					58
	12.08.13	縣城	范明新					√	架300餘人	59

縣	日期	地點	匪首	人數					備註	頁碼
	12.09.12	東樓	老洋人				√			
		嵒堆					√			
		寧莊					√			
	14.09	下堤于	杜老五		√					60
		下堤劉			√					
		張明村			√					
	15.02	東夏亭寨	劉老三、張老四		√					
	15.03	南柳城	史萬成			√				
		南關城			√					
		大王寨			√					
		大彭寨			√					
		東夏亭寨			√					
	15.07.13	紅花集	牛繩五	數萬				√	擄人甚多	61、261
	15.08	青年村		2,000餘		√			青年公學設備付之一炬	61、62、815
	15.09-16.03	逍遙集	牛繩五			√	√			62
		老窩集				√	√			
		河狀村				√	√			
		南流渡口				√	√			
		南沱村				√	√			
	16.09	李六崗	王泰、孫士貴		√					
	16.02	道陵岡	王泰	萬餘		√				62、715
	13.11	逍遙集	路老九				√	√	擄掠無算	60
		老窩集					√	√		
林	11.07.27	縣城	舒德合	300餘	√					273-275、1249-1250
通許	15.08.26	王寨	牛繩五	千餘、數千		√	√	√	死不計其數、擄掠一空	195、395-396
		底閣				√	√	√	搶掠一空	
		吳沼村				√	√	√		195、395-396、218、223
		王城				√	√	√		195、395-396
		耳崗				√	√	√		
		大雙溝				√	√	√		
		小雙溝				√	√	√		
		朱氏崗				√	√	√		

縣	日期	地點	人物	人數					備註	頁碼
		九女塚				√	√	√		
	11.04.05	王村			√					218
	15.08	竹峯村	張法		√					
	02	吳沼村魏立憲宅	高二成	數十		√		√	死1人、架1人	222-223
	10.06.15	張營寨				√			六、七家被害	451
	10.06.20	張營寨			√					
商水	01.12.13	巴村				√	√			192、670、1246
		鄧城				√	√			
淮陽	14	縣城	路老九					√		574、638
	11.12.15	某民宅				√			死1人	836
	15	周鎮						√		606
		太平集	史萬成		√					639、953-954
	14	人和寨			√					639
	13.12-14.01	左楊寨			√					640
	15.09-10	五里屯寨			√					833
	16	楊寨				√				837
	12.10-11	戴家寨	老洋人			√	√	√	燒房百餘間、架人數百	952
	12.09.19	大于集	范明新	千餘			√	√	架百餘人	952-953
	12.09.22	李方口			√					
		後劉寨			√					
	12.09.24	柳林					√			
		大于集			√					
		范廟					√			
		五閣					√			
		鄭集					√			
		李家集					√			
		大李莊					√			
		童莊					√			
	11.10.06	槐店			√					
		界首集			√					
		巴集			√					
		錢店			√					
		馮塘			√					

	13.12.13	周口南寨	路老九	數百				√	架數百人	935
	14.01.12	楊寨	劉鬍子			√			死百人	
	14.11.24	縣城	路老九	千餘	√					
	14.11.27	朱集				√				
	14.11.29	魏宅屯					√			
	15.01.17	馬旗屯					√			
		人和寨			√				傷19人	
	15	王三里莊						√	架1人	626
	15.09.14	新站集	孫某、王某	數千	√	√	√			954
	15.09.18	周口	牛繩五	萬餘				√	架人無算	
	16.07.08	縣城		數萬	√	√			死千餘人	954-955、640
		周口			√	√				
		柳林集			√					
洛寧	03.06.17	王召寨					√			688
太康	14	常營			√					40
	15.07-08	縣城	金貴彬、牛繩五					√	擄數千、死亡眾	
	11.03-04	常營鎮	老洋人		√	√	√			228、683
	12.11-12	遜母口	蔡老二		√					288
	13.11.15	丁集	孫某				√	√	架數十人	
	15.01.07	常營寨	張發			√	√	√	架200餘人、高樓巨廈悉付一炬	288、683
		遜母口					√			
	15.02.27	常營寨	牛繩五		√					228-229、683
		丁村口			√					
	15.07.30	縣城		千餘			√	√	架千餘人	229、474-475、681-683、665
	15.08-10	常營鎮			√					229、683
		黃集				√	√			
		八里廟				√	√			
	16.04	大陸岡			√					229、665
		軒堂			√					
		朗城舖			√					
	17	道陵崗	孫士貴			√	√			229
陝	04.05.18	張汴村	任老二				√	√	架30餘人	61
		塶底村					√	√		

日期	地點	人物	人數					損失	頁碼
	廟后村					√	√		
08.09.24	塢底村	衛老十				√	√	架十餘人	
11.08.16	縣城	老洋人	萬餘		√	√	√	死數百人、損失以億計	61、62、354、361、362、708
11.08.17	大營鎮				√	√			61-62
11.08.18	菜園			√					61-62、164、707
	張汴原			√					
	原店			√					
	五原			√					
	溫塘			√					
11.09.01	東樊村	鄭復禮	200餘		√	√	√	焚屋60間、架35人、牲口62頭	62-63
	南陽村				√	√	√	焚屋52間、架90餘人、牲口135頭、贖款4,550元	
11.11.08	張芧鎮	衛鳳岐	1,000、300餘			√	√	架23人、損失錢20,000餘元	63
12.11.02	過村	鄭福成			√	√	√	架70餘人、牲口136頭、死4人、贖款1,200餘元	
	中莊				√	√	√		
14.01.08	東樊村		數百		√	√	√	架80餘人、牲口50餘頭、死3人	
	小北陽村				√	√	√	架23人、牲口50餘頭、死3人	
14	張汴原	鄭福禮、寧老七、寧田生	百餘			√			64、605-606
14.03.04	五原村					√			
14.03.07	張家灣				√				
	十拜王村				√				
14.03.10	溫塘				√			死11人	
14.03.20	原店			√					
14.10-11	石城原	鄭福禮		√					64

區域	時間	地點	匪首	人數					情況	頁碼
	15.12-16.01	西過村	孫半腳			√		√	架30餘人、傷10人	67
		曲村				√		√		
		曹村				√		√		
	16.01-02	王彥村	張明昇、楊老四			√	√	√	架百餘人、死20餘人	
		上斷村				√		√		
		寬坪村				√	√	√		
	16.09.21	曹村劉寺	馮致中	百餘		√		√	架50餘人、傷20餘人	
	17.夏	上渠村	牛得山、孫耀光	數千			√	√		68
		王彥村					√	√		
		上斷村					√	√		
		河窊村					√	√		
		宮前村			√					
	12.11.02	岳莊村		千餘	√					606-607
信陽	02.秋	吳家店	白狼				√	√	架人若干、焚掠一空	771、1148、272、1307-1308
	03.01.09	陡溝			√					771
	03.01.11	張家灣				√			毀80餘家、損失不可勝計	
	03.02-03	杜家畈				√	√	√		771、1176
		東雙河				√	√	√		
		青石橋				√	√	√		
		紅羅店				√	√	√		
		譚家河				√	√	√		
	06.夏	五里店					√			771
		九家店					√			
		雙橋鎮					√			
	16.07.04	五里店	任應歧				√	√	焚數百家	779
鞏	09.05-06	聖水	周烈		√					356
	09.07-08	趙窰					√	√		
	09.08-09	張莊	周烈、段洪濤				√	√	擄掠一空	
		聖水					√	√		
		東村					√			
		芝田					√			
		塢羅村			√					

		堤東村			√				
		瓦功川	李合、李大套		√				
	11.夏	塢羅	袁象昇		√				357
	11.10-11	蔡莊			√				
		塢羅			√				
	15.06-07	五岳廟	劉申			√		√	死1人、架11人	359
	15.12-16.01	芝田	姜有、王振武				√			360
光山	02.08	縣署		18			√			196-197、201
	02.12-03.01	縣城	白狼		√				死二百數十人	196-197、201、203、240
		盧家河寨				√			死900餘人	240、588
		潢川城			√					
	14.04-05	陡山河	禹三山		√					203、240-241、230、669-670
		吳陳河			√					
		揚簾橋			√					
		陳家小集			√					
		新集			√					
	02.11-12	天臺		300餘	√					229、239-240
	03.02-03	白雀園	白狼		√				傷人無算	240
		磚橋			√					
		潑陡河			√					
		晏家河			√					
		南向店			√					
	09	縣城			√					汝南1008
		宣化鎮			√					
正陽	11.11 13	縣城	張慶			√		√		164、166、173、230、461、790
	17.09-10	縣城	王泰		√					165、535、596
	03.01.08	宋葉店	白狼	萬餘	√	√				374
		增益店			√	√				
		陡溝			√	√				

縣	日期	地點	首領	人數					備考	頁
	03.01.09	張灣寨				√	√	√	死170餘人	
	12.05.13	陡溝			√					376
		柳林寨			√					
	11.11.08	土扶橋	張慶	萬餘		√	√			375-376
		永興舖				√	√			
		王笒橋				√	√			
		承興				√	√			
		王家				√	√			
		萬安				√	√			
		閻河				√	√			
		龍興				√	√			
		王牌				√	√			
	11.11.09	縣城				√		√		376
	11.11.10	演武亭				√	√			
		鄒余村				√	√			
		葉宋店				√	√			
		增益店				√	√			
	14	高臺店	王、李二桿			√	√			377
	15.秋	寒固店	王心暗、史際身、于保洗、吳頓煮			√	√			377-378
		汪高店				√	√			
	17.09.15	陡溝	王泰、孫世貴	數千	√					378
	17.09.17	銅鐘			√					
	17.09.21	邑城				√	√	√	擄千百人	
	17.12.24	汝南埠	王泰、李萬林	20,000餘	√					
	17.12.26	銅鐘					√	√		379
	17.12.28	涂家店					√	√		
	09	李灣寨	王太		√					494
		汝南埠			√					
閿鄉	05.06-07	東常寨	韋老十				√		死40餘人	78
	07.06-07	潼關	樊老二		√					79
	09	陽平鎮	徐得功				√			80
	11.08-09	縣城	老洋人	20,000餘		√	√	√		81-82、485-486、537-538、664
	11.08.24	盤豆寨			√					
		南寨			√					
		紅花寨			√					
		潼關			√					

縣	時間	地點	人物	人數					備註	頁碼
		南禁溝			√					
		虢略鎮			√					
		宋村			√					
		上原			√					
	15.07-08	南麻莊村						√	架60餘人	84
		鹿臺						√	架50餘人	
	17.春	蒿岔峪	孫根盛				√	√		86
		麻峪					√	√		
		毗雒					√	√		
		插花					√	√		
	17.05	程原	武漢清、張大腳			√		√	架600餘人	
		臨湖				√		√		
		鼎陽				√		√		
	17.09.15	陡溝	王泰、孫世貴	數千	√					378
	17.09.21	縣城				√	√	√	架千百人	378-379
	17	程村					√	√		664-665
	08.05-06	東常寨	魏老十					√		667
禹	01.01.20	馬跑泉寨	劉安		√					225-226
	01.01.28	賈樓		數十桿		√				226
		包爐				√				
	01.02.04	方岡寨	劉安、李鳳朝、杜起賓	千餘	√					
		東爐寨				√			損失2,000元	
	01.02.05	萬寨			√					
	01.02.06	尹岡寨	劉安		√					227
	01.08.12	褚河舖寨			√					233
	01.08.25	風后頂寨		百餘	√					
	02.05.04	襄城	高欣		√					234
	02.05.11	縣城	白狼、草上飛	2,000餘		√				234-235
	02.07.11	雪山寨			√					241
	02.09.11	神垕	秦椒紅			√				
	02.07.14	閆寨	王聚星		√					242
	07.06	張村			√					243
	09.03.05	半坡店寨			√					
	09.09.02	郭村	劉方			√				244
	10.03.28	范坡寨					√	√		249

10.04	花石頭寨	王振		√					
10.04.11	順店寨	王振、張得勝		√					
11.03.20	大井李寨	高登雲、翟建功		√					250
11.05.10	山連寨				√		√	焚屋200餘間、死54人、架百餘人	251
11.05,12	黃岡店寨				√			死1人	
11.08.29	岜村寨	李萬長			√		√	焚屋300餘間、架500餘人	252
12.09.19	竹園					√			253
13.09.22	楊店寨	魏國柱、牛盛武		√					254
14.04.07	坡街寨	魏國柱、趙齡、李聾子	千餘		√		√	架2,000餘人	257
	古城寺				√		√		
	鴻暢寨				√		√		
14.05.04	爐廟寨				√		√	架數百人	258
14.05.16	岜村寨			√				死60餘人	258-259
15.06	董村寨						√	架200餘人	260
15.10	十里舖寨						√	架200餘人	262
16.01.22	楊武寨	趙喜全、趙丙寅		√					
16.05.20	郭村	李庚				√			
16.09.22	莊頭寨				√				265
16.09.23	郭村	李庚					√	架50餘人	
16.09.26	下宋寨						√	架500餘人	
16.10.02	西關					√			265-266
16.10.04	龍池寨						√	架400餘人	266
17.03.01	樓劉				√	√	√	掠人畜無算	267
	南袁莊				√	√	√		
17.03.02	郭連寨	李庚、柴福智					√	架千餘人	
17.03.05	泉店	李庚		√					
17.03.13	郝莊	柴福智、王輔清、南化文			√			架2,000餘人、牲畜無算	269
	燕莊				√				
	課張				√				

日期	地名	首領	人數					備註	頁碼
	大路				√				
	陳二寨				√				
	劉樓				√				
	小集				√				
	桐樹				√				
	張三寨				√				
17.03.14	桐樹			√					
	張寨			√					
	曹姑嶺寨				√			死300餘人	
17.03	黃瀘				√				
	河月灣				√				
17.03.22	小呂寨	王輔清		√					270
17.03.26	羅集寨				√		√	焚屋300餘間、架150餘人	
	張樓寨			√					
17.03.27	李樓寨	李庚		√					270-271
17.04	虎頭寨	南化文、李庚	各數千	√					271
	駕山寨			√					
	薛河				√			房屋多成焦土	
	曹璜				√				
	邢莊				√				
	陳莊				√				
	于溝				√				
	暴溝				√				
	樊岡				√				
	張溝				√				
	雲峯寨			√					
	韓溎				√				
	川張				√				
	顧莊				√				
	坡村				√			死200餘人	
17.05.10	吳灣		數十			√			272
	萬莊			√					
17.05.17	陳岡	南化文、賀小和、王輔清、王根			√			死500餘人	272-273
	坡村				√				
	坡樹				√				

	柳林				√				
	尹家				√				
	岡繩				√				
	李神				√				
	林店				√				
	黨寨				√				
17.05.19	晏窨寨	王大有、李庚	300餘		√			死300餘人	273
	孔樓				√	√			
	柳村店				√	√			
	賀莊				√	√			
	山張村				√	√			
	凹郭村				√	√			
	酸棗村				√	√			
	樹楊村				√	√			
	大風寨				√	√			
	唐口村				√	√			
	前袁村				√	√			
17.05.22	邵岡	南化文、柴福智、王有			√		√	死39人	273-274
	竹園				√		√		
	碉樓				√				
	山連				√		√	死200餘人	
	桐樹				√		√		
	張寨				√		√		
	李黃寨				√		√		
	唐漥				√		√	死40餘人（共架3000餘人）	
	井李寨			√			√		
	吾溝				√		√		
17.07	呂溝寨	李庚、柴福智、王有、南化文	千餘	√					275-276
	李村寨			√					
	楊武寨			√					
17.08	侯溝寨			√					
	王山寨				√		√	死十餘人、架百餘人	276
17.09	吉山寨			√					
	佛山寨			√					
	犢水寨					√			
	清村					√			

縣	日期	地點	姓名	人數				備註	頁碼
		劉亮村				√			
		劉洞村				√			
	17.10	雪山寨			√				277
		張樓寨					√	死20餘人、架60餘人	
		文殊店的天垌			√			死80餘人	
		佛山寨			√				
		海山寨			√				
		龍華山寨			√				
		牛心山寨			√				
夏邑	01.06.17	郭老家寨	童得功、盧開印			√	√		1256
	01.07.16	大陳營寨	杜效士	80餘	√				
	01.07.28	孫五口樓寨	王金標		√				
	01.08.11	程大庄			√				1257
	02.08.24	駱集	杜效士、程繼豬、李占元、周黑		√	√			1259
	03.06.02	馬頭寺寨			√				1262
	02.12-03.01	司營寨	張二奪		√				1259
	03.02.04	吳家寨				√		焚樓房數十間	1259-1260
	03.08.11	韓道口集防營				√		死百餘人、房屋燒毀殆盡	1262-1263
	03.08.12	一呂團村	黃二城			√	√		1263
	03.08.18	謝集	薛三壞醋		√				
	03.12.08	縣城	馬文俊、岳氏、張三傑			√			1265-1266
	04.12.17	夏道口寨	馬文俊、杜三			√			1266
	04.05.08	祝庄寨	萬成				√	架9人	1267
	04.07.25	胡橋集				√			
	05.11-12	孫營寨	杜三			√			
		韓寨庄				√			1267-1268
	04.08.30	會亭集				√		死1人	1267
	07.01.07	南石井村	聶二			√	√	架13人	1268-1269

		王樓					√	√		
		尤莊					√	√		
		胡小樓					√	√		
	07.06.23	程樓						√	架數人	1270
	07.12-08.01	縣城	王好					√	架1人	1272
	08.06.23	崔油坊						√	架1人	1273
		孟集				√			死1人	
		孫樓						√	架2人	
	08.12.26	吳莊	王四				√	√	架1人	1275
		張莊				√		√	死1人、架2人	
	09.01.19	劉樓						√	架1人	1275-1276
	09.02.28	曾里村張蘭臺宅					√	√	架1人	1276
	09.04.05	姜樓李明道宅					√	√	架3人	
		姜樓李明道宅				√				
	07.08	許樓	聶二				√	√		1344
		吳莊					√	√		
確山	11.11.10	來撲寨	張國威	數萬	√					71、490
	02.12-03.01	大橋漥	白狼	數千					死不計其數、房屋半成焦土	489
		盧庄								
		獅子橋								
長葛	02.10	西關	韋老八、連文崖	百餘			√	√	√	焚房十餘間、死4人、架2人、財物無算	118
	03.01.19	王陂村	韋老八				√	√		焚房數間	119
	03.09.22	石象鎮	劉得寨	數十			√	√		燒房百餘間、財物無算	
	13.冬	大孟莊					√			燒房百餘間	120
	14.春	沙窩村					√				
		毛裏村					√				
	14.03	李寨						√	√	架人畜無算	
		羅家寨						√	√		
		斧頭寨						√	√		
	14.04	竹園					√			焚房200餘	

縣	日期	地點	人名	人數					備註	頁碼
		董村				√			間、死12人	
	14.11.18	大司馬村				√				
		小司馬村				√				
		柳莊				√				
		盆劉村				√				
	14.11.20	新寨			√					
	14.12.10	老官趙寨			√					
	14.12.11	斧頭寨			√					
	15.01.21	縣城	張祥				√			121
陽武	17.10	某民宅					√	√		574-575
孟	12.08.24	縣城	白天中、黃振中、黃建升	百餘			√	√	架200餘人、死9人、傷15人、損失不下150,000圓	301、442-443
	12.07.13	縣城		百餘			√	√		959
鄢陵	02.春	黃龍店	尚福元、楊黑漢、侯天佑、姬來子、蘇合		√					99
		雲漢			√					
		明義寨			√					
	01.12-02.01	羅寨	沈東	百餘			√			
		順羊寨					√			
	02.06-07	只樂	宋一眼、楊土銀	數百			√	√		99、100
		順羊					√	√		
	02.07-08	追崗文廟	王老三		√					100
	03.01-02	常村	楊黑漢	80餘			√	√		100-101
		明義寨					√	√		
		杜郎					√	√		
		馬欄鎮					√	√		
	14.11.13	縣城	張祥、李信	千餘			√			104
	15.01.05	蘇崗					√			104-105
		賀崗					√			
	15.02.25	縣城	張祥、李信、司庚先		√					105
		蘇崗						√	架30餘人	
	15.03.01	刁河	魏國柱			√	√	√		106
		章甫				√	√	√		
		拐子				√	√	√		
		杜郎				√	√	√		

地區	日期	地點	匪首	人數					損失	頁碼
		呂梁				√	√	√		
		義女店				√	√	√		
		王店				√	√	√		
		常村				√	√	√		
	15.06.12	望田寨	范老九、萬長青			√			死千餘人	
	15.06-07	趙寨	牛繩武		√					
		牛集寨	李信		√					
	15.07.20	縣城	牛繩武、魏國柱、李信、張獻		√					106-107
	15.08-09	張坊集			√					107
		岡底寨			√					
		張寨			√					
	15.09-10	南丁集寨	張獻			√				
		南翟劉寨	李鳳雉		√					
		陳留寨			√				死1,500餘人、牲畜無算	
		大馬莊				√	√			
		彭祖店				√	√			
		古城寨				√	√			
	16	南河	王儀亭	2,000餘			√	√	架2,000餘人	109
		張河					√	√		
		北謝					√	√		
		後杜					√	√		
		順羊					√	√		
		遜耕寨			√					
	16.06-07	牛集	王子玉、李鳳雉、李福先、龍振江、裴之慎	2,000餘	√					110
		張橋鎮			√					
		馬欄鎮			√					
		秦岡			√					
	17.06-07	柏樑橋	史萬成				√		損失財產無算	110-111
		窪劉					√			
		杜郎					√			
西平	01.12.19	出山寨	白狼、劉遂	百餘	√					432
	02.09.19	權寨鎮	朱登科			√			焚屋70餘間	
	02.10.19	白廟村	董文燦、張大蹇		√					432、1032
	02.11.28	出山寨	張書顯			√			死27人	432

日期	地點	首領	人數					備註	頁碼
06.09.17	出山寨	侯毛嗔	10餘		√				
11.04-09	酒店	陳鳳林、楊得奎、張西庚、李應川	500、600		√	√	√		433、1025-1026、1367
	出山寨				√	√	√		
	觀音寺集				√	√	√		
	師靈寨				√	√	√		
11.10-11	新莊寨	張慶、陳青雲、李鳴盛	數萬	√					433
	治鑪城			√					
	出山寨			√					
	合水寨			√					
14.12.28	小關莊	屈文明、譚興元	萬餘		√				433-434、1088
	仁和莊				√				
	楊環莊				√				
	劉信莊				√				
	過莊				√				
	仙莊				√				
	杜莊				√				
	牛廠				√				
	范莊				√				
	董莊				√				
	坡周莊				√				
	前張坡				√				
	後張坡				√				
15.08.22	張光村	屈某、蕭某		√					1027
16.03.17	油坊張寨	王汰、戴正	數千		√			高屋大廈悉付一炬	434、1028、1089
	師靈寨				√				434
	王寨				√				
16.04.09	王寨	高廣智、戴正、王汰	2,000餘		√				434、1089
	師靈寨				√				
14.04.10	李灣寨			√					
	專探寨			√					
01.08.09	雲保寨	丁萬松、韓大率、宋老年、董馬鳴、董文燦	千餘	√					1084
	盧廟寨			√					
03.04-05	合水鎮	丁大松、韓大率		√					1085

縣	日期	地點	匪首	人數					備註	頁碼
	03.05-06	出山寨	白狼、劉鎜、王振江		√					
	03.12.11	同心寨	李鴻賓、崔鳳朝		√					
		出山寨	李治、張書顯		√					1085-1086
	05.07-08	觀音寺寨	陳鳳林				√		架千餘人	1086
	12.02	專探寨	盧占魁、李伯喳		√					1087
	11	盆圭寨					√	√		
	16.02.20	師靈寨	牛繩五	3,000餘	√					1088
		油坊張寨			√					
	16.03.10	油坊張寨		千餘			√		寨內居民全被擄	1088-1089
汝南	14.01.23	玉皇廟店	劉鬍子		√					1013
靈寶	11.03.26	縣城	張廷獻			√		√	死數百人、架人累累、損失千餘萬	696
	11.05	虢鎮	王鎮			√		√	房屋半燒毀	697
	11.06.27	治城	張廷獻	數萬		√	√	√	擄掠無遺	724、460
	11.06.28	虢鎮			√					724
	11	下礆村	老洋人		√					801-802、806
	11.07	川口鎮			√					803
	11	岸底村			√					806-807
	11.07	磃底寨			√					808
	03.05.13	川口鎮	杜老六	300餘	√				死3人	809
	11.07.09	莊底村	老洋人		√					810
	13	巴樓鎮	程秀明		√					811
安陽	10.04.15	水治鎮				√	√		焚掠一空	卷1,13上、林1248-1249
	07.冬	橋村璩氏宅				√	√		焚掠一空	卷16,64上
	16.冬	博愛村常宅				√		√		卷16,78上
上蔡	11.10.17	縣城	張慶、陳青雲、李鳴盛	數萬	√					西平151、433、843

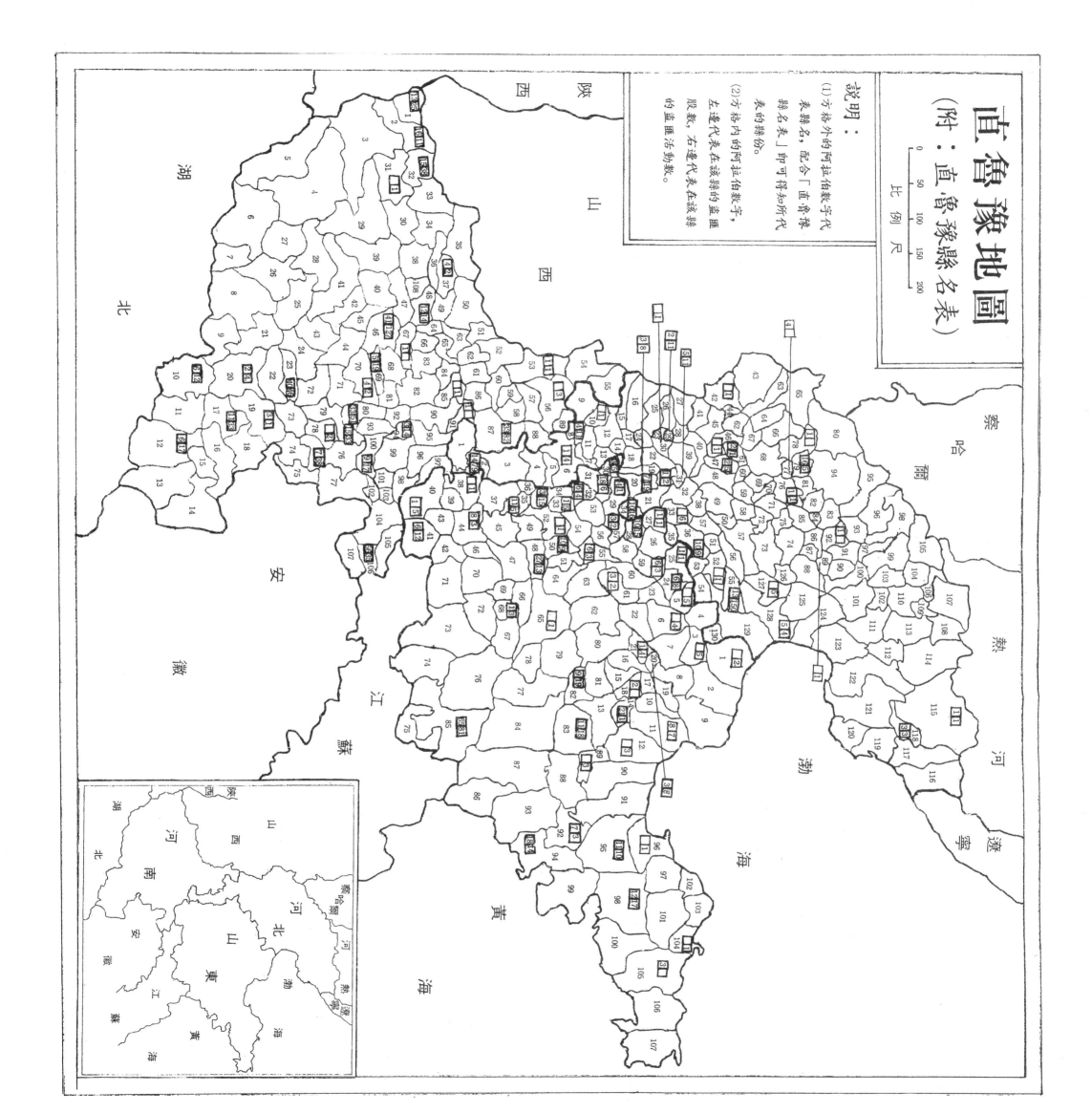

直魯豫縣名表

河北省

001 長垣	002 東明	003 濮陽	004 清豐	005 南樂	006 大名	007 廣平
008 成安	009 磁	010 邯鄲	011 肥鄉	012 永年	013 曲周	014 雞澤
015 沙河	016 邢臺	017 南和	018 平鄉	019 廣宗	020 威	021 南宮
022 鉅鹿	023 堯山	024 任	025 內邱	026 臨城	027 贊皇	028 高邑
029 柏鄉	030 隆平	031 新河	032 冀	033 棗強	034 清河	035 故城
036 景	037 武邑	038 衡水	039 寧晉	040 趙	041 元氏	042 井陘
043 平山	044 獲鹿	045 欒城	046 藁城	047 晉	048 束鹿	049 深
050 武強	051 阜城	052 東光	053 吳橋	054 寧津	055 南皮	056 交河
057 獻	058 饒陽	059 安平	060 深澤	061 無極	062 正定	063 靈壽
064 行唐	065 阜平	066 曲陽	067 新樂	068 定	069 安國	070 博野
071 蠡	072 蕭寧	073 河間	074 任邱	075 高陽	076 清苑	077 望都
078 唐	079 完	080 淶源	081 滿城	082 徐水	083 定興	084 容城
085 安新	086 雄	087 新鎮	088 文安	089 霸	090 永清	091 固安
092 新城	093 涿	094 易	095 淶水	096 房山	097 良鄉	098 宛平
099 大興	100 安次	101 武清	102 香河	103 通	104 順義	105 昌平
106 懷柔	107 密雲	108 興隆	109 平谷	110 三河	111 寶坻	112 玉田
113 薊	114 遵化	115 遷安	116 臨榆	117 撫寧	118 盧龍	119 昌黎
120 樂亭	121 灤	122 豐潤	123 寧河	124 天津	125 靜海	126 大城
127 青	128 滄	129 鹽山	130 慶雲			

山東省

001 無隸	002 霑化	003 陽信	004 樂陵	005 德平	006 商河	007 惠民
008 濱	009 利津	010 博興	011 廣饒	012 壽光	013 益都	014 臨淄
015 長山	016 鄒平	017 高苑	018 桓臺	019 蒲臺	020 青城	021 齊東
022 濟陽	023 臨邑	024 陵	025 德	026 恩	027 武城	028 夏津
029 臨清	030 邱	031 館陶	032 冠	033 莘	034 朝城	035 范
036 觀城	037 濮	038 菏澤	039 定陶	040 曹	041 單	042 金鄉

043 城武　044 鉅野　045 鄆城　046 嘉祥　047 汶上　048 東平　049 壽張
050 東阿　051 平陰　052 陽穀　053 堂邑　054 聊城　055 荏平　056 博平
057 清平　058 高唐　059 平原　060 禹城　061 齊河　062 歷城　063 長清
064 肥城　065 泰安　066 寧陽　067 泗水　068 曲阜　069 滋陽　070 濟寧
071 魚臺　072 鄒　073 滕　074 嶧　075 郯城　076 費　077 蒙陰
078 新泰　079 萊蕪　080 章邱　081 淄川　082 博山　083 臨朐　084 沂水
085 臨沂　086 日照　087 莒　088 安邱　089 昌樂　090 濰　091 昌邑
092 高密　093 諸城　094 膠　095 平度　096 掖　097 招遠　098 萊陽
099 即墨　100 海陽　101 棲霞　102 黃　103 蓬萊　104 福山　105 车平
106 文登　107 榮成

河南省

001 閺鄉　002 靈寶　003 盧氏　004 內鄉　005 淅川　006 鄧　007 新野
008 唐河　009 桐柏　010 信陽　011 羅山　012 光山　013 商城　014 固始
015 潢川　016 息　017 正陽　018 新蔡　019 汝南　020 確山　021 泌陽
022 逐平　023 西平　024 舞陽　025 方城　026 南陽　027 鎮平　028 南召
029 嵩　030 宜陽　031 洛寧　032 陝　033 澠池　034 新安　035 濟源
036 孟津　037 孟　038 洛陽　039 伊陽　040 臨汝　041 魯山　042 寶豐
043 葉　044 襄城　045 郟　046 禹　047 登封　048 鞏　049 溫
050 沁陽　051 修武　052 輝　053 林　054 涉　055 武安　056 安陽
057 湯陰　058 濬　059 淇　060 汲　061 新鄉　062 獲嘉　063 武陟
064 氾水　065 廣武　066 滎陽　067 密　068 新鄭　069 長葛　070 許昌
071 臨潁　072 鄢城　073 上蔡　074 項城　075 沈邱　076 淮陽　077 鹿邑
078 商水　079 西華　080 鄢陵　081 洧川　082 中牟　083 鄭　084 原武
085 陽武　086 延津　087 滑　088 內黃　089 臨漳　090 開封　091 封邱
092 尉氏　093 扶溝　094 通許　095 陳留　096 蘭封　097 考城　098 民權
099 杞　100 太康　101 睢　102 拓城　103 寧陵　104 商邱　105 虞城
106 夏邑　107 永城　108 偃師

國家圖書館出版品預行編目資料

民初直魯豫盜匪之研究(1912-1928)

吳蕙芳著. – 修訂一版. – 臺北市：臺灣學生，2024.02
面；公分

ISBN 978-957-15-1931-9 (精裝)
ISBN 978-957-15-1932-6 (平裝)

1. 祕密會社 2. 民國史 3. 中國

628   112019864

民初直魯豫盜匪之研究(1912-1928)

著　作　者　吳蕙芳
出　版　者　臺灣學生書局有限公司
發　行　人　楊雲龍
發　行　所　臺灣學生書局有限公司
地　　　址　臺北市和平東路一段 75 巷 11 號
劃　撥　帳　號　00024668
電　　　話　(02)23928185
傳　　　眞　(02)23928105
E - m a i l　student.book@msa.hinet.net
網　　　址　www.studentbook.com.tw
登記證字號　行政院新聞局局版北市業字第玖捌壹號
定　　　價　精裝新臺幣八〇〇元
　　　　　　平裝新臺幣五〇〇元

九九〇 年 十 二 月 初版
二 〇 二 四 年　二 月 修訂一版

學問僧的生命書寫
——印順法師與聖嚴法師自傳之研究

廖憶榕（釋德晟）　著

臺灣 學生書局 印行

學問僧即是菩薩行：撒種與行腳

丁興祥

輔仁大學心理學系退休教授、法鼓文理學院人文社會學群兼任教授

一、生命敘事之交會

「自我敘說」研究可為「敘事研究」的一種，生命書寫、自傳研究、生命史及心理傳記研究等，也都與「敘事研究」典範有關。

本書探究「學問僧的生命書寫：印順法師與聖嚴法師自傳之研究」，文章焦點放在當代「僧侶自傳」。特定選擇兩位傳主（印順及聖嚴法師）的「自傳文本」（及相關傳記資料及訪談文本），而這兩位皆為「著作等身」且擁有「文學博士」學位的僧人。所以作者以「學問僧」為主題對象，試圖探究他們的自傳書寫究竟是如何書寫自己，呈現自己的？另一方面也希望在「自傳」文本中，試著去「理解」傳主的想法或心境，讓這份研究能活出生命，有「人」的溫度在其中，能經由對「文本」的解讀、詮釋，希望在「僧侶自傳」領域，能有不同以往的研究成果。

一般傳記（生命史）研究會聚焦於單一案例進行深度經驗分析，然而這樣的取向，近年來也有所改變。有的研究會針對特定經驗或專業的人士，進行多案例研究，比如：針對政治人物，同時研究好幾位政治人物加以比較；也有時會對專業人士（音樂家、科學家等）進行研究；也有時研究特定的主題，例如：生命轉化的歷程，特別選擇多個案例進行比較研究（Stein, 2012）。

本研究選擇兩位「學問僧」進行「自傳文本」分析，即屬於多案例研

究，針對特定的領域人士。當代「僧侶自傳」的個案研究目前尚未廣泛，然而以「學問僧自傳」為主題領域，以僧侶最貼近自我敘述的「自傳文本」為分析資料的比較研究，本研究頗有開創之精神。

選擇兩位傳主進行對比／比較研究，找出其間的共相及殊相之外，本文希望發現，在「學問僧」問學成道的路上，針對的不只是單獨的「自傳文本」，而是文本傳主之間能夠彼此共語、對話，彼此能相遇，使他們的生命有所連繫。這就是採取一種「關係」的存有方式（Gergen, 2016），Gergen 認為傳統心理學往往將人視為一種「圍限的存有」（bounded being），這是西方自啟蒙運動以來，採取「個人主義」視角來研究人；Gergen 認為這只是西方近代特殊的視角，我們應該要超越這種「個人主義」的視角，應走出這種「圍限的存有」，走進「關係的存有」。這是一種「視框」（典範）的改變，人是一種「關係的存有」（relational being），人與人之間，彼此是「相互」間的存有（inter-being）（一種交互的存有），甚至人與環境與世界及宇宙也是一種「關係的存有」。在佛法中有所謂「共法源生」（codependent origination），一物即他物，彼此共依，人是相依共生的，互為主體的。這是一種「關係」的隱喻（Gergen, 2016），本文的研究者希望能在研究這兩位當代高僧時，也能看到他們之間的「相互輝映」，一種「關係」的存有，甚至連結到「大時代」歷史的關聯。

作為一位僧傳（傳記）的研究者，需要有一種「同情的了解」（狄爾泰語），能有一種「隨後體驗」（詮釋者的體驗），了解當事人的時代背景及生活環境、性格特質與出家願志等等。如同 Gadamer 所言盡量能達成一種「視域融合」境界，這涉及到傳主與傳主之間，也關連到詮釋者與傳主之間的對話，彼此之間若能發展出一種共情（移情）之關係，才有可能彼此相互輝映，交互存有。

誠如文本中所發現的，印順法師與聖嚴法師，雖然他們成長歷程、學習歷程皆不同，性格也不一樣，但他們也共同面對了近代中國的戰亂，佛法衰頹，各自抉擇了不同方向，以實踐其人生意義、各自走出他們的「範式」。他們也都面對近代佛學的變革，受到太虛法師人生佛教的影響，承接了先人

的倡議，一直保持著研修佛學的心志，知行並重，為人間佛教提供了不同路徑，兩人都具有承先啟後的「學問僧」形象。

二、學問僧是菩薩行

本文作者在最後研究發現提出：印順法師與聖嚴法師共同面對中國佛教衰弱的問題，個人生命與佛教的興衰，兩者是彼此關聯且扣緊在一起。這正是大時代與個人生命史相互關聯的提問，他們的一生為學，著述不輟的背後關懷為何？他們承載太虛法師各自又走出兩條不同的路，這兩條路頗具差異，卻又為何含藏共同之處？

作者認為兩人雖共具「學問僧」特質，也都努力著述不斷，但其「為學」，其實是為了「修道」，學問乃是菩薩願行的實踐，菩薩願行實為其生命之「旨趣」（interest）。

從印順法師與聖嚴法師自傳文本所述作的「生命歷程」來看，兩人皆經歷了童年的病苦、戰事的動亂、時局變遷、渡海來台、來台困境，聖嚴法師甚至遠赴日本留學。

這些逆境／逆緣，兩人仍堅持以「佛法」（人間佛教）作為菩薩志業的承擔以利濟人群。他們採取的方式或有不同，印順法師專於著述及研究，提倡人間佛教，反思批判並溯源導正佛法，為人間佛教提供理念；聖嚴法師也肯定印順繼承太虛法師人生佛教思想，為了將佛教普及人間，重視漢傳佛教的特色（特別是禪佛教），聖嚴法師選擇走自己的路，將印度佛教與漢傳佛教的特性結合起來。從故事的形式來看，兩人皆逢亂世，一生多為病痛所苦，但兩人皆以堅實意念力面對無常，無論成敗、努力著作及弘揚佛法，甚至遠赴國外弘化。這都映出菩薩僧之強烈宗教情操，也實踐出不錯的結果。

他們自喻為「冰雪大地撒種愚癡漢」與「風雪中的行腳僧」，他們都堅定地、不計後果地撒種及前行。兩者生命書寫皆自謙「半兒」，但也都走出自己「不一樣」的人生。這種走出逆境、努力向前，朝向目標前進的精神，可說是一種「救贖的人生」（the redemptive self）（McAdams, 2006）。

這是一種由逆轉順的故事，也是一種「英雄之旅」。這樣的故事是對自

己和他人而言，乃是將人生遭逢的逆境（病苦、貧窮、困境、失敗、意外等），經由自己的意志及努力，最終能轉變這些逆境走向順境的故事。這樣的故事敘說著一種「向上」努力的敘事基調，將「價值」（人生終極關懷）賦予自己生命之意義，也肯定自己的未來。而聽者或讀者也可安置在「傾聽」的位置，積極為自己也創造出這樣的故事。

學問僧是以菩薩願行在修行，孤獨地筆耕、閉關自學，以探求佛法之究竟，作學問乃為「弘法利生」之行。印順法師曾對學僧開示：「為佛法而學，不作世間學問想；自淨其心，利濟人群。」聖嚴法師也曾言：「從小有個願心，我想『佛法這麼好，知道的人這麼少，誤解的人卻這麼多！』……我這一生走來，雖然多病，雖然艱苦，總是充滿感恩」。兩人的故事都是從苦難中遇見佛法明燈，不畏前程之困難遙遠，挺過無數逆順之境，在為世間佛法提燈照路。

生命故事是一種「隱喻」的實在，一種「歷史」的想像。「敘事」的真實，使生命有了深度。我們所說的故事會決定我們的未來，而文字所保留下來的故事，可以是我們相遇的機緣。知是行之始，行是知之成，撒種是行腳，學問僧即是菩薩行。

三、人生，懸宕探索之必要

人在社會之中，寓居於世，在社會關係中生活著。回首過去，為了確立自己的人生方向及定位，有時必須擺脫社會之慣常及壓迫，積極向內追尋，反求諸己是必要的。

人生在青年時期、中年時期，甚至到了老年，都會遇到人生之困境。McAdams 稱之為「自我認定之危機」（identity crisis），為了找到自己人生的方向及位置之確定，這是在人生目標中必然會遇到的困境。只是 Erikson（2017）比較強調人生在青少年、青年時期較易遭遇到生命方向抉擇的問題。

人生方向及重心的確立，甚至人生找到自己的「生命感」，這都需要時間、周遭環境之探索及自我之反思，真誠地面對自身內在的難題。希望找到

一個行得通的「統一感」。這是人生要面對的一個「關口」（a critical period），可說也是一次「再生」（second birth）的機會，人生何去何從，向外逐求或向內尋求確立。三十而立，四十而不惑，孔子的自述中，也在強調在 30 歲到 40 歲時，正逢人生成年早期及成年中期；榮格（Jung）也認為每個人到生命中年，往往會遭遇到「生命轉化」的問題。

當我們在追尋人生方向時，反思、探索與嘗試，這些都需要時間及社會環境的支持，有時也需要與社會保持一段「隔離」的狀態，比如：閉關或出外旅行。這樣積極探索的時間是必要的，Erikson 稱之為懸宕探索期（moratorium）。

本書比較了印順法師及聖嚴法師的學思歷程中，發現兩人在謀求人生未來，確立方向時，都花了相當長的時間探索及追尋，他們也都用了「閉關」及「自修」（或閱藏）的方式。

印順法師的自傳文本將自身修佛法的歷程分成五個時期，分別為「暗中摸索」（1925-1930）、「求法閱藏」（1930-1938）、「思想確立」（1938-1952）、「隨緣教化」（1952-1964）、「獨處自修」（1964-1984），1984年後，又有「修檢集結」期。從這樣的回顧來看，印順法師一生花了很長時間在「暗中摸索」、「求法閱藏」及「獨處自修」，而且他在人生的前期及晚年他都在尋求「自己」（自性）的方向；而他一生努力不斷地寫作，也正是他的尋求「佛法之究竟」（確定）。

聖嚴法師也有類似情況，在軍中十年，一路自學、練筆，軍中歲月可為其「懸宕探索」期。然而，到了 1961 年他又主動地抉擇「閉關」，自我潛修；出關後，1969 後又遠赴日本留學，及至 1975 年完成學位。他的懸宕探索期是從青少年期、成年時期，及中年時期。綿延時間超過了三十年。

誠如本書作者所言，印順法師透過「典範學習」、「閉關閱藏」等自學自修途徑，試圖整理出一套以佛法研究佛法的治學方式，成就了一家之學。聖嚴法師也是透過自學自修、閱藏閉關，甚至遠赴日本留學，接受正式學術的訓練，以謀求未來方向之確立。

從這兩位學問僧的自傳文本來看，他們在追尋「自我認定」、未來的定

向，也都經過長時間的，甚至多次的「懸宕及探索」，透過自覺地勤讀、自學、自修甚至「閉關」沈潛苦讀、整理文獻、跨越困境、突破障礙的心路歷程。他們都在找尋「自己的聲音」，希望在自己生命的「關口」，尋找未來方向；面對危機，找到一種「再生」。在印順法師及聖嚴法師的自傳文本，顯示兩人幾乎都在中年（50 歲左右，即知天命之年），開啟了他們的下半生（第二人生），重新邁向自己的安身立命，這也可說是一種「叛逆中年」，在中年把自己重新整合起來。這是個人生命危機的解決，也結合了大時代的歷史及社會的困局，追尋自身的安身與立命。

四、自我敘說，邁向自身生命之必要

　　人類是一種說故事的動物，我們從小就喜歡聽故事、說故事。

　　不但會說別人的故事，也會說自己的故事。我們說故事不只是在說我們的未來，也用故事重新審視自己，回溯自己的過去。心理學家 McAdams 說：故事不只是故事，更是生命歷程的一種隱喻（metaphor）。生命故事就是在說「我是誰」，我們的「自我認定」。我們如何講述或書寫自己過去的故事，也在形塑著自己的未來。一個好的生命故事，是能夠將不同的自我整合起來，將過去、現在及未來的所發生的事件連成一氣。

　　心理學家 Sarbin（1986）提出「敘事」（故事）可以作為心理學的一種「根本隱喻」（root metaphor），他認為早在心理學成為一門「科學」之前，人們就在創作及敘說著關於人類的故事；即使在「科學」心理學發展的百年間，小說家、劇作家、詩人、散文家、電影製作人（他們都是講故事的人），都在不斷地提供關於人類動機與行為的見解。「敘事心理學」（narrative psychology）是在闡明這門承先啟後的心理學，關於故事的形成，敘說和理解的基本概念。敘事可為人類行為的根本隱喻，用「敘事」作為一種新視框，可以取代「實證主義」的典範，這也可說是心理學的「再生」。

　　敘事取向的心理學可以探究人們行動的「意義」，也可以探究生活或文化的生成、演化。透過書寫或敘說「自己的故事」，我們才能發展、理解、解構及建構我們生存於世的一種故事「版本」，也透過自己的故事，探究自

己是誰，這個根本的「存有」（being）問題，換言之可以是一種邁向自身生命的學問。

個人的故事（自傳）可以是個人具體、特殊生命經驗的表述，但這樣的經驗也與自身所處的歷史（時代）及整體人類的文化彼此是相互滲透的。哲學家李澤厚在《人類歷史本體論》一書中，認為「人」是「歷史的積澱」，個人的生命經驗可以是一個群體的，或是文明的。余德慧、李宗燁（2003）在《生命史學》一書中，也提出：人是一種「史性」的存有，時間賦予了我們生命的厚重感；生命感有很大部分來自生命的歷史，當人們回顧過去，敘說自己的過去，藉由說故事，敘說出自己的生命感，自己的生命意義也在敘說中逐漸釐清及浮現。

個人在找尋自我認定之時，同時也面臨所處社會及傳統的問題，每一個生命都處於在某個時代及傳說，我們也都處於社會過程的變革之中。「傳統『塑造』了個人，為他的驅力找『出路』，但社會過程並不是為了馴服個人才塑造他。它塑造世代是為了能回頭來塑造並創新社會過程」。社會中的個人不能僅僅是壓抑或昇華，也須要支持及發展每個人的自我，找到其核心的自我認定；而這種「自我認定」的尋求，也是社會及文化的「新陳代謝」（Erikson, 2017）。這樣，個人的「自我認定」也同時關聯著「世代間」的新陳代謝的工作；人是生活在社會脈絡之中的，個人生命故事的形塑與認定，也涉及到「世代間」、「文化傳承」、「生活方式」的連續與綿延。

個人的自我認定過程並不是靜態的，而是一種持續動態螺旋式向前發展的生命歷程，是鑲嵌在大的歷史文化脈絡之中的。個人的生命有其主體能動性的，但也與文化歷史的積澱呼應著。特別是在人生中期，人生的後半段，將會面臨 Erikson 所謂的「生產力」（generativity）或停滯（stagnation）的人生任務的危機。

回顧近代中國歷史，從清末到民國，大時代正面臨文化轉型問題，而佛學也正面臨衰頹。時代面臨危機，而自身關心的佛學也在凋零；印順法師及聖嚴法師正是在這樣的大歷史環境下，面對及反思個人的生命處境。從他們的自傳文本中，花相當多的篇幅書寫了時局的動盪，民眾的困苦，以及佛教

的衰頹現象；他們不僅僅在為自己的生存找出路，也結合了自身的願行，為佛法尋求一條出路。

　　人生無常適逢政治變遷，渡海來台，境遇之逆緣與找尋新生相遇，兩人都在人生中年時期再出發。印順法師為佛法尋求溯源導正，聖嚴法師為了繼往開來，為佛法開出新局；他們在解決了自身「生產力」及傳承的問題，也為了時代找到尋某種方向。

　　個人自傳中的「小故事」，雖然是主觀、具體特殊的生命經驗，也同時反映著大時代、人類的普遍問題，人生與社會是不斷演變且相互影響著。人生如旅，時代如潮；生命在不同階段，有不同的任務，生命敘說也在不斷的感悟與抉擇中前行。自己敘說的生命故事，會影響到他人的故事，他人的故事又會影響更多人的故事；故事之交流與交會，彼此相互輝映，顯現著一種「關係」的存有。人並不是一個孤立的我，人與他人在關係裡交會及互動，彼此若能相互傾聽、包容及理解，從說故事及聽故事的過程中相互學習。人存在於世，人也展開世界，經由講述自己的故事，活出自身生命意義，在風雪中撒種行腳。

參考書目

Gergen, K.（2016）（宋文里譯）。關係的存有：超越自我‧超越社群。台北市：心靈工坊。

McAdams, D.（2006）The Redemptive Self: Stories Americans Live By. New York: Oxford University Press.

Erikson, E. H.（2017）（康綠島譯）。青年路德：一個精神分析與歷史的研究。台北市：心靈工坊。

Sarbin, T. R.（1986）（Ed.）Narrative Psychology: The storied nature of human conduct. New York: Praeger.

Stein, M.（2012）（陳世勳譯）。轉化之旅：自性的追尋。台北市：心靈工坊。

余德慧、李宗燁（2003）。生命史學。台北市：心靈工坊。

傳承佛學教育與研究的兩位學問僧

李玉珍
國立政治大學宗教所教授兼所長

蒙德晟法師邀請，為其大作《學問僧的生命書寫：印順法師與聖嚴法師自傳之研究》寫序，重讀此書彷彿走進時光隧道。

大學時代開始讀印順導師（1906-2005）的佛學著作時，中文系的我曾被數學系的學長質疑，其文筆深奧和邏輯縝密，並非當代人作品。因此我們戲稱印順導師為「前清秀才」，沒有考科舉的現代學子當然很難讀懂。而其實導師的身體一向很差，口音也真的很難懂，所以佛學社安排的拜訪，就臨時無法成行。

再後來有機會和德晟法師合作，探勘過導師歷年的書房，當拜訪到第一座妙雲蘭若時，看到滿牆的大藏經以及中日文佛學書籍，真是被嚇傻了！當年護關的慧理法師證實，當時導師的確是抱著「生死關」的態度入關房。為了節省時間，導師一日三餐僅食一碗豆渣雜菜粥，晨起即展卷閱讀；一日侍者送粥遲到，卻看到導師居然渾然不覺飢餓，滿頭汗水流淌濕透書案。他研讀藏經的深度和廣度，不論出生於哪個時代，都會是狀元！

至於我和聖嚴法師（1931-2009）的初次相遇，是在 1993 年大雪紛飛的綺色佳（Ithaca）鎮。他應邀來康乃爾大學講課，課後還拖著瘦弱的身軀為我們八位聽眾皈依。我的指導教授還把我當場「貢獻」出去，表示為了佛學社的運行，不會輕易讓我畢業！

還好 2008 年，我能以學者身分參加「漢傳佛教與聖嚴思想國際研討會」，當時聖嚴法師親臨會場，開口就問與會學者：「我與印順導師有甚麼

差別？」大眾寂然無聲。我在心裡回答：「一位是傳統佛學造就的學問僧，一位是開始傳承現代佛學高等教育的博士僧。」不料，這是聖嚴法師最後一次出席此一國際會議，我很後悔沒有勇氣在當下說出口。

戰後佛教學者大抵都讀過印順導師的佛學著作，至少被啟蒙佛學研究必須閱藏，而且應該是整套的、經論互相印證的讀法。當時並沒有 CBETA 的網路藏經可用，我們根據自己的專業，到舊書店翻找單冊分別賣的大正藏，通常一冊八百元（當時助學金是一個月三千元）。

印順導師孜孜不倦創作到 85 歲（1991），而聖嚴法師的博士論文《明末中國佛教之研究》日文版於 1975 年完成，1988 年中文翻譯出版。印順導師奠定 20 世紀以來對中印佛教的定位，而聖嚴法師鑽研之明清佛教是漢傳佛教研究的新趨勢。

2023 年「漢傳佛教與聖嚴思想國際研討會」邁入第九屆（隔年舉辦），第二十一屆「印順導師思想之理論與實踐」國際學術會議也順利舉行。印順法師被教界尊稱「玄奘再來」，聖嚴法師則奠定溝通日本、美國、中國和台灣高等佛學教育的橋樑。換句話說，兩位法師不論生前或圓寂後，仍然繼續引領台灣甚至國際的漢傳佛學研究。

德晟法師將印順導師和聖嚴法師稱為戰後的兩大學問僧是相當確切的，她更以生命史的角度，分析兩位法師的生命歷程與佛教志業。我非常同意德晟法師將他們的堅強心志歸因於宗教情操。因著信仰，兩位法師安然面對身體的病痛和時代困境，將其對佛教的理解以學術方式編就寫出，而且從來不自居學問僧，學術於印順導師和聖嚴法師而言是透過佛法的理解，自度利他的修行之道。

戰後台灣匆匆一甲子，並未賦予印順導師和聖嚴法師經濟富裕的生活，感謝他們甘之如飴，為法忘軀，以高深的佛法研究滋潤眾生。這一甲子的歲月無災無戰火，台灣佛教得以大幅度提升，還要感謝很多高僧大德在不同的位置弘法利生。但是印順導師和聖嚴法師，無疑在佛學教育以及佛教研究學術化的層面上，接棒新舊佛學傳承，提攜無數佛教知識分子，為台灣佛教之福，也是漢傳佛教世界永遠的瑰寶。

哲人雖遠，典型夙昔
——德晟法師《學問僧的生命書寫》推薦序

林建德
慈濟大學宗教與人文研究所特聘教授兼所長

作為一位以佛教法義為主的探究者，印順導師思想一直是我心中的指路明燈，自認為是「印順學派」的一員，從印順佛學中找到自身的歸屬。我所推崇的既在於其學問，亦在於其人格——「人菩薩行」的行誼風範，他一生淡泊名利、無欲無爭，所念所想皆是「為佛教，為眾生」。我之推崇其學問，未必是指他博覽群經、著書立說，而主要是他的佛學觀點以及佛法知見乃是我所認同的，我即是順著他的義理詮釋建立起自身的佛法認識。

聖嚴長老同樣是以品格和學問感召著我，他亦有著菩薩濟世的悲願情懷，長年筆耕不輟、利他度人。我第一本接觸的佛書就是《正信的佛教》，深深啟發我對佛法的好樂；尤其曾經的親近因緣，如 1995 年參加過長老主持的大專禪七，又在 1998 年受菩薩戒於農禪寺，所以長老也是我的師父，賜與我法名「果霑」。是以佛教思想的歸趣，我雖以印順導師為主，卻始終感念著聖嚴師父。

兩位當今高僧大德的佛教立場與佛法詮解未必全然一致，互有異同而各顯特色，如相對於印順導師重視印度佛教純正法義的回歸，聖嚴長老更強調中國佛教宗門法脈的傳承，尤其看重如來藏佛性思想。要略的說，印順導師和聖嚴長老都提出佛教復興的觀念和方法，如印順導師強調原始佛教和初期大乘的精神理念，跳脫中國佛教視角來重新反思中國佛教，聖嚴法師則主張

以中國佛教傳統為根基，吸納不同佛教文明來助益中國佛教的發展。

　　雖然兩人佛法意趣不盡相同，甚至明顯不同，但是不同不代表必須對立，反而可以在差異中刺激反思，甚至進一步欣賞之。而我之所以推崇聖嚴長老，即是他雖未必全然認同印順導師的佛學觀點及佛法判攝，但是他兼容並蓄、海納百川的寬廣胸襟，即便有所保留，卻仍廣泛吸收、謙卑學習，把印順長老思想當作其重要的學佛養份，進而依此來改良中國佛教、改善佛教徒的信仰品質。

　　我曾在論文中表示：兩位法師之間表面上確實很不一樣，但振興漢系佛教的方向可說是一致的。或可說，兩人是同一作業流程中的不同步驟，印順導師首先從奶水中分析其純正原料或元素，告訴我們那一部份是對健康最有幫助的，而那些是水或調味料等次要成份；聖嚴長老在印順導師研究成果的基礎下，就原有奶水中，多加對健康有益的純正原料進去。換句話說，印順導師從摻了水或調味料的牛奶中，提煉出精純的部份；而聖嚴長老則是從摻了許多水或調味料的牛奶中，加入更多精純（原汁）的牛奶。——以此來看待印順導師的抉擇純正法義與聖嚴長老的傳承宗門法脈，兩人的對立性未必如此明顯。

　　現今不少傳統中國佛教的擁護者，對印順導師的著作與思想心懷芥蒂，甚至群起否定而拒斥之；這其實大可不必，我常舉的典範人物即是聖嚴長老，正因觀點不同，所以更應好好認識、深入學習，從不同想法中擴大對佛法的理解。

　　當代兩位高僧有諸多相似特質，如同為大陸渡台僧侶，身形瘦弱而體虛多病，然皆深懷慈心悲願精研佛理，以佛法的義學思想作為修行弘法的重心；且兩人先後取得日本學位而有「博士比丘」頭銜，都以弘揚人間佛教、實現人間淨土為核心信念價值等。

　　本書作者德晟法師敏銳的觀察力，發覺到兩位僧人的相似性，博士論文即以兩位高僧的自傳為研究主題，深入分析各自的文本書寫，指出「學問僧」即是「菩薩僧」，從事學問研究的背後乃是源於大乘佛教的信仰關懷，意即是菩薩道的實踐，不是純粹為學問而學問，卻是為身心的淨化與道業的

理想鑽研學問。

　　德晟法師文筆流暢而心思細膩，透過自傳的生命解讀，析探兩位高僧心靈深處的點點滴滴。如描繪到捨俗出家之際內在的心理感受，以及兩人出家多年後重返大陸故鄉，不管是舊地重遊或者俗家重訪，都顯發真摯的情感波動（如再見自己家人的親情撞擊），可以看出他們雖理性探索學問，但同樣感情充沛、情意真切。然如此真情流露在其思想論著的背後卻少為人知，而本書細緻地指出了這些生命過往，讓人感知「學問僧」亦有至情至性的一面，此也相應菩薩行者情深義重的人格特質。

　　綜觀此書，大致有四個特點及貢獻：第一以當代華人佛教領袖的自傳作為研究對象；第二從自傳分析中關連到生命敘事、生命書寫的價值關懷；第三論述學問探索背後特有的佛法修行範式；第四析述兩人出生背景、學思歷程、困境挫折、修道體驗，乃至角色扮演、方向定位等各自特色。整體而言，這是一本豐富而深刻的專著，以現代的學術方式為「高僧傳」研究提供另一種取材線索與取角視野，成為探研當代高僧傳記重要的參考著述，塑立生命史歷程、修道傳記的研究範式。

　　在此除向德晟法師表達恭賀之意，也盼能在兩位高僧生命經驗的行誼啟發中，一同生起「哲人雖遠，典型夙昔」的自期自勉之心。

學問僧的生命書寫
——印順法師與聖嚴法師自傳之研究

目　次

第一章 緒 論

　　我只是默默的為佛法而研究，為佛法而寫作，盡一分自己所能盡的義務。我從經論所得到的，寫出來提貢於佛教界，我想多少會引起些啟發與影響的。不過，也許我是一位在冰雪大地撒種的愚癡漢！——《華雨集》（五）

　　相信透過我的生命，我能夠幫助別人，也能夠弘傳佛法，但是我仍然認為，我就像一個風雪中的行腳僧，哪裡需要我，我就往哪裡去。——《雪中足跡》

　　一位自喻是「冰雪大地撒種的愚癡漢」，一位自比為「風雪中的行腳僧」；雪地裡播種等待發芽並非易事，風雪中行腳舉步前進也非易事。「難行能行、難忍能忍、難捨能捨」是菩薩的精神——風雪中的「他們」，正是抱持這等為佛教與眾生奉獻的悲願，故而在佛教史上，都烙記著舉足輕重的地位。

　　然而，擁有等身著述的「他們」，是如何以文字書寫自己的一生呢？

第一節　研究動機與目的

　　華人文化裡，佛教是重要的宗教信仰之一。談及佛教，「僧侶」形象在信仰群眾的心靈，有著不容小覷的地位；「高僧」風範更是蘊涵廣大的攝受力，歷久彌厚。筆者的碩士論文《印順導師與妙雲蘭若——兼論「精神典

範」對於比丘尼僧團發展之影響》，[1] 即是探究當代高僧印順法師當年於嘉義築建妙雲蘭若閉關，雖然僅有一年的歲月，卻留下珍貴的歷史意義；且出關後的印順法師數度返回妙雲蘭若小住，他閉關的願行、日常的行誼，皆在在成為弟子、徒孫、信眾修行的「典範」，敬仰且學習之。筆者寫作碩論的過程，參訪關房感受最深刻之處，即是印順法師為法獻身、孜孜不倦的精神；此外，曾經幾回拜謁老人家，親和慈祥又靜定的風範，讓筆者感動不已。

　　當筆者進入博士班就讀，抉擇博論的題目時，時常憶起印順法師帶給筆者的動容與鼓勵，故而設想接續碩論做相關的論題；某回拿起印順法師的自傳翻閱，心裡突然升起研究僧傳的念頭。思索之際，印順法師高瘦的身影，讓筆者同時想到聖嚴法師的身影，憶念起大學時期曾有不可思議因緣於農禪寺皈依、亦曾有幸代表佛學社採訪之；聖嚴法師彼時給予的勉勵與叮嚀，高僧風範在筆者心頭始終震撼與敬重。進而，又想起兩者伏案研讀、撰作的形象，如是身影重疊、形象重疊的交會，促使筆者找齊他們的自傳逐本閱讀，並且開始構思兩者能夠聚焦的研究主題。又，筆者觀察到近幾十年來，僧人的自傳陸續出版且數量漸豐，各有其特殊風格與書寫特色，故筆者認為當代的僧侶自傳，無論在華人文學或信仰文化中，富涵諸多值得深入的面向，於是更確認研究的可行性。

　　承接前述，筆者於是擇定以「印順法師」（1906-2005）與「聖嚴法師」（1930-2009）[2] 為研究對象。印順法師與聖嚴法師皆為渡台僧侶，他們與其他渡台僧侶的共同特點，即是時代動盪的見證者，也是從大陸衰微的佛

---

[1]　廖憶榕：《印順導師與妙雲蘭若——兼論「精神典範」對於比丘尼僧團發展之影響》（花蓮：慈濟大學宗教與文化研究所碩士論文，2006 年）。

[2]　聖嚴法師出生於 1931 年國曆 1 月 22 日，農曆為 1930 年 12 月 4 日。由於聖嚴法師的每本自傳，皆以「1930 年」農曆生日作記述，林其賢的《聖嚴法師年譜》亦是由「1930 年」作開端；另外，聖嚴法師預立的〈聖嚴法師遺言〉亦寫道：「一、出生於一九三〇年的中國大陸江蘇省，俗家姓張。在我身後，不發訃聞、不傳供……勿撿堅固子……」。據上，其自身或年譜均以農曆的「1930 年」為「出生年」，故本書亦以「1930 年」為主。

教環境轉移台灣初興佛教場域的見證者（爾後可能成為播種者、開拓者）；但是，他們兩位「不共他者」的共同特質，即是「學問僧」的鮮明形象，以及身弱卻著作多產的形象。不可諱言地，無論是渡台僧人或土生土長的台灣僧人，不乏具學術特色顯著者；然而，唯有印順法師與聖嚴法師的論著自成體系，更成為可供他人研究的思想體系，並且，從他們龐大的著述內容，可見著兩者以自身的著眼點去探究、關懷、省思「漢傳佛教」。

這兩位高僧都曾被與「玄奘」相比，[3] 印順法師被尊為「佛學泰斗」，聖嚴法師獲《天下雜誌》票選為四百年來對台灣最具影響力的五十位人士之一，[4] 更呈出他們在華人佛教界的重要性與代表性。有著相仿的稱譽，他們漫漫一生所經歷的各種時空、閱歷的各個階段，濃縮成一本自傳時，他們究竟如何書寫自己、呈現自己？

---

[3] 　一、提出印順法師為「玄奘以來第一人」者，乃是藍吉富的創見：「筆者多年前在論述印公的學術特質時，曾提出印公是『玄奘以來，一人而已』的讚嘆語。……筆者將印公取與玄奘做類比，主要是看到古今這兩位佛學大師在『佛教思想』範圍內，確實有幾項重大的雷同之處。譬如下列諸項：（一）他們的學養基礎都是印度經論，尤其大小乘『論典』更是形成奘、印二公佛學體系的主要成分。……（二）奘、印二公在中印佛學的信仰順位上，都有回歸印度的傾向。不過，他們對印度佛學是有抉擇、有批判的。……（三）他們都在陶鑄、裁量中印佛學之後，建構了自己的思想體系。玄奘的法相宗學與印公的《成佛之道》等書，都明顯地展現出他們的一家之言。由上述三點，大體可以窺見像玄奘這樣依準印度佛學凝鍊出博大精深思想體系的大德，在玄奘之後的中國是難得一見的。玄奘之後，能對印度佛學如此深入，而且能依之建構體系的名家確實甚少。」引自藍吉富：〈印順法師在台灣佛教思想史上的地位〉，收入《第六屆「印順導師與人菩薩行」海峽兩岸學術會議論文集》（新竹：玄奘大學宗教系主辦，2006 年 5 月），頁（四）9-（四）11。二、紐約哥倫比亞大學佛學教授羅勃·舒曼（Robert A. F. Thurman）將聖嚴法師比喻為「現代的玄奘大師」，他歸納聖嚴法師有厚實的學術基礎，且有不斷向外吸取新知的精神，致力將各宗的精義與漢傳佛教作融合，重新發展出漢傳佛教的光芒；所以，他認為如此的精神可比擬玄奘大師當年赴印度取經的精神。參自施叔青：《枯木開花——聖嚴法師傳》（台北：時報文化出版企業公司，2000 年），頁 360-361。

[4] 　參自天下雜誌：〈人心微塵勤灑掃：聖嚴〉，收入《天下雜誌》第 200 期（台北：天下雜誌社，1998 年 1 月），頁 133、以及張成誼：〈五十位「影響力人物」〉，收入《天下雜誌》第 203 期（台北：天下雜誌社，1998 年 4 月），頁 82-83。

　　據上，乃筆者進行本書之初的動機所在，而進入探究之前，筆者先就論題「自傳」、「生命書寫」、「學問僧」簡要釋題：

一、「自傳」

　　何謂自傳？廖卓成曾綜合張瑞德、李有成、吳百益等人的研究，認為：「自傳難以精確定義；『自傳就是自述的傳記』這樣的定義雖然籠統，卻最有彈性、最易受人接受。」[5] 自傳的寫作方式不一，法國研究自傳的著名專家菲力浦・勒熱納（Philippe Lejeune）提出：「當某人主要強調其個人生活，尤其是其人格的歷史時，我們把此人用散文體寫成的後視性敘事稱作自傳」。[6] 李有成結合國外研究自傳學者的定義，認為：「自傳中的生平敘事應該是屬於回顧式的，是作者／敘事者／主角的反省活動，而在此反省活動中，他／她假定是以編年的方式，寫下了他／她的往事追想錄。」[7] 如王明珂所言：「我們所謂的『自傳』，是指一個人將自己生命史中的一些『過去』，寫成文字，編輯成書，並由自己或他人出版流通的文獻。」[8] 意指由個人將自身過往寫成文字，經過編輯、出版流通後，即可稱為「自傳」，當然也可取為「回憶錄」、「追想錄」或另取適合的書名。[9]

　　以此觀之，自傳不離以下的特色：具有「回顧性」，是「書寫過去的生命歷程與反思」，可能是「編年式」的順敘或倒敘，最大的要素則是「自述」的特色，無論是自己執筆或經口述由他人代筆。

---

[5]　廖卓成：《自傳文研究》（新北市：花木蘭文化出版社，2012 年），頁 5。

[6]　（法）菲力浦・勒熱納著、楊國政譯：《自傳契約》（北京：北京大學出版社，2013年），頁 9。

[7]　參自李有成：〈論自傳〉，收入《當代》第五十五期（台北：當代雜誌社，1990 年 1月），頁 24-25。

[8]　王明珂：〈誰的歷史：自傳、傳記與口述歷史的社會本質記憶〉，收入《思與言》第34 卷第 3 期（台北：思與言雜誌社，1996 年 9 月），頁 150。

[9]　廖卓成：「現代的自傳，往往不自稱『自傳』，而冠以別致的書名，或稱作回憶錄，其實就是自傳。」引自廖卓成《自傳文研究》，頁 6。

二、「生命書寫」

關於「生命書寫」此一詞彙，紀元文提出：

> 近幾年來，在媒體推波助瀾之下，自白文化頗為流行，大量的傳記、
> 自傳、回憶錄問世，有關生命歷史的敘述蔚為風潮。「在這些發展的
> 刺激之下，批評家乃鑄造新詞，生命書寫（life writing），涵蓋當代
> 個人書寫的多變形式⋯⋯」。隨著新的千禧年的來到，在二十一世紀
> 伊始，自傳、傳記、回憶錄等文體的理論研究開始隨著文學／文化中
> 倫理議題的崛興而備受批評家注意。[10]

由此看出「生命書寫」是隨著自白文化的風潮，所出現的新詞。紀元文又提出生命書寫並未有一定的體制，可以「第一人稱、自傳式的『我』敘述個人生命歷程的悲歡離合」，也能「以第三人稱說話者（persona）的語氣，透過小說、遊記等形式再現人生的衝突、創傷、離散經驗（diaspora）、戰爭以及生命核心的價值等」。他認為這些書寫者，是從個別生命歷程的視角，「呈現分殊的人生經驗與軌跡，並且廣泛地運用多樣的書寫體製，編綴串連起整個時代的圖像」。[11]

若從「文類」給予定義，馮品佳以為：

> 「生命書寫」是指記錄經驗、記憶以及自我與他人生命歷程的某些特
> 定文本，像是自傳、回憶錄、日記、書信、見證、乃至於近來在網路相
> 當流行的部落格（blog）等等。筆者甚或以為訪談錄都應該算是一種

---

[10] 紀元文：〈再思生命書寫中的「脆弱主體」：專號緒論〉，收入《歐美研究》第三十八卷第三期（台北：中央研究院歐美研究所，2008 年 9 月），頁 366。

[11] 參自紀元文：〈再思生命書寫中的「脆弱主體」：專號緒論〉，收入《歐美研究》第三十八卷第三期，頁 368。

　　生命書寫，在訪談者與受訪人的對話之間形塑出某些生命的輪廓。[12]

　　李振弘則從心理學的角度對「生命書寫」進行界定，認為「生命書寫」是「從寫──也就是『面對』自身的生命經驗開始」、是「一個反覆在『再現──（詮釋、理解、感動）──實踐』的過程；一個探究生命如何被建構、解構、重新建構的過程；一個將自己視為作品不斷創造的過程，而生命實踐的方向，就是書寫的方向。」[13] 指出生命書寫是在一個再現與實踐「詮釋、理解、感動」生命的過程，從「寫」當中去面對自身的生命經驗。

　　紀元文、李有成則曾以林玉玲對美國文學中的生命書寫研究，提出：

> 顯然，生命書寫不只關心書寫而已，同時還要關心生命，避免讓生命書寫中的自我被孤立或是在其他眾多自我之外，在社群之外……甚至生命書寫極度仰賴的記憶，雖然自個體出發，但是因為個體與生命的關係，最後仍不免被視為社會的建構，個人的記憶因此亦是集體記憶的一部分。[14]

據此，可以見著「生命書寫」是同時著重於「生命」與「書寫」，且所賦予的生命意義是與自體與他人會有互動，個人的記憶與集體記憶不會是分割的關係。

---

[12] 馮品佳：〈生命／書寫〉，收入《英美文學評論》第 15 期（台北：中華民國英美文學學會，2009 年 12 月），頁 v。

[13] 李振弘：〈認識論就是生命史：一個寫作者對「生命書寫旨趣」的自我敘說〉，收入《輔導季刊》第 51 卷第 1 期（台北：台灣輔導與諮商學會，2015 年 3 月），頁 20-21。

[14] 紀元文、李有成：《生命書寫》（台北：中央研究院歐美研究所，2011 年），頁 7-8。

三、「學問僧」

學問僧一詞，應是從古代佛教「論師」的概念而來，在高僧傳的分科裡，歸屬於「義解」與「譯經」之門，可讀經、譯經、解經、講經、辯論法義。藍日昌在〈論師的時代──對僧傳中六朝義學論師的分析〉一文，提出在《高僧傳》與《續高僧傳》的〈義解篇〉當中，所錄載的論師「大底給時人很好的印象，評語一般說來都是以正面者多，因為這群論師大都是學問有成的學問僧，大都深通三教之學」，[15] 由此可見得論師即是指學識豐富的學問僧。

本書的研究對象印順法師與聖嚴法師並未直接自稱「學問僧」，印順法師在自傳裡說道：「在『修行』、『學問』、『修福』──三類出家人中，我是著重在『學問』，也就是重在『聞思』，從經律論中去探究佛法。」[16] 聖嚴法師在自傳裡提及他的博士論文以及後續的論著，是世界各國較大的公私立圖書館東方部文獻所會收藏的兩本著作，研究中國明清問題的學者多會參考，所以他自道：「因此，我是一個國際公認的學者，應是無可置疑的事實。」[17] 根據他們的自述，「重在學問、聞思」以及「國際公認的學者」之語，筆者認為稱呼兩者為「學問僧」是適切的。

此外，以下舉列的研究者亦曾將兩者定位於「學問僧（或義解僧）」，丁敏提出：「印順法師一生志業在對佛教義理的探求上，就是《遊心法海六十年》全書所要表達的主旨」，並且強調印順法師致力於佛法的研探，不是以純粹的學術研究為目的，而是源自「對佛法落實人間所開展面貌的關懷」，她因此將印順法師定位為「義解門」。[18] 李玉珍在〈問學成佛道上之千年邂逅：悼念學問僧印順導師〉提及：「印順導師為近代中國佛教學術

---

[15] 藍日昌：〈論師的時代──對僧傳中六朝義學論師的分析〉，收入《普門學報》第11 期（台北：晉門雜誌社，2002 年 9 月），貞 64。

[16] 印順導師：《遊心法海六十年》（台北：正聞出版社，1985 年），頁 1。

[17] 聖嚴法師：《聖嚴法師學思歷程》（台北：法鼓文化，1999 年），頁 143。

[18] 丁敏：〈台灣當代僧侶自傳研究〉，收入《台灣佛教的歷史與文化》（台北：靈鷲山般若文教基金會，1994 年），頁 168-169。

巨擘的歷史定位，已然確立」，[19] 在題名以及佛教學術巨擘的用字，明指
印順法師為「學問僧」。清德法師述及：「印公指出：古來經論以『修行、
學問、興福』三事總括出家學佛的一切事行。……在此三類出家人中，印公
的性格志向，歸屬學問僧，且主要從事僧教育」，[20] 將印順法師歸屬為
「學問僧」。侯坤宏指出：「印順法師是學問僧，專長在研究。我們也可以
說，他是近代最具代表性的佛教思想家；有關他的年譜或是傳記，也應把握
他的這項專長來展開。」直指印順法師是學問僧、佛教思想家，且點出其專
長在於「研究」。[21]另，侯坤宏亦指出：「聖嚴法師可謂是學問僧，卻在他
六十歲以後投入法鼓山的創建工作，雖在極其忙碌的行程中，仍不忘著書寫
作，出版超過一百冊書籍。」[22] 爾後又補充：「聖嚴法師除具『學問僧』
的身分之外，同時還具有『事業僧』（開創法鼓山）的性格」，[23] 明述聖
嚴法師是學問僧。另外，李志夫也提過聖嚴法師的思惟很清晰，「是個學者
型的法師，所謂『學問僧』」，[24] 直接以「學者型」與「學問僧」論之。
單德興受訪時表示：「聖嚴法師有他獨特的禪風，靈活善巧……他既是學問
僧，也是宗教師。一般人口中的『著作等身』其實多是誇飾，但上百冊的
《法鼓全集》疊起來是真正的『著作『逾』身』」，[25] 指出聖嚴法師篤實
是著作逾身的學問僧。林谷芳提出：「老實說，聖嚴法師感覺學問僧的味道

---

[19] 李玉珍：〈問學成佛道上之千年邂逅：悼念學問僧印順導師〉，收入《弘誓通訊》第
75 期（桃園：弘誓文教基金會，2005 年 7 月），頁 93。

[20] 清德法師：《印順導師的律學思想》（台北：雲龍出版社，2001 年），頁 177-178。

[21] 侯坤宏：《印順導師年譜・自序》（第壹冊）（台北：慈濟人文出版社，2023
年），頁 26。

[22] 侯坤宏：〈記錄史實的年譜《聖嚴法師七十年譜》──沉澱歷史重量的傳記〉，收入
《人生雜誌》308 期（台北：法鼓文化，2009 年 4 月），頁 51。

[23] 侯坤宏：〈掌握年譜重點的一種方式〉，收入《人生雜誌》391 期（台北：法鼓文
化，2016 年 3 月），頁 16。

[24] 卓遵宏、侯坤宏訪問：《紅塵掠影：李志夫先生訪談錄》（台北：國史館，2013
年），頁 167。

[25] 單德興：〈學者與作者的幸福密碼──單德興訪談錄〉，收入《法緣・書緣》（台
北：法鼓文化，2021 年），頁 200。

濃厚了些,禪者的清晰度不似虛雲、憨山,但或許在這樣處處見大師的時代,我們更需要一位『平實中見偉大』的宗教行者」;[26] 許長榮亦提出:「聖嚴法師以『學問僧』的形象深入人心,曾被譽為『穩定台灣人心的力量』,又是人間佛教的倡導者與踐行者」;[27] 兩者都點出聖嚴法師明顯的「學問僧」形象。

回到研究動機與研究對象,筆者擇從「自傳」進入研究,乃因自傳是個人回顧式的「生命書寫」,能夠見著一個人如何去描述、闡述自身一生的經歷,是個人最回歸自我的書寫。筆者將兩位研究對象定義為「學問僧」,除了上文提出的根據,乃因兩者身上最明顯的共同特徵,均為「著作等身」且擁有「文學博士」學位的僧人。是故,「學問僧‧自傳‧生命書寫」成為筆者的論題軸心,也是本書研究印順法師與聖嚴法師的切入點。

印順法師於 1971 年、聖嚴法師於 1968 年撰寫第一本自傳;在此之前「僧人自傳」的問世明顯稀乏。他們兩者自傳的先後出版,除了為傳記文學添入新聲,也在佛教史的進程裡,印記時代性的意義。

本書以「學問僧」定位兩位研究對象,相較於六朝時期的論師備受尊崇,學問僧在當代卻有闕漏修證之嫌,整體佛教界偏重於對興福、梵唄的稱揚,世人對佛教的印象亦多聚焦於此。比之於論師的蓬勃時代,學問僧在當代則有薄勢之象;故筆者想從「出家為什麼還要讀書」為論述起點,探討「出家眾進修研學的意義」為何?又,一個釋子願意以研學著述為終身志業,影響其出家、以及出家後走上學問僧道途的重要機轉為何?在這條道途上,歷經種種試煉、層層考驗,他們為佛法忘軀的毅力為何能堅如磐石?

以上的思維,筆者將以印順法師與聖嚴法師在其「傳寫僧涯」的字句裡,詮釋他們的學思歷程、生命歷程;並且嘗試突破長久以來多數人對於僧人「出家等於離家/忘家」的傳統概念,討論進出俗家、如來之家之間的僧

---

[26] 林谷芳口述,張靜茹、王瑩採訪整理:〈等待大師——讀《枯木開花》有感〉,收入《台灣光華雜誌》第 25 卷第 11 期(台北:光華雜誌社,2000 年 11 月),頁 112-117。

[27] 許長榮:《聖嚴法師開示減壓秘訣》(香港:中華書局,2013 年),頁 1(序言)。

侶情感，以之呈顯僧傳平易近人的生命感，轉變其給予一般大眾較富距離感的刻板印象。

　　有關當代僧侶自傳的研究目前尚未廣泛，誠如本書研究對象印順法師與聖嚴法師，關於他們的學術思想不乏專文探究；但是一代高僧風範，他們最貼近自我敘述的「自傳」，始終較缺乏研究者的關懷。丁敏討論聖嚴法師「寰遊自傳系列」，提出：

> 但一旦涉及書寫，以自傳語言呈現的自明之作，就敘事功能而言，它發揮的只是傳主真實生平的「映鏡」作用，如鏡中虛像般映射生命之行履。然而，自此之後，傳主將以「自傳文本中的自我」，在歷史中據有一個在場的位置，取得歷史的發言權。也給讀者提供了與之對話、論述的空間。[28]

此處提到傳主在歷史中有一個在場的位置，並且取得發言權與讀者對話，如是的對話沒有時空的限制，讀者與傳主可隨時聯繫。周芬伶曾提出她關注於性別、傳記、美學的研究時，「回歸作者中心的意圖頗為明顯」，尤其是在自傳書寫與傳記的雙軌研究，她希望「讓研究多一點『人味』，少一點機械理論操作。」[29] 筆者也認同在自傳的研究裡，應當試著去理解傳主的想法或心境，讓這一份研究活出生命，有「人」的溫度在其中。故筆者期能掌握自傳文本的文學性解讀，詮釋兩者在自傳裡的生命書寫，希冀在僧侶自傳的領域有不同以往的研究成果。

---

[28] 丁敏：〈當代臺灣旅遊文學中的僧侶記遊：以聖嚴法師「寰遊自傳系列」為探討〉，收入《佛學研究中心學報》第七期（台北：國立台灣大學文學院佛學研究中心，2002年7月），頁375。

[29] 周芬伶：《芬芳的祕教：性別、愛欲、自傳書寫論述》（台北：麥田出版，2006年），頁12。

第二節　文獻探討

一、主要文本

本研究的主要文本，分為以下三類：一是兩位研究對象的自傳，二是兩位研究對象的專著，三為關於兩位研究對象的傳記、年譜、紀念集、紀錄片等。

(一) 自傳

本書所討論的印順法師、聖嚴法師自傳，均有「生前出版」與「身後出版」的版本，以下先就其前後版本作一簡明介紹。

印順法師的自傳名為《平凡的一生》，最初的版本寫於 1971 年（時年六十六歲）；[30] 此時，印順法師因常在病中、又感於「因緣的不可思議」，所以著筆寫下自傳，敘寫自己出家、弘法的過程，分為二十六則篇章。[31] 繼後，第二次出版於 1994 年（時八十九歲），在原有的內容裡微調細目，共計三十二則篇章，[32] 是為《平凡的一生》（增訂本）。[33] 最後一

---

[30] 印順：〈平凡的一生〉，收入《華雨香雲》（新竹：正聞出版社，2000 年新版），頁 1-150。

[31] 此二十六章依序為：〈一生難忘是因緣〉、〈出家難〉、〈普陀・廈門・武昌〉、〈誰使我離開了普陀〉、〈最難得的八年〉、〈業緣未了死何難〉、〈我回到了江南〉、〈廈門・香港・臺灣〉、〈墓庫運還是法運亨通〉、〈香港與我無緣〉、〈漫天風雨三部曲〉、〈佛法概論〉、〈餘波盪漾何時了〉、〈我真的病了〉、〈我離開了善導寺〉、〈有關建築的因緣〉、〈好事不如無〉、〈實現了多年來的願望〉、〈內修與外弘〉、〈遊化菲律賓與星馬〉、〈有緣的善女人〉、〈學友星散〉、〈寫作與出版的回憶〉、〈傳戒因緣〉、〈我缺少些什麼〉、〈最後的篇章〉。

[32] 新的篇章依序為〈三部書〉、〈懷念大法師〉、〈半天課〉、〈寫作的回憶〉、〈出版的姝勝因緣〉、〈我與居士的佛教事業〉、〈老年病史多〉。

[33] 印順導師：《平凡的一生》（增訂本）（台北：正聞出版社，1994 年）。在此「增訂本」（含之後的「重訂本」），印順法師才提出書寫自傳的原因：「民國六十年（六十六歲），住嘉義妙雲蘭若。春季以來，身體就感到異樣的不舒服，這可能是業緣將了的預感，所以寫了自傳式的『平凡的一生』，以為這是我『最後的篇章』了。」

版《平凡的一生》（重訂本）[34] 乃於 2005 年出版，此時印順法師已圓寂，這個版本法師生前囑咐於「身後出版」；內容增添三則篇目，[35] 記述其重返家鄉、出家祖庭的感觸，並且簡述早年的修學歷程。

聖嚴法師第一本自傳，乃是寫於 1968 年（時三十九歲）的《歸程》，[36] 共計九章。[37] 另一本「身後出版」的自傳，全書分為二十小章；[38] 是聖嚴法師在紐約道場東初禪寺，於 1996 年至 2005 年的十年間，接受幾任「有心弟子」之採訪，方得以問世的「英文自傳」。聖嚴法師於〈作者序〉道：「出版這本英文自傳的動機是想與西方讀者接觸連結。這本書的內容與我前二本自傳及另一本中文傳記均不同。只有一小部分是中文自傳曾刊載的，其他大部分是新的。」[39] 在其 2009 年圓寂後，弟子著手翻譯成中文版，是為《雪中足跡：聖嚴法師自傳》。[40]

除了上述提及的自傳，因兩者皆以「學問僧」著稱，所以他們特別記述治學經歷的著作——《遊心法海六十年》[41] 以及《聖嚴法師學思歷程》，[42] 不但屬於他們的另類自傳，也是瞭解他們奠定思想源頭的依據。印順法師

---

[34] 印順導師：《平凡的一生》（重訂本）（新竹：正聞出版社，2005 年）。

[35] 此三則依序為：〈大陸之旅〉、〈舊地重遊〉、〈早年的修學歷程〉。

[36] 聖嚴法師：《歸程》（台北：東初出版社，1968 年）。本書所採為「法鼓文化」出版之版本。

[37] 此九章依序為：〈我的童年〉、〈江南的家〉、〈美麗的夢〉、〈狼山的狼〉、〈哀哀父母〉、〈上海與我〉、〈學僧天地〉、〈軍中十年〉、〈回頭的路〉。

[38] 此二十章依序為：〈芒鞋〉、〈敞開的門〉、〈狼山〉、〈上了天堂〉、〈超薦亡魂〉、〈一個和尚的教育〉、〈忠誠的軍人〉、〈桶底脫落〉、〈自由了！〉、〈棒下出孝子〉、〈野生地瓜葉〉、〈批評與害怕〉、〈在太陽之國〉、〈前進西方〉、〈吃苦〉、〈流浪〉、〈第一張佛桌〉、〈山中禪〉、〈鼓震東方〉、〈圓滿〉。

[39] 聖嚴法師著，釋常悟、李青苑譯：《雪中足跡：聖嚴法師自傳》（台北：三采出版社，2009 年），頁 6。

[40] 聖嚴法師著，釋常悟、李青苑譯：《雪中足跡：聖嚴法師自傳》（台北：三采出版社，2009 年）。

[41] 印順導師：《遊心法海六十年》（台北：正聞出版社，1985 年）。

[42] 聖嚴法師：《聖嚴法師學思歷程》（台北：正中書局，1993 年）。「正中書局」是原出版單位，本書所採乃「法鼓文化」出版之版本。

1985 年寫作的《遊心法海六十年》，描述自我的修學歷程分為「暗中摸索」、「求法閱藏」、「思想確定」、「隨緣教化」以及「獨處自修」等五期；並且強調己身研究佛法的立場與方法。聖嚴法師 1993 年出版之《聖嚴法師學思歷程》，從童年開始書寫，全文內容應能視為《歸程》的擴充及接續版。然而，在書中幾則如〈戒律與阿含〉、〈宗教與歷史〉、〈日本佛教面面觀〉、〈東方和西方〉等篇章，是其對學術評論的宗教觀；另於書末之處，更重申自身「中心思想」與「行持」的根據。

　　另者，聖嚴法師曾於《雪中足跡：聖嚴法師自傳‧作者自序》說道：

> 在此書之前，我的個人傳記已有三冊：有我自己寫的自傳，也有他人為我寫的傳記。我在三十來歲完成的第一本自傳《歸程》，記述我所成長的一九三〇至五〇年代動盪的中國社會；一九九三年，我從另一角度記述此生歷程，寫成《聖嚴法師學思歷程》一書，……二〇〇〇年，一位台灣文學女作家施叔青為我寫了一本傳記《枯木開花——聖嚴法師傳》，讀者群也有很好的迴響。[43]

此處所提到的自傳文本，筆者前述已列，但是對聖嚴法師多有探究的丁敏指出：「被聖嚴法師視為自傳的《法源血源》，是法師六十歲時返回大陸探親十九天的所見所思，書中處處見證了法源慧命的薪火相傳，與血源生命的相依相存……有其特殊重要的象徵寓意」，[44] 可見此書的重要性並且呈顯出「自傳」的價值，故筆者亦將其納入探討的文本之列。

　　綜上枚舉乃本書所擇取之文本，在「印順法師」的部分，由於其《平凡的一生》是在固有的內容上增文（原有內容幾無異動），所以筆者直接以「重訂本」以及《遊心法海六十年》為依據版本。至於「聖嚴法師」的四部自傳均為單獨之作，為便探究視角更臻縝密，筆者於研究過程中交互參照，

---

[43] 聖嚴法師著，釋常悟、李青苑譯：《雪中足跡：聖嚴法師自傳》，頁 8。

[44] 丁敏：〈知恩報恩溯本源：《法源血源》導讀〉，收入《人生雜誌》第 308 期（台北：法鼓文化，2009 年 4 月），頁 16。

以防疏漏。

表一：印順法師與聖嚴法師自傳著作

撰者	自傳	出版年
印順法師	《華雨香雲・平凡的一生》	1971 年
	《遊心法海六十年》	1985 年
	《平凡的一生》（增訂本）	1994 年
	《平凡的一生》（重訂本）	2005 年
聖嚴法師	《歸程》	1968 年
	《法源血源》	1988 年
	《聖嚴法師學思歷程》	1993 年
	《雪中足跡：聖嚴法師自傳》	2009 年

　　印順法師兩本自傳皆無「自序（作者序）」，都採用倒敘的方式下筆，告知讀者現今寫書的年齡、或是接觸佛法的年數，再依照時間順序、事件主題展開書寫。筆者亦注意到《平凡的一生》各章節的比重，頁數較多是寫作、出版的回憶；《遊心法海六十年》對各思想階段的描述，則似於法義的講解。

　　聖嚴法師四本自傳排列在一起：《歸程》的結語是向東初法師告假欲往南部閉關；《法源血源》的序文寫於紐約東初禪寺，文中提及自身是旅美華僑以及將東初法師部分舍利送回焦山定慧寺；《聖嚴法師學思歷程》描述閉關、留學、撰寫論文的過程，也述及海外學人、中華佛研所、東西方教導禪修、建設法鼓山的目標；直至《雪中足跡：聖嚴法師自傳》明確寫出法鼓山致力的方向與理念並提到「中華禪」。承上所述，每一本自傳可謂將聖嚴法師的生命歷程連接起來，提供讀者瞭然聖嚴法師生命的進程、逐一的發展。

（二）專著

　　印順法師主要的著作有《妙雲集》上中下三編共二十四冊、《華雨集》五冊，以及專著如《印度佛教思想史》、《印度之佛教》、《空之探究》、

《中國禪宗史》、《說一切有部為主的論書與論師之研究》、《初期大乘佛教之起源與開展》、《原始佛教聖典之集成》、《如來藏之研究》、《雜阿含經論會編》上中下冊、《永光集》，另有選輯《法海微波》等，共計四十餘冊。

聖嚴法師的著作於 1993 年整理為《法鼓全集》（以下簡稱《全集》），由「東初出版社」發行，共四十冊，〈自序〉介紹《全集》的內容：「包括佛教史學、戒律學、佛學入門、佛學問答、宗教學、禪學、文學、自敘傳、遊記、序文、悼文、書評、碩士及博士論文等，是一套通俗性、學術性、實用性、時代性、人文性的佛學叢書，既是理論的，更是實踐的」。[45] 1999 年在聖嚴法師七十壽慶，則重新彙整為七十冊，分成九大輯，由「法鼓文化」出版。而後，2001 年推出《全集》光碟版；繼之 2005 年，則是由原本七十冊再增補續編的三十二冊，共有一百零二冊，且推出《全集》網路版。2020 年，出版《法鼓全集二〇二〇紀念版》，維持九大輯以及增加「相關著作」，共計一百零八冊。[46]

（三）輔助文本（含影音資料）

本研究雖以「自傳」為主，但「傳記」、「訪談紀錄片」等資料的觀察

---

[45] 聖嚴法師：《法鼓全集總目錄》（台北：法鼓文化，1999 年），頁 19-20。

[46] 《法鼓全集二〇二〇紀念版》的編者序，說明成書過程：「新版《全集》歷經十年的編校，這也是法鼓山二代弟子接下續佛慧命任務的第一個十年，全體僧俗四眾在這一場實境的歷史場域中學習、成長，這是從穩健走向創新的一段路。這期間，少數聖嚴師父生前未結集的文稿逐一出版，網路搜尋技術進步普及，數位化程度愈來愈高……，各種環境因緣條件的變化，倏忽十年彷彿眼前，二〇二〇年的出版，又何嘗不是最具足，也最恰當的時機。」另也說明：「新版《全集》與前次版本最大的不同有兩項，值得特別介紹：一、引文標注來源出處；二、調整輯別、篇目」，這當中最大的改變是第九輯的部分，在此新版前是作「外文著作」，但由於版權問題，故新版《全集》不收錄外文著作，以「理念願景類」取代。筆者書寫博論之時，引用文獻以實體紙本為主，並以《全集》2005 年網路版為對照，而本書修訂之時，已有新版《全集》之發行，故筆者作為參考之用；然整體大致以博論書寫之出處為主，特此說明。

角度與取材，實可提供筆者諸多參考與省思，主要參考項目如下：

1. 「傳記」著作

「印順法師」傳記：釋昭慧《人間佛教的播種者》、潘煊《看見佛陀在人間：印順導師傳》、釋真華《印順導師略傳》、劉成有《佛教現代化的探索──印順法師傳》、陳慧劍〈當代佛教思想家──印順大師〉。[47]

「聖嚴法師」傳記：施叔青《枯木開花──聖嚴法師傳》、陳慧劍〈聖嚴法師學記〉、〈《歸程》附錄三：轉眼四十年〉、周慧珠《在風雪中行腳的僧人》、陳啟淦《人間導師──聖嚴法師的故事》以及郭惠芯、林其賢所合著《聖嚴法師人間行履》。[48]

2. 年譜、紀錄集／紀錄片、紀念集、攝影集

「印順法師」部分：鄭壽彭《印順導師學譜》、侯坤宏《印順導師年譜》（第壹冊－第肆冊）、大愛電視台《上印下順導師傳（紀錄片 DVD）》、潘煊《法影一世紀》、釋厚觀發行之《印順導師永懷集》。[49]

---

[47] 釋昭慧：《人間佛教的播種者》（台北：東大圖書公司，1995 年）。
潘煊：《看見佛陀在人間：印順導師傳》（台北：天下遠見出版社，2002 年）。
釋真華：《印順導師略傳》（花蓮：佛教慈濟基金會，1990 年）。
劉成有：《佛教現代化的探索──印順法師傳》（台中：太平慈光寺，2008 年）。
陳慧劍：〈當代佛教思想家──印順大師〉，收入《當代佛門人物》（台北：東大圖書公司，2001 年），頁 1-12。

[48] 施叔青：《枯木開花──聖嚴法師傳》（台北：時報文化出版企業公司，2000 年）。
陳慧劍：〈聖嚴法師學記〉，收入《當代佛門人物》（台北：東大圖書公司，2001 年），頁 117-141。
陳慧劍：〈轉眼四十年〉，收入聖嚴法師：《歸程》（附錄三）（台北：法鼓文化，1999 年），頁 287-319。
周慧珠：《在風雪中行腳的僧人》（台北：中華文化復興運動總會，2004 年）。
陳啟淦：《人間導師──聖嚴法師的故事》（台北：文經社，2009 年）。
郭惠芯、林其賢所合著：《聖嚴法師人間行履》（台北：法鼓山基金會，2009 年）。

[49] 鄭壽彭：《印順導師學譜》（台北：天華出版社，1981 年）。
侯坤宏：《印順導師年譜》（第壹冊－第肆冊）（台北：慈濟人文出版社，2023 年）。在此之前則有單冊的年譜侯坤宏：《印順法師年譜》（台北：國史館，2008 年）。

　　「聖嚴法師」部分：聖嚴法師口述、胡麗桂整理《美好的晚年》，林其賢《聖嚴法師年譜》（第一冊－第四冊）、潘煊《聖嚴法師最珍貴的身教》、法鼓文化《一缽千家飯（法鼓山攝影集）》、法鼓文化《他的身影：聖嚴法師弘法行履》（DVD）、張釗維《本來面目：聖嚴法師紀實電影》（DVD）。[50]

　　以上「主要文本」的分項，在「自傳」方面，由於兩者的自傳都有「生前」與「身後」的版本，印順法師的自傳有補述的部分，聖嚴法師的自傳有重新書寫的進程，從中不但能呈出他們在不同階段看待自己的視角，也可在題材選擇中，見著他們對自身形象的建構。在「專著」方面，兩者著作數量龐大內容浩瀚，筆者主要是依兩位法師自述的學思歷程，梳理各思想階段形成的脈絡。在「輔助文本」方面，乃由他人來介紹、書寫印順法師與聖嚴法師，是從旁觀者的眼光、口吻去建構兩位法師的形象，可讓筆者對照「自傳」與「傳記」書寫視角的差異之處與敘事重心。

二、前人研究成果

　　本書的核心主題置於印順法師與聖嚴法師的自傳，並且著重於他們「學

大愛電視台：《⊥印⊤順導師傳（紀錄片 DVD）》（台北：靜思文化事業有限公司，2003 年）。

潘煊：《法影一世紀》（台北：天下遠見出版社，2005 年）。

釋厚觀發行：《印順導師永懷集》（新竹：福嚴精舍，2006 年）。

[50] 聖嚴法師口述、胡麗桂整理：《美好的晚年》（台北：法鼓文化，2010 年）。

林其賢：《聖嚴法師年譜》（第一冊－第四冊）（台北：法鼓文化，2016 年）。在此之前則有林其賢：《聖嚴法師七十年譜》（上下冊）（台北：法鼓文化，2000 年）。

潘煊：《聖嚴法師最珍貴的身教》（台北：天下文化出版公司，2009 年）。

法鼓文化編著：《一缽千家飯（法鼓山攝影集）》（台北：法鼓文化，2009 年）。

法鼓文化發行：《他的身影：聖嚴法師弘法行履》（DVD）（台北：法鼓文化，2011 年）。

張釗維導演：《本來面目：聖嚴法師紀實電影》（DVD）（台北：財團法人聖嚴教育基金會製作，2020 年）。

問僧」的特質，故而筆者將文獻回顧分納如下：

（一）與印順法師、聖嚴法師相關之「傳記研究」與「人物行誼研究」

1. 傳記研究：

　　李芝瑩《印順法師傳記書寫及其生命教育意涵》、[51]〈印順法師自傳書寫特色及內涵〉，[52] 前者是從自傳、傳記以及動畫，呈現並討論印順法師的生命典範與教化意義；後者則純粹從自傳《平凡的一生》，由身分改變、境遇改變、生活變遷三大面向，探討印順法師的生命書寫特色。作者前後的寫作，都將印順法師面對外在環境與內在心理細膩地對照，也從佛教的因緣觀切入，故而與筆者的探討主題有重疊之處；但是筆者認為李芝瑩的主軸偏向於「生命教育」的方向，筆者的研究較重視於自傳的書寫內蘊。

　　丁敏〈台灣當代僧侶自傳研究〉，[53] 作者以樂觀法師、達進法師、印順法師、悟明法師、真華法師的自傳為研究對象，並為其「分門別類」，給予適當的定位；進而探討僧侶志業在當時佛教界的貢獻與影響，並且從僧侶表述探究自傳的語言問題。

　　丁敏〈當代臺灣旅遊文學中的僧侶記遊：以聖嚴法師「寰遊自傳系列」為探討〉，[54] 這是以 1980 年至 2001 年之間，聖嚴法師的十一本旅遊文本為主題，討論此一寰遊系列的主要焦點、書寫特色與所展現的精神面貌。作者將之視為聖嚴法師行腳遊化的編年記錄，認為是另一種自傳傾向的呈現。此處作者所聚焦是在旅遊上的感發、觸動或是對應於法鼓山的建設、發展理念，未將純自傳《歸程》納入探討。

---

[51] 李芝瑩：《印順法師傳記書寫及其生命教育意涵》（台中：國立台中教育大學語文教育學系博士論文，2010 年）。

[52] 李芝瑩：〈印順法師自傳書寫特色及內涵〉，收入《玄奘佛學研究》第十八期（新竹：玄奘大學宗教學系，2012 年 9 月），頁 63-90。

[53] 丁敏：〈台灣當代僧侶自傳研究〉，收入《台灣佛教的歷史與文化》，頁 163-207。

[54] 丁敏：〈當代臺灣旅遊文學中的僧侶記遊：以聖嚴法師「寰遊自傳系列」為探討〉，收入《佛學研究中心學報》第七期，頁 341-378。

　　林長青《以僧人精神統合生命：聖嚴法師的心理傳記》，[55] 這是從聖
嚴法師的自傳與著作，探討從亂世當中成長的聖嚴法師，思想如何轉變、所
遭逢重要的宗教經驗，以及僧人角色認同的確立問題、閉關的內心追求，此
論文乃以心理學的角度書寫，多為作者自身的主觀分析。

　　吳光正〈從「從戎不投筆」到「超越高峰」──聖嚴法師的宗教書寫與
「寰遊自傳」的文體意識〉，[56] 此篇作者亦是從聖嚴法師「寰遊自傳」系列
為探究文本，但是他著重點在於聖嚴法師的宗教實踐與文體意識，比如他發
覺聖嚴法師會自覺扮演宗師、禪師、學者的角色，彰顯出宗教遊記的特質。

　　以上幾篇，是直接以印順法師、聖嚴法師的自傳或傳記為主題的研究。
此外，由於聖嚴法師有數本自傳或傳記，故而《人生雜誌》有以下的傳記導
讀系列：丁敏〈知恩報恩溯本源：《法源血源》導讀〉、梁金滿〈八十載壯
闊弘法行腳〉、袁瓊瓊〈有情眾生的無情人：重讀《歸程》心得〉、鄧美玲
〈平凡中的不平凡：《聖嚴法師學思歷程》讀記〉、鄭石岩〈枯木開花劫外
春：讀《枯木開花》有感〉、單德興〈雪泥鴻爪法常存：《雪中足跡》評
介〉，[57] 皆是較以導讀傳記的手法書寫。另外，拙作〈博士比丘的交會

---

[55] 林長青：《以僧人精神統合生命：聖嚴法師的心理傳記》（台北：輔仁大學心理學系
　　碩士論文，2006 年）。

[56] 吳光正：〈從「從戎不投筆」到「超越高峰」──聖嚴法師的宗教書寫與「寰遊自
　　傳」的文體意識〉，收入《聖嚴研究》（第八輯）（台北：法鼓文化，2016 年），
　　頁 235-284。

[57] 丁敏：〈知恩報恩溯本源：《法源血源》導讀〉，收入《人生雜誌》第308期，頁16-19。
　　梁金滿：〈八十載壯闊弘法行腳〉，收入《人生雜誌》第 308 期，頁 8-11。
　　袁瓊瓊：〈有情眾生的無情人：重讀《歸程》心得〉，收入《人生雜誌》第 308 期，
　　頁 12-15。
　　鄧美玲：〈平凡中的不平凡：《聖嚴法師學思歷程》讀記〉，收入《人生雜誌》第
　　308 期，頁 20-23。
　　鄭石岩：〈枯木開花劫外春：讀《枯木開花》有感〉，收入《人生雜誌》第 308 期，
　　頁 24-27。
　　單德興：〈雪泥鴻爪法常存：《雪中足跡》評介〉，收入《人生雜誌》第 308 期，頁
　　28-32。

——以印順導師與聖嚴長老的自傳為研究〉，則是本書的縮影之作。[58]

2. 人物行誼研究：

　　此處筆者所著重之處，乃是「思想與行誼」並列的研究，可呈現出印順法師、聖嚴法師的人物特色、人格特質。

　　釋慧璉〈高岡鳳鳴異世同聲——印順導師〈點頭頑石話生公〉一文探綜〉、李志夫〈從《說一切有部研究為主的論書與論師之研究》探討印老的思想與行誼〉、闞正宗〈善導寺時期（1952-1957）的印順法師——「佛法概論事件」前後相關人物的動向〉、陳儀深〈政權替換與佛教法師的調適——以 1949 年前後的明真、虛雲、道安、印順為例〉、黃文樹〈印順導師的教育行誼與教育思想芻探〉、劉嘉誠〈我看印順導師的學風〉、釋傳道〈記一位平實的長老〉。[59] 以上釋慧璉一文，述及東晉南北朝時代的道生

58　釋德晟：〈博士比丘的交會——以印順導師與聖嚴長老的自傳為研究〉，收入《第十一屆海峽兩岸「印順導師思想之理論與實踐」學術會議論文集》（桃園：佛教弘誓學院，2012 年 5 月），頁 493-525。

59　釋慧璉：〈高岡鳳鳴異世同聲——印順導師〈印順頑石點頭話生公〉一文探綜〉，收入《第六屆海峽兩岸「印順導師思想之理論與實踐」學術會議論文集》（桃園：佛教弘誓學院，2006 年 5 月），頁（十七）1-14。
　　李志夫：〈從《說一切有部研究為主的論書與論師之研究》探討印老的思想與行誼〉，收入《印順思想：印順導師九秩晉五壽慶論文集》（新竹：正聞出版社，2000 年 4 月），頁 105-116。
　　闞正宗：〈善導寺時期（1952-1957）的印順法師——「佛法概論事件」前後相關人物的動向〉，收入《印順思想：印順導師九秩晉五壽慶論文集》，頁 383-402。
　　陳儀深：〈政權替換與佛教法師的調適——以 1949 年前後的明真、虛雲、道安、印順為例〉，收入《中央研究院近代史研究所集刊》（台北：中央研究院近代史研究所，1996 年 12 月），頁 341-367。
　　黃文樹：〈印順導師的教育行誼與教育思想芻探〉，收入《印順思想：印順導師九秩晉五壽慶論文集》（新竹：正聞出版社，2000 年 4 月），頁 403-425。
　　劉嘉誠：〈我看印順導師的學風〉，收入《法光》第 127 期（台北：財團法人法光文教基金會，2000 年 4 月），第 2 版。
　　釋傳道：〈記一位平實的長老〉，收入《印順導師的思想與學問：印順導師八十壽慶論文集》（台北：正聞出版社，1986 年），頁 153-166。

法師，與印順法師雖然生處「異世」，卻有諸多相同的特質與生命遭遇，從而透顯出他們的偉大與不朽之處；李志夫則是從印順法師的專書，溯源其開始著作《印度之佛教》一書的根本信念與看法，認為印順法師的「思想」與「行誼」是一體且一致的；闞正宗與陳儀深的兩篇文章，都有從「佛法概論」事件，探討身處困境中的印順法師能夠全身而退的因素，與其人格特質有深刻的關係。黃文樹則是提出印順法師能夠剖析中國佛教沉痾、批判漠視義學的偏頗思想，並由人間佛教的理念辦學，重視女眾佛學教育，堪稱為當代思想啟蒙家與進步的教育家。劉嘉誠則提出印順法師所樹立的學風，具有振衰起弊的劃時代意義，可稱得上是中國的康德或龍樹。釋傳道指出印順法師沒有顯赫家世、沒有神蹟瑞相、也沒有眾多徒眾，且不善交際又體弱多病、困難重重；但是他一生以「平實」的性格處世，可謂是佛教界最平凡的長者，卻平實得可敬。

　　李志夫〈聖嚴法師行誼簡介〉，[60] 從聖嚴法師的生平與著述、思想與教育、弘法與利生作介紹，探述他的悲願行誼。另外，《聖嚴法師思想行誼》[61] 一書，收錄林煌洲〈台灣高等教育的推手聖嚴法師──佛教學術教育之一例及我見〉、林其賢〈尋求菩薩戒的新典範──聖嚴法師菩薩戒思想初探〉、楊郁文〈《正信的佛教》──聖嚴法師流通最廣的著作〉、曹仕邦〈淺論聖嚴博士的律學與史學〉、陳美華〈法鼓十年（1989-1998）──從農禪寺到法鼓山的立基與開展〉、釋果樸〈聖嚴法師「建設人間淨土」理念根源──法師大陸出家學習與近代中國佛教興革〉。[62] 從教育、戒律、著

---

[60]　李志夫：〈聖嚴法師行誼簡介〉，收入《中華佛學學報》第十三期（台北：中華佛學研究所，2000 年 7 月），頁 531-537。

[61]　林煌洲等合著：《聖嚴法師思想行誼》（台北：法鼓文化，2004 年）。

[62]　林煌洲：〈台灣高等教育的推手聖嚴法師──佛教學術教育之一例及我見〉，收入《聖嚴法師思想行誼》，頁 9-55。

　　林其賢：〈尋求菩薩戒的新典範──聖嚴法師菩薩戒思想初探〉，收入《聖嚴法師思想行誼》，頁 57-92。

　　楊郁文：〈《正信的佛教》──聖嚴法師流通最廣的著作〉，收入《聖嚴法師思想行誼》，頁 93-168。

作、開山、弘教的不同面向,探究聖嚴法師對人文的關懷、對戒律法義的運用、對推廣「人間淨土」理念的悲願,從他在宗教實踐上的堅毅,體解他一生為佛教奉獻的使命感。

(二)與印順法師、聖嚴法師相關之「思想研究」

本書的主題雖從自傳開展,但是其中述及兩者的學思歷程,故而思想層面雖非筆者的研究重心,卻是不可忽略之處。研讀印順法師或聖嚴法師的著作,兩者的思想系統龐大精深,然以下的著作對於兩者的思想有全面或專精的研析,是筆者不可或缺的參考資料。

與印順法師思想相關的專著研究,如郭朋《印順佛學思想研究》、邱敏捷《印順導師的佛教思想》、侯坤宏《真實與方便:印順思想研究》、釋昭慧《活水源頭──印順導師思想論集》,[63] 此些著作是對印順法師整體思想進行探究與介紹。此外如釋清德《印順法師律學研究》與《當代佛教戒律新詮──印順導師人間佛教的戒律思想》、釋性廣《人間佛教禪法及其當代研究──印順導師禪學思想》、釋德謙《印順法師的淨土思想研究》、朱文光《佛教歷史詮釋的現代蹤跡:以印順判教思想為對比考察之線索》,[64]

曹仕邦:〈淺論聖嚴博士的律學與史學〉,收入《聖嚴法師思想行誼》,頁 169-249。

陳美華:〈法鼓十年(1989-1998)──從農禪寺到法鼓山的立基與開展〉,收入《聖嚴法師思想行誼》,頁 251-287。

釋果樸:〈聖嚴法師「建設人間淨土」理念根源──法師大陸出家學習與近代中國佛教興革〉,收入《聖嚴法師思想行誼》,頁 345-504。

此書亦有收納丁敏:〈當代臺灣旅遊文學中的僧侶記遊:以聖嚴法師「寰遊自傳系列」為探討〉一文,因上文已作介紹,故此處不重複列出。

63　郭朋:《印順佛學思想研究》(台北:正聞出版社,1992 年)。

邱敏捷:《印順導師的佛教思想》(桃園:法界出版社,2004 年)。

侯坤宏:《真實與方便:印順思想研究》(桃園:法界出版社,2009 年)。

釋昭慧:《活水源頭──印順導師思想論集》(桃園:法界出版社,2003 年)。

64　清德法師:《印順導師的律學思想》(台北:雲龍出版社,2001 年)。

清德法師:《當代佛教戒律新詮──印順導師人間佛教的戒律思想》(台北:紹印精舍,2022 年)。

則是分別討論印順法師《律藏》集成的研究、律學思想內涵及僧團制度問題;或是以印順法師人間佛教理念作為禪觀的背後動機,將印順法師的禪法分別以人天禪法、聲聞禪法、大乘禪法來區別其禪學特色;或是以印順法師淨土相關的著作,探討他從哪些角度來評判中國淨土宗,另也提出人間淨土思想的現代意義;又或者是以當代的佛學思想家太虛法師和印順法師的佛學研究方法做為研究的主軸,比較二者之間的差異性給予評議,嘗試釐清「佛學研究」的方法和範圍,並且探究典範成為學術主流之意涵。

與聖嚴法師思想相關的專著研究,有辜琮瑜《聖嚴法師的禪學思想》、林其賢《聖嚴法師的倫理思想與實踐——以建立人間淨土為核心》、釋常慧《聖嚴法師佛教教育理念與實踐》、王子兆《聖嚴法師教育思想之研究》、王靖絲《聖嚴法師對淨土思想的抉擇與詮釋》等。[65] 辜琮瑜提出聖嚴法師的人間淨土是承接東初、太虛、印順法師的創見,站在一個承先啟後的位置,將漢傳佛教發揚;而其禪法的特質,即是對整體佛法的融通,禪法的應用與開展不固守一時一地而發展,並且是簡易且能清晰實踐的法門。林其賢則是從應用倫理學的角度,探討聖嚴法師倫理思想特色,並且從其實踐的軌跡中發掘倫理關懷的核心準則,且探究其在面對社會發展問題的具體回應。

釋性廣:《人間佛教禪法及其當代實踐——印順導師禪學思想研究》(桃園:法界出版社,2001 年)。

釋德謙:《印順法師的淨土思想研究》(嘉義:南華大學宗教學研究所碩士論文,2012 年)。

朱文光:《佛教歷史詮釋的現代蹤跡:以印順判教思想為對比考察之線索》(台中:國立中興大學中國文學系碩士論文,1996 年)。

[65] 辜琮瑜:《聖嚴法師的禪學思想》(台北:法鼓文化,2002 年)。

林其賢:《聖嚴法師的倫理思想與實踐——以建立人間淨土為核心》(嘉義:國立中正大學博士論文,2009 年)。

釋常慧:《聖嚴法師佛教教育理念與實踐》(台北:法鼓文化,2004 年)。

王子兆:《聖嚴法師教育思想之研究》(台東:國立台東大學教育學系碩士論文,2015 年)。

王靖絲:《聖嚴法師對淨土思想的抉擇與詮釋》(屏東:國立屏東教育大學中國語文學系碩士論文,2011 年)。

釋常慧與王子兆則是著重聖嚴法師的教育思想；釋常慧從聖嚴法師的求學歷程談及其後來對佛教高等教育的推動與重視，王子兆則是針對心靈環保的相關文獻進行分析，從聖嚴法師實現人間淨土的願景，探索其教學內容所形成的核心主軸，並以教育的心靈問題、人性問題、道德問題，析論聖嚴法師教育思想的基礎和邏輯。王靖絲則是探討聖嚴法師淨土思想的演變，並且探究其抉擇、成形、推廣的過程。以上分別從禪學研究、倫理實踐、教育理念、淨土抉擇等角度探究聖嚴法師多元的思想，並且均強調其思想與實踐並重的特色。

　　另外，如有藍吉富主編之《印順導師的思想與學問》與《印順思想：印順導師九秩晉五壽慶論文集》、釋恆清主編之《佛教思想的傳承與發展：印順導師九秩華誕祝壽文集》、現代佛教學會編輯之《佛教文化與當代世界：慶祝印順導師百歲嵩壽學術論文集》；[66] 而聖嚴教育基金會學術研究部目前（2023 年）已出版《聖嚴研究》第一輯至第十五輯。除此，玄奘大學宗教與文化學系、弘誓佛教學院等單位主辦之「印順導師思想之理論與實踐」研討會，迄今（2023 年）已至第二十一屆，內容多圍繞印順法師的思想或「人間佛教」相關主題之思想與實踐做探究；財團法人聖嚴教育基金會主辦的「漢傳佛教與聖嚴思想國際學術研討會」，迄今也已舉辦九屆。綜觀兩者研討會論文集發表的篇章與相關出版著作，內容著實豐碩多元，從思想、文學、社會關懷議題、倫理與生命教育、佛教藝術、佛教發展等等面向皆有述及；筆者從中參閱相關文獻，期拓展本書的研究深度。

---

[66] 藍吉富編：《印順導師的思想與學問》（台北：正聞出版社，1986 年）。
　　藍吉富主編：《印順思想：印順導師九秩晉五壽慶論文集》（新竹：正聞出版社，2000 年 4 月）。
　　釋恆清主編：《佛教思想的傳承與發展──印順導師九秩華誕祝壽文集》（台北：東大圖書公司，1995 年）。
　　現代佛教學會編：《佛教文化與當代世界：慶祝印順導師百歲嵩壽學術論文集》（台北：文津出版社，2005 年）。

（三）與印順法師、聖嚴法師相關之「對比研究」

　　本書將印順法師與聖嚴法師一同研究，筆者的觀點來自兩者具有相似的學問僧特質。學界如林建德、越建東也曾將兩者對照研究，林建德曾發表〈印順及聖嚴「如來藏」觀點之對比考察〉、〈試論聖嚴法師對中華禪之承傳和轉化：以印順法師觀點為對比的考察〉、〈「抉擇」與「傳承」：印順和聖嚴對於「中國佛教」的兩種立場〉，[67] 越建東則發表〈聖嚴法師與印順導師之思想比較——以人間淨土和人間佛教為例〉[68] 一文。雖然林建德與越建東均是從思想作切入，但是他們的觀點可供筆者作參考及省思的依據。再如林建德受訪時，說道：

> 印順導師進步的佛教觀念，中國佛教保守之流者難以接受，不是批評之、就是置若罔聞；但聖嚴法師很不一樣，他雖立基在漢傳禪佛教，卻大量吸收印順思想養分，以此來轉化和提昇中國佛教的信仰品質。這種開放胸襟及開明思想，相當值得參照。將他們兩者放在一起討論，即試著說明這點。也就是說，聖嚴法師雖堅守中國佛教本位，卻不斷地創新、改變；他雖不全然認同印順思想，但卻虛心學習，將之深深地烙印在自己的佛教思想中。這樣不即不離、又即又離，可說作了良好示範，來溝通傳統中國佛教及重佛法本義的印順的人間佛教。[69]

---

[67] 林建德：〈印順及聖嚴「如來藏」觀點之對比考察〉，收入《臺大中文學報》第 40 期（台北：國立臺灣大學中國文學系，2013 年 3 月），頁 291-330。

　　林建德：〈試論聖嚴法師對中華禪之承傳和轉化：以印順法師觀點為對比的考察〉，收入《聖嚴研究》（第五輯）（台北：法鼓文化，2014 年），頁 235-268。

　　林建德：〈「抉擇」與「傳承」：印順和聖嚴對於「中國佛教」的兩種立場〉，收入《人間佛教研究》第七期（香港：香港中文大學「人間佛教研究中心」，2016 年），頁 177-212。

[68] 越建東：〈聖嚴法師與印順導師之思想比較——以人間淨土和人間佛教為例〉，收入《聖嚴研究》（第八輯）（台北：法鼓文化，2016 年），頁 191-233。

[69] 摘錄自筆者採訪稿（附錄五〈林建德老師訪談錄〉）。

此一論說，提供筆者在對照印順法師與聖嚴法師思想之間，進入更為深刻的思考點。

　　綜上所列，筆者從這些文獻回顧與前人研究成果，得以清楚地見著當今學界研究印順法師與聖嚴法師的面向，也提供筆者更為清晰的研究視域。

第三節　研究進路與章節安排

一、研究進路

　　筆者執行本研究的進路，即是先確立主要文本的範疇，進而透過靜態進路，展開文本與傳主、文本與讀者的交集；透過動態進路，展開傳主與親近傳主者的交集。

（一）靜態進路：文本生命的交集──生命史對照法[70]

　　此處「文本生命的交集」，乃指文本傳主之間的生命交集，以及文本與讀者之間的生命交集。

　　胡紹嘉提出：「從『自我認同』（self-identity）的角度而言，當人開始寫作自己的生命故事時，他其實是在將自己一生中散落的個別生命事件、遭遇，整合成一個具歷史脈絡與時序的完整故事，透過此一『自我文本』（self-text）的形構，其經歷成為『完整自我』（integrated self）的過

---

[70] William Mckinley Runyan 提出：「『生命史』（life history）這個名詞有時候被用為：個人以自己的話語來述說個人生命的故事。按照這個觀點，則『生命史研究法』（life history method）的說法是合乎道理的，因為涉及了以案主的語言引述並且記錄個人故事的程序。」另外，他從社會科學領域，劃分生命史研究的三個時期：一、約從 1920 到第二次世界大戰期間，這段時期大多將生命史視為「生命史研究法」，致力於研究個人的檔案，如：自傳、日記、書信。二、約從二次世界大戰持續到 1960 年代中期，此時期的生命史研究是逐漸受到冷落的。三、從 1960 年代中期至今，此時期在社會科學界有眾多的作品與生命史有關，且大部分與「生命歷程」的研究相關。引述自 William Mckinley Runyan 著、丁興祥等譯：《生命史與心理傳記學──理論與方法的探索》（台北：遠流出版事業公司，2002 年），頁 25-34。

程」；[71] 余德慧提出：「生命的厚重感來自生命經驗的歷史，也就是來自『生命閱歷』」。[72] 僧侶自傳所記述無非是僧人自身的生命史，將自己由俗家到出家所經歷的階段性境遇與心境，寫成完整的故事。筆者閱讀印順法師、聖嚴法師的自傳，並對照相關傳記的書寫，可感受到兩者生命所呈現的厚重感，這份厚重感來自他們別於常人的生命經驗，顯露出「宗教行者」的特質，是一種支撐僧者發願出家、利濟眾生、獻身佛教的力道。

筆者在研究兩者自傳的過程，發現兩位傳主的生命有諸多相似之處，也正是他們兩者自傳可相互對應之處。雖然兩者的年代稍有前後的區別，但是同處一個大時代背景，使得他們的生命閱歷有一種共相；又因為兩者不離學問僧的特質，在問學成道上的經歷頗有重疊之處，故而筆者感受所面對不是單獨的文本，而是文本傳主之間能夠共語、對話，這層對話使得他們的生命有所聯繫——被尊崇為當代高僧的他們，相互輝映著雪地裡的恆光。

李紀祥提出：「『歷史』就是這樣的一幅『不朽』之圖景：1. 典藏在『書』（成文作品）中的，是一個族群中的『人生』之場域。2. 有人『寫作』。3. 有人『閱讀』。4. 有人『生活』。」[73] 筆者認為印順法師、聖嚴法師書寫自傳並非意圖為自己留下不朽，但是也由於他們有如是的生命書寫，所以留下歷史供人閱讀。讀者從他們的寫作裡，去體會僧者的足履、心路歷程；身為讀者若有觸動、若能感動甚至升起敬仰，即使不認識傳主、又或是傳主已逝去，精神的不朽卻已呈現。此時，不再只是閱讀傳主的生命風景，而是跟著傳主行走在他們的生命裡，一起感受風景的冷暖。

傅偉勳：「就詮釋者的主體性這一面說，他所需要的基本態度是具有同情的了解意義的（幾近美學上所說的「移情同感」）一種德國哲學家狄爾泰所倡『隨後體驗』（Nacherleben）的功夫。狄爾泰曾經提出：『（原來作家的）體驗→（體驗形成作品的）表現→（鑑賞者或詮釋者的）隨後體

---

71 胡紹嘉：《敘事、自我與認同——從文本考察到課程研究》（台北：秀威資訊科技公司，2008 年），頁 104。

72 余德慧、李宗燁：《生命史學》（台北：心靈工作坊，2003 年），頁 4。

73 李紀祥：《時間・歷史・敘事》（台北：華藝學術出版社，2013 年），頁 344-345。

驗』。」[74] 作為一個僧傳研究者，瞭解僧人的時代背景、生活環境、性格特質與出家願志，才能進入僧人的生命裡探索；探索之時，才得以尋找因果關係與規律法則，進而詮釋僧傳與做出分析的可能性。

（二）動態進路：口述生命的交集──人物訪談法

此處「口述生命的交集」，乃指文本傳主與親近傳主者的交集，透過「親近傳主者」的回憶、敘述，將其認識的傳主描述出來；這份記憶裡的互動，正屬於他們之間獨一無二的共在時空。

> 自傳、傳記與口述歷史都陳述一個人的過去，而自傳作者、傳記的傳主、口述歷史的受訪者，經常都被認為是對一個時代社會有相當影響的人，因此他們的「過去」被視為史學家重建歷史的重要材料。其中，自傳與口述歷史的內容，主要是根據個人記憶，所載常不見於其他文獻，如此更因其資料的「原始性」而受到重視。[75]

筆者的研究對象雖已辭世，但藉由尋其弟子門生訪談，更足以加深筆者對於其生平的了解與熟悉，而此「第一手資料」更可成為後人研究的珍貴文獻。筆者在大學時期，曾有機會親訪聖嚴法師，然訪問稿卻因出版單位無法出刊而擱置，故筆者藉此機會將此採訪稿問世，呈現聖嚴法師藹然可親的受訪與開示過程。又筆者於研究所階段，曾有機會訪問印順法師的弟子厚觀法師，採訪稿初始亦遭擱置，後來已刊登發表；因本書的內容需引用採訪稿部分內容，故筆者將之納入附錄以作參考。

筆者進行本書之際，前後新訪四位相關對象：分別是慧璉法師、果賢法師、林建德老師、辜琮瑜老師。慧璉法師是印順法師的弟子，曾赴日攻讀早

---

[74] 傅偉勳：《從創造的詮釋學到大乘佛學》（台北：東大圖書公司，1990 年），頁20。

[75] 王明珂：〈誰的歷史：自傳、傳記與口述歷史的社會記憶本質〉，收入《思與言》第34 期第 3 卷，頁150。

稻田大學取得碩士學位，也是學問僧的形象，其對於印順法師的思想深入鑽研並長期授課弘揚；過去除了「香光莊嚴」的專訪，關於慧璉法師的訪談甚少，筆者感受這是法師個性謙和內斂之故，卻也是與印順法師風範頗為相似之處，故能邀訪法師，筆者感到非常難得。果賢法師是聖嚴法師的弟子，在法鼓文化服務多年，日前是法鼓山文化中心副都監、法鼓文化編輯總監；其不但對於聖嚴法師的著作、文稿相當熟悉且富深厚法情，對於法鼓山的發展亦深具參與經驗，故筆者認為法師極有代表性。林建德老師任教於慈濟大學宗教與人文研究所，在佛教哲學、人間佛教思想領域，是成果卓著、見地深湛的學者；而筆者注意到林建德老師不但對於印順法師與聖嚴法師的思想均有專文著作，且發表的論文已有數篇是將兩者作「對比研究」（林建德老師也同時拜謁過兩位法師，並且皈依聖嚴法師），此與筆者的題目有相仿之處，故而特地訪問之，增進筆者思維的寬度。辜琮瑜老師任教於法鼓文理學院生命教育碩士學位學程，其與法鼓山結緣多年，就讀文化大學哲研所時，即是聖嚴法師的學生，爾後進入法鼓文化工作，曾任《人生雜誌》主編（這是聖嚴法師頗為重視的刊物），更由學生成為弟子，繼後博士論文又以聖嚴法師的禪學思想為題，這當中有諸多親炙聖嚴法師、親受師教的珍貴經驗；此外，辜琮瑜老師不但在法鼓山的文化志業耕耘多年，在教育志業也投入甚多，深體聖嚴法師的興學願力，使筆者訪談之際甚感收穫豐盈。

　　筆者安排「人物訪談」的因由已於上文說明，主要是想透過兩位研究對象的出家或在家弟子「談談自身理解的師父」，透過他們的描述，讓自傳的傳主形象鮮明起來，也透過他們呈顯出另一種方式的現身說法。筆者約訪的人數不多，乃是考量以「重複率低」的受訪者進行訪問。筆者關注到邱敏捷的《「印順學派的成立、分流與發展」訪談錄》，[76] 已有訪問多位印順法師的弟子、門生與相關的研究者；法鼓文化出版的《他的身影：聖嚴法師弘法行履》（DVD），十三集的影集記錄，訪談與法師互動過的近百位出家

---

[76] 邱敏捷：《「印順學派的成立、分流與發展」訪談錄》（台南：妙心寺，2012年）。

或在家弟子，由他們去講述「生命裡認識的聖嚴法師」；另外國史館出版一系列的僧侶、佛門人物訪談錄，[77] 其中亦有印順法師或聖嚴法師的追隨者，筆者均列為主要參考的訪談文獻。

　　透過閱讀、經由詮釋、借助訪談，循以靜態及動態的研究進路，筆者認為是研究當代僧傳的理想途徑。

二、章節安排

　　本書以印順法師與聖嚴法師兩位學問僧為研究對象，除緒論與結論，論文架構採以「先綜探再分述」的作法。[78] 筆者規劃第二章自「生命歷程」談起，將兩者共同的人生閱歷對照探討，進而方由「共性」中討論「殊性」；故第三章與第四章，分別從兩者「自傳生命書寫方向」，細述重要的生命事件，進行四大主題的探討。最末，則以「學問僧自傳的特質」、「當代僧侶自傳的貢獻、價值、發展可能」作為探究。

　　本書共計六章，章節安排如下：

　　第一章：緒論，概述筆者的研究動機，進而釋題、作文獻探討及評析，並提出研究進路與目的。

　　第二章：以印順法師與聖嚴法師的生命經歷為探討，先分析兩者的「原始家園」，進而討論他們進入「釋家」的履歷，最後再總述渡台僧侶的生命歷程。

　　第三章：本章著重以印順法師與聖嚴法師生命書寫方向的「學思行旅與著作歷程」、「學問僧的養成」為主題，探論兩者成為學問僧的養成途徑。

---

[77] 此處提及的國史館訪問系列多由侯坤宏與卓遵宏擔任主訪，侯坤宏提出進行佛教人物的口述訪問，他的體會與心得是依「三法印」的原則（如同印順法師以三法印研究佛法，或是中華佛研所杜正民教授（2016 年辭世）從事 CEBTA 也同樣秉持三法印的精神），亦啟發筆者良多。參自侯坤宏：〈台灣佛教人物口述訪問經驗談〉，收入《法光雜誌》第 307 期（台北：法光文教基金會，2015 年 4 月），頁 2-4 版。

[78] 筆者採取「先綜探再分述」的作法，「綜探」的內容或有含括「分述」的部分，故而稍有重複之處，但有詳略的差異。

　　第四章：本章著重以印順法師與聖嚴法師生命書寫方向的「生命困挫與轉折」、「弘化與育僧」為主題，探論兩者如何面對出家前後、抵台前後所遭遇的挫折困境，並且持續初衷弘化的願力。

　　第五章：本章乃是提出學問僧自傳的特質，並呈顯當代僧侶自傳的貢獻與價值，以及討論僧侶自傳發展的可能性。

　　第六章：結論，筆者將總結以上各章討論所得之成果，提出研究省思。

第二章

印順法師與聖嚴法師的生命歷程

　　余德慧指出：「生命感有很大的部分來自生命自身的歷史。我們曾經有的經歷有個很奇妙的現象：往日時光透過回憶獲得此刻的新意義。意思是說，我們任何時刻的感覺都被過去的經歷所滲透，我們的眼睛一直沾滿過去的經歷，但是，經歷的返回並不是原樣搬回來，而是以我現在的情況重新被看到。……因此，生命的意義並不一定是在事情發生的經驗，而是後來發生的事情開啟了當年的意義。」[1] 一位學問僧的人生跋履，並非在出家為僧的當下，即刻便能知曉未來的僧涯定向；若更推移回到俗家身分，彼時的時空背景也未必能確知出家的意義、瞭解僧者的角色。

　　誠如本書研究的兩位學問僧印順法師與聖嚴法師，他們的成長環境一路困窮動盪不安，所見識的佛教也非本來面目且衰頹無望；即使他們後來都得以順利離家而出家，卻也未能從此於佛門安穩研學，反而是在不斷的遷徙與奔波（甚至必須轉換身分）當中，經歷無數曲折的內外在歷練（內在是自己的身心，外在是所處的環境）、渡越無盡蜿蜒的生命歷程，才逐漸落合於學問僧的路途。本章將從兩者本源性的原始家園談起，繼而探究他們在釋家究竟道途上所呈顯的宗教情操，最後再綜論他們皆身為「渡台僧侶」的生命歷程。

---

[1]　余德慧、李宗燁：《生命史學》，頁5（自序）。

第一節　本源性的原始家園

　　所謂本源性的原始家園，筆者係指出生的原生家庭、時代與環境背景。回顧印順法師與聖嚴法師的原始家園，他們雖差距二十四歲，但是所處的時空背景則有所交疊，故從他們的自傳裡，可歸納出幾項共同現象：

一、家窮體弱

（一）印順法師

　　印順法師，俗名張鹿芹，出生於 1906 年清明前夕國曆 4 月 5 日[2]（農曆 3 月 12 日），浙江省海寧縣城東、距離盧家灣鎮二里的農村「張角兜」。其自述：「我是七個月就出生的；第十一天，就生了一場幾乎死去的病。從小身體瘦弱，面白而沒有血色」、[3]「我出身於農村，家庭並不富裕」，[4] 早產兒張鹿芹在出世之始便差點因病辭世，加上母親陸氏體弱無法充分哺乳餵育，身上的黃疸則是由大其七歲的姐姐抱著曬太陽而逐漸痊癒的；[5] 這般的先天不足後天失調，似乎預示其往後一輩子的身弱。

　　從自傳敘述中，可看出張鹿芹的家境雖不至於貧瘠，有大約十畝的田地，但是家中的人口簡單，姊姊在其就讀高小時已出嫁，後因產後痢疾去世；母親身體抱恙卻須一人處理家裡事務，每年三、四月間還得做辛勞的養蠶工作，疲累之餘終究病倒；故而家裡雖有田地但耕作人力不繼，經濟來源

---

[2]　1906 年的清明節為國曆 4 月 6 日。

[3]　印順導師：《平凡的一生》（重訂本），頁 29。

[4]　印順導師：《遊心法海六十年》，頁 1。潘煊曾形容：「那著實不是個有富厚條件可以養出胖小子的時世，清廷的腐敗已經朽到了根，外頭列強環伺，裡頭民生困苦、社會動盪，掙扎於飢餓線上的群眾，在全國掀起種種抗捐行動、搶米風潮。」引自潘煊：《看見佛陀在人間：印順導師傳》，頁9。

[5]　筆者於 2006-2007 年間，擔任《奕葉明燈：印順導師傳》（嘉義：妙雲蘭若出版，2007 年）的文案撰寫，當時數次請教妙雲蘭若住持慧理法師對於印順導師相關的印象，法師曾提起：「導師的身體從小就不好，生出來是可以看到腸子的，身上黃疸是姐姐抱去曬太陽，曬了好幾天才褪去的。」（筆者筆記，2006 年 2 月 12 日）

端靠在新倉鎮泰源南貨店擔任經理的父親張學義。

（二）聖嚴法師

　　聖嚴法師，俗名張保康，出生於 1931 年國曆 1 月 22 日（農曆為 1930 年 12 月 4 日），長江入東海的海口西邊、江蘇省南通狼山近小娘港的偏鄉。其自敘：「據我母親說，我出生時非常瘦小，沒比小貓兒大多少，很多人還說我看起來像隻田鼠。於是我的父母親給我起了個名字——保康，永保安康」、[6]「我家窮，我們鄉間，就是有錢的人家也窮。因為，整個大陸普遍地都窮」，[7] 張保康的父親張選才與母親陳氏，已育有三男二女，逾四十歲又迎接這個小兒子的出生。可能在母親懷孕時因營養不周[8] 造成身弱的底子，故取名的願想與現實相違，張保康常常生病，「幼年時，成長奇慢，到了六歲才會走路和學會講話。」[9] 由命名的心意對照慢速成長的跡象，可想像這位張家么兒身體狀況的薄弱。

　　最直接影響張家的災難，莫過於張保康出生幾個月後，一場洪災淹沒了他們的家田以及所有的一切，他們只得先至親戚家借住，接著搬至江南的常熟縣一處名為長陰沙（或作常陰沙）的地方。由於窮困又不幸遭逢水災，張選才夫婦帶著六名子女到江南重新起家，先是租了七畝地、建了三間茅屋，並當起佃農與散工，慘淡支撐起一家八口的生計。

　　據上觀之，兩者的家境皆可以「貧窮」論之。他們的母親[10] 因為窮困的環境無法滋補健身，身體虛弱乳汁不足，導致他們先天與後天的營養都缺

6　聖嚴法師著，釋常悟、李青苑譯：《雪中足跡：聖嚴法師自傳》，頁 16。

7　聖嚴法師：《聖嚴法師學思歷程》，頁 11。

8　聖嚴法師：「我出生時，母親已經老了，窮苦人家的多產女人衰老得早，在我的記憶中，一開始，母親就是一個小腳老太婆了。」引自聖嚴法師：《歸程》，頁 17。

9　聖嚴法師：《聖嚴法師學思歷程》，頁 12。

10　筆者注意到印順法師與聖嚴法師的自傳述及母親時，皆未寫出母親的名字，印順法師以「陸太夫人」稱之；聖嚴法師則提到母親姓陳，兒時曾問過母親名字，但母親以「媽媽」回應之，故而他不知道母親的名字。（兩者的自傳，皆有寫出「父親」的名字）。

乏。在手足的排行，他們都是老么。印順法師的母親於彼年代僅生養兩個孩子，從「母親陸太夫人，身體不太強」[11] 以及「勞累不堪，引發了離奇的病」[12] 等敘述，可見其母身體狀況欠佳，筆者推測因已懷生男嬰可負傳宗接代之責，便不再生育。聖嚴法師的母親懷他時已是高齡產婦，在這之前已有五個孩子，另有一個夭折，體弱至極故餵育他才兩三個月便斷奶，之後則餵以米漿或糖水。

聖嚴法師曾述及孩提的家鄉：「歷煎中國長期的動亂與解體，生命總處在一種『共相』的貧窮與慘迫中——地主窮，而無片土片牆的佃農更窮」。[13] 顯示「窮」在當時是一種常態，從家、鄉乃至遍地都窮，反映出大時代背景極其不安定、不牢穩，故出現此等均貧之象。

二、時局動盪

印順法師生於清光緒 32 年（1906 年，是為民國建國前六年），此時長期內憂外患的清廷皇權與積極崛起的革命軍團不斷對峙，中國政局顯得極度動盪不安。聖嚴法師生於 1930 年，民國 19 年農曆年尾，以國曆論之實已進入民國 20 年的 1 月下旬，此年 9 月發生史上有名的九一八事變，乃中國的東北軍隊與日本的關東軍隊因衝突引發的軍政事件。

聖嚴法師童年時期所要面對的動盪時局，除了戰爭，還得面對動盪家園的大洪災，也由於從祖先開始已遭水患，[14] 所以家道更為清貧，他曾提及：「我家的窮，第一是由於水災，第二是因為戰亂。」[15] 在其記憶裡，

11　印順導師：《平凡的一生》（重訂本），頁 216。

12　印順導師：《平凡的一生》（重訂本），頁 217。

13　聖嚴法師口述、梁寒衣整理：《聖嚴法師教觀音法門》（台北：法鼓文化，2005年），頁 103。

14　聖嚴法師提及父母曾告知：「我們這個張氏家族，原住在長江出口處一個三角洲的崇明島腳盆圩。從『腳盆圩』這個名字看來，應該是海邊一個低窪的地區。因為一場大水災，就把我的高曾祖父，趕到了南通的狼山前。」引自聖嚴法師：《聖嚴法師學思歷程》，頁 9。

15　聖嚴法師：《歸程》，頁 36。

水災是令人驚懼的，造成家毀、人畜皆亡的場景，但是「那時侵略中國的最初讓我見到和聽到的日本人，簡直要比洪水猛獸更可怕。」[16] 他見聞日本人到處殘燒、濫殺且姦淫，但是他的母親總是接納鄰家富裕的女孩或者逃難的婦女躲到他們這間不起眼、日本人不會檢查的小房子避難；他自述當時僅是個普通的小孩，故而對敵人沒有慈悲心，但是出家後，才漸漸瞭解母親的慈悲與智慧。

印順法師與聖嚴法師可謂皆生逢改朝換代、政局轉變的大動盪時代。印順法師經歷清末與民國建立的時期，爾後又繼續經歷日本侵略、國共戰爭；聖嚴法師則是直接處於中日對抗與國共戰爭的時局；再更之後，他們都共同見證國民政府失守大陸、撤退來台的歷史性時刻。「戰爭」對他們兩者人生的實際影響，是離開中國大陸後才停止的。

三、佛教衰頹

由於大時代的動盪與家庭環境的困難，求學之路不允繼續，故而印順法師才有機會接連著接觸醫道、仙道、莊子、基督教，最後則對釋教產生興趣；但是當時在小鄉村裡，佛教早已失去本來面貌，寺院裡不食素食，更缺乏佛法的宣揚。聖嚴法師在童年輟學的前後，早已熟悉家鄉宗教習俗，且跟隨家人參加不同宗教聚會，在佛道鬼神的大融合裡，沒有是非對錯的觀念，只有「跟著相信」的信仰。

實際上印順法師與聖嚴法師所見著的佛教現象其來有自，從清代皇室信仰喇嘛教以來，佛教的其他宗派已然漸趨沒落。楊惠南指出：

> 事實上，民國成立前的明、清兩代佛教，就已經是個「出世」的宗教，而且，也是一個相當腐化的宗教。……到了清代，情況更加惡化；這從當時的俗諺，即可看出端倪：「無法子就做和尚，和尚見錢經也賣。十個姑子九個娼，剩下一個是瘋狂。地獄門前僧道多！」這

---

[16] 聖嚴法師：《歸程》，頁37。

　　固然是俗諺，而且誇大不實；但卻也反應了當時一般民眾對於佛教的
看法。[17]

　　由此可知其時佛教的腐敗，以及出家人帶給社會大眾的觀感是十分負面的形
象。麻天祥亦提出：「至有清一代，佛教發展之勢已成強弩之末，儘管有明
末亡國遺臣逃禪之盛，又有清代諸帝的尊崇獎勵，為世人出家大開了方便之
門，也不過在寺院增加一些齋飯而已」，[18] 廣開方便之門的結果，竟導致
遊蕩無所歸依者，或是觸法欲隱匿者、人生失意者，將遁入空門當作託生／
脫身之處，產生濫剃度、爛傳戒、爛住持的「三濫」敗風，因此僧才素質衰
萎；此時缺乏博學深究佛理的高僧，而是充斥「獨佔寺產、僥取獲利的法
派、剃度派嚴重氾濫，或者超亡送死，妖祥雜生，專以經懺募化為業」這般
的出家人。鐮田茂雄曾作此評論：「明清以後的近代佛教，可以說是佛教的
衰頹期」，[19] 道出佛教衰微的關鍵性時期。

　　楊惠南進一步指出，信奉喇嘛教的清代皇帝中，特別是雍正師事喇嘛僧
章嘉國師，並參拜禪僧迦陵性音，自認開悟而自稱圓明居士；但是由於雍正
主觀好惡以及害怕禪師與士大夫的結交，故而刻意壓制禪宗的流行，反倒提
倡淨土宗的念佛法門，這也使得明清兩代以來還流傳的禪、淨二宗，至此時
只剩下念佛的淨土一宗。[20] 除了宗派的承傳弱化，道光至同治初年由洪秀
全、馮雲山領導的太平天國，信奉上帝教，軍隊所到之處對於佛教文化大肆
銷毀，從寺廟、佛像到經卷皆破壞棄擲，可為佛教的「外形」也被消滅殆

---

[17] 楊惠南：〈臺灣佛教的「出世」性格與派系紛爭〉，收入《當代佛教思想展望》（台
　　北：東大圖書公司，1991 年），頁 6-7。

[18] 麻天祥：《晚清佛學與近代社會思潮‧上卷總論》（台北：文津出版社，1992
　　年），頁 18。

[19] 鐮田茂雄著、關世謙譯：《中國佛教史》（台北：新文豐出版公司，1987 年），頁
　　241。

[20] 參自楊惠南：〈臺灣佛教的「出世」性格與派系紛爭〉，收入《當代佛教思想展
　　望》，頁 7-8。

盡。[21] 繼後,清末光緒期間,湖南總督張之洞上呈「廟產興學」的政策:「今天下寺觀,何止數萬,都會百餘區,大縣數十,小縣十餘,皆有田產,其物業皆由布施而來,若改作學堂,則屋宇田產悉具,此亦權宜而簡易之策也」,[22] 將寺廟改建成學堂,徹底讓出家眾的安身之處與地位都受到極大的撼動。[23]

　　以上這些對佛教打壓的行動或政策,直到民國成立依然持續,也使得出家僧人的素質在頹圮的情況裡繼續變質,陳榮捷提及:

> 中國和尚與尼姑的主要職業是在喪葬等場合誦經作法事,通常他們藉此獲得報酬。……僧伽乃是無知與自私等烏合之眾的團體……產生這種可悲情形的原因,在於加入僧伽的那些人的典型。依據可靠的說法,在五十萬和尚與十萬尼姑之中,或者說,在每兩個寺廟五名僧眾

---

[21] 參自野上俊靜、小川貫弌、牧田亮諦、野村耀昌、佐藤達玄著,釋聖嚴譯:《中國佛教史概說》(台北:台灣商務印書館,1993 年),頁 196。

[22] 廟產興學的政策實行則是:「沒收佛教寺院財產,以之建設各種學校,採行極端的廢佛政策,這就是所謂的廟產興學。所謂廟產,是指寺廟的一切財產。此項運動的實施,是以廟產的十分之七充為學校教育經費為目標。」引自鎌田茂雄著、關世謙譯:《中國佛教史》,頁 249。

[23] 雖然廟產興學的政策讓佛教走向地位更為動搖的命運,但也因此促成佛教教團內有危機意識的法師或居士,以行動捍衛寺產並且改善現況。例如長沙僧人釋笠雲得日僧水野梅曉之助,於 1903 年在開福寺創辦近代第一所僧學堂,後來又有釋文希在常州天童寺開設普通僧學堂,另釋月霞、釋諦閑則在南京三藏殿開設江蘇僧師範學堂;唯此時開辦僧學堂的主要目的,多在於保護寺產,並未真正著重於僧教育以及僧才的培養。直至楊仁山居士 1908 創立「祇洹精舍」,純粹以佛學教育為辦學宗旨,成為近代第一所新式佛學教育的學堂,雖因經費困難且欠缺學生而停辦,但是卻已為日後的僧教育奠基。楊氏另有創辦金陵刻經處流通佛典經論、發展佛學的研究,其門下的歐陽竟無與太虛法師,在 1922 年各自成立「支那內學院」以及「武昌佛學院」,對僧教育與佛學研究的提升有了遠大的影響。參自黃德賓:〈我國近代佛教圖書館興起背景因素之考察〉,收入《佛教圖書館館訊》第 30 期(台北:財團法人伽耶山基金會,2002 年 6 月),頁 44-45;以及藍吉富:〈楊仁山與現代中國佛教〉,收入《華岡佛學學報》第 2 期(台北:中華學術院佛學研究所,1972 年),頁 109-111。

之間，大部分對他們自身的宗教都沒有正確的認識。他們的「剃髮」很少是因為信仰。他們的「遁入空門」，為的只是貧窮、疾病、父母的奉獻，或者在祈求病癒或消災祈福時承諾將孩子送入寺廟、家庭破碎等，有的甚至是因為犯罪。[24]

觀此敘述，不難理解當時候多數僧人選擇出家的本意絕非虔誠學佛的意願，更遑論對佛法法義的鑽研了！

印順法師及聖嚴法師兩者在俗家的階段，都未接觸過純正的佛教；事實上，應是乏有純正的佛教使之親近。印順法師正因為佛教的衰敗現象，引發他學佛的積極動力；聖嚴法師則是在鄉間看見和尚、道士來辦法事，對於那些儀式很好奇也想模仿，天真地想當起和尚或道士。在佛教如此衰弱與式微的世代，他們兩人卻能立志行履釋教之路，確實是一種莫大的對比。

第二節　釋家的究竟道途

本節所謂的「究竟道途」，乃指修道者從釋教法義的踐行，邁向解脫之道。佛教創始者喬達摩‧悉達多，本為享盡榮華富貴的太子，卻於不經意出宮時，見到老病死苦的景象，方知世間原有苦難與病痛；他毅然決然捨下尊位踏上求道之路，期能幫助無常世間的眾生。經歷道道難關與多年苦行，悉達多終於在菩提樹下悟道，成為覺者釋迦牟尼。釋迦牟尼開始於鹿野苑初轉法輪度化五比丘，進而廣度弟子成立佛教僧團，隨緣至各地將佛法廣為弘化，故從其成道至八十歲涅槃，共示教說法達四十九年之久。從彼時至今，佛教雖於印度衰微，但也經印度流傳各處，兩千五百多年來傳布不輟，成為世界主要宗教之一；佛教僧伽的傳承於今仍蓬勃發展，歷代至今亦有諸多傑出的僧眾，為佛教耕耘、為眾生奉獻。

---

[24] 陳榮捷著、廖世德譯：《現代中國的宗教趨勢》（台北：文殊出版社，1987 年），頁 104-105。

　　頗為弔詭之處，這自古以來被視為神聖抉擇的修行道途，竟時常被傳統觀念歸屬為無可奈何才走上的路，過著深山苦行與世隔絕的生活；尤以男眾欲出家者，又更容易受到親族反對。然而，印順法師與聖嚴法師卻都是「自願出家」且未受到阻撓；所有的困境與窒礙難行的關卡，反倒是在於他們出家後才發生。此些「關卡」於是成為僧傳特有的生命情境，呈顯出僧人在修行的究竟道途上，他們如何堅持初衷、如何堅固道心地渡越考驗，一步步向度眾之道與解脫之道篤實邁進。

一、「向佛」與「嚮佛」開展的出家路

　　印順法師與聖嚴法師均屬自願出家，差別在於前者經過慎思而啟程，後者是編織美夢而上山。

　　對於印順法師而言，雖然出家的心願未受阻礙，但是要找出家的去處波折重重，「『出家難』，對我來說，不是難在出家的清苦生活，而是難在到那裡去出家」。[25] 閩贛戰爭讓他懷抱的第一個希望落空（欲就讀之「北平菩提佛學院」辦學告吹），之後經歷一番輾轉的過程，才在普陀山出家，依止了語言不通的師父。印順法師尋找出家道場的曲折經歷，卻讓他順利出家、受戒且求學，這應是源於他「虔誠向佛」的信念：「我總是這樣想：鄉村佛法衰落，一定有佛法興盛的地方。為了佛法的信仰，真理的探求，我願意出家，到外地去修學。將來修學好了，宣揚純正的佛法。」[26]

　　就聖嚴法師而言，他是由鄰居專程帶他上山禮師，映入眼簾的名山大寺讓他震撼且升起無盡的期盼，可說是「喜悅嚮佛」稱心如意地出家，順遂地成為常進沙彌。聖嚴法師人生裡第一次的出家過程非常順利，卻讓他漸漸成為夢想幻滅的沙彌。本來認為能夠擺貧的出家之路，竟被老和尚教育偷多一點香錢，[27] 入目倍覺輝煌壯觀的道場竟連一套僧服也未能給予；而在他幼

---

[25] 印順導師：《平凡的一生》（重訂本），頁 4。

[26] 印順導師：《遊心法海六十年》，頁 5-6。

[27] 聖嚴法師：「當我上山不久，便發生一樁趣事：每天的香客很多，每一座佛像之前均有一隻錢箱，如有一大隊香客到了，小和尚為了照顧香客，並照顧香客在每一座殿上

年充滿陰影的戰亂，再度真實地上演於寺院，國共軍隊輪流佔據，槍聲四起致使香客全無、狼山荒蕪。離南通狼山抵達上海，進入名義上屬禪宗的大聖寺，卻與修行禪法大相逕庭，在趕經懺的生活裡，亦見識種種變調的僧家現象：「回想過去，在大聖寺的日子是我一生中最混亂的時候。那兒沒有規律的生活，和尚們隨時來來去去，沒有用餐的特定時間……毒品是我們最糟糕的問題」，[28] 殘酷地將當初的美夢化解得無影無蹤。

　　向佛的印順法師與嚮佛的常進沙彌，進入佛門以後的際遇截然不同。不過，戰爭卻讓他們又走上同一條路──離開中國大陸。印順法師與常進沙彌都在 1949 年離開大陸、遠離家鄉與祖庭，他們的另一段重要人生，將在台灣生根開展。然而，「聖嚴法師」此時卻還未出現。

二、渡台境遇之逆緣與新生

　　印順法師在李子寬的謀劃裡，被步步安排來到台灣；聖嚴法師則是跟著軍隊登陸台灣，這時他的名字叫作「張採薇」。[29] 雖來到台灣的因素各

所投下的香錢，往往要從正殿，一直送到二山門。有的香客，把鈔票扔在錢箱上面，或者只塞進去一半，這就要靠小和尚幫助他們將鈔票塞進錢箱裡面去。因此，這也正是小和尚偷香錢的最好機會。當時的我，心裡雖想偷錢，可是非常駭怕。但是，有一天的晚上，有一位老和尚（我當稱他太師祖）把我喊去，他問：『小和尚，你來山上幾個月了？』『三個月。』我說。『你偷了多少錢？』『老和尚慈悲，我沒有偷錢。』『不許說謊，我已在你房間查過，你說，床上枕下的錢是那裡來的？』『是我媽媽給的。』『我不相信。』老和尚將面色一沈，又說：『如你不說實話，明天就送你回家；你說你沒有偷錢，也要送你回家。』那位老和尚的意思使我很難捉摸。說謊的，要送我回去，不偷錢的，也要送我回去。怎麼辦呢？只好默不作聲，不過那位老和尚馬上又微笑著向我說：『我看你很老實，你不要怕，我實在是說你偷的錢太少。我們七年才輪到一年上山頂，再過四、五十天，我們就要回到法聚庵去了，如果不偷一點錢，以後的六年之中，你拿什麼零用呢？我們狼山的規矩，常住上不發單銀，零用全靠自己，我又聽說你的俗家也很窮，相信也不會有錢給你用。再說，我們狼山，除了香火，既不做經懺，也不易找護法。』這才使我鬆了一口氣。老和尚教小沙彌偷香錢，這恐怕是狼山獨有的家風了。」引自聖嚴法師：《歸程》，頁 53-55。

28　聖嚴法師著，釋常悟，李青苑譯：《雪中足跡：聖嚴法師自傳》，頁 82。

29　聖嚴法師：「我在向招兵站報到之際，便捨去出家的法名『釋常進』，另取了一個俗

異，卻啟開他們人生頗具轉捩點的一頁；然兩者渡台之前後過程，可說是迂迴宛延，逢遇樁樁件件的難事，而極嚴重的人生逆緣，來自差點面臨牢獄之災或丟失性命的匪諜之嫌。

　　印順法師在自傳裡，提及抵台後所受的攻擊與迫害，整起事件導源於善導寺的人事問題，引發教界對其著作與思想的大張撻伐；此中最嚴重者，乃「《佛法概論》事件」，印順法師因此被誤解有「為匪宣傳」的嫌疑，對他著實造成深鉅的傷害，並且自認懦弱無法忠於佛法與所學，缺乏大宗教家為法殉教的精神，是「出家以來引為最可恥的一著」！[30] 無獨有偶，聖嚴法師（身為「張採薇」的從軍時期）亦有相類的遭遇，在軍中自律簡樸與人為善的他，卻數次被認為可能是匪諜、反戰份子，讓他一度有生命的危險。

　　事實上，印順法師、聖嚴法師被誤認或曲解為「匪諜」之前，在台灣已有慈航法師師生被捕入獄以及證光法師被槍決的僧侶白色恐怖事件，[31] 印

　　名『張採薇』，但這不是我童年的俗名，目的是要『張大』伯夷、叔齊『採薇』於首陽山的大忠義大節操的偉大精神。那是在三千一百年前的周朝初年，商朝後裔孤竹君的兩個兒子，因為國家亡給了周朝，他們寧願在首陽山下採野莞豆充飢，終於餓死，也不肯接受周人送給他們的食物。另有一個故事，那是發生在西周的中葉時代，有一位詩人，為了抵禦北方入侵的獫狁（即是秦漢時代的匈奴），所以從了軍，報了國，當他退役還鄉之後，便寫了一首『采薇』詩，後來被孔子收在《詩經》裡面。由於這兩個故事的啟發，我便用了這個名字。」引自聖嚴法師：《歸程》，頁 148。

[30] 印順導師：《平凡的一生》（重訂本），頁 85。陳儀深看待印順法師對佛法概論事件的自省與自責，卻認為「懦弱平凡」的自責是不必要的：「其實，一個思想家、宗教家面臨現實政治的壓力，而做出屈從順應，若以印順的個案比起身陷鐵幕的佛教同人，可謂天壤之別。至於『懦弱平凡』的自責亦可不必，觀乎其抨擊山林鬼神佛教，抉發『契理契機的人間佛教』；『評熊十力的新唯識論』，指其明明是儒家卻偏要自稱佛家或新的佛家，乃是混淆視聽的故弄玄虛；或者質問『被稱為中國正統的非宗教文化，果真是中國民族的幸福嗎？』隨處可以發現印順作為一個思想家之剛健與敏銳的一面。」引自陳儀深：〈政權替換與佛教法師的調適──以一九四九年前後的明真、虛雲、道安、印順為例〉，收入《中央研究院近代史研究所集刊》第 26 期，頁 363。

[31] 在 1949 年之際逃難來台的大陸僧人，因身分敏感故去處鮮少，幸賴慈航法師辦學收留，但也因此被懷疑是匪諜（多數無戶籍），師生被捕入獄，後因孫立人將軍的夫人

順法師是繼後第三位被鎖定者，侯坤宏即指出戰後台灣佛教於戒嚴期間，最
著名的三大佛門冤案：

> 其一是 1949 年秋，陳誠下令逮捕一批逃難來臺的大陸僧侶，並將他
> 們下獄、審訊達 20 餘日，被捕者以慈航法師為主。其二是 1952 年
> 夏，臺南開元寺住持證光法師（高德執）被人密告，被捕後遭當局槍
> 決的事件。其三是 1954 年，印順法師因其所撰《佛法概論》，被檢
> 舉有「為共產黨鋪路」的嫌疑。[32]

相對於慈航法師等人入獄、證光法師遭到槍決，印順法師是將著作修改再提
審查終於過關，算是其中最幸運者；然事件發生的幾年間，他仍然被暗中觀
察，甚至出國弘法亦被暗中調查。[33] 至於聖嚴法師當兵期間所發生的事
端，也是被硬扣匪諜帽子的案例，尤以他身在軍中，若非適時有長官為其調

孫張清揚女士伸援協助，才獲得保釋。證光法師（高執德）則是因為接待具中共身分
的巨贊法師受到檢舉，認為其連續藏匿叛徒且知情（巨贊法師身分）不報，又疑為有
寺產與宗派恩怨，故於 1949 年被拘捕、1955 年被槍決。參自江燦騰：《台灣佛教百
年史之研究——1895-1995》（台北：南天書局出版社，1996 年），頁 472；以及闞
正宗、蘇瑞鏘：〈台南開元寺僧（高執德）的「白色恐怖」公案再探〉，收入《中華
人文社會學報》第二期（新竹：中華大學人文社會學院，2005 年 3 月），頁 252-
288。

[32] 侯坤宏：〈戰後臺灣白色恐怖論析〉，收入《國史館學術集刊》第十二期（台北：國
史館，2007 年 6 月），頁 178。

[33] 楊惠南對於印順法師的遭遇深表遺憾，他提出：「總之，在青黃不接、思想一片真空
狀態的光復後五、六年中，臺灣佛教原本可以接受太虛、印順一系的開放思想，而徹
底改變其不問世事的『出世』體質；特別是印順當時住持臺北首剎善導寺，中國佛教
會中又受到常務理事李子寬（基鴻）的大力支持，聲望日隆；因此，極有可能因其出
面領導，而使原本在日據時代末期即已『出世』的臺灣佛教，成為積極關懷社會、改
造社會（印順所謂『創造淨土』）的『人間佛教』。然而，在這場不能不說慘烈的宗
教鬥爭當中，傳統而且已漸趨沒落的勢力，終於獲得了勝利；當代臺灣佛教的『出
世』性格，因而成了不可更易的命運。」引自楊惠南：〈臺灣佛教的「出世」性格與
派系紛爭〉，收入《當代佛教思想展望》，頁 30。

護，或許身陷殺機。印順法師與聖嚴法師皆遭遇彼時經常風聲鶴唳且人人聞之敏感的「匪諜身分」，卻能全身而退，沒有被拘捕或引致死罪，也未發生殉教的遺憾，故筆者認為是兩者在逆境中的「新生」。

在「新生」的紀錄中，必須為聖嚴法師再補上一筆。從聖嚴法師的自傳回溯他一路的角色轉換，在在能見著其對「出家身份」的堅持，比如在他仍為沙彌常進時，雖在大聖寺過著極度不堪的日子，親睹佛門焦芽敗種的離譜行徑，但是他當時未受這些「焦芽敗種」的影響隨波逐流，而是力爭上游嚴持戒律，堅守出家人的本分；又比如在軍中的磨練困境重重，他卻能夠堅挺到底，再從軍中脫下戎裝著上僧服。他自述這條「回頭的路」，有著痛苦與折磨的代價；面對自己的再度出家，他說道：「我能有機會再度出家，是興奮的、欣慰的，也是悲痛的，因為這是多麼難得的因緣！『佛法難聞』的真諦，我已經用著這個悲痛的經驗而有了領悟！」[34] 可見這次的出家，在聖嚴法師的人生裡，是何等期盼且刻骨銘心的歷程，故可視為他的再次新生——再度為僧的新生！

筆者將「張採薇時期」納入本節釋家道途一併討論，乃是因為張採薇決心從軍之際，他身上的行囊即是背著僧裝，且懷著「準備隨時重返僧籍」的信念，他自道：「回顧前塵，我認知到，如果不是因為我有一顆非常堅強的願心，想要回復做出家人，我大概不會成功，想從我那個特殊的軍中單位離職，幾乎是不可能的事。」[35] 且軍中伙食離不開葷腥，他於軍中十年保持茹素自律自愛，「雖現軍人相，但懷比丘志」，故筆者認為這是其堅定行履釋家究竟道途的淬鍊過程，也是其能再成為僧者的珍貴閱歷。

三、僧履廣邁弘法地圖

僧者的釋家究竟道途，並非僅是成就自身的修行，而是在淨治身心的內修道業中，亦能實踐利濟有情的外弘志業，誠如印順法師所言：「學佛應以

---

[34] 聖嚴法師：《歸程》，頁 206。

[35] 聖嚴法師著，釋常悟、李青苑譯：《雪中足跡：聖嚴法師自傳》，頁 134。

信心為本，自利利他為行」。印順法師與聖嚴法師當初進入佛門的信心堅
固，出家後的際遇困挫迭起，卻顯然無法撼動他們的決志；他們在自我道業
上精進修持，亦皆不忘「佛法弘揚本在僧」的責任，將研學及領會的佛法以
各自的方式傳揚。

　　印順法師與聖嚴法師的弘法地圖隨著他們發願的步履擴展，他們倆的身
軀均是高瘦單弱的形象，卻能在福爾摩沙的版圖內到處弘化，並且步出版圖
走向異鄉。兩者在國內興建道場講經說法、辦學培養僧眾，在國外亦有講
經、成立道場或者協助興學之舉。筆者於此欲特別強調之處，乃是他們願意
行至外國弘化的初衷與精神，他們出國時的年紀都已近半百，且當中的往返
時常處於病況。

　　印順法師初次至菲律賓弘法前夕，剛檢查出有肺結核，卻因為性願老法
師的邀請而履約。這趟弘法之行一去數月，於菲國的寺院、電台、學校說法
講學；尤曾在「中國中學」的露天講台對僑眾公開演講三天，每晚的聽眾多
達千人。[36] 弘法結束返國後，印順法師的身體陸續產生病狀，診治後足足
躺了半年，而不可忽視的，正是在此之前剛發生令其甚受傷害的「佛法概論
事件」，且持續被列為觀察對象，他卻不畏局勢勇赴弘法。又比如再次去菲
律賓弘法時，印順法師回憶：「菲律賓的佛教，由性老開化，時間還不久。
僧眾少而又都是從閩南來的，還保有佛教固有的樸質。我那時的印象，菲島
的佛教，是很難得的。」[37] 憑藉著一股對菲國佛教正起步的注重，他幾年
間往還，協助推動了佛教在當地的發展。

　　聖嚴法師則是留日又赴美，留日前才開始學日語，赴美時才開始學英
文，此時的年紀習學新的語言，所花費時間與體力可謂負擔加倍；在他展開
來往台美之際，他必須設法開闊農禪寺的弘法願景，亦須照顧美國願意跟隨
習禪學佛的學生。而他從台灣再度回到紐約的過渡時期，原本由沈家楨居士

36　參自鄭壽彭：《印順導師學譜》，頁 43-44、侯坤宏：《印順導師年譜》（第貳
　　冊），頁 594。

37　印順導師：《平凡的一生》（重訂本），頁 131。

提供的大覺寺已另有比丘尼居住，[38] 沈居士雖有心再提供位於紐約長島的菩提精舍，但距離紐約市區太遠多有不便。聖嚴法師不願再增加任何人的負擔，所以決定「流浪」，他陳述自己穿著舊袈裟在市區借宿門廊，或者「徹夜在咖啡館中與無家可歸的流浪漢為伍，或埋首在別人丟棄的水果蔬菜堆中覓食」，[39] 他這時已五十多歲，但是他不以為苦，他說：「但是肩負弘法到西方國家的使命卻讓我內心充滿法喜」，[40] 也認為：「我覺得在街頭流浪是件好事，因為它使我學會不依賴任何人，逼使我尋找道場，弘揚禪法。」[41] 後來為了僧眾與弟子的安定，他們努力租了一間小公寓，傢俱是從街上的廢棄物中撿回，聖嚴法師撿了三塊木板製成佛桌，佛像則是當地的浩霖法師相送，他說：「這真是快樂的一天，在我的第一所寺院中，為第一尊佛像製作了第一張佛桌」；[42] 在拮据的生活裡珍惜資源、教習禪法，後來學眾增多護持者增加，才有「東初禪寺」的出現。

　　聖嚴法師是美國東岸第一位教導西方人學禪的禪師（西岸是宣化法師），直至今日他的學眾仍然穩定成長，禪法與佛教理念能在西方國家擁有如此的影響力，可謂是聖嚴法師一本初衷的堅勁方能造就這般盛況；他當時的流浪長達六個月，歷經冬天最寒冷的時候，他說：「夜深了，四周靜悄悄的，我緊裹著僧袍，遊走於市區的街道中。這裡常下雪，因此我稱自己為『風雪中的行腳僧』」，[43] 風雪中的行腳何其不易——這程行腳，還是為異鄉眾生得以聞法的信念而行！[44]

---

[38] 在聖嚴法師離開紐約返台期間，沈家楨居士所認識的一位從中國大陸經由緬甸逃至美國的年長尼師，因無寺院可住，故沈居士讓尼師與其隨行者均入住大覺寺。聖嚴法師返回紐約後，因已卸去大覺寺住持之職且寺院被尼師們住滿，所以無法再進住。

[39] 聖嚴法師著，釋常悟、李青苑譯：《雪中足跡：聖嚴法師自傳》，頁233。

[40] 聖嚴法師著，釋常悟、李青苑譯：《雪中足跡：聖嚴法師自傳》，頁233。

[41] 聖嚴法師著，釋常悟、李青苑譯：《雪中足跡：聖嚴法師自傳》，頁234。

[42] 聖嚴法師著，釋常悟、李青苑譯：《雪中足跡：聖嚴法師自傳》，頁243。

[43] 聖嚴法師著，釋常悟、李青苑譯：《雪中足跡：聖嚴法師自傳》，頁240。

[44] 聖嚴法師在國外弘法之處雖以美國紐約的道場為重心，但也去過不少國家弘法。陳玫娟：「師父展開了國際弘法的行程，足跡遍及德國、英國、瑞士、捷克、波蘭、克羅

　　筆者認為釋家的究竟道途，並非一條踽踽獨行的修行之路，而是在自我堅定向佛的路上，亦隨份隨力接引、引領身旁的他眾認識佛教、信仰佛教。印順法師與聖嚴法師從踏上釋家道途的起點，便是堅毅的步伐；即使路途上曲折迴旋，但是他們不曾因為任何的艱困，放棄這條殊勝之道。更甚地，他們不畏個人榮辱、無慮自身病苦，除了為台灣佛教開展不同以往的教化面向，更無私前往佛教剛起步的國家、佛教非主流的國家弘法，尤以在語言、文化與宗教信仰不同背景的國度，弘法的困難度相對是提高且充滿挑戰性。印順法師曾自比冰雪中撒種的愚癡漢，聖嚴法師曾自喻風雪中的行腳僧，吾輩皆知於風雪中撒種抑或行腳，無論期以萌芽或者開路都異常艱巨，正也因為如此，筆者以為兩者的釋家道途更為究竟且圓滿。

第三節　渡台僧侶的生命歷程

　　在僧侶的人生軌跡，外在形象的身分變換、離家出家的環境轉換，都是特殊的生命歷程；更特別地，尤以從中國大陸抵台的僧人，他們的生命旅程，則涵括著跨海的宗教歷程。

一、「乘船」與「傳承」

　　印順法師與聖嚴法師均於海港旁的小鄉村出生，前者在九十八歲受訪時，最鮮明的童年記憶竟是家鄉的「錢塘潮」；[45] 後者在自傳的初始，已

　　埃西亞、俄羅斯、嘉南大、墨西哥、新加坡、馬來西亞等地，在各地撒下禪法種子。而師父在各地主持了數百場精進禪修，也培養了許多禪修人才，不少弟子已經能弘化一方，帶領禪七、禪三。」引自陳玫娟：〈漢傳禪法弘揚東西方──法鼓山推廣禪修30 年特別報導〉，收入《法鼓雜誌》第 239 期（台北：法鼓文化，2009 年 11 月），頁8。

[45] 大愛電視台：「『那個簡直一來就來！遇到了東北風，遇到下雨天，潮水一來的時候，不得了！大得像一座高牆一樣，不怕，一來一過了以後，河水就向前退出去，愈退愈遠。這時你就要快跑了，它馬上就衝上來，打到上面來了。』導師描述著。」引自《上印下順導師傳紀錄片文稿》（台北：靜思文化，2003 年），頁 13。

描述自家與水災的淵源，亦敘述洪災過後的慘狀。他們兩者的初次離家，都
乘上了船；兩者的遠離母土，也都再度乘船遠行。

　　兩者初次的離家，都是因為抉擇出家。印順法師自述：「我就在閏六月
二十九日（筆者註：時值 1930 年）的早上，踏上了離家（浙江省海寧縣）
出家，充滿光明遠景，而其實完全不知前途如何的旅程。」[46] 聖嚴法師自
述：「我很興奮，我的這次離家，比任何一次出門都感到高興……好像我這
次離家出家，就是去上天堂。」[47] 印順法師在前途不明的旅程裡，找到慧
命歸依之處；而聖嚴法師卻在多年後回憶道：「我在十四歲的時候，曾經為
我的出家而編織過一個美麗的夢，那的確是一個夢，而且，那一場夢是幻滅
得如此的快！……正因為我是抱著欣賞畫與詩的夢想而去狼山的，那跟出家
與學佛之間有著一段距離，所以我也畢竟沒有保住那個出家的身分。」[48]
雖然是因為一個太美的夢而離家遠行，但是他認為：「不過，那個夢是做錯
了，那條路是走對的，所以繞了一個好大的圈子以後，依舊走上了原來的
路。」[49]

　　誠然，在離家與遠離母土的渡船上，他們的航程彷彿預示著往後釋家道
途的曲折縈紆。印順法師自述：

> 我生長河汊交流地區，一出門就得坐船。但我從小暈船，踏上船頭，
> 就哇的吐了。坐船，對我實在苦不可言。十九年離家，從上海到天
> 津……輪船在大海中，我是不能飲食，不能行動。吐了一陣，又似睡
> 非睡的迷糊一陣；吐一陣、睡一陣，一直這樣的捱到上岸。每次，尤
> 其是三天或四天的航行，比我所生的甚麼病都苦痛加倍……但覺得有
> 去的必要，毫無顧慮……[50]

---

[46] 印順導師：《平凡的一生》（重訂本），頁 5。

[47] 聖嚴法師：《歸程》，頁 48。

[48] 聖嚴法師：《歸程》，頁 205。

[49] 聖嚴法師：《歸程》，頁 205。

[50] 印順導師：《平凡的一生》（重訂本），頁 226-227。

聖嚴法師回顧：

> 我們乘的這艘船，是由貨船改的，噸位不小，一團新兵，雖然很擠，但也裝下了。……同船的，還有二十幾個女孩子，她們是北方的流亡學生，從北方流亡到上海，上海靠不住時，她們又集體從軍……另外還有一些軍人眷屬，多半也是年輕的女人。據說，有些年輕女人，是從戰場中撿到的……女人可以像拾荒貨似地拾到，也只有在慘酷的戰場之中才會發生，這也是人間的一大悲劇！……比如船上的少婦們，因為暈船嘔吐，沾污了衣服而不得不換之時，她們可以當著大家把上身脫光而不以為羞；少女們找不到專用的女廁所，大眾廁所只在甲板面的船邊上攔了一條麻繩，略有象徵性的隱蔽，她們逼於「內急」，也只好擠在這種廁所「出恭」，而不感到臉紅……但僅此等情景，已足我人為此戰爭的殘酷，而覺痛心，若非戰爭的驅使，這種景象是不會出現的，這種景象的出現，實在是戰爭的罪惡所致。[51]

　　印順法師生於出門便須渡河之處，卻天生暈船且更行更遠，義無反顧地航向必要前去的地方。聖嚴法師則是於從軍來台的船艙裡，見著同船的女孩子在暈船嘔吐與內急出恭時，放下矜持與羞恥，尊嚴一掃而光，他感受如此的情景乃因戰爭的殘酷與罪惡所致，倍覺痛心。他們一者是自身暈吐而身苦，一者是見他人暈吐而心苦，在如是的身苦與心苦中，他們並未返航、並未棄絕釋家道途。初次的離家，無論是迷茫而堅定的乘船之行，或者織夢而堅定的乘船之行，其深刻意義正建立於兩者皆為「傳承釋家法脈」而啟程；初次的遠離母土，均於戰亂之中啟航，印順法師傳承釋家法脈的初衷依舊，聖嚴法師（張採薇）雖暫時成為軍人，心中的慧命法脈依然傳承。

---

[51] 聖嚴法師：《歸程》，頁153-155。

二、「出離」與「回溯」

　　印順法師與聖嚴法師的自傳，皆有記敘「出家」、「來台」與「返鄉」的過程。兩者的「出家」，是在親人的死亡以及生活的窮潦裡啟程；他們的「來台」，是在意外輾轉、戰亂顛沛中抵達；他們的「返鄉」，已經是經過在台的多少歷練、走過無可計數的弘化轉折之途、也成為佛教界德望遠播的代表人物之後，他們走回出生之地、出家祖庭溯源。

　　印順法師一生病未離身，但是他弘法的足跡走過台灣南北，也行至國外，卻直到 1994 年，近九十高齡時，方返回中國大陸一趟。這般的高齡與這般的病軀，任何的遠行均屬艱難，但是這次的遠行是為了身命與慧命之源的近訪，極具重要性也充滿紀念性。歸返大陸的旅程，隨行者僅弟子、侍者、親炙門生、導遊六人，是趟簡簡單單、安安靜靜的返鄉尋根之旅：「別離大陸四十多年了，八十九歲（民國八十三年）老僧，竟去大陸一遊，可說真是意外！這主要是不忘當年求法修學的因緣！」[52] 這趟不易的旅程，印順法師巡法根也尋家根，尋閱藏之源、也尋師長長眠之地，在相見與別離、悼念與感懷之中，他珍惜著當下的聚合。二十四天後，他結束這趟闊別之旅，成為唯一一次的近訪尋根之旅。

　　「回大陸探視」對於聖嚴法師而言意義深遠，畢竟當初的離陸而抵台，是常進沙彌成為張採薇的過程，而此時則是以聖嚴法師的身分返視。他曾言中國人有「倦鳥知返」、「落葉歸根」的成語，而他這隻笨鳥再返回故土時，山河依舊壯麗，但已不是他熟悉的舊巢，而且從小出家的他亦不眷戀舊巢，垂老的他也還沒有要將這把骨頭送回老家的想法；他對於家人的親情，是想把自己的信仰盡可能地影響他們。聖嚴法師於 1988 年，踏上返鄉的旅途：

　　　　一九八八年的春天，我第一次回到闊別了三十九年之久的出生的中國
　　　大陸，當時，我並沒有準備為此寫任何文章……想不到開始寫作之
　　　後，竟然欲罷不能……於當年的十月，交給我們自己的東初出版社發

---

[52] 印順導師：《平凡的一生》（重訂本），頁 208。

行，名為《法源血源》。那本書，是從收到故鄉俗家姪兒寄來的家書
開始寫起，然後沿著我回鄉的路線寫下去，我從台灣經香港到北京，
然後遊歷……接著，從西安飛到上海，才見到了我俗家的親人……然
後乘長江輪，回到南通的狼山，憑弔我往年出家的道場。[53]

《法源血源》一書對於這趟十九天的大陸之行記錄甚詳，安排行程者是他的
在家弟子于君方博士與李藍居士。行程雖以探親為主，但是他卻有著三個心
願：一為探訪中國佛教的源頭古蹟，二為重溫少年出家時代的舊夢，三為巡
禮其師東初老人的得法道場鎮江焦山定慧寺；[54] 這些心願都有達成，卻多
有物已不是人早非的慨歎。在書末記述結束返鄉行程、辦妥離境手續後，在
檢查口的兩端，他向家人道別，卻發現兄嫂們頻頻揮手且拭淚，好像要把他
送過陰陽界，有著不知何時能再相見之感。對於這趟大陸之行，他認為：
「與其說『歸根』，毋寧說是回到我血緣的源頭及法緣的源頭，做一次巡禮
式的尋根訪問。」[55]

（一）俗家探親

十六日，乘汽車底海寧市（硤石鎮），住海寧賓館。惠生夫婦、金娥
與長子陸子康，[56] 來賓館相見，別來六十多年了，相見不免有意外

---

[53] 聖嚴法師：《聖嚴法師學思歷程》，頁 146-147。

[54] 參自聖嚴法師：《法源血源》，頁 17。

[55] 聖嚴法師：《法源血源》，頁 174。

[56] 陸子康，是印順法師的外孫，曾任浙江海寧圖書館館長；主編過《水仙閣》雜誌，並
著有《行近字舉要》、《劉伯溫出山》、《漢字行近偏旁辨析》、《瓷器上的文人
畫：晚清民國淺絳彩瓷》等書。以上網路資料來於侯坤宏〈另一種了解印順導師的方
式〉（2016 年 9 月 11 日，高雄正信佛教青年會），詳見 http://www.google.com.tw/ur
l?sa=t&rct=j&q=&esrc=s&source=web&cd=4&ved=0ahUKEwix5tvfoobSAhULw7wKHW
uoBLsQFggqMAM&url=http%3A%2F%2F220.130.244.41%3A8080%2FStudy%2Fdownl
oad%2F20160911-1.pdf&usg=AFQjCNFOhW30Vqcj20IPT3v_oaEi86IWDg（上網日
期：2017 年 1 月 20 日）。

的感覺。……大家相見，想起從前，都不免又喜又悲的。[57]——印
順法師

至於我俗家的親人，見面時雖然非常地熱絡，而且特別是幾位老哥，
無不是老淚縱橫，涕泗滂沱，但是經過那麼多年的闊別，他們的生活
和價值觀念，跟我無異是南轅北轍……當然，當我和他們同在父母的
墳前祭祀之際，我們這一個家族的氣氛，都是那樣的凝聚和肅穆……
他們老壯少的三代，計四五十個人……看到我在誦完經後，默默地站
在墓前流淚，他們也陪著我輕聲地飲泣。在這樣的場面，又使我感
到，我的俗家親人，畢竟還是親人。[58]——聖嚴法師

　　張鹿芹於二十五歲離家，與親人再見已是八十九歲的印順老僧，見著兒
女與孫兒，並知曉髮妻早已過世；儘管家人對這位老和尚印象遙遠，但是在
血親的關係上，是超越一甲子的深厚情感。張保康十三歲離家，遠離故土
前，僅以常進沙彌的身分回過俗家三次，最後一次是在上海靜安寺佛學院之
時，被通知母親病危，三哥接他從上海連夜坐車趕到無錫，再轉搭船隻回到
家鄉，在午夜時分終於抵達家門口；他在家裡與母親作伴半個月，回到學院
兩個月後，方接到兄長的電話，得知母喪的消息，且已辦好後事（母親顧慮
其課業及路上安危，故交代不須奔喪），讓其心中有深刻的遺憾。聖嚴法師
在《法源血源》一書，多次提到與俗家親人的談話，聽聞姊夫轉述大姊臨終
前對小弟的想念，望著胞兄們對自身的情誼，他的心緒也有所波動；掃墓之
時想到父親與母親的養育之恩、長年的護念之情，他深刻感受這便是「親

---

[57] 印順導師：《平凡的一生》（重訂本），頁 211-212。另外，陸子康有寫作一篇〈閑
坐階沿石上的回想——印順導師與故鄉的緣〉，說明印順法師為何與俗家親人得以有
機會聯繫，並且詳述印順法師回到海寧與俗家親人相處的點滴；詳可參陸子康：〈閑
坐階沿石上的回想——印順導師與故鄉的緣〉，收入《福嚴會訊》第 70 期（新竹：
福嚴佛學院，2023 年 1 月），頁 20-62。
[58] 聖嚴法師：《聖嚴法師學思歷程》，頁 168-170。

人」。另外也特別述及「重溫童年往事」，提到當年父親撿拾粗壯粉嫩的蘆
根讓他啃食，他仍記得「好甜」的滋味；也提到小時候跟著母親到田邊耕
作，坐在蠶豆棚下，他還記得蠶豆花的「香氣」；另外還提到曾失足跌落河
裡，他的三哥及時把他撈起；這些重溫的記事，筆者感受是聖嚴法師心中對
家人恆常的感念與感恩。

　　兩者送給親人的禮物，是屬於「出家身分」的禮物。印順法師行囊中唯
一的禮物是藍緞精裝本《平凡的一生》（增訂本），以此無聲的自傳，讓家
人在字句中明瞭當年的離別之因，亦表達此生向佛的願力。聖嚴法師送給家
人的禮物是「佛法」，他教導家人信佛念佛，說明自身出家的意義，故他的
家人在相處當中，已能從世俗的稱謂改口稱他為「聖嚴師父」。

（二）重返如來之家

　　　　在廈期間，訪問了南普陀寺、閩南佛學院。……初三日下午……先去
　　　　我受戒的道場天童寺……再到奉化的雪竇寺，我帶了一束鮮花去，雪
　　　　竇寺是虛大師舍利塔所在……可惜虛大師的舍利塔，已被毀滅
　　　　了！……初六日下午成輪船而到普陀山，傍晚登岸，住息來山莊。我
　　　　去前寺──普濟寺瞻禮，在禮佛時，心地平靜，也沒有想什麼，卻不
　　　　自覺的心情激動，淚眼模糊，這是我一次不可思議的心境。……我出
　　　　家的道場──福泉庵（現改為福泉禪林），現有男眾佛學院（另有女
　　　　眾佛學院）。……又去佛頂山──慧濟寺，是我閱藏的道場。一切如
　　　　舊，只是從前的閱藏樓不見了！[59]──印順法師

　　　　狼山腳下，舊日的砲臺街數十家香燭店，已全部拆除……狼山已是公
　　　　園的形式……目前上山的人多為旅遊，大聖殿上仍是擠得只見人頭鑽
　　　　動，多半卻是為看熱鬧。實際上，這像是個「沒有煙囪的工廠」，不
　　　　能算是佛教的聖地和弘揚佛法的道場。因此，我在四十多年來，雖然

---

[59] 印順導師：《平凡的一生》（重訂本），頁 208-210。

經常魂縈夢縈地懷念著曾在狼山出家的殊勝因緣，這趟回到狼山，竟無回到老家的感受。我住過的法聚庵，已非道場，法聚庵的五代老僧，均已作古，……如果我還是狼山僧，則已無祖庵可棲，向上無師可依，向下無徒為繼，真是一介孤僧！……到了山頂，我被引至供著觀音像的偏殿，發現觀音像後供著上中下三排黃紙牌位，我不等他們說明，已知道這是什麼地方，立即老淚縱橫地頂禮三拜，抬頭看見中排四個牌位，竟有三個是我法聚庵的老和尚，他們是我師祖貫通、師公朗慧、師父蓮塘。[60] ——聖嚴法師

南普陀寺與閩南佛學院是印順法師求學與多次講學之處，遠離大陸也是因於此地傳戒而促成，被他視為有殊勝因緣的道場，所以是出訪的第一站。受戒的天童寺如舊，然最敬愛的老師太虛法師的舍利塔已經被毀；三進三出的佛頂山慧濟寺仍然屹立，但彼時的閱藏樓已不復見；當初尋訪出家之處的普陀山已全山統一，有些當時的庵堂已成飯店、餐廳或商店，慶幸的是剃度出家的福泉庵尚存。[61]

聖嚴法師面對最初的如來之家「狼山」的風物，竟升起一介孤僧的伶仃之感，他出家的法聚庵已成為素菜館，上海大聖寺已成為工廠。面對學佛起步之處諸位師長的牌位，聖嚴法師感嘆他們的境遇：師祖貫通老人還俗後在工廠做工三十多年，回到狼山去世；師公朗慧老人被以勾結日軍判刑至新疆

---

60 聖嚴法師：《法源血源》，頁 125-126。

61 福泉庵已更名為「福泉禪林」，位於普陀山雨花嵒西南山麓。這座寺庵是明萬曆年間（1574-1619）大慧法師創建，起初取名「天妃祠」主祀媽祖，清康熙年間改名為「天后宮」；清光緒年間由廣瑩法師重修，改名「福泉庵」，由徒侄清念法師續修。爾後至 1985 年，僑居新加坡的印實法師（清念法師弟子）出資，由普陀山佛教協會會長妙善長老主導重修，又於 1988 年正式創辦普陀山佛學院，2010 年 7 月佛學院則遷往朱家尖新址。以上參考自「普陀山福泉禪林」網頁的簡介，當中有這段文字：「當代著名佛學大師、中國首位"博士比丘"印順長老早年即禮清念上人出家於此（庵內現設"印順圖書館"以資紀念）。」（資料來源：http://fqcl.fjsy.net/，上網日期：2016 年 10 月 25 日）

勞改,死於異鄉;師父蓮塘老人被找回狼山時已是老病之軀,最後是哮喘病併發症過世。[62] 雖然狼山的師長對其培植有限,但是能度其出家且送其至佛學院讀書,聖嚴法師認為是莫大的恩德與栽培,然面對面言謝的機會竟只能抱憾。

印順法師與聖嚴法師面對闊別約四十年的母土(印順法師離開出生的家鄉更長達六十多年),[63] 一景一物皆在兩者心頭體會著它們的在與不在。在這當中,他們面對親人與出家祖庭,這趟旅程有熟悉有陌生,有物換人非之感,也有親情最深刻的觸動。當年,他們都因出家而離家,接著來到台灣,再回家時已是身分不同的當代佛教界具知名度僧侶;但是面對生命中最

---

[62] 參自聖嚴法師:《法源血源》,頁 126-128。

[63] 兩者離開大陸時間是 1949 年,印順法師 1993 年返回、聖嚴法師 1988 年返回,前者是闊別四十四年,後者是闊別三十九年。以印順法師 1930 年前往普陀山出家,這一次的返鄉,是闊別六十三年後才回到俗家。聖嚴法師則是 1943 年前往狼山出家,雖然小沙彌階段曾返回俗家幾次,卻都是短暫的數天停留,且在戰亂中更無法親弔母喪,後來即直接從軍來台,這一次的返鄉,是闊別四十五年之後,方能與離散多年的親人相逢並祭弔父母,聖嚴法師曾說:「記得我在童年出家之後,就很少想到俗家,也更少回去俗家探親。然在一九四九年五月,隨軍撤離大陸而到臺灣之後的數年之中,卻經常在夢中驚醒,因我夢著自己,偷偷地回到了俗家,遠遠地見到了親人的身影,竟不敢走進家門,驀然被親人覷見,他們也不敢相認,並使眼色,示意我趕快逃走,我正想拔腳外溜,竟被守衛村里的軍隊逮個正著,並且在一陣鑼響之中:『拿住一名國特,公審國特唷!』此起彼落,往往就在如此倉皇之時,我的夢也醒了。那段日子裡,我也經常夢見回到了狼山,只見殿宇猶在而人事全非,上上下下都是穿著人民裝的俗人,一見到我,便知不是『好人』,而群呼:『捉拿奸細!』或在奔逃之時,或在受審之際,就驚醒了。我的故鄉,我的祖庭,何以到了夢中,都變得如此恐怖呢?……目前的大陸,呼籲海外僑胞『認同』與『回歸』。從一九七九年起,對臺灣唱出『三通』和『四流』。臺灣也基於人道立場,自去(一九八七)年十一月起,准許臺灣的居民,回大陸探親。藉此因緣,我也如願以償地進入中國大陸,逗留了十九天,見到了我想見的佛教道場和俗家親人。然而,由於彼此心中都還留有昔年的恐怖陰影,相聚仍不能暢所欲言,在親切中尚存有心理的障礙。『隔世為人』,猶不足以形容彼此的疏離感和陌生感,見到故國河山及故鄉親友,竟像已是多生以前的往事重現了。」這段話,道出他心中多年來對於家園及祖庭的期待,以及某種深烙於心的「時代陰影」。以上引文引自聖嚴法師:《法源血源》,頁 15-16。

本然的「血源法源」，「眼淚」表達了他們內心最深邃的情懷。

　　印順法師敘述親人相見感到又喜又悲，而回到普陀山的前寺禮佛時，感到淚眼模糊，在他的自傳當中，唯一提到流淚僅有此處，足見這二十四天的旅程，在他平靜的性格裡，實然幾番升起向來少有的激動與觸動。[64] 聖嚴法師記錄返還大陸的訪問過程，他已是一位近六十歲的老僧，但是「卻在沿途，常常觸景傷情，流了許多的眼淚，有的是往內流，有的是往外流，有的地方還是欲哭無淚」，[65] 這是因為他親見在中共政府的政策下，寺院與佛教信仰的變質，尤以身為僧人所觀所感，更為衝擊。事實上，在聖嚴法師的自傳當中，可發現每一次的身分轉換，都能見到他以「眼淚」作為分界與紀念。在他從張保康要成為小沙彌時，面對母親不捨的淚水，他也流下了眼淚，只是他心中有個太美麗的夢，所以淚水沒有流淌太久。當他從沙彌常進要變身成為軍人張採薇時，出了靜安寺的大門，回頭與同學連連搖手時，亦以淚水作為轉捩點的道別，這次的心中也有個寄託：「有一個美麗的遠景在望：據說到了臺灣，營房就像花園一樣的美；因為有一個共同的理想在懷：等到時局穩定，又可以各返自己的家了」，[66] 誠然這個美麗的遠景與小時候美麗的夢想一般，很快便破滅了！而他從張採薇成為聖嚴法師的過渡時期，即是他退役手續辦好的第二十天，助其退役最得力的鄭介民將軍因心臟病突然逝世，他說「這使我悲欣交集地哭了一場」，悲是因為將軍的猝逝，欣的是即將迎接的再度出家；他曾自喻「四世為人」，[67] 對於張保康、常

---

[64]　厚觀法師受訪時，談及與印順法師互動的回憶：「就是曾陪導師回去大陸的祖庭，平日看導師都是很理智，結果當時竟然掉下眼淚，這也是我和導師相處中感觸比較深的事情。」可見印順法師返回祖庭的流淚，讓弟子也印象深刻。（摘錄自附錄八〈走訪福嚴：記與厚觀院長之訪談〉）

[65]　聖嚴法師：《聖嚴法師學思歷程》，頁147。

[66]　聖嚴法師：《歸程》，頁151。

[67]　聖嚴法師在返回俗家探親時，曾向他的家人以佛法開示，並告訴他們當他上狼山當小和尚時，張志德已死；後成為軍人張採薇時，常進沙彌已死；再成為聖嚴法師時，張採薇已死；而從當「聖嚴法師」開始，是他經歷「四世為人」。參自聖嚴法師：《法源血源》，頁135。

進沙彌、張採薇，他流淚後不再眷戀，卻對「聖嚴法師」的開端彌足珍視。

　　「離散不在於時間的長短，也不在於空間的遠近。離散除了是有形的時空現象外，其實還是一種心境，一種心態。親身經驗離散固然有其意義，體會他人的離散命運也非常重要」，[68] 筆者認為在跨海僧人返鄉尋親根、尋法根的過程，必須連結其「俗家、出家、以出家身分再返俗家探望」的生命歷程以及每一回的「離散記憶」，[69] 才能體解他們的心境轉化──一種屬於僧人內斂但深透的生命情懷。以印順法師與聖嚴法師為例，他們的離家、出家與返俗家、返祖庭，是他們完整的生命歷程、也是完整的宗教歷程，具有生命與宗教家園的雙重意義。又如聖嚴法師面對二度出家，他認為「這次的出家是回家」，凸顯自傳取名「歸程」所蘊含的「離」與「歸」；再如印順法師所言「離了家，就忘了家」；他們的行動上是離家、離塵，但實質上卻是斷捨離世俗家庭，方能進入釋家之門追索解脫之道、安立慧命有所依歸，進而以出世的身心實踐入世的度化，再更進一步建立培育僧才、安頓人心的現代教團。由此可見，無論是血源之家、如來之家，對於他們而言，不再是一本質性的應許之地、清涼之地，而是在追尋途中、頓挫途中、流離途中，不斷重新賦予定義的生命家園。「家」在僧侶的生命歷程裡，在出與進之間，是層次的遞進、情操的轉化，亦是與僧侶自傳緊密相依的發展軸線。

　　在當代僧人的行旅自傳，如釋雲庵《台灣比丘尼的現代行腳》、[70] 釋大願《重走江湖》，[71] 是重回自身師父戒場的祖庭、或者行腳宗門祖庭的

---

[68] 李有成：《離散》（台北：允晨文化，2013 年），頁 148。

[69] 此處的「離散記憶」涵括對國土、家園、親人、師長、學友等等的離散。印順法師返回大陸禮祖庭、探親之前，在回覆俗家外孫陸子康的信函裡寫道：「子康居士大鑒……出家六十多年，『家』已在我心中消失，見到你的長函，『家』又在我的心中重現。」筆者認為印順法師述及對「家」在心中的消失與重現，是相當深刻關於「僧侶」與「家園」的離散記憶及心境。引自陸子康：〈閑坐階沿石上的回想──印順導師與故鄉的緣〉，收入《福嚴會訊》第 70 期，頁 32。

[70] 雲庵法師：《台灣比丘尼現代行腳──踏尋祖庭與佛國》（台北：千華圖書，1996 年）。

[71] 釋大願：《重走江湖》（南投：人乘佛刊，2011 年）。

敘寫，他們純粹是參禮祖庭，是悼念／懷念或者偏於記遊的性質；但以印順
法師與聖嚴法師為例的跨海僧侶自傳，是涵括著生存空間跨越、文化背景改
變的生命經驗，並且在渡台與返陸的過程，聯繫血源法源的核心意象，凸顯
當中的非凡意義。

三、生命歷程的共性與殊性

(一) 共性──病身常在

> 民國二十年（二十六歲）五月起，我開始患病，終於形成常在病中的
> 情態。……我身高一七六‧五公分。從香港到台灣（四十一年）時，
> 體重一百十二磅；等到菲律賓弘法回國（四十四年），體重不斷減
> 輕，減到一百零一磅。我是真的有病，病到不能動了。[72]

> 我一生多病，過去所患的是肺結核，但沒有吐血、咳嗽、潮熱等現
> 象，所以引起的虛弱疲累，算不得大病。到了晚年，大病一次又一次
> 的發生……[73] ──印順法師

> 我有一百七十公分高，只有四十二公斤。我提及常常暈眩，醫生同意
> 這樣是有些問題，於是便檢查了我的血液。他發現我有嚴重貧血。我
> 告訴他，我背脊有問題，他檢查我的脊椎，發現尾椎骨處確實有問
> 題。他說：「當你久坐時，一定很痛。」他照了肺部的X光片，發現
> 黑影。他也發現到我牙齒及鼻子有問題，送我去醫院……[74] ──聖
> 嚴法師

　　一生多病的印順法師，在十五歲時已經有近一百七十七公分的身高，始

---

[72] 印順導師：《平凡的一生》（重訂本），頁90。
[73] 印順導師：《平凡的一生》（重訂本），頁198。
[74] 聖嚴法師著，釋常悟、李青苑譯：《雪中足跡：聖嚴法師自傳》，頁131。

終皆是清瘦的身形，畢竟從年輕一病再病累積多年的虛弱，身子從未健壯
過，晚年甚至數度病危。印順法師因為長年瘦弱，值壯年時已被看成老人，
[75]《平凡的一生》共分三十五小章，其中就有〈我真的病了〉以及〈老年病
更多〉兩個專寫「病」的篇章，其他篇章亦有提及生病的片段。於自傳裡，
他自述從幼年身體一向羸薄，曾經患了大半年的瘧疾，他道：「總之，我一
向不怎麼結實的，但出家以前，倒也不覺得有什麼病」，[76] 他感受自身是
從 1930 年秋天出家，翌年夏天開始「就似乎常在病中」。[77] 從閩南佛學院
就讀為起點，就學未達四個月即天天腹瀉而病倒；爾後 1937 年 5 月初於武
昌遊歷當中舊疾復發病倒，院方將他送至漢口某間日本醫院就醫，十幾天方
才出院，但是「身體一直在奄奄無生氣的情況下」。[78] 1941 年的中秋前
夕，在縉雲山漢藏教理學院的某個晚上腹痛，晨起欲如廁卻暈過去，直至同
事喚其用早齋時，轉醒過來才發現自己腳在地上，身體卻擱在床上且滿褲子
臭糞；1942 年在合江法王學院，某個初夏的晚上幫忙計算佃約，到了半夜
工作結束卻過度疲勞而睡不著，用齋後散步滑倒跌落四五丈高的四層坡地，
腳筋扭傷且下齒折斷兩顆；爾後的逃難過程，生病已是常態。

　　病痛跟隨印順法師從大陸到了台灣不曾離棄，1954 年被檢驗有肺結
核，[79] 弘法歸國後體力逐漸不濟，診治後竟躺了半年。1971 年冬天住在嘉

<hr>

[75] 印順法師：「我生於丙午年（民國前六年），與身分證年齡差了五歲。我又不要逃避
兵役，又不會充老賣老，為什麼多了五歲？說起來是可笑而可悲的。三十年，我任合
江法王學院的導師。晚上去方丈室閒坐，宗如和尚問我：『導師！你快六十歲了
吧』！我聽了有笑不出哭不出的感覺，只能說：『快了！快了』！三十六歲的人，竟
被人看作年近六十，我那憔悴蒼老的容貌，與實際年齡太不相稱。說出實際年齡，是
會被外人（在家人）譏笑的。從此，就加上五歲。說習慣了，三十五年（四十一歲）
在開封辦身分證，也就這樣多報了五歲。我想，身分證不用改了，實際年齡還是改正
過來吧！」引自印順導師：《平凡的一生》（重訂本），頁 221-222。

[76] 印順導師：《平凡的一生》（重訂本），頁 29。

[77] 印順導師：《遊心法海六十年》，頁 3。

[78] 印順導師：《平凡的一生》（重訂本），頁 21。

[79] 從印順法師晚年給俗家親人的家書：「四十九歲在臺灣照 X 光片，才知患了中度肺結
核。想起祖父士和公、叔祖父士淦公、父親學義公，都曾患肺結核（那時俗稱為“弱

義妙雲蘭若，去了高雄楠梓慈雲寺主持開光，隔日原定至新竹壹同寺主持菩薩戒會，可是覺得腹部極不舒服，找醫生看診時，醫生問他住在何處？他回答：「嘉義」，醫生說：「那還來得及，趕快回去」，足見病況之嚴重；後來侍者透過聯繫，趕往台北宏恩醫院，方才知道是小腸栓塞，翌日馬上開刀，結果手術後過了十三天仍未排氣，道源法師勸其再動刀一次，終於恢復上下通暢，這次住院共計三十八天；出院後，因為右手長期注射未妥善照護，患有嚴重的風濕關節炎，腸部的手術亦引發後遺症，幸而都得到良方而改善。[80]他又記敘於 1990 年的歲末，農曆臘八翌日，坐在床上便倒了下去，最後是送到台大醫院，他說：「到了台大，一切已準備就緒，立刻進入手術室，手術順利完成後，進入加護病房。這幾天的事，我完全失去了記憶，連怎樣從台中到大甲，我也不知道。……到八十年（八十六歲）正月十五日出院，共住了三十一天。腦部積有瘀血，可能是跌交碰撞而引起的，會發生半身不遂，不能言語，類似中風的病態。」[81]此外，他亦提及 1961 年8 月時，因為午休起來站不穩而跌跤，自後已算不出跌倒的次數，最嚴重則是1997年2月下旬的一次摔跤，腳筋肩背陸續引發痛感，住院治療又復建，到了四月初方能出院。自此之後，體力每況愈下，或輕或重的病況不斷，比如曾腹瀉經診斷為罕見的「胃泌素瘤」、晚年曾動白內障手術、心包膜積水等。[82]據上述病史之記事，可知印順法師幾次與死亡極度鄰近。

　　儘管身體是如此的單弱，但是腦子似乎是為了一生最投注的法義長保康健，直至生命的最後一刻，曾經照護他的醫護人員道：「影像醫學部李超群主任臨床上看過不知多少病患的腦部 MRI，從科學的角度，他非常驚異於導師一百歲的年紀，能保有異於常人的清晰頭腦，『MRI 上看到的腦血管，沒

病"）。」可知其祖父、叔祖父、父親皆有肺結核病史。參自陸子康：〈閑坐階沿石上的回想——印順導師與故鄉的緣〉，收入《福嚴會訊》第 70 期，頁 32。

[80]　參自印順導師：《平凡的一生》（重訂本），頁 198-202。

[81]　印順導師：《平凡的一生》（重訂本），頁 204。

[82]　參自侯坤宏：《印順導師年譜》（第肆冊），頁 1367-1368、1427、1454。

有老化現象』。」[83] 筆者認為即是如此，故而能夠在弱到不能弱的身力情況中，提筆穩健而寫，正如陳慧劍所言：「印公導師的身體，從來沒有健康過；彷彿有一點『百病都來折磨』；這對血肉之軀而言，可以說是『人與天爭』的局面；時時暈倒，時時吃藥，有時還沒得吃；又不時進醫院；同時不斷地進行『筆耘』工作。」[84]

聖嚴法師在自傳以病為標題的是於《歸程》〈因病退役〉一章，他描述因為工作單位必須八小時日夜輪流上班，上班時必須聚精會神手腦並用，有時連喝一口水的空閒也無法抽出；如此日復一日，引發神經衰弱。[85] 此外，在每一本自傳，都可見著其描述自幼體弱多病的字句；[86] 另也零散地見著他對病痛的記述，比如十歲時爬樹摔下怕被父母責罵貪玩，所以尾椎受傷並未治療，或提及曾患過兩次嚴重的瘧疾。由於從小身體就虛弱，沙彌時期生活又十分辛苦，在狼山的時候，他曾經連續地咳嗽，後來才知道是罹患肺結核。[87] 到了大聖寺的日子更是拖著病身度日，在十五六歲的發育階段非但未有睡飽喝足的機會，而是成天趕赴經懺。到了軍中堅持茹素但彼時伙食簡單且不注重素食，故營養失衡乃必然之事，又於操課時跳鞍馬頭部落地，頸部也因此受傷。

因病退役、再次出家的聖嚴法師，擔任編輯時又發病了一段時日：「再說，我的健康，尚未復原，除了編雜誌，幾乎也沒有精神寫文章……經常胸

---

[83] 〈隨侍導師，法喜充滿——醫療成員的照護分享〉，收入《人醫心傳》第 18 期（花蓮：財團法人臺灣佛教慈濟慈善事業基金會發行，2005 年 6 月），頁 17。

[84] 陳慧劍：〈當代佛教思想家——印順大師〉，收入《當代佛門人物》，頁 4。

[85] 參自聖嚴法師：《歸程》，頁 161-162。

[86] 比如在《歸程》寫道：「我自幼瘦弱多病」、在《聖嚴法師學思歷程》寫道：「我從小體弱多病」、在《雪中足跡：聖嚴法師自傳》寫道：「孩童時代，我常常生病，身體羸弱」。以上引自聖嚴法師：《歸程》，頁 3、聖嚴法師：《聖嚴法師學思歷程》，頁 162；以及聖嚴法師著，釋常悟、李青苑譯：《雪中足跡：聖嚴法師自傳》，頁 24。

[87] 聖嚴法師自述因罹患過瘧疾與肺結核，導致脾臟終生有問題。參自聖嚴法師著，釋常悟、李青苑譯：《雪中足跡：聖嚴法師自傳》，頁 130。

悶頭暈,到了四十九年的冬天,尤其畏寒,穿了很多衣服,還像沒有暖氣。」[88] 儘管自傳後續未多寫病況,但可知曉他即是頂著這般疲弱的身子,前進日本求學與美國弘法,且開創法鼓志業,靠著堅毅的意志力度過每一回艱鉅的階段,抱著病身親力親為東西岸的法務且出席該當主法、主持的會議與活動。[89] 據《美好的晚年》所記,聖嚴法師於 2002 年在台、美兩地醫院檢查的結果,腎臟已出現狀況,但是他覺得還能撐下去;直至 2005 年8 月下旬診斷出左腎已有顆不小的腫瘤,故於 10 月法鼓山落成開山前一個月,住進台大醫院緊急手術兩次且出現肺積水現象進行穿刺。[90] 雖然後來順利出院,卻因需要洗腎而不曾正式告別醫院;聖嚴法師自認這一次的生病:「可以說是晚年以來,最嚴重的一場病」,[91] 甚至在入院前已做了「萬一回不去」的安排,完成法鼓山的薪傳。[92]

　　印順法師與聖嚴法師一生可說是病體常在,儘管兩者身子如此孱弱,但是他們始終不以病為苦,反而以平常心豁達視之,印順法師表示:「我不希望身體會再健康起來,只是無事掛心頭,安靜的等待那最後一天的到

---

88 聖嚴法師:《歸程》,頁 219。

89 丁敏曾指出:「『忙碌』成了自我書寫中生命的主旋律。再者,體弱多病也是他個人生命的基調。他的身體向來羸弱,文本中自我書寫所呈顯的身影,常在抱疾狀態下從事各項活動,包括主持禪七、帶團朝聖旅遊,有時甚至要有醫護人員隨行、打點滴、打針以補充體力。『體弱多病又極端忙碌』,也許是自我定位為『人間比丘』的聖嚴法師,其個人所建立起的『現代禪師』的形象:似乎顛覆了對傳統禪師棲息巖谷,出塵悠閒的形貌。」筆者認為「多病」但「為法忘軀」的人間比丘形象,是本書兩位研究對象的共同特質。以上引文引自丁敏:〈當代臺灣旅遊文學中的僧侶記遊:以聖嚴法師「寰遊自傳系列」為探討〉,收入《佛學研究中心學報》第七期,頁 373。

90 參自聖嚴法師口述、胡麗桂整理:《美好的晚年》,頁 17-25。

91 聖嚴法師口述、胡麗桂整理:《美好的晚年》,頁 16。

92 聖嚴法師七十六歲時,在病重住院之前,於 2005 年 9 月 2 日完成「傳法大典」,傳十二法子接受法脈,依其著作之介紹順序是:果如法師、惠敏法師、果暉法師、果元法師、果醒法師、果品法師、果東法師、果峻法師、果鏡法師、果廣法師、果肇法師、果毅法師。參自聖嚴法師:《我願無窮:美好的晚年開示集》(台北:法鼓文化,2011 年),頁 82-87。

來」，[93] 聖嚴法師則表達：「現在我老了，我的想法，思維大多存在於心，內心安然自若。……我現在老了，接近死亡，但仍看得到面前的路，我不覺得我的工作完成了」；[94] 成天與病體為伍的兩者，卻憑倚著「隨時可能死亡」的身軀，各自走出他們的弘法道途，一步一履深廣生命地圖的遼闊。余德慧曾將人生比喻成一條幽靜的長河，其描述在生命步向河的盡頭時，或有如是體悟：「當生命之河奔向死亡，我們才恍然悟到麼叫做永恆。……在長河的終點之前，我們必須把『曾經擁有的』轉變成『自我的擁有』，就像行腳的僧人，時間、歲月都只存在自我的世界裡，在心靈形成某種秩序，就像心底的長河，伴隨那一呼一吸之間的感受，伴隨著思考或體力的活動。這時候，每一刻都是實在，都是永恆，不受歲壽的干擾。這時候，人生的最後河段，就像輕巧的滑流，穩穩快快地流過去，清清澈澈地走了。」[95] 由於印順法師與聖嚴法師都生於河口港邊，故筆者認為借以這段話描述兩者的生命歷程十分適切。

（二）殊性──學思歷程

本書所探討的兩位學問僧皆是在曲折、抱病的生命歷程裡聞思修學，故學思歷程也各有崎嶇。從他們修學、自學、撰著不輟的生涯裡，可發現他們有些許相似的特性、經歷與研究方向，但是開展的路向卻迥然不同。

從鄭壽彭《印順法師學譜》、侯坤宏《印順導師年譜》以及林其賢《聖嚴法師年譜》，可察兩者均有數個筆名。印順法師的筆名有「啞言」、「力嚴」、「竺緣」、「善慧」、「僧政」等，聖嚴法師的筆名有「醒世將軍」、「張本」、「常不輕」、「如如」、「無住沙門」、「瓔珞關主」等。

據侯坤宏的檢視，他發掘印順法師此五個筆名，可分為兩個時段，第一時段是於大陸時期，這時用「啞言」、「力嚴」、「竺緣」三個筆名；第二

---

[93] 印順導師：《平凡的一生》（重訂本），頁31。

[94] 聖嚴法師著，釋常悟、李青苑譯：《雪中足跡：聖嚴法師自傳》，頁276、頁279。

[95] 余德慧：《生命宛若幽靜長河》（台北：張老師文化，2010年），頁28。

時段是來台以後，在 1953 年初任《海潮音》雜誌的社長時，使用「善慧」、「僧政」之筆名。侯坤宏指出印順法師曾於〈福嚴閒話〉勉勵學人寫文章「不可匿名」，故來台後使用筆名的可能因素應是稿源問題，若刊物同時登出兩篇（含以上）的文章，使用不同名字較為合適；[96] 至於大陸時期使用筆名，筆者以為或許是印順法師低調之故，這與其性格喜靜避顯有關。鄭壽彭對於筆名的看法則是「此以寫批評性者為限，若為闡揚佛法，則無礙也」，[97] 表示印順法師用筆名發表文章評跋佛門事理，乃因為弘法而用，未有不妥之處。

　　據林其賢的整理，他發現聖嚴法師在 1954 年起以發表文藝作品為主，1956 年起則轉以發表佛教論述為主；此時的聖嚴法師處於從軍階段，文章刊載於佛教刊物時，以本名「採薇」或沙彌時代法名「常進」署名，而筆名則最常使用「張本」與「醒世將軍」，「張本」是具「原本姓張」與「開張的根本」之雙關意涵，「醒世將軍」的用意則是在《歸程》裡有所解釋：「最先是因性如法師接編《人生》月刊，他知道我會寫文章，所以硬是逼著要稿，他對我一向也是不錯的，礙於情面，我就寫了，並且我也從此有了一個『醒世將軍』的筆名，這不是因了軍人的身分而取，乃是為了攝化眾生與喚醒世人而取。這個筆名，一直用到四十八年冬天第二次出家後，才停止使用。」[98] 於第二次出家後，聖嚴法師隨即負責《人生》月刊的編輯工作，也是因為稿源不足需自行書寫多篇文章，故有「常不輕」、「如如」的筆名出現。至 1962 年至美濃閉關時，初時暫為關房的住處取名「無住樓」，故此期間發表之作多用「無住沙門」的筆名；後關房築建完成，取名「瓔珞關房」，故於此階段發表的文章以「瓔珞關主」為署名。[99]

　　從兩者所使用的筆名觀之，多與佛教詞彙有關，或者與本身性格、當時心境相關。在使用「印順」之外或使用「聖嚴」之前，早有屬於他們學思心

96　參自侯坤宏：《印順導師年譜》（第壹冊），頁 86-87。

97　鄭壽彭：《印順法師學譜》，頁 15。

98　聖嚴法師：《歸程》，頁 159。

99　參自林其賢：《聖嚴法師年譜》（第一冊），頁 22-23。

得的寫作,這些對佛教、對人生初有體解之作,正在字句中為日後的大部頭著作奠基。他們除了早年投稿於佛教刊物(聖嚴法師亦有投稿文學刊物),亦擔任過佛教刊物的社長或主編,他們的筆名即是發表時使用,所以「刊物」與「筆名」也是這兩位學問僧與文字有不解之緣的軌跡。然而,他們兩者對文字的天賦、與書寫的不解之緣,應從童年可看出端倪。綜觀印順法師與聖嚴法師兒時的世學教育,皆因為家裡貧窮的因素,導致他們都有自卑感(且聖嚴法師的家境顯然又更困苦),也因此必須無奈接受失學的命運;從兩者的自述,可知他們的藝術細胞似不太發達,唯兩者的「國文/國語」程度皆不錯,此應可視為其成為「學問僧」的共通長處,日後均能著作等身的文字基底已於此時萌芽。

印順法師與聖嚴法師於童年時期接受世學的正規教育均屬短暫,卻於出家後都有機會再度求學,進入佛學院讀書。印順法師求學的時間不長,但是卻從學院裡的師長身上得到啟發,並且開啟往後漫長的自修之道。常進沙彌在佛學院裡所接受的教育雖非理想的模式,但當時若不懂爭取,他將是過著永無天日的趕經懺小和尚,何來兩年半的學僧歲月,累積具有份量的學識呢?而回到修學的源頭,清念法師同意剛出家的印順法師求學,朗慧法師同意經懺團的常進沙彌求學(日後的東初法師亦默許聖嚴法師求學),他們兩者能有機會進學讀書,皆是逢遇願意成就弟子輩外出讀書的師長,為他們日後的學術成就鋪路;倘若他們所遇是不重教育、不願放手弟子遠行的師長,或許他們往後成為學問僧的可能性便會改寫。

在兩者的學思階段,都有「閱藏、閉關」的歷程,無論是印順法師在佛頂山、妙雲蘭若或是聖嚴法師於瓔珞關房,環境皆屬貧陋(兩者看中的關房位址,均為安靜、交通不便之處),但是他們安貧於方寸的斗室靜讀書寫,遊心於無垠的佛法三藏世界之中;印順法師說:「我沉浸於佛菩薩的正法光明中,寫一些,正如學生向老師背誦或覆講一樣。在這樣的生活中,我沒有孤獨,充滿了法喜」,[100] 聖嚴法師說:「山中冬暖夏涼,而春秋的時間相

---

[100] 印順導師:《平凡的一生》(重訂本),頁122。

當長，所以日子過得很快，也非常安樂，真所謂『山中無甲子』，但又是夜夜是滿月，日日是好日」。[101] 他們兩者皆於規律清貧的閱藏閉關期間，深入經藏、在閱覽群經間法喜充滿，並啟發他們在法義上有更成熟深邃的見解、在靜修中更認識自我的內蘊。然而，筆者認為由於動機不同，故而兩者閱藏的版本與方向有所差異。印順法師的閱藏動機，偏重於探求、解決佛教衰弱的問題；聖嚴法師的閱藏動機，則是為研究與著作而奠基，突破且增進其在受教（佛學教育）上的不足，誠然，他的閱藏也產生連續的影響性，直接地鞏固其往後留日的深厚根基。

關於兩者的學思著述，他們在閱藏或閉關之時，同時都重視《阿含經》，爾後也各自成書；此外，他們均有關於「印度佛教史」的著作，也都著有關於「太虛大師」的專書或文章，在「禪宗史／禪學」方面亦有專著；除了佛學領域，對於「基督教」也各有單篇或集結成書的著作。再者，他們皆以研究中國佛教的專題，前後取得日本大學頒授正式的「文學博士」學位，此為他們童年失學後，所得到世學的最高學歷。兩位博士比丘在學思歷程雖有近似的內修韶光，研究成果也受到專業學位的肯定，但無論是他們持續而行的研究道途，或是辦學培育後進的理念，卻開出兩條迥然的路；筆者認為他們兩者是以不同的學問僧作風，傳承、弘化或開展他們對於佛法的認知與實踐。

印順法師是在親睹中國佛教衰頹的省思中興發出家之念，因此決心尋求純正的佛法；聖嚴法師則是出家後面對狼山僧風的變質、經懺生活的變調，故而逐漸領悟：「我要的是一個不同的生活，是一個讀書、學習及傳承佛法的生活」，[102] 極力爭取佛學院的受教機會。林建德指出可以從「理論和實踐」兩部分來掌握印順法師對中國佛教的反思，而從「人才與教育」兩方面來著眼聖嚴法師省思中國佛教發展的困境；[103] 也認為：「相對於印順深入

---

[101] 聖嚴法師：《聖嚴法師學思歷程》，頁 60。

[102] 聖嚴法師著，釋常悟、李青苑譯：《雪中足跡：聖嚴法師自傳》，頁 84-85。

[103] 林建德：〈「抉擇」與「傳承」：印順和聖嚴對於「中國佛教」的兩種立場〉，收入《人間佛教研究》第七期（香港：香港中文大學「人間佛教研究中心」，2016

經藏，著眼於佛教義理思想的探索，聖嚴畢生著力最多乃在於辦學和從事佛教文化的出版工作」。[104] 一位是為尋求解答而出家，一位是出家中開始尋求解答，故他們以不同的方式回應內心深處對中國佛教的疑慮與觀省。

　　總結而言，印順法師與聖嚴法師皆家境清貧、天生體質薄弱，兩者生命歷程的起點是由貧病開始，一輩子與病痛相伴，生命的終點亦不離病體，但是卻因「僧涯」與「佛學（佛法）」而富足，且將佛陀「以苦為師」的教誨信受奉行於生命的每個當下；[105] 可謂他們成為學問僧的生命歷程在「病身的共性」中展開，而在學思歷程裡開展了他們的殊性。

年），頁 190。于君方也曾指出聖嚴法師是一位偉大的教育家，教育的對象不只是僧侶、知識分子，還有一般民眾，這些均可由中華佛研所、法鼓佛教學院、僧伽大學的創立以及報章雜誌發表的文章、大眾媒體的公開演講見著，她認為：「我想法師強調教育的重要性，一定與他年輕的出家經驗有關係。」參自于君方：〈聖嚴法師與當代漢傳佛教〉，收入《聖嚴研究》（第一輯）（台北：法鼓文化，2010 年），頁 42-43。

[104] 林建德：〈「抉擇」與「傳承」：印順和聖嚴對於「中國佛教」的兩種立場〉，收入《人間佛教研究》第七期，頁 193。

[105] 此處奉行佛陀「以苦為師」之教誨，筆者亦思索是否可與天台宗「如來不斷性惡」的思想有所聯繫？筆者認為性惡除了可解釋為佛性／人性本具有惡的一面，或許可另解釋成每個人的人生裡，必然都會發生的挫折與困頓、無常與痛苦，佛陀的人生亦然，這是生命歷程的「共性」。故佛陀即使悟道，仍必須承受國族滅亡之痛、承受背痛之苦，但是他從中更體解無常，成為最究竟的覺者。本書所探討的印順法師與聖嚴法師，他們雖是佛教界、學術界有著重要地位及影響力的高僧，但是他們的生命歷程充滿病痛、打擊，卻也因為走得曲折，使得他們更有生命韌性，並在一切苦痛障礙之中覺悟人生；他們兩者抉擇出家為僧，以勤行世尊之教為人生究竟目標時，正是走上「成佛之道」的訓練──即使時空背景不同，但是考驗與磨難的際遇是修行的必然經歷。

第三章
印順法師與聖嚴法師自傳生命書寫方向（一）

印順法師自傳《平凡的一生》、《遊心法海六十年》以及聖嚴法師自傳《歸程》、《聖嚴法師學思歷程》、《法源血源》、《雪中足跡：聖嚴法師自傳》，兩者所記敘的內容，乃是由俗家身分至出家身分、從大陸境況至台灣境況的人生軌跡。本書以「學問僧」的生命書寫為主軸，故而著重於兩者的學思歷程，端詳兩者在自傳書寫的篇幅上，此亦為核心所在，佔據泰半的人生軌跡。本章將從「學思行旅與著作歷程」、「學問僧的養成」兩大主題進行探討，先綜觀印順法師、聖嚴法師一生的學習過程、著作進程，再從中分析他們步向學問僧的養成途徑。

第一節　學思行旅與著作歷程

一、印順法師

印順法師在《遊心法海六十年》將自身修學佛法的歷程依序分為：「暗中摸索」（1925-1930）、「求法閱藏」（1930-1938）、「思想確定」（1938-1952）、「隨緣教化」（1952-1964）、「獨處自修」（1964-1984）五個時期。[1] 此五大階段之思想分期，乃是印順法師自行分劃的學思歷程，

---

[1]　詳見印順導師：《遊心法海六十年》，頁 4-39。

他完成《遊心法海六十年》時，是 1984 年七十九歲之際；然而，在他百歲
的生命裡，寫作的記錄是到 1998 年九十三歲的時候，故筆者訂獨處自修期
後為「修檢集結」期，意指這一時期是其將自身著作與思想修補檢視、集結
完成的階段。

筆者嘗試將印順法師每個學思階段與其時所處的代表性道場（佛學院）
互作對應，如此可看出彼時印順法師的時代背景、佛學院概況，並從中見著
其思想越臻縝密、完整的呈現，抑或發覺其自年輕而年老，著作的巔峰期及
間歇期。

（一）暗中摸索階段：張鹿芹（明洲）時期[2]

據印順法師對於俗家的記述，意即對張鹿芹的回顧，可瞭解其因家境不
寬裕，自幼體弱卻無法調養，雖有入學卻以失學收場，被迫提早學習一技之
長養家餬口；又由於身為獨子之故，須背負起傳宗接代的責任。張鹿芹在父
親略帶施壓的安排中，從學醫到教書、自娶妻到育兒，先後以仙道、老莊哲
學、佛教的三論與唯識、基督宗教作為心靈的寄託，也讓自我生命有了信仰
的蹤跡。

張鹿芹開蒙始於六歲，取「張明洲」為學名，在家裡附近的私塾從《百
家姓》、《千字文》、《花夜記》讀起。[3] 翌年，轉而在父親經營的新倉鎮
先進當地私塾、後入第二初等小學堂就讀；十歲初小畢業後短暫自修，再進
入離家二十里硤石鎮西山下的開智高等小學堂讀書，自傳提及同學有高材生

---

[2] 此階段的起訖，筆者由印順法師幼年時期的開蒙寫起，直至決定出家為止。然印順法
師自書「暗中摸索時期」是指從探求佛法為開端，故而時間點乃是 1925 年（20 歲）
讀到〈莊子序〉為始。

[3] 由大愛電視所製作的《⊥印下順導師傳》，其中有個片段乃是印順法師回憶跟隨私塾
老師讀書的情形，他指出印象深刻的便是圖畫書《花夜記》。「導師回憶道：『《花
夜記》裡，比方說日，它上面就畫個太陽；月，畫個月亮；山，畫個山，都是這樣
子。晚上要放學了，我們的功課也結束完畢。每天都是兩個字、三個字、四個字
的，就學這些，沒有其他的。』」引自大愛電視台製作：《⊥印下順導師傳紀錄片文
稿》，頁 12。

吳其昌以及虞爾昌。[4]

　　印順法師於自傳曾回憶自身初小、高小的學習特性，寫字、圖畫、手工、唱歌、體操都是及格邊緣，吹笛、拉胡琴也是不合節奏，詩韻與詩法則是略懂；在功課方面，對於國文是特別有興趣的，曾在高小的第三學年，以一篇〈說虎〉的作文，得到國文老師張仲梧先生[5]給予五十二分的高分（滿分為五十分），他說：「我的作文，善於仿古，又長於議論。」[6]在外語方面，他在插班入高小二年級時學過兩年的英文，自覺無語言方面的才能，所以只記得字母而已。他僅讀到高小畢業，乃因：「為經濟所限，就從此失學了。所以，論中國的固有文化，漢學、宋學、程、朱、陸、王；西方的新學，哲學、科學、社會……，我都沒有修學過。」[7]從六歲到十三歲，約七年的學習，囿於經濟的困境無法繼續進學，張鹿芹的世學學歷算是「高小畢

4　參自印順導師：《平凡的一生》（重訂本），頁216。吳其昌（1904-1944）是愛國情操強烈的歷史學家，曾任武漢大學歷史系教授，抗戰期間遷校至四川，在不佳的學校環境裡克盡職守授課，並且作宣傳抗日救國的演講也參與募捐義賣，爾後身體過於衰弱於課堂上吐血，返家休養不久後辭世。虞爾昌（1904-1984）是1947年應邀至台灣大學擔任外文系教授，1976年退休，繼續改任兼任教授至1982年，畢生除了教學不倦為人稱道，最著名事蹟當是完成朱生豪的遺志，將翻譯未竟的《莎士比亞全集》完成並出版。以上參自張在軍：〈吳其昌：盡瘁講壇的史學系教授〉，收入《堅守與薪傳——抗戰時期的武大教授》（台北：新銳文創，2013年），頁148-156；以及彭鏡禧：〈懷恩師——紀念虞爾昌先生一百週年冥誕〉，收入《台大校友雙月刊》第32期（台北：國立台灣大學，2004年3月），頁23。

5　張仲梧（1862-1930左右），字樹森，浙江海寧硤石人，為清末的舉人，以教書為業頗具名望，著有《子廬詩存》，以上參考自 http://61.175.198.143:8081/pub/jiax_grw/haining/201004/t20100429_428822.html（嘉興市圖書館，上網日期：2017年2月10日）。張仲梧先生是印順法師於開智高小就讀時的國文老師，近代著名詩人、文學家徐志摩（1897-1931）也是開智高小的校友，張師也曾教過徐志摩，在「徐志摩年譜」即有記載：「光緒三十三年丁未（一九○七）十二歲入硤石開智學堂，從張樹森讀書。成績為全班冠，有神童之目，申如公（筆者按：徐申如為徐志摩之父親）常出示其文而引以為榮」，以上引自徐志摩、蔣復璁：《徐志摩全集》（第一輯）（台北：傳記文學出版社，1980年），頁552-553。

6　印順導師：《平凡的一生》（重訂本），頁223。

7　印順導師：《遊心法海六十年》，頁1-2。

業生」。

張鹿芹自高小畢業後，父親認為其身體薄弱不適於務農做工，內向的個性亦不適合從商，所以要求其至離家一里處的沈子春中醫師家學醫。沈醫師行醫早出晚歸，張鹿芹只得從《素問》、《傷寒論》、《難經》、《本草從新》、《雷公泡製》、《湯頭歌訣》等等醫書與藥書自修。由於記不得藥草的性質，他的興趣便轉移到了道書之上：

> 我默默的將興趣移到仙道方術上，津津有味的讀些《性命圭旨》、《金華宗旨》、《仙術秘庫》等道書；對「奇門遁甲」也有濃厚的興趣。有興趣，就是不好懂！「欲知口訣通玄處，須共神仙仔細論」，我想出外學仙去。這雖是可笑的，但無意世間的傾向，已充分表現出來。[8]

學醫卻趣入仙道，閱讀道書且升起學仙之念，也學過靈子術與催眠術。[9] 張父認為此風不可長，所以為其尋得賢內助、舉行結婚禮，盼其可收心不再沉迷，對象是大其三歲的金引寶女士，是年張鹿芹十五歲。已有家室的張鹿芹，仍無放棄修仙學道的嚮往，父親斷然中止他的學醫之路，讓其回到母校新倉鎮第二初小執教。[10] 但由此可見學醫的環境、父親的期待，竟巧妙

---

[8]　印順導師：《平凡的一生》（重訂本），頁 217。

[9]　印順法師在《我之宗教觀》寫道：「我學習中醫，『醫道通仙』四字，引發我對於仙道的仰慕。《神農本草》與《雷公泡製》，說到某藥可以延年，某藥可以長生。特別是奇經八脈的任督二脈，對於長生的重要性。仙道教的信仰激發後，讀過了《抱朴子》，《呂祖全書》，《黃庭經》，《性命圭旨》，《慧命經》，《仙術秘庫》──這一類仙經；而且旁求神奇秘術，如奇門、符咒之類。我進過同善社，也學過靈子術與催眠術。那時候，我雖沈浸於巫術化的神道教，著重於個體的長生與神秘現象。然對於我──目光的擴大，真理的追求，還是有著良好的影響。」引自印順導師：《我之宗教觀》（新竹：正聞出版社，2000 年新版），頁 302。

[10]　真華法師指出：「有學仙之意，幸被父母及時發現，加以攔阻。不然我們中國佛教界，那裡還會有這麼一位智慧如海、著作等身，為四眾弟子所供養的導師！」引自真華法師：《印順導師略傳》（花蓮：佛教慈濟基金會，1990 年），頁 2。

地讓張鹿芹覺察自身的出世意欲。

　　張鹿芹對於宗教的接觸，應是於學醫迷上仙道時已透露跡象。爾後，雖然進入學校教書，對於仙道方術終於放下，但是從此探究起老莊哲理，即使繼續研讀其他中國思想經典之作，張鹿芹仍獨鍾《莊子》。[11] 更甚地，在〈莊子序〉中，竟引發探究佛法的動機：「十四年（二十歲），在這裡讀到馮夢禎的《莊子》序說：『然則莊文郭（象）注，其佛法之先驅耶』！引起我探究佛法的動機。」[12]

　　對佛法產生興趣的張鹿芹，在小廟裡可找的佛書也相當鮮少，但他還是有心地在商務印書館與其他的刻經處購得《成唯識論學記》、《相宗綱要》、《三論宗綱要》、《中論》、《三論玄義》以及三論的嘉祥注疏等著作。然而他選擇的入門書「三論」與「唯識」，在佛學裡都非淺顯易懂的思想，又無人可問只能自修，所以理解有限——可是這般高深的法義，並未讓他放棄，反而更為嚮往。又由於不知有解釋佛法的辭典，且沒錢購買商務本的《辭源》，所以張鹿芹用最土法煉鋼的方式，將佛教的術語條條抄錄，可

11　對於研讀中國思想經典的心得，印順法師在《我之宗教觀》寫道：「我對於神道教的仰信，暗中摸索了兩三年，終於為父親發覺了。當然是不贊成我這樣做的，要我出去教書。我受了師友的啟發，開始研究老、莊，同時閱覽一些近代書物，我的宗教觀開始變了。老、莊與道教的修煉，不能說沒有關係的。老、莊的哲理非常深徹，然而反造作的回復自然，返歸於樸的理想，始終是不可能的。熟練人情的處世哲學，說來入情入理，而不免缺乏強毅直往的精神。獨善的隱遁生活，對社會不能給予積極的利益。雖然老、莊的思想，為我進入佛法的助緣；而道家的哲理，道教修身的方法，也獲得我部分的同情，然我不再作道教的信徒，從仙道的美夢中甦醒過來。道教的信念動搖了，我雖不曾棄絕他，而又徬徨地追求，回復到讀過的儒書。這與道家的充滿隱遁色彩，個人主義的宗教，大大相反。……平常，切實，重人事，尊理性，確為我國文化的主流。然而我儘管同情他，讚美他，卻不能充實我空虛與徬徨的內心。別人覺得我更實際，而我卻自覺得更空虛了！到現在想來，這不外別的，儒家雖不是沒有宗教的因素，而並不重視宗教。平常的，現實的，就此一生而止於立德立功立言的，這對於一般人，不能織成一幅莊嚴燦爛的光明圖案，缺乏鼓舞攝引力，不易使一般人心安理得（得失不變，苦樂不變，死生不變），而邁向光明的前途。這樣的出入老、莊、孔、孟，有四五年之久。」引自印順導師：《我之宗教觀》，頁302-303。
12　印順導師：《平凡的一生》（重訂本），頁219。

見其求法若渴的決心。[13]

　　除了佛教的接觸，張鹿芹在二十一歲回到家鄉應邀至私人自辦的教會小學教書時，他也接觸了基督信仰，並且讀了相關的經典與雜誌，他產生了好感，也實行禱告、參加過奮興會，可是終究沒有成為基督徒。[14] 張鹿芹辭去教會的教職後，其中醫老師沈子春在自家廳堂成立小學，他回到沈府教書，且專心投注佛法；由於他先在此尋求方術仙道，後又在此探求佛法，他回憶道：「這裡真是我的殊勝因緣」。[15] 他觀察到家鄉的佛教神佛不分且僅存經懺佛事，深刻感受：「覺得佛法與現實佛教的差距太大，有了出家專心修學佛法，自利利他，弘揚純正佛法的意欲。」[16] 在四、五年的閱讀

---

[13] 印順法師：「那時，不知道佛法有辭典。在商務本的『辭源』中，發現佛法的術語極多，但沒有錢買，就一條條的摘錄下來。經過這一番抄錄，對一般佛學常識，倒大有幫助，但這樣的費時費力，簡直是愚不可及！」引自印順導師：《遊心法海六十年》，頁 4-5。印順法師回想自己抄錄《辭源》是費時費力、愚不可及，但昭慧法師在《人間佛教的播種者》一書卻認為印順法師：「一直到老來，向小輩提起當年對佛法所下的功夫時，還客氣地說是『笨人用笨功夫』。但這一份『不了解所以更愛好』的固執，確乎透顯了他追求真理時鍥而不捨的精神！」引自釋昭慧：《人間佛教的播種者》，頁 14。

[14] 印順法師對於接觸基督教的過程，在《我之宗教觀》更為清楚地描述：「在空虛徬徨中，經朋友介紹，接觸到基督教，並且發生了濃厚的興趣。這是富有社會性的宗教。從基督教中，我體會得敬虔而純潔的信心，對於宗教的真正意義。有信有望有愛的基督教，有著儒、道所不曾有的東西。我研讀《新舊約》，閱覽《真光》、《靈光》、《基督徒》等雜誌；我實行禱告，參加過奮興會，然而我終於不能成一基督徒。外緣是：那時掀起反基督教運動，雖無關於基督教義自身，而基督教會憑藉國際背景，不免有文化侵略的罪嫌。主因是，某種思想的難以接受。如信者永生，不信者永火。不以人類的行為（內心與外行）為尺度，而但以信我不信我為標準。『順我者生，逆我者亡』，有強烈的獨佔的排他性；除屬於己方以外，一切都要毀滅。階級愛的底裡，顯露出殘酷的仇恨。又如靈是神那裡來的，從神而來的靈，經肉的結合而成人。照基督教義（重生才能得救）看來，走向地獄是大多數。全知全能的神，歡喜被稱為自己兒女的人類如此，這可說是莫測高深，也可說豈有此理！我不能信賴神是慈悲的，所以也不信耶穌可以為我贖罪。」引自印順導師：《我之宗教觀》，頁 303-304。

[15] 印順導師：《平凡的一生》（重訂本），頁 220。

[16] 印順導師：《平凡的一生》（重訂本），頁 220。

裡，他就著累積的見解發現「佛法與現實佛教間的距離」。在如是的時代背景中認識佛教，張鹿芹雖對理解法義感到吃力卻感受佛法是精深的法門，更感受佛法與現實間的差距如此之大，故而更堅定出家向佛的心意，唯此時他心中認知的純正佛法即是「三論」與「唯識」宗。從張鹿芹對佛法產生興趣、善用資源的研習方法，興起長遠思考作為尋求答案的動機，已可隱然見著他日後成為學問僧的學術特質。

除了對於家鄉所見佛教的衰弱，張鹿芹從二十三至二十四歲間，經歷母親、叔祖父、父親相繼過世的悲痛，他在求醫求藥、辦理喪事之中，強烈體會佛教「諸行無常」、「愛別離苦」的道理，至親的離世揚升他的宗教情懷：「我的心，已屬於甚深的佛法，時時想到復興佛法，利濟人群。我終於在對引寶、金娥、惠生的深深歉意中，遠離家庭而去了！」[17] 在親情與修行之間掙扎，幾經思索，他決定告別家眷，踏上出家之途。陳慧劍認為：「當時的印公，只是基於對『佛家真理』的探求與實踐，而以一個知識份子的理想與熱情，投入佛法的海洋，以生命來求證佛家本來面目。他之出家，沒有特殊的外來因素之介入。」[18]

（二）求法閱藏階段：閩南佛學院、佛頂山僧涯

1930 年 11 月出家，年底前往受戒，受戒畢的印順法師，得到師父清念法師的應允與資助，1931 年春季至廈門南普陀寺「閩南佛學院」[19] 進修，

17　印順導師：《平凡的一生》（重訂本），頁 221。

18　陳慧劍：〈當代佛教思想家——印順大師〉，收入《當代佛門人物》，頁 4。

19　「閩南佛學院」創辦於 1925 年，位於閩南古剎南普陀寺內。南普陀寺本是臨濟宗喝雲派師徒剃度的子孫世襲傳承制道場，1924 年，轉逢和尚大力革新為十方選賢的叢林制，會泉法師被選為首屆方丈。1925 年，會泉法師創辦閩南佛學院且任院長，三年方丈任期滿後，即禮請太虛法師為住持並任閩南佛學院院長，芝峰、大醒法師也為佛學院發展出力甚多。閩南佛學院經由這些有德名僧的努力，培養出甚多優秀的佛教人才，如竺摩、瑞今、默如、慈航、戒德、巨贊、育枚、東初、妙湛、印順等法師，他們在近代佛教史上，都有重要的地位與貢獻。1934 年為整頓學風，弘一法師應邀創辦佛教養正院，提昇學生的僧格品德。1937 年抗戰暴發，閩南佛學院停辦。1978年，妙湛法師擔任住持，重建寺殿；1985 年，恢復閩南佛學院的招生，並且創辦女

從第二學期插班就讀,當時的院長是太虛法師,但因為長期在外弘法,故由
大醒法師任代院長,另一重要主持者還有芝峰法師。這個時期的閩南佛學院
正好著重於三論與唯識的部分,在家時由此入門的印順法師便感到:「在這
一學團中,思想非常契合」,[20] 足見他來此求學對學團是認同的。

除了與學團著力的思想契合,閱讀太虛法師的著作〈大乘宗地引論〉、
〈佛法總抉擇談〉,印順法師佩服其博通諸宗且能善巧融會貫通的手法,同
年他的第一篇著作〈抉擇三時教〉,便是學習太虛法師的手法而作;繼之又
寫作〈共不共之研究〉,得到太虛法師的評論。[21] 又於同年(1931 年)梅
光羲發表〈相宗新舊二譯不同論〉,主要是「考證世親學傳來中土,先後有

眾佛學院;1994 年更創辦大陸第一所佛教慈善事業基金會,重視佛教教育以外,對
於興福救濟的工作也同等注重。1997 年,聖輝法師繼任南普陀寺方丈與院長,對於
佛學院亦盡心規劃,成為大陸佛學院(漢傳佛教)數一數二的最高學府。以上參自
「南普陀在線・閩南佛學院介紹」(http://www.nanputuo.com/nptxy/html/200612/1814
265062156.html,上網日期:2016 年 5 月 22 日)以及聖嚴法師:〈廈門的南普陀
寺〉,收入《五百羅漢走江湖》(台北:法鼓文化,2005 年),頁 283-292。

20 印順導師:《遊心法海六十年》,頁 6。

21 印順法師在〈我懷念大師〉提及:「民國二十年春天,我進閩南佛學院休學,開始皈
向於大師的門下。七月裡,我開始寫出第一篇的佛學論文──〈抉擇三時教〉,這是
融會三論與唯識的,受到了大師來函的嘉勉與鼓勵。不久,去鼓山,又寫出〈共不共
之研究〉(偶然說到圓測所說的,勝於窺基);〈評破守培上人讀唯識新舊不同之意
見〉。大師意識到我的性格,是是非非,不為古人融會,不為近代的大德包含,這是
可慮的。所以又經大醒法師,關照我要心存寬厚而且還寫了一篇〈評印順共不共之研
究〉。」引自印順導師:《華雨香雲》,頁 300。侯坤宏指出:「印順法師〈抉擇三
時教〉、〈共不共之研究〉這兩篇寫於閩南佛學求學期間,沒有被印順法師本人遺
漏,可能與這兩篇文章較具思辨性,且曾受太虛大師嘉勉或評論有關。」此外,侯坤
宏又指出對於重要思想家的研究,除了留意其已成熟的部分,應該「對於其早年較不
成熟的思想,也值得加以追蹤探討,這樣才比較能掌握其思想全貌。在哲學界,有對
『青年黑格爾』、『青年馬克思』之思想加以研究探討者,對於佛學家──印順法師
的早年思想,也是值得我們留意、探索。」筆者對於侯氏的想法非常認同,故特別將
其第一篇著作列出,不但具有代表性,也可作為印順法師早年的思想指標。以上引
用、參考自侯坤宏:〈探索青年印順法師的思想〉,收入《法光》雜誌 273 期(台
北:法光文教基金會,2012 年 6 月),頁 2-3 版。

菩提流支、真諦、玄奘三系，而且探討了三系思想之間的差異」，[22] 太虛法師隨之發表〈相宗新舊兩譯不同論書後〉，兩者均是推崇玄奘大師的新譯。此時，鎮江的守培法師發表〈讀相宗新舊二譯不同論之意見〉，認為「地論」、「攝論」等舊的相宗是正確的，反對新的相宗，評論玄奘與窺基大師皆不對，甚至連世親大師也有問題；如此的言論，引發印順法師與同學們群起不滿，他便提筆寫下長篇一萬多字的〈評破守培上人讀相宗新舊二譯不同論之意見〉發表於《海潮音》予以反駁，[23] 所持意見當然與守培法師是完全對立與相反，[24] 這篇文章亦受到太虛法師關注。

---

[22] 釋聖凱：〈印順導師對攝論學派的詮釋──「中間路線」的堅持與游離〉，收入《玄奘佛學研究》第五期（新竹：玄奘大學宗教學系，2006 年 7 月），頁 26。

[23] 對於這段論爭的事件，釋聖凱指出：「二者的基本立場不同，守培長老是從《起信論》、《楞嚴經》等真常唯心思想出發，對舊譯進行解釋，對新譯進行批判；印順導師則是從中觀的緣起性空出發，而且對唯識進行融貫與詮釋。守培長老與印順導師的論爭，是重『信』與『解』的論爭，一位者宿僧寶，見解獨特；一位學界新秀，嶄露頭角，敢於挑戰權威。」引自釋聖凱：〈印順導師對攝論學派的詮釋──「中間路線」的堅持與游離〉，收入《玄奘佛學研究》第五期，頁 27-28。

[24] 其實印順法師對守培法師的印象本是良好，後因此番事件才改觀，但是之後他又改觀且十分尊敬守培法師的為人，他曾於〈悼念守培上人〉一文提到：「民國十四、五年，在《海潮音》上，讀到他的〈一心念佛即得往生論〉。守老的思想，近於禪。他認為信、願、行（稱名念佛）三者，為鈍根人全用，為中根人不定用，上上根人全不用。……這對於一般弘傳的稱名念佛，三根普被說，是相當不同的。所以引起一位專心淨土的王居士，出來痛加批評。守老又給批評者批評一番，真是縱橫掃蕩，勇不可當！我當時，還沒有出家，不能辨別，更不知雙方何以有著如此相反的立場。但對於守老的論文，有著良好的印象。民國二十年，我到了閩南；我對於守老的印象，受了師友們的影響而變了。他曾與象賢法師諍辯唯識空有，對唯識宗採取敵對的態度。尤其是解說唐玄奘大師的八識規矩頌，而不依奘公所傳的唯識學，照著自己的意見而強解一番，使人不能同情。同學們雖尊敬他的操持，但大都稱他為外道──知見不正。……玄奘大師傳入中國的唯識宗，元明以來，可說完全被輕視了。……奘公艱苦地從印度傳來的唯識學，不但是被輕視，簡直是被歪曲了。清末民初，佚失了的唐代的唯識章疏，一一流回我國，唯識學才開始了一種復興的機運。這主要是南歐（南京支那內學院歐陽漸系）、北韓（北平三時學會韓清淨系）的功績，二梁（梁啟超與梁漱溟）也給予很大影響，唯識學才引起了當時學界的重視。然在傳統的中國佛教界

　　二月方入學的印順法師，暑期考試尚未結束卻已病倒且不見好轉，大醒法師名義上讓他先至鼓山湧泉佛學院教課，實則讓他易地休養。隔年返回學院，本欲求學，未料一場生病休養回來，大醒法師要其為同班同學講授《十二門論》，由學生便成了老師。[25] 印順法師慚愧前來求學卻成為人師、警覺己身進修不成且引發失言風波，故設法請出家道場福泉庵寄信至學院，暫時引退；[26] 然而，這一「引退」，讓佛學院求學之路就此停擺。此離開佛

_____

（臺、賢、禪、淨），影響是並不太大的。大乘佛教思想，有著不同的思想系統。唯識宗被委曲了，忘記了，倒也罷了，等到唯識宗小露光芒，即不能免於諍論。民國十一、二年間，歐陽漸講〈唯識抉擇談〉，以《起信論》的從無明而起三細六粗說，與數論外道的二十五諦說相比配。梁啟超作〈起信論考證〉，否認《起信論》是馬鳴所作，真諦所譯。接著，內院的王恩洋，作〈起信論料簡〉，明白否定《起信論》的教義。……唯有太虛大師，本著融貫原則，認為唯識學雖好（與臺、賢、禪者不同），《楞嚴》與《起信》也不錯（與內院不同）。此外，以反唯識學的姿態而出現的，便是守老了。……我在大家不滿守老的氣氛下，寫了一萬多字的駁論，發表在《海潮音》。我是為唯識宗作辨，所以解說為：舊的都錯，新的都對。我與守老，就這樣的結下一段諍辨因緣。廿一年秋到廿五年夏，我大部分時間過著閱藏生涯。一方面，聖華同學為我稱歎守老的德操，一方面，逐漸了解到佛教思想的系別。對於相宗新舊之爭，開始一種新的看法，覺得這活像兩位近視眼，仰讀『文廟』而互爭『文朝』與『又廟』，糾纏不清一樣。……然我對於守老，讀了他幾本書，知道得更多一點，生起一種更良好的印象。覺得守老是直從經典中探索得來，他是有所見的，是篤於所信，忠於所學的。……守老重於《楞嚴經》及《起信論》，然並不附和一般《楞嚴》、《起信》的注疏。他對佛法，有一整套看法。……廿五年秋，我到鎮江，在玉山超岸寺住了幾天。由寺主雪松的介紹，我向守老敬禮。慈和嚴肅的氣象，增加我不少的敬意。他對於數年前不客氣批評他的後學，沒有絲毫介蒂，慰勉了幾句。我在超岸寺為學僧講演時，他就坐在講堂的外室靜聽。可見守老所諍的是法義，而沒有想到對方是誰；並非為了對人，而找一些法義來批評。」引自印順導師：《華雨香雲》，頁 349-353。

25 陳慧劍提及印順法師雖然身弱但是意志堅強、對佛典的契悟極為銳敏，所以進入閩院讀書已發表論文，而且被大醒法師推介教書，他認為：「這在一個出家不足一年的青年人來說，都是不尋常的經歷。」參自陳慧劍：〈當代佛教思想家——印順大師〉，收入《當代佛門人物》，頁 4。

26 印順法師：「但我怎樣離開閩院呢？在師長面前，我是拿不出不顧一切的勇氣，於是想了一個辦法：我寫信給普陀山福泉庵，要他們這樣的寫封信來——你家裡的人，來

學院之舉，成為印順法師從在家時期自學佛法的延伸，以及出家後自修研究佛學的啟程。

　　離開佛學院以後，印順法師住到普陀佛頂山慧濟寺的閱藏樓閱藏，閱藏期間，化雨小學的校長寬融法師前往拜訪，傳達太虛法師邀請他前去「世界佛學苑圖書館」（武昌佛學院前名）研究，但面對三藏經典的豐富，他暫時婉拒；直到 1934 年正月，為了要閱覽《大正藏》三論章疏，方才前往武昌佛學院。

　　除了「閱藏」使得印順法師對於佛法的視野敞開，1937 年住在武昌佛學院之時，他閱讀到了高楠順次郎與木村泰賢所合編的《印度哲學宗教史》、木村泰賢所著的《原始佛教思想論》，以及結城令聞所寫（墨禪翻譯）的「關於心意識的唯識思想史」；[27] 這些日本學者的著作，讓印順法師在探求佛法的方法上，有了新的啟發，他說道：「對於歷史、地理、考證，我沒有下過功夫，卻有興趣閱讀。從現實世間的一定時空中，去理解佛法的本源與流變，漸成為我探求佛法的方針。」[28] 而如此的研究方法，印順法師認為：「覺得惟有這樣，才能使佛法與中國現實佛教間的距離，正確的明白出來。」[29]

　　此時期的印順法師已經開始寫作，雖然無法馬上解決思考中的疑惑，但是隨著太虛法師的啟迪、閱藏及閱讀日本學者著作的心得，放在心上的問號，促使他用往後的歲月一一研究、給予解答。

常住找你，吵吵鬧鬧，你趕快回來自己處理。我就憑這封信去告假，大醒法師臨別贈詩：『南普陀歸北普陀，留君不住但云何！去時先定來時約，莫使西風別恨多』。」引自印順導師：《平凡的一生》（重訂本），頁 11-12。

[27] 這本書的書名，印順法師表示「已記不清」，且因戰亂所以譯本未出版。參自印順導師：《遊心法海六十年》，頁 9。

[28] 印順導師：《遊心法海六十年》，頁 9。

[29] 印順導師：《遊心法海六十年》，頁 9。

(三) 思想確定階段：漢藏教理院、法王學院、武昌佛學院、南普陀寺僧涯

此階段含括印順法師進入四川縉雲山漢藏教理院、[30] 住四川合江法王學院、離四川到江浙、至香港抵台灣的時期。這之間，他曾應太虛法師等師長輩的邀請，相繼在四川合江法王佛學院、漢藏教理院、武昌佛學院等處從事教學、指導之職；而 1941 年受任於演培法師創辦的合江法王佛學院擔任導師（後改為院長），[31] 是為後來佛教界尊稱「印順導師」的由來。

此時期稱為「思想確定」，印順法師自述：「在這長期動亂不安中，我開始成部的寫作，與講說而由別人記錄成書」，[32] 有了以下主要的研究成果與講學：

1.「大乘三系」思想：印順法師在《永光集》有以下之闡述：「我的大乘三系（或作三論）說，是從太虛大師的三宗來的」、「我的大乘三系說，最早提出，是民國三十年寫的〈法海探珍〉，三十一年的《印度之佛教》」，[33] 可知其「大乘三系說」乃於 1941 年提出。而前文提及印順法師

---

[30] 梅靜軒：「由太虛主導的一連串佛教現代化運動中，晚期具代表性的活動是『世界佛學苑』的設計，太虛計畫在此名稱下，分設梵、漢、巴、藏四種語系的佛學研究，雖然這項規劃後來並未成功，但卻是漢藏教理院成立的先機。1930 年 11 月，太虛受邀到重慶佛學社講《心經》及《瑜伽菩薩戒本》等，劉湘設宴款待，因緣際會，漢藏教理院已呼之欲出……漢藏教理院是個研究佛學的教育機關，著重用漢文和藏文研究佛教的教理，所以叫做漢藏教理院，於 1930 年籌創，1932 年正式成立，到 1949 年為止，共經 17 個年頭」，而這當中三個演變的階段則可分作：初期籌劃（1930-1932年），中期發展（1933-1936 年），後期規模（1937-1949 年）。引自梅靜軒：〈民國以來的漢藏佛教關係（1912-1949）——以漢藏教理院為中心的探討〉，收入《中華佛學研究》第 2 期（台北：中華佛學研究所，1998 年 3 月），頁 264-269。

[31] 「到了漢院，就見到從香港來漢院旁聽的演培、妙欽與文慧。三十年（三十六歲），我就為他們講『攝大乘論』，大家非常歡喜。秋天，演培約了幾位同學，到合江法王寺，辦法王學院，請我去當導師。導師原是不負實際責任的，但適應事實，逐漸演化為負責的院長。」引自印順導師：《平凡的一生》（重訂本），頁 25。

[32] 印順導師：《遊心法海六十年》，頁 12。

[33] 印順導師：〈為自己說幾句話〉，收入《永光集》，頁 240-241。最初發表於 1941 年〈法海探珍〉一文，後收錄於印順導師：《華雨集》（四）（新竹：正聞出版社，1993 年初版），頁 71-111。筆者在此認為值得注意之處，乃是早於唐代之際，華嚴

因閱讀日本學者唯識學的著作有所啟發，便於入縉雲山與掛單貴陽大覺精舍期間，1940 年他開始第一部寫作《唯識學探源》，後寄呈太虛法師指教，太虛法師以為唯識思想史已有譯作，不必再繼續書寫；雖未續寫，此書卻可視為他探究大乘三系思想相關且「較有體系」[34] 的起步之作。由於他的心力放於印度佛教的探討上，故影響他在這一時期的寫作與講說重於「分別解說」，他將大乘法義分類為「性空唯名」、「虛妄唯識」、「真常唯心」三系，並以三法印「諸法無我」、「諸行無常」、「涅槃寂靜」作為三系思想的不同所依；此時他所講記的內容，屬於性空唯名論的有《金剛般若波羅蜜經講記》、《般若波羅蜜多心經講記》、《中觀論頌講記》、《中觀今論》、《性空學探源》，屬於虛妄唯識論的有《攝大乘論講記》、《唯識學探源》、《解深密經》，屬於真常唯心論的有《勝鬘經講記》、《大乘起信論講記》、《阿跋多羅楞伽寶經》。印順法師自道：「我在師友間，是被看作三論宗的，而第一部寫作，是『唯識學探源』；第一部講錄成書的，是『攝大乘論講記』，這可以證明一般的誤解了！」[35] 侯坤宏指出印順法師對於「性空唯名」與「虛妄唯識」兩系的著作《性空學探源》與《唯識學探源》，出版於抗戰期間，但是對於「真常唯心」系的探源，須等到 1981 年才有完稿之作《如來藏之研究》，此期間歷時三十多年之久；[36] 然姑且不論論著的完稿時間，此時期印順法師已確建「大乘三系」作為判攝教典的理論依據。除此之外，必須特別一提即是他對於龍樹菩薩「中觀」思想的研探，讓西元二世紀的中觀義理得以在二十世紀的佛學領域受到重視，藍吉富

　　五祖圭峰宗密禪師（780 年-841 年）已作判教，提出大乘佛法可分為法相、破相、法性等三宗；然此說在往後的佛教發展不受重視，直至太虛、印順法師方才特別著重「大乘三系」之說。

[34] 印順法師自言：「二十九年（三十五歲）：住貴陽的大覺精舍，寫成《唯識學探源》一書，進入了認真的較有體系的寫作。」引自印順導師：《平凡的一生》（重訂本），頁 153。

[35] 印順導師：《遊心法海六十年》，頁 13-14。

[36] 參自侯坤宏：〈印順法師的著作因緣〉，收錄至《玄奘佛學研究》第十三期（新竹：玄奘大學宗教學系所，2010 年 3 月），頁 130。

提出印順法師對佛學研究的貢獻之一，便是：「對中觀學（空義）的闡釋與
推演，為民國佛學界之一絕。事實上，從嘉祥吉藏以來，國人中很少能像導
師這樣對『緣起性空』大義有如此透闢的認識。」[37]

　　2.「印度佛教」思想：上述印順法師著力於印度佛教的探究，乃因其出
家以來感嘆中國佛教文化多有歪曲，但佛法失去本真之貌是從印度由來已久
且漸趨嚴重，故他在 1942 年著手深究，曾道：「最重要的一部，當然是三
十一年所寫的『印度之佛教』」，[38] 認為《印度之佛教》乃自身探討佛法
根源與流變中，最重要的著作。[39] 他著作本書的助緣，源於 1937 年七七事
變之際，他因生病住於武漢佛學院，此時太虛法師、法尊法師與留學日本的
墨禪法師一同前往小住，墨禪法師隨身攜帶日本寺本婉雅所譯的多羅那他
《印度佛教史》，[40] 這是西藏著名的史書，此書對無著與世親時期的佛
教、後期中觀學者的興起、唯識學者的爭辯、秘密大乘佛教的興起與發展皆

---

[37] 藍吉富：《印順導師的思想與學問》，頁 6。

[38] 印順導師：《遊心法海六十年》，頁 15。

[39] 侯坤宏認為：「此書（筆者按：指《印度之佛教》）之完全，標誌著一代佛教思想家
之誕生，就印順法師個人學思歷程而言，是由青澀的學習階段，逐漸走向創發階
段。」引自侯坤宏：〈探索青年印順法師的思想〉，收入《法光雜誌》273 期，頁 2-
3 版。

[40] 聖嚴法師曾經介紹寺本婉雅：「在日本，對於西藏佛學的研究者，自明治三十一年
起，即有寺本婉雅及能海寬二人入藏，能海寬死於途中，寺本婉雅則學成後返回日
本，譯出了藏文的《唯識三十頌》及多羅那他著的《印度佛教史》等書，並著有《西
藏語文典》」，此處提及寺本婉雅翻譯多羅那他所著的《印度佛教史》。而龔雋曾提
出印順法師所讀由寺本婉雅翻譯多羅那他的《印度佛教史》一書「錯誤非常之多」。
印順法師則言：「從無著、世親，到中觀與唯識的論諍，祕密大乘佛教的廣泛流傳，
我的確是大多採用這本書的。龍樹以前，從釋尊時代，到部派分化，政局紛亂，我是
多取我國所傳，即牛津大學的《印度史》」，他指出由於多氏屬覺囊巴派，是真常唯
心論者，是故多氏《印度佛教史》對印度佛教發展史的基本架構，印順法師直述：
「是我所不能同意的」。以上引自聖嚴法師：《留日見聞》（台北：法鼓文化，1999
年），頁 211；龔雋：〈經史之間：印順佛教經史研究與近代知識的轉型〉，收入
《法印學報第二期》（桃園：財團法人弘誓文教基金會，2012 年 10 月），頁 38；印
順導師：〈為自己說幾句話〉，收入《永光集》，頁 246。

有詳述，不通日文的他對照日譯版的漢字仍大致瞭解，後來墨禪法師於上海去世，他只好代為長久保管；另一助緣是 1941 年有人將《古代印度》（*Ancient India* 的中譯本）[41] 帶至漢藏教理學院，這本書從「史料及古史」到「南印度」共十二章，他擇要抄錄，對後來《印度之佛教》的寫作，提供關於「史」的重要參考。[42] 他在書中的序言提及梁漱溟「反對佛教用於現世」的想法以及張力群提出「對佛教在印度消失」的疑惑，探究印度佛教的動機自此潛於他的思路當中；他將印度佛教的流變分為五期：一、聲聞為本之解脫同歸，二、菩薩傾向之聲聞分流，三、菩薩為本之大小兼暢；四、如來傾向之菩薩分流，五、如來為本之梵我一體；亦將此先後五期比喻為人的一生從童年、少年、壯年、老年至死亡。印順法師一生對於印度佛教研精覃思，自 1942 年《印度之佛教》（計十六萬字）、《說一切有部為主的論書與論師之研究》（1968 年出版，計四十五萬字）、《原始佛教聖典之集成》（1971 年出版，計五十六萬字）、《初期大乘佛教之起源與開展》（1981 年出版，近九十萬字），直到 1987 年《印度佛教思想史》（約二十九萬字）的完成，其自云：「這可說是我對印度佛教思想發展研究的結論。」[43]

　　3.「中國佛教」思想：1944 年，印順法師在合江法王學院，收到漢藏教理學院的學生妙欽法師所編寫的《中國佛教史略》，他認為中國佛教源於印

---

[41] 龔雋提出這本《古代印度》，應是斯密斯（V. A. Smith）所著《印度古代史》的中譯本，他又指出印順法師述及「參考牛津大學出版的《印度史》」（筆者於前註《永光集・為自己說幾句話》之引文），由此對照應是英國學者斯密斯的著作。龔雋肯定這本《印度古代史》在民國學界有一定影響力，呂澂在《佛教研究法》亦有介紹。以上參自龔雋：〈經史之間：印順佛教經史研究與近代知識的轉型〉，收入《法印學報第二期》，頁 38。

[42] 印順法師述及：「有三部書，對我早期的寫作，資料方面有相當的幫助；而且，見到這三部書，都還有點意外之感。」此「三部書」分別是「多羅那他的《印度佛教史》」、「宗喀巴的《密宗道次第廣論》」、「譯者不明的《古代印度》中文譯稿」。以上參引自印順導師：《平凡的一生》（重訂本），頁 26-28。

[43] 印順導師：《平凡的一生》（重訂本），頁 185。

度佛教，流行於中國民間，主張必須「使中國佛教史與印度佛教史相關聯」，[44] 故修正補充，作為兩人的合著。由此可見雖是探討中國佛教的發展，但是印順法師卻未忽略佛教的根本源流。

4.「人間佛教」思想：這是印順法師畢生所倡的重要思想之一，他自道：「大乘佛法，我以性空為主，兼攝唯識與真常。在精神上、行為上，倡導青年佛教與人間佛教。」[45] 在 1952 年，他在香港的淨業林為住眾們講「人間佛教」，思想的直接啟發是源於太虛法師的「人生佛教」，但是他認為：「虛大師說『人生佛教』，是針對重鬼重死的中國佛教。我以印度佛教的天（神）化，情勢異常嚴重，也嚴重影響到中國佛教，所以我不說『人生』而說『人間』」，[46] 希冀中國佛教脫落神化回到現實人間，故他主張「『人間』佛教」；另一啟發則是源於讀到《增壹阿含經》經句：「諸佛世尊皆出人間，不在天上成佛也」，成為他倡導人間佛教的重要根據。他提出〈人間佛教要略〉：論題核心為「人，佛，菩薩」，即是從人而發心學菩薩行，由學菩薩行而成佛；理論原則是「法與律的合一」、「緣起與空的統一」、「自利與利他的合一」；時代傾向是「青年時代」、「處世時代」、「集體時代」；修持心要是「信願」、「智慧」、「慈悲」。[47] 儘管後來離開香港未再續講，直至晚年才將人間佛教思想書寫成輯，但他確實是首位為人間佛教提出思想理論者。事實上，印順法師於閱藏時，已從《阿含經》得到啟發；他相當重視阿含經典，1944 年在漢藏教理學院為學生講「阿含講要」，後來 1949 年在廈門南普陀寺成立大覺講舍，他將「阿含講要」補

---

44 印順導師：《遊心法海六十年》，頁 14。

45 印順導師：《遊心法海六十年》，頁 18。此處的「青年佛教」，源自印順法師認為在歷史發展中，大乘佛教的開展與青年大眾有關，他曾依《華嚴經·入法界品》善才童子的求法故事，寫作《青年佛教與佛教青年》，他寫道：「青年佛教所表現的佛教青年，是在真誠、柔和、生命力充溢的情意中，融合了老年的人生的寶貴經驗」，進一步解釋青年佛教的佛教青年是對佛法有正確而深刻的勝解，如果只是勇往直前、隨宜方便，便會落入俗化與神化的深坑；以上參自印順導師：《遊心法海六十年》，頁 18。

46 印順導師：《遊心法海六十年》，頁 18-19。

47 參自印順導師：《佛在人間》，頁 99-127。

充改編為《佛法概論》為同學講課。在這其中，他澄清《阿含經》並非一向由傳統認知的小乘經典，而是大小乘共同依據的經典，讓教界與學界重新肯定其重要性。

　　5. 其他：(1) 編纂《太虛大師全書》以及編寫《太虛大師年譜》，以紀念最尊敬的師長。(2) 1951 年提出〈淨土新論〉，認為「往生淨土」之外，還有「人間淨土」與「創造淨土」，但這一說法的提出，得罪不少傳統淨土信仰者。(3) 寫作三篇評論文章：〈佛滅紀年抉擇談〉，這是對於佛滅紀年與阿育王登位時間的考證文章；〈僧裝改革評議〉，認為中國固有的僧服顏色是合於律制的，不須改為錫蘭、緬甸的黃色，且提出僧裝改革，並未能促進僧界清淨或佛教復興；〈評熊十力的新唯識論〉，提出熊氏並未以佛法觀點理解唯識思想，是以儒學的說法混淆視聽，所以方才評論之。印順法師有言：「我的寫作，一向重於自己對佛法的理解，不大歡喜批評別人」，[48] 而他會做此三篇評論的文章，是因為發文者的言論較為不重事實或過於偏頗，他因而提筆回應以正視聽。

　　以上的「思想確定」期，是印順法師生命裡面對國家動盪多難的十四年，也是他身體最衰弱、生活最清苦、行止最不定的十四年，但卻是他寫作最勤與講說最多的十四年。在此時期的前半段，即是印順法師進入四川的階段，他自述入川的八年，是出家生活史中最有意義的八年，筆者則認為其入川的重大意義，即是他畢生七百萬餘字著作的展開之處。

（四）隨緣教化階段：善導寺、福嚴、慧日僧涯

　　此階段乃指印順法師抵台至閉關前的時期。他在初抵台時，寫了〈漢譯聖典在世界佛教中的地位〉，認為中國流傳的華文聖典，雖不若梵文或巴利文原典，可是卻有不可忽視且獨有的價值。其他重要的寫作還有《成佛之道》，依太虛法師所說「五乘共法」、「三乘共法」、「大乘不共法」編寫由人如何成佛的修行次第，他指出：「其中，貫通性空唯名、虛妄唯識、真

---

[48] 印順導師：《遊心法海六十年》，頁 20。

常唯心——大乘三系部分，是依『解深密經』及『楞伽經』所說的。不是自己的意見，但似乎沒有人這樣說過，所以可說是我對大乘三系的融貫。」[49]另有著作《學佛三要》，從學佛的根本意趣談及學佛的三要（信願、慈悲、智慧），依此三要再談到解脫者的境界、佛教的涅槃觀；此外還寫作〈以佛法研究佛法〉，闡述自己研求佛法的態度與研究之道。住慧日講堂期間，因有基督徒贈《新舊約》盼他研究，故他寫作了較特別的著作《上帝愛世人》、〈上帝與耶和華之間〉。在此階段，他去日本、泰國、高棉各一次，到香港兩次、菲律賓四次，且築建福嚴、慧日與妙雲三處道場，又幾度於長病當中。印順法師在初版的自傳提及這十二年「是運用部分思想，而應用到為信眾說法，或出國弘化」，[50] 筆者認為若要論印順法師來台最有「活動力」之時，應屬此隨緣教化期。

（五）獨處自修階段：[51] 妙雲、華雨僧涯

此時期乃指印順法師至嘉義妙雲蘭若掩關、移住台北報恩小築、定居台中華雨精舍的近二十一年間。掩關後，他才有機會閱覽 1952 年從日本請回的《南傳大藏經》，透過與漢譯經律論的比對閱讀，他發現佛滅後七百結集，造成東方大眾與西方上座部的分派，他認為這是未來聲聞乘與大乘分化的遠源、是初期佛教史的重要環節，故寫了〈王舍城五百結集之研究〉、〈佛陀最後之教誡〉、〈論毘舍離七百結集〉等等一系列的文章。掩關期間、出關之後的撰稿，他繼續為「印度佛教」的研究而準備，故先後寫出前

---

49 印順導師：《遊心法海六十年》，頁 22-23。

50 印順導師：〈平凡的一生〉，收入《華雨香雲》，頁 137。

51 印順法師於最初的自傳（此時尚未書寫《遊心法海六十年》）說道：「出家來四十二年，可以分為四期：最初十年（十九－二十八年），是學習時期。次十二年半（二十九－四十一年夏），為思想勃發，講說與寫作最多的時期。再次十二年（四十一年秋－五十三年夏）……五十三年夏天起，回復第二時期的狀態。思想較成熟，寫作更精密」，指出閉關後的自修時期，猶如回到入川以來思想與寫作勃發的時候。以上引自印順導師：〈平凡的一生〉，收入《華雨香雲》，頁 137。

文所舉「印度佛教思想」的相關大部頭著作。[52] 1971 年前後，他自覺身心狀況不佳可能大限將近，為免徒增後人煩擾，所以他將自己的講說與寫作，編為《妙雲集》，共分上中下三編二十四冊，[53] 且開始書寫自傳。1972 年近秋之際，印順法師大病一場，出院後的他經過幾年靜養，方開始關注「佛法」演進為「大乘佛法」的原因，他認為大乘佛法的興起，主要的動力是「佛涅槃後，佛弟子對佛的永恆懷念」、「所以大乘法充滿了信仰與理想的特性」，[54] 歷時五年，他在 1980 年完成《初期大乘佛教之起源與開展》一書，共計八十多萬字。在這當中，尚有兩部不期然而寫的著作：「自修的生活，原本是要繼續『印度之佛教』的寫作，卻意外的寫了兩部書，這是從來沒有想到過的」，[55] 其一是 1970 年所撰二十八萬字的《中國禪宗史》；其二是在 1973 年年底大病休養期間，他對於法義無法凝神思考專注寫作，卻在偶爾翻閱《史記》時，注意到古代的中國傳說與不同民族的文化根源，故寫成三十多萬字的《中國古代民族神話與文化之研究》，他自述：「我專心佛法，唯有這一部，多少注意到中國固有的文化（不一定是現代所講的中國固有文化）」。[56] 在 1984 年《遊心法海六十年》一書脫稿前，他還完成了

---

[52] 這當中著撰的《原始佛教聖典之集成》，印順法師發現原始集結的經在更多之後，即附在《雜阿含經》當中，新集成的內容分編為四部，即四阿含，他認為：「四部阿含的四大宗趣，對於法義的抉擇，真實或方便，應該是有權威的指導作用。也就在全書末後，以此判論一切佛法。」引自印順導師：《遊心法海六十年》，頁 35。

[53] 印順法師在《遊心法海六十年》述及：「六十年初以來，身心有些感覺，死期近了。所以將自己的一般寫作（及講說），編為『妙雲集』，以免麻煩後人。」在《平凡的一生》提及：「五十八年（六十四歲）：冬，開始編集《妙雲集》，到六十二年秋末，經四年而全部出版。」據上可知，《妙雲集》是在 1970 年前後著手編輯，經數年方才出版。以上分別引自印順導師：《遊心法海六十年》，頁 31、印順導師：《平凡的一生》（重訂本），頁 179。另，印順法師指出自身出版的書起初並不暢銷，直至《妙雲集》的出版，因較多數的人由此進入佛法，故流通量也隨之提高；以上參自印順導師：《平凡的一生》（重訂本），頁 181。

[54] 印順導師：《遊心法海六十年》，頁 36。

[55] 印順導師：《遊心法海六十年》，頁 27。

[56] 印順導師：《遊心法海六十年》，頁 29。

十三多萬字的《如來藏之研究》以及編纂近八十四萬字上中下三冊的《雜阿含經論會編》，後者被日本學者水野弘元評論：「印順法師說之《雜阿含經》一文，不論就其組織型態，乃至其復原層面，都是極為合理的！其評審、確實及其整合等點，都遠遠超逾於日本學者的論說」。[57]

　　這個階段是印順法師《遊心法海六十年》最末的自我分期，但是他仍提出：「現在更衰老了，能否再寫作，是不能自作主張的。假使還有可能，希望能對『阿含』與「律」，作些簡要的敘述。」[58] 可看出他仍然繼續規劃著述的方向。

（六）修檢集結階段：華雨、永光僧涯

　　承上五大階段之思想分期，乃是印順法師自行分劃的學思歷程，但是他完成《遊心法海六十年》時，是 1984 年七十九歲之時，同年年底亦完成十三多萬字的《空之探究》。然而，他在百歲的生命裡，寫作的記錄是到1998 年九十三歲的時候，故筆者增訂獨處自修期後為「修檢集結」期，意指這一時期是印順法師將自身著作與思想修補檢視、集結完成的階段，承接「獨處自修期」延伸至印順法師辭世之時。[59]

57　吳老擇編：〈雜阿含經之研究與出版〉，收入《雜阿含經之研究》（高雄：元亨寺妙林出版社，1988 年），頁 103。吳老擇所編《雜阿含經之研究》一書，收有日本水野弘元著、關世謙譯〈雜阿含經之研究與出版〉，印順法師著《雜阿含經論會編》一書中的《雜阿含經部類之整編》，以及印順法師評撰〈南傳大藏經於漢譯教法中之地位〉等三篇著作。吳老擇在書末〈『阿含經之研究與出版』的讀後感〉寫道：「日本的學者以西洋式的方法論，追查了數十年，將此混亂無序的《雜阿含經》給予順序的復原整理，但摻插《無憂王經》及《阿育王經》在第二十三、二十五卷，實在不合理。若把此兩卷剔除，卻又欠缺了兩卷，沒有把缺失的兩經找回來，就不能算是完成《雜阿含經》的復原研究。這份絞碎心血的偉大事業，集合了日本及西洋的研究精華，終於在印順導師的手裏完成，博得日本佛教泰斗水野弘元博士的讚賞，所以他才撰寫『阿含經的研究與出版』。」引自吳老擇編：〈『阿含經之研究與出版』的讀後感〉，收入《雜阿含經之研究》，頁 209-210。

58　印順導師：《遊心法海六十年》，頁 39。

59　筆者將「修檢集結」期的紀年載至印順法師的卒年，乃因在他的晚年仍保有日日閱讀的習慣，可能是最後於醫院臥床的月餘數日才未閱讀，在筆者曾因碩論而作的採訪記

　　八十歲的印順法師，將 1942 年所寫的《印度之佛教》修正加註，並附上〈印度之佛教重版後記〉一文，且他有感雖對於印度佛教寫作不少，「但印度佛教演變的某些關鍵問題，沒有能作綜合聯貫的說明，總覺得心願未了。」[60] 故開始著手書寫《印度佛教思想史》，直至 1987 年八十二歲時完成約二十七萬字的著作；又於翌年從「心」字上發見、貫通印度佛教史上的大問題，故又寫作《修定──修心與唯心・秘密乘》一書；行筆至此，其對於「印度佛教」的研究與書寫可謂告一段落。1989 年春季，他從「印度佛教嬗變歷程」說明「對佛教思想的判攝準則」，表顯「人間佛教」的意義，將之寫成《契理契機之人間佛教》一書；其畢生注重的「人間佛教」思想，至此乃告書稿完整。[61] 1991 年，八十六歲的印順法師因身體衰弱無法從事長篇寫作，但他有感於中國漢譯保有的大乘經論《大智度論》，被部分外國學者否認為龍樹所造、或臆度鳩摩羅什在翻譯過程有所增修，故口述請昭慧

錄，妙雲蘭若慧理法師有言：「九十八歲的導師回來蘭若小住期間，除了禪思、經行及開示佛法之外，總是手不釋卷。每次看《妙雲集》的時候還一字一句找錯字、別字，老人家的細心、認真，哪裡是我們學得到的呢？」故筆者認為這亦屬於檢查著作之列。此外，筆者於 2004-2005 年間，因求學之處有地利之便，曾數次前往花蓮靜思精舍探望印順法師，此時他已屆百歲，卻仍保有讀書的習慣，且會與訪者討論吸納新知，故筆者認為其學思歷程是持續無間斷的。上述慧理法師訪談紀錄，引自廖憶榕：《印順導師與妙雲蘭若：兼論「精神典範」對於比丘尼僧團發展之影響》，頁 163。

[60] 印順導師：《平凡的一生》（重訂本），頁 168。

[61] 印順法師在抵台之前的「思想確定」階段提出「人間佛教」之想法，並於晚年 84 歲時，因有鑑於著作數量與涉及範圍過於多廣，讀者可能無法瞭知其核心思想，故作《契理契機之人間佛教》（三萬字，編入《華雨集》（四）），從「印度佛教嬗變歷程」說明「對佛教思想的判攝原則」，進而表示「人間佛教」的意義。筆者從印順法師自傳中〈寫作的回憶〉一章，觀察其從 36 歲在漢藏教理學院發表〈佛在人間〉，47 歲於香港淨業林宣講「人間佛教」，依序提出〈人間佛教緒言〉、〈從依機設教來說明人間佛教〉、〈人性〉、〈人間佛教要略〉，直至 84 歲於台中華雨精舍書寫完成《契理契機之人間佛教》；計數從其年輕到老年、從大陸跨海直至定居台灣的歲月，已對「人間佛教」思想投注約四十八年之久（未含 36 歲前所受之啟發）。以上參自印順導師：《平凡的一生》（重訂本），頁 151-153、156-157、168-169。

法師筆記整理，寫成約六萬字的〈《大智度論》之作者及其翻譯〉；[62] 這篇專論的完成，可視為印順法師對於龍樹及其中觀思想論題的最後著作。另外，1971 年大病以前的作品以及《妙雲集》出版後的未發表寫作，印順法師於 1989 年將之陸續編集為《華雨集》（共五冊），1993 年出版。而其最後的兩本整理之作，一者是《永光集》，這是在「南投寄廬」時期的集成之作，[63] 印順法師於 1996 年完成；[64] 另一者則是返回大陸之後，在 1998 年再作修正補充的自傳《平凡的一生》（重訂本）。

二、聖嚴法師

從《聖嚴法師學思歷程》一書，可見到聖嚴法師的學思歷程是在境遇波折中一路求學、寫作，從大陸到台灣、從東洋到西洋，時刻學習時刻書寫，盡心說法也盡力以文字弘法。筆者據自傳的敘述，作出如下的分期。

（一）張保康（志德）時期

聖嚴法師自道：「兒童時代，我是一個體弱而又智弱的低能兒」，[65] 不但學走路、學說話比正常孩子緩慢，連求學的年紀也慢於他人：「在我的記憶中，我們張家這一族內，沒有出過一個讀書人。時代的環境不許可他們讀書，他們也無書可讀。……九歲時，因為哥哥、姐姐都長大了，已能幫助

---

[62] 印順導師：〈《大智度論》之作者及其翻譯〉，收入《永光集》，頁 1-115。

[63] 印順法師：「七十五年初冬，感到身體的不舒適。大甲永光寺的真智來見我，我慨歎沒有一適當的地點可以靜養。他說：『有！南投山上，有一房屋空著，我曾去住過兩天』。我當天就去看看。空屋在南投南崗工業區後面半山，右方與後面，都是樹木，的確安靜。這樣，我就時常去住，主要是夏天。這所房屋，是大甲李居士的；在我的寫作中，曾稱之為『南投寄廬』。後來，房屋奉獻給永光寺，改名為永光別苑，作為永光寺僧短期修持與養病的地方。在這永光別苑，集成這一冊，所以就名為《永光集》。」引自印順導師：《永光集・自序》，頁 1-2。

[64] 印順法師在《永光集》的自序之末寫「八九老僧印順序」，可知其作序於 1994 年。然書中〈永懷學友〉一節，悼念在新加坡示寂的演培法師，查其辭世日期是於 1996 年 11 月 10 日，故筆者認為《永光集》脫稿應於 1996 年（或之後）。

[65] 聖嚴法師：《聖嚴法師學思歷程》，頁 12。

父母做工賺錢，才考慮把我送到附近的私塾上學開蒙。」[66] 礙於家境貧瘠以及身弱多病，張保康晚至九歲才開蒙，學名張志德，從《孔乙己》、《三字經》學起。

由於私塾的先生過於古板，只教古書且不重講解，所以張志德討厭上學堂並且逃學，有次被母親撞見，氣得老淚縱橫地罵：「你爹用血汗錢送你去讀書求上進，你竟是個下流胚；我家沒有一個讀書人，望你上天，你偏入地！」[67] 針對逃學事件，聖嚴法師繼後出版的自傳特別解釋己身並非不求長進，而是對一個剛識字的小孩而言，老師所教的內容太難（彼時所讀為《大學》），他覺得：「掙扎地卯足全力去讀一本我根本無法了解的書，得到的只是羞辱與挫敗感。」[68] 又因為家計困難，他經常赤腳上學，曾經要買一冊書卻湊不出錢，全家因此而流淚；又曾經要買習字簿偷了姐姐存了數年的壓歲錢，因而被母親毒打，之後卻與母姊抱在一起痛哭。於初小畢業前，學校安排遠足且順道參加另一處小學的運動會，規定全校學生須一律穿白色洋布學生裝，他不願母親用粗白布製作衣服，直至遠足當天仍吵著要錢購衣，母親十分傷心地告知家裡連買鹽的錢都缺乏，所以無法幫買學生裝，並且說了：「孩子，我們做爹娘的對不起你，使你見不得老師和同學」；[69] 由上述幾番事件觀之，足見其家貧程度所造成的求學困窘。

張志德十二歲才有機會上新式小學，以其國文程度，可以入六年級，但是以整體的知識水準，他被編入三年級，他說：「除了國語課，樣樣傷腦筋，上到音樂課，簡直莫名其妙，女老師一邊彈風琴一邊教唱，我看著發給我的簡譜，只是一些阿拉伯數目字，為什麼老師唱的不是一二三四，而是我聽不懂的獨來米法呢？我問鄰座的同學，同學不告訴我，反而取笑我！」[70] 他除了課業跟不上被取笑，由於身材瘦長、穿著土氣且不太會講話，所以常

---

[66] 聖嚴法師：《聖嚴法帥學思歷程》，頁 11-12。

[67] 聖嚴法師：《歸程》，頁 20。

[68] 聖嚴法師著，釋常悟，李青苑譯：《雪中足跡：聖嚴法師自傳》，頁 30。

[69] 聖嚴法師：《歸程》，頁 26。

[70] 聖嚴法師：《歸程》，頁 22。

被嘲笑且曾被欺負。十二歲以後因家境更為艱困，因此停學一年，再由四年級讀起，他知道家裡環境將使其隨時有輟學的可能，所以發憤用功成績名列前茅，初小畢業得到的獎品是一張可領高小所有課本的收據；然而，他自知家中情況困頓，所以寧可放棄機會，從此便失學了。

　　自九歲到十二歲期間，因為家窮與戰亂，習讀之路幾經間斷，讀過四間私塾，[71] 直至十二歲才入正式小學插班就讀，翌年卻又因為家中生計艱難被迫休學；是故，張保康的世學學歷是「小學肄業」。

　　對於宗教的接觸，亦為聖嚴法師童年的重要記憶，筆者認為這些宗教活動的參與，直接或間接地影響他日後對於漢傳佛教的重視，是他學思歷程上不可忽略的一環。聖嚴法師憶及孩提時期的新年娛樂，是帶著些許宗教色彩的，農村裡的人家會請仙（稜溝仙）[72] 以及點燈（長壽燈），他自家也曾請仙問事。另外一年一度的廟會，也是最重要的節期，廟會的高潮是看「城隍神遊行」；而城隍應驗的故事，他自是聽過不少。除此之外，還有土地廟，這等於是農村的派出所，而各種的鬼神便等於醫生，無論糾紛與病痛，皆請鬼神處理，藥籤與香灰、符咒與乩童、抓鬼的人都能治病。故聖嚴法師對於家鄉的神祇，城隍爺、土地廟的神奇傳說與見聞（母親與大哥都有被鬼

71　「我前後一共換了四個私塾，原因有兩點：第一，那些老師的私塾，開開停停不能持久；第二，我家的經濟時好時壞，不能連續地供給我的學費，並且需要我去做工以貼補家用。十二歲時，才算進入正式的小學。從三年級下開始，到第二年讀完四年級，由於年景不好，家境窮困，我便從此輟學，跟著父兄們到長江南岸的新生地，築堤做小工了。」引自聖嚴法師：《聖嚴法師學思歷程》，頁12。

72　對於請仙的習俗，聖嚴法師：「我所說的請稜溝三娘，尚是一種原始的扶箕信仰。」且有解釋：「扶乩，又稱為扶箕，近代有一位許地山先生，他站在否定多神信仰的立場（他是基督徒），著了一冊《扶箕迷信底研究》，他的看法未必正確，他從許多古書中整理出了有關扶箕的資料，則很可貴。在該書的第一章中說到扶箕的起源：『扶箕術在許多的原始民族中，對它都有相同的信仰。……國文有時寫作「乩」、「鸞」、「欒」、「樂」（見故事四二），「神叶」（見故事七六）等，都是後起的名稱。……無疑地，扶箕是一種古占法，卜者觀察箕的動靜，來斷定所問事情底行止與吉凶，後來漸次發展為書寫，或與關亡術混合起來。不藉箕底移動，遽然用口說出或用筆寫出底也有。』」引自聖嚴法師：《歸程》，頁30-31。

神治好的真實事件），讓他不得不相信這些神明的存在；[73] 又小孩子在貧苦的日子裡，對於熱鬧的新年與廟會必然感到興趣，[74] 所以跟著觀看，也跟著信入於心。

　　由於兄姊是理教的會員，所以張保康也接觸「理教」，[75] 他隨著兄姊去念經且聽道，可是他真正聽得懂的道，卻是「食物說的話」，[76] 真切地反映出小孩子的心情與家境的辛貧。另外，張保康的母親也引他參加當地每年聚會三次的觀音會，他隨著母親與二、三十名的婦女持誦觀音聖號，在誦念間他發覺自身愛上唱誦，這應是他所接觸最接近佛教形式的聚會，他在日後也回憶道：「我一點都不意外，日後在我成為出家人時，禮拜觀音菩薩成了我主要的修行法門。我自認在前世種了一些善根，所以今生在孩提時就能持誦觀音聖號。與觀音菩薩的這段因緣，延續至今，是我一切所作所為的根基。」[77] 張保康從觀音會與理教的參與後，也有了特殊的舉動：「那時我還小，不懂什麼信仰不信仰，只覺得那種場面的氣氛很好，故在平時頑皮，曾用大張的白紙，畫上一尊佛像（其實只是鬼畫符，什麼也不像），貼在壁

---

[73] 參自聖嚴法師：《歸程》，頁 33-35。

[74] 聖嚴法師：「但在我的追憶之中，歡樂的往事實在不多。兒時最感興趣的，只有兩件事情可記：一是過陰曆年，一是看廟會。」引自聖嚴法師：《歸程》，頁 28。

[75] 聖嚴法師：「我的大哥二哥與二姊，都是理教會的會員，二姊曾帶我去參加過一次法會，除了念經之外，還聽講道。理教不是佛教，他是佛道兩教的混血兒，他們供的金身佛老爺是觀世音菩薩，樓上供的他們兩位祖師叫作楊祖及尹祖，殿前也供彌勒與韋陀，主要是禁酒戒煙，入教時授有視為祕密的『五字八戒』」。引自聖嚴法師：《歸程》，頁 43。

[76] 聖嚴法師：「理教的集會在能容納數百人的大演講廳舉行，正好也是鎮上的行政中心。……信眾們聽開示，持誦觀音聖號，大廳內的氣氛祥和。感覺上，信眾們的關係比家人還親密，大廳的觀音雕像使人猶如置身寺院中。有茶、果、餐點供應，禁止肉食、菸、酒。……那兒沒有階級區別，彼此平等地對待……我還小，聽不懂開示，但是食物講的話，我聽得懂，我喜愛那兒的食物。」引自聖嚴法師著，釋常悟、李青苑譯：《雪中足跡：聖嚴法師自傳》，頁 40。

[77] 聖嚴法師著，釋常悟、李青苑譯：《雪中足跡：聖嚴法師自傳》，頁 39。

上，然後學著念經的樣子，喃喃地自說自話。大人看了，都覺得好笑。」[78] 雖可能是頑皮之舉，卻能見得其趨於佛教信仰的意念；也因此，儘管家鄉無正統出家人與寺院，可是小小張保康對於佛道融合、出家人與道士合作的儀式認為理所當然，也感到奇妙且充滿尊嚴。[79]

張保康的童年既病且窮，但是他回想父母與兄姊是極為疼愛他的，出外做活的兄長總是會帶點吃的東西回來給他，即使不必花錢的食物，也讓他心中感到喜悅。雖然家境困難，可是其父母從未向外人道窮，在他的回憶裡，母親甚至會省下口糧去接濟比他們更為窮苦的人家；他也憶及父母雖是標準的普通人，是平凡且安分守己的人物，對於物質沒有強烈的慾望，面對生活也不失望。他對父親的教導有個深刻印象，即是父親教育他們兄弟：「一群鴨子在河裡游，各有一條路，大鴨游出大路，小鴨游出小路，不游就沒有路。但看我們自己的力量如何，不要嫉妒他人，也勿輕視自己。」[80] 另有一次，則是鄰婦們同他的母親評論他，一者以為甚好，一者卻不以為然，兩人最後的結論是「好則住在樓上樓，不好則在樓下為人搬磚頭」，這時母親卻回

---

[78] 聖嚴法師：《歸程》，頁 44。

[79] 聖嚴法師：「我的另一類宗教經驗，是佛教的出家人及道教的道士來村裡驅魔顯靈。我好奇地觀看這些奇異的事件。一個出家人能幫助死去的人，從這個世界通往下一個世界，真是太奇妙了！這些儀式很美麗，且充滿尊嚴與不為人知的魔力。」引自聖嚴法師著，釋常悟、李青苑譯：《雪中足跡：聖嚴法師自傳》，頁 41。另外，聖嚴法師也曾回憶自己生處於貧陋的鄉下，村人多半目不識丁，因此「所接觸的宗教，大抵也是佛、神、仙、鬼混融、混合的一種民俗信仰」；其描述因為窮苦，這個文盲充滿的小村「之於一種遙遠的『淨土』，一種超越現世現實的『撫慰』與『拔濟』，更有著一類本能的渴望與期待」，故而流行起「觀音會」。幾十戶的人家共組一個「觀音會」，也共用同一幅民間木板刻印、十分粗糙的「觀音畫像」，到了該請出觀音畫像的日子，就會放在主事人家的廳堂上，婦女們便攜兒帶女一起來持誦《觀音經》，每一年都如此輪流且持續；聖嚴法師認為也許是觀音的女性形象打動同體女性的情感，所以小小的村子裡，婦女（包含老婦）都參加修持，不識字也能對背誦《心經》與《觀音經》琅琅上口。以上參自聖嚴法師口述、梁寒衣整理：《聖嚴法師教觀音法門》，頁 103-104。

[80] 聖嚴法師：《歸程》，頁 93。

應：「樓上樓當然好，搬磚頭也不錯，只要他不做賊骨頭，我就放心了。」[81]

　　家人的疼惜、父母踏實溫厚的身教，使得他在親情上是富足的，並且懂得行善、自勵。又因為小時候親見的暴水景象，以及一路接觸的家鄉廟宇、理教、觀音會持誦佛號等信仰，讓他在懵懂的無常觀裡、多種的宗教影響中，推促著他進入釋教之門。

（二）沙彌學僧期

　　1943 年秋季，張保康上了狼山成為「常進沙彌」。首次接受的佛學教育是寺院請來老師教導佛門儀禮與中國儒家思想，當時的他從中對佛法義理的化世、孔孟之道的治世有基礎的體會；指導課誦、背誦的老師，讓他開始認識佛法的真義，由了解真義對佛教起了反省，他認為：「如果能瞭解課誦的內容，就能瞭解佛法的基本道理。多數的人不知道課誦在講述什麼，我很幸運，狼山的師父請了這些老師來教我」。[82] 但是狼山教育沙彌的僧侶或發心前來教學的老師，雖有學問卻讓常進沙彌感受：「還沒有一位是能夠講經說法，並且受到遠近歡迎和尊敬的大德法師」，[83] 他當時尚未預想成為此般人物，可是也升起：「已有一種不能自我控制的願望，就是要盡我自己所能，讀懂、讀通佛經，用來告訴他人」[84] 的念頭，弘法的心願悄然在成形中。

　　從張保康到常進沙彌的命運裡，前者因家貧且有戰爭干預無法順利修學，[85] 後者則因需負責的職務過於忙碌而影響修學，故他自嘆：「無奈，我的求學歷程，崎嶇曲折，非常地不順。」[86] 直到遠離狼山，度過大聖寺荒誕的經懺時歲，他才得以進入靜安佛學院就讀，自此他接觸中國佛教的重

81　聖嚴法師：《歸程》，頁 93。

82　聖嚴法師著，釋常悟、李青苑譯：《雪中足跡：聖嚴法師自傳》，頁 57。

83　聖嚴法師：《聖嚴法師學思歷程》，頁 17。

84　聖嚴法師：《聖嚴法師學思歷程》，頁 17。

85　聖嚴法師提及童年讀書期間，正遇國共戰爭爆發，所以上課是冒著生命危險前往，後來只得停課；又提到上課時若遇到打仗，他們便要趕緊躲到桌下，用毯子裹覆身體自保。參自聖嚴法師著，釋常悟，李青苑譯：《雪中足跡：聖嚴法師自傳》，頁 32。

86　聖嚴法師：《聖嚴法師學思歷程》，頁 17。

要著作，並且研讀各宗相關的教理文獻，佛學的視野就此開闊；但是由於靜安佛學院的教育方式是靠強記背誦，不鼓勵批判思維或剖析觀念，是故只能無所選擇地接收所學，卻未必能夠融會貫通。這個時期的學習，唯一有作用的地方，即是讓常進沙彌記誦頗多宗派名相與經書內容，奠定日後再度進修的基礎。

（三）軍中寫稿期

從軍抵台以後，張採薇初始曾投稿至《文藝列車》雜誌，有〈阿秀〉、〈蘆葦〉、〈欲望〉、〈精神上的俘虜〉、〈最後的一課〉等新詩與小說作品；[87] 後來於《文壇》雜誌，發表〈母親〉、〈父親〉兩篇短篇小說。[88] 爾後，他的文風從文藝青年轉為哲思評論，他從單篇文章如〈信仰什麼？〉、〈《舊約》這部書〉，直至寫出《評〈駁佛教與基督教的比較〉》一書，呼應煮雲法師的著作，並為基督教誤解佛教作出評駁。[89] 繼後，他的寫作又轉而專注於佛教的領域，寫稿投到《人生》、《佛教青年》、《海潮音》、《今日佛教》等佛教刊物，探討人生的問題或是宗教與文學的問題。[90] 除了佛刊的寫作，他的工作單位調至台北後，他讀佛經的機會漸多，假日去善導寺時，演培法師曾贈書結緣，使他開始於法海中埋首，為往

---

[87] 參自林其賢編著：《聖嚴法師年譜》（第一冊），頁101。

[88] 參自聖嚴法師：《聖嚴法師學思歷程》，頁39。

[89] 參自聖嚴法師：《歸程》，頁198-199以及聖嚴法師：《聖嚴法師學思歷程》，頁70以及林其賢編著：《聖嚴法師年譜》（第一冊），頁103。

[90] 聖嚴法師：「在一九五七年開始，臺北佛教界的幾本刊物的負責人，知道我會寫文章，而且是在台港幾家文學及哲學性的刊物投稿，也知道我寫了一本有關基督教與佛教的小書，所以紛紛向我約稿。我也正在希望把當時看到、想到、接觸到的若干佛學理論和佛教現狀的問題，寫出來分享給我們這個社會的讀者大眾。也可以說，這是我長久以來的心願，要把正確的佛法和艱澀難懂的佛經佛理，用人人都能接受、看懂的文字表達出來，提供給需要佛法的大眾。所以，能有幾個刊物，提供我發表的園地，真要感謝他們！縱然，這些刊物雖有定價，但是賣不了錢，對於作者也就不會提供稿酬。然而，對我來講，金錢不是問題，只要有人能夠看我的文章而接受佛法，我就感到滿足了。」引自聖嚴法師：《聖嚴法師學思歷程》，頁44-45。

後的宏闊運筆而沉潛。

　　此時期的他，開始檢討近世中國寺院的經營現象，不但與廣大社會的群眾脫節，也不重視法的弘揚，因此對於培養僧才亦不重視，乃至於讓大眾對佛教的觀感是逃避現實、與世無益甚至迷信有害，覺得應將這般的宗教廢止或汰除；故於 1957 至 1960 年間，他針對此些現象發表十多篇文章，對於太虛法師「人成即佛成」的主張以及印順法師《佛在人間》一書相當認同——從此時起，他的關切未曾消失。

（四）佛刊編輯期

　　東初法師是佛教史學的專家，故住持的中華佛教文化館藏書豐富，是當時佛教道場所鮮見；1960 年年初，聖嚴法師二度出家即是禮拜東初法師為師，希冀在這些難得的佛教文獻裡飽食法味。另一方面，他出家後便接任《人生》雜誌的主編，這本佛教月刊的由來亦與其師有關：「東初老人為了用文字達成宣揚佛法的目的，繼承太虛大師的遺志，鼓吹『人生佛教』的建立，所以從一九四九年五月，便集合了幾位志同道合的佛教青年，發行了一份月刊，就叫作《人生》」。[91]《人生》雜誌的編輯部、發行部、財務部均在他的小小斗室中，寫稿者是他、主編是他、工作人員依舊是他；他不但需要提筆寫足刊物的份量，亦必須跑腿從老北投火車站坐車到萬華的小印刷廠商討排版事宜，出版之前總是得前往五六趟確認，他說：「而據我所知，當時不管是佛教內或佛教外的文化界，大多數是在如此的情況下，把書刊一本本地出版了，送到讀者手上的。可見，文化工作的從業人員，應該具備如此的奉獻精神。」[92] 據此可洞察他對佛教文化工作的深刻發心，如此的精神法脈相傳，故至今日（2023 年）《人生》雜誌仍然發行當中。這時期的他身體情況經常氣虛無力、頭昏、食慾不振、腸胃失控且手軟腳冷，幸遇一位前輩介紹漢醫開藥服之，半年後才好轉過來；但於病中的他，除了編寫雜誌，亦研讀八十卷的《華嚴經》、四十卷的《大般涅槃經》以及部份的《大智度

---

[91] 聖嚴法師：《聖嚴法師學思歷程》，頁 53。

[92] 聖嚴法師：《聖嚴法師學思歷程》，頁 55。

論》，此外，佛門日課與禪坐他從未懈怠，每天還禮拜一炷香的「大悲懺」，他的信念是：「使得病弱的身心安住在信、解、行的三個原則之中。」[93]

　　1961 年 9 月，聖嚴法師赴基隆海會寺受三壇大戒，依止的得戒和尚是道源法師；受戒當中，戒場的書記真華法師推薦他擔任《戒壇日記》的執筆工作，雖然最為勞累，卻讓他受益最多，並因此奠立他往後閉關研究戒律的根基。

（五）閉關留學期

　　1961 年晚秋，聖嚴法師南下美濃閉關，規律於排定的定課中修行，日日精勤不輟。然而，解行並重的他，佛門定課以外，持續地讀經撰述，一開始寫作單篇文章，直至後來書寫成部、共計十九萬字《戒律學綱要》，於 1965 年出版，陳慧劍認為：「這本書透過一般論文作法，來演繹佛家戒律的義理，極受海內外佛教高級知識分子之注意；佛律之在中國學術化，同時也足為僧俗共讀，這是第一部值得珍視的書。」[94] 同年亦出版研讀《阿含經》的心得著作《正信的佛教》，被陳慧劍喻為其「第一類『傳道書』」。[95]

　　另一方面，筆者於前文約略提及早在閉關前的 1955 年，聖嚴法師已寫過〈《舊約》這部書〉、1956 年寫《評〈駁佛教與基督教的比較〉》，後來又因香港道風山出版的《景風》雜誌，混淆了基督教與佛教的觀點，故他在 1958 與 1959 各寫了〈論佛教與基督教的同異〉與〈再論佛教與基督教的同異〉；1959 年，他則因胡適的宗教觀，著手寫作〈關於胡適思想的宗教信仰〉，說明佛教並未是胡適所言說的那般概念，從上述幾篇寫作，可見著他對其他宗教以及其他宗教對於佛教的評論，是相當重視的。閉關後，在山中的他讀到他人攜來的基督教雜誌，公然對佛教界叫陣挑釁，本來不願多事的他，認為應該為佛教澄清且說明佛教本身對於基督教的看法，以正視聽，故從 1964 到 1966 年之中，陸續寫作相關文章在佛教雜誌《海潮音》、《覺

---

[93] 聖嚴法師：《聖嚴法師學思歷程》，頁 55。
[94] 陳慧劍：〈轉眼四十年〉，收入《歸程》（附錄三），頁 296。
[95] 陳慧劍：〈轉眼四十年〉，收入《歸程》（附錄三），頁 292。

世》、《香港佛教》刊登，並於 1967 年出書，是名《基督教之研究》。

　　除了基督教的研究，他寫成二十萬字的《比較宗教學》，於 1968 年出版；這本書的撰書緣起，乃是閉關中的聖嚴法師因為眼疾的治療暫時出關，星雲法師聘其至壽山佛學院教授《比較宗教學》與《印度佛教史》，故他邊教邊寫，於半年內完成此書，但是他曾指出不滿意之處：「1.我沒有做太多的比較研究，只有做了一些歷史關係、背景關係，及其源流的探索和展現的說明。2.我懂的外文太少，也可以說根本沒有辦法運用到更多外文的資料。」[96] 此外，他原本發願編寫一部分為上、中、下冊約一百萬字的《世界佛教通史》，上冊內容含印度、西藏、日本部分，中冊含東南亞各國及歐美部分，下冊含西域、中國、韓國部分，但是礙於人生計畫改變，所以僅能出版上冊。[97] 在閉關當中出版的著作（由星雲法師協助發行），尚有代表其修學過程的《聖嚴文集》，其中包括《佛教人生與宗教》、《佛教制度與生活》、《佛教文化與文學》三冊，分別探討其安心立命之道、討論教會教制及佛子生活的何去何從、探論佛教教義的傳承及發揚。[98] 此一時期，他也出版第一本自傳《歸程》，記述童年、青年沙彌、從軍十年直至二度出家的經歷。

　　安靜於定課、著作、覽經等持的閉關歲月裡，卻一而再、再而三地出現推助聖嚴法師前往日本的因緣。先是他的師父東初法師曾致信告知與程觀心

---

[96] 聖嚴法師：《聖嚴法師學思歷程》，頁 78 以及陳慧劍：〈轉眼四十年〉，收入《歸程》（附錄三），頁 293。

[97] 龔雋指出聖嚴法師書寫《世界佛教通史》，是以「近代知識史」的形式來完成的。又提出這番肯定：「聖嚴法師有感於中國佛教律學的歷史意識，沿傳近代中國佛教知識史學的法流，同時照察東亞日本近代佛教史學的最新成果和方法，融貫一體，試圖完成一部《世界佛教通史》的宏願。雖然這一宏大的理想，假一人之力，無法像他做明末佛教史專論那樣，最終成為佛教學術研究之經典，而這一終之於未濟的學術史嘗試和歷史擔當的魄力，卻給我們留下了豐富的精神遺產。」引自龔雋〈聖嚴法師的佛教通史著述與近代佛教史學〉，收入《聖嚴研究》（第六輯）（台北：法鼓文化，2015年），頁 450、頁 464。

[98] 參自聖嚴法師：《書序》（台北：法鼓文化，1999 年），頁 136-137。

居士談話以後的期待：「盡早提前出關，不要只住在山上。今日的年輕人應該出國到日本留學，我會支付你所有的費用。」[99] 但是這時的聖嚴法師認為師父的動機是想讓他早點回返道場，後來才了解東初法師年輕時曾住過日本，也相當重視且有研究日本的文獻，之後還著作《中日佛教交通史》。再來是一位日本京都佛教大學出身的楊白衣居士，曾讀過聖嚴法師的書，他從台北牯嶺街的舊書攤蒐集日文佛教舊書送至關房供聖嚴法師閱讀；所以自此時起，聖嚴法師從日文的文法書開始學起，以自修方式讀通日文，並且遍覽楊白衣所帶來的書籍後，對日本佛教學術研究充滿希望，只是此時尚未升起赴日的念頭。[100] 繼後，則是聖嚴法師的好友張曼濤居士，其時正於日本京都留學，所以數次書信中敘述日本佛教界的動態以及濃厚的學術氣息，鼓勵聖嚴法師到日本觀摩。[101] 這第三個因緣，終於促成聖嚴法師的抉擇：「曼濤先生給我生命中最大的影響力，應該是受他之勸，決心留學日本之一事。」[102]

赴日後的聖嚴法師，展開攻讀碩士與博士學位，他曾說道：「我雖抱著和在台灣南部深山中掩關時的同樣心境來到了日本，在這六年之中的修學的重心，卻不在禪誦禮拜，而是在於學校課程的攻讀以及論文的準備和撰寫

---

[99] 聖嚴法師著，釋常悟、李青苑譯：《雪中足跡：聖嚴法師自傳》，頁 183，以及參自聖嚴法師：《悼念‧遊化》（台北：法鼓文化，1999 年），頁 17。

[100] 參自聖嚴法師：《聖嚴法師學思歷程》，頁 84 以及聖嚴法師著，釋常悟、李青苑譯：《雪中足跡：聖嚴法師自傳》，頁 181。

[101] 參自聖嚴法師：《聖嚴法師學思歷程》，頁 85 以及聖嚴法師著，釋常悟、李青苑譯：《雪中足跡：聖嚴法師自傳》，頁 182-183。

[102] 聖嚴法師：《悼念‧遊化》，頁 147。張曼濤先生被聖嚴法師視為「知友」，兩人不但互相幫忙，也對佛教見聞多有所交流，曾有人對聖嚴法師有所偏見，張曼濤也挺身為其辯白，所以聖嚴法師說：「可見曼濤先生是最了解我的人」；此外，張曼濤先生也被聖嚴法師視作「諍友」，因為兩人的相識始於佛教刊物上的見解不同，但是聖嚴法師不以為敵且覺得諍友難得，曾言：「直到他謝世為止，他仍是我的一位難得的諍友」。筆者認為張曼濤先生能夠勸動聖嚴法師赴日求學，應該是他們之間有如此篤厚的交情，使得聖嚴法師邁出這國際性的一步。有關聖嚴法師與張曼濤之間的情誼，筆者參考自聖嚴法師：《悼念‧遊化》，頁 143-155。

了。」[103] 負笈東瀛苦讀求學之途，憑藉著過人的意志力勤勉不懈，以及指導教授、善心人士的幫助，聖嚴法師分別於 1971 年、1975 年取得碩士與博士學位。除了碩博士論文的撰寫與出版，此留日的六年間，他陸陸續續書寫他在日本所觀察到的佛教界、生活的觀感與發生的事情，寫成《從東洋到西洋》一書，後擴寫成《留日見聞》。

聖嚴法師閉關六年、留日六年，閉關時期綜覽中西哲學，留學時期專治中國佛教；這十二年，是為其學思行旅最為關鍵的奠基與開展。

（六）授禪遊歷期

自東初法師辭世，聖嚴法師便在台美兩地奔波。他至美國教導禪修、成立禪中心以後，為了授課所需，編寫出簡單的《禪的體驗》，爾後他在禪修的開示與教學內容，也被出版在兩種英文的定期刊物《禪雜誌》（季刊）與《禪通訊》（月刊）；而 1978 年開始於台灣北投農禪寺指導禪修與禪七，出版了關於禪宗古資料的新編如《禪門修正指要》、《禪門驪珠集》，或是演講集、論文集《禪的體驗》、《禪的開示》、《禪的生活》、《拈花微笑》、《禪與悟》等，後來陸續著作《信心銘講錄》、《禪的世界》、《聖嚴法師教禪坐》、《聖嚴法師教默照禪》……等共達十多冊，可見著他以復興中國禪學為己志。

在 1988 年返還大陸，聖嚴法師將一路所觀所感寫成《法源血源》一書；之後到印度朝聖，則寫了《佛國之旅》，接著則寫了《金山有鑛》、《火宅清涼》、《東西南北》、《春夏秋冬》、《行雲流水》、《步步蓮華》、《空花水月》、《兩千年行腳》、《抱疾遊高峰》、《真正大好年》、《五百羅漢走江湖》等十三本關於遊記類的書籍。丁敏認為法鼓山創辦於 1989 年，而多次的朝聖之旅皆是在草創之後的數年間展開的，所以這些旅行書中朝聖之旅的宗教社會意涵面向或可視為：「建構法鼓山信眾集體共同記憶的具體文本，具有凝聚道場力量，宣揚道場名聲的作用。」[104]

---

[103] 聖嚴法師：《留日見聞》，頁 105。

[104] 丁敏：〈當代台灣旅遊文學中的僧侶記遊——以聖嚴法師《寰遊自傳系列》為探

在此階段，聖嚴法師另還出版《聖嚴法師學思歷程》，由童年開始敘寫，直至二度出家、閉關、留學、授禪等學思過程，是為承繼《歸程》以來的自傳書寫。此外，他亦出版：《天台心鑰──教觀綱宗貫註》，這是專精於天台學的著作，獲「中山學術著作獎」的殊榮。[105]

（七）法鼓教化期

聖嚴法師於 2005 年正式傳承「中華禪法鼓宗」的法脈。在此時期他的著作大多重於對法鼓山的介紹，比如《法鼓家風》、《承先啟後的中華禪法鼓宗》、《法鼓山故事》、《如何導覽法鼓山》，另外也出版《華嚴心詮

討〉，收入《佛學研究中心學報》第七期（台北：國立臺灣大學文學院佛學研究中心，2002 年 7 月），頁 353。

[105] 聖嚴法師自述研究天台學的動機：「我不是天台學專家，但以我的碩士論文是研究大乘止觀法門，其著者是天台智者大師的師父慧思禪師。我的博士論文是寫明末蕅益大師智旭，他雖自稱不是天台宗的徒裔，卻被後世佛教學者們認為是中國天台學的最後一位專家。因此，我當然必須研讀天台學的重要著述。尤其是從一九七六年以來，我在東西方，多以中國的禪法接引並指導廣大的信眾們自利利人，淨化人心、淨化社會，也使我需要假重天台的止觀。……《教觀綱宗》一書，為我們重點性地介紹了天台學的理論和方法，例如五時的通別、八教的教儀及教法、一念三千、一心三觀、三身四土、六即菩提、十乘觀法、行位的前後相接相望等。縱橫全書，教不離觀，觀必合教，充分展示了天台學的獨家之說，而又整合了大小諸乘的各家之言。透過本書，可認識天台學的大綱；透過天台學，可領會全部佛法的組織體系及實踐步驟。……漢傳佛教的智慧，若以實修的廣大影響而言，當推禪宗為其巨擘；若以教觀義理的深入影響來說，則捨天台學便不能作第二家想。近半個世紀以來，漢傳佛教的教乘及宗乘，少有偉大的善知識出世，以致許多淺學的佛教徒們，便以為漢傳佛教已經沒有前途，這對漢傳佛教兩千年來，許多大師們所遺留給我們的智慧寶藏而言，實在是最大的憾事，更是人類文化的重大損失！我則深信，今後的世界佛教，當以具有包容性及消融性的漢傳佛教為主流，才能結合各宗異見，回歸佛陀本懷，推出全人類共同需要的佛教來。否則的話，任何偏狹和優越感的佛教教派，都無法帶來世界佛教前瞻性和將來性的希望。這也正是我要弘揚天台學的目的，我不是希望大家都成為天台學的子孫，而是像天台思想這樣的包容性、消融性、系統性、教觀並重的實用性，確是有待後起的佛弟子們繼續努力的一種模範。」引自聖嚴法師：《天台心鑰──教觀綱宗貫註》（台北：法鼓文化，2005 年），頁 5-10。

——原人論考釋》，是晚年來回台北、紐約抽空撰述的思想大著。再者，還有針對人際、教育、文化乃至人生問題的主題著作，比如《不一樣的親密關係》、《不一樣的教育理念》、《不一樣的文化藝術》、《不一樣的社會關懷》、《不一樣的佛法應用》、《不一樣的環保實踐》、《不一樣的生死觀點》……等。又有另一類著作是與不同領域名人的對話集，比如《珍惜生命——聖嚴法師與吳念真、黃春明、李明濱的對話》、《經濟與環保的創新作為——聖嚴法師與蕭萬長、施振榮、朱雲鵬、張祖恩的對話》、《生命與信仰的探究——聖嚴法師與龍應台的對話》、《全球化趨勢下的信仰價值與教育——聖嚴法師與單國璽樞機主教的對話》……等。

　　此法鼓教化階段，最重要的即是聖嚴法師所有的著作出版為共一百零二冊的《法鼓全集》（原七十冊加上續編的三十二冊），共分類成九大輯；[106]聖嚴法師在《法鼓全集》的序言寫道：「我的寫作目的，不是自己有話要向讀者傾訴，而是感受到讀者們急需要知道些什麼；是站在讀者的立場，提供我的所學及所知」。[107] 而于君方將之分為五大類，即：學術論著類十四冊、禪修類著作二十五冊、佛經現代語詮釋及歷來佛教人士記述十九冊、自傳遊記十六冊、學佛入門及對社會人生問題的開示二十六冊，她說明如此分類細目：「是為了顯示出聖嚴法師的研究重點及主要關懷」。[108] 果徹法師則認為綜觀全書，有佛教教育、學術文化、禪修推廣，涵括佛法的現代化、普及化與人間化，他提出：「筆者以為『以人間佛教實踐人間淨土的理想』，應是最能代表作者早期出世（閉關、求學）而不廢化世（文字弘化、學說辨異），乃至其後之全然積極化世的精神。」[109]

---

[106] 此處的簡介乃以聖嚴法師在世時所出版之版本為主；另外，筆者在第一章已說明《法鼓全集》重新整編的冊數、輯錄等，故不再贅述。

[107] 聖嚴法師：《法鼓全集總目錄》，頁 19。

[108] 參自于君方：〈聖嚴法師與當代漢傳佛教〉，收入《聖嚴研究》（第一輯），頁 41-42。

[109] 釋果徹：〈聖嚴法師與人間佛教的人間淨土——《法鼓全集》之思想概介〉，收入《漢學研究通訊》第 19 卷第 3 期（台北：漢學研究中心，2000 年 8 月），頁 385。

以上為兩位學問僧學思行旅及著作歷程的概述。印順法師的思想體系完成之時乃於大陸時期，但是思想的流傳、著作的完成，是來到台灣之後。藍吉富亦曾指出，印順法師的一生明顯分為兩個階段，即是「定居台灣」之前與之後，又道印順法師的學術規模是在大陸奠定，但是思想獲得普遍的重視與注意，是在台灣形成的；因此，他認為從文化史學的角度來看，印順法師來台一事，可視為「漢傳文化對外傳播」的例子。[110] 故而，觀探印順法師的學思行旅與著作歷程，雖可區分階段探討，但是不可忽略大陸與台灣時期的連接性與一體性。而聖嚴法師之學思階段，包含身分的轉換、時空的變換，這當中的轉換與變換都有「突破」的意象，也有人生「改版」的意義；每個階段都是聖嚴法師的生命面貌，並適應當下的階段呈現當時的書寫。故而，觀探聖嚴法師的學思與著作歷程，尤須在其轉折之處連結上下，如此才能全面而完整地明瞭其進程。

第二節　學問僧的養成

據上節，筆者將印順法師與聖嚴法師的學思行旅、著作歷程作出分期，而在此些分期裡，筆者將從中探析兩者逐步成為學問僧的主要緣由。

一、印順法師

印順法師僅在初小、高小階段進入學校（學堂）就讀，接續再成為學生即是出家後進入閩南佛學院求學的時候，但是聽課總計不到四個月，故其一生的研學是以「自學」為主。筆者認為其自學的方式可從「典範學習」與「閱讀經藏」兩者作探討，進而認識其研幾探賾、自潛創發的研究方法。

（一）典範學習

印順法師的典範學習可分為夙昔的尊崇與親近的交流，前者是為龍樹論

---

[110] 參自藍吉富：〈印順法師在台灣佛教思想史上的地位〉，收入《第六屆「印順導師與人菩薩行」海峽兩岸學術會議論文集》，頁（四）2-（四）4。

師，後者則為太虛法師與法尊法師。

1. 龍樹論師（生於西元二、三世紀之間）[111]

　　印順法師《佛法概論・自序》：「我從聖龍樹的中觀論，得一深確的信解：佛法的如實相，無所謂大小，大乘與小乘，只能從行願中去分別。緣起中道，是佛法究竟的唯一正見，所以阿含經是三乘共依的聖典。」[112] 在《印度之佛教》陳述：「印度之佛教，自以釋尊之本教為淳樸、深簡、平實。……中期佛教之緣起性空（即緣起無我之深化），雖已啟梵化之機，而意象多允當。龍樹集其成，其說菩薩也：1. 三乘同入無餘涅槃而發菩提心，其精神為『忘己為人』。2. 抑他力為卑怯，『自力不由他』，其精神為『盡其在我』。3. 三阿僧祇劫有限有量，其精神為『任重致遠』。菩薩之真精神可學，略可於此見之。」[113] 在《印度佛教思想史》寫道：「『初期大乘』流行以來，（西元前五〇年－西元二〇〇年）已經二百多年了。面對印度的神教，『佛法』流傳出的部派，大乘自身的異義，實有分別、抉擇、貫通，確立大乘正義的必要。龍樹 Nâgârjuna 就是適應這一時代的要求，而成為印度佛教史上著名的第一位大乘論師。」[114] 在《遊心法海六十年》中，印順法師自認隨緣教化階段是自身鬆弛進修的十二年，但述及：

---

[111] 印順法師考證龍樹約生於西元 150 年至 250 年，為南印度人，參自印順導師：《印度佛教思想史》（新竹：正聞出版社，1993 年五版），頁 119。聖嚴法師《印度佛教史》：「關於龍樹的年代，異說甚多，大致推定在西元一五〇至二五〇年之際，已為近世學者的多數公認。龍樹菩薩是大乘的第一位偉大論師，一般傳說他享壽百二、三十之高齡，著有大量的論典。日本《大正新脩大藏經》收有龍樹著作二十五部，《西藏大藏經》收有龍樹著作百二十五部。……其中最主要的，則為《中論》、《大智度論》、《十住毘婆沙論》。《中論》闡發緣起性空的深義，揭示生死解脫的根本，為三乘共由之門；《大智度論》採中道立場以顯不共般若；《十住毘婆沙論》以深遠之見而暢發菩薩之大行。」引自聖嚴法師：《印度佛教史》（台北：法鼓文化，1999年），頁 210-214。據兩者所載，龍樹生於西元 105-205 年之間，可作為目前多數學者採認的說法。

[112] 印順導師：《佛法概論》（新竹：正聞出版社，2000 年新版），頁 1（自序）。

[113] 印順導師：《印度之佛教》（新竹：正聞出版社，1992 年三版），頁 6-7（序言）。

[114] 印順導師：《印度佛教思想史》，頁 119。

「這一期間，與同學們共同修學的時間不多，自己的進益也少。僅對《大智度論》與《大毘婆沙論》，作過一番較認真的研究，並隨類集錄，留下些參考的資料。」[115] 另亦自述：「對於《大智度論》，用力最多，曾有意寫一專文，說明龍樹對佛法的完整看法。但因時間不充分，只運用過部分資料，沒有能作一專論。」[116] 直至八十六歲，作〈《大智度論》之作者及其翻譯〉之專文（筆者於本章第一節已述及此文乃由昭慧法師整理而成），其認為《大智度論》對中國佛學千餘年來影響深遠，故而撰作此文是早年即有的心願，更是盡「佛弟子應盡的一分責任」。[117]

　　承上，揀選幾部印順法師早年到晚年重要著作的內容觀之，以及《中觀今論》、《中觀論頌講記》、《性空學探源》等專著，可見得他對龍樹論師及其中觀學的推崇與重視，[118] 且論述中曾以「『聖』龍樹」稱之以示尊敬。

　　追本溯源，印順法師從「暗中摸索」時期，即是從空宗入手，「空宗──聖龍樹的論典，對我可說是有緣的。早在民國十六年（22 歲），我開始閱讀佛典的時候，第一部即是《中論》。《中論》的內容，我什麼都不明白，但一種莫名其妙的愛好，使我趨向佛法，終於出了家。」[119] 出家後前往閩南佛學院求學，學團恰是習讀三論教典，使其倍感親切；抗戰間到達四川，接觸西藏傳的空宗，令其對佛法的理解有重大的變革；後來在初期佛教的聖典之中，對佛法的精神有更甚的領略，印順法師認為由這些思想的轉捩

---

[115] 印順導師：《遊心法海六十年》，頁 26-27。

[116] 印順導師：《遊心法海六十年》，頁 44。

[117] 參自印順導師：〈《大智度論》之作者及其翻譯〉，收入《永光集》，頁 2-3。

[118] 吳汝鈞對於印順法師研究龍樹中觀學的成就曾給予肯定及評判：「印順自身即是一個對龍樹的中觀學很通透的學僧，這可見於他的《中觀論頌講記》中」、「臺灣的印順法師對龍樹中觀學本有相當通透的理解，且超過很多日本學者。但因不講文獻學，故不能建立客觀研究的學統，亦不為國外佛學界所重視。」分別引自吳汝鈞：《佛學研究方法論》（全二冊）（台北：台灣學生書局，2006 年），頁 28、頁 33。

[119] 印順導師：《中觀今論》（新竹：正聞出版社，2000 年新版），頁 1（序言）。

與改變：「對於空宗，也得到一番新的體認，加深了我對空宗的讚仰。」[120]

　　龍樹論師是南印度人，出家於說一切有部，先是觀看聲聞三藏，爾後於雪山的某佛寺中閱覽了大乘經，弘法範圍包含南北印。印順法師分析龍樹論師的學法歷程：「龍樹生於南印度，在北方修學，所以龍樹論有綜貫南北的特色；抉擇、貫通一切，撥荊棘而啟大乘的坦途，不是為理論而理論的說明者」、[121]「龍樹是論師，但也有經師隨機方便而貫通的特長，一切論議是與修持相關聯的」，[122] 這當中抉擇、貫通的論師特質，正是印順法師一生為學的重要指標。

　　釋厚觀曾從四方面去討論龍樹論師與印順法師的相似處：（一）所處的時代背景：龍樹所處的時代背景，不但有印度的神教，佛教內部部派異說紛紜、各類大乘經典傳出；但是龍樹以「四悉檀」抉擇而貫通。而在印順法師的時代背景，有道教與耶教，漢傳、南傳、藏傳佛教並傳，同樣亦是複雜的思想環境；印順法師學習龍樹以四悉檀貫攝一切佛法與外教，並且留意到「佛教史」的根源與流變；又其「人間佛教」思想的提出，並非基於某一經或某一論的思想，而是記取佛教興衰的教訓，研讀探究阿含、部派與大乘三系之後所得的結論。（二）弘化各地，影響深遠：龍樹生於南印，而至北方修學，所以有「綜貫南北」的特色，弘化的影響遍及了全印度。印順法師生於浙江，而到閩南修學，又於四川與法尊法師結識因此深刻了解西藏佛教的特色，之後又來到台灣弘法、也去過南洋弘法，對華文地區的佛教影響深遠。（三）思想博通，兼具經師與論師之特性：從《中論》裡，可發現龍樹是位「辯才無礙的論師」，但是於《大智度論》裡，又能見著許多生動的故事，對眾生循循善誘說法，所以龍樹兼具「經師隨機方便而貫通」的特質與專長。在《中觀今論》等專著裡，可發現印順法師立論嚴謹、條理清晰，但是於《妙雲集》下編一系列著作的開示之中，印順法師的文筆清新流暢，具有導引眾生向學佛道的熱誠。（四）立基於緣起性空的深觀，弘揚菩薩的廣

---

[120] 印順導師：《中觀今論》，頁 1（序言）。

[121] 印順導師：《印度佛教思想史》，頁 126。

[122] 印順導師：《印度佛教思想史》，頁 137。

大行：龍樹著《中論》，以緣起性空破除種種邪執；作《大智度論》、《十住毘婆沙論》，讚嘆、弘闡菩薩精神的偉大與廣大行。印順法師著《中觀論頌講記》、《中觀今論》、《空之探究》等著作闡揚般若性空的思想；亦於《成佛之道》、《初期大乘佛教之起源與開展》等諸多著作中，對菩薩廣大行有深刻闡揚，而在《佛在人間》與《學佛三要》等著作的篇章中，對於急求自證的偏失多有導正。[123]

　　由上述的比較，可看到印順法師與其尊敬的龍樹論師，雖年代上有近一千七、八百年之遙，卻在某些相似的時代背景之中，印順法師窮究、學習龍樹論師的思想，呈顯出隔著時空卻類似的思想行誼與弘化特質。

2. 太虛法師（1890-1947）

　　太虛法師與印順法師同是浙江海寧人，他們的關係雖非師徒，卻是比師徒之情還深厚的師生法情。

　　印順法師 1931 年進入閩南佛學院就讀時，儘管院長為太虛法師，但是無緣禮見，直到 1934 年的新年才有機會於雪竇寺晤面。然而，在印順法師甫入閩南佛學院修業的當年，第一篇佛學創作即是學習太虛法師融貫手法而寫受到嘉勉，繼後的寫稿亦受到太虛法師的評論；前文提及印順法師評駁守培法師的文章，此舉曾引起太虛法師的關切，不但指正印順法師的性格，並且寫了專文評論，印順法師自述：「但在當時，我是不能理解大師心境的。」[124] 於他們師生之間，最頻繁往來的一次論辯則是起因於印順法師《印度之佛教》一書的見解與太虛法師有異，所以兩者數度書稿往來各申己見，後來印順法師以〈無諍之辯〉表示僅是個人見解不敢再勞煩老師作結。

　　師生兩者不只在思想上論述相長，尚未謀面前，太虛法師對印順法師的性格曾有指正，相互見面後的一年多，兩造之間也發生了誤會：「四月中……為了中日佛學會事，內學院與留日僧墨禪等，互相攻訐，牽涉大師。我覺得，為了正義，為了佛教，那時的中國的僧眾，不能以任何理由，去與

---

[123] 參引自釋厚觀：〈印順導師讚嘆的菩薩精神〉，收入《印順導師百歲嵩壽祝壽文集（論文篇）》（新竹：福嚴佛學院，2004 年 4 月），頁 28-30。

[124] 印順導師：《華雨香雲》，頁 300。

侵略的日本合作，或者被誘惑而去日本參訪。我不知表面文章而外，底層還
有文章，就冒昧的一再向大師上書，措辭有點過火不客氣。大師不理我。我
一氣，忘了善知識激發策勉的恩德，斷然離開了大師。閉門閱藏，過著忘世
生活。」[125] 印順法師因此毅然回到佛頂山閉門閱藏，直至太虛法師辭世，
他擔任《太虛大師全書》的主編，在遍讀一切文記時，才發現自身曾誤解最
尊敬的老師。這部《太虛大師全書》，則是印順法師以文字作為對老師最後
的供養，編纂之處即是師生首回碰面的雪竇寺。

　　印順法師與太虛法師首度的交集是以「文字」會見，最終的交集也以
「文字」惜別。於〈我懷念大師〉：「我與大師，永遠是思想與文字的關
係」；[126] 在《遊心法海六十年》也寫道：「虛大師給我思想上的啟發，也
是從文字中來的。」[127] 可見「文字」在他們聚少離多的相處之中，是師生
法情、思想交流的重要聯繫。侯坤宏指出：「與太虛大師的文字因緣，印順
除主編《太虛大師全集》，撰寫《太虛大師年譜》，選編《太虛大師選輯》
外，印順曾寫過〈革命時代的太虛大師〉（1950 年）、〈向近代的佛教大
師學習〉（1954 年）、〈我懷念大師〉（1954 年）、〈太虛大師菩薩心行
的認識〉（1957 年）、〈略論虛大師的菩薩心行〉（1957 年）等懷念文
章。印順說，他寫這些文章，不只是為了紀念，為了感懷太虛法師對他思想
啟發的恩德，也作為彰顯大乘精神的具體形象。」[128]

---

[125] 印順導師：《華雨香雲》，頁 302。
[126] 印順導師：《華雨香雲》，頁 304。
[127] 印順導師：《遊心法海六十年》，頁 11。此處提及「思想上的啟發」，比如印順法
　　師敘述：「二十九年，讀到虛大師所講的：〈我怎樣判攝一切佛教〉，〈我的佛教改
　　進運動略史〉，〈從巴利語系佛教說到今菩薩行〉，每篇都引起我深深的思惟。大師
　　分佛教為三期，所說的『依天乘行果趣獲得大乘果的像法時期』，『依天乘行果』，
　　不就是大師所說：『融攝魔梵（天），漸喪佛真之泛神（天）祕密乘』（〈致常惺法
　　師書〉）嗎？『中國所說的是大乘教，但所修的卻是小乘行』，為什麼會如此？思想
　　與行為，真可以毫無關聯嗎！在大師的講說中，得到了一些新的啟發，也引起了一些
　　新的思考。」引自印順導師：《遊心法海六十年》，頁 10-11。
[128] 侯坤宏：《真實與方便──印順思想研究》，頁 19。

　　誠然，除了文字思想上的影響，《遊心法海六十年》的結語，印順法師懷念太虛法師對他一生的影響：

> 他不但啟發了我的思想，又成全了我可以修學的環境。在一般寺院中，想專心修學佛法，那是不可能的。我出家以來，住廈門閩南佛學院，武昌世苑圖書館，四川漢藏教理院，奉化雪竇寺，都是與大師有關的地方（李子寬邀我到臺灣來，也還是與大師的一點關係）。在這些地方，都能安心的住著。病了就休息，好些就自修或者講說。沒有雜事相累，這實在是我最殊勝的助緣，才能達成我修學佛法的志願。[129]

　　由這段緬懷的文字，可具體地見著太虛法師在印順法師自學研修的道途上、出家後幾處重要的學處，皆有著特殊且不可或缺的繫緣。縱使是日後輾轉抵台的因緣，也與太虛法師的在家弟子李子寬息息相關。

　　印順法師在自傳中敘寫 1947 年到上海直指軒禮見太虛法師時，談及對佛教的改革與冀望，太虛法師心頭有諸多的不如意與不順適，未料這番心境的表述卻成為師生之間最後的對話。當印順法師抵達杭州靈峰武林佛學院探望學友時，竟傳來太虛法師病重逝世的消息，他依照出發時太虛法師的交待：「帶幾株梅花來」，折回靈峰的梅枝攜返悼念；七年後，他在懷想太虛法師的字句裡，懇摯地說道：

> 七年前的今日，是我最後禮別大師的日子。我想起大師，更想起大師對我的慈悲。從我與大師往事的追念中，覺得辜負了大師的深恩！僅留有慚愧的回憶。……大師的事業，我無力主持；大師的遺物，我無力保存；大師的舍利，我無法供養。在大師門下，我是那樣後起，那樣的障重福薄，那樣的執拗。我不是上首迦葉，不是多聞阿難，更不是代師分化一方的舍利、目連。我只是，但求依附學團，潛心於佛法

的孤獨者！只是辜負大師深恩，煩勞大師而不曾給予助力者！大師去世了，弟子們雲集上海。但是各有法務，留下的全書編纂，茫無著落。大家要我來勉為其難；總算在大師弟子中，有大醒法師供給膳宿，這才在大局如火的動亂中，草草地完成。我避難到香港，寫了大師年譜。來臺灣以後，又因為大醒法師久病，暫時負起大師創辦的海潮音社長名義。這些，在我想來，多少會給我報恩的機會吧！我還是那樣的福薄障重，還是那樣的孤獨，還是那樣的執拗，還是那樣的不能契合大師的軌範。然而想到了大師的海涵汪洋，大師的誘導慰勉，也就自忘僻陋，做著從前那樣的，能力所能做的事。[130]

印順法師與太虛法師的師生緣分從文字上開始，然師生兩者性格迥別，思想上雖有傳承卻也頗具差異；對於太虛法師的啟蒙、提攜之恩，印順法師緬想師恩的方式也是以文字作為回報，除了編纂太虛法師相關的著作，更是以一生的著作等身來報恩。儘管太虛法師門下傑出的弟子不少，可筆者認為印順法師是其弟子門生當中，把其思想透過研究、辨析化為論著，最為出類超群的一位。

3. 法尊法師（1902-1980）

印順法師分別於兩本自傳提及：「我出家以來，對佛法而能給予影響的，虛大師（文字的）而外，就是法尊法師（討論的），法尊法師是我修學中的殊勝因緣！」[131]「自從在漢藏教理院，遇到了法尊法師，才覺得有同學之樂。」[132] 能夠與太虛法師相提並論的人物，必然在印順法師的為學道途上具舉足輕重的地位。

法尊法師，亦是太虛法師的門生，印順法師曾特別介紹：

法尊，河北人，少年出家。民國十一年秋，到武昌佛學院求學，從太

---

[130] 印順導師：《華雨香雲》，頁 300、307-308。
[131] 印順導師：《平凡的一生》（重訂本），頁 25。
[132] 印順導師：《遊心法海六十年》，頁 11。

虛大師修學佛法。十四年夏天，從（太虛大師弟子）大勇法師領導的
留藏學法團西行；起初到西康，後來到西藏，在拉薩修學。太虛大師
在四川北碚縉雲山，成立漢藏佛學苑，一再敦促他回來，法尊才於二
十三年夏回來，主持漢藏佛學苑。法尊依據藏文，譯出論典及宗喀巴
等名著很多，在民國的佛教翻譯界，是一位最值得推重的！[133]

法尊法師有《菩提道次地廣論》、《密宗道次地廣論》、《辨法性論》、
《入中論》等十幾部重要譯作，釋東初指出：「法尊，不特精通佛學，而於
藏文造詣頗深，其於溝通漢藏文化，用力最多，論貢獻也最大」。[134] 由於
對藏文的譯作貢獻巨甚，印順法師在漢藏教理學院，與「記憶力與理解力非
常強」的法尊法師討論法義時，認為是助其一生中得益甚多的學長。他描
述：

> ……我與止安就去了北碚縉雲山，住在漢藏教理院……。最初的一年
> 半中（二十七年八月到二十八年底），法尊法師給我很多的法
> 益。……我為他新譯的《密宗道次第廣論》潤文，遇到文字不能了解
> 的，就去問他。……他應我的請求，翻譯了龍樹的《七十空性論》。
> 這樣的論辨，使我有了更多與更深的理解。深受老莊影響的中國空宗
> ——三論宗，我從此對它不再重視。[135]

由此處可見，兩者不僅有法義上的討論，也為彼此潤文或譯文，而印順法師
託請其翻譯的著作即是龍樹論師的《七十空性論》，引發印順法師不再重視
的即是中國的三論宗。

　　印順法師與法尊法師作法義的探討時，時有爭論不下的情況，最後則以

[133] 印順導師：《華雨集》（一）（新竹：正聞出版社，1993 年初版），頁 173。

[134] 釋東初：〈民國以來海外之留學僧〉，收入張曼濤主編《民國佛教篇（中國佛教史專
集之七）》（台北：大乘文化出版社，1978 年），頁 362。

[135] 印順導師：《平凡的一生》（重訂本），頁 23-24。

「夜深了，睡吧」一語收場。印順法師直言過法尊法師的思想已是西藏佛教化了，彼此的見解距離遙遠，可是在對論、辯詰當中，並未引起不愉快且始終友好，是「值得珍視的友誼」。

印順法師與太虛法師曾因為對於印度佛教史的見解有所出入而有「無諍之辯」，與法尊法師之間也有法義討論看法不一的「無爭之辯」。他們三者之間有個共同之處，即是世學學歷都不高甚至未受過近代教育，但是出家後都竭盡所能追尋佛法、進修研讀經典法義；即使三者論學方向、畢生弘法的著重點不同，但是卻能發覺彼此在研析、切磋之際，具有尊重包容的氣度，亦可看出學問僧以法義論法義的態度與特質。

（二）閱藏與閉關

前者典範學習是與人物之間的交流互動，此處的「閱藏與閉關」，則是與經論、典籍的交流互動。

1. 閱藏

印順法師在 1932 年夏季，拾級千階登上佛頂山慧濟寺閱藏樓閱藏，白天研讀藏經，晚上則研讀三論與唯識典籍；除了前往武昌佛學院專修三論章疏半年、前往閩南佛學院半年，[136] 其餘時間都待在佛頂山，直到 1936 年秋季完整閱覽全藏。

印順法師自述清刻大藏經共七千餘卷，[137] 每天約讀七、八卷，每卷內

---

[136] 印順法師此時前往閩南佛學院之因，乃是 1934 年 6、7 月間，太虛法師寄上的信函裡，附上當時閩南佛學院院長常惺法師的邀請函，由於常惺法師在當時學僧的心目中是被崇仰的大德，所以印順法師答應邀請至學院講授《三論玄義》半年。參自印順導師：《平凡的一生》（重訂本），頁 13、印順導師：《遊心法海六十年》，頁 8、侯坤宏：《印順導師年譜》（第壹冊），頁 194。

[137] 大愛電視台：「導師：『十七個字一行，五行就要翻過去，每一卷都這麼厚厚的，所以叫龍藏。這是在清朝時候的，其實是清藏，為什麼叫龍藏？因為藏經不是買的，是皇帝欽賜。去請的人，要辦手續，還要溝通人事關係，呈上去，等到准許了，皇帝出來的時候，還要有一點什麼旗隊、旗幟、幡等等。所以，從朝廷請出來了以後，得到的就榮譽的不得了，就這麼大搖大擺的、歡歡喜喜請出來，同其它的當然都不同了。』」引自大愛電視台製作：《上印下順導師傳紀錄片文稿》，頁 62-63。

容平均九千字。印順法師晚年受訪回想當年的情景：「其實好得很，安靜得很，吃飯送得來，吃飯同普通人不同，是同客堂、知客師父、當家他們的飲食一樣。好得很，真的是好得很！」[138] 在自傳也述及：「那時候，看大藏經是一般人求之不得的。這裡的環境，是這一生中覺得最理想的。」[139]、「這個自修環境，雖然清苦些（就是找不到錢），為我出家以來所懷念為最理想的。好處在常住上下，沒有人尊敬你，也沒有人輕視你，更不會來麻煩你。」[140] 整日與藏經為伴的時日，沒有人事的紛擾，印順法師認為是最理想的環境，據此亦再度呈出其學問僧的特質。

　　印順法師自認閱藏期間是快讀一遍，自身記憶力不強所以讀過以後感受一片茫然，無法談上已作思維或者了解。但是他提及覽讀《大藏經》時，發現佛法的多采多姿，他形容是「百花爭放」、「千巖競秀」；他亦從中體會佛法的法門廣大，他的佛學視界不再侷限於三論與唯識，對於大乘佛法，他開始認同太虛法師所說應有「法界圓覺」一大流，他深刻感受大乘經典不像論書那般重於理論而是勸發修持、重於實踐。前文提及太虛法師與印順法師「永遠是文字與思想上的關係」，閱藏的心得裡，印順法師對於大乘佛法的新視野，也包含著太虛法師的影響。另外閱讀《阿含經》與各部廣《律》時，印順法師覺得不同於部分大乘經典是表現於信仰與理想之中，故讓他升起「現實人間的親切感、真實感」，這與日後他闡釋的人間佛教思想具有甚為重要的繫連。

　　1932 年夏天到 1936 年秋天，閱藏完成的印順法師，除了啟開對於佛學的視野，更為重要之處，則是開啟長達一甲子以上的著述之路。

2. 閉關

　　印順法師於 1952 秋季抵台，1964 春天掩關，這十二年間的際遇他概歎是「風雨恨淒其，歲月驚消逝」，避戰輾轉來台的他卻面對佛教界的宣戰，引發他的內省：

---

[138] 參自大愛電視台製作：《上印下順導師傳紀錄片文稿》，頁 65-66。

[139] 印順導師：《遊心法海六十年》，頁 8。

[140] 印順導師：《平凡的一生》（重訂本），頁 12。

對外弘，善導寺那段時間而外，慧日講堂三年多，也著實講了些經論，聽的人還不算少。對內修，在臺灣十二年（四十一年秋－五十三年春），我沒有能盡力，除了病緣、事緣，主要是：從前那樣熱心的與同學共同論究，是有幾位於佛學有些基礎，能理會我所說的有些什麼特色。在這些上，引起了大家為佛法的熱心。在臺灣呢，有的年齡大了，有了自己的傾向；有的學力不足，聽了也沒有什麼反應；有的因為我的障礙多，不敢來共住。這樣；我雖也多少講說，而缺乏了過去的熱心。[141]

　　除了教界與政界的誤解與迫害，這之間連續辦學、弘法，使得病身更為疲憊，講經說法的熱心也不若以往。以往在大陸時期雖然身處戰爭逃難之中，可是有共學的學友，比如漢藏教理學院時期有法尊法師、妙欽法師、演培法師、續明法師等同輩或晚輩學友共同論學，所以戰亂歲月裡卻不離法義論學的心靈富足。然到了台灣，反而這般共同研讀的時光與學友都缺少了、辦學也不若往昔的素質，即使共同興立學團，卻面對分化直到分散，這些境遇都再再地引起印順法師不勝感喟。他在回顧佛學院的辦學過程，曾言：「學佛法的（男眾）青年，是那樣的難得！……但在續明的經驗中，似乎福嚴學舍沒有靈隱佛學院時代的理想。其實，這不是別的，只是年齡長大，不再是小沙彌那樣單純了」[142]、「一個戰亂流動的時代，一個不重研究的（中國）佛教，一個多病的身體：研究是時斷時續，而近於停頓。宏法，出國，建寺，應酬，儘做些自己不會做、不願做的事！民國五十三年初夏，決心丟下一切，重溫昔願。」[143] 在如此深刻自省之後，閉關的念頭因而堅篤而定。

　　對於尋覓閉關之處，先後有人介紹台中與高雄等處，皆因「水」的問題

---

[141] 印順導師：《平凡的一生》（重訂本），頁120。

[142] 印順導師：《平凡的一生》（重訂本），頁121-122。

[143] 印順導師：《說一切有部為主的論書與論師之研究》（新竹：正聞出版社，1992年七版），頁4（自序）。

而作罷；再者有介紹嘉義蘭潭水庫附近，卻因軍眷多出入可能影響靜修，所以另再覓地。[144] 最後拍板定案的則是同樣位於嘉義的一處果園：

> 不知那位提議，蘇祈財居士有一個果園，大家也就同去看看。果園
> （隔溪）對面，蘇居士說：「這裡，從前岡山玉明老和尚，曾在此靜
> 修；抗戰期間，一位日本禪師也住過」。我向裏面一望，陰森森的，
> 雜樹縱橫，蔓草叢生，連片板也沒有了。我說：「這裏好」。偶然的
> 經過，就這樣的決定了。回憶起來，自己也說不出我到底看中了什
> 麼。我想，也許這塊地有佛緣，與我有緣吧！[145]

擇定荒蕪陰森的果園為閉關之所，當時仍在慧日講堂的印順法師委由嘉義天龍寺住持心一法師監工，從 1963 年冬季開始築造，歷時四個月完工，這處重溫昔願的掩關小寺取名「妙雲蘭若」。1964 年 5 月，印順法師寫下〈掩關遙寄〉：

> 五月廿六日，為釋迦世尊誕辰。中夜寧寂，舉世歡欣。印順於是日，
> 就嘉市妙雲蘭若，虔誠懺願，捨諸緣務，掩室專修。爰舉偈遙寄，以
> 告海內外緇素同道。

---

[144] 對於覓地的過程，慧理法師曾作補充：「寶覺寺林錦東老師，有意把寶覺寺後面的荔枝果園，捐給導師蓋關房；慧瑞師兄的哥哥介紹高雄愛河邊的一塊地，後因怕淹水作罷；慧琛師兄的哥哥介紹二水溪過去的龍眼山；新加坡的一位護法也想把位於埔里種植檸檬的地，捐獻給導師；臺中聖印法師介紹臺中北屯區的一片果園，後因沒水作罷……等等眾多的地緣介紹，都沒有成功。」引自闞正宗、陳劍鍠採訪：《走過妙雲蘭若五十年慧理、常光妙雲弘法記》（新北市：常春樹書坊，2015 年），頁 37。

[145] 印順導師：《平凡的一生》（重訂本），頁 102-103。慧理法師：「聽說過去日本統治時代，曾經有日本僧侶南天謨禪師來天龍寺（三教堂）教禪修，在此結草寮修行，還有大岡山派的釋義敏禪師在此靜修避難。導師開口說：『這裡好。』就這樣決定買下這塊崛底地，也不知道導師到底看中了什麼？可能導師很重視兩位禪師在此駐錫的歷史，也或許這塊地與佛有緣，與導師特別有緣吧！」引自闞正宗、陳劍鍠採訪：《走過妙雲蘭若五十年慧理、常光妙雲弘法記》，頁 39。

（一）離塵卅五載，來臺滿一紀，風雨悵淒其，歲月驚消逝。時難懷
　　　親依，折翮歎羅什，古今事本同，安用心於悒！

（二）願此危脆身，仰憑三寶力，教證得增上，自他咸喜悅。不計年
　　　復年，且度日又日。聖道耀東南，靜對萬籟寂。[146]

　　個性寧定的他，閉關的決定以偈語靜告同道；而在簡約的環境造景裡，
可看出他默默置於心中對於師友的懷念：

　　　至於環境的整理，請示過導師後我們便著手在關房外庭後面種植七棵
　　　梅花以紀念虛大師。佛殿前的玄關左右龍柏、扁柏相間種一排（猶如
　　　龍天護法在護衛），桂花、含笑十來棵培植在前庭草坪上，既可供佛

---

[146] 印順：〈掩關遙寄〉，收入《華雨香雲》，頁 395。對於這首詩偈，印順法師晚年受
訪時解釋：「離塵卅五載，就是出家三十五年了；來台滿一紀，到台灣來滿一紀，大
概是十二年；風雨悵淒其，歲月驚消逝，風風雨雨的，總是感覺到淒涼；時間一天一
天過去了，一年一年過去了，我在香港的時候，台灣的長老們知道我在香港很苦，還
拿一點供養金來供養我，哪裡曉得，到了台灣以後，受到這樣的打擊，不可說！不可
說！」引自大愛電視台製作：《印順導師傳紀錄片文稿》，頁 198。慧璉法師曾為
之譯注：「五月二十六日，是釋迦牟尼佛的誕辰。夜半，一片安寧寂靜，舉世歡欣。
印順於這一天，在嘉義市妙雲蘭若，虔誠懺悔祈願，並且捨離一切世緣外務，關起門
來，在靜室專心修行。於是遙寄二首詩偈，敬告海內外出家在家二眾同道。（一）我
離塵出家已經三十五年，來台灣也滿十二年了。在風雨飄搖中，心感惆悵淒涼，也驚
覺歲月的消逝。時代艱難，使我想起南朝時，因戰亂而飄泊流離的真諦；懷抱難展，
不禁像羅什一般，有『折翮』的慨嘆。古今的事本來是一樣的，那用得著內心抑鬱
呢！（二）希望我這衰弱的身體，能仰仗三寶的加持；在教證上，得以增上，令自己
和他人都喜悅！不管它一年又一年過去了，就這麼一天又一天地度日，但願聖道在這
東南的海嶼，能發揚光大；我在萬籟俱寂中，安靜地祝願。」引自釋慧璉：〈掩關
遙寄〉譯注，收入《福嚴會訊》第 8 期（新竹：福嚴佛學院，2005 年 10 月），頁
67。江燦騰對於詩偈則有此詮釋：「這是文辭典雅，意境幽遠的詩偈。也是來臺僧侶
中，最不尋常的一次文學創作（儘管原意非關文學）。印順舉鳩摩羅什和真諦來中國
後的不如意為例，以紓解他來臺後的諸多不順遂。同時也流露出他願獨自研究佛法的
強烈心聲！」引自江燦騰：《台灣佛教文化的新動向》（台北：東大圖書公司，1993
年），頁 86。

又能製桂花茶餉客。[147]

梅花的種植誠然是對太虛法師的師生情誼，印順法師始終記得靈峰的梅花法
情。另外，侯坤宏述及曾利用參與研討會的機會，至四川北碚漢藏教理院參
訪，見著為數不少的桂花，故想起妙雲蘭若慧理法師曾表示印順法師在嘉義
閉關時，也種了幾棵桂花；侯氏提出抗戰八年是印順法師自述出家生活史中
最有意義的八年，在此漢藏教理院最殊勝的因緣即是見到法尊法師等學友，
對其思想啟發深具意義，是故認為：「印順法師逃難台灣，閉關嘉義，仍對
桂花有所偏愛，可視為他對抗戰期間在漢藏教理院悠遊法海的一種深刻懷
念。」[148] 印順法師對於往昔學友共學共議的馳念，由此處更可見證。

　　閉關的日子裡，有三位二十初歲的弟子護關、打點環境，而不讓北部信
徒增加負擔的印順法師婉拒供養，所以生活用度上十分貧乏，慧理法師回顧
護關的情景：

> 我、慧瑞和法潤三人誠心護關……當時我們沒什麼錢，每天菜錢是固
> 定的，三餐炒竹筍或滷竹筍、煮竹筍湯再加個青菜或豆腐就是午
> 餐……師父一碗稀飯、二十幾粒過個油鹽的花生，就是早餐。中午有
> 時一塊豆腐，切分成兩塊加點紅蘿蔔細塊或青江菜就是一餐，幾乎天
> 天都是如此。[149]

　　蘭若草創初期，每逢一陣豪雨過後，常常不是這邊一個洞，就是那裡

---

[147] 廖憶榕：《印順導師與妙雲蘭若：兼論「精神典範」對於比丘尼僧團發展之影響》，
頁 28。

[148] 參自侯坤宏：〈探討印順法師的生平與思想──以《印順法師年譜》、《真實與方
便：印順思想研究》為例〉，收入《法印學報第一期》（桃園：財團法人弘誓文教基
進會，2011 年 10 月），頁 202。另外，慧璉法師曾告訴筆者：「導師的故鄉有很多
桂花」，這也應是印順法師偏愛種植桂花的原因。

[149] 闞正宗、陳劍鍠採訪：《走過妙雲蘭若五十年：慧理、常光妙雲弘法記》（新北市：
常春樹書坊，2015 年），頁 42。

一個坑，我們就趕緊兩人合力扛石、搬土來填補，否則一旦被沖陷成災，後果不堪設想！四周小山丘內的環境急需整頓，四分多約一千二百多坪的地上物：龍眼樹、相思樹、番石榴、麻竹欉，能砍則砍、能鋸就鋸，鋸好劈成小塊再曬乾，凡是可當柴火燒的東西，沒有一樣不被拿來利用。[150]

在妙雲蘭若掩關的生活，與佛頂山的閱藏生活相比，也許同等清靜但是更為清貧。在自傳裡，印順法師淡定記述：「……我移住嘉義的妙雲蘭若，恢復了內修的生活，但那是個人的自修。」[151]、「五十三年（五十九歲），在嘉義妙雲蘭若掩關，這才又恢復了十二年前的生活。但沒有講，也沒有人記，在自修之餘，只能自己寫作。」[152] 慧理法師憶及當年因年少好奇擺設簡單、僅小小佛堂、一張書桌、一張床鋪、一面書櫃且夏熱冬寒的關房，所行能為何事？故從窗縫中偷看關房內的動靜：「只見導師汗滴流滿雙頰坐在書桌前不知寫些什麼？有時導師專注看藏經，偶爾也會搖頭擺腦地用吟誦的方式讀藏經」、[153]「閉關期間，導師就在關房裡經行、靜坐、研讀經典和寫作。」[154] 慧理法師更形容印順法師的作息固定如時鐘，[155] 且在刻苦的生活裡向弟子表示：「出家人生活簡單，過得去就好」。

---

150 闞正宗、陳劍鍠採訪：《走過妙雲蘭若五十年：慧理、常光妙雲弘法記》，頁43。

151 印順導師：《平凡的一生》（重訂本），頁122。

152 印順導師：〈平凡的一生〉，收入《華雨香雲》，頁 135。此段內容，僅出現於最初版本的自傳。

153 闞正宗、陳劍鍠採訪：《走過妙雲蘭若五十年：慧理、常光妙雲弘法記》，頁44。

154 廖憶榕：《印順導師與妙雲蘭若：兼論「精神典範」對於比丘尼僧團發展之影響》，頁27。

155 筆者曾於碩論內文記述：「慧理法師形容導師閉關的生活起居固定如時鐘一般，直至晚年亦如是。早上四點半起板，慧理法師等在大殿做早課，導師則在關房內做（約五十分鐘）；早上六點送早餐、午餐十一點半、藥石下午六點整」，另外在晚上八點半必定會熄燈止息。引自廖憶榕：《印順導師與妙雲蘭若：兼論「精神典範」對於比丘尼僧團發展之影響》，頁27。

　　印順法師將此閉關定位成「生死關」，[156]「四月初八日，在嘉義妙雲蘭若掩關，恢復內修生活。閱覽日譯的《南傳大藏經》；然後對〈西北印度之論典與論師〉的部分寫作，擴充為《說一切有部為主的論書與論師之研究》，進行改寫。」[157] 閉關之始即是以閱讀《南傳大藏經》[158] 為起點，展開另一次的閱藏歲月，並且寫作《說一切有部為主的論書與論師之研究》，筆者曾經指出這本著作實為其研究印度佛教的樞紐，且此後一系列朝印度佛教研究的專著，皆為擲地有聲之作。[159] 邱敏捷指出：「可以說，印順自民

---

[156] 印順法師晚年受訪時，對於生死關的解釋：「所謂生死關，就是沒有特殊的因緣，沒有利他的種種因緣，就一直在閉關，沒有時間性。不是說閉了幾年，我就要出來，所以他叫生死關。」引自大愛電視台製作：《上印下順導師傳紀錄片文稿》，頁 196。

[157] 印順導師：《平凡的一生》（重訂本），頁 160。

[158] 日譯本的《南傳大藏經》乃是印順法師 1952 年至日本出席世界佛教友誼會第二屆大會所帶回：「民國四十一年秋，從日本回臺灣時，帶回了一部日譯的《南傳大藏經》。我想參閱一下南傳的論書，而推求上座阿毘達磨的初型。但在多病多動的情形下，一直擱置下來。民國五十三、四年，才將《南傳大藏經》翻閱一遍。」參自印順導師：《說一切有部為主的論書與論師之研究》，頁 5（序言）。日本東京大學人文社會系研究科教授蓑輪顯量曾提及：「印順藏有一套日本出版的《南傳大藏經》」，其在 2015 年 8 月 9 日的採訪之中記錄：「釋厚觀推測也許那是經水野弘元介紹而擁有的，或者他贈送的。」引自蓑輪顯量：〈現代臺灣佛教與印順法師──五大本山與人間佛教的背景一探〉，收入《佛光學報》新二卷‧第二期（宜蘭：佛光大學佛教研究中心，2016 年 7 月），頁 47。

[159] 筆者曾於碩論提及：「導師進入妙雲蘭若關房，立即開始寫作《說一切有部為主的論書與論師之研究》……《說一切有部論書》實為導師研究印度佛教之樞紐。導師自期『回歸印度佛教』為其終生治學方向，曾於民國三十一年完成《印度之佛教》，講授《中觀論頌講記》，次年由演培紀錄整理而成書。至五十六年完成《說一切有部論書》之間，導師不斷出版有關中觀、龍樹思想之短論。而自《說一切有部論書》之後，導師陸續著作一系列專著，均朝印度佛教之研究進行，每部皆為擲地有聲之巨作，計有：《原始佛教聖典之集成》（民國五十八年脫稿）、《初期大乘佛教之起源與開展》（民國六十九年脫稿）、《印度佛教思想史》（民國七十六年脫稿）。民國八十年導師以八十六之高齡，完成《大智度論之作者及其翻譯》，以綿密的文獻考證功夫，力排眾議，提出《大智度論》之作者即為龍樹。導師以《中論》是《阿含》的通論，推崇中觀學的精義為大小共貫。……如果說導師的印度佛教研究是在台灣完成，其開端繫於民國五十三年開始著手的《說一切有部論書》，而此一關鍵時期，正

國五十六年完成《說一切有部為主的論書與論師之研究》以來，幾乎都是學術性的著作，可見其順應世界性佛教研究脈動之心意甚明。」[160] 張曼濤亦於此書出版時，給予高度的肯定，認為印順法師不是止於資料堆砌的層次，而是達到「據典銷解的分判。」[161]

印順法師在佛頂山是單純的內修閱藏，妙雲蘭若的掩關內修卻有短暫的外弘時刻，即是關房圓窗啟開之時，一者是每晚七點半為三位護關弟子講解五十分鐘的《成佛之道》，另一者是周日下午兩點到四點間，讓前來的居士

是導師於妙雲蘭若關房展開。」引自廖憶榕：《印順導師與妙雲蘭若：兼論「精神典範」對於比丘尼僧團發展之影響》，頁 24。

[160] 邱敏捷：《印順導師的佛教思想》，頁 45。

[161] 澹思：「近代佛學的研究，自西歐開創新的研究方法以來，對原始佛教均特予以空前而應有的重視，由原始佛教而至阿毘達磨佛教，這是一必然的研究趨勢，但是在這一方面真正有成就的學者，並不太多。……真正有專門研究的，仍然要數日本的學者。日本學者對阿毘達磨論方面的研究，始自木村泰賢在大正期間出版的『阿毘達磨之研究』（這是木村氏在倫敦留學期間寫的博士論文），而後乃繼續有了福原亮嚴的『有部論書發達之研究』，椎尾辯匡的『六足論的發達』。渡邊其雄的『有部阿毘達磨論之研究』，佐佐木現順的『阿毘達磨思想之研究』等等之出版。……在我國，近數十年來，除了呂澂于民國十四年寫過一篇『阿毘達磨汎論』（刊於內學第二輯）外，就不再見有什麼專門性的著作或論文出現了。有之，就只有今天印順法師這本『說一切有部為主的論書與論師之研究』之出版了。本書的出版，不僅在我國是一空前的消息，就在國際佛學界研討阿毘達磨方面來說也是向前邁進了一大步，這是一件非常值得稱頌的事！據我們的了解，今天就在國際佛學界研討阿毘達磨思想方面，以說一切有部為主研究其論書與論師的關涉，仍以印順法師為第一人。雖然在整個中國佛學界探討阿毘曇方面的著作，我們比起鄰邦的日本，晚了一大步，但此窖之出，就質上說，已使我們迎頭趕上了。當然，在現代文獻學的方法上，本書或不免還有些缺陷，因為限於缺乏研究的環境，不易獲得國外方面的新資料，但在爬梳與理清舊有的漢譯文獻方面來說，可斷言，已超過了國際上某些阿毘達磨的學者。因為本書至少已做到了不是資料的堆砌，而是據典銷解的分判。」引自澹思：〈印順法師著：說一切有部為主的論書與論師之研究新書評介〉，收入《華岡佛學學報》第 1 期（台北：中華學術院佛學研究所，1968 年 8 月），頁 237-238。

請法；前者是他重視僧教育的法義交流，[162] 後者則是隨緣說法的慈悲心懷。[163]

含藏生死關的願想、遊心法海的昔願，僅寫下一年的妙雲掩關春秋史；但是這一年的內修，卻可視為印順法師來台後經歷風雨紛擾的歇止點，亦可作為其從大陸來台的法義思維爬梳整理、為往後再度啟程的外弘法業之里程碑。

印順法師在佛頂山閱藏樓所閱的藏經是漢傳大藏經，在妙雲蘭若閉關所讀是日譯本的南傳大藏經；釋厚觀指出：

> 導師是閱讀完整部南北傳大藏經的少數人之一，這是相當難得的，而這當然與時代的機緣有關。如果是在明朝或者是更早，要有機會讀南傳大藏經也不容易啊！……導師綜覽了所有南北傳大藏經，探討各宗各派的思想，研究佛教史，包含原始佛教、部派、大乘、秘密大乘等等不同的經論，再做全面的抉擇，所以著作涵蓋面非常的廣，也不是

---

[162] 慧理法師回憶在護關的期間，師徒之間沒有閒話，只在此時有法義上的交流與互動：「晚課結束、休息十分鐘，導師會準時從七點半為我們講課講到八點二十分，足足五十分鐘，八點半導師就會禪坐、休息；當時導師為我們上的教材就是《成佛之道》，以第四章三乘共法與第五章大乘不共法為主（尤其著重大乘三系的思想），師父會問我們有沒有疑問，因為白天工作太忙碌、沒有時間複習，所以都提不出問題來。偶爾有問題，導師當場即答覆。從此之後，我們閱藏就很清楚，對大乘三系思想的體系也不再互相矛盾了！」引自廖憶榕：《印順導師與妙雲蘭若：兼論「精神典範」對於比丘尼僧團發展之影響》，頁 29-30。

[163] 慧理法師：「導師閉關的時間很寶貴，除有特殊訪客：如煮雲法師探訪、聖嚴法師來訪、優曇法師特地從香港到台灣來探望、竹山德山寺達超師父陪日僧專程來請問淨土法義，我們才會特別敲窗說：『某某法師來探望。』圓窗才會開，導師就站在圓窗內聽講。專心用功的導師不忘利益眾生，所以一進關房後，就只有每星期日下午兩點到四點的時段，會打開圓窗給一些集中在佛殿的居士們，如戈本捷、張嘉南、吳大海等人請法。」引自闞正宗、陳劍鍠採訪：《走過妙雲蘭若五十年：慧理、常光妙雲弘法記》，頁 43-44。

只專弘自己所喜好的經論。[164]

佛頂山閱藏歲月，諸多新生的感受與發現，印順法師自覺：「這對於探求佛法的未來動向，起著重要的作用。」[165] 妙雲蘭若的閉關歲月，印順法師則感受：「雖掩關只有一年，但又將進入法義深觀的另一境界。」[166] 無論在佛頂山或是妙雲蘭若，印順法師都有閱藏，前者開啟其對佛法的視野，後者則閱藏與著作並行，此時思想純熟已於南北傳的藏經裡遊心法海，將經藏法義化作筆下成部的論著。

（三）自我潛學

　　前文提及印順法師正式受學佛學教育的時間十分短暫，畢生的學思歷程與「自學」緊緊聯繫。他自云：「世間的治學方法，我完全不會，也沒有學習過。」[167]、「我雖然曾在佛學院求學，但我的進修，主要是自修。」[168] 他治學的方針是「從論入手」、「重於大義」、「重於辨異」、「重於思惟」。他認為論書的條理分明，而且不問大小乘，論書都會說明「生死流轉的原因何在」，由此去對治、處理解決問題，才是理智而非僅是信仰。他亦認為佛法的內容廣闊，術語極多且中國人又創造了不少，所以若要重視瑣碎細節，便不能充分顧及大面向，故他主張應重於大義，意即注重佛法的整體性。再者，他是從論書入門，所以閱讀到論師之間有不少的異義，進而知曉部派之間的異義更多；他以為佛法流傳發展出不同意見是難免的，然若無法辨識異義中的差異就方便給予會通，便可能產生附會、籠統與含混的結果，「非精嚴不足以圓融」，故他重於辨異；他更進一步說明：「我的立場是佛

---

[164] 釋厚觀：《印順導師佛學著作簡介》（新竹：財團法人印順文教基金會，2010年），頁55。

[165] 印順導師：《遊心法海六十年》，頁9。

[166] 印順導師：《平凡的一生》（重訂本），頁179。

[167] 印順導師：《遊心法海六十年》，頁39。

[168] 印順導師：《遊心法海六十年》，頁11。

法，不是宗派，所以超然的去理解異論，探求異說的原因。」[169] 他自覺記憶力弱，所以在研究佛法時，無論從人或經論中而來，他皆會做「合理的思惟」；他說在修學的過程，「常常憑藉已有的理解，經思惟而作成假定的答案。在進修過程中（也許聽到見到別人的意見），發現以前的見解錯了，或者不圓滿，就再經思惟而作出修正、補充，或完全改變。」[170]

　　此外，印順法師在自學中，隨著各階段所接觸的經論，亦自行研擬出一套有進程的治學方式。他在最早期的方式是用土法煉鋼的筆錄方式，未料用笨方法卻紮下基礎；後來他在閱讀長文時，感受有讀後便忘前的情況，所以學會用「分類」的方式加以集錄；另外在四川因廣泛閱讀大乘經部，故他將內容作成「科判」的表式，若有特殊需附記的文義，才寫於經的科判之後。他解釋無論筆錄、分類或科判的方式，是平時整備資料的功夫，但是「如要作某一問題的研考寫作，對於問題所在及組織大綱，至少心中要有一輪廓的構想；然後分類的集錄資料，再加以辨析、整理。」[171]

　　印順法師曾表示自身對佛法的研究「是不固執自我的成見，不存一成見去研究」、[172] 亦提出佛法的發展中，除了進化，也是有退化、腐化的可能。又，印順法師認為研究佛學，從事「史的考證」，應該重於尋求「真實」，在此真實的研究中，對於現代佛學方能有以古為鑑的實際意義。[173] 龔雋提出：「化經為史可以看成是印順區別與傳統經論師的一項重要指標」，[174] 認為傳統佛教經論師是重於經解卻漠視歷史，但是印順法師卻非常注重歷史。他進一步提出：

---

[169] 印順導師：《遊心法海六十年》，頁 41。

[170] 印順導師：《遊心法海六十年》，頁 42。

[171] 印順導師：《遊心法海六十年》，頁 45。

[172] 印順導師：《遊心法海六十年》，頁 46。

[173] 參自印順導師：《遊心法海六十年》，頁 49。

[174] 龔雋：〈經史之間：印順佛教經史研究與近代知識的轉型〉，收入《法印學報第二期》，頁 33。

傳統經論師的解釋經典通常都是在去歷史化的封閉空間來論究法義，
而具有「崇經黜史」的傾向。印順則不然，他仍然要在義學闡釋中努
力加入歷史學的觀念，而對重要的經論都希望透過佛史考證，尤其是
佛教思想史的脈絡來進行判釋。比較他的經解與傳統佛教解經不難發
現，這一歷史化的傾向使印順的解經更貼緊在原文脈絡下來進行，重
在經教的「文義」，而不是「玄義」。[175]

他在流轉的歷史事象中去考索佛法真相，而同時又試圖在現實時空的
歷史流變中，保持住佛法的道體不為歷史的變遷所流轉。可以說，印
順以近代知識史學為理想範型而展開的佛教經史之學就這樣在道體與
流布、「佛陀之特見」與「方便演化」之間複雜地表現出來，他要在
知識與價值之間作調人。[176]

　　印順法師重視佛史考證、還原佛教發展的事實，不囿於佛教僧侶的身份
與情感，反而是理性地去呈現出最真實的原貌。譬如他畢生最為推崇的龍樹
論師，廣為印度人津津樂道的事蹟即是隨大龍菩薩入龍宮取經的傳說，鳩摩
羅什的〈龍樹菩薩傳〉也是記載如此並傳入中國；但是印順法師根據佛教史
料、史地作考察，寫出〈龍樹龍宮取經考〉，說明龍樹是於近海的龍王塔廟
裡取得《華嚴經》，將神化的傳說還原成有歷史根據、有地理位置的事實。
[177] 又，也是與龍樹論師相關的考證，印順法師於四川漢藏教理學院時，曾
請法尊法師翻譯《七十空性論》，翻譯結果卻有一段文字前後的文義不符，
經過推究，發現是藏文原典有了「錯簡」的狀況，所以將順序調換，上下文

---

[175] 龔雋：〈經史之間：印順佛教經史研究與近代知識的轉型〉，收入《法印學報第二
　　期》，頁 51-52。

[176] 龔雋：〈經史之間：印順佛教經史研究與近代知識的轉型〉，收入《法印學報第二
　　期》，頁 58。

[177] 參自印順：〈龍樹龍宮取經考〉，收入《佛教史地考論》（新竹：正聞出版社，2000
　　年新版），頁 211-221。

義便完全吻合。[178] 筆者引此二例，作意是欲闡明印順法師即便是對於極為
敬重的佛教典範，他並不會以訛傳訛迷信傳說，或者完全地篤信經典紀錄，
而是以理性、客觀的角度及方法，去考證出合理的史實與著作原貌，提供後
人更為貼近真實的佛教資料以見信。

　　在漫漫的自學路上，印順法師漸次體解自身奉行、自潛創發的研究方法
是「以佛法研究佛法」，[179] 即是以佛法的「法印」來研究佛法；誠如其
言：「所研究的問題，不但是空有、理事、心性」、「『所研究的佛法，是
佛教的一切內容；作為能研究的方法的佛法，是佛法的根本法則』，也就是
緣起的『三法印』」。[180] 而研求的態度，印順法師指出應本著「無我」的
精神；研求的方法，則需本著「諸行無常」的法則「豎觀一切，無非是念念
不住，相似相續的生滅過程」，另也需本著「諸法無我」的法則「橫觀（也
通於豎觀）一切，無非是展轉相關，相依相成的集散現象」；其強調「我們
要依據佛法的諸行無常法則，從佛法演化的見地中，去發現佛法真義的健全
發展與正常適應」，且認為從如是二法則進行研究，「研究的方法，研究的
成果，才不會是變了質的違反佛法的佛法」。[181] 至於研求的立場，印順法
師則以為「涅槃寂靜」法則，是研究者的信仰、趣求的理想，其指出：「佛
法的研究者，不但要把文字所顯的實義，體會到學者的自心，還要了解文字
語言的無常無我，直從文字中去體現寂滅」。[182]

　　劉嘉誠提出：

　　　綜觀印順法師的方法論，乃是站在一個時空制高點看待學佛者應如何
　　　研究佛學，印順法師提出佛法的普遍法則──「三法印」的研究方

---

[178] 印順法師：《遊心法海六十年》，頁 12。

[179] 印順法師在《遊心法海六十年》一書是簡要之書寫，詳細的論述則寫於〈以佛法研究
佛法〉，收入《以佛法研究佛法》，頁 1-14。

[180] 參自印順導師：《遊心法海六十年》，頁 46-49。

[181] 參自印順導師：《遊心法海六十年》，頁 46-48。

[182] 參自印順導師：《遊心法海六十年》，頁 48-49。

法，使學者經由掌握佛教理論在時間上的流變、空間上的相待、超越時空的寂滅，以綜貫整體佛法，超越宗派偏見，實現涅槃解脫。而在實現解脫的過程中，世間知識的方法是我們探求中道實相的必需工具，印順法師點出契合緣起性空的隨應破之論證方法，也揭示相應於自續派隨順勝義的觀察方法，而這些都離不開世間名言。至於對空有二諦的抉擇，印順法師藉由三論宗的「橫待」與「豎超」的觀點，辨明二諦或四重二諦之方便說與究竟說，以善抉擇佛所說的世出世間真理。[183]

其進一步闡釋，經由「三法印方法」、「中道方法論」、「抉擇二諦的方法」此三方法論的進路，則彰顯印順法師所揭櫫「知識與經驗相結合的佛學」之意義。[184]

　　筆者訪問印順法師的弟子慧璉法師，她提出數點印順法師的學思特色，其中述及：「理性質疑，以追求真實純正的佛法為標的」、「重視歷史考證，回歸於印度佛教的巨幅歷史視野」、「重視大義，重視佛法的整體性」等特點；[185] 正如印順法師所道：「要以根本的佛法、真實的佛法，作為我的信仰」，[186] 在如是重於純正、理性、史證的基準上，以三法印作為研究佛法的最佳方法。

二、聖嚴法師

　　聖嚴法師自俗家到出家的求學之路皆屬坎坷，生逢貧苦戰亂的時代，有心向學只能被迫中斷；但是，他透過自學鍛鍊文筆，透過閉關研修且著述，

---

[183] 劉嘉誠：〈印順法師的方法論——以三法印、中道及二諦說為中心〉，收入《玄奘佛學研究第十七期》（新竹：玄奘大學宗教學系所，2012年3月），頁56。

[184] 劉嘉誠：〈印順法師的方法論——以三法印、中道及二諦說為中心〉，收入《玄奘佛學研究第十七期》，頁56。

[185] 摘錄自筆者採訪稿（附錄三〈慧璉法師訪談錄〉）。

[186] 印順導師：〈研究佛法的立場與方法〉，收入《永光集》，頁64。

爾後又透過留學苦讀完成碩博士學位。筆者以為，聖嚴法師這一路自學、研讀的歷程，來自於他剛毅、百折不撓的精神，還有一位以特殊方式訓練他的師父。

（一）自學與練筆

1. 沙彌——常進的自學時期

　　常進沙彌在趕經懺的勞碌日子裡，覺得已經快從小和尚成為老疲參，所以得知靜安佛學院成立的消息，[187] 將讀書的想法稟告師長，一開始未獲同意；[188] 好在後來有育枚法師的說情以及出現新的小和尚成為替身，師長才首肯。入學是需要考試的，常進沙彌要插班入佛學院，只得請師公朗慧法師代作短文〈我的志願〉，將之背熟應考，結果靜安寺教務處的考題卻是〈我對佛教的將來〉，在不知如何作答的狀況下，便把背熟的短文默寫交出，沒想到竟然錄取！後來，常進沙彌才了解，原來憑藉教務主任的介紹，任何學僧都是能夠通融入學的。這般的入學考，學生資質果然良莠不齊，年紀也有較大的落差，沙彌常進入學與畢業都是年齡最小的一位。

　　常進沙彌就讀靜安佛學院之時，全國有名可尋的佛學院達四十多家，但是由於教師與學生的來源問題、辦學寺院的經濟問題，所以多所佛學院未能長期維持；此外，多數佛學院的學生程度參差不齊、學生年紀落差甚大，靜

---

[187] 聖嚴法師：「上海靜安寺佛學院，創辦於民國三十五年（西元一九四六年）的秋天，當時該寺正鬧著子孫派與十方派的糾紛，結果十方派佔了優勢。因此力圖革新，整頓教育，以徵得社會的輿論同情。這個學院的師資陣容，應該是屬於太虛大師一輩的第二代。」引自聖嚴法師：《聖嚴法師的學思歷程》，頁 21。

[188] 聖嚴法師：「事實上，上人不准我去讀書的最大原因是不放我走，我雖沒有正規的學過經懺，但是跟著趕了一個時期，我對小廟上的經懺佛事，已有很大的幫助，除了不能戴毘盧帽和敲磬領單子，普通的法器犍椎，已能拿得起手了。經懺門庭中的小和尚，用處很多，除了為常住免費做經懺，又可以當作半個小佬用，上海做佛事，當時已是電器化了，焰口臺上有牌樓、有珠塔、有吊掛，按上大小燈泡，使焰口臺裝飾得金碧輝煌，我便是掌管這套電器設備的人，如果我去讀書，對於上人，無異是一大損失！」引自聖嚴法師：《歸程》，頁 121-122。

安佛學院的狀況亦是如此。[189]

　　常進沙彌當時僅有小學程度，課程內容吃緊之外，授課老師使用不同的方言，更造成聽講上的困難：「我能講常熟話與南通話，也會講崇明話與上海話……圓明法師雖然也是南通人，但他講的是如皋話。其餘如南亭法師的泰州話，白聖法師的湖北話，我都不能完全聽懂」。[190] 沙彌常進曾經萌生退學的打算，後來在勤抄筆記、勤於請教的努力下，從初入學的懵懂無助到名列前茅，幾乎靠的是死背的功夫，他回憶道：

> 當時，並沒有人告訴我們，在印度的大乘佛教，有中觀、唯識、如來藏等三大系，《八識規矩頌》的唯識思想，和《大乘起信論》的如來藏思想，究竟有什麼不同之處？中國的大乘佛教，有八大宗派：律、法相、三論、天臺、華嚴、淨土、禪、密，它們之間又有什麼相異之點？老師們只是分別的介紹，沒有綜合的比較，使我非常地納悶。為什麼同樣是發源於印度的釋迦牟尼佛，竟然會出現了這麼多不同的觀點？我當然能夠相信它們都是對的，但是，究竟誰前誰後？孰高孰低？總該有個交代和說明才對！我把這個疑問告訴了年長而大家認為學問深厚的同學，所得到的答案是：「別管那麼多！法師們怎麼講，我們就怎麼聽，然後再照著去告訴別人就好了！否則的話，那還了得，頭都會大了！」[191]

由教師的授課方式、同學的受學觀念，能夠窺得師生之間幾無互動，教師所盡只是傳道之責。常進沙彌察覺考試作答只是生吞活嚥的死功夫，未能把答案內化為自身的學問，這也讓他體會當時佛學教育仍停留於傳統師生相承的觀念上。其於 1948 年夏季畢業時的成績是第一名，但因佛學院打行持分數注重經懺的程度，故退居第三名（畢業證被填上第三號），由此可見，實際

---

[189] 參自聖嚴法師：《聖嚴法師學思歷程》，頁 21。

[190] 聖嚴法師：《歸程》，頁 124-125。

[191] 聖嚴法師：《聖嚴法師的學思歷程》，頁 22。

上佛學院的重心是經懺而非學識。

　　這個時候的學習環境與常進沙彌出家前的小學環境頗為相像，教師採取的方式多為「背誦」，小學時期所要求是純背經典，佛學院時期所要求是純背講授的內容；佛學院教師雖會講解但是照本宣科而非觸類旁通，故也難以引發學生的興趣，更遑論啟發學生的思考。儘管佛學院的教育形式不盡理想，但是常進沙彌不若童年時期因為無法理解而想逃學，他提及自己的要好心很強，上課時用心聽講整理筆記，晚上的自修時間勤於請教程度較高的老同學，雖然因此被笑神經過敏、小題大作、打破砂鍋問到底，卻能見著其做學問的態度，亦可觀得其在聽課之餘所採取的自學精神。日後聖嚴法師回憶佛學院歲月，表示仍然懷念這段生活，認為「死背」得來的學識替未來打下些許的佛學基礎。[192]

　　除了自學的功夫，還待注意之處，即是靜安佛學院的壁報上曾張貼常進沙彌受到嘉獎的作文，且在同學之間編輯發行的月刊《學僧天地》，亦有他發表過的文章，代表青年學僧已啟練筆的開端。

2. 軍旅——張採薇的練筆時期

　　張採薇在軍中的訓練，是一路地應考，尤其他決意考入的通信隊錄取要求極其嚴格，他自述準備入學考試時的情況：「每次考試我雖臨時抱佛腳，乃至為了應付考試而減少睡眠，從伙伕房裡討一點花生油，在空墨水瓶蓋上鑽一個孔，用破布條做燈蕊，偷看著書。本來，這是不許可的，用功的人，長官也歡喜，所以裝作不知道。」[193] 從這般熬夜偷偷看書惡補的日子，不難想像考試科目的艱深程度（指對張採薇而言）。考取後緊接還有抄電報測驗、熟習電學課程，前者的標準是達到中文每分鐘抄一百二十字、英文每分鐘一百字方能畢業；後者是屬於物理學的學科，且離不開數學的領域，必須演算電流、電壓、電阻的換算公式。這對於從未受過正規社會教育的張採薇來說，均是難如登天、高深莫測的事情，但是他憑著一股堅強的信心與傻

---

[192] 參自聖嚴法師：《歸程》，頁 123-124 以及聖嚴法師：《聖嚴法師的學思歷程》，頁 22-23。

[193] 聖嚴法師：《歸程》，頁 169。

勁，加倍地用功與請教同學，卻也克服全數的困難。

　　通信隊遷移過幾次的地點，張採薇的筆卻在這當中開始爬起格子。在軍中曾有一段時間，長官要求大家寫日記，雖然作用是在掌握士兵的思想，卻也讓他能每天在日記對自己有所發表。在金山鄉的時候，第一篇投稿即被錄用且給予稿費，此一信心讓他的散文往後時常出現於軍中的刊物，成為「軍中的作家」。爾後調移到桃園楊梅，他自道：「我在四十二年那一年中，卻對文藝寫作，幾乎入了迷，所以也加入了李辰冬博士主辦的『中國文藝函授學校』，我是選的『小說班』。用心地研讀講義，用心地寫習題，也用心地讀小說和寫小說。特別還著重於文藝理論的研究。」[194]、「當時的老師有謝冰瑩、沈櫻、趙友培等六、七位當代有名的文藝作家。因此，我拼命寫小說，短篇、中篇、長篇我都寫。」[195] 雖然這時候的小說作品未能得獎，但是張採薇幾乎是以「小說家」自居。

　　至 1956 年，張採薇的筆始從文藝創作轉向理論性質的寫作，對於基督教評論佛教的書籍，他也寫文章給予了駁斥。翌年，他的文筆在幾本佛教刊物上漸露頭角，甚至為了在《佛教青年》三度討論「文學與佛教文學」，與兩位文藝作家有了筆戰，他回憶：「不論這三篇文字，所代表的思想是不是已經成熟，我當時要提倡佛教文學，重視佛教文學的用心，直到現在我還沒有後悔。」[196] 自此，他在著名的佛教刊物上有了專屬的筆名，他的筆也專寫佛學性的文章了。

　　除了寫作，張採薇也不離閱讀。對於書本，他格外珍惜，憶及行軍的初始：「當時我們還沒有通信的器材如無線電發報機、電話、電線等，只有個人的背包及簡單的衣服。……從上海隨身攜帶的幾十本心愛的書籍，則始終捨不得丟。」[197] 所以在不斷遷移的駐防地點，他愛護自己的書，也於所在

---

[194] 聖嚴法師：《歸程》，頁 192。

[195] 聖嚴法師：《聖嚴法師學思歷程》，頁 38。

[196] 聖嚴法師：《聖嚴法師學思歷程》，頁 41。與張採薇挑戰觀點的兩位文藝作家分別是張曼濤以及程觀心（筆名：無念居士），兩者後來皆與之成為知心的筆友。

[197] 聖嚴法師：《聖嚴法師學思歷程》，頁 30。

地找書來讀。從 1949 到 1954 年之間,他讀了中國舊文學、西洋翻譯文學的作品,也閱覽哲學、政治、法律、自然科學、社會科學等概論性的書籍,涵括的範圍可說相當廣闊。1955 年,接觸高雄鳳山佛教蓮社以後,他從《楞嚴經》讀起,往後移調台北,可讀到的佛典、佛書漸漸多了起來,對於佛教、佛學的思維醞釀已然發軔。

聖嚴法師回顧張採薇階段,對於當年應試的拼勁,他說道:「我的程度很低,我的資質也不高,我的意志卻很堅強,我的進取心尤其堅強,因為我是一個和尚,並且公開告訴大家我是和尚。和尚給一般人的印象是消極的、逃避的,乃至是悲觀的,我不希望大家在我身上證明人家對於和尚的看法。雖不希望事事站到前面去,至少不要樣樣落在人家的背後。」[198] 回顧決心投身軍旅的信念,他說道:「僧人臨國難而不退避是佛教的光榮。……但我的目的,絕不希望做個終身以守的職業軍人,以我當時的推想,一年之內或者最多三年,動盪的河山能夠冰泮,國民黨軍隊必可勝利,所以我還帶了部分佛書及僧裝,準備隨時重返僧籍。」[199]、「我是和尚,當然不是武人,既然側身軍伍,那就算是軍人。可是我隨時都在準備著回復僧籍、恢復僧相」,[200] 所以他從軍期間,認為自己是個「從戎不投筆」的和尚軍人,在軍中收穫最大便是「把我的一枝筆鍛鍊了出來」。[201]

彼時軍中的同僚有的希冀到美國受訓,所以用功的重心在英文;有些則是設想準備高普考,所以用功的重心在社會科學;這些同僚見到張採薇不離手的重心是在佛經、宗教、文學、哲學之上,感到不倫不類,反而教導他必須認定一個目標。殊不知張採薇內心的目標明確,他不以軍人為終身職志,也沒有興趣到公家單位端鐵飯碗,他是為自己打定文學基礎、專志於宗教哲學當中,他說:「因為我的宗旨,很希望在可能的情形下仍做一個出家

---

[198] 聖嚴法師:《歸程》,頁 171。

[199] 聖嚴法師:《歸程》,頁 148。

[200] 聖嚴法師:《聖嚴法師學思歷程》,頁 33。

[201] 聖嚴法師:《聖嚴法師學思歷程》,頁 37。

人。」[202] 憑藉著這個宗旨努力地讀寫，他回憶當時雖然文字尚未成熟且不知道何者是自己的思想，「只是把自己能看到的、想到的、能夠鼓勵自己的、安慰他人的事，用真誠的心和樸實的筆，表達出來，奉獻給讀者。」[203] 他也提及看書與寫作的時候，在現實環境遭逢的瓶頸或迷悶會得到化解，展現出內心的光明。

　　吳光正指出：「聖嚴是帶著復興國家、復興佛教的心態參軍的。……聖嚴的閱讀和寫作是為了讓自己更好地做和尚。」[204] 筆者進一步認為「張採薇」的身分雖是軍人，但是從頭至尾的心境都是「僧人」，也因此他在軍中十年所鍛鍊的文筆、所閱讀的世學或佛學的書本，都是為了充實身為出家人的智識與慧解，在不得不暫時著軍裝的過渡時期，一點一滴沉潛、練就堅固的底子，為奉獻佛教而植基。[205]

3. 佛刊——聖嚴法師的主編時期

　　「聖嚴法師」常住文化館以後，與《人生》雜誌的關係，由投稿者（軍旅生涯是投稿者）成為刊物的主編。在稿源不足且無稿酬的狀況下，他向其師東初法師尋求解套之方，得到的答案是：「有什麼祕訣啊！沒有人寫自己動手。每天只要寫一篇，一個月就有三十篇了，然後，每篇都給它一個作者的筆名就成了。佛法那麼深廣，人間的問題是那麼的繁複，每天從所聽、所聞、所讀、所觸、所思之中，有寫不完的文章，大好的題材，俯拾

---

[202] 聖嚴法師：《歸程》，頁 198。

[203] 聖嚴法師：《聖嚴法師學思歷程》，頁 38。

[204] 吳光正：〈從「從戎不投筆」到「超越高峰」——聖嚴法師的宗教書寫與「寰遊自傳」的文體意識〉，收入《聖嚴研究》（第八輯），頁 240。

[205] 聖嚴法師曾說：「寫文章的路子一開，思想一通，理境一現之後，便會源源不絕地一直寫下去，寫了一篇又有一篇，路線雖只一條，境界卻是越開越寬了，又像滾雪球似地，知識一天天地增進，文思也一天天地廣闊，不論看什麼書，不論吸收何種知識，均會匯集到我所歸宗的中心思想上去，漸漸融合，慢慢凝聚。做學問做到此一地步，真是一大樂事。但此在我，到了民國四十六年（西元一九五七年）才開始活潑起來的，雖然那也只是我在學問之門中見到了一線曙光，在思想之海中嘗到一滴之味而已。」筆者認為這即是他沉潛自我的訓練。引自聖嚴法師：《歸程》，頁 200-201。

即是！」[206] 所以除了兩位長期供稿的居士，以及東初法師偶爾提供的「口述文章」，從社論到編後記，幾乎是出於聖嚴法師之手。

主編這本月刊從寫稿到刊行的經過，筆者認為是東初法師給予聖嚴法師的磨練，基於由文字宣揚佛法的初衷，東初法師將這個初衷以一種不可抗拒的命令方式交予「已經練過文筆」的弟子繼續傳承，看似嚴厲的背後，潛藏同為學問僧的深度期望。

從沙彌、軍人直至佛刊主編，聖嚴法師在每個階段的筆都不曾停歇，讀經閱書的習慣也始終保持，可謂是在讀寫之間研深致思，開啟學識的寬度與深度。林長青提及聖嚴法師因為人生當中有這段軍旅生涯，故有機會閱讀各類東方與西方的讀物，認為「軍人的身份使他暫時得以跳脫僧人的視框」，[207] 筆者以為既是跳脫僧人視框，卻因為他始終保有僧人的心境，所以這些世間學的閱讀彷彿是他視框之內的眾生相；也由於閱讀如此廣博的世間學，爾後再回到佛學鑽研，已然是一番碰撞、融合過後的視野。

（二）閉關

1961 年 10 月受戒圓滿的聖嚴法師，在求戒的一個月期間，完成將近十三萬字的《戒壇日記》，堪稱又一次意外的練筆機緣。

受戒畢，聖嚴法師作出自我潛修的抉擇：「在我跟隨東初老人兩年後，我決定去山中閉關。我認為閉關能幫助我，在未來為佛教盡點心力。」[208] 從閉關的動機視之，可感受二度出家、受戒後的他，更積極地想為佛教、為釋子本份盡力。

閉關的地點位於高雄美濃的「大雄山朝元寺」，寺裡只有一位七十多歲的老和尚，以及幾位比丘尼和優婆夷。[209] 聖嚴法師選擇至朝元寺閉關的因

---

[206] 聖嚴法師：《聖嚴法師學思歷程》，頁 54。

[207] 林長青：《以僧人精神統合生命：聖嚴法師的心理傳記》，頁 95-96。

[208] 聖嚴法師著，釋常悟、李青苑譯：《雪中足跡：聖嚴法師自傳》，頁 161。

[209] 聖嚴法師說明此處俗稱是「尖山」，寺院大眾則稱為「大雄山」，寺的名稱叫作「大雄山朝元寺」，參自聖嚴法師：《聖嚴法師學思歷程》，頁 59。聖嚴法師亦曾說明閉關之時，朝元寺的住眾情形：「朝元寺的上下住眾，對我也很恭敬，特別是能淨老

由，乃是二度出家後，曾在台北善導寺的法會中，由星雲法師、浩霖法師介紹其認識美濃朝元寺的當家慧定法師。[210] 當時，慧定法師馬上應允，因為她認為「聖嚴法師是佛教的棟樑，我們會好好供養，讓他安心閉關。」聖嚴法師抵達朝元寺之初，即向慧定法師提出：「第一，一切飲食我要隨眾。第二，我的衣服被帳，皆由自己洗滌。第三，個人環境與整潔，我要自己處理。第四，不要把我當法師看，我不是法師，應把我當作寺內的一員住眾看。第五，我學著過中不食，能否持久，自己知道，不要勸我晚飯。」[211] 這般的要求，除了嚴以律己，亦是不願增加朝元寺的負擔。由於慧定法師提出入關之後不是輕易能夠出來，如果身體不好會很麻煩，所以聖嚴法師到朝元寺的頭一年多，是讓自己適應南部的水土氣候，這時候他是「禁足」於寺內能淨法師講經的二樓，他隔出一個空間作為寮房，取名「無住樓」，這段期間內督促自己不離開朝元寺一步。他在無住樓的定課是從拜懺開始，他說：「拜懺是為閉關修行作準備」。[212]

在這個階段，聖嚴法師有次特殊的境遇。事情起因是由台北寄下幾十箱的文史佛學典籍，每一箱都達二十多斤之重，聖嚴法師必須從一樓搬上二樓的寮房內。身體屢弱的他在吃力的搬書過程，他自問：「辛苦的是誰？究竟誰在搬書」；他專注於搬書的動作，但是已經遺忘身體，他感受沒有問幾句

和尚，更是慈悲。他是朝元寺的開山，今年已是七十六歲的高齡了，但他身體很健康。……他很高興我住在朝元寺，並要我安心用功，不必牽掛生活上的問題。這實在是位難得的老人。他的兩位徒孫，善、慧二師，曾是星雲法師的學生。雖是女眾，但有丈夫氣魄。」引自聖嚴：〈我到山中六個月〉，收入《慈明月刊》第 1 卷第 12 期（台中：慈明雜誌社，1962 年 8 月），頁 46。

[210] 聖嚴法師：「終於我由浩霖法師的介紹，星雲、悟一、煮雲三師的從旁協助，找到南部的一座古寺，也就是現在所住的高雄美濃大雄山朝元寺，並且利用一個湊巧的機會，先到朝元寺看了一趟，它的環境在深山中，交通不便，也沒有電燈，但其有一個可取之處，那就是很靜，所以我就決定了。」引自聖嚴：〈我到山中六個月〉，收入《慈明月刊》第 1 卷第 11 期（台中：慈明雜誌社，1962 年 7 月），頁 42。聖嚴法師提及的「慧定法師」後來也至日本立正大學攻讀碩士，與聖嚴法師是前後期的校友。
[211] 引自聖嚴：〈我到山中六個月〉，收入《慈明月刊》第 1 卷第 11 期，頁 46。
[212] 參自施叔青：《枯木開花》，頁 94-95。

的話頭，可是突然地聽到打板聲，已然到了午齋時刻；這時候，他感覺自己出了定，幾十箱的書全在二樓，並且整整齊齊擺置架上，這幾個小時彷彿入定一般。事後聖嚴法師形容：「忘了時間、空間，可是生理的功能還在，念頭集中在一個焦點上。」[213] 可謂是一回「忘我見空性」的體驗。

在閉關之前，聖嚴法師思忖有軍中的一筆退役金，所以婉拒師父、師長輩的金錢資助，但這筆款項後來輾轉被上海時代的老同學借去且從此音訊全無，使得他在山中的生活窘迫到洗衣所需的肥皂、刷牙的牙膏都缺乏。東初法師獲知聖嚴法師的狀況以後沒有表示，聖嚴法師不得已只好透過信徒向智光法師求助，法師不僅馬上設法給予金援，且向一位張姓的皈依弟子表達希望能護持聖嚴法師；這位在家弟子專程南下探望並詢問建造關房的費用，後來則與朝元寺共同供養了這間關房，並且一個月之內完成築造，定名為「瓔珞關房」，取其「莊嚴」之義，由陸軍總司令劉安祺親題匾額贈之。聖嚴法師乃於 1963 年 9 月底舉行封關典禮，由香港鹿野苑明常法師說法、由南亭法師與星雲法師等人掩門加封上鎖及送關。[214]

聖嚴法師的閉關生涯共計六年，承上可知其於 1961 年 11 月初抵達朝元寺，暫以閣樓內的空間作禁足之處，1963 年 9 月底正式入關。直至 1966 年 8 月上旬因為眼疾出關就醫，於 1967 年 6 月二度掩關，此次則請朝元寺住持能淨法師舉行簡單的封關儀式即入關。1968 年 2 月下旬，方由白聖法師主持啟關典禮，結束六載掩關歲月。儘管禁足為先、掩關為後，但是從聖嚴法師的心境而言，打從自北南下住進朝元寺的那一刻，無論有無正式的關房，身心已屬閉關狀態。

朝元寺地處偏僻交通不便並且有溪流與外界相隔，是處香火不鼎盛的寺院，也非經懺的道場。在物質上，沒有收音機、電視機、電話、電燈，所以

---

[213] 參自施叔青：《枯木開花──聖嚴法師傳》，頁 95-96，以及陳慧劍：〈轉眼四十年〉，收入《歸程》（附錄三），頁 287-288。

[214] 參自施叔青：《枯木開花──聖嚴法師傳》，頁 101-103，以及陳慧劍：〈轉眼四十年〉，收入《歸程》（附錄三），頁 288-289。

聖嚴法師自述：「真可謂過著遺世獨立、世外桃源的日子。」[215] 亦由於手頭拮据，甚至對外書信聯絡的郵票也缺乏，到達遺世絕俗的境地。聖嚴法師提及住在閣樓時，木窗上沒有紗窗，所以窗戶打開時，會有各式各樣的昆蟲進入，「大尖山盛產昆蟲和植物，蝙蝠在上面飛來飛去，小壁虎在牆壁和天花板之間竄來竄去，忙著捕捉蚊子和其他的飛蟲。」[216] 更甚地，「有一回，一條比我的手臂還粗大的蛇，出現在我房間的大梁上。……這兒還有老鼠，房內沒有東西給老鼠吃，但牠們依舊來拜訪」，[217] 足見朝元寺環境的簡樸與自然，卻也是考驗入關者的定力。

聖嚴法師在閉關的前半年裡，他學習適應山居生活；每天於溪水對岸的山腳下會有三次雞啼喚醒、提醒他時間，第一次是日出之時，第二次是上午九點陽光在東方照耀之時，第三次是下午四點接近日落之時。朝元寺的暮鼓晨鐘，以及午齋所敲的板聲，也讓聖嚴法師不需要鐘錶，這些聲響已能讓他養成習慣辨別時間。[218] 閉關半年後遷入新建的關房，聖嚴法師依然聞雞啼起身，他提及拜懺與打坐皆是自身修行中重要的部分，「我在那兒，修養身心，調整身心。我先拜大悲懺，後拜彌陀懺，再拜《法華經》，除了早、晚的課誦，也有早、晚的禪坐，而打坐的時間比較多。」[219] 他所作的拜懺定課，涵蓋早上的淨土懺、下午的大悲懺以及晚上禮拜《法華經》；日後回顧這段「把門關起來自個兒打七」的時日覺得很苦，因為無人指導（除了《法華經》的修持受到指導）[220] 又不懂方法，所以得到的只是平靜，半年以上

---

[215] 聖嚴法師：《聖嚴法師學思歷程》，頁72。

[216] 聖嚴法師著，釋常悟、李青苑譯：《雪中足跡：聖嚴法師自傳》，頁171-172。

[217] 聖嚴法師著，釋常悟、李青苑譯：《雪中足跡：聖嚴法師自傳》，頁172。

[218] 參自聖嚴法師著，釋常悟、李青苑譯：《雪中足跡：聖嚴法師自傳》，頁170。

[219] 聖嚴法師：《聖嚴法師學思歷程》，頁60。

[220] 聖嚴法師：「一字一拜禮《法華經》的修行方法，直到現代還有人使用。我本人於一九六〇年從軍中退役再度出家後，進入山中靜修，智光老和尚即傳授我逐字禮拜《法華經》的法門：每拜一字即口宣經題：『南無妙法蓮華經』，同時另念一句『南無法華會上佛菩薩』。此種修行法，已將唱題及拜經合而為一，頗值得推廣。」引自聖嚴法師：《學術論考》（台北：法鼓文化，1999年），頁124。

身心才有所反應。而在每日固定的打坐中,其以自創之「疑似曹洞默照禪」的「無念法」為方法,[221] 此乃他閉關以來的一大進境。

　　除了上述的定課,聖嚴法師對於閱讀與寫作未曾中止,首先他深入的是「律藏」。他謹記受戒時,道源法師對大眾的教示:「戒律深奧難懂,所以律宗弘揚不易,希望各位新戒菩薩發大弘願,親自去看律藏,加以研究發揚。」[222] 因此,受戒後他全力背誦《四分律比丘戒本》、《梵網經菩薩戒本》,也促成他閉關後發願深入律藏研讀。當時,朝元寺正好向北投中華文化館請購影印一部《大藏經》,[223] 其中有三大冊屬於律部;此外聖嚴法師

---

[221] 陳慧劍:「他修的是『心中無繫念』的『無念法』。心中無念,何其困難?但是聖嚴法師在這一特殊的方法上,找到了『心不在內、不在外、不在中間』的『本來無一物』的一絲不掛禪。他沒有師承、未經啟迪,用這一『離念、無念』、『非觀非禪不思議法』,開闢了另一片修行空間,若干年後,他為美濃修道方法,訂名為『疑似曹洞默照禪』。」引自陳慧劍:〈轉眼四十年〉,收入《歸程》(附錄三),頁 294。關於聖嚴法師的「默照禪」,涂豔秋曾作解:「聖嚴法師的默照不但是指境界,同時也是指達到開悟的方法……就法師而言『默』不是宏智正覺所說的那靜默忘言的世界,而是一種果決堅毅的意志力。當吾人發現自己無法遵行禪修方法時,立即切斷那個影響修行的妄念,不論那是身痛或是心癢都要立即停止,讓心重回修行的法門上,這就是法師所謂的『默』。而所謂的『照』則是清楚的認知到自己現在的身心狀況,不論是身體的痠麻或是心理的不耐。默和照的功夫必須貫徹在默照禪的每個階段中,徹底的使用後修行者就可以到達『默照』的境界。所謂『默照』境界是指修行者已到達『放捨諸相,休息萬事』身心一如的狀態。」引自涂豔秋:〈聖嚴法師對話禪頭與默照禪的繼承與發展〉,收入《聖嚴研究》(第三輯)(台北:法鼓文化,2012年),頁 214。

[222] 聖嚴法師:《聖嚴法師學思歷程》,頁 58。另外聖嚴法師曾說明研律的原因:「十誦律中說,比丘出家,最初五夏學律。……出家之可貴,端在有其戒位戒體……所以我決定先從戒律入手。」又說:「我的此一決定,早在四十九年春天,就立下了的,那我看了高僧選集中的『蕅益大師集』,以及弘一大師的『晚晴老人講演集』,當我四十九年夏天,求受沙彌戒以前,又看了蕅益大師的『沙彌十戒威儀錄要』註解,蓮池大師的『沙彌律儀要略』,弘贊大師的『沙彌律儀要略增註』以及『梵網菩薩戒本彙解』等書,更增加了我學律的信念。」引自聖嚴:〈我到山中六個月〉,收入《慈明月刊》第 1 卷第 12 期,頁 44。

[223] 聖嚴法師提及:「當時的臺灣,大部而整套的佛教文獻,只有中央圖書館藏有一套

的戒兄寄上好幾種難以求得的單行本律學著作（均是《大藏經》律部未收的著作），又有淨空法師相借《弘一大師三十三種律學合刊》，故幫助他在律藏的豐富資料裡盡心暢讀。聖嚴法師起先先讀律論，再讀諸部廣律：

> 它們都動輒是三十卷、四十卷、五十卷、六十卷，部帙浩繁、內容繁雜、名詞陌生、敘事瑣碎，可是當我看律的時候已先把一本比丘戒和比丘尼戒的戒相、條文背熟，然後一部律一部律，對讀下去。我是以《四分律》為基準，然後把其他的諸部來相互對照，就能看出它們之間的多少出入。當時，我雖不懂梵文，那些由梵文音譯的戒律名相，經過對讀，和通盤地考察、過濾之後，就知道那些名相是在表達什麼，代表著什麼，有什麼作用。無非是人名、地名、物名和事相名。[224]

從 1961 到 1964 年間，他以如是的方式勤作筆記、勤讀所有收集到的戒律學相關著作，對於重要的律書則反覆閱讀；他說道多數人咸認戒律難懂，所以

《磧砂藏》。也只有中華佛教文化館，是做著文化及出版的工作，例如將日本在大正時代編成的一部《大藏經》正續兩編共一百大冊，於一九五九年，在臺灣影印完成了五百套，並將日本另一部計由五十九種禪宗著作編輯而成的《禪學大成》完成影印。」引自聖嚴法師：《聖嚴法師學思歷程》，頁 52-53。關於東初法師印行大藏經的創舉，星雲法師記錄：「民國四十四年秋，東初老人得孫張清揚居士之助，發起影印大藏經，聘請緇素大德成立印藏委員會，通過辦事章程，並託外交部部長葉公超先生由日本空運一部《大正新修大藏經》作為底本。此影印大藏經無異為荒蕪的佛教文化，為乾涸的佛教法海注入了新的生命。當時，參加贊助發起的，如嚴家淦、陳誠、于右任、張其昀、葉公超、俞大維、張群、錢思亮、俞鴻鈞、王雲五等國內政要賢達約四百餘人發起支持，並有國內外佛教信徒支援，在海外亦設立辦事處，接洽各項事宜；國內並由南亭、星雲、煮雲、廣慈及林松年等率領宣傳團，環島宣傳，梯山航海，歷時月餘，都市鄉村，無處不入，各地演講勸說，頗得善信歡迎，可謂本省佛教開數十年來最極之盛況。當時總計影印八百部，而臺灣一地，即預約了六百餘部，此不僅為佛教文化重興之徵兆，實亦為東初老人對佛教的一大貢獻。」引自星雲：〈東初老人對佛教的貢獻〉，收入《東初和尚永懷集附總目錄》（台北：東初出版社，1987 年），頁 69-70。

[224] 聖嚴法師：《聖嚴法師學思歷程》，頁 62。

他才嘗試去讀它，研究以後發現這是一門繁瑣且枯燥的學問，但是並不困難。[225]

　　1965 年，聖嚴法師將這些所讀所寫的篇章集結成《戒律學綱要》出版，他在書的「自序」寫道：「從大體上說，本書有受蕅益及弘一兩位大師的很多影響，但並沒有全走他們的路線，乃至也沒有完全站在南山宗的立場。」[226] 他認為往昔研究戒律者，會堅持其宗派門戶的立場，近代的弘一律師也是如此，但是他認為自身著書的動機只是在介紹佛教的戒律，將釋迦牟尼佛所制的戒律精神和目標凸顯出來，誠如他說過的：「我是試著做復活戒律的工作，而不是食古不化地說教。」[227] 聖嚴法師也進一步提及，以往研究戒律的法師必被稱為律師，且當事者也以律師自居；但是明末的蕅益智旭、蓮池袾宏也都有律學的著作，卻未被視作律師，聖嚴法師認為自己也是如此——研究戒律，但是自身並非律師，也沒被公認是律師。[228]

　　續之，聖嚴法師深入的經典是《阿含經》，他在研究戒律時，認為必須通達《阿含經》，也認為這是佛法的基礎。他說明讀《阿含經》的動機有二：

> 1.戒律中常常把「正法律」三個字連用，又說「毘尼住世，正法住世」，也就是說佛法和戒律是不能夠分家的，而《阿含經》明法，《毘尼》明律，非常明顯。正法也是正律。正法是對邪法而講，正律是對邪律而言。在律中有法，法中有律，例如律宗常說：「少欲知足，知慚愧。」那實際上就是一種佛法。在佛法中所說：「正語、正命、正業」實際上就是戒律，因此，我在探討戒律的同時，也勤讀《阿含經》，那就是《大正藏》的第一、二的兩大本。所謂《四阿含

---

[225] 參自聖嚴法師：《聖嚴法師學思歷程》，頁 62-63 以及聖嚴法師：《戒律學綱要》（台北：法鼓文化，1999 年），頁 9。

[226] 聖嚴法師：《戒律學綱要》，頁 11。

[227] 聖嚴法師：《聖嚴法師學思歷程》，頁 64。

[228] 參自聖嚴法師：《聖嚴法師學思歷程》，頁 64-65。

經》是指：《長阿含經》、《中阿含經》、《增一阿含經》、《雜阿含經》。

2.我看了印順法師的《佛法概論》就是把《阿含經》的內容用他自己的組織法，分門別類，很有層次性地介紹出來。他所謂的佛法，在《阿含經》之中已經全部都有了，以後大乘佛教的思想發展也都是根據《阿含經》而來，不像一般學者編寫的佛教概論和佛學概論，則將大小乘佛教分開，而又分宗、分派、分系來介紹那樣。[229]

埋首研讀《阿含經》，他的方法與研讀戒律學的方式極其類似，戒律學的研究是以《四分律》為基準，再以其他諸部相互對照；《阿含經》的研究方式則是製作卡片，將同類的名詞、同類性質的觀念集中編錄。他自述當時沒有人教導他讀書的方法與筆記的技術，所以這套看似為《阿含經》所作的索引辭典，僅成為他自身能夠使用的卡片筆記。但是，他在其中最受用之處，即是思考佛法問題時，除了查找字典或原典，這份筆記「也是最好用的原始資料」。[230]

　　1963 至 1964 年當中，《菩提樹》雜誌向聖嚴法師邀稿，以一問一答的方式向社會大眾宣揚澄清佛教乃正信而並非迷信的宗教。刊物歷兩年所刊載的七十道提問與解答，即是根據《阿含經》而來，1965 年集結後正式出版為《正信的佛教》。[231] 聖嚴法師自述本書得以出版與流通，是研讀《阿含經》對他的幫助，也增進他對佛法的基本信念。

　　竭力於「戒律」與「阿含」乃因為戒壇上受到的影響，故成為閉關後首

---

[229] 聖嚴法師：《聖嚴法師學思歷程》，頁 65-66。

[230] 參自聖嚴法師：《聖嚴法師學思歷程》，頁 66-67。

[231] 楊郁文指出《正信的佛教》一書，乃是：「聖嚴法師對佛教、佛法深思熟慮之後簡擇濃縮為七十個核心問題，提供足夠確立正信的答案；由『外凡』轉入『內凡』的信徒需要閱讀它，內凡的佛教徒要轉凡『成聖』更必須研讀它。」引自楊郁文：〈《正信的佛教》——聖嚴法師流通最廣的著作〉，收入《聖嚴法師思想行誼》，頁 153-154。

要的探究學門。聖嚴法師回憶當時律藏共四百五十冊,每冊一萬字;《阿含經》三百冊共三百萬字,由於版本皆是古文沒有分段與句讀,所以花用一年半的時間才閱畢。之後,他開始閱讀中國禪宗的文獻,禪宗以及佛教八大宗派的文獻也有七百五十萬字,爾後又閱讀共計六百冊六百萬字的佛教歷史與傳記。[232] 如此的冊數合計兩千餘萬字,可說是把中國佛教的經典、史籍做了廣博的閱覽。

另外,前文提及由於受到基督徒的公然挑戰,基於護教的理性情操,所以聖嚴法師著作《基督教之研究》,以平心靜氣的立場分析研究,以歷史的角度考察基督教。又因為他認為不同宗教之間應相互尊重彼此了解,減少猜疑與敵視,世界的人類才能真正從宗教信仰得到和平與幸福,故他根據當時可收集到跟宗教相關的中、日文著作或是由外文翻譯為中文的著作,寫成《比較宗教學》。除此之外,他研究戒律的過程,注意到其與歷史的重要關係,又看到佛教的南北傳之分、漢藏之別以及各宗派之分,他認為應該要寫一部「世界佛教通史」,[233] 以教團流傳史為經、教派思想史作緯,讓佛教通史能夠脈絡分明;然由於「留學」計畫的出現,這個宏願只有完成《世界佛教通史》上集,在他負笈東瀛求學的 1969 年交稿出版。

在聖嚴法師決心閉關之時,所獲得的撐持非常薄弱,連東初法師也不甚贊同,但是「智光法師」是第一位贊成並且予以贊助的人,乃至真正有掩關的關房均與他有所關聯。在聖嚴法師閉關期間,智光法師幾度書信相勉且資助生活用度,其中一封信件的內文寫道:「昨看《覺世》,你有三種書要出版,現在一種留傳用,一種要通俗,現在不懂佛法的人太多,所以大眾化,最好最通行。」聖嚴法師描述這封信件是智光法師辭世前三十七天的親筆

---

232 參自聖嚴法師著,釋常悟、李青苑譯:《雪中足跡:聖嚴法師自傳》,頁 174-175。

233 林其賢記錄:「由於戒律之研習,進而由教制轉而留意教史,並擴大範圍於世界佛教史之注意。經請教印順法師,並與留日青松法師、留泰淨海法師往來討論數月,初步擬訂撰著《世界佛教通史》之原則與分工。」(此為1964年8月之記事)根據上述,可知聖嚴法師在《世界佛教通史》的編撰之初,曾向印順法師請教。以上引自林其賢:《聖嚴法師年譜》(第一冊),頁 203。

信，字跡越到後文越無力，甚至筆畫模糊讓人辨認感到吃力。[234] 筆者認為聖嚴法師即是在幾無依持的清苦境遇裡，有此長輩惕勵持助，所以將智光法師的叮囑牢記在心，並以此堅固初志；聖嚴法師在閉關當中的幾本著作《戒律學概論》、《正信的佛教》、《比較宗教學》，他分別在序言提及：

> 本書的性質，是通俗的，是研究的，更是實用的。……本書均錄有受戒的儀軌，並且是介紹最切實、最簡明、最能適應於普遍要求的受戒儀軌。……因此，本書的對象，既是已經受了各種戒法的佛子，也是那些準備要受各種戒法的讀者。[235]

> 本書《正信的佛教》，初稿刊於一九六三、六四年間的《菩提樹》月刊。初版單行本問世，是一九六五年元月，由佛教文化服務處發行。在迄今的十七個年頭之間，由於受到教內外及海內外廣大讀者的喜愛，有許多印經會及佛教關係書店，包括臺灣、香港、南洋等地，將之大量原版影印、打字照相及排字重印，多係贈送結緣，亦有訂價流通，總計約十數萬冊上下。在我寫的二十多種著述之中，乃是流通最廣的一種。[236]

> 比較宗教學（Comparative Study of Religion）這門學問，不但在我國感到年輕，即在西洋也不古老。……近世以來，關於宗教問題的書籍，已經越來越多。但在我們國內，要想求得一冊比較可取的入門書，也不容易。所以我在研究佛學之餘，特別留心比較宗教學的問題，並且計畫編寫一部這樣的書。……正由於這門學問在我們這裡非常年輕，所以本書的問世，只希望擔負啟蒙的任務。我是站在人類學、社會學、歷史和哲學的觀點上，由人類的原始信仰，至世界性的

---

[234] 參自聖嚴法師：〈敬悼智光老人——痛失庇蔭〉，收入《悼念‧遊化》，頁 47。
[235] 聖嚴法師：《戒律學綱要》，頁 10-11。
[236] 聖嚴法師：《正信的佛教》（台北：法鼓文化，1999 年），頁 5。

　　各大宗教，予以客觀的討論和通俗的介紹。[237]

據此幾則序文，可發覺聖嚴法師謹遵智光法師囑咐的「通俗、大眾化」，筆者認為他是以著作徹行對智光法師的感念，且不負長老於物質的扶持、精神上的勉勵，以文字流通佛法來報答恩德。

　　聖嚴法師曾自述盡力保持「沒有立場」的立場而著作，從他閉關中的寫作與研究可洞見如此的原則。另外，從他拜懺、禪坐、寫書、研讀規律的山中閉關歲月，也可見著其「靜定」的功夫──這個功夫，是學問僧的特質，也是禪師的特質。

(三) 留學

　　閉關當中決心赴日留學的聖嚴法師，出關前後自修日本語文，於 1969 年 3 月抵達日本。[238]

　　日本的住處，是由早先動身前往的淨海法師幫忙找妥，房東夫婦為淨土宗信徒，確知聖嚴法師為「真和尚」，所以降低租金以示供養。[239] 住所的格局是四個半榻榻米的小房間，供了一個佛壇、放了三架書籍、一張書桌。[240] 由於日本幾無純粹的素食館，聖嚴法師在飲食方面必須自理，在東京市區內雖有蔬果店，但是手頭窘迫的他只能到菜市場撿便宜；然其自述：「我這個光頭的和尚，提著菜籃，夾在大群的婦女之間，已不像話，怎麼好意思

---

[237] 聖嚴法師：《比較宗教學》（台北：法鼓文化，1999 年），頁 3-4。此外，聖嚴法師曾介紹《比較宗教學》是一部「通識性的概論書」，參自聖嚴法師：《聖嚴法師的學思歷程》，頁 78。

[238] 日本學制上下學期分別於四月與九月開學，故聖嚴法師提早到達日本做好入學前的各項準備與安置。

[239] 房東告知以往日本人多數會供養僧眾，但現在的日本和尚都結婚了，所以不願意供養；然見到聖嚴法師與淨海法師是真正的比丘，基於敬僧之心故樂於供養。參見聖嚴法師：《留日見聞》，頁 46-47。

[240] 參自聖嚴法師：《留日見聞》，頁 286。

再去爭和搶呢」，[241] 所以從三天買一次菜改為十天去一趟，且選在接近下市時買足菜量。炊事必須花費時間，所以聖嚴法師曾經嘗試以牛奶及麵包果腹，卻因腸胃機能較弱導致多飲牛奶會腹瀉，不吃菜蔬牙齒也會出血；在日本的第三年，初次到醫院看病，醫師驗血後告知他是因為營養不良所以貧血，也是他經常感冒與頭痛的原因。[242] 據此可見，當時聖嚴法師在日本的生活實屬清貧。

　　日本的學校，是位於東京品川區「立正大學」的佛教學部。[243] 聖嚴法師當時年紀是三十九歲，對照同學都是二十多歲，他成為最高齡的學生，但是他心中卻以唐代義淨三藏到印度留學的時候也是三十九歲自勉。[244] 儘管決心留學前已開始學習日文，但是對日文並不慣熟，透過同學的筆記借抄、複印，以及三位日文老師的免費補習，[245] 終於漸上軌道。聖嚴法師敘述自

---

[241] 聖嚴法師：《留日見聞》，頁 72。

[242] 參自聖嚴法師：《留日見聞》，頁 73-74。

[243] 聖嚴法師曾說明申請進入東京大正大學的原因：「當我決定了留學日本的考慮之後，正在日本留學中的朋友，以及已從留學歸來的朋友，都很熱心地提供了我不少的建議。在京都方面的人說，如果想瞭解日本文化的純樸踏實，最好是到京都，那兒可以讓你溫習到中國唐宋時代的古風……另外在東京方面的朋友，則強調近代日本文化的重心，不在京都，而在東京。東京不僅是日本文化的中心，也是今天世界文化幾個重要的集散中心之一；唯有到了東京，才能夠感受到日本佛教學術文化的脈動，也能夠呼吸到世界佛教的學術研究環境的空氣……結果，我是到了東京，不過不是因為我聽了他們任何一個人的建議，乃是由於京都那方面，沒人替我擔保，有居留權的華僑我不認識，沒有居留權的留學生不夠資格……可是剛從日本東京立正大學學成回國的慧嶽法師，卻一口答應替我辦成。同時，另有一位吳老擇先生，正巧度假回來，就拜託他替我去奔走，拿著慧嶽法師的介紹信以及我個人的資料，找到了慧嶽法師的指導教授坂本幸男博士。真的非常簡單，很快就辦好而收到了從東京寄來的入學許可書。可見我到東京不是我自己的選擇，而是因緣促成。」引自聖嚴法師：《聖嚴法師學思歷程》，頁 106-107。

[244] 參自聖嚴法師：《聖嚴法師學思歷程》，頁 87。

[245] 這三位日文老師先後分別是：牛場真玄教授（由吳老擇先生介紹），三友苔雄先生（是聖嚴法師、淨海法師的同學），李俊生先生（李添春教授的二公子，當時正就讀立正大學博士班）。這期間還有一位古河俊一（立正大學學生），短暫教過聖嚴法師兩個月的日文。參自聖嚴法師：《留日見聞》，頁 48-51。

身到東京半年後，日文程度可以勉強聽懂、也可作筆記，並且能在課堂上與同學輪流擔任講讀演習。他在修學分的第一年，選修了梵文和藏文，當時老師以日文教授梵文，他起始聽不懂日文以及日文講解的梵文，卻於一年後能夠弄通初級的梵文文法。對於學分的修讀，他在碩士班第一年的下半年，已經完成四分之三，到了碩士班二年級上學期，僅剩四分之一的學分；他作這般的進程規劃，即是讓自己有更多的時間能夠專心進行碩士論文。[246]

碩士論文的擇題，聖嚴法師與指導老師坂本幸男教授討論後，以中國天台宗初祖慧思禪師的《大乘止觀法門》作為主題。撰寫論文期間，他必須熟讀《大乘止觀法門》的原文，也得勤於查字典讀通文獻，並且在東京都內相關的佛教大學圖書館查找資料，也曾經去到東京郊外的圖書館找尋明治時代的舊雜誌。他說道：「近世以來的日本論文，完全學西洋方法，學會了很省力，但在從未用過這種方法的人，相當吃力」，[247] 所以他認為作此論文最大的收穫是「學會找資料、用資料、分別資料、取捨資料，然後寫成絲絲入扣的論文」。[248]

相較於以往的論著，這是聖嚴法師第一本日文著作，必須是以日本語文的句式、思維而撰稿的研究型論文。他在半年裡寫出一本十多萬字的碩士論文《大乘止觀法門之研究》，章節包含「大乘止觀法門的組織及其內容」、「大乘止觀法門的真偽及其作者」、「大乘止觀法門的基本思想」，可謂是他來到日本進修近兩年的成果驗收。碩論呈交予指導教授過目時，坂本幸男教授唯一評語是：「內容很好，可惜文字不夠日本化」，是故請託牛場真玄教授以及駒澤大學的佐藤達玄教授協助潤飾；完成定稿時，坂本幸男教授表示「相當歡喜」且認為短短半年能夠完成十來萬字的論文「很不容易」，算是予以聖嚴法師十分肯定的評價。[249]

---

[246] 參自聖嚴法師：《聖嚴法師學思歷程》，頁 88-89。

[247] 聖嚴法師：《大乘止觀法門之研究‧前言》（台北：法鼓文化，1999 年），頁 3。

[248] 聖嚴法師：《聖嚴法師學思歷程》，頁 90。

[249] 參自聖嚴法師：《聖嚴法師學思歷程》，頁 91。這本碩論是以日文寫成，聖嚴法師的師父東初法師要求他將論文抄寫一份，寄回台灣交給《海潮音》雜誌發表，所以他

　　1971 年 1 月甫取得碩士學位的聖嚴法師，[250] 於 1971 年 4 月即繼續攻讀博士。入學後，凡是為佛教學博士班開的課程，他都設法去聽課，真正修讀的學分，則選擇最有把握的課程；在立正大學的博士班學制裡，於三個學年中修完五門課即可，他卻修了六門課，且六門的成績皆是「優」。應是如此奮發向學的精神，故指導老師坂本幸男教授早在聖嚴法師就讀博士班二年級時，去信給台灣的慧嶽法師（亦為坂本教授的學生，聖嚴法師的學長），預告聖嚴法師有「獲得最高學位的希望」。[251]

　　博士論文的研究方向，聖嚴法師以「中國明末佛教」為主軸，以「蕅益智旭大師」作為主要研究對象，[252] 原因為：

　　1.蕅益大師是明末四大師之一。他不僅是一個學者，實際上是一位實踐家。所謂行解相應，正是佛法的標準原則。

　　2.大家都認為蕅益大師是中國天臺宗最後一位大成就者。我對天臺宗所倡導的教觀並重、止觀雙運，非常嚮往。因為這是教理和禪觀相輔相成，也正是今日佛教所需要的一種精神。

　　3.我在選擇論文題目的時候，向指導教授坂本幸男請教，他說，本來他想寫，現在老了，所以曾經鼓勵另外一位中國留學生寫而還沒有消

　　又將之翻成中文陸續寄回台灣，全書於 1971 年 10 月完成所有翻譯。

[250] 同期畢業的碩士生有九人，當中有三位來自台灣，即聖嚴法師（張聖嚴）、淨海法師（袁靜海）、慧定法師（劉慧定）。參自許育銘：〈民國以來留日學僧的歷史軌跡與聖嚴法師東渡留學〉，收入《東華人文學報》第六期（花蓮：東華大學人文社會科學學院：2004 年 7 月），頁 212。

[251] 參自聖嚴法師：《留日見聞》，頁 105。

[252] 在撰寫博士論文之前，聖嚴法師已對蕅益智旭大師發表相關主題，比如 1967 年發表於《慈航月刊》第 19 期的〈蕅益大師的淨土思想〉（1967 年 9 月），頁 10-15。進入博士班修學期間，在 1973、1974 年，亦在「日本印度學佛教學會」發表關於蕅益大師的論文，後來刊登於《印度學佛教學研究》通卷第 43 及 45 號，題目譯作中文分別為〈智旭著作中所見的人物系譜〉、〈智旭的思想與天臺學〉。參自聖嚴法師：《聖嚴法師學思歷程》，頁 109。

息，現在如果我能也願意寫，實在太好了！[253]

同是出於坂本教授的建議，他欣然接受，於 1972 年開始動工蒐集、整理、核對龐雜的資料。由於蕅益大師是一位佛學的大通家、也是精通儒學的大儒家，對基督教也有所評判，所以著作廣泛龐雜；其全部的著作總計有五十一種、二百二十八卷，被視為重要的著作已收入《卍續藏》以及《大正藏》之中。然因蕅益大師的思想牽涉甚廣，藏經之中所收納的便排除與純粹佛教不相關的著作，又有些著作被後人數次再版，不但內容有增補或刪減，連書名都異動了；所以資料找齊之後，還得逐字核對分辨清楚前後的順序。[254] 聖嚴法師記述蒐集的過程：

> ……倒是那些被後人忽略了的著作，對我卻變得非常地重要。首先我把手頭已有的蕅益著作裡邊發現的著作名稱，製成目錄，接著從蕅益著作的相關資料，發掘蕅益大師所用不同的署名，然後再從他的署名去找他的著作。最好的參考就是他每寫一本書，一定有「序」、「緣起」、「題跋」，而透露一些相關的著作名稱，然後我就親自到東京市內及其周邊的幾家大學的圖書館尋找，或者委託京都的朋友，代我到幾家佛教關係大學的圖書館蒐查。最後我都把它們影印到手，例如《闢邪集》、《周易禪解》，藏於東京的駒澤大學；《法海觀瀾》藏於東京的大正大學；《選佛譜》藏於京都的龍谷大學；另外一本《四書蕅益解》踏破鐵鞋無覓處，結果在一九七三年回臺灣，在臺北市路邊的書攤上，見到一本臺灣先知出版社出版的複印本，可惜四書之中少了一種《孟子擇乳》。[255]

由此可見聖嚴法師不但在目錄學下了功夫，對於版本的查找也甚為仔細，他

---

[253] 聖嚴法師：《聖嚴法師學思歷程》，頁 113。
[254] 參自聖嚴法師：《聖嚴法師學思歷程》，頁 116。
[255] 聖嚴法師：《聖嚴法師學思歷程》，頁 118。

費勁兩年的時光，將遺漏於藏經之外的資料，一一地收聚完整。

在所有與博士論文相關的資料裡，最重要的一部文獻當屬《靈峯宗論》，此乃蕅益大師圓寂後，其弟子成時法師所編印流通。坂本教授曾告知聖嚴法師：於日本江戶時代有位天台學者靈空光謙比丘，寫過〈刻靈峯蕅益大師宗論序〉，其中有道：「讀蕅益宗論而不墮淚者，其人必無菩提心。」[256] 聖嚴法師雖明白這部著作的重要，可是在各大圖書館遍尋不著，得知台灣的法師朋友有此部藏書，去信卻未果；在不得已的情況下，他只好再度請教指導教授。坂本教授清楚來由後，墊著椅子從書房的頂架上取下一套十八世紀日本再刊的木刻本、封面用柿漆皮紙包裝的十大冊線裝書《靈峯蕅益大師宗論》，[257] 讓聖嚴法師感受如獲至寶；坂本教授告知他僅可觀看不可圈畫，但思及其是要作論文之用時，便將此珍貴藏書允其影印一部。聖嚴法師在兩年間閱讀影印版共二十七遍，深思研究重心與線索。[258]

聖嚴法師的論文架構依序為「蕅益大師的時代背景」、「蕅益大師的生涯與師承、交遊考」、「蕅益大師的信仰與實踐」、「蕅益大師的著作」、「蕅益大師思想之形成及其開展」，初稿完成後用鋼筆一字一字謄寫在每頁五百字的稿紙上，共計近一千頁，裝訂為三大本，論文名為《明末中國佛教の研究》。[259] 這部四十多萬字的博論，共有七位日本的好友為其潤飾，其

---

[256] 參自聖嚴法師：《聖嚴法師學思歷程》，頁 113-117。

[257] 聖嚴法師：「坂本先生對於蕅益大師的著述，最初是因島地大等先生告訴他，有一部《靈峯宗論》，被人認為：『古人有言曰：讀孔明〈出師表〉而不墮淚者，其人必不忠；讀令伯〈陳情表〉而不墮淚者，其人必不孝；讀退之〈祭十二郎文〉而不墮淚者，其人必不友。余亦嘗言：讀蕅益《宗論》而不墮淚者，其人必無菩提心。』（此係日本江戶時代，相當於我國清朝康熙年間，一位天臺宗的光謙比丘之語，光謙如玄道、觀國三人，乃是日本佛教史上致力於蕅益著述之弘揚的最卓成績者）坂本先生聽到此話之後，很快地即以高價在古書店裡買了一部。」引自聖嚴法師：〈敬悼我的指導教授坂本幸男先生〉，收入《悼念‧遊化》，頁 57。

[258] 參自聖嚴法師：《聖嚴法師學思歷程》，頁 117-118。筆者認為這是坂本教授指導、訓練學生的方式，先提供方向讓學生去查找，但是學生發生困境，會無私地給予幫助。

[259] 參自聖嚴法師：《聖嚴法師學思歷程》，頁 121-124。

中桐谷征一先生為整部論文校讀修正，也幫忙改正文字的組織結構。[260]

聖嚴法師在 1975 年元月將博士論文提交予立正大學大學院辦公室，讓教授們審查。聖嚴法師被指定的方式是「由正副指導教授簽名推薦證明這篇論文已有申請博士學位的水準，然後再經過全體教授會議的通過」，[261] 由於坂本教授在其學位完成前過世，繼之指導他的是坂本教授的兩位老友：正指導教授是日本學術界權威性的長老金倉圓照博士，副指導教授野村耀昌博士是中國佛教史的專家；審查報告書由野村博士起草，治學嚴謹的金倉博士則加上諸多嘉許評語，連野村教授也大感意外。[262] 提交論文一個月後，2月12 日上午，立正大學大學院邀來二十多位教授審查聖嚴法師的論文，審查結果竟然全數通過，這是非常難得的事情。繼後於 3 月 17 日上午，在立正大學的校長室，由校長菅谷正貫博士頒授「學位記」，聖嚴法師回憶道：

> 當天我是以一個比丘的姿態，盛裝出席，整整齊齊地穿上我的僧袍，披上我的袈裟，以表示對於三寶的感恩和對比丘身分的珍惜。典禮結束之後，看到校長室內掛著一幅日蓮宗的創始祖，日蓮上人畫像，便深深地向他拜了三拜，感恩在他宗派門下所設的學府，完成了這項最

---

[260] 參自聖嚴法師：《聖嚴法師學思歷程》，頁 129-130。

[261] 聖嚴法師：「審查的方式有兩種：一是由教授會議裡推選出適當的專家三到五人，專案審查，然後在大學院（研究所）的文學院、東洋史、佛教學和日蓮宗宗學的全體教授給予口試通過。另外一種屬於責任制，由正副指導教授簽名推薦證明這篇論文已有申請博士學位的水準，然後再經過全體教授會議的通過。我是被指定為第二種方式。」引自聖嚴法師：《聖嚴法師學思歷程》，頁 127。

[262] 參自聖嚴法師：《聖嚴法師學思歷程》，頁 127-128。另，聖嚴法師述及：「留學於東京的立正大學，先後依止華嚴學者坂本幸男博士（Sakamoto Yukio）、印度學者金倉圓照博士（Kanakura Ensho）、中國佛教史學者野村耀昌博士（Nomura Yosho），以六年的時間，完成了文學碩士及文學博士學位」。引自釋聖嚴等著：《觀世音菩薩與現代社會──第五屆中華國際佛學會議中文論文集》（台北：法鼓文化，2007年），頁 vii（總序）。

高的學位。[263]

「文學博士張聖嚴」從此出現在中日佛教與學術史的紀錄之中。聖嚴法師回憶當時日本最難取得便是文學博士，即使是日本人也需要讀完博士課程之後十年至二十年才能獲得學位，可是他能在四年內完成課程與論文，確實是非常不易；[264] 此外，他也是立正大學自 1956 年開辦博士班以來，第三號取得文學博士學位者。[265] 許育銘指出：「在聖嚴之前，以外國比丘身分在日本留學取得文學博士的，只有越南的釋天恩和韓國的金雲學。對立正大學而言，聖嚴是打破了在博士課程第四年取得學位記錄的人，也是第一個取得博士號的外國人」，[266] 據此可知，聖嚴法師的博士學位也在大正大學締造歷史性的一頁。其博士論文 1975 年年底由東京山喜房佛書林出版，[267] 中文版

---

[263] 聖嚴法師：《聖嚴法師學思歷程》，頁 130。

[264] 日本大學學術訓練嚴格，學位取之不易，筆者訪問慧璉法師時，她也提出自身的留日經驗：「我在早稻田就讀時，老師們對我的要求很嚴格，不因我是外國人而有所寬待，有的老師對我的要求比日本同學更高，以此督促我認真學習。早稻田的學風很好，寧缺勿濫，我記得文學院的博士班入學考，常發生一個學生都不錄取的情形，碩士班所錄取的名額也很少。」（摘錄自附錄三〈慧璉法師訪談錄〉）

[265] 參自聖嚴法師：《聖嚴法師學思歷程》，頁 130 以及聖嚴法師：《留日見聞》，頁 110。

[266] 許育銘：〈民國以來留日學僧的歷史軌跡與聖嚴法師東渡留學〉，收入《東華人文學報》第六期，頁 212。筆者訪問辜琮瑜老師時，她提及曾前往日本拜訪聖嚴法師的朋友與同學三友健容教授：「三友教授告訴我們師父非常用功，每天在圖書館是坐在固定的位置，面前攤滿天台、華嚴好多好多書，即使外面有示威遊行都干擾不了他；師父從一大早坐定位就開始讀書作筆記，晚上走回住的地方煮很簡單的東西吃，然後再度走回去讀書，持續不斷認真地閱讀整理。」（摘錄自附錄六〈辜琮瑜老師訪談錄〉）

[267] 承上註，辜琮瑜老師赴日亦有拜訪「山喜房」的老闆：「由於師父的論文是在『山喜房』出版，我們也去拜訪老闆，他說師父用功到他們都不敢打擾，隨時隨地就是專心在讀書；我們問山喜房老闆有沒有什麼話鼓勵師父的弟子們？老闆說：『你們的師父，一輩子都不做浪費時間的事，不做無意義的事，生命每一分每一秒都很有意義，你們就繼續用這樣的學習就可以了』，當下，我們真是感到很慚愧啊！更覺得一個時代出一個這樣的人，真的讓很多人的生命意義改變。」（摘錄自附錄六〈辜琮瑜老師訪談錄〉）

則是由關世謙翻譯，於 1988 年由台北的學生書局出版。[268]

　　聖嚴法師曾提及以日本學者的研究功夫所作的論文，會花很多的時間，有興趣看的人卻甚少；但是如此的著作縱然只寫一本，卻會「成為歷史里程的記錄」。[269] 他亦自述作這篇論文：「我寫得並不痛苦，卻很辛苦，花費的時間相當多，被我麻煩的人也不少。」[270] 除了諸位日本師友的幫助，也包含後來兩位指導教授為其看稿所花費的心力。[271] 然而在此六年的求學期間，最令聖嚴法師感念的是他的原指導老師坂本幸男教授，筆者亦認為坂本教授確實是以學識、身教、言教，在在影響見教聖嚴法師的典範人物。

　　坂本教授是日本著名學者木村泰賢的女婿，是虔誠的佛教徒，也是在佛教教理思想方面無一不精的學者，在日本鮮少有如此博通三藏的佛教學者。[272] 聖嚴法師到坂本教授的書房時，見到在書房的上方供著其三位老師的遺

---

[268] 參自聖嚴法師：《聖嚴法師學思歷程》，頁 131、142。

[269] 參自聖嚴法師：《聖嚴法師學思歷程》，頁 120。

[270] 聖嚴法師：《聖嚴法師學思歷程》，頁 128。

[271] 聖嚴法師曾敘述勞煩金倉圓照、野村耀昌教授看稿的情形：「每隔一週，拿著我寫好的稿子輪流地去拜訪兩位指導教授，面對面地對讀，經過三易原稿，花掉兩位教授的時間相當可觀。每次到他們的府上一坐就是半天，害得兩位老教授的夫人忙著倒茶、送點心，有時還到外邊叫了壽司讓我過午，請我晚餐。經過兩年的時間，我已經等於成了他們家裡的一分子，見面的機會比他們自己的親兒女還多。」引自聖嚴法師：《聖嚴法師學思歷程》，頁 128-129。

[272] 聖嚴法師曾介紹坂本幸男教授的學術傳承與貢獻：「近代的日本佛教學者，很少有博通三藏的，所謂博士，是在某一個時代區域的某一點問題上，研究出了卓越的成績，便是劃時代的學術貢獻，而授予學位。但是，像坂本先生這樣的博士，我在日本住了四年，也是僅見的一位。他從印度的原始、部派、中觀、瑜伽，到中國的唯識、華嚴、天臺，乃至日本的，凡是屬於教理思想方面的，簡直無所不通、無一不精。在印度學方面，是得力於他的岳父木村泰賢及教授宇井伯壽兩位博士的指導。在華嚴、天臺方面是傳承了島地大等教授的路線。他通梵文、巴利文、英文、漢文與日文，自然更不用說了。他曾參與《大正新脩大藏經》的編校、《南傳巴利文藏經》的翻譯、《日本國譯一切經》的譯註。他正好是高楠順次郎等人，指導著佛教文化學術大運動中得力活躍的功臣之一，所以他也得到了文部大臣的勳獎。」引自聖嚴法師：〈敬悼我的指導教授坂本幸男先生〉，收入《悼念‧遊化》，頁 51。

照（木村泰賢、宇井伯壽、島地大等），每日必先敬香才坐下讀書，也必敬香才離開書房就寢。在聖嚴法師完成碩士學位，經費無著思索返回台灣時，坂本教授引用靈空光謙比丘的話給予勉勵：「道心之中有衣食，衣食之中無道心」，並且囑咐：「當從艱苦困難之中，培養求法精神。」這般的鼓勵，讓聖嚴法師大受感動，認為這比供應金錢的支援更受用。坂本教授日常生活的言行教導，讓聖嚴法師覺得「竟像一位很有修為的僧人」。[273] 聖嚴法師亦提及，坂本教授對於中國的學生特別照顧，原因是日本的佛教受惠於中國太多，所以認為日本的佛教徒應當深記這等的恩惠源頭，因此聖嚴法師也是受惠者之一。[274] 坂本教授因病辭世後，論文的指導成了聖嚴法師最大的困境，他只能默默祈禱度過難關；結果最後仍是坂本教授的兩位老朋友發心接手指導，所以聖嚴法師曾感念地說道：「我的博士論文，是在信仰的支持中獲得的研究成果。」[275]

---

[273] 聖嚴法師：〈敬悼我的指導教授坂本幸男先生，收入《悼念‧遊化》，頁 51。

[274] 聖嚴法師在日本讀書的費用，是由《菩提樹》的負責人朱斐代為向瑞士的一位居士申請（後來始知為沈家楨先生），而在 1972 年夏天由於美金貶值、日本物價上漲，所以去信希望增加金額（一整年的費用）。朱斐回覆增加的部分可能會有問題，所以請聖嚴法師往台灣設法籌錢；當他把這個困境提出告知坂本教授時，教授回應他自身於 1975 年會退休，希望他能在此之前提出博士論文，至於經費問題，他會設法每年提供六十到八十萬的日元。雖然 1973 年朱斐與瑞士的居士將聖嚴法師需要的款額匯入，故不需要坂本教授的支助，但是聖嚴法師由衷地認為：「他的目的，不一定是助我個人，而是希望衰微沒落甚至即將滅覺的中國佛教，再度復興起來。」參自聖嚴法師：《悼念‧遊化》，頁 52-53。聖嚴法師亦述及他與坂本教授之間，還有「保證人」與「受保證人」的緊密關係：「在日本的大學院研究生，僅僅聽某先生的課，並不算是那位先生的門生，要發生指導與被指導的關係之後，始被認為是自己的學生和老師。在這樣的師生關係下，如果相處得好，也就是說，老師對於受他器重的弟子，往往會有父子的親情流露出來。我和坂本先生之間，除了這一重關係之外，還有一重保證人與受保證的關係，所謂保證人，便是對日本政府擔保，留日期間的一切經費及回國的旅費，假如發生問題，即由保證人負責。實際上，無論有了什麼事故，保證人均應承擔下來，所以是監護人或臨時家長的身分。」引自聖嚴法師：〈敬悼我的指導教授坂本幸男先生，收入《悼念‧遊化》，頁 53-54。

[275] 聖嚴法師：《聖嚴法師學思歷程》，頁 115。

　　蕅益智旭著重教觀，聖嚴法師在晚年的著作《天台心鑰──教觀綱宗貫注》寫道：「天台教觀，便是教義與觀行並重、理論與實修雙運，兩者互資互用，如鳥之兩翼，如車之雙軌，講得最為細膩，故也最受蕅益大師所服膺」，[276] 于君方提出：「我認為聖嚴法師也是『教義與觀行並重，理論與實修雙運』，這在他日本留學以前已是如此，他所以選智旭做為博士論文的對象是可以了解的。當然在他深入研究了智旭的著作以後，也很可能在他以後的三十多年的教學及著述受了智旭的影響。」[277] 博士論文的擇題，影響聖嚴法師最甚者乃是坂本教授，但是其師東初法師的影響力也不容忽略。儘管聖嚴法師決定留學之時，東初法師轉為不支持的態度，但是後來仍給予資助；而在聖嚴法師入學博士班以後，東初法師曾來信：「汝當作大宗教家，切勿為宗教學者」，[278] 告誡他日本佛教會衰微乃是因為走宗教學者的路，若欲挽救人心，應當成為大宗教家，故聖嚴法師將師父的教示以毛筆恭書懸掛住房內警勉自身。聖嚴法師曾說道：

　　為了報答佛恩，我應該要發揚蕅益大師的精神。[279]

　　我的學術思想的基礎就是建立在蕅益大師的《靈峰宗論》。[280]

　　論文研究是十六世紀的蕅益智旭大師，他對我的影響很深遠。與他同時代的禪師大多擅長機巧的言辭，能說許多公案或是自相矛盾的話。……蕅益智旭大師嚴厲抨擊他們缺乏佛法修行與理解。他倡導學術研究及經論的研討。他認為，如果禪師不了解佛教的學理，就不懂

[276] 聖嚴法師：《天台心鑰──教觀綱宗貫註》，頁 21。
[277] 于君方：〈聖嚴法師與漢傳佛教〉，收入《傳燈續慧：中華佛學研究所卅週年特刊》（新北市：法鼓山中華佛學研究所，2010 年 7 月），頁 120。
[278] 聖嚴法師：〈師恩難報〉，收入《悼念‧遊化》，頁 18。
[279] 聖嚴法師：《聖嚴法師學思歷程》，頁 114。
[280] 聖嚴法師：《步步蓮花》（台北：法鼓文化，1999 年），頁 214。

佛法，也不懂如何教人佛法。同樣地，如果禪師不了解大乘戒律，也不持守戒律，就不能成為真正的禪師……他認為佛教學者也應該修習禪法並持守戒律，因為若不修行，就無法鍊心並消融煩惱。[281]

當我寫完了這部論文時，發現蕅益智旭的一生，非常地用心和誠心。一面全力以赴地從事於信仰的實踐，另一方面，又夜以繼日，年復一年地闡揚經、律、論三藏的佛教教義，從學術上說，他並沒有屬於那一宗、那一派，就拿他認為是最終依歸的西方淨土而言，也只是留下了一部著作《阿彌陀經要解》，以及若干單篇的散文而已。像他這一種思想的傾向，在中國一直維繫到清末民初，例如近代的太虛大師所持「八宗皆圓」的思想，也可以說，就是受到蕅益大師的影響。[282]

據上引文，可知聖嚴法師研究蕅益大師的思想，亦受其修持與行誼影響甚大，這與東初法師的教誨完全相符。

　　回溯聖嚴法師從閉關到留學的過程，東初法師皆持不甚贊同的態度，然而負笈東瀛讀書之事在一片留日必定還俗的聲浪裡，唯有東初法師肯定說道：「聖嚴即使去了日本，也不怕他會還俗」；[283] 除此，東初法師原本自動鼓勵聖嚴法師赴日，但當時聖嚴法師婉拒，到了他自願留日之時，東初老人表態不支持，但是回應：「雖然現在我並不贊成你去日本，如今你自動想去，足證我以前命你留日的動機是正確的。」[284] 筆者認為這背後所抱持的信念是師父對待弟子的訓練，東初法師是藉由如是的教育方式磨礱砥礪，在幾乎無援無助的狀況下，鍛鍊弟子羽翼漸豐，也讓弟子刮垢磨光，促成聖嚴法師的獨當一面。但是東初法師對聖嚴法師實然上有穩固的信心，所以他能肯定聖嚴法師必會堅持僧侶身分，以僧相學成返國，並且在他攻讀博士班之

---

[281] 聖嚴法師著，釋常悟、李青苑譯：《雪中足跡：聖嚴法師自傳》，頁 202-203。

[282] 聖嚴法師：《聖嚴法師學思歷程》，頁 125。

[283] 聖嚴法師：《留日見聞》，頁 22。

[284] 聖嚴法師：《留日見聞》，頁 22。

際做了「應為大宗教家」的囑託,促使聖嚴法師堅定研究蕅益智旭大師,除了是研究其思想也是學習其大宗教家的風範。

聖嚴法師曾經述及自身在通過學位那天,在東京房間裡的觀音聖像前痛哭一場;以海外學人返國回到文化館的時候,又關起門來痛哭一場。而在返國之時,一向以嚴格斥責為作風的東初法師竟例外地向人介紹:「我的徒弟,在日本得到博士學位回來,出席海外學人的國家建設研究會了」,[285] 聖嚴法師描述當下的心情有說不出的感動:「我們之間是出家人的師徒關係,他的這種心懷,事實已代表了天下的父母親情。我十六歲時死了母親,十八歲時又永別了父親,恨我今天的一點小成就,已無從換得雙親的歡心,卻仍有幸得到了恩師的歡慰」。[286] 筆者認為他在完成艱難的博士論文之際,應是感受東初法師當年的用意,以及多年的深念期許企盼,是故在東京住處、在台灣祖庭都涕淚交集;這份感念與體解師恩的心路歷程,則成為他弘化道途上的堅韌依歸。

印順法師透過「典範學習」、「閱藏、閉關」等自學途徑,整析出一套以佛法研究佛法的治學方法,可謂從自學成就一家之學。聖嚴法師從自學起頭,透過「練筆」、「閉關、閱藏」穩紮根基,進而「留學」接受正式的學術訓練,獲得文學博士的肯定。兩者皆為「失學過」的學問僧,學問僧養成經過同中有異,但不可忽略之處,即是這些「養成經過」都促使他們的研究「學術化」;更待關注之處,則是他們在勤研、修學的過程,所須沉潛的苦讀意志,以及生命當中跨越困頓、突破障礙的心路歷程。

---

[285] 聖嚴法師:《留日見聞》,頁 153。
[286] 聖嚴法師:《留日見聞》,頁 153。

第四章
印順法師與聖嚴法師自傳生命書寫方向
（二）

　　承續前章的探究，印順法師與聖嚴法師在修學、修行的路途中，逆境不斷出現，從出家前後、抵台前後，嚴峻的考驗接踵而來，即使呈顯學問僧形象、獲得博士比丘學位，卻可能因為如是的身分地位更受矚目，禍福相倚。然而，他們如何將逆境轉為逆增上緣，在每一回的挫折找到轉折的契機，又或者他們如何轉換心境面對困境，筆者認為這是兩者生命書寫中極為重要的部分，不但讓讀者明白高僧也必然遭遇世間的困難（而且可能更艱辛），亦有可能為讀者帶來鼓舞的作用；換言之，讀者乍見是傳主遭遇了苦難，而後則是見著傳主如何面對、體驗、度過苦難，並且將此苦難經歷化作道業上、弘化道路上自勉精進的力量。

　　本章另一著重的生命書寫主題，則是印順法師與聖嚴法師走過人生諸多周折，在他們學術有成、法業有成之時，如何去實踐所謂的弘法利生？筆者以為正因他們受過甚多的艱難，卻不忘初衷並且堅定弘化之願，這是屬於兩者生命書寫最富力道之處。

第一節　生命困挫與轉折

一、印順法師

　　筆者循《平凡的一生》所記述，認為「出家波折」、「戰亂避難」、「政教迫害」，是印順法師人生中最顯明的三大困挫與轉折，以下分別說明之。

（一）出家因緣的波折

　　印順法師追憶彼時內向的「張鹿芹」興發出家之念，卻不知如何問起出家之事，只明白家鄉的小廟沒有他認知裡的佛法，且離家近容易受親族阻礙，所知的名山古剎皆為書本裡的印象；因此儘管想出家，卻難在不知往何處出家。「北平菩提佛學院」的招生啟示，讓他深覺「這一消息，如昏夜明燈，照亮了我要走的前途」，[1] 且通信報考後又順利地錄取。然而，天天看報卻等不到開學通知的狀況下，張鹿芹心急地提早離開了家，舟車勞頓抵達北平，經一番探問，才得知學院告吹的消息。[2] 未出過遠門的他，只得回到上海，後至寧波欲訪天童寺又交通不便，幸而頗負盛名的南海普陀山即在近處。

　　張鹿芹以香客的身分在普陀山的前山與後山逢佛敬香，雖然人多寺多，但是無所依止的心頭卻孤獨且茫然；直至第三日，他終於巧遇來自江蘇南通白蒲鎮、正尋覓出家道場的王氏青年，兩人從《普陀山指南》仔細檢閱理想的去處，找到標寫「藏書極富，主持者有道行」的般若精舍，又從般若精舍經介紹尋至僻靜的福泉庵。然而，原本要一同出家的兩人，卻在共宿翌日驟起變化。

---

[1] 印順導師：《平凡的一生》（重訂本），頁5。

[2] 北平菩提佛學院未能辦成，乃是因 1930 年由蔣中正同閻錫山、馮玉祥、李宗仁在河南、山東、安徽等地衍生的新軍閥戰爭，即「中原大戰」；大愚法師其時本來受到得勢的軍政名流崇仰，但在此戰役的結果（蔣逆轉獲勝），失去了信任與支持，故學院只得停辦。

張鹿芹出家之路可謂一波三折，從菩提佛學院的招生開始，懷著希望前往卻落空，想訪天童寺也落空，接著視為志同道合的知己王君竟隨著前來勸說的兄長返家，甫遇同道的欣喜馬上落空。[3] 張鹿芹原本計畫至菩提學院修學的三年中，慢慢地向同學尋探出家的道場，卻由於如此的波折，竟讓出家的願望提前實現。

1930 年國曆 11 月 30 日（農曆 10 月 11 日），張鹿芹到福泉庵初見的白髮白鬚老和尚「清念上人」（1876-1957），[4] 成為他的剃度恩師；在般若

---

[3] 張鹿芹視王君為「茫茫人世的良伴」，並向其吐露離家以來的秘密，結果王君並未真誠以待，且真實身分是「姜君」。

[4] 印順法師曾撰〈清念上人傳〉，記述剃度恩師的出家因緣與畢生行誼：「清念上人，法諱法慧，福建金門張氏子。年七歲，就傅讀。十六歲，慈母去世，哀戀憶念不能已。會觀布袋戲，唐三藏取經故事，感於觀音大士之神力悲濟，因萌出世志。翌年，潛附帆船，投南海普陀山鶴鳴庵而出家焉。光緒十七年，於普濟寺受具足戒於慧源和尚。上人志道堅貞，嘗患瘡四閱月，起臥維艱。會其尊翁來普陀，憫其苦而勸之返；上人安忍眾苦，矢志不迴。其後參禮諸方，禮佛舍利於阿育王寺，因任阿育王寺副寺十餘年。還山，復任普濟寺副寺多年。愛護常住物，清廉自持，人以稱之。普陀山西南隅，濱海有天后宮，奉天后，漁民以為觀音化身而崇敬之。光緒中，廣瑩和尚改建之，規模粗具。惜繼之者非其人，虧累鉅萬，香火不繼者有年。山中長老惜之，因舉上人以主之，時民國五年也。上人誓志規復，正其名曰『福泉禪院』。籌還積欠，修葺補苴。其初也艱苦備嘗，日以番薯為主食。每年冬，遊化閩南，泉廈緇素多識之。又嘗遊安南，星洲，小呂宋，臺灣，淡泊簡默，所至從化。上人儉樸審慎，慮虧欠之為累，數年而無所建樹，人見其儉也而疑其貪。其後，首築石圍牆，次則重建大殿，香積廚等，精工堅質，煥麗莊嚴，昔之致疑者無間言矣。會抗日軍興，以寺務付弟子，遊化於廈門。迨大陸赤化，乃避地星洲之海印寺。望八之年，猶遍歷星、馬各地以資攝化；所至，緇素咸尊敬之。民國四十六年一月二十七日，晚食甫畢，寂然而化。得戒臘六十有四，世壽八十有二。茶毗於光明山，得大小堅固子甚多。普陀陷匪，勢難歸葬，弟子印實因奉舍利來臺灣，於新竹福嚴精舍建塔而供養之。上人福緣深厚，年未而立，鬚髮悉白。法相莊嚴，道貌岸然，信施輒不求而自至。持身恬澹，儉約成性。日稱彌陀聖號，以淨土為依歸。未嘗致力於義學，而囑其弟子盛藏，盛正（印順），盛求（印實），遊學於閩南佛學院等。嗚呼！愛護常住，興修剎宇，志心淨土，獎掖義學，上人固無愧於本分衲子矣！音容宛在，風木徒悲，略摭往行以為傳，用以告福泉後人耳。徒印順敬撰。」引自印順導師：〈清念上人傳〉，收入《華雨香雲》，頁 267-268。

精舍指引他前往福泉庵嚴肅而安詳的老和尚「昱山上人」，成為他的義師
父。[5] 張鹿芹終於達成從海寧輾轉到了普陀的出家之願，成為圓頂方袍的僧
侶，法名印順，號盛正。印順法師於出家後的農曆月底，便至早先欲前往而
未果的天童寺受戒，戒和尚為圓瑛老和尚，[6]「佛法的中道行，不論淺深，
必以歸戒為根基。歸依、受戒，這才成為佛法的信徒──佛弟子。從此投身
於佛法，直接間接的開始一種迴邪向正、迴迷向悟的，革新向上的行程」，
[7] 況且受具足戒是戒法中最為殊勝的；[8] 戒期圓滿，印順法師自此展開約莫
七十五載的比丘生涯。

（二）巧妙遠離戰亂與動亂

　　1938 年與 1949 年，是印順法師巧妙躲過中國大陸七七戰亂與台灣政治

---

[5]　印順法師：「般若精舍的那位老和尚，原來是太虛大師的戒兄，被虛大師稱譽為『平
　　生第一益友』的昱山上人。我的出家，曾經得到他的指示，所以出家後，順從普陀山
　　的習俗，禮昱公為義師父。」引自印順導師：《平凡的一生》（重訂本），頁 9。

[6]　昭慧法師指出：「天童寺是他出家前想去而沒去成的地方，想不到出家後，他還有殊
　　勝因緣到此受戒。……戒和尚是年初到任天童寺住持的圓瑛長老（1878-1953），長
　　老是近代高僧，楞嚴專家，雖然與太虛大師日趨不合而日趨疏遠，但早年與太虛大師
　　也有金蘭之盟。日後印順法師進入太虛大師所設的佛學院，由學而講，而著書立說，
　　可以說，太虛大師和他的因緣是甚深的，但在他還沒見過太虛大師時，就已和太虛大
　　師的兩位深交昱山上人和圓瑛長老，結下了殊勝的法緣。」引自釋昭慧：《人間佛教
　　的播種者》，頁 21。

[7]　印順導師：《佛法概論》，頁 189。

[8]　印順法師：「『於』此八種戒『中』，比丘與比丘尼所受的，名為『具足戒』。具
　　足，是舊譯，新譯作『近圓』（圓就是具足）。近是鄰近，圓是圓寂──涅槃。這是
　　說：受持比丘、比丘尼戒，是已鄰近涅槃了。雖然佛制的每一戒法，如能受持清淨，
　　都可以生長定慧的，解脫生死的。但比較起來，比丘比丘尼戒，過著離欲（五欲，男
　　女欲）出俗的生活，在這物欲橫流的世間，比其他的戒法，是最嚴格的，最清淨的，
　　最能勝過情欲的。所以，這在佛制的『戒法』中，『最』為殊『勝』。受了具足戒
　　的，位居僧寶，為僧團的主體，受人天的供養。具足戒是戒法中最殊勝的，所以受具
　　足戒也是最不容易的。論年齡，要滿二十歲。論受戒的師長，要有三師──和尚，羯
　　磨阿闍黎，教授阿闍黎；還要有七師作證明。」引自印順導師：《成佛之道》（增註
　　本）（新竹：正聞出版社，2000 年新版），頁 185。

動亂的關鍵時刻，一切則由他閱藏完畢下山的經歷說起。

　　閱畢全藏，印順法師得知天臺山國清寺普設齋僧盛會，便從普陀先到寧波延慶寺，結果諸位熟悉的道友告知千僧齋會的住眾擠成一團，婉勸等齋會終了，再介紹他至天臺山住上幾天。於是他順道先至白湖金仙寺走走，要返回寧波之際，卻產生了變局：

> 廈門的慧雲（俗名林子青），忽在傍晚的時候來了，他就是從國清寺趕了齋下來的。……慧雲忽然想到了什麼，拿出銀元二十元給我（那時的幣值很高）說：「知道你在普陀，卻找不到通訊處，我也無法寄給你。隆耀說：別的無所謂，只是印順同學的二十塊錢，無論如何，你也得代我交還他。難得在這裡遇到了你，我也總算不負人之託了」。[9]

這是印順法師在閩南佛學院教書時，學院裡的隆耀、慧雲二位法師受邀至台灣開元寺傳戒，隆耀法師想到要見台灣的諸山長老，應準備禮物表示敬意，在手頭拮据的狀況下，找上也是窮同學的印順法師借錢，「二十元，是我所有的不少部分。我與隆耀沒有特別的友誼，但我毫不猶豫的答應了他」。[10]在傳戒期滿欲返廈門時，隆耀與慧雲法師被誤認為間諜，遭受日本刑警逮捕拷打；由於隆耀法師身體瘦弱，一度傳出已不堪刑責而死，結果原來尚在台灣休養，[11]拜託慧雲法師要設法將借款還給印順法師。

9　印順導師：《平凡的一生》（重訂本），頁 16。

10　印順導師：《平凡的一生》（重訂本），頁 17。

11　隆耀、慧雲二位法師原為廈門閩南佛學院教職員，1934 年冬季受台南開元寺住持得圓法師禮請至台傳戒，一位任戒會裡的羯磨阿闍梨、一位任教授阿闍梨；由於慧雲法師被讚譽為「曼殊第二」的詩僧，故大眾開詩會邀其吟詩唱和，當時台灣是日本殖民時代，來自閩南的慧雲法師吟詩之舉被日本政府誤認為中國間諜，因此牽連同行的隆耀法師均被逮捕入獄達一年之久；入獄期間，多有傳聞兩位法師遭受拷打不治身亡等消息。參自林子青：《白雲深處一禪僧：林子青傳記文學集》（台北：法鼓文化，2008 年），頁 669。以及參自通一：〈中日佛教徒攜手中之不幸事件〉、福善：〈從

　　慧雲法師提及杭州開化寺六和塔的住持妙乘法師，就讀過閩南佛學院，故對閩院的同學都盛情接待；印順法師思忖出家後未去過西湖，又正好得到早已遺忘的意外之財二十元，故而改變前往天臺山齋會的計畫，轉往杭州之旅。抵達開化寺，妙乘法師提議：「今天太老（指虛大師）在靈隱寺講《仁王護國般若經》。我們是雲來集菩薩，也該去參加開經法會才是」，[12] 眾人前往聽經後，慧雲法師告訴印順法師：「太老好像有話要和你說似的。」[13] 過了兩天妙乘法師在開化寺設齋供養太虛法師，筵席上沒有外客，太虛法師向印順法師提起武昌佛學院要辦研究班，有幾位同學是研究三論的，希望他前往指導，他當下謙辭，但太虛法師以「去一趟」結束了話題。在杭州住了一星期，遊興大發的印順法師自認「也許是二十塊錢在作怪」，離開杭州後則前往嘉興、江蘇鎮江，接著到了焦山、揚州以及南通狼山等處拜訪同學，最後搭輪船到了上海。三個星期的遊玩，旅費用盡人也疲累，印順法師放棄前去天臺山的念想，欲返回普陀；啟程前一天，他到了三昧庵（太虛法師創辦的中國佛教會上海市分會附設於此處）拜訪同學燈霞法師，法師告訴他：「下午請常惺法師演講，你喫了午飯，聽完講再走吧！」結果太虛法師於飯局上再度出現，並再次提起武昌佛學院指導一事，更拿出二十元作為旅費，不善詞令的印順法師無法推拖默然收下。[14]

　　回到普陀山以後，印順法師自責不該前往赴宴：「武院，我是去過的，並不想再去；特別是武漢的炎熱，我實在適應不了。可是旅費已拿了，拿錢而不去，我是不能這麼做的，除非將錢退回去。想來想去，也許還是（缺乏斷然拒絕，不顧一切的勇氣）人情難卻，沒奈何的決定：去一趟，明年早點回普陀山度夏」。[15] 抵達武昌時，印順法師先是病了一場，後來盧溝橋事

　　中日國情說到慧雲法師之死〉，收入《人海燈》第二卷（香港：人海燈社，1935 年11 月），「社言」與「事評」版。

[12] 印順導師：《平凡的一生》（重訂本），頁 18。

[13] 印順導師：《平凡的一生》（重訂本），頁 18。

[14] 參自印順導師：《平凡的一生》（重訂本），頁 18-21。

[15] 印順導師：《平凡的一生》（重訂本），頁 21。

件發生，他與同學止安法師到了重慶住進「漢藏教理學院」。筆者曾於前文述及，印順法師輾轉至此度過抗戰的八年，結識法尊法師以及幾位學友，對印順法師無論是學識上、未來發展上，富有極為重要的意義與牽繫。

　　抗戰勝利後，印順法師離開漢藏教理學院，由重慶出發，停留了西安、洛陽、鄭州、開封等處，到了上海見到了太虛法師的最後一面。爾後妙欽與演培法師在法義論究中，引發共同理想，籌組「西湖佛教圖書館」，找了印順法師為主導；在這期間，妙欽法師想介紹他給性願法師認識（與妙欽法師有宗派的法統關係），性願法師隨後寄來旅費邀請他至廈門隨喜傳戒法會。到了廈門的印順法師，隨緣辦立「大覺講舍」，整理的講稿後成為《佛法概論》一書，當時已至菲律賓馬尼拉的妙欽法師寄上資費助其在香港印行出版。在此之前，由於法舫法師的催促與安排，印順法師亦順利抵達香港，而他願前往香港的目的，竟是想由香港經雲南到四川北碚的縉雲山找法尊法師，結果後來因戰亂而未果。[16]

　　「為遊覽而出去遊覽，我平生只有過一次。只此一次，恰好免除了抗日期間，陷身敵偽下的苦境，可說是不自覺的預先在安排避難」，[17]據上經歷，閱藏完畢所發生的遊歷過程，應是印順法師自傳裡的重頭戲之一，此段過程似乎緣分不斷相續，一個接著一個的因緣把印順法師推入原本未想前去的地方，卻讓他在戰亂裡全身而退。

（三）政教迫害

　　1952 年，印順法師四十七歲，回顧這一年，他寫道：「這是我一生中僅有的一年。因緣的追逼而來，真是太不可思議了！這一年的因緣，值得一提的，至少有十件。」[18]其中影響其往後人生的重大事件，即是「抵達台

16　參自印順導師：《平凡的一生》（重訂本），頁 35-44。

17　印順導師：《平凡的一生》（重訂本），頁 14-15。

18　印順導師：《平凡的一生》（重訂本），頁 51。這十件事情是：一、1952 年正月初三，印順法師與演培、續明法師至香港識廬、鹿野苑拜年，續明法師帶回馬來西亞檳城的明德法師的信件（與明德法師未曾謀面），表示願意發心籌募《中觀論頌講記》的善款；之後所匯寄的款額，不但印了《中觀論頌講記》，餘額又印一部《勝鬘經講

灣」。印順法師認為四十七歲離開香港到了台灣，與二十五歲的離家出家，
在他的生命中都有著極深遠的意義，只是意義並不相同。

　　印順法師來到台灣之前，先後住在香港的大嶼山寶蓮寺、香港佛教聯合
會灣仔會所、新界粉嶺的覺林、大埔墟的梅修精舍、青山的淨業林等處，[19]
這期間他曾被選為香港佛教聯合會會長以及世界佛教友誼會港澳分會會長。
[20] 直到 1952 年 5 月，台灣的李子寬居士來信，告知印順法師經過中國佛教
會的決議，推請他代表中華民國，出席在日本召開的第二屆世界佛教友誼

　　記》。二、應鹿野苑明常老和尚提議，於 1952 年 2 月與 3 月之間，講一部《寶積經》
　　〈普明菩薩會〉。三、住在香港淨業林，感受到人事的紛擾問題，所以與續明、妙欽
　　法師討論，決定於香港籌建福嚴精舍。四、1952 年 3 月中，由優曇法師介紹赴香港南
　　天竺，由敏智法師任住持、印順法師與續明法師弘法，但是最後事情未果。五、馮公
　　夏等居士成立世界佛教友誼會港澳分會，禮請印順法師擔任會長。六、當選香港佛教
　　聯合會會長。七、1952 年 7 月中離香港抵達台灣，隨後至日本出席世界佛教友誼會第
　　二次大會。八、由日本返回台灣，李子寬在善導寺護法會提議印順法師任善導寺導
　　師，並送上聘書。九、菲律賓僑領施性水與蔡金鎗居士至善導寺拜訪，傳達性願法師
　　禮請印順法師到菲律賓弘法。印順法師雖未前往，卻成為其 1954 年赴菲國弘法的前
　　緣。十、大醒法師辭世，其主持之《海潮音》月刊轉由李子寬當發行人，印順法師擔
　　任社長，直至 1965 年方由樂觀法師接替職務。參自印順導師：《平凡的一生》（重
　　訂本），頁 51-59。

[19] 印順法師於自傳曾提及 1949 年大醒法師勸其到台灣，也將設法安排住所，但是因為
　　「不會閩南話，不會與人打交道、拉關係」，認為自身寄居臺籍寺院，可能幫不上常
　　住的忙也可能難以適應，故當時沒有應允來台。陳玉女即指出：「可見語言或生活習
　　慣也是選擇逃離去處的重要考量」。以上參自印順導師：《平凡的一生》（重訂
　　本），頁 44，以及引自陳玉女：〈戰後中國大陸逃難僧與臺灣佛教之轉折〉，收入
　　《流離與歸屬：二戰後港臺文學及其他》（台北：國立台灣大學出版中心，2015
　　年），頁 463。

[20] 香港「明珠佛學社」已故的名譽社長、擔任世界佛教友誼會港澳區會長多年的高永霄
　　教授（1924-2012），曾在 2005 年 4 月發表〈印順導師與香港佛教〉，於全文之末附
　　註：「印順導師雖於一九五二年六月被選為世界佛教友誼會港澳分區總會會長，數個
　　月後，便因代表中國台灣出席第二屆世佛東京大會而離開了香港，但港澳分區總會同
　　人仍以導師為會長，直至一九五六年間改選時，馮公夏居士升任為會長，而導師乃被
　　眾推舉為榮譽會長直到現在。」資料轉引自香港明珠佛學社網頁 http://www.brightpea
　　rlhk.org/ShowNews.asp?newsid=210（上網日期：2015 年 2 月 7 日）。

會。9 月初，印順法師抵台，方知原本收到約三十人（法師加上居士）出席的訊息，已被政府限定為五人；他認為自身沒有過人的才能，語言也不通，但是已無法懇辭。會期結束，回到台灣，李子寬以出境證未辦理好的理由，再度將印順法師留下，並禮請他擔任台北首剎善導寺的導師。

　　「台灣與我有緣——有無數的逆緣與順緣；香港與我無緣，沒有久住的因緣。」[21] 經由李子寬設計過的安排，住進善導寺、無法返回香港的印順法師，面對了在台灣最恐怖的逆緣，他說：「在四十二年與四十三年之間，我定居在台灣，受到了一次狂風駭浪般的襲擊，有生以來不曾經歷過的襲擊。」[22] 在這之間，襲擊他最嚴重的三件事情，被他稱為「漫天風雨三部曲」。

　　第一部曲源自由中國佛教會派去日本留學的圓明法師，在發表的文章裡「要台灣的法師們，向印順學習」，[23] 他的言論受到當時從大陸來台的佛教界法師居士一致圍剿，並且誤以為是印順法師從後指使支持，故對他產生反感與謾罵。第二部曲接續第一部曲而來，佛教界反對印順法師的人士，為了對付他，便陸續拜訪當時道譽極高、有舉足輕重地位的慈航法師，請其登高一呼降伏邪魔（指印順法師），慈航法師終於提筆寫下〈假如沒有大乘〉一文，內文提出印順法師欲打倒大乘佛教、提倡小乘與日本佛教、想當領袖等等文句；幸賴彼時跟隨印順法師身邊又與慈航法師有師生關係的演培法師，適時地拜謁慈航法師說服其停筆，原本差點正面摧擊印順法師的文章就此打住。

　　緊接著的第三部曲，是最猛烈的襲擊，在國民黨中央黨部對內發行的月刊，指出：「印順所著《佛法概論》，內容歪曲佛教意義，隱含共匪宣傳毒素，希各方嚴加注意取締。」[24] 這是佛教徒且身為國民黨員的人士所舉報，指責印順法師在《佛法概論》中所解說佛教四大部洲之一的北拘盧洲，

---

[21] 印順導師：《平凡的一生》（重訂本），頁 62。

[22] 印順導師：《平凡的一生》（重訂本），頁 62。

[23] 印順導師：《平凡的一生》（重訂本），頁 67。

[24] 印順導師：《平凡的一生》（重訂本），頁 72。

地點泛指西藏高原，隱含「為匪宣傳」之虞；中國佛教會的秘書因此行文政
府單位與佛教團體，表示協助取締勿予流播。是故謠言四起，「印順被逮捕
了」的聲音到處流傳；印順法師最後是以「公開宣講佛法」的方式闢謠，並
且自認逃難時因缺乏經典參考致使文字有出入申請修正，才使整個沸沸揚揚
的宗教政治事件逐漸平靜下來。事情表面上雖是《佛法概論》所引起，但尋
其脈絡，與善導寺的住持關係、派系恩怨有極大關聯。[25] 在如此驚風駭浪

---

[25] 闞正宗指出善導寺與李子寬的關係，以及印順法師受到傷害的「三部曲」過程：「善
導寺是日據時代淨土宗在台灣的總本山，始建於大正十四年（1925），民國三十七年
李子寬（1882-1973）因生意赴台，後在當時的台灣省佛教會理事曾景來（1907-
1977）的引薦下從達超尼師（1907-1975）的手中接下了善導寺。……達超尼師雖把
善導寺轉移給李子寬，但並未立即離去，留下來協助大醒法師處理相關事務。因此李
子寬真正把善導寺導入正軌經營的是在達超尼師離寺之後的事。……一九五○年大醒
法師因患高血壓，移錫至新竹香山靜養，並將〈海潮音〉編務也一併轉移。善導寺無
僧人住持後，李子寬等以善導寺護法會的名義聘請南亭法師（1900-1982）為善導寺
法會主持人，但是真正負責善導寺寺務的大權是在李子寬的手中，故南亭法師就表
示：『……李子寬居士常住（善導寺）其中，主理一切，儼然住持矣！』……印順法
師接任善導寺住持之位是一九五六年三月四日，原本印順法師在新竹福嚴精舍建有關
房準備靜修，因同情李子寬的處境而允諾。李子寬在善導寺的處境是尷尬的，主要原
因是搶先進駐了台北的首剎，以一介白衣而掌握寺中大權，引起部分大陸來台法師的
不滿，加以不知教內有人反對太虛，而以印順法師為中心，先是安排出席第二屆在日
招開的『世界佛教友誼會』，繼而出任善導寺的導師等等，都使得印順法師無可避免
地要捲入教界的風暴中。」點出李子寬是讓印順法師捲入教界風暴的推手。進一步，
闞氏又指出第二屆世界佛教友誼會的始末：「赴日表團人數由三十人驟減為五人是什
麼原因不得而知，但李子寬堅決安排印順法師出席會議，自己也付出了代價。在赴日
之前的農曆七月十二日，中國佛教會再度召開理監事聯席會議，選舉常務理事九人、
監事、理事長，有人不滿李子寬預先在青草湖預備會議安排好人選，因為理監事手中
握有像赴日開會般的決議權力，新仇舊恨，原照會章本是推選，有人提議票選，雖不
合法亦強行通過票選，結果原是在規劃推選九位常務理事名單中的李子寬卻落選了，
而章嘉大師高票當選理事長。而會址原設於善導寺的中國佛教會，也在同年的九月十
日遷到萬華的龍山寺。在李子寬的運作下赴日五人名單終告確定，印順法師也知道似
乎不妥，但只有隨波逐流，將錯就錯的錯下去。九月十五日下午在龍山寺舉行赴日代
表團歡送會，九月二十四日代表團於台北松山機場搭機赴日。九月二十五日第二屆世
界佛教徒會議，在東京築西地本願寺揭幕，會議共分三組討，每人限參加一組，我代

的政教迫害中，差點深陷囹圄（甚或失去生命）的印順法師，於其自傳罕見地以〈漫天風雨三部曲〉、〈佛法概論〉、〈餘波盪漾何時了〉三個篇章來記述始末，可見整體事件對他影響之深。

闞正宗分析：「印順法師從香港來台，即代表中國佛教會出席在日本的重要佛教會議，又在會議結束後被動地被聘為台北，甚至是全台首剎善導寺的導師，繼而修建福嚴精舍從事僧教育，每一步驟都無意開罪了教界某些具影響力的法師……終於導致近幾『白色恐怖』的『佛法概論事件』」，[26]直指印順法師來台後的受聘職務與法業開展，一再地招惹某些同為佛門中具重要地位法師的反感。又據道安法師的日記紀實：「老實說：現在大陸來臺灣的僧侶派系頗重，[27] 反對印順、李子寬（太虛派）的人太多了，最少□

表團第一組由印順法師、圓明法師等與會；第二組是李添春；第三組是趙恆惕居士與一位大使館英文秘書。而圓明法師並不在代表團的名單內，其當時為中國佛教會推派赴日研習的學僧，此一動作也在日後因圓明法師發表數篇文章，並推崇印順法師而埋下了這場教界白色風暴的起因之一。」亦直點李子寬的運作，使得赴日出席會議的印順法師等人名單，已引起中國佛教會的不滿，且印順法師因赴日與圓明法師有所接觸，更埋下日後的導火線：「圓明法師與印順法師在上海曾經碰過兩次面，有點頭之交，一九五二年九月在日召開的『第二屆世界佛教友誼會』，印順與圓明法師分在同一組，所以在日期間是天天見面，事後從會場發回台灣的代表團合影，合影的六個人分別是章嘉、印順、圓明法師、趙恆惕、李子寬與李添春六個人，可見圓明法師與代表團有著密切的互動。圓明法師對印順法師的肯定與支持，也是捲起滿天風暴的關鍵之一，而導火線是蘇春圃寫了一篇批駁胡適的文字，請慈航法師鑒定。慈航法師是直性直心，想到寫到，就加上『按語一一、二、三』而發表出來。圓明是胡適的崇拜者，對蘇文大加批評，並對三點按語，也一一痛加評斥，結論還是要慈航法師跟印順學習。……圓明法師的這番話，很明顯的是開罪了慈航法師，而印順法師也被捲入其中。」以上引闞正宗〈善導寺時期（1952-1957）的印順法師──「佛法概論事件」前後相關人物的動向〉，收入藍吉富主編：《印順思想──印順導師九秩晉五壽慶論文集》（新竹：正聞出版社，2000 年 4 月），頁 384-386、頁 386-388、頁 393-394。

[26] 闞正宗：《重讀臺灣佛教：戰後臺灣佛教》（正編）（台北：大千出版社，2004年），頁 129。

[27] 根據開證法師（1925-2001，高雄宏法寺開山住持）的分類，他將當時來台的大陸僧侶分為三大系：「一、以智光和尚、南亭、東初長老為一大系，俗稱江蘇派。現在的

□、□□這一派是反對最厲害的人。這中間不無蛛絲馬跡可尋。此外青年中如□□、□□、□□、□□等亦是反對太虛派最激烈的人物。尤其對李子寬與印順法師的架子，這實在不是一種好現象，是佛教的衰相。」[28] 指出印

成一、星雲、聖嚴、了中、妙然諸大法師為這一系統中的最傑出者，並且人才濟濟，所以名氣最大」，「二、印順導師系：人家稱其為學派，門下最聞名的有：續明、仁俊、演培、真華、印海、超定、如悟……法師，是一門書香，盡是弘法海內外的健將，學派子孫大多數重於教育以及學術的探討」，「三、白聖大師系：教門中稱之為海派，因白公住過上海玉佛寺，故得其名。白公特別關心台灣佛教的重興，而專心於傳戒度僧事業，傳戒幾十次，所度戒子充滿天下，台灣地區的佛教也因此而速成一僧多寺多的現況，造成僧團的一股大力量。……白公門下最傑出的人才，首推淨心大法師……尼眾界即有天乙先聞名……晚近才馳名的可算：明偉、明虛、明迦……還有一位是在美國修博士班快要畢業的明耀法師。得意的入室弟子（法子）如了中、明乘、達能、今能、心田、法智、圓宗..為數不少，盡是眾所知悉的領導教團的中堅……白公與慈航大師更是如兄如弟好同參，慈老亦是台灣佛教的一大功臣，為台灣光復後創辦佛教教育的第一人」。以上引自釋開證：《慈恩集 1：年譜讚頌篇》（高雄：宏法寺，1996 年），頁 184-187。另外，印順法師在自傳中曾述及觀察到中國佛教派系組成的現象，即「蘇北人大團結」的醞釀，主要有影響力的成員為「上有三老」：證蓮老、太滄老、智光老，在三老之下的「二老」為：南老（南亭老師）與東老（東初法師）；其敘述：「自從到了臺北善導寺，在『蘇北大團結』中，傾向於蘇北的集團利益。」侯坤宏指出上述現象是以「地域觀念」而有的「同鄉之誼」，如此的同鄉情誼便發生了積極的作用。以上參自印順導師：《平凡的一生》，頁 97-99；以及侯坤宏：〈從「人際關係」看戰後臺灣佛教〉，收入《圓光佛學學報》第四十期（中壢：圓光佛學研究所，2022 年 12 月），頁 145。

28 道安法師遺集編輯委員會：《道安法師遺集》（七）（台北：道安法師紀念會，1980 年），頁 1164-1165（文中有□□的部分，乃原作之處理）。楊惠南認為印順法師雖自省是到日本出席世界佛教友誼會、佔據首剎善導寺的導師之職、提出與傳統佛教派系不同的見解，故得罪了佛教同人；但楊氏以為問題並非如此單純，他推論：「因為這還應該牽涉到印順的老師──太虛。成立於一九三六年的中國佛教總會，其前身是成立於一九三一年的中國佛教會。當時即因為開明與保守的路線之爭，分裂為南京總會和上海辦事處，分別由太虛和圓瑛所領導。太虛代表的是開明的改革派，而圓瑛則由江浙佛教界所擁護，代表保守的傳統勢力。因此，繼承了中國佛教會的一九三六年總會（當時太虛已經逝世），乃由圓瑛等江浙傳統而保守的佛教徒所領導。……一九四九年國民政府遷臺後，圓瑛雖然沒有跟著來臺，但是其弟子慈航、白聖等江浙佛教人士，卻有不少人跟著來臺。而由這些人所成立的臺灣中國佛教會，自然也是代表著

順法師被歸為太虛法師一派的門人，捲入大陸來台僧侶派系的鬥爭之中，成為被攻擊的對象；印順法師在晚年時期，方提出道安法師的日記，是「中立者的意見」。[29]

　　在一片大陸來台傳統派僧侶的撻伐聲裡，自始至終友善者是為台灣土生土長的菩妙法師，[30] 他曾欣讚中國僧侶來台，為佛教帶來不同的風貌，比如他肯定中壢圓光寺的妙果法師聘請慈航法師來台創辦圓光佛學院、東初法師來台創辦《人生雜誌》並邀請法友發起兩次環遊全島宣傳影印《大藏經》、星雲法師在宜蘭雷音寺舉辦一系列饒益大眾的文教弘法活動、白聖法師在十普寺講經釋論，並提及「印順導師也在新竹創辦福嚴佛學院」；[31] 他指出清末以來佛教給社會大眾不事生產無益國家的印象，加上佛道不分致使佛教推廣未見理想效應，但是這些渡台僧眾弘法佈教的活動，是把正信佛法帶入台灣，所以他說：「當中國的僧侶大舉來台之際，也為佛教帶來嶄新的氣象」。[32] 此外，菩妙法師也提到當時本省與外省法師的往來並不密切，但是他能和印順法師等外省籍法師結下深刻法緣，[33] 正如印順法師在自傳

　　傳統的保守勢力」。引自楊惠南：〈臺灣佛教的「出世」性格與派系紛爭〉，收入《當代佛教思想展望》，頁 33。根據楊惠南的推論，可知太虛一派的弟子來台，與保守派佛教處於近乎對立的情況，而邀請印順法師出席世佛會、擔任善導寺導師的李子寬，本是太虛法師的弟子，故其對印順法師的推崇，自然更引發傳統派系的不滿與反感。然印順法師於〈為自己說幾句話〉一文，則提出「……所以我遭受的『漫天風雨』，不能說沒有派系，但如泛說江浙佛教界為保守勢力，那顯然是與事實不符的。」引自印順導師：〈為自己說幾句話〉，收入《永光集》，頁 261-262。

[29] 參自印順導師：〈為自己說幾句話〉，收入《永光集》（新竹：正聞出版社，2005年），頁 261-264。

[30] 菩妙法師（1921-2009），生於高雄縣梓官鄉赤崁村，為高雄元亨寺住持。

[31] 參自會忍法師、卓遵宏、侯坤宏訪問：《菩妙老和尚訪談錄》，頁 66-67。

[32] 會忍法師、卓遵宏、侯坤宏訪問：《菩妙老和尚訪談錄》，頁 67。

[33] 菩妙法師於 1952 年至五股觀音山凌雲禪寺暫時幫忙住持覺淨老和尚協助該寺知客一職，同年正是印順法師從日本參加世界佛教友誼第二屆大會，回返台灣被安排擔任台北善導寺導師之時；印順法師當時曾上觀音山探望出家故友，結識菩妙法師。菩妙法師自此之後與印順法師時有往來，雖然對於印順法師的鄉音不易聽懂，但是他認為：「兩人的交流溝通是如此的心領神會，語言文字事實上是多餘的」；爾後菩妙法師住持

所道「因緣不可思議」。[34] 筆者認為菩妙法師對於印順法師的這份法情與敬重，對照彼時同是渡台僧侶卻產生誤解與排擠的現象，是值得一提之處。

綜上所述，印順法師的出家之路當屬先曲折而後順利，出家之後三、四年的閱藏以及八年住在漢藏學院的時光，可謂是他韜光養晦、潛深遠跡的重要階段；筆者認為在這之後走下山、渡過海的境遇，印順法師得以展現生命的深度與韌性，是由此蘊蓄渾厚的。因為遊覽而遊覽的啟程，促使印順法師離開了普陀，躲過了七七事變的戰亂；因為想拜訪法友的目的到了香港，雖訪友不成，但好在居住香港、《佛法概論》也在香港印行，沒有身陷大陸的戰局也未先到台灣而捲入政難。[35] 離開普陀之行、離開大陸之行，確實是印順法師生命裡不可思議的轉捩點：前者，讓他獲得入川後珍貴的八載歲月；後者，雖助他先躲過牢獄之災，卻則驅使他面對生命裡最風風雨雨的經歷。

的元亨寺舉行晉山典禮時，大雄寶殿的對聯即禮請印順法師題字。菩妙法師亦時常對徒眾讚嘆印順法師「一生為豎正法眼，而著作等身，以文字般若利益無數眾生」，足見菩妙法師對印順法師的肯定。以上參自會忍法師、卓遵宏、侯坤宏訪問：《菩妙老和尚訪談錄》（台北：國史館，2009 年），頁 3、頁 51-54。

[34] 參自會忍法師、卓遵宏、侯坤宏訪問：《菩妙老和尚訪談錄》，頁 66。

[35] 印順導師：「千僧齋，慧雲交來的二十元，遊興勃發，三昧庵的突然相逢，武昌的病苦，使我意外的避免了敵偽下生活的煎熬。現在，又一次的避免了苦難，已過了五十多年的自由生活。我的身體衰弱，不堪長途跋涉。生性內向而不善交往，也不可能有奔向（語言不通的）香港與臺灣的決心。我是怎樣避免了的？這是又一次不自覺的在安排，預先脫離了險地。……一過新年，三十八年（四十四歲）正月，京滬的形勢緊張，我就住了下來。隨緣辦了一所『大覺講社』……到了六月……到達香港。我怎麼會到香港？法舫法師在香港，一再催我到香港，並說住處與生活，一定會為我安排……事後回憶起來，我應該感謝老。因為，要等政局比較安定：政治更上軌道，四十一年（四十七歲）秋天，我才可以來臺。如三十九年就到了臺灣，免不了一場牢獄之災。遠離政治動亂的苦難，我有意外的因緣；到臺灣也就有較安全的因緣──因緣是那樣的不可思議！」引自印順導師：《平凡的一生》（重訂本），頁 40-45。

二、聖嚴法師

　　從聖嚴法師的自傳，可發覺自從他期盼出家開始，人生即是一連串的轉折，每個轉折均包含著困挫，分配在他轉變的身分之中。

（一）出家前後的際遇

1. 隨口成就的出家機緣

　　聖嚴法師回憶處於家窮又體弱的「張保康」時代，雖勤學但雙親無法栽培，說道：「我家畢竟太窮了，窮得使我不能完成小學的學業，結果，由於因緣的安排，使我走上了出家的路。」[36] 這條出家的路，開道者是一位名為戴漢清的鄰居。

　　在 1943 年的夏季，張保康實歲未足十三歲時，這位戴姓鄰居來到家裡，閒聊間問及他未來的志向，張母回應張保康身子單薄卻會讀書，只是家裡無法培養等等無奈之語，最後說道：「看樣子，他只有去做和尚了。」[37] 這句話引起戴姓鄰居的關注與興趣，他緊接探問張母是否捨得讓孩子當和尚？而當母親當作玩笑話詢問張保康時，他竟然回答：「當然想做。」戴姓鄰居表示狼山上的師父託他代找小和尚，故而請張父與張母開好張保康的生辰八字，方便拿回山上讓師父在佛前請示。

　　因此，張保康當和尚的決定，即是在戴姓鄰居的恰巧來訪[38] 以及母親的隨口問話中，成就了「上狼山當和尚」的因緣；然而聖嚴法師回顧起這段因緣時，其實他那時對「出家做和尚一無所知」，只是從聽過的故事中，覺

---

[36] 聖嚴法師：《歸程》，頁 42。

[37] 聖嚴法師：《歸程》，頁 44-45。

[38] 此位戴漢清先生是在雨天到訪，因未帶雨具而濕身，故張家人借了粗麻布讓他將臉與頭髮的水擦乾，張保康還從陶製的大茶壺中倒涼麥茶請他喝。聖嚴法師回憶道：「事實上，戴先生與狼山廣教寺的和尚們交好，他知道他們想吸收新血，他不會送他的兒子去那兒，因為他只有一個兒子，必須繼承家祠。我們家有四個兒子，所以他想到了我們。事實上，他就是懷著這個目的，在那雨天來訪。」引自聖嚴法師著，釋常悟、李青苑譯：《雪中足跡：聖嚴法師自傳》，頁 44。

得「印象中的狼山是仙人聚集之所」。[39]

　　夏去秋來，戴漢清帶回了張保康期盼的好消息，面對父母的不捨，張保康反而非常興奮；雖離別前與母親淚眼相對，但是懷著一份對狼山的憧憬而願意出家的他，[40] 離家後已將母親的淚忘得一乾二淨。[41] 跟著戴漢清渡江、步行上山的路途雖需數小時的時程，但是他不以為苦，邊走邊問，也幻想著上山以後的生活。在山腳下見到的巍峨殿宇、遍山的雄偉建築物與不可置信的巨大佛像，[42] 以及梳著瀏海頭、著和尚衣撞鐘的小沙彌，[43] 都讓他

---

[39] 聖嚴法師著，釋常悟、李青苑譯：《雪中足跡：聖嚴法師自傳》，頁 43-44。

[40] 關於狼山的歷史以及狼山著名大聖菩薩的傳說：「狼山的歷史，始於唐高宗的時代，龍朔和總章年間（西元六六一─六六九年），有一位來自西域泗國的僧伽大師，到達狼山開基。然後經知幻禪師及當地的居士們建了大雄寶殿等，名為『廣教禪林』。所以直到現在，山上的正殿供的就是僧伽大師像，半山還有一座知幻禪師的塔。傳說僧伽大師坐化於唐中宗景龍二年（西元七○八年），在生之時，常顯神異，曾示十一面觀音像，所以後人以他為觀音的化身。因被唐中宗尊為國師，所以，他身後的尊號是『大聖國師王菩薩』。後來他的聖像是盤腿而坐，頭戴毘盧帽，身披大龍袍。類似這樣不僧不俗的例子，高僧傳中並不多見。」、「狼山大聖的名聲，在蘇北的地區，乃是老幼咸知，婦孺皆敬的；在蘇北，一提起狼山大聖，無不肅然起敬，他是無病不治的醫王，也是無難不濟的聖者，更是有求必應的大菩薩。無論距離狼山多遠，如果家裡有人病了，只要燃香點燭，向狼山的方向祈求，取些香灰，沖了開水，一喝就好；如果有何疑難，只要如法祈求狼山大聖，便可逢凶化吉；如果在長江中突然遇到船難的船隻，只要向狼山的方向，祈求保佑，便可履險如夷。」分別引自聖嚴法師：《聖嚴法師的學思歷程》，頁 14-15 以及聖嚴法師：《歸程》，頁 59。

[41] 對於母親的情緒，聖嚴法師有如下細膩的描述：「說良心話，我的父母讓我去狼山出家，並不是由於佛法的理由，鄉下人根本就沒有聽過半句佛法，哪能懂得什麼是出家的勝義呢？僅知道狼山是個錢山，狼山的和尚是財神，所以，送兒子去狼山出家，就等於送兒子去登天享福。雖然如此，母親也是在半肯半不肯的心情下，甚至可說是無可奈何的情景下把我送出家門的。」引自聖嚴法師：《歸程》，頁 82-83。

[42] 佛像巨大的程度，聖嚴法師道：「在我們進入大殿的兩道門後，我簡直不敢相信眼睛所見到的，巨大的佛像幾乎是家中的一百倍。我仰起頭來看他的臉，戴先生告訴我，佛像上堆積的塵土，一年有十二桶之多。」引自聖嚴法師著，釋常悟、李青苑譯：《雪中足跡：聖嚴法師自傳》，頁 50。

[43] 聖嚴法師：「殿內的一角，有一個和我年齡不相上下的小沙彌，撞著幽冥鐘，他梳著瀏海頭，穿著長領寬擺的和尚衣，撞一下鐘，拜一拜佛，口裡也在唱著『南無九華山

驚歎且嚮往。抵達狼山山頂的廣教寺法聚庵，張保康頂禮了一群師祖，卻未見只比他大一歲的「師父」，[44] 為其剃度則是蓮塘老人。[45] 張保康的師父在他上山一個月後才姍姍來遲，原來他早些被介紹到狼山且住山腳下與師祖的俗家有親戚關係，所以佔了便宜當上師父。張保康與師父同一房間，口稱師父實際上卻是兩個小朋友，他不介意狼山不太公平的僧制，他能出家已心滿意足，他只有個希望：「把衣服換掉，能夠穿上和尚裝，頭上也梳起一個瀏海頭。」。[46] 張保康的出家夢，外在形象的期待在許久後才勉強實現，唯一的變化是擁有法名「常進」。

2. 禮拜觀音生信心

　　出家後的常進沙彌，有了指導佛門儀軌以及教導四書五經的兩位老師。雖有知識上的學習，但是身為狼山的小沙彌，除了早晚課誦、撞鐘擊鼓，還要掃灑環境、種菜燒飯，甚至為老僧人洗衣、倒夜壺；所以「作為一個和尚所應具備的十八般武藝」，常進沙彌學會了，也領會「凡事自己做」、「工作無貴賤」的能力和觀念，但是讀書的時間也因此耗損了。

　　常進沙彌在忙碌繁雜的生活裡，誦經背誦對他而言初始是困難的，其被告知是因為業障多必須懺悔拜佛；結果在禮拜幾個月後的某日早上，他照例在觀音像前禮拜五百拜時，「感受到一股力量從頂門而入，貫穿全身。接著的拜佛動作自然而毫不費力。……我感受到全身清涼、清新，我的心也明亮、透徹起來。好像菩薩降臨，賜予我什麼東西，那種感覺就像是從未意識

幽冥教主地藏王菩薩』，喉嚨清脆，韻律悅耳，超塵脫俗，發人深省。這一切，都使我神往。」引自聖嚴法師：《歸程》，頁49。

[44] 聖嚴法師：「狼山這個地方，不是十方制，乃是子孫廟，唯恐子孫在接任住持的問題上發生糾紛，所以由來都是子孫單傳，一個師父，只許有一個徒弟，如果同時收受兩個小和尚，必定是一個師父，一個做徒弟。我的師公與師祖，是同時出家的，但是先進山門為師，所以剛剛出家，就做了師父。這次收受的兩個小和尚，我是徒弟，另外一個也成了我的師父。」引自聖嚴法師：《歸程》，頁51。

[45] 聖嚴法師：《法源血源》，頁9。

[46] 聖嚴法師：《歸程》，頁52。

到的茅塞被破除了，腦子開了竅」，[47] 這際遇讓他從此記憶力增強，也產生了信心──連結到他自小與母親同去觀音會持名誦念觀音菩薩聖號的記憶，可發現觀音法門在他生命裡的親切性，也可說是出家眾較他人容易直覺到的宗教體驗。[48]

3. 見證狼山的興衰

常進沙彌當初懷著一股莫名的雀躍與期盼到狼山出家，他對狼山的第一印象便是山高、人多、香火盛，然而如此的美好景象卻在他上山後一年多起了改變：

> 狼山的僧制，歷代都有變化，由全山統一的十方禪院，演變為七個房頭，分頭而共治的子孫寺院。當我上山之際，就是處於房頭的時代，而七個房頭只有一個大雄寶殿及位於山頂的大聖殿，為七家逐年輪流共管。民國三十二年（西元一九四三年），正好輪到我們第四房的法聚庵在山頂當年。……不過，到了那一年的冬天，蘇北常常鬧著新四軍和日軍之間的零星槍戰，山上山下都進入戰備狀態。……香火一天不如一天，到了民國三十三年（西元一九四四年）農曆新年，山上已經是非常地冷清了。[49]

雖然他在禮拜菩薩當中湧現甚深的信心，可是戰亂的影響，讓他不得不面對狼山的日漸衰弱，「我正好看到了狼山由盛而衰，由衰而亡的落日景象。這使我警惕到佛法所講的世事無常，既痛心又無奈」。[50] 他在狼山住到了

---

47 聖嚴法師著，釋常悟、李青苑譯：《雪中足跡：聖嚴法師自傳》，頁 54-55。

48 聖嚴法師：「這是第一次的宗教體驗，如果從佛法的觀點來說，這個經驗回溯了我的過去生，並與今生連接起來。一個人如果在過去生中修行，可說是種下了一粒種子，今生如果因緣成熟，種子就會發芽。這不是開悟的經驗，只是讓我生起了信心。」引自聖嚴法師著，釋常悟、李青苑譯：《雪中足跡：聖嚴法師自傳》，頁 55。

49 聖嚴法師：《聖嚴法師學思歷程》，頁 15-16。

50 聖嚴法師：《聖嚴法師學思歷程》，頁 16。

1944 年 10 月，去了上海一趟，再度回到狼山；1946 年春天，第二度到了上海，便不再返還。常進沙彌住在狼山總共不足兩年，最後離開的時候，寺院已被國軍進駐，只有軍隊與兵器，僧侶也只剩下不願向外流浪的老僧。

4. 狼山下院的變調歲月

常進沙彌隨著師公朗慧法師到達上海的狼山下院大聖寺，位於普通住宅區一間紡織廠後方的窄巷裡，開始過起「翻堂」、當起「趕經懺」的「應赴僧」；[51] 身體病弱卻正值發育期的他，憑著好勝心拚命出堂誦經，甚至發燒也不缺席。因為大聖寺是以經懺超薦維持生計，所以有如下情形：「我們與三家殯儀館有合同。他們提供整套服務，從棺木、和尚念經、火化，到送至墓地。我們就是旗下的承包商，每當我們穿著和尚衣袍出現，張口唱誦，殯儀館就可賺取一筆佣金。」[52] 更甚地，由於許多出家眾湧入上海，誦經超度竟成為搶手、必須競爭的工作，因此除了降低價錢，還得擴大服務的地區。在這段變調的經懺生活裡，常進沙彌還看到更變調的和尚人生，這些和尚多數來自大的寺院，聰明且知識淵博，卻為了趕經懺提神而吸食毒品海洛因。[53] 甚至，大聖寺一度被查獲毒品，影響了收入（但在幾個月後事件被

---

[51] 聖嚴法師：「大聖寺只住了一堂人，連自家的子孫及客師，一共不過八、九個和尚。所以，佛事多了就要翻堂；所謂翻堂，是用一堂的人，做兩家以上的佛事，這一家念完一卷經，馬上再趕到另一家去，然後又趕回這一家來。有時在本寺翻堂，往往是寺內與殯儀館之間翻堂，在一家殯儀館內的兩個乃至三個廳之間翻堂，以及兩家乃至三家殯儀館之間的翻堂，就這麼翻來翻去，趕來趕去，從來不坐汽車，因為單子很小，要是坐了小汽車，單子白做，恐怕還要賠上老本。所謂『趕經懺』，這就是最好的解釋，坐在寺內為人家念經拜懺，還不夠『趕』的資格。又所謂『應赴』，就是人家一請和尚，和尚們除非生了病，否則不論天寒地凍、積雪三尺、狂風暴雨，都是有請必應，有應必赴；所以，坐在寺內念經拜懺的和尚，也夠不上『應赴僧』的條件。我呢？既是趕了經懺，自然也是應赴僧了。像這般的翻堂，趕路的時間，多於做佛事的時間，所以趕字第一，經懺其次。」引自聖嚴法師：《歸程》，頁 105。

[52] 聖嚴法師著，釋常悟、李青苑譯：《雪中足跡：聖嚴法師自傳》，頁 74。

[53] 聖嚴法師：「海洛因幫助他們提神。但這是個惡性循環，他們必須增加工作量來支付毒癮；當他們工作得愈多，對毒品的依賴性也愈重。當海洛因進入他們的體內時，他們口中發出嘶嘶聲，感覺美妙無比；在尚未注射前，他們鼻涕遍流、精疲力竭。一旦

遺忘,又繼續受僱做佛事),也有少數和尚犯了色戒,被趕出寺院後,娶妻
生子但仍擺攤做佛事生意;又大聖寺為了迎合居士要求而亂象四起,竟讓來
寺裡做超度佛事的人家,可外包葷食並喝酒,讓佛寺瀰漫著煮熟的肉味。種
種不該在佛教寺院發生的情景,卻一幕幕上演在眼前,故而促使常進沙彌思
索未來,並且竭力爭取進入「靜安佛學院」遠離之。

　　常進沙彌本是在家貧的情景下,上了有錢的狼山,可是真實的狀況,讓
他認知上山並沒有擺脫貧窮,即使到了上海的下院更是過著荒腔走板的出家
生活。而且,在出家兩年多後,才第一次穿上了父親辛苦賣糧,請了鄉下土
裁縫製作的僧服——在此之前,沙彌常進不曾換裝(僅有法名),自此以
後,才有了和尚的形象。[54]

(二)軍旅生涯的遭遇

1. 僧服與軍裝

　　靜安佛學院畢業後的常進沙彌,與無處可去的學僧參加佛學院的甄別考
試,考取研究班(另為普通班),只收十多位學僧。上課一學期後,戰爭的
氛圍逐漸影響大眾的心情,學院已不分班且僅象徵性地上幾堂課,其他時間

注射後,他們變得清醒、有力,可以做任何事情。」聖嚴法師著,釋常悟、李青苑
譯:《雪中足跡:聖嚴法師自傳》,頁80。

[54] 聖嚴法師:「我出家了一年,狼山的師長並未給我做一件衣服,即使後來,直到我離
開狼山,到了上海,趕經懺,進了佛學院,也未給我做過一件新衣服。一則,這時的
狼山窮了;二則,狼山有一個不成文的規矩:小和尚未改裝,固然是穿俗家的衣服,
小和尚落髮改裝時,也應由俗家做了全套的僧裝為小和尚的落髮而恭賀,並且還要俗
家拿錢出來辦素筵供養師長,大宴親友⋯⋯民國三十五年(西元一九四六年)春天,
我在上海的下院,已經正式趕經懺了,穿著俗服,披上水紅色的麻布七衣,雜在師父
們之中,天天出堂做佛事,齋主人家知道我是小和尚,倒也很少計較,我的曾師祖
——下院的當家,卻覺得看不順眼,所以念著要我改裝,但又捨不得為我花錢剪布。
我是聽在耳裡,難過在心裡,出家已經兩年多了,還沒有穿上僧服,自己何嘗不
急?⋯⋯終於,我的父親冒著斷糧挨餓的勇氣,賣掉了幾擔麥子,請鄉下的土裁縫,
做了幾件僧裝的棉衣,親自送到上海。⋯⋯父親見我歡天喜地,他也開心地笑了,這
一笑,似乎就已值回了他全部心血的代價!就這樣,我就算是改裝了,反正俗家沒有
錢,所以,一切的儀式也都免了。」引自聖嚴法師:《歸程》,頁80-84。

則是做佛事，或者到由教務處改造的工作場學習織襪（學院購買手搖織襪機以及請來織襪匠教學）。在戰事逼緊的時局，學僧們心中瞭解自身未有講經說法的資格，即使有能力說法，也無人聘請；此外，這時候的出家人大多只能靠經懺維生，在動盪的情勢裡顯得缺乏未來感，沙彌常進的同學有的還俗，有的則去工廠做事。佛學院的學僧與教師來來去去，甚至接任佛學院的白聖法師或是師長道源法師、南亭法師等，亦相續離開。

靜安佛學院，是常進沙彌承受大聖寺變調生活的轉捩點，爾後更是人生抉擇的重大轉捩點。在紛亂的戰勢裡，學院裡從軍聲不斷湧現，傳說著孫立人將軍在台灣訓練新軍，歡迎青年僧的加入。終於，沙彌常進也壯志地脫下僧袍：「古人有『投筆從戎』的壯志，我們是『脫下僧裝換軍裝』」，[55]他將手邊重要的書籍送至兄長住處，把衣物送給身邊的同學，帶著極為簡單的行李，告別兩年半的學僧生涯，也向五年半的沙彌僧涯道別。

沙彌常進在 1949 年 5 月 15 日，向二〇七師青年軍招兵站報名，翌日則前往報到，他在入伍前表明信念：「此去是為國家民族留一分氣節，是為衰微的佛教爭一分光榮；不受國際霸權的奴役是國家民族的氣節，僧人臨國難而不退避是佛教的光榮。」[56] 他們所入的是「通信連」，根據招兵站的軍官說法，即是出家人慈悲為懷，當通信兵是把電話接通、電報拍出，鮮少拿槍殺人，他們便懷著報效國家且涵容悲心的信念，在 5 月 19 日啟航離上海抵台。

沙彌常進入伍開始，不但是重新更換衣著，他也給自己重新取名「張採薇」。最初落腳地是新竹，首要接受的待遇是一日極克難的兩餐，以及光頭、光背、光腳的「三光運動」，此是配合軍中必須節省的政策；這種艱困的生活方式，到了 1951 年美援恢復才獲得改善。

2. 忠軍與匪諜

張採薇經過一番努力，終於考上北投學生大隊當起學生，接受步兵的班

---

55 聖嚴法師：《聖嚴法師學思歷程》，頁 24。
56 聖嚴法師：《歸程》，頁 148。

長訓練；視力不好的他，在這當中吃盡皮肉傷的苦頭還得隱瞞實情（擔心被淘汰）。接著，他又勉強通過通信隊的考試，移營幾次後到達北投的跑馬場（今日的復興崗）受訓，這時的營舍才是舒適且美化的，後又以上士報務員的階級被分發到金山。繼後，再考上宜蘭通信兵學校，畢業後晉升軍官；後又隨部隊移調、配合電台至高雄鳳山、壽山公園；最後則是考上國防部的機關，奉調至新店的情報偵收單位。

張採薇的軍中歲月，受訓的過程嚴守軍紀，身分上卻一度引起懷疑。第一次是初到台灣時，因為同單位的軍人背景可疑，口音似來自上海鎮江地區，恰好他也是從上海來的，故被調查且受迫去看被揪出的共產黨軍人之槍決場面。第二次是於金山駐防時，有位長官認為他思想上有著問題，而當時軍中正掀起刺青（刺上表達愛國的字句）代表效忠的運動，長官要他刺字，他向長官表示忠誠放在心上才最要緊，被長官扣上了可怕的帽子：「我看你是什麼人派來的吧！你說你是和尚，恐怕是一種身分的掩護。」第三次便是拒絕刺字的隔天，長官派人扣查他的筆記書籍，發現其中抄錄〈涼州詞〉：「葡萄美酒夜光杯，欲飲琵琶馬上催，醉臥沙場君莫笑，古來征戰幾人回？」故認為他是反戰份子，就此往上呈報且盯緊他的行動，直至另一位愛護他的排長替其澄清，這場差點致命的風波才止息。[57]

3. 開悟與退役

張採薇待在軍中的日子，平日看書、寫作、投稿，休假亦不與同袍外出找樂子，若有外出則是造訪寺院、親近法師。對於軍旅身分並非想執持終身，與他一同進入軍中的佛學院同學多數逃脫且回復和尚身分，他在北投時曾與佛學院的師長、同學見面，令他感觸良深。他與老師南亭法師保有聯繫，受到法師諸多鼓勵與物質上的照顧；白聖法師、妙然法師亦是極為照顧他；另外他在鳳山服役時，也到佛教蓮社請教煮雲法師佛學的問題。

張採薇親近佛教長老尚有一關鍵人物，即是在高雄參訪寺院時所認識的

57　參自聖嚴法師：《聖嚴法師學思歷程》，頁 36-37。以及聖嚴法師著，釋常悟、李青苑譯：《雪中足跡：聖嚴法師自傳》，頁 109-112。

靈源法師，他提及：「特別是在我二十八歲的那年，曾經由於近代禪宗大德虛雲老和尚傳人，靈源和尚（西元一九〇二－一九八八年）的接引，而得到一個入處。這使我的生命，就好像是從一個自我作繭的鐵罐裡蹦了出來。」[58] 靈源法師與他一同參禪，他問了一個又一個的問題，把心頭的鬱悶及疑惑都表達出來，靈源法師舉起手掌重重打在共坐的床板上，大喝「放下」，這一掌讓張採薇有了新的體悟，他自述：「經此我的人生出現了轉機」，[59] 更因此讓他決心離開軍隊。

在軍中飲食營養不良、睡眠不足，身體本就虛弱身負病痛的張採薇欲以生病為由退役，但是他所待是情報單位，故申請退伍的過程遭遇困躓。幸而有東初法師、鄭介民將軍及其夫人的幫助，讓他最後得以成功地全身而退。從 1958 年 4 月中旬到 1960 年元旦，歷經一年又八個月，退役令的生效，結束了張採薇整整十年的軍旅歲月。[60]

（三）再度出家的境遇

前文提及張採薇在軍中休假時，時常至寺宇拜謁法師，其中一位「東初法師」是在 1958 年的佛誕節，經由擔任《人生雜誌》編輯的同學性如法師介紹相識；此後，他便不時到「中華佛教文化館」拜見東初法師。然而，聖

---

58 聖嚴法師：《聖嚴法師學思歷程》，頁 51。

59 聖嚴法師著，釋常悟、李青苑譯：《雪中足跡：聖嚴法師自傳》，頁 121。除了在禪修上的體悟，聖嚴法師述及自身與靈源法師相遇時正值休假期間，本可與朋友去玩樂，但是他卻進去一間寺廟精進修行、閱覽經藏；他說：「我相信靈源老和尚與我曾在過去生相遇，也結了好因緣」，所以在他想再度出家時，靈源法師出現了，並且幫助他前行、教導他如何生長，因此「才不會在軍中的礫石瘠土中死去」；以上參自聖嚴法師著，釋常悟、李青苑譯：《雪中足跡：聖嚴法師自傳》，頁 126-127。

60 聖嚴法師：「我是民國三十八年（西元一九四九年）五月十五日於上海入伍的，至民國四十九年（西元一九六〇年）元月一日退役令正式生效，在軍中生活了一共十年零六個半月。但我在民國四十八年（西元一九五九年）四月二十七日因病『半休』，五月二十七日即遵醫囑請准休養，停止工作，直到退役，沒有上過班。所以，若就實際的軍中生活而言，我是剛好十年，這也是非常的巧合。」引自聖嚴法師：《歸程》，頁 203。

嚴法師曾述及第一次見到東初法師，是 1948 年春天於靜安佛學院之際，當時東初法師是焦山定慧寺方丈與焦山佛學院院長，掛單於靜安寺；由於聖嚴法師有同學曾在焦山佛學院讀書，暗中稱呼東初法師為「東大砲」，頗有不敬之意。但是，在東初法師辭出尊客寮的早晨，聖嚴法師說：「如驚鴻一瞥，讓我見到了一下，風儀非常可敬的樣子，但卻並未如何地注意他」，此即他們師徒相遇的首度因緣。[61]

　　住在文化館對街的鄭將軍賢伉儷，即是因東初法師的引薦以及不間斷地居中關切，故全力幫忙張採薇退伍之事。張採薇提出想再度出家的心願時，原本不想納徒的東初法師從旁開始觀察，最後在 1959 年 12 月 30 日讓他先行改著僧裝（此時仍在等退伍令），並且表達：「三分師徒，七分道友」；1960 年 1 月 6 日（農曆臘八，佛成道日）為其舉行簡單的剃度儀式，張採薇此時終於再度擁有出家法名「慧空聖嚴」；[62] 爾後 1961 年 9 月，至基隆海會寺受具足戒。陳慧劍指出：「聖嚴法師之能獲得社會景仰，尤其居士界之

61　參自聖嚴法師：〈師恩難報〉，收入《悼念・遊化》，頁 13-14。

62　聖嚴法師的法脈是承繼東初法師的兩脈法系，以及靈源法師鼓山湧泉寺臨濟宗下的法脈：「這一次的出家，是依止鐙朗東初老人（西元一九〇七－一九七七年）為剃度師，他給我的法派字號是『慧空聖嚴』。他是太虛大師的學生，也曾經擔任江蘇省鎮江的名剎，屬於曹洞宗系的焦山定慧寺方丈。他是曹洞宗的創始人洞山良价下第五十代傳人，同時他也在臨濟宗下常州天寧寺參學，也在臨濟宗普陀山系的寺院出家，所以一人傳承曹洞與臨濟兩支門。因我跟東初老人出家，在法系上也同時繼承曹洞與臨濟兩流。這在以一個出家人來講，似乎有些複雜，其實正可見其殊勝，佛法本來一味，若要分河飲水，乃為智者不取。在此，我必須另做一個溯前追後的敘述，因為我除了從東初老人得到兩系的傳承，另外，在一九五八年春，跟靈源和尚結了法緣之後，直到一九七八年十二月五日下午二點，他才正式賜我法派字號叫『知剛惟柔』，也給了我一份法脈傳承譜《星燈集》，這使我又跟鼓山湧泉寺，臨濟宗派下的法脈有了傳承的關係，而成了臨濟義玄之下第五十七代傳人。」引自聖嚴法師：《聖嚴法師學思歷程》，頁 51-52。另外，在《法鼓山的方向》一書，聖嚴法師也有記述：「我們這系有二派系：東初老人的出家道場是屬於普陀山系的臨濟宗，他接法之道場屬鼓山系焦山派的曹洞宗。我個人是繼承他老人家二個系統，但我另又承襲靈源老和尚的系統，他是南華曹溪虛雲和尚系的臨濟宗。」引自聖嚴法師：《法鼓山的方向》，頁 273。

敬愛，他的學術成就固是一端，而最大的因素，則是他能依照佛律，重新剃度，正式受戒，洗卻舊容，堅持佛戒所致」。[63]

　　聖嚴法師跟隨東初法師出家以後，除了承接《人生》雜誌的主編，方才真正領受「東大砲」的震撼訓練，比如不停地要求聖嚴法師搬動寮房，考驗他的耐性；又如給予一半的車資，派他到遠地去辦事，金額不夠的問題需要靠自己想辦法解決；再如曾經要求把磚塊與灰泥分開，做到要求卻又下指令黏合。諸如此類看似找碴的事項，東初法師一次次對聖嚴法師嚴厲斥責，或是嘲笑他中計，聖嚴法師在自傳裡表達自己確實非常生氣，他時常對師父的要求摸不著頭緒且行動後被無理謾罵；他一度以為師父有雙重人格或是要折磨他，後來才明白當年師父還在大陸焦山佛學院時，即是如此訓練出家學僧增進抗壓性，正是所謂的「香板下出祖師」的鍛鍊。

　　聖嚴法師自道：「我的少年時代，就是在這樣的顛沛流離、出家、趕經懺、求學、失學中度過」，[64] 從順口應允出家，直至壯志決定從軍，都是「身分改變」的大事；前者的應允讓張保康成為為經懺賣命的常進沙彌，後者的決志讓常進沙彌再度陷入另一番嚴峻的考驗。筆者認為在如是「身相」、「心境」變換與蛻變中，因而成就往後意志力、穩定力倍於常人的「聖嚴法師」。

第二節　弘化與育僧

一、印順法師

（一）築建道場

　　印順法師自述：「出家來二十二年（十九到四十年），我依附在寺院中、學院中，沒有想到過自己要修個道場。」[65] 他在寄住香港淨業林之

63　陳慧劍：〈聖嚴法師學記〉，收入《當代佛門人物》，頁138。
64　聖嚴法師：《聖嚴法師學思歷程》，頁23-24。
65　印順導師：《平凡的一生》（重訂本），頁59。

前，未曾有築建道場之念；直至「四十年，又寄住到青山的淨業林。由於淨業林難得清淨的預感，決定了自立精舍」，[66] 以及為了共住的學友，方有籌建福嚴精舍的規劃。原本在香港已購地且募得善款，卻因李子寬邀其出席日本的世界佛教友誼會，又執意將其留在台灣，使得福嚴精舍最後建築於台灣新竹，1953 年，印順法師始有自身建立的道場，以培養僧才為初衷。

　　印順法師經手的建築，他敘述如下：「建築福嚴精舍以來，我主要有過五次的建築──四十二年建福嚴精舍；四十三年冬精舍的增建；四十九年建臺北市的慧日講堂；五十二年冬建的妙雲蘭若；七十六年建的華雨精舍。」[67]「福嚴精舍」的規劃是從香港已有構想，最後落腳於台灣，成為培育僧才的學團。「慧日講堂」的修建，則是印順法師不空言改革的行動證明，他認為佛教不應只是應付經懺、賣素齋、供蓮位，所以想創建一處講堂，以弘法為目的，希冀能夠維持下去。雖然慧日講堂的建設經過也有些波折，但是從印順法師在此講經說法開始，時至今日，慧日講堂以弘法為目的的信念，始終不變且持續進行。若將福嚴精舍的建立定位為「辦學」（學團的建立），慧日講堂以「外弘」定位，則「妙雲蘭若」可視為以「內修」為主的建築。筆者在前章曾詳述印順法師來台後，一連串的人事衝擊，加上辦學弘法，讓身體本就屢弱的他興起掩關之念，故於 1953 年於嘉義購地築建妙雲蘭若，翌年進入閉關，在來台滿一紀之後，恢復靜修的生活。至於「華雨精舍」的興建，一開始是印順法師為了弟子門生方便幫忙校對《妙雲集》，在台中南屯區購得一簡單的靜室為校對處，繼後 1973 年冬天，由於大病之後需要靜養，故隱居於此；1978 年，才由此移住台中太平處，取名「華雨精舍」，後於 1987 年改建，此處可謂其晚年的靜養道場。

　　印順法師的侍者明聖法師受訪時曾言：「導師一生當中，在臺中住最久。雖然多年來，經過一些增建修改，仍然維持樸素、簡單的風格。導師的為人，處處為眾生、為弟子著想，一生創辦四個道場，教化信眾，弘揚佛

法。」[68] 印順法師所建立的道場，福嚴、慧日二道場是以遴選制度公開決定土持者，妙雲蘭若則是交予女眾弟子在雲嘉一帶弘化度眾，華雨精舍則是提供女眾弟子有共住之處並於中部弘法辦道；綜上而言，這四處簡樸的道場，雖然當初建立的功用不同，時至今日卻共同成為弘揚印順法師思想的重要據點。

（二）辦學與育僧

1. 福嚴佛學院

「福嚴精舍於四十二年九月成立，成一獨立學團。」[69] 印順法師在大陸時期，短暫在佛學院當過學生，往後雖往來於幾處佛學院，卻是以自修、與學友談法為主；來到台灣，他想成立的即是「學團」，著重於「僧教育」。

印順法師來台的第二年成立福嚴精舍，當時參與其中的常覺法師受訪時曾表示：「導師對於成立學團，並不一定以哪一個佛學院為藍本，不過他心中很冀望，能回到像在四川漢藏教理院時，幾位學友聚集在一起，因對法義的研究，引發共同的理想。」[70] 草創時期的福嚴學團尚未招生，除了同為大陸來台的學友，也有香港來的、彌勒內院或者少數台籍的僧青年共學，研學的內容，則以三年為限。印順法師曾說明彼時的辦學狀況：「那時只有一個共住原則，就是：無事不得下山，不要竄寮，不要說太多的閒話，認真用功看書、讀經和聽課。所幸大家都是來學佛法的，都能安心用功。我們很樸素，很簡單，除了早晚打掃外，說不上有什麼制度，這是早期的情況。」[71] 黃文樹指出，由於印順法師講學扣人心弦，所以僧眾與居士聞名而來，也因此出現「開辦不久，海內雲附景從，至不能容，乃增建房舍，以應四方學僧

[68] 邱敏捷：〈明聖法師訪談錄〉，收入《「印順學派的成立、分流與發展」訪談錄》（台南：妙心出版社，2011 年），頁 130。

[69] 印順導師：《平凡的一生》（重訂本），頁 118。

[70] 黃秀花：〈悠遊法海一輕舟：泉州崇福寺長老常覺法師〉，收入《禮敬追思人間佛教導航師——印順導師》（台北：慈濟人文志業中心中文期刊部，2005 年），頁 171。

[71] 印順導師：〈憶福嚴二三事‧談佛教在人間〉，收入《永光集》，頁 182-183。

翕從麕集之需。福嚴呈現出一方書聲琅琅、燈火熠熠、切磋爭鳴、師鐸悠揚的杏壇聖地」[72] 的盛況。

　　爾後，續明法師繼任住持，其正式成立「福嚴學舍」，於 1961 年 3 月開學，成為台灣當時唯一的男眾僧教育機構；因為他同時也擔任靈隱佛學院的教務主任，所以學舍當時的成員，即以靈隱佛學院畢業的學僧為對象。1964 年學生畢業以後，常覺法師擔任代理住持時期，將學舍之名復原為精舍，而從此時至 1969 年之間，沒有固定的學院形式，但是也讓有心進修的男眾學僧共學。直到 1969 年 10 月第一屆「福嚴佛學院」正式開課，男女眾均收；然此時的男眾僅有五位，其餘皆是女眾，也由是培養出諸多優秀的比丘尼。自 1972 至 1977 年間，美國佛教會的沈家楨在台灣成立譯經院，借福嚴精舍作為場地，故未繼續辦學。1977 年譯經院北遷且福嚴精舍、慧日講堂二處住持認為應續辦佛學院，故於 1978 年 6 月公布招生簡單，當年的秋季第二屆福嚴佛學院再度開學；第二屆到第六屆（1978-1992 年）的招收對象是為女眾，到了第七屆（1993 年始）招生時，則恢復為純男眾佛學院，迄今仍持續招生辦學。[73]

　　印順法師曾在辦學的早期，對於福嚴的學眾訓勉，後整理為〈福嚴閒話〉。此一對學生的致勉稿篇幅頗長，茲引部分內文於下：

> ……諸位到精舍來，首先不要把這裡看得太理想。我很能了解自己，
> 我不是一個有天才的人，我的福報甚薄，教學經驗也不足，你們跟我
> 共住，是不會十分理想的。不過我要告訴諸位，像我這樣不夠聰明、
> 沒有福報的人，也是有些好處的，這就是自己能夠知道自己，在佛法

---

[72] 黃文樹：〈印順導師的教育行誼與教育思想芻探〉，收入《印順思想──印順導師九秩晉五壽慶論文集》，頁 407。

[73] 「福嚴精舍」暨「福嚴佛學院」沿革，參自印順導師：《平凡的一生》（重訂本），頁 194-195；以及釋悟因總纂：《臺灣佛學院志【壹】福嚴佛學院志》（嘉義：財團法人安慧學苑文教基金會附設香光書鄉出版社，1994 年），頁 35-37。另亦參考「福嚴佛學院」http://www.fuyan.org.tw/（上網日期：2016 年 11 月 6 日）

方面，還能切實的、認真的、放下一切去用功，而從不輕率妄動，攀逐外緣，荒廢了自己的修學。過去二十年中，我一直抱著這樣底意願，過著符合這種意願的生活。因此，我對於佛法，尚能有少微認識；佛法給予我的利益，亦復不少。……說到地方，大家如不存過分的奢望，那麼我相信，精舍的修學環境並不壞，大家一定可以安然住下了，只是風沙大一點。……佛經說：「我為法來，非為床座」。如抱著這種觀念，純為佛法而來，沒有夾雜名聞利養底企求，那麼在護法們護持之下，我想是可安心修學的。福嚴精舍修建起來，我從沒有把它看成我自己的。凡有志於學，能夠學的青年，要是志同道合，無論什麼人，都可以來住。我沒有招生，或者特別請那些人來，大家純然是出乎自己的意願，而到這個學團裡的。既來到這裡，當然就得安心為學。……其次，再談一談諸位到精舍來，可以學些什麼。關於我的教學態度，一向是絕對尊重自由的。前年續明法師的《時論集》在港出版，我底序文中說：「予學尚自由，不強人以從己」。這是我的一貫作風，絕非聳人聽聞之言。……至於歡喜閱讀什麼經書，自有一種審慎合理的規定；這規定，決不是限於一宗一派的。……佛法是一體而多方面的，大家在初學期間，應當從博學中求得廣泛的了解，然後再隨各人的根性好樂，選擇一門深入，這無論是中觀、唯識，或天臺、賢首都好。不過在現階段，一定要先從多方面去修學，將來才不致引生門戶之見。佛教的宗派，各有好處，而且彼此可以互相助成。……所以大家不應存著宗派觀念，佛教祇有一個，因適應眾生根性而分多門。我們學佛，第一便要「法門無量誓願學」，至於最後從那一門深入，則須視乎各人底根機而定。……[74]

常覺法師見證：「早期在福嚴精舍，導師為學生排有一張閱書表，分成

---

[74] 印順口述、常覺記：〈福嚴閒話〉，收入《教制教典與教學》（台北：正聞出版社，2000 年新版），頁 213-227。

三年讀完;但導師希望學生能廣泛閱讀,並不強迫一定要跟著他學習。」[75]
由此可知,印順法師成立學團提供學僧有一進學的環境,但是不從自身所重
視的學門、法義要求學生追隨之;從此處亦能明瞭福嚴佛學院的學風,從成
立之始便不限於一宗一派,誠如〈福嚴閒話〉所言,其教學理念是尊重且自
由的,對學眾的要求是建立於求學的精神與態度。

　　筆者曾訪問厚觀法師,他述及對弘揚印順法師思想、對福嚴佛學院的期
許:「有好幾次導師勉勵我們要把握三個原則:『一,淨治身心;二,弘揚
正法;三,利濟有情。』淨治身心主要是自己的修持與成長,弘揚正法就是
使正法得以流傳,利濟有情就是自利利他。我也同樣地在秉持這些原則,與
其說弘揚導師思想,不如說導師對正法已為我們開了一條路、契理契機的研
究方向,往後如何發展弘揚,推動普及甚至深入,就要靠後面的人一起繼往
開來。福嚴佛學院這裡是直接接受導師的薰陶,責任當然是非常的重大。我
們希望訓練各地來的學生,深入學習導師的正法,讓他們回常住或自己的國
家以後可以去發揚去推展。……思想人才的培養是真的需要很長的時間,所
以要好好運用這些人才去弘揚、去發展。」[76] 而在邱敏捷訪問呂勝強的訪
談錄裡,呂勝強提出印順法師很重視「正聞正信」,他八十九歲去普陀山,
被問及「復興佛教最重要的是什麼?」印順法師回答:「僧才培養第一。」
呂勝強也指出:「福嚴佛學院關注在僧才教育,也重視佛經佛典之研究,不
盡然都是探討導師的思想。」[77] 可看出福嚴佛學院秉持印順法師的辦學精
神,培育弘揚正法的僧才,由這些僧才再去弘闡正法,傳承不輟。

2. 新竹女眾佛學院

　　《平凡的一生》述及,1955 年有兩位年輕剛受戒的比丘前往福嚴精舍
共住,因無佛學基礎,在典型的學團裡自修無從著手,所以印順法師與精舍
的法師於是商討為兩名新戒比丘每日以半天的時程講授兩節課程。這個消息

---

[75] 黃秀花:〈悠遊法海一輕舟:泉州崇福寺長老常覺法師〉,收入《禮敬追思人間佛教
　　導航師——印順導師》,頁 171。

[76] 摘錄自筆者採訪稿(附錄八〈走訪福嚴:記與厚觀院長之訪談〉)。

[77] 邱敏捷:《「印順學派的成立、分流與發展」訪談錄》,頁 74-75。

吸引新竹地區年輕比丘尼或準備出家的女眾，共計六、七人加入旁聽「半天課」。

　　爾後印順法師與演培法師、新竹壹同寺的玄深法師談及台灣尼眾無緣進修佛法甚是可惜，所以決心為發心學佛的女眾辦學：「『新竹女眾佛學院』，就於四十六年秋，在壹同寺成立了。我與演培負正副院長名義；學院的教師，由精舍法師們負責；住處及經濟生活，由壹同寺負責」，[78] 尼眾住宿與生活所需由壹同寺擔綱，師資則由福嚴精舍的法師負責執教，監學工作則交予黃本真（後出家為慧瑩法師）負責；1957 年，以培養女眾的佛學院由此成立。印順法師曾有記述：「四十八年（五十四歲）：去年年底，到王田善光寺度舊年，才完成了《成佛之道》。這部書，起初（四十三年）在善導寺共修會，編頌宣講；四十六年下學期，又增補完成，作為新竹女眾佛學院講本」，[79] 由此可知其對女眾教育的重視。

　　慧理法師時為首屆學生，她回憶：「佛學院的師資全由福嚴提供……壹同寺則是負責學生的膳宿和管理……導師教授〈中國佛教史略〉、〈成佛之道〉……師父時常勉勵我們：『身為女（尼）眾，大家來自各個道場，畢業後回到常住，應該以寺院為主。不論擔任何等職事，都要全心全意護持常住，現在好好進修，以後可將所學到的佛法，隨分隨力隨緣與周遭的人分享。……尤其身為一個比丘尼，更應該注意自己的威儀、談吐，有些心念不正的人，也會因你的威儀端莊，而收攝自己、改邪歸正。』」[80] 慧莊法師也憶及：「……又於秋季到新竹壹同寺女眾佛學院就讀，當時上印下順、上常下覺、上印下海等法師們都是法門的翹楚，讓我們浸淫法乳深恩之中，影響莫大，建立內修外弘之根基，是一段永難忘懷的修學福緣。」[81] 據此，可知

---

[78] 印順導師：《平凡的一生》（重訂本），頁 123-124。

[79] 印順導師：《平凡的一生》（重訂本），頁 159。

[80] 闞正宗、陳劍鍠採訪：《走過妙雲蘭若五十年：慧理、常光妙雲弘法記》，頁 29-31。

[81] 〈慧莊法師簡介〉，收入《福嚴會訊第 11 期》（新竹：福嚴佛學院，2006 年 7 月），頁 52。

曉在新竹女眾佛學院所學的，除了是佛學學識，亦教導年輕尼僧正確的修行目標，此中更多的潛移默化是來自授課師長的身範示教。

　　印順法師為女眾辦學，但是蒙受誤解，自傳曾提及有人認為他「一心一意為尼姑」，雖是詆毀之語，卻能從中明瞭在當時為尼眾辦學的不易以及時代背景所遭遇的難度。悟因法師曾探討戰後台灣佛教為尼僧所作的改革，她提及一開始有慈航法師主持的台灣佛學院，1957 年有白聖長老在台北開辦男女兼收的中國佛教三藏學院，也有印順法師開辦的新竹女眾佛學院，爾後也有佛學院、佛研所陸續興辦，大家共同的信念是要培養僧才，研讀經律論得以弘揚佛法。她舉例曾有齋姑申請新竹女眾佛學院就讀，院方提出入學後一年需要圓頂，不料齋姑卻認為剃頭不好看，以齋姑的身分三不五時還可去觀看歌仔戲或歌劇，並且自認齋姑也是出家，所以守齋姑戒律卻不想受比丘尼戒；印順法師只好提出「如果一年後不能圓頂，便不要來就讀佛學院」的要求。悟因法師舉此為例，闡述：「那時候，佛教界的大德是這樣地整頓佛教。由僧俗有別，而後辦教育提升僧人素質，賦予僧眾荷擔家業的責任。那時，對出家女眾的培養，也不忽略，完全沒有拒絕尼僧於佛教教團之外。在一視同仁的對待之下，建立了尼僧修道、弘化、自利利他的楷模。」[82] 台灣僧教育的發展，是由戰後來台眾位具有遠見的高僧所提倡且興革，開展的初始可謂篳路藍縷、困難重重，傳統社會價值觀（甚至是傳統佛教本身）對於僧教育並未重視，早期對於出家尼眾更有輕蔑之感，故印順法師挺身為尼眾教育開啟前路，必然遭受流言蜚語的攻訐。

　　「新竹女眾佛學院」雖只辦學一屆，但是在尼眾教育的辦學歷史上，實具不可抹滅的意義與影響。李玉珍指出：「而台灣的福慧僧團對於推廣印順導師的思想、提升僧伽教育，亦於此過程發揮重要功能。台灣的佛學院所不再是授與僧尼世學的補習班，而也是預備訓練高教育水準的青年，佛學與修行的養成所。當佛學院所被排除於公民教育的體制之外時，前者為保存傳統

---

[82] 釋悟因：〈戰後佛教在台灣──佛教面對現代挑戰的回應〉，收入《香光莊嚴第 84 期》（嘉義：香光莊嚴雜誌社，2005 年 12 月），頁 19-20。

僧伽教育的基地，而當台灣大學內的宗教教育開禁之後，佛學院所則迅速成為佛學研究學術化的重要基礎與跳板。」[83] 足見印順法師在僧才培育、提昇僧尼素質的奉獻度，在台灣僧教育上有著開墾深耕的代表性。

　　福嚴與壹同寺的辦學，除了在台灣佛教教育史添寫新頁，印順法師正是以「因新竹福嚴精舍及女眾佛學院，需經營指導修學，以致教務寺務，兩難兼顧」[84] 為由，辭退了善導寺的職務，讓「善導寺」的是是非非就此於生命撤頁。

（三）大專院校之講授佛學

　　印順法師在妙雲蘭若閉關的初衷是生死關，但是在掩關翌年 1965 年的春天，中國文化學院的張澄基教授帶來聘書，禮請擔任哲學系教授，故於掩關一年屆滿之日出關。[85] 據其時護關的慧理法師描述：「張澄基博士母子都跪下請求，他的媽媽幫腔，確實也是讓導師老人家非常為難。……難得能有一個關房，謝絕外緣專心寫作與禪修，面對這樣的請求，那天中午送進的午齋，導師拿著筷子思考很久，我都可以感受導師的胃口減弱，因為師父幾乎沒有這樣心緒煎熬的時候。終於，導師決定出關，他抱持的心念是：『開開出家眾到大學教授佛法的風氣』（那時尚未有出家眾在大學中教書，而且是教授佛法）。』」[86] 從這番字句，即可覺察印順法師面對抉擇出關的心緒煎熬，卻也見著促使他出關的決心是進入高等教育的學堂教授佛法。

　　印順法師進到文化學院授課，講授的課程是「佛學概論」與「般若學」。由於印順法師是浙江口音，隨班聽課的慧理法師說道：「道安法師也曾到文化學院演講兩次……不知道是否這些外省老師的口音太重，還是佛教

---

[83] 李玉珍：〈問學成佛道上之千年邂逅：悼念學問僧印順導師〉，收入《弘誓通訊》第 75 期，頁 94-95。

[84] 印順導師：《平凡的一生》（重訂本），頁 101。

[85] 參自鄭壽彭：《印順導師學譜》，頁 85-86，以及侯坤宏：《印順導師年譜》（第叁冊），頁 854-855。

[86] 廖憶榕：《印順導師與妙雲蘭若：兼論「精神典範」對於比丘尼僧團發展之影響》，頁 30-31。

術語聽不懂，有些學生上完課，會互相猜猜看剛剛講課的內容。」[87] 曾任印順法師侍者、現任圓光佛學院院長如悟法師亦為旁聽生，回想當時情景：「我真正得益的是去文化學院旁聽導師開的《般若學》和《佛法概論》二門課。……那堂課很有趣，真正是文化的學生大概 20~30 個人，但是旁聽的人非常多，每次都比正式修課的學生多。我們一般人分析佛法，大多是一層、二層……但是導師分析佛法，經常能夠分析到五層、六層……這也是導師之所以成為『經師』、『論師』、『理論家』的原因，因為他看東西的角度非常周延、非常透徹。」[88] 中華佛研所前所長李志夫也是當時的學生，他回憶：「但是，由於他的蘇北口音（筆者按：應當是江南口音），我們那些同學大都聽不懂……我在軍中已習慣了南腔北調，當然，印老的課我可以聽得懂，而且完全能相應。印老一上講臺就先把標題寫出來，他的黑板字寫得很工整，然後，他就坐下來講課，跟『說法』一樣。」[89] 對於出家僧眾進入大學講學，李志夫亦道：「印老能夠在大學裡教書，對佛教來講是很好的事情，對印老個人來說這也是很好的經驗，他以前沒有在大學開過課，所以對法師、對佛教界，對大學來說，都是開風氣之先，是一件相當好的事。」[90] 又潘煊亦曾紀錄：「……但李志夫感知他們這一班學生在宗教正式進入大學的歷史性意義：『創辦人張曉峰先生是史地專家……尤其對佛教文化在世界的貢獻十分重視，所以首先在哲學系裡開了佛學課程。從此，教育界開始思考宗教進入大學的問題。自民國五十四年以後……在文化學院裡，就分別有曉雲法師創辦佛教文化研究所，聖嚴法師創辦佛學研究所，星雲大師成立印度研究所。這一連串的教育發展，導師是意義重大的典範先驅。』」[91]

---

[87] 闞正宗、陳劍鍠採訪：《走過妙雲蘭若五十年：慧理、常光妙雲弘法記》，頁 46-47。

[88] 卓遵宏、侯坤宏訪問：《如悟法師訪談錄》（台北：國史館，2008 年），頁 321-322。

[89] 卓遵宏、侯坤宏訪問：《浮塵掠影：李志夫先生訪談錄》（台北：國史館，2013 年），頁 353。

[90] 卓遵宏、侯坤宏訪問：《浮塵掠影：李志夫先生訪談錄》，頁 354-355。

[91] 潘煊：《看見佛陀在人間：印順導師傳》，頁 195。

在 1960、70 年代，一位出家僧侶立於大學講台上講授佛學，誠如李志大所言，印順法師是立　個典範，開了風氣之先。筆者認為印順法師放下閉關的「昔願」，從幽靜無擾的關房踏入多元喧嚷的大學殿堂，是一介學問僧對佛學傳揚的使命感，佛學教育除了在佛學院推廣，大專高等教育的學堂也許是另一個寬闊行之的可能。筆者在爬梳印順法師相關文獻的過程，發現早在 1961 年的春季，印順法師已應邀至政治大學教育哲學研究所（吳兆棠教授邀請），介紹「佛法對『心』之心理學及哲學上之意義」，每週授課一次，共計五次完畢。[92] 從較早至政大教育所的專題講課，直到受聘文化學院的講學，可察知印順法師的佛學專業受到大專院校的發掘與肯定，而印順法師本身對於佛法在高等教育的推行也樂見其成。

筆者認為無論是福嚴佛學院、新竹女眾佛學院的辦學，或是前往大學學堂授課，都是印順法師將其自我潛學的心得與發現，拿來教導後學如何作學問；他研學佛法以來從北平菩提佛學院倒閉，爾後進入閩南佛學院、待過武昌佛學院、漢藏教理學院、合江法王學院，這個過程他重於啟發、重於自動自學的聞思修，是故創辦福嚴與新竹女眾佛學院、又至大學開設佛學課程以來，皆據此學思歷程來教導他人如何學思、如何理解佛法。

（四）首位「博士比丘」的意義

印順法師終其一生的寫作，盡以「印度佛教」的研究為主，卻有部意外為「中國佛教」而寫的專著。

> 五十九年（六十五歲）：這一年，寫成了《中國禪宗史——從印度禪
> 到中華禪》……這部書的寫出因緣，是意外的。去年，中央日報中副
> 欄，曾有《壇經》是否六祖所說的討論，引起論諍的熱潮……我覺
> 得，問題的解決，不能將問題孤立起來，要將有關神會的作品與《壇
> 經》燉煌本，從歷史發展中去認識。這才參閱早期禪史，寫了這一

---

[92] 參自鄭壽彭：《印順法師學譜》，頁 69；以及侯坤宏：《印順導師年譜》（第貳
冊），頁 768-769。

> 部……六十二年（六十八歲）……那時，因《中國禪宗史》，得日本
> 大正大學授予博士學位……並發表〈我為取得日本學位而要說的幾句
> 話〉一文。[93]

印順法師曾表述，當時在中央副刊引起的熱潮，起因是 1969 年錢穆發表一篇有關「六祖《壇經》思想」的講稿，但是一位僑居日本的楊君引用胡適的意見（認為《壇經》是神會及其門下所作），對錢穆的文章作出批評，此舉引起不少人開始參與論諍；印順法師認為這是個大問題，值得研究卻未投入論戰當中，僅是隔岸觀之，亦從歷史發展中去思索問題。[94] 翌年，不展動靜的筆提起，寫出二十八萬字的《中國禪宗史——從印度禪到中華禪》，考證壇經作者確為慧能大師，亦考察理出印度禪到中華禪的演化過程；印順法師謙稱這是自身一部「意外的寫作」，他在序言中寫道：「禪宗史的研究，必須弄清楚超時空的自心體驗，現實時空（歷史）中的方便演化，才能恰當處理禪宗的歷史事實。」[95] 揭示其對於禪史研究的著力處。

　　此書出版後在國內引起重視，比如吳汝鈞提出：「嚴格地說，以西方及日本的方法為標準來說，中國的佛學研究，還未開始，故亦無成果可言。例外的，似乎只有湯用彤的《漢魏兩晉南北朝佛教史》，和印順的《中國禪宗史》等少數研究。」[96] 當時聖嚴法師與道安法師也有專文討論，道安法師寫〈『中國禪宗史』評介〉一文肯定：「作者對禪史下的研究功夫，實在可佩，參考書之多，有古籍，也有今人所著的。而細心分析的精力，尤為難能。」[97] 聖嚴法師則寫作〈『中國禪宗史』讀後〉一文，特別指出本書的

---

[93]　印順導師：《平凡的一生》（重訂本），頁 163-164。
[94]　參自印順導師：〈神會與壇經〉，收入《無諍之辯》（新竹：正聞出版社，2000 年新版一刷），頁 57。
[95]　印順導師：《中國禪宗史‧序》（新竹：正聞出版社，1994 年八版），頁 8。
[96]　吳汝鈞：《佛學研究方法論》，頁 27。
[97]　釋道安：〈新書評介——中國禪宗史〉，收入《華岡佛學學報》第 3 期（台北：中華學術院佛學研究所，1973 年 5 月），頁 147。

其中一個特色，則是「對中國文化史上的地理環境，作了南北特性之不同的處理和認識。此在以往的佛教史學家中，不論是中國的例如胡適先生，或是日本的有關學者，尚未作過同樣精密的辨別和抉擇。」雖然聖嚴法師有提出三點本書的未盡完美之處，但是他仍肯定「已是一部劃時代的偉構了」。[98] 爾後也有學者提出《中國禪宗史》並非一部完整的中國禪宗通史，只是從「菩提達摩寫到唐後期南岳——馬祖的洪州宗、青原——石頭的石頭宗」為止的中國禪宗早期歷史，但這部著作實際上是在禪、禪宗對「佛教中國化」此一重要歷史課題所展開的繼續深入之研究。[99]

　　國外的學者亦有所關注，傳至日本則引起已自立正大學退休的牛場真玄教授頗為讚嘆，認為應讓日本的學者認識這位學者僧侶，故與其老學友大正大學的關口真大教授討論此事，關口教授無法完全讀通由中文書寫的著作，但是提及從目錄與全書結構視之，是可能成為博士學位的好論文。牛場教授起初託請當時在日的吳老擇先生以及留學的聖嚴法師幫忙翻譯，但兩人因有迫切事務在身只能推辭。最後則是已屆七十歲的牛場教授自身花了三個半月

---

98 參自聖嚴法師：〈《中國禪宗史》讀後〉，收入《評介・勵行》（台北：法鼓文化，1999 年），頁 124-127。聖嚴法師爾後於〈現代台灣佛教的學術研究〉一文再度寫道：「1952 年秋，印順法師自香港到了台灣，他是中國現代佛教史上最傑出的學問僧，他的文章經常發於《海潮音》月刊，他為台灣佛教的學術化，注入了強有力的營養。然而若以現代學術論文的角度來看他當時論著，只能說他的思想敏銳，頗具深度，而尚未具學術的要求，那時他的文章，雖然觸及面很廣，卻少注明他所徵引資料及其論點的出處。直到 1970 年，印順法師寫成《中國禪宗史》一書，無論在史料的運用及資料的考證判斷，都極謹嚴，這算是一部純學術的論著了，故於 1973 年即以此書而獲得日本大正大學的文學博士學位，主審的教授是關口正大博士。實際上他在 1967 年至 1970 年之間，一共寫了三部書，另外兩部是《說一切有部為主的論書與論師之研究》、《原始佛教聖典之集成》，都是以現代學術的方法完成的鉅著，也是帶動台灣佛教學術研究的里程碑。」足證其對印順法師《中國禪宗史》一書以及學術研究的深入觀察與肯定。引自釋聖嚴：〈現代台灣佛教的學術研究〉，收入《中華佛學學報第 5 期》（台北：中華佛學研究所，1992 年 7 月），頁 2。

99 楊曾文：〈考察禪中國化的卓越嘗試——讀印順法師《中國禪宗史》〉，收入《印順思想——印順導師九秩晉五壽慶論文集》，頁 345。

的時間，用佈滿老繭的手，在四百字的稿紙上，日以繼夜一字一句翻譯全書並送出審查，書稿共計一千一百多頁。[100] 擔任主審的關口教授提出：「本論文，是近代以來從敦煌或其他許多新資料的發現，因而就研究中國禪宗史而言，已進入一革新階段。以中國學者的見地，將立論的著眼點，放在禪宗的遞嬗過程，是從『印度禪』演化為『中華禪』，從而形成了一部新的中國禪宗史之研究。」[101] 其又指出：「從來的禪宗史，宋代以後所傳者，大抵以『傳燈錄』之類為基本，及至近代，由於事實上發見了尚未問世的許多唐代古禪籍，而這些發見顯然與其後的『傳燈錄』之類不相符合……在研究禪宗史的立場來說，對於史實的究明和傳統的信念，這中間往往會發生很大的差距，這是難以掩飾的事實。本論文非常留意這一差距，作者以其高廣的視野和淵博的學識立論嚴謹而周密，給禪宗史帶來了新的組織。」[102] 復於審查意見的最末表示：「本論文對舊有的中國禪宗史將可以促成其根本而全面的更新。於是，本論文的問世，對於學術界貢獻了一部偉大而卓越的精心創作。」[103] 從上引關口真大教授的評論，可感此專著深獲日本資深佛教學者的肯定，故於 1973 年 6 月 20 日頒予大正大學的文學博士學位，印順法師因而成為華人世界第一位博士比丘。爾後日本學者伊吹敦亦將印順法師的《中國禪宗史》再度翻譯成日文著作，1997 年由日本山喜房出版社出版，他評之為「不朽的著作」。[104]

當時代替印順法師領取學位記（學位證書）的聖嚴法師特地說明：「印公長老的博士學位，是由我和他的門下吳老擇先生代理接受的。實際上，這

---

[100] 參自聖嚴法師：〈劃時代的博士比丘〉，收入《評介・勵行》，頁 58-60。

[101] 關口真大主審、關世謙譯：〈『中國禪宗史』要義〉，收入自印順編輯：《法海微波》（新竹：正聞出版社，2005 年再版），頁 259。

[102] 關口真大主審、關世謙譯：〈『中國禪宗史』要義〉，收入印順編輯：《法海微波》，頁 265-266。

[103] 關口真大主審、關世謙譯：〈『中國禪宗史』要義〉，收入印順編輯：《法海微波》，頁 266。

[104] 參自〈考察禪中國化的卓越嘗試——讀印順《中國禪宗史》〉，收入藍吉富主編：《印順思想——印順導師九秩晉五壽慶論文集》，頁 354。

項學位，雖然自始至終，都未勞動印公親自和大正大學作過任何直接的接觸，而其真實性和可貴性，卻是和任何一位日本的文學博士一樣，是由日本文部省，授權頒發的，在日本的文部省和大正大學，均已列入正式的學位檔案之中，只要日本的歷史存在，到了千秋萬古之後，仍可查到它的資料和記載。」[105] 證明這個學位是真正受到日本大正大學認證的博士學位。[106] 印順

---

[105] 聖嚴法師：〈劃時代的博士比丘〉，收入《評介・勵行》，頁58。

[106] 留日的聖嚴法師更提出日本的「學制與治學方法」加以說明：「日本的博士學位頒授制度，已有好幾個階段的修訂和延續。早先應推溯到引進了西歐的學術風氣，自明治十年（西元一八七七年），創立東京帝國大學，即開始了學士稱號的頒給，到明治二十年，成立了博士和大博士的學位制度，明治三十一年，廢止了大博士而僅保留了博士。但其直到大正初年，僅五個國立大學，夠格授予博士學位，至大正七年（西元一九一八年），始核准了私立大學的大學院制度，此到昭和二十二年（西元一九四七年）廢止而與新的制度並行，即是說，凡是一九四七年以前，畢業的人，仍可依照舊制提出論文，此後的新人，則照新制頒授。舊制與新制，各有寬嚴，舊制著重學力、經歷、年齡、著作量及學術的高深度，對於學歷倒在其次，所以視博士學位的獲得者為其已達高峰點的一種榮譽標誌。印公長老是相當於明治年間出生的人，故係援用了舊制而辦理，所以要求他提出一種以上已經出版的副論文，同時詳列經歷著述的表報，印老提出的那份洋洋大觀的經歷著述表報，是足夠的了。至於新制的博士學位，也可分成兩種方式申請，一是按部就班，修完大學四年、碩士兩年以上、博士課程三年以上的學分和學年，然後準備當助手、助教、講師、副教授、教授，大致上說，當了講師之後，即著手博士論文的努力，經過三、五年，準為副教授乃至教授之後，即提出上千頁的論文，那時的年齡，至少也是四十歲左右的人了。如果三十多歲，取得文學博士學位，乃是特出的人才方能辦到，不過比起舊制要待五十歲左右，有了相當數量的著作及有了特別研究成果的創獲者，較為容易一些。實際上比起日本的理工博士及歐美的博士，日本的文學博士的確很難。另一方式是沒有學歷，未經正軌的學部、大學院的學年過程，或者甲校出身而向乙校提出論文時，那就得首先接受資格考試，通過了普通語文和專門語文（攻佛教學的是受梵、巴、藏語文）及專門知識的考試，始可提出論文，其要求實際上比較嚴格了。因此，今日國內人士，以為佛學文學博士容易得，並且把那些僅僅修完博士學分而未從事實際研究和論文撰寫的人，看成博士，稱為博士，那是一個很大的誤解。」引自聖嚴法師：〈劃時代的博士比丘〉，收入《評介・勵行》，頁64-65。筆者於此需特別提出，在台灣「以著作獲得日本正式學位」者，除了印順法師，還有「抗瘧大師連日清」。蚊子專家連日清（1927-2022）的老師大森南三郎曾鼓勵他已是國際知名的蚊蟲分類專家，只要能把論文寫

法師對於這個學位，除了感謝居中幫助的相關人等，以及學位申請的過程，
也表明自身的態度：

> 本來應親自去日本接受學位，由於身體轉壞，不能前往，才由聖嚴法
> 師代表接受，將「學位記」寄回臺北。學位取得的經過，就是這
> 樣。……就博士學位來說：這並不表示無所不通，也不是對此論題絕
> 對正確。這是表示對於某一論題，寫作者曾經過縝密的思考，能提出
> 某些新的意見，新的發現或新的方法，值得學界參考而已。所以我並
> 沒有把他看作什麼了不起。但這也表示了對於論題，有了相當的學術
> 水準，即使不是絕對正確的，也是值得學界參考的。我不是禪者或禪
> 學研究者，我為什麼寫《中國禪宗史》？……憑我對中國佛教的一點
> 感情，使我放下自己所要探求的佛法，而從事初期禪宗史的研究。我
> 的見解，不一定為傳統的禪者所同情，但透過新的處理，到底肯定了
> 達摩禪的一貫性，六祖與《壇經》的關係，與神會應有的地位。我想
> 不只是寫出來，也要取得人的同情，取得人的尊重，才能改正世間學
> 者有關佛教史實的誤解與歪曲。[107]

　　牛場真玄教授等人勸請印順法師申請博士學位之初，中日尚未斷交，申

出，就有機會拿到日本的醫學博士學位。當時日本的醫學博士學位分為甲乙二類，甲
類是針對臨床醫師所設，乙類是針對未有醫師背景者。另外，當時日本博士學位的取
得，如果是專業研究人員，以公開發表的論文可以提出申請，並不需要由考試管道入
學修讀學位。1967-1968 年，連日清在日本長崎發行的《熱帶醫學》季刊共發表五篇
論文，主要內容為他所發現的二十七種台灣蚊蟲新種，又準備一篇「總結」，與其他
論文一併提供博士論文審查之用。1969 年 5 月，連日清的論文由長崎大學醫學部的教
授審核通過「初審」；同月再進行「複審」，亦順利通過。連日清因此獲頒日本長崎
大學的醫學博士學位。參自連秀美：《蚊子博士連日清——抗瘧大師的傳奇一生》
（台北：遠流出版事業公司，2007 年），頁 170-172。

[107] 印順：〈為取得日本學位而要說的幾句話〉，收入《華雨集》（五）（新竹：正聞出
版社，1993 年初版），頁 234-236。

請的過程才發生斷交事件。中日斷交的詭譎氣氛，使得甫獲文學博士學位的
印順法師承受正負面的評價，但是筆者以為，這幀「大正大學文學博士學位
記」的歷史聲響，應當置於華人乃至國際世界，重新檢視出家僧侶的學術研
究功力而定。印順法師曾言：「日本近代的佛學，對我是有相當影響的。」[108]
他說早年至閩院求學時，讀到梁啟超〈大乘啟信論考證〉感到歡喜，因為這
是引用日本學者的研究成果；後來在武昌佛學院，閱讀高楠順次郎、木村泰
賢的著作，從他們探討印度佛教而作史的敘述，獲得相當的啟發性。抵台以
後，印順法師亦自敘：「抗戰結束，我經香港到台灣，以後的寫作，受到日
本佛學界的影響要多些。」[109] 筆者認為印順法師在早期的研究生涯裡，憑
靠自修注意到了日本學者的研究成果，而在多年後的著作生涯裡，日本學者
也以獨到的慧眼主動留意了印順法師的研究成果；如此「跨國界」的學術交

---

[108] 印順導師：〈為自己說幾句話〉，收入《永光集》，頁 241。雖然印順法師有受到日
本學者的啟發，但也曾因為讀到日人創作的《三論宗綱要》，對於傳承以及人物皆有
所混淆，故他以「啞言」的筆名發表〈震旦三論宗之傳承〉，評論指正錯誤之處，提
出其研究所得的三論宗傳承。參自印順導師：〈為自己說幾句話〉，收入《永光
集》，頁 242。對於印順法師對日本研究的關注，藍吉富曾提出：「筆者所要指出的
一項與本題有關的特質是，印公在其研究與著述過程中，固然以漢傳文獻為主，但是
他對國際學術界的佛學成果也是注意的。尤其是日本的佛學著作，他就涉獵頗多。
1937 年，印公在武昌時，曾閱讀日本的唯識學專家結城令聞的唯識學專著，由於看
法不同而決定執筆寫《唯識學探源》。這一年印公 32 歲，是出家後的第七年。可見
印公在研佛不久，就已開始注意到日本的佛學研究，並不會像某些保守派或排日派那
樣完全忽視不理。印公思想的這一特質可以在他來台之後的專著中，得到印證。從他
出版《說一切有部為主的論書與論師之研究》（1968），到《印度佛教思想史》
（1988）之間的各種著作裡，曾先後引述到木村泰賢、福原亮嚴、宇井伯壽、平川
彰、前田惠學、宮本正尊、水野弘元、梶芳光運、石井光雄、關口真大、柳田聖山等
人的見解或學術成果。此外，他也經常應用到日文本《南傳大藏經》及日文的重要工
具書《望月佛教大辭典》。可見他對日本佛學研究成果的注意。這一特質，在印公那
個時代的大陸漢傳佛教界，是並不多見的。」引自藍吉富：〈印順法師在台灣佛教思
想史上的地位〉，收入《第六屆「印順導師與人菩薩行」海峽兩岸學術會議論文
集》，頁（四）4-（四）5。
[109] 印順導師：〈為自己說幾句話〉，收入《永光集》，頁 242。

流，應已為印順法師的研究能力給予專業學者層次的讚譽，並且是對於其自修潛學的研究成果予以最高度的肯定，更具華人僧侶弘揚佛學成就的重大貢獻。

（五）國外弘法

印順法師的「出國紀錄」有下列幾次主要的弘法之行，亦另有靜養、探病之行，筆者於此不做贅述。

「我來臺灣以後，曾去過日本、美、泰、高棉、菲律賓、星加坡、馬來西亞。日本與泰（及高棉），是去出席佛教國際會議的集體行動；去美國是為了養病，所以說到出國遊化，那只是菲律賓與星、馬了。」[110] 印順法師於 1954 年底搭機至菲律賓講學，隔年的 5 月底才返台；1958 年夏季，又前往講經，至 10 月初返回。兩次在菲律賓的弘化過程，第一次促成當地居士（吳陳慧華與劉梅生）共同發起創辦普賢學校；第二次被推舉為性願寺與華藏寺的聯合住持，並且促成能仁學校的成立。1968 年至 1969 年之間，印順法師前往星加坡以及馬來西亞訪問、講學，在星加坡時，曾走訪其剃度師清念法師居住過的海印寺、師弟印實法師成立的清念紀念館；繼後於 1977 年再次前往星加坡，擔任三寶寺傳授三壇大戒之說戒和尚；直到其已屆九十高齡，1995 至 1996 年，則是為了避壽、訪友，又前往星加坡，卻逢遇諸位善友的辭世。印順法師對於到菲律賓與星、馬遊化的因緣：

> 現在回憶起來：師父是閩南人，師弟（還有徒弟厚學）也是閩南人。自己到閩南來求學，也一再在閩院講課。而妙欽、妙解、常覺、廣範、廣儀、正宗，都是閩南人，而有過較長時間的共住；而我所遊化

---

[110] 印順導師：《平凡的一生》（重訂本），頁 129。此處雖言去美國是為了養病，但印順法師其實是有隨緣開示，開示的內容見於真覺紀錄：〈談佛法的「宗教經驗」——印順大師在美開示〉，收入《菩提樹》第 250 期（台中：菩提樹雜誌社，1973 年 9 月），頁 10-11。

的，是菲律賓及星、馬，也是以閩南大德為主的化區。[111]

身為浙江人，但是從剃度師父、求學講學的學校、較多互動的道友，甚至出國弘法的地區，都與「閩南」有關，故自覺因緣微妙。

印順法師抵台後所開拓「弘化與育僧」的道途，除了國內的辦學、興建道場、閉關靜修、數次的傳戒因緣，亦走出台灣將佛法傳布。在這些法業逐步展開之際，「印順法師」成為當代台灣佛教界德高望重的高僧，但是「高僧」的背後，卻是忍辱負重的經歷以及未曾離身的病痛。

綜觀印順法師在學思歷程的內修中，有諸多的創舉與獨見；在學思歷程的外弘中，辦學、講學、取得學位（以學術研究成果於國際間弘揚佛學），[112]獲得「國內首位」博士比丘、比丘教授的殊榮。筆者發覺，對於文化學院授課一事，印順法師在自傳中未多著墨，僅寫於最初版的自傳：「五十四、五年（六十歲到六十一歲）間，在中國文化學院，授『佛法概論』與『般若學』，都沒有定稿」，[113] 而這唯一的紀錄卻在往後增訂及重訂版的自傳當中刪除了。筆者以為這是因為大學任教一事對於印順法師的生命意義而言，是一個讓佛教及學術界激盪、融和的創舉；身為「第一位」卻始終未曾掛懷，僅是把一生的所學所思再用自己的能力與方式去教育與弘揚。誠然，佛學院的辦學信念亦是如此，他拓荒墾地之後，即提攜後進接續辦學，自己則繼續遊心法海筆耕法田，不離對佛菩薩覆講的喜悅。

陳慧劍指出印順法師是「中國思想史上佛教思想層面一位純正統的創發性的思想家」，並且認為其思想是「一條平實的、沒有超越的、一寸一寸耕

---

[111] 印順導師：《平凡的一生》（重訂本），頁129-140。

[112] 筆者將聖嚴法師的博士學位置於「學問僧的養成」作探討，乃因這是屬於他修學的重要過程。而印順法師的博士學位則是因為研究成果受到日本學者的重視而獲得，這其中的意義包含國際佛學的交流，並且讓海外學術界注意到華人僧侶的佛學成就，故而筆者歸於「弘化」的部分作探討。

[113] 引自印順導師：〈平凡的一生〉，收入《華雨香雲》，頁135-136。

耘的大道」，[114] 筆者綜觀印順法師的生命歷程、學思行旅以及弘化育僧的襟懷，感受他一生耕耘的大道，實際上來自單純的「初衷」，但是這個初衷，他是以一輩子來秉持。

印順法師於《印度佛教史‧序言》：

> 二十九年，遊黔之筑垣，張力群氏時相過從。時太虛大師訪問海南佛教國，以評王公度之「印度信佛而亡」，主「印度以不信佛而亡」，與海南之同情王氏者辯。張氏聞之，舉以相商曰：「為印度信佛而亡之說者，昧於孔雀王朝之崇佛而強，固不可。然謂印度以不信佛而亡，疑亦有所未盡。夫印度佛教之流行，歷千六百年，時不為不久；遍及五印，信者不為不眾，而末流所趨，何以日見衰竭？其或印度佛教之興，有其可興之道；佛教之衰滅，末流偽雜有以致之乎」？余不知所以應，姑答以「容考之」。[115]

他自述 1940 年遊歷黔貴之際，曾有一位張力群請教為何佛教起源於印度，信仰者眾多，歷經一千六百多年，何以消失了？當下他不知何以為應，故以「容考之」回答。這位神秘的張力群先生，可謂是啟迪印順法師探究印度佛教的重要源頭之一，但是除了序言提及，自傳與其他著作皆未提起。

回應「容考之」的兩年後，1942 年為數十六萬字的《印度佛教史》是最開端給予答案的著作；往後的一生，皆不離印度佛教的研究。

印順法師值九八高齡時，受訪時微笑地表示：「張力群，就是我自己，我的在家名字叫張鹿芹。字不是這樣寫的，但是聲音差不多，懂嗎？」[116]追本探源的結果，這竟是印順法師與張鹿芹的對話，當年出家時的初衷：「為了佛法的信仰，真理的探求，我願意出家……將來修學好了，宣揚純正的佛法。」（第二章曾述及）因此他以對自我的提問，用一生的研究作解

---

[114] 陳慧劍：〈當代佛教思想家──印順大師〉，收入《當代佛門人物》，頁 10。

[115] 印順導師：《印度之佛教》，頁 2（序言）。

[116] 大愛電視台製作：《上印下順導師傳紀錄片文稿》，頁 276。

答，這正是學問僧學高為範、身正為師的典範示現。觀其一生的學思歷程，從疑惑而尋找解答，發現佛教興衰的主因在於思想問題，故以一輩子的心力去解惑、授業、傳道，也用七百五十萬餘字記錄研精靜慮的點滴。[117]

二、聖嚴法師

（一）海外學人代表與國外弘化

1975 年 7 月底，聖嚴法師以「文學博士」的比丘身份，獲邀回台出席「第四屆海外學人國家建設研究會」，成為一百二十位受邀海外學人的其中一員。

聖嚴法師在會議中，應大會主席顧培慕博士指名發言，故發表三個提案：「1. 宗教教育應納入大學的教育系統，2. 社會教育應注意風化區的整頓和黑社會的疏導，3. 注意精神的教育，也就是人文和科技，當並行發展。」發言的當下，電視台的鏡頭均對準他，足見唯一的「博士比丘」所受到的關注。[118] 在近二十天的活動行程裡，[119] 聖嚴法師與各領域的學人開會、分組討論，不但他的身份言論受到注意，他自身對僧侶的形象也有甚大的省思：「其實這一次的會議，我貢獻的少而獲得的多。一個和尚以海外學人的身分，在國內的電視及報紙等媒體，一連出現了幾天，使得國人對於僧

---

[117] 印順法師：「有人以為：我對佛法各部分，早已明白確定了，只是一部接一部的寫出而已，其實不是這樣的。我雖對佛法有一發展的全程概念，如要寫某一部分，還是在研求，補充或修正的情況下進行，所以寫作一部，對這部分問題，有更為明確深入的理解（所以我曾說：閱覽不如講解，講解不如寫作）。我相信，記錄的，負責校對的，在與佛法不斷的接觸中，對佛法也會有所進步的。所以寫作與出版，我與協助我的，都是在佛法中奉獻，在佛法中求進修而已！」除了表達自身在書寫中，仍不斷地研求、修正、獲得更為深入的理解；另也誠懇地表示自身的「寫作與出版」，是與負責記錄、校對等弟子門生共同為佛法的奉獻。以上引自印順導師：《平凡的一生》（重訂本），頁 183-184。

[118] 參自聖嚴法師：《聖嚴法師學思歷程》，頁 134。

[119] 活動時程是由 1975 年 7 月 27 日至 8 月 12 日。參自聖嚴法師：《留日見聞》，頁 121-150。

尼的觀感，煥然一新，對於佛教的形象，也是一大轉捩。」[120] 他思及當時的社會觀感對僧尼的知識水準與地位普遍看輕，而少數受到高程度教育的僧尼竟以僧服僧相為羞、也恥於與僧尼為伍，故參與會議期間處處謙抑也事事退讓，反而受到尊敬與推舉，所以他更為警惕自身的立場、愛惜自己的身份。他亦提及沈家楨居士曾在信中告知：「西洋社會中，如果僧侶具有博士學位的話，要比一般學者更能受到尊敬」，[121] 他在國建會這次的活動裡，真實地有了親身體驗，針對這般情景，他在會後的心得寫下：「可見，提高僧尼的社會地位的唯一方法，應該是什麼？不用說也明白了。」[122]

　　海外學人國建會的會議可謂是聖嚴法師學成受邀歸國的一份殊榮，更可列為佛教的大事記，因為這讓國內、國外對於「比丘」有了不同以往的見識，藍吉富即提出聖嚴法師在一年內（1975）破了三項記錄：「1. 中國比丘循學院訓練而取得博士學位；2. 中國比丘以日文著作的學術論文在日本出版；3. 中國比丘以海外學人身分，受政府邀請，回國出席國家建設會議」。[123] 筆者認為這其中深刻的體驗與體解，是促成聖嚴法師往後致力提升僧伽教育、重視僧才培育的重要起點。

　　博士學位的完成，讓聖嚴法師成為名符其實的「海外學人」，雖然應邀回台灣出席盛會，但是實際上卻如他佛學院的同學幻生法師所言：「你老兄是在國外學會了駕駛技術，也考到了駕駛執照，可惜我們國內，沒有汽車讓你開，奈何！」[124] 肯定其學位成就的僅有他的師父、少數長老與老居士，大多是以觀望且質疑的態度視之。[125] 也因此，他只得續留國外，而僑居美

---

[120] 聖嚴法師：《聖嚴法師學思歷程》，頁134。

[121] 聖嚴法師：《留日見聞》，頁150。

[122] 聖嚴法師：《留日見聞》，頁151。

[123] 聖嚴法師：《留日見聞》，頁159。

[124] 聖嚴法師：《聖嚴法師學思歷程》，頁134。

[125] 聖嚴法師晚年時在立正大學提供「聖嚴法師獎學金」，除了回饋母校，也是感謝當時得到資助才得以完成學業。他提及當年的困境：「我赴日本留學，台灣佛教界不僅不看好我，甚且還抱著一種觀望的態度，等著看我在日本留學的窘態。最後，我總算是走過來了，過程非常辛苦。」、「過去中國佛教界忽略對下一代人才的培養，現在我

國東海岸的沈家楨居士便成了他走向海外弘化的推手，[126] 沈居士於 1975 年

們要補強，除了支持人才深造，也要為他們留意鋪設學成歸國後的奉獻機會，切勿使得過去我輩一代經受的學成卻無用武之地的遺憾，在年輕一代的身上重演。這是我當時發的願，希望自己來辦教育，並且設置獎學金幫助年輕的學子，而且不僅是考慮到本國的學生，對於海外年輕的學人，也要同等照顧。」他提供獎學金讓大正大學攻讀碩博士學位的華裔學生申請，即是希望：「能夠讓研究中國佛教的華裔學生不覺孤單，知道有人在支持他們的；也希望我所走過的時代，我曾經歷的對待，都已隨著時代改變而遠去。」足見過往的經歷對聖嚴法師而言，有切身之痛也有切身之省，讓他發願改變這些遺憾的形成。以上引文引自聖嚴法師口述、胡麗桂整理：《美好的晚年》，頁 63-64。

[126] 沈家楨居士（1913-2007），浙江紹興人，是對聖嚴法師幫助且影響甚大的善知識。筆者在「第三章」略有談及聖嚴法師在日本讀完碩士進入博士班之後，由於經濟出現困窘，準備隨時回台，當時在《菩提樹》投稿分享留學心得時，亦微提學費困難可能回台的訊息，結果被沈家楨居士看到，故透過《菩提樹》的編輯朱斐，欲以隱名的方式扶助聖嚴法師，請他提出留學費用的年度計劃，聖嚴法師便比照東京大學獎學金的減半提出申請；一連五年，沈居士都是以隱名的方式，從瑞士的某家商業銀行將錢匯到東京資助聖嚴法師，甚至連他通過博士學位要自費出版論文，沈居士與其好友，也支持了大部分的費用。聖嚴法師曾在中華電視公司「點燈」節目，為其製作的感恩特輯中，誠摯地說了一段令人動容的話感謝沈家楨居士：「在我和沈先生交談之間，我說我是一個福薄障重的人，一生之中，從正面成就我的人相當少，從逆向阻撓來激勵我的人則比較多些，雖然我把這順逆兩種都當作是增上緣的恩人，但對於順緣增上的恩人更加感覺到難能可貴，而沈先生就是其中主要的一位。他不僅支助我在日本讀完博士學位，也是邀請我到美國，使我走上向國外弘法之途的恩人。我在美國佛教會大覺寺的時代（西元一九七五年底－一九七七年），向沈先生學習到如何做人做事的方法和態度，才有我以後獨立開創道場，以及經營各項弘化教育事業的能力。講到這兒，我不知道如何表示感謝，只有自然而然的流下了眼淚！我描述沈先生是我生命之中寒冬深夜的一盞燈，既讓我感受到溫暖，也感受到了光明。同時我又說，沈先生不一定需要我感恩，而我現在也無從向他報恩，我為了要知恩報恩，就不得不盡我一生的心力，以修學佛法、弘揚佛法，將佛法奉獻給有緣的眾生。我也學習著，盡量以成就人才，作為我報恩的方法。當時，沈先生也非常的感動，相信也會感覺到一些安慰吧！所以他也說：如果當年不是支持我讀書，而把那些錢拿去買了一件骨董，到現在也是沒有用的；可是因為支助了我，成就了我，到今天為止，我已在用佛法度了無數的人，這就是他的功德。他還讚歎我說，像我這樣知恩、感恩、報恩的人，可以作為後人的典範。」以上分別參自聖嚴法師：《空花水月》，頁 152-153 以及引自聖嚴法

12 月以美國佛教會的名義，敦請聖嚴法師赴美說法。抵美國紐約後，沈居士安排聖嚴法師學習英文，並且駐錫於布朗區的大覺寺，爾後亦曾擔任住持職務。

　　東初法師辭世以後，聖嚴法師先離美回台承接師父的道場，之後又回到美國，開始台美兩地奔波的日子。他在美國紐約成立禪中心，1981 年以「東初禪寺」命名落成啟用；爾後 1997 年在紐約上州烏爾斯特郡成立「象崗道場」，他說：「我給它取名『象崗』，那是一個可以培養佛門龍象人才的地方。」[127] 除了美國，聖嚴法師對於自身的國外弘化之行，曾道：「回顧自從一九七六年以來，到一九九二年底為止，我在國際間已經旅行過七個國家、一個特區，包括美、歐、亞三個洲，道場及一般的團體之外，單是國際上的大專院校請我演講者共計已有四十八所，講出了一百二十個場次。雖未造成轟動世界的學佛熱潮，我已付出了我對弘揚佛法的努力」，[128] 由此可見他在十六年間，在國外傳揚佛法／禪法的用心竭力，且於此之後弘法的腳步並未隨著年邁體衰而放緩。聖嚴法師的最後一趟美國行，是在 2006 年

師：《兩千年行腳》（台北：法鼓文化，2000 年），頁 74-75。關於沈家楨的生平，則有陳清香〈紀念沈家楨居士〉一文作介紹：「上海交通大學電機工程系畢業，中日戰爭之初，以青年才俊及其專業，代表政府進駐德國西門子，洽購軍用通訊器材建廠設備。後至重慶任工程師、廠長，並參與資源委員會決策工作。大陸易幟後，遠走香港、英國，最後至美國以空手起家，努力經營，終成為美國五湖航運鉅子，榮登美國名人錄及世界名人錄，一九七三年榮獲紐約聖約翰大學名譽博士學位。沈居士篤信佛法，一生行菩薩道，尤其是布施波羅蜜。為護持佛法而捨盡家財，與夫人居和如居士在世界各地創建佛教道場，不計其數。如在美國的菩提精舍、大覺寺、美國佛教會、莊嚴寺、大佛寺等，均頗具規模，深獲華人佛教徒的響應。並與紐約大學合作創建世界宗教研究院圖書館。在台灣則支持李炳南教授成立的『內典研究班』，積極栽培弘法人才。於新竹成立『大藏經譯經院』，從事中文佛經之英譯。沈居士曾任美國佛教會副會長、世界宗教研究院院長、慧炬出版社董事長、慧炬雜誌社名譽董事長。」引自陳清香：〈紀念沈家楨居士〉，收入《慧炬雜誌》第 522 期（台北：慧炬雜誌社，2007 年 12 月），頁 14-15。
[127] 聖嚴法師：《空花水月》（台北：法鼓文化，1999 年），頁 161。
[128] 聖嚴法師：《春夏秋冬》（台北：法鼓文化，1999 年），頁 267。

10月底到12月初，這時他已須洗腎，且於2005年方才經歷一場生死大病，但是他這趟行程，不但參加在象岡道場所舉行聯合國全球青年領袖高峰會的會前會「青年領袖促進和平論壇」，在開幕與閉幕都做了簡短演說；另外在東初禪寺親自主持皈依儀式、在象岡道場主持法鼓山在美國所舉辦的菩薩戒，並在洗腎的療程裡，慈悲地安排著開示等諸項活動。[129]

　　辜琮瑜言及聖嚴法師捨報之後，整理其生前的筆記，感受：「我們現在看這些筆記，寫得密密麻麻，師父到哪裡就寫到哪裡，坐飛機在微弱燈光下寫字，回紐約就出一本書了。他去日本、去哪裡，一本本書就這樣出來，寫每一本書都拼早拼晚，珍惜時間寫出來。」[130] 筆者認為聖嚴法師親身在東西半球來往說法教禪，亦同時重視「文字」弘法的力量，可謂他的「人」與「筆」並行弘化，體現佛法無國界的悲心願行。

（二）辦學與培育佛教人才／僧才

1. 中華佛學研究所／法鼓佛教學院／法鼓文理學院

　　1978年，中國文化學院創辦人張其昀敦聘聖嚴法師為哲學研究所的教授，並擔任該院附設的中華學術院佛學研究所所長。這是由前任的所長周邦道先生[131] 所推薦，張其昀博士請潘維和博士以及李志夫教授將聘書親自送至北投中華佛教文化館給聖嚴法師，[132] 當時他每三個月必須台美往返奔

---

[129] 參自聖嚴法師口述、胡麗桂整理：《美好的晚年》，頁123-134。

[130] 摘錄自筆者採訪稿（附錄六〈辜琮瑜老師訪談錄〉）。

[131] 李志夫教授曾描述周邦道先生：「周邦道先生年輕的時候是位才子，是中華民國第一屆普通行政高考的狀元，考試放榜後，立刻被分派到江西當教育廳長，來到台灣當過內政部次長。他真是一位標準老修行的佛教徒，當時他已經80幾快90歲了，看到聖嚴法師，還跪下頂禮，他和夫人都是非常虔誠的佛教徒，主修淨土法門，他的書法也寫得很好。」引自卓遵宏、侯坤宏訪問：《浮塵掠影：李志夫先生訪談錄》，頁165-166。

[132] 李志夫教授回憶道：「佛學研究所第一任所長是周邦道先生，後來他推薦黨國元老于右任的女婿張澄基博士，張澄基博士走了以後，由張曼濤先生接任，張曼濤走了以後，又由周邦道先生接任。民國67年，有一天周邦道先生找我，要我擔任佛學研究所作他的副所長，他說：『半年以後，我退休了，你就接所長。』……這個所長的職

走，幸得華嚴蓮社的成一法師任副所長，[133] 加上李志夫教授分擔行政工

位我是絕不能接的；因為第一、我沒有學術地位；第二、我沒有勸募經費的能力；第三、我沒有人緣。……所以，我跟周邦道先生說：『我沒有這個時間，也沒有這個能力；你老暫時忍耐，所長繼任人選我們再想辦法，我們不應該從學校裏面找，應該從校外，從佛教界去找，我負責從佛教界找一位大師級的人來接任所長。』……之後我也跟潘維和校長商量這件事，也跟方甯書教授討論，我們認為最好的人選就是聖嚴法師，就向周邦道先生推薦聖嚴法師，他說：『那好啊！』……後來，我向張創辦人其昀先生報告這件事……那時候聖嚴法師剛從日本回來，參加了行政院國建會，和創辦人見過面，創辦人也邀請他到哲學研究所兼課。所以，當我們向他推薦聖嚴法師的時候，張創辦人早已對他觀察入微，他很歡喜的說：『很好！』最後，請我和當時的校長潘維和先生，一起去拜訪聖嚴法師商量這件事情。……我和潘維和校長在文化館跟聖嚴法師碰面，也找了方甯書教授一起去，聖嚴法師面有難色，有點猶豫。他說：『他沒有辦學的經驗，他在臺灣沒有弟子，也沒有信徒。……』……他真的還在猶豫是不是要接所長這個位置，我們看他有些猶豫，就在旁邊敲邊鼓。……方老師是第一推手，因為東老才往生不久，與舊一代的關係他最熟……當時，東老的兩個大弟子，聖嚴法師、聖開法師都不在身旁。所以，在家的弟子中，比較年輕的，能夠跑跑腿的，又反應敏捷、是屬智多星的人物，東老最信任的，就屬方甯書先生了！……所以在遊說聖嚴法師接任研究所所長，方教授是第一推手，我也當第二推手。我說，我在文化大學很熟啊！創辦人張其昀先生對我們佛教都很關心，在教務、學務、行政方面，我都可以幫忙。潘校長也在一旁敲邊鼓說：『我們學校也可以全力協助法師，張創辦人對你非常欣賞、倚重！你一定要來。』又說：『你參加國建會時，創辦人還談到你，很欣賞你啊！』我和方教授都再三表示願意全力協助；方教授負責與理事們聯絡；我則負責與學校行政協調的事務，有了我們的承諾，就這樣聖嚴法師勉強答應接了佛學研究所所長的職位。」引自卓遵宏、侯坤宏訪問：《浮塵掠影：李志夫先生訪談錄》，頁 165-168。

[133] 對於徵詢成一法師擔任副所長職務的經過，聖嚴法師與李志夫教授都有記上一筆。聖嚴法師：「不過我一點錢也沒有，必須自己去找錢，來維持佛學研究所的開支，除了求觀世音菩薩之外，還必須求人。當時我和幾個信徒去臺北市的華嚴蓮社，請成一法師做我們的副所長，他說什麼也不答應，後來看到我及隨同去的居士，都跪下來苦求，他才首肯。那時我做所長，他做副所長，實在是委屈他；他年紀比我大了十二歲，而且已經是位長老，我實在對不起他。後來他鼓勵華嚴蓮社的信徒來支持研究所的大部分開支，研究所就這樣辦了起來。」李志夫教授：「即使接受了所長聘書之後，聖嚴法師還是覺得力量太單薄，因為他與成一法師有法緣上的關係。……因此，聖嚴法師他帶了方教授去拜訪成一法師，我因當天有課未能奉陪，當時在場的還有退

作，聖嚴法師僅需擔負教書之責，以及出版年刊《華岡佛學學報》。聖嚴法師自述：「一九七八年，由於我在臺灣繼承了東初老人的道場，中國文化大學的創辦人張其昀先生遂找我去擔任中華學術院佛學研究所的所長。……我後來還是做了那個佛學研究所的所長，做了文化大學的教授，在日本獲得的博士學位終於有用了，這是我在國內辦教育的起點。」[134] 據此可見，聖嚴法師認為自身的博士學位在國內興學辦教產生了作用。

　　1985 年，由於文化大學（已由文化學院升格為大學）的人事與政策有所變動，中華學術院佛研所因此停招，[135] 是故聖嚴法師在中華佛教文化館

休的廖與仁將軍，他是司法院的公共關係室主任，他並不是跟聖嚴法師一起去的，他只是剛好那時在華嚴蓮社。他跟成一法師比較親近，他看到聖嚴法師親自造訪，也跟著促請成一法師發心應聘當副所長。……成一法師還在猶豫的時候，廖與仁不自禁地就跪下來了，於是聖嚴法師也跪下來，方教授也跟著跪下來。最後，成一法師也跪下來了，四個人跪在一堆，這是方教授事後才告訴我的，非常感人，大事就樣子底定了。」分別引自聖嚴法師：《法鼓山的方向》（台北：法鼓文化，1999 年），頁 70-71；以及卓遵宏、侯坤宏訪問：《浮塵掠影：李志夫先生訪談錄》，頁 168-169。此處的「跪請」之舉，其實也間接記載「張其昀」對台灣佛教高等教育的貢獻，誠如筆者前文述及印順法師至文化學院授課，即是張其昀託請張澄基親身到妙雲蘭若禮請印順法師出關，而張澄基及其岳母在關房前「跪請」，感動印順法師出關；聘任聖嚴法師為佛研所所長，也是張其昀的同意，因此請李志夫等人前往拜訪，進而又禮請成一法師為副所長，聖嚴法師一行人也行「跪請」之禮，成一法師得以允應。張其昀是位誠懇實在的教育家，所以當他無論為大專佛學教育或是佛研所的教育盡心力尋找師資之際，其委託之人也能為其盡心竭誠達成所託，留下這些「跪請」的成人之美。

[134] 聖嚴法師：《法鼓山的方向》，頁 70。

[135] 停招的原因，聖嚴法師敘述：「中華學術院佛研所在連續招生三年之後，至七十三年，便停止招生。原因之一是考慮將來若改制為甲種研究所，則先前招收的學生必須補辦學籍，人數累積太多了，消化上會有困難。原因之二是張其昀先生因年老多病住院，不能主持校務。而外教的神學院又抨擊中華學術院准許佛研所招生一事為不公平，向教育部反應，請求禁止，教育部轉向文大提出警告。」釋常慧提及：「關於佛學研究所停止招生與創立中華佛學研究所並遷至中華佛教文化館的原因，主要有二點：一是教育部規定私立大學須先設立宗教學院，並設宗教系，於系中設佛學組，佛學組畢業後再進入研究所。然而當時文化大學尚未設宗教系，既要成立佛學研究所，在成立的程序上是不符合的。其二是文化大學在張其昀病後，內部人事安排與校務理

創辦「中華佛學研究所」，且出版《中華佛學學報》。直到 1987 年，教育部允其為乙種研究所，可招收碩士班的研究生，只是不能授予學位；然此時中華佛研所的師資、設備以及招生人數、報考資格，都一律遵照甲種研究所的要求，即必須經過三年的修學學程修滿 36 個學分，且選修兩種以上的語文，亦須完成論文寫作方能畢業。[136] 由此處能夠見著聖嚴法師的辦學理念，雖然當時中華佛研所未能具有教育部立案的資格，但是他卻堅持與其學制、學則一致。中華佛研所自 2005 年起正式向教育部申請改制，後來「私校法」修改通過，2007 年 4 月「法鼓佛教研修學院」（後改為「法鼓佛教學院」）獲准設立，5 月開始招收第一屆研究生，畢業學位受教育部正式承認；聖嚴法師在「法鼓佛教研修學院」舉行揭牌暨首任校長惠敏法師就職典禮上，歡喜地表示：「這一天，我已等了三十年，我說這是我最開心的一天。我們為了成立佛教研究學院，向教育部爭取了二十多年……鍥而不捨地努力爭取，這是我一輩子的心願。」[137] 足證他為佛教教育所竭盡的心力。繼之，2014 年 7 月，法鼓佛教學院和籌備中的「法鼓人文社會學院」合併，校名改為「法鼓文理學院」。

　　聖嚴法師曾經給予學生訓勉：「本所（筆者按：此指中華佛研所）是我國佛教教育史上，第一所以現代化的方式，培養高級佛學研究人才的機構，諸位研究生也是中國佛教史上第一批接受現代化佛學高級教育的人才」、[138]「中華佛學研究所，在今日的佛教工作中佔有極其重要的地位，乃是有目共睹的事實。它兼具發揚中華文化、研究中國佛學、培養高級佛教學術研究暨

　　念與方向等問題，使佛學研究所面臨這些困境與變化。相關內容見 1985 年 10 月 19 日的『民 74 學年度理事會年會』記錄資料，今收於中華佛研所秘書處『民 70-74 年理事會議記錄』檔案。」以上引自聖嚴法師：〈明天會更好〉，收入《人生雜誌》第 26 期（1985 年 10 月 15 日），第 3 版以及釋常慧：《聖嚴法師佛教教育理念與實踐》，頁 167。

[136] 參自聖嚴法師：《聖嚴法師學思歷程》，頁 140。

[137] 聖嚴法師口述，胡麗桂整理：《美好的晚年》，頁 168。

[138] 聖嚴法師：《教育‧文化‧文學》，頁 224。

弘法人才等的功能和目標。」[139] 也曾寫信勉勵學生：「我雖不是如武訓那樣地沒有讀過書，我的感受和心態，確是抱著武訓興學的信念。我不是好老師，也不是教育家，但願能夠請到好的老師，培養下一代成為優秀的教育家。」[140] 此外，他也對學生殷切訓示，自民初以來幸得有幾位大師與居士致力於佛教教育的復興，但是他認為這當中缺乏現代化的教育，且在佛教舊環境底下受過僧教育者並不受重視，所以他當時留學的動機與願望，並非為了求得謀生的教職，而是為了維繫已經危若懸絲的佛教慧命，希望能夠從國外引進新的學術成就、研究風氣、教育制度以及教學方法，從而趕上國際佛教的時代潮流。[141]

2. 法鼓山僧伽大學

法鼓山僧伽大學成立於 2001 年 9 月，限出家僧眾就讀，目前有四年制的「佛學系」與六年制的「禪學系」；其創辦宗旨是：「培養如法如律的出家人，植育標準稱職的佛教宗教師人才」，而禪學系又專以「培養傳承中華禪法鼓宗的法門龍象人才」為理念。[142] 聖嚴法師曾特別地為僧伽大學的僧眾講一門「高僧行誼」課程，前期（2001-2005）和學僧互動頻繁，課堂上會親自點名，也會要求學僧專題報告，課程所介紹的高僧主要是南北朝乃至於近代的高僧；後期（2006-2008）因為身體較為衰弱，所以講課時間減少，此時所介紹的高僧主要集中在玄奘大師和太虛法師兩者，以及講述自身的學思行誼。[143] 聖嚴法師認為高僧的主要條件是高僧的行誼、事蹟與思想，其中又以高僧行誼最為重要，故他講授歷代高僧的人格養成、精神以及典範行誼，希望學僧能從中體會，並曾殷殷叮嚀：「『只要能夠照著去做，

---

[139] 聖嚴法師：《教育・文化・文學》，頁 145。

[140] 聖嚴法師：《教育・文化・文學》，頁 130。

[141] 參自聖嚴法師：《教育・文化・文學》，頁 127-129。

[142] 參自聖嚴法師口述，胡麗桂整理：《法鼓山故事》（台北：法鼓文化，2007 年），頁 174-177。

[143] 參自釋常慶：〈高僧的學習典範──以聖嚴法師「高僧行誼」課程為中心〉，收入《中華佛學研究》第十四期（新北市：中華佛學研究所，2013 年 12 月），頁 237-238，245-246。

就是高僧的標準』，這樣才能對這個社會、佛教有貢獻。」[144] 由此可見他對這些來修學的僧侶寄予厚盼，期許甚深。早年於中華佛研所，他亦曾訓示：「以學問推展道心，勿以學問替代道心」，呈顯出他辦學以來除了重視智識，一貫都著重品格與宗教情操，對出家僧者的冀望更富深遠。

聖嚴法師曾自述他從文化學院、東吳大學、中華佛研所，任教的學科含括華嚴、天台、禪淨、中觀唯識等，他要教《華嚴五教章》，就要去看華嚴學的著作；為了教唯識學，就得蒐集有關《成唯識論》的註解和研究論文；為了教中觀學，便須閱讀古今中外關於《中觀論》的註釋、研究，以及各種《中論》的異譯本。他自謙這些在他以往的學程中是欠缺的，懂得不多也不精，但是教學相長邊教邊學，並且鼓勵學生聽課以後能夠青出於藍，所以後來畢業的學生如惠敏法師從日本東大完成學位後，接替他講授中觀與唯識課程；或是陳英善博士，也接替了華嚴與天台課程，教課都比他更優秀。[145]他自認：「對於現代化的佛學教育，我是一個在篳路藍縷的景況下開出一條小路來的拓荒者，至於寬廣的大道，則有待後起之秀的繼續努力。」[146] 他經歷過童年學堂枯燥的教學方式、經歷過靜安佛學院死板的授課方式，讓他從往昔的弊端思索反省，開拓出一條新路，裨益往後的求學者能夠在學習上引發啟迪、建立信心以及開闊視界。

李志夫述及聖嚴法師有一句名言：「今天不辦教育，明天就會後悔」。[147] 實際上從決定留日之際，聖嚴法師對於提升佛教教育的信念已然鞏固；他自述抵日之後，他就把所見所聞與其可取之處，以比較客觀的態度記錄並向國內報告。從留日的初衷，直到創辦佛研所、僧伽大學的信念，皆展現出他對教育的熱切之心，以及對於培養佛教人才、佛門僧才的深刻冀望。其在

---

[144] 釋常慶：〈高僧的學習典範──以聖嚴法師「高僧行誼」課程為中心〉，收入《中華佛學研究》第十四期，頁 281。

[145] 參自聖嚴法師：《聖嚴法師學思歷程》，頁 141。

[146] 聖嚴法師：《聖嚴法師學思歷程》，頁 141。

[147] 卓遵宏、侯坤宏訪問：《浮塵掠影：李志夫先生訪談錄》，頁 169。

世時亦親自舉辦學術研討會，[148] 徹底踐行如下理念：「學術的研究，一向是屬於少數人的工作，但它是帶動和指導多數人生活方向的軸心。絕大多數的人雖然不知道專家學者們在講些什麼，但是專家學者們卻為每一個時代和社會負起了帶動、指導、設計、影響的任務。時代的文明在不斷的進步，如果我們佛教界沒有專家學者，為我們做承先啟後的研究，便無法因應時代的潮流，佛教便會受到時代潮流的淘汰」。[149] 林煌洲曾指出聖嚴法師的貢獻：「事實上，日本佛教學術成果早在大陸時期即已受到注意，但當時寺院佛學院仍就採行中國傳統佛教教育方式。事實上，日本的現代佛教高等教育方針大致上主要是由張曼濤、楊白衣、聖嚴法師一系傳遞及推動，而大成於聖嚴法師。」[150] 其肯定新式的佛教學術教育與研究，帶動傳統佛學院所提

---

[148] 聖嚴法師在世時，曾創辦兩年一次的「聖嚴思想國際學術研討會」，鼓勵學者專家以「研究聖嚴」來推動淨化世界；此會議從 2006 年始為第一屆，至 2023 年已舉辦九屆（持續舉辦中），研討會主題乃是與「聖嚴」及其相關的論題以及漢傳佛教的領域。另外，聖嚴法師於 1990 年擔任「第一屆中華國際佛學會議」的總召集人，並且撰寫〈承先啟後──召開「中華國際佛學會議」緣起〉一文，提及四個主旨：「我們要提倡佛教學術的研究，發揚佛教文化的精神，這是我們要召開這次國際會議的第一個主旨」、「本會的命名，不僅跟我們的『中華佛學研究所』有關，同時表示是由中華民國創始的一個佛教學術會議，它不僅是中國佛教界的，且是全中國的；也不僅是中國的，而是屬於全世界的。也就是說，從中國佛教的立場，放眼於世界佛教，把世界佛教引回中國，把中國佛教傳到世界。這是我們要召開佛教學術會議的第二個主旨」、「我們目前是迫不及待希望引進國際的佛教學術成果，也希望讓國際佛教學術界知道我們正在向這個方向努力，讓他們來提供經驗和訊息，同時也讓國內的教內外人士，很快的認同佛教學術研究的重要和必要，然後讓我們共同來努力於佛教人才的培養。這是我們今天要召開本會的第三個主旨」、「佛教之所以能夠經過二千五百多年而歷久常新，越傳越廣，就是因為有其精深、博大的學術內涵，因此沒有像一般的民間信仰，縱然能夠在某一個時代和某一個地區受到許多人的信從，然而沒有學術基礎作為後盾，所以會起起落落，不能長久，也不能廣大。可見佛教的學術研究還是跟全體佛教徒，乃至於整個人類社會是息息相關的。這是我們要召開學術會議的第四個主旨」，此會議 1990、1992、1997、2002、2006 年共舉辦五屆，目前已停辦。以上四大宗旨引自《教育‧文化‧文學》，頁 87-91。

[149] 聖嚴法師：《教育‧文化‧文學》，頁 91。

[150] 林煌洲：〈台灣高等教育的推手聖嚴法師〉，收入《聖嚴法師思想行誼》，頁 49。

升僧侶的素質，亦對現代佛教的學術人才有栽培之功。

（三）傳授禪法

「我有禪宗臨濟及曹洞兩系的傳承，禪修上亦曾有過體驗，只是我在沒有到達美國之前，從未考慮過將會成為一位指導禪修的禪師，因緣既然作了如此的安排，也就隨順攝化，負起傳授禪法的責任。」[151] 聖嚴法師 1976 年始在美國大覺寺教導禪修，他認為美國人重實際求速效，僅以口頭說法缺乏吸引力，所以他說：「我也用我在中國大陸和臺灣山中所用所學的禪修方法，以及在日本所見的禪修形式，在美國開始向西方人傳授禪的觀念和打坐的方法。」[152] 接續於 1978 年，他回到北投（因此時已接管東初法師的文化館與農禪寺）開始舉行台灣第一、第二期禪七；[153] 自此，開啟往返台灣、美國的東西方授禪生涯。

實際上，聖嚴法師是在無意之中成為了授禪的禪師，然這過程是累積諸多親身體驗修習而來。先是他曾受過靈源老和尚的啟發，再者是閉關六年當中的自修體會，[154] 在日本時期也受到著名禪者伴鐵牛禪師的嚴格指教，[155]

---

[151] 聖嚴法師：《聖嚴法師學思歷程》，頁 139。

[152] 聖嚴法師：《聖嚴法師學思歷程》，頁 137。

[153] 參自林其賢：《聖嚴法師年譜》（第一冊），頁 377-379。

[154] 聖嚴法師：「打坐也是我閉關這六年來的重要修行，但打坐時發生的狀況是不必談論的。……有些人會聽到聲音或看見影像，這些都是幻覺，這在佛經裡面已有無數的記載，在禪坐中有這些經驗是正常的！……禪修正確的原則或目標是減少執著與煩惱，以正向的態度面對世界，而不是被矛盾、衝突所牽引。……在這六年的閉關期間，生活非常平靜。我有一些很特殊的體驗，我聽見螞蟻的聲音，感覺到自己的身體從蒲團上飄浮起來。在這期間，我的心很平靜，情緒上也很穩定，難得有些許的情緒波動。」引自聖嚴法師著，釋常悟、李青苑譯：《雪中足跡：聖嚴法師自傳》，頁 175-177。

[155] 聖嚴法師自述在日本時，曾參加伴鐵牛禪師在日本東北地方舉行的冬季禪修，由於他是禪眾之中學歷最高的人，當時候以嚴屬著稱的禪師對他特別嚴格，命令助理不時地打他，告訴他：「你們學者都有濃厚的我執與煩惱、你的業障很重。」參自聖嚴法師著，釋常悟、李青苑譯：《雪中足跡：聖嚴法師自傳》，頁 199-200。施叔青對於伴鐵牛禪師嚴屬指導聖嚴法師的過程，在其書寫的傳記中亦有記述：「法師（筆者按：

進而受到鼓勵前進西方指導禪坐；由於聖嚴法師一度擔心到美國會有語言障礙，但是伴鐵牛禪師對他開示·「禪法不是用文字教的。」使他更為明白禪法的重點是直指核心，授禪的目的是在幫助學生證悟禪法。[156] 無論是受到啟發、嚴厲指導，或是自學體悟，聖嚴法師皆是親身體驗、學習，筆者認為尤最重要之處在於他重視觀察後的省思。比如他在山中閉關，自我觀察初始的修行方式很辛苦，他慢慢地去找到方法讓身心調整；又比方他在日本參與不同的宗教活動、認識不同的佛教修行法門，有一次參加某處規矩非常嚴格的禪修，但是結束後大家都掏錢買酒，解釋禪坐後喝般若湯可能會開悟，他即向對方明示：「酒精會讓我們愚痴，它不會讓你開悟。」又有一回在嚴冬裡到日蓮宗的主要寺院禪修，他觀察了他們修行方式，必須在早餐後用毛巾把全身搓到發紅，接著以冰冷的井水潑向自己，他即從心明白：「我不能用這種方法修行，這不是佛陀教的方法。」[157]

指聖嚴法師）在日本打過幾次禪七。打的是龍澤寺新興的禪法，名義上屬於曹洞宗，其實是融合了曹洞與臨濟兩宗之長，並不只是只管打坐或默照，而是教人數息、參公案。法師曾於龍澤寺派東京東照寺及北陸的禪堂分別打過禪七，主七禪師是該寺派原田祖岳的傳人伴鐵牛。……未見面之前，伴鐵牛禪師對聖嚴法師苦讀用功的聲名略有所聞，聽說這位中國和尚即將得到博士學位，心中大不以為然。開示時，一再強調讀書人的知識障有礙開悟，與禪宗不立文字、不可言詮的主張背道而馳，認定法師擺不下一腦子知識學問，無法參禪。小參時，伴鐵牛手中的如意直朝法師揮過去，一邊還質問他：取得博士學位，作什麼喔？法師表示學位只當工具，嚇唬人的，沒別的意義。主七和尚臉色這才稍稍緩和。後來又聽說法師曾在山中閉關長達六年，伴鐵牛禪師以後開示，不敢一味地指桑罵槐了。……法師到東照寺北陸禪堂打冬季禪七，伴鐵牛禪師對他的再次到來，頗為詫異。天寒地凍，零下二十七度的大寒天……晚上睡覺，塌塌米上沒有墊被，蓋的一條被子，既短又窄。『蓋上面，兩腳露在外面，顧到腳下，上面一截露空。』法師形容，冷得不能睡，只好起來打坐。……怕冷的法師，跟主七和尚伴鐵牛說了句：『這地方好冷呀！』得到的回答是：『你們中國祖師不是有這樣的話嗎；不經幾番寒徹骨，那得梅花撲鼻香！』法師聽了，深感慚愧，中國禪師的古訓，被日本人實踐了，而他這個中國來的和尚，卻一逕喊冷。」引自施叔青：《枯木開花──聖嚴法師傳》，頁 149-151。

[156] 參自聖嚴法師著，釋常悟、李青苑譯：《雪中足跡：聖嚴法師自傳》，頁 216-217。
[157] 參自聖嚴法師著，釋常悟、李青苑譯：《雪中足跡：聖嚴法師自傳》，頁 199-201。

諸如此類的事件，均能看出聖嚴法師在學習禪修的過程，他很理智地判斷察驗過程中所遇到的現象是否正確、是否如法，這使得他從一個受教者成為指導者的時候，能夠以適當、正法的方式去傳授。故而他說道：

> 我不是禪師，也沒有準備做禪師，只是由於因緣的牽引，在一九七五年底到了美國之後，除了講說之外，有人希望我能教授一些修持的方法。……其實，我在美國所教，雖然名之為禪，既不是晚近中國禪林的模式，也不是現代日本禪宗的模式，我只是透過自己的經驗，將釋迦世尊以來的諸種鍛鍊身心的方法，加以層次化及合理化，使得有心學習的人，不論性別、年齡、教育程度，以及資稟的厚薄，均能獲得利益。經過四年的教學經驗，我這一套綜合性的修行方法，不但對於美國人有用，對中國人也一樣有用。可見人無分東西，法無分頓漸，根器無分利鈍，但看教的人和學的人是否用心而定。所以我在紐約自創禪中心，在臺灣北投的祖庭──文化館，也不斷地舉辦禪七。[158]

李玉珍：「筆者認為聖嚴法師穿梭東西社會教禪，提供當代佛教跨國雙向交流的絕佳例證。以往漢傳佛教法師不曾停止向西方社會弘法，但其中以禪修如此深入者，除聖嚴法師外，不做第二人想。」[159] 又道：「二〇〇五年聖嚴法師成立中華禪法鼓宗時，揭櫫本身與中國傳統山林式的禪宗不同，不但接觸到南傳與藏傳佛教的優點，也見聞過韓國、日本、越南的禪佛教。在此寬廣的脈絡下，聖嚴法師發展出一套針對現代人需求的禪修方法，得以在國際建立中國禪師的聲響。在中國禪宗發展史上，聖嚴法師至少也有兩項貢獻：從文字中解放禪修、修正經教與禪修的不平衡。」[160] 辜琮瑜也提及閱讀聖嚴法師的著作，會感受他的文字有一種能量跟說服力，即所謂的「證

---

[158] 聖嚴法師：《禪的體驗・禪的開示》（台北：法鼓文化，1999年），頁3-4。

[159] 李玉珍：〈禪修傳統的復興與東西交流〉，收入《聖嚴研究》（第四輯）（台北：法鼓文化，2013年），頁9。

[160] 李玉珍：〈禪修傳統的復興與東西交流〉，收入《聖嚴研究》（第四輯），頁32。

量」，由此體會「解行、教觀並重就是這麼重要」；另外，她形容讀聖嚴法師的書，會覺得「他是一個很活潑的禪者，把自己的生命透過法的陶冶或禪修的體驗，然後煥發出來，觸動人心」。[161]

（四）開山立宗

　　1977 年東初法師辭世，聖嚴法師承繼其中華佛教文化館與農禪寺。當文化館進行改建期間，大部分的法務便移到農禪寺，但因寺小且信眾亦少，為了能夠擴展弘法的願景，聖嚴法師開始開設禪坐班且指導禪修，以大專生為主；大家口耳相傳，吸引了更多年輕人前來，後來有些成為出家弟子，有些則成為各地道場或學院的護法。[162] 又，他認為佛法教育，應該是從入胎開始，接著從嬰兒、童少直至老年，這當中各階段的家庭教育，學校教育、成年教育與長青教育都十分重要；基於如此的理念，他發願建立「法鼓山佛教園區」，[163] 此時他已屆六十歲。值得一提之處，他再度出家所常住的中華佛教文化館與農禪寺、以及所開創的法鼓山佛教園區，正是他從軍行住過的「北投」與「金山」──這兩個地方，自抵台的時刻，已於他的生命深植厚緣。

　　從覓地、建築、軟硬體設施，所有的小細節與大關鍵，聖嚴法師都參與其中；從 1989 年購地創建，直至 2005 年 10 月方舉行落成大典，[164] 聖嚴法

---

[161] 摘錄自筆者採訪稿（附錄六〈辜琮瑜老師訪談錄〉）。

[162] 參自聖嚴法師著，釋常悟、李青苑譯：《雪中足跡：聖嚴法師自傳》，頁 229-230。

[163] 法鼓山位於新北市的金山鄉，聖嚴法師於自傳裡曾說明他創立這座佛教園區的願景：「它的地理位置雖是在臺灣省臺北縣北海沿岸金山鄉的一個山坡地帶，它所關懷的範圍，則是無遠弗屆的全體人類。所以，人人都有寶藏，推動法鼓山共識的人，都是鑛工，也都是鑛主，彼此互助，同心協力，來開發心靈的寶藏，豐富幸福的資源。因此我在一九八九年四月，尋得那片土地之後，到一九九〇年十二月所完成的一部遊記，命為《金山有鑛》。其中有一節，就是叫作〈探鑛尋寶〉。而我所做的宗教、文化、教育、社會等的各項工作，都是提供有緣的人士，來冶金開鑛，然後把他們自己煉成的純金和美玉，分享給我們的社會大眾。」引自聖嚴法師：《聖嚴法師學思歷程》，頁 157。

[164] 「法鼓山原本預定於西元二〇〇〇年落成，卻因為工程一再落後，直至二〇〇五年

師也從耳順邁入古稀之歲，且近耄耋之年。聖嚴法師將法鼓山的教育志業分為三大項目：「大學院教育」、「大普化教育」、「大關懷教育」；[165] 如此恢宏的教育理念，立基於他一路自修、受學、見聞的累積，學成之後將之實踐、弘闡，為出家眾與在家眾開闢適性向佛之道；誠如周柔含提及聖嚴法師一生重視佛教教育的學行歷程，雖受前人的影響不可磨滅，但其指出：「法師對於教育的理念，卻是穩固建立在自己生命經驗與對禪的體悟及教學上，抱著為提高佛教的學術地位以及僧人素質的信念，以備開創佛教教育新局面。」[166]

聖嚴法師將法鼓山定名為「觀音道場」，其曾說明：「法鼓山為何名為觀音道場，而要在三門上懸掛『觀音道場』四字匾額？這除了是我聖嚴一生修行觀音法門獲得許多感應，同時也由於觀音菩薩的靈驗，使得法鼓山這塊土地與我僧俗四眾結緣；特別是這塊土地上原先就有一座觀音殿，所供的玻璃纖維觀音巨像，便是今已翻成銅像，供於山端的開山觀音」，[167] 除了「開山觀音」，另也介紹祈願觀音殿的「祈願觀音」，以及法鼓山園區聳立於象山鼻駝峰上的「來迎觀音」，指出「此三尊觀音像，幾乎是由山頂至山麓，座落於一條垂直線」。[168] 聖嚴法師自孩提時代、沙彌時期、軍旅時

春，我說決計不容再拖延，務必以十月為完工底線，而終於在十月二十一日的觀音菩薩出家紀念日當天，以一個大致完工，實際上，卻有部分建築及周邊設施尚待補強的面貌，宣布落成開山，進入法鼓山的新紀元。」引自聖嚴法師口述、胡麗桂整理：《美好的晚年》，頁 34。

[165] 三大教育的內容：「大學院教育：包括現有的佛學研究所及即將開辦的人文社會大學。如果我們佛教不辦正式的大學，便會被社會淘汰。大普化教育：包括坐禪、念佛、講經、出版佛學書刊及錄音帶、錄影帶，同時也有電臺、電視的弘法節目。大關懷教育：對於信眾之間的相互關懷、慰勉，甘露門的疑難解答，貧病救濟、戒毒運動的支援，野狗、野鳥等保護及保育，自然生態的環境保護等。」引自聖嚴法師：《法鼓山方向》（台北：法鼓文化，1999 年），頁 113。

[166] 周柔含：〈聖嚴法師的人間淨土建設──以三大教育為中心〉，收入《聖嚴研究》（第六輯）（台北：法鼓文化，2015 年），頁 229。

[167] 聖嚴法師口述、胡麗桂整理：《法鼓山故事》，頁 17。

[168] 以上參自聖嚴法師口述、胡麗桂整理：《法鼓山故事》，頁 17-20。

期、留學時期、直至蓋建道場，與「觀音菩薩」皆有相應的連結，在他的自傳與著作當中均可尋得相關之敘述，其曾直道：「我在宗教上的體驗是源自於我的信仰，當我遇上困難時，我會持誦觀世音菩薩聖號」、「至今我仍深信著，不論遇到了什麼樣的困難，只要我持誦觀音聖號，問題都能迎刃而解。這是為什麼我從不擔憂。有堅強宗教信仰的人，通常都會有這種安全感、意志力、勇氣和信念去面對任何情況。」[169] 聖嚴法師因對觀音法門的執持、對觀音信仰的看重，故以「觀音道場」為開山定位，筆者認為此一特色，亦凸顯出聖嚴法師對漢傳佛教的情懷與重視。

　　聖嚴法師在 2005 年提出承先啟後的「中華禪法鼓宗」，其指出佛法源頭從釋迦牟尼佛而來，而最基礎的聖典是《阿含經》，故法鼓山的禪法是結合《阿含經》且運用「中國禪宗」的特色。另外，則提及建立「法鼓宗」的原因：其一是法鼓山的禪法，繼承臨濟、曹洞兩大法脈的合流，故必須重新立宗；其二因為法鼓山的禪法，乃是整合印度與漢傳諸宗的同異點，參考現今流行於日、韓、越南的禪法，以及南傳內觀法門、藏傳次第修法，可謂是「重新整理漢傳佛教的傳統禪法之後的再出發」，因是承襲又有創新，亦有必要重新立宗。再觀「法鼓宗」建立的目的，一者是「使禪佛教與義理之學互通」，二者是「使禪佛教與世界佛教會通，並且接納發揮世界各系佛教之所長」，聖嚴法師亦強調「提出法鼓宗」的目的，是為「期勉法鼓山的僧俗四眾，以復興『漢傳禪佛教』為己任，擔負起承先啟後的使命和責任，以利益普世的人間大眾」。[170] 可知聖嚴法師立宗的緣由，包含承襲以及創新的特質、承先啟後的信念，其作出此定位「法鼓山是一個弘揚漢傳佛教的道場」；而他也親撰〈告誡眾弟子書〉，以推動漢傳禪佛教為使命，末段更是強調：「凡吾弟子當以吾此告誡，自勉勉人，庶幾漢傳禪佛教之法鼓宗，得以綿延不絕」。[171]

[169] 聖嚴法師著，釋常悟、李青苑譯：《雪中足跡：聖嚴法師自傳》，頁 177-178。

[170] 以上「法鼓宗」建立的原因與目的，參自聖嚴法師：《承先啟後的中華禪法鼓宗》（台北：法鼓文化，2021 年），頁 67-71。

[171] 聖嚴法師口述、胡麗桂整理：《美好的晚年》，頁 8。

　　眾所周知，寧波天童寺是日本曹洞宗的祖庭，日僧道元禪師（1200-1253）至此追隨長翁如淨禪師（1162-1228）學習宏智正覺禪師（1071-1157）的「默照禪」，將之傳至日本且發揚光大。聖嚴法師到日本留學時，利用課餘之際參與禪修，對默照禪多有體悟，繼後則教授契合現代的默照禪法。[172] 從以上傳授禪法到開山立宗，聖嚴法師可謂喚醒漢傳佛教失傳的禪法，在東西方廣傳弘揚；另外則是組織僧團恢復禪修法門，建立「中華禪法鼓宗」，筆者認為這是其對漢傳佛教／禪法不容置疑的至大貢獻。而由聖嚴法師開創法鼓宗、建立漢傳禪佛教的動機與目的，也可見其深邃的「史觀」，意即其對禪宗歷史的貫串與禪法流傳的宏闊視角；身為禪師，並未僅只重於實修，筆者認為這難得的「史觀」，正是來自學問僧內蘊的深厚根基。[173]

　　綜覽聖嚴法師渡台後的發展，除了從軍人再成為出家人，也成為留日的文學博士；他成為「聖嚴法師」以後，弘法腳步就不曾止息。從聖嚴法師決心到日本留學，即是發願開創佛教教育的新局面，雖然學成之後，他先由海

---

[172] 在《無法之法──聖嚴法師默照禪法旨要》一書的〈英譯者緒論〉，果谷（俞永峰）提出：「聖嚴法師要我為本書撰寫這篇簡短的序論，提供宏智禪師的資料，並且顯示這位早期的禪師在他自己的教法中所扮演的重要角色，希望這個在中國失傳已久的傳統能受到重視，重新復興。」又提出：「在一九八○年代，聖嚴法師其實嘗試教導的是一種更『沒有形式』的默照心法，心不專注於任何東西，只是維持著完全的清楚澄明，也不分階段。……這種方法來自他六年的閉關以及他首次遭逢宏智禪師的教法。聖嚴法師告訴我，他在閉關中，有一次就只是『自然澄明地坐在那裡，完全沒有感受到自我或時間』。……在他閉關的後期，讀到宏智禪師的教法，對默照感覺自然的深深相應。他有一次告訴我：『這個教法真的太奇妙了，應該讓更多人知道。』後來他赴日本時，發現原田祖岳老師（一八七一──一九六一）的法嗣，伴鐵牛老師（一九一○──一九九六），教導的也是相同的修行方式。」以上引自聖嚴法師著，單德興譯：《無法之法──聖嚴法師默照禪法旨要》（台北：法鼓文化，2009 年），頁 11、16-17。

[173] 事實上，聖嚴法師決定閉關之時，即有如下的想法：「我認為了解佛教經論對修行來說很重要。一般人認為坐禪的人，不一定要懂佛法義理。我不這麼認為。我認為修行者必須要有義理的基礎，而我希望在閉關時，得以整理這些浩瀚的佛教經論著述，並讓一般人能了解與接受。」引自聖嚴法師著，釋常悟、李青苑譯：《雪中足跡：聖嚴法師自傳》，頁 166。

外學人成為禪師，再從美國回到台灣辦學授課，但是從此教書與授禪的育僧弘化志業卻同時並行。筆者認為聖嚴法師的人生曾有失學的遺憾，又因他在靜安佛學院的受學啟示，所以他格外重視佛學教育的廣化與深化，且他辦學／弘化的格局與視角更是對僧俗二眾皆作設想。

聖嚴法師：「我的生命與佛教的生命相結合，並沒有我個人的事業與生命，也沒有我個人想做的事或不想做的事。我想到的不僅只是臺灣的佛教，甚至也不僅限於包括大陸在內的中國佛教，而是更遠大的方向，即將智慧和慈悲的佛法，傳到西方，廣傳世界。」[174] 一介沙彌從沒落的狼山，到了上海承受最荒謬的經懺生活，再從佛學院的學僧成為抵台的軍人，又褪下軍裝成為比丘，接著展開閉關、求學、教育、弘法、開山立宗的個人志願與宗教志業。這一整個過程，導源於聖嚴法師所述自身的生命與佛教的生命相結合，所以他用自己的生命把佛教的生命廣傳世界；而這一整個過程得以圓滿的關鍵點，筆者認為在於他的「閉關」。聖嚴法師在自傳敘述即將啟程閉關的情景：

> 第二天是十一月十二日，我提著簡單的衣單，再向東老人頂禮告假，他一直把我送到大門口，沒有說一句話，見我走遠了，我回頭看了幾次，他尚在門口站著。[175]

> 東初老人默默地送我到大門口，什麼話也沒有說。我回頭看了幾次，一隻狗夾著尾巴頹喪地站在那兒，東初老人則靜靜地站在門邊，看著我離去。[176]

從這兩段文字，可感受出這一對師徒心裡的互相掛念，而第一段文字正是《歸程》一書的結語。聖嚴法師得以二度出家，在他的生命裡可謂是最重要

---

[174] 聖嚴法師：《教育‧文化‧文學》，頁144。

[175] 聖嚴法師：《歸程》，頁225。

[176] 聖嚴法師著，釋常悟、李青苑譯：《雪中足跡：聖嚴法師自傳》，頁168。

的經歷，東初法師願意允諾為其剃度納作弟子，聖嚴法師深重的感念感謝在
自傳或者其它著作皆可見之。在聖嚴法師決定閉關的時候，是他二度出家且
受戒後不久，當時他是東初法師唯一的弟子，正幫忙擔負中華佛教文化館的
重責；雖然東初法師對閉關的抉擇不甚欣喜，但是聖嚴法師堅持前往。

　　筆者以為聖嚴法師「堅定閉關」的行願，是他在學思歷程上的一大轉捩
點，也是他一生志業發展弘化的關鍵之處。因為他選擇閉關，所以開始個人
的閱藏著書、也開始個人的潛修禪坐；也正因他在閉關期間，前後有楊白
衣、張曼濤給予他日本相關的資訊，讓他在關房之中認真思考，方有出關後
的留日決定。由於有這六年的閉關歲月，讓聖嚴法師把以往在佛學經典上閱
覽的有限作了充分的補足，奠定扎實的學識基礎，而這些基礎正為往後的赴
日留學開了一條學術研究的坦途，也將慧命的發展由東洋擴及到西洋。是故
筆者認為當年聖嚴法師在師徒之情、個人願行之間的抉擇，雖然是很掙扎的
心路歷程，但也是因為他重視且珍視能夠滿出家的願、成為受具足戒的比
丘，他想以這個身分為佛教界奉獻。

> 雖然我和我師父相處的時間很少，他給我的教誨也不多，但是我這一
> 生談起任何事，源頭都是追溯我的師父。法鼓山的源頭是我的師父，
> 農禪寺的源頭是我的師父，現在我辦教育的源頭是我的師父，我所從
> 事的文化與慈善等工作，源頭還是我的師父；東初老人是我的源頭，
> 這是傳承。但我是否就是做著我師父的工作呢？不是，我是接續我師
> 父的傳承，而做創新。[177]

　　此段內容講於 2008 年，聖嚴法師辭世前一年的一場精神講話，他回顧
這一生所談起的任何事，無論教育、文化、慈善等工作，皆是源自於東初法
師，強調東初法師是他傳承的源頭，但是他接續傳承以後是做「創新」。所
以，他決意南下閉關之始，已經隱然了解承接文化館的工作應該是己任，但

---

[177] 聖嚴法師口述，胡麗桂整理：《美好的晚年》，頁 226-227。

是在文化館之外的世界，他必須為自身開路走出去；當他再循路返回已然是足履東西方的博士比丘，此時，他仍然以文化館為教育志業的基點，卻由此開出法鼓山的大道。綜觀聖嚴法師一生的經歷，可說是挫折交織重疊，但是每一次的挫折，總是為他帶來另一境界的開啟；筆者回顧聖嚴法師的一生，感受這些挫折的示現是造就他一生在學思成就與奉獻釋教的圓滿。

　　印順法師與聖嚴法師兩人相差二十四歲，印順法師出家的當年，聖嚴法師方才出生；這二十四年，可謂中國世局、佛教景況頗為混亂的二十四年。印順法師在世變時已經有自學、受教的佛學底子，聖嚴法師則完全沒有，故而兩者雖然都在窮困的亂世裡走上出家之路，但是兩人的佛學教育程度、為出家準備的程度卻深具差異。然而，他們在自學的路上，又都選擇閉關閱藏深入佛典法義，均屬傳統的僧院教育方式，卻在爾後創立兩種不同的僧院教育。自學鑽研的印順法師對於福嚴佛學院或新竹女眾佛學院，是以傳統佛學院的授課方式融入思想開明的學風為僧眾（或是有心為出家做準備者）辦學；遠赴東洋求學進修的聖嚴法師，則是創辦中華佛研所，後來發展為法鼓文理學院與僧伽大學，以通識、專門、國際化的方向為僧俗二眾辦學。從兩者辦學的理念與方向，可知培養出的僧才／佛教人才自然也不同，卻都荷擔佛法慧命薪火傳承、燈燈相續的責任（或可視為佛教正法延續的希望所在）。

　　由印順法師與聖嚴法師的生命書寫，不但可察見兩者從自學到弘化的過程與發展，還可見著他們跨越人生困境的毅勇與智慧，亦可見證學問僧對佛教的影響與貢獻。

第五章 僧侶自傳的貢獻與開展

余德慧曾描述：「弘一法師在中年出家之後，開始抄經。他那時候身體已經不好，羸弱的身子，在孤燈下握著細管，一個字一個字寫在方格裡，簡單素淨，像圓融的香，不多不少地劃在格子裡，沒有銳意的鉤沉，沒有飛揚的舞處。一個字一個字寫下來，這與耐心無關，而是修道。」[1] 筆者認為，這個意象也是本書兩位主角的寫照。筆者的另一思維，則是印順法師與聖嚴法師寫自傳的歲數，確實都在中年或中年以後的時期，自傳不可能太早進行，必須是生命已經累積某些經歷才能書寫，甚至年齡越長，不斷地重新整理這些記憶、增添重要的記事。身為僧人，方格裡的文字，正是他們一個字一個字對自我的生命書寫、僧涯記述；這當中，同為「學問僧」的表述，是否具有某些相似的特質？又能否透顯出僧侶自傳的價值意義？如是的文字書寫／文風呈現，會否賦予現代僧傳某種新詮的意義？筆者將於本章嘗試探討之。

第一節 學問僧自傳的特質

從印順法師與聖嚴法師兩位學問僧的自傳，首先能見著他們的寫作風格與個人特性，其次可從中體會他們的生命觀（含括生死觀、無常觀），並且透過他們的自我剖析與省察，更認識學問僧終其一生力學篤行的修行之道。

---

[1] 余德慧、李宗燁：《生命史學》，頁 67。

一、呈現寫作風格與性格

　　印順法師的自傳名為《平凡的一生》，開篇的前幾段文字即寫道：「平凡的自己，過著平淡的生活」、[2]「平凡的一生，平淡到等於一片空白」、[3]「從一生的延續來看自己，來看因緣的錯雜，一切是非、得失、恩怨，都失去了光彩而歸於平淡」，[4] 一位住世百年且著作等身的佛學泰斗，卻以「平凡」、「平淡」形容自身，謙虛的性格據此可見；[5] 此外，也讓讀者直接明白書名的由來。《遊心法海六十年》一書，印順法師一開端即寫道：「我從接觸佛法到現在，已整整的六十年」，[6] 直接地點題與釋題。

　　聖嚴法師在《聖嚴法師學思歷程》、《雪中足跡：聖嚴法師自傳》二書，於〈自序〉與〈作者原序〉首行各寫道：「我是一個極平凡的佛教僧侶」、[7]「我是一個平凡的中國佛教僧侶」，[8] 在《歸程》的第一章開門見山寫道：「我的出身，非常貧賤，我的歸程，憂患重重；雖然波波折折，但也平淡無奇，所以自覺沒有什麼了不起的地方」，[9] 謙沖的特性亦表露無遺。《聖嚴法師學思歷程》以及《法源血源》的書名，即明示內容所述為本身的學思歷程以及歸返祖庭（法源）、家園（血源）的紀錄；《歸程》與《雪中足跡：聖嚴法師自傳》則是以「回到出家的路」與「風雪中的行腳僧」來比喻一生。聖嚴法師的四本自傳風格有些差異，《歸程》、《聖嚴法

2　印順導師：《平凡的一生》（重訂本），頁1。

3　印順導師：《平凡的一生》（重訂本），頁1。

4　印順導師：《平凡的一生》（重訂本），頁2。

5　筆者於嘉義妙雲蘭若「印順導師關房」，曾看到一張印順法師的名片，僅有「印順」二字，筆者認為此即印順法師自認一生平凡，所以在法名之外，沒有任何頭銜。慧璉法師談及自身師父印順法師的性格：「導師生性澹泊，有次我提到錢穆先生稱讚好友施之勉先生因為凡事皆『淡』，所以雖體弱而長壽，導師很嚴肅地對我說：『我也一樣。』」（摘錄自附錄三〈慧璉法師訪談錄〉）

6　印順導師：《遊心法海六十年》，頁1。

7　聖嚴法師：《聖嚴法師學思歷程》，頁3。

8　聖嚴法師著，釋常悟，李青苑譯：《雪中足跡：聖嚴法師自傳》，頁8。

9　聖嚴法師：《歸程》，頁11。

師學思歷程》、《雪中足跡：聖嚴法師自傳》，都是順著由幼而長的歷程描述，前兩者因為是「寫」給讀者看，所以從出生地、家鄉習俗、出家的狼山與大聖菩薩傳說、清末民初以來佛學院的辦學情況等等，均詳細地介紹地理位置、歷史沿革，另也周詳論述自身的著作緣由，筆調皆近似於學術性質的書寫；後者因為是「說」給採訪者聽（書籍出版的閱讀對象是西方人），儘管仍有介紹或者解說，但是整體較為口語化、生活化，[10] 多處亦以對話方式呈現。《法源血源》一書，因為是返鄉、禮謁祖庭與佛教古道場的過程，所以敘寫口吻類似日記與遊記的綜合，其中對各家寺院的歷史有詳略的介紹，頗有兩岸佛寺交流之感。

　　印順法師的自傳，寫作手法平鋪直敘，縱使有感慨之處也不見激動字眼，僅偶爾出現自嘲的字句；[11] 他提及個人瑣事的部分非常短少，尤其對於俗家的記述，可說是介紹家庭成員而已，其他則置於求學的歷程；至於人生經歷的事件，大部分皆是簡筆帶過，尤以《遊心法海六十年》一書幾乎讀不到「遊心法海」以外的字句。相對於印順法師的自傳，聖嚴法師的自傳多了「說故事」的口吻，他會穿插幾則小故事、軼事或是佛教典故於內容，也出現過「讀者想來一定奇怪」[12] 的字句，彷彿與閱讀者互相對話，這是他

---

[10] 聖嚴法師：「這本書的特色，就是從生活面角度呈現我這一生的生命經歷，以及我所抱持的人生態度。換句話說，是作為一個跨越二十世紀至二十一世紀的中國僧侶，我所走過的困境、我曾歷經的歡喜，和一個東方僧侶如何融入西方社會的歷程。」引自聖嚴法師著，釋常悟、李青苑譯：《雪中足跡：聖嚴法師自傳・作者原序》，頁10。

[11] 比如印順法師提及出家後想好好精進一番，但是出家的隔年卻生了病，他自諷：「學佛未成成病夫」；又如他面對從香港到台灣的際遇，他下了「墓庫運還是法運亨通」的標題，用家鄉的俗語來解嘲自己種種惡劣的境遇；又如他曾與道源法師同去泰國，道源法師隨其相處一個月後，告訴他：「印老，你原來也是能少說一句就少說一句的」（道源法師應曾耳聞外界對印順法師負面的評論），印順法師回應：「是的，你以為我喉嚨會發癢嗎？」由此應答也可看出是一種無奈的自嘲。以上引自印順導師：《平凡的一生》（重訂本），頁29、50、107。

[12] 聖嚴法師：《聖嚴法師學思歷程》，頁32。

的自傳格外讓人感受親切之處。[13] 此外，從四本自傳的內文，聖嚴法師的人生走到哪裡，他就隨之告訴大眾他正在做的事情，分享他的心境與閱歷，彷彿預設一群跟隨他的讀者，帶著他們走過生命與法業的各個階段。

　　承上，筆者認為這兩位學問僧的自傳，從「書名」至「內文」均可體察他們深具平實、謙遜、沉穩的特質；由自傳的「敘事方式」，則能夠明顯感受兩位學問僧性格的不同。

二、僧侶的生命觀與人生省思

（一）印順法師

　　印順法師以一片落葉自喻，述其在水面上隨著因緣漂流，時而停滯、時而團團轉、時而激起浪花，依然平靜向前流去；他另又道：「善於把握機緣的，人生是隨時隨地，機緣都在等待你。但在我自己，正如流水上的一片落葉，等因緣來自然湊泊」，[14] 亦說道：「人生，只是因緣──前後延續，自他關涉中的個性生活的表現，因緣決定了一切。因緣有被動性、主動性。被動性的是機緣，是巧合，是難可思議的奇跡。主動性的是把握、是促發、是開創。在對人對事的關係中，我是順應因緣的，等因緣來湊泊，順因緣而流變」，[15] 呈顯出「隨順因緣」的人生觀。他回顧一生際遇，覺受有些事情的發生是當時發覺、有些是事後發現，「自己的一切，都在無限複雜的因緣中推移。因緣，是那樣的真實，那樣的不可思議」。[16] 在《遊心法海六十年》一書，他自述初始修學佛法：「一切在摸索中進行，沒有人指導，讀什麼經論，是全憑因緣來決定的」，[17] 是故他先與三論宗結了緣。在《平凡的一生》整本自傳，更可看到印順法師時常以「因緣」來做為事件、境遇

13　果賢法師談及聖嚴法師的文字風格是：「平易近人、深入淺出、光明正向、中道分享。」（摘錄自附錄四〈果賢法師訪談錄〉）。

14　印順導師：《平凡的一生》（重訂本），頁51。

15　印順導師：《平凡的一生》（重訂本），頁2。

16　印順導師：《平凡的一生》（重訂本），頁2。

17　印順導師：《遊心法海六十年》，頁5。

的最佳註腳或結論：比如他的「出家」，從菩提佛學院落空、至普陀山受姜君所欺瞞，但因此而尋得福泉庵，禮拜語言不通的清念老和尚為師，他自述回想起來，覺得「因緣是那樣的離奇，難以想像！」[18] 比如他平生唯一一次為遊覽而遊覽的旅程，讓他輾轉到了四川，躲過八年的戰亂，他說：「在我的回憶中，覺得有一種（複雜而錯綜的）力量，在引誘我、驅策我、強迫我⋯⋯使我遠離了苦難，不致於拘守普陀，而受盡抗戰期間的生活煎熬。⋯⋯一種不自覺的因緣力，使我東離普陀，走向西方──從武昌而到四川。我該感謝三寶的默佑嗎？我更應該歌頌因緣的不可思議！」[19] 是故在自傳字裡行間看到旅程的盤曲，實則在其心路歷程上也順著迂迴的因緣存疑而不逆地前進。又如打擊他最嚴重的「漫天風雨三部曲」，卻因為演培法師堅持前往汐止彌勒內院探望慈航法師，讓慈航法師瞬時轉念，才不致讓事件擴大，印順法師因此描述：「暴風雨要來了，但不可思議的因緣也出現了！」[20] 而在《佛法概論》事件安全落幕後，他則是以：「我只是問心無愧，順著因緣而自然發展。一切是不能盡如人意的，一切讓因緣去決定吧！」[21] 為這些冤屈畫上句點。再如「建築」與「建費」的問題，他說：「這些，在我的回憶中，覺得有些因緣是難以思議的」、[22]「我的增建工程費，可以說，就在這出來的一天，就這樣的解決了。這是可以求得的嗎？是我所能想像到的嗎？因緣實在不可思議！」[23] 他認為人生當中的五次建築不管覓地、監工、籌措經費，總是很巧合地受到幫助，實是不可思議的因緣。

　　除此之外，身弱多病的印順法師，也數度在自傳裡以「業緣」來闡述自身的病痛，或是幾次提及「死亡」與「衰弱」呈顯其生死觀／無常觀。在《平凡的一生》中，他即曾以「業緣未了死何難」為標題，說明道：「死，

---

[18] 印順導師：《平凡的一生》（重訂本），頁 10。
[19] 印順導師：《平凡的一生》（重訂本），頁 22。
[20] 印順導師：《平凡的一生》（重訂本），頁 64。
[21] 印順導師：《平凡的一生》（重訂本），頁 78-79。
[22] 印順導師：《平凡的一生》（重訂本），頁 101。
[23] 印順導師：《平凡的一生》（重訂本），頁 104。

似乎是很容易的,但在我的經驗中,如因緣未盡,那死是並不太容易的。說得好,因緣大事未盡,不能死。說的難聽些,業緣未了,還要受些苦難與折磨。」[24] 基於如是的認知,比如他提及 1967 年冬天要去台北榮民醫院作檢查,即將到達醫院時,開在前方的大卡車停住,他們的車跟著停下,不料大卡車突地倒退撞上他們的車頭,汽車前方的玻璃破落在他身上(印順法師坐在前座,司機右側),後座的侍者與晚輩弟子慌張不已,他卻動也不動,晚輩認為這是他「定力好」,可是他卻說:「這算什麼定力!我只是深信因緣不可思議,如業緣未盡,怎麼也不會死的……我從一生常病的經驗中,有這麼一點信力而已。」[25] 又比如他在 1972 年直覺虛弱無力的自己已到死亡的邊緣,一位在中央信託局服務的張禮文居士自發性前往為其把脈、開藥,讓他從死亡邊緣活過來,他認為被一位不請自來且非職業醫師治癒也是不可思議的因緣,故說道:「『業緣未了』,那也只有再活下去了。」[26]

面對病身,他自述:「無時不在病中,對我來說,病已成為常態」、[27]「『人生無有不病時』,對我來說,這是正確不過的,健康只是病輕些而已」;[28] 面對死亡他則言說:「死亡,如一位不太熟識的朋友。他來了,當然不會歡迎,但也不用討厭」。[29] 然而,印順法師對於病痛、死亡雖抱持泰然自若的心境,但他處理的方式卻秉持理智的態度;誠如前文提及,他入四川、武昌至抵台前的十四年間,不但面臨國家戰亂生活動盪,也是他身

---

[24] 印順導師:《平凡的一生》(重訂本),頁 29。誠然,印順法師曾言自身的生死觀是有所轉變的,他原本認為虛弱的自己,在一點小小的因緣當中,很容易即會死過去的,所以在武昌的時候一向不躲警報,以為被小小彈片炸中就會死去;但是經歷在縉雲山腹瀉虛脫暈倒又醒轉,以及在合江法王學院跌仆滑落四、五丈高的四層地昏死過去卻甦醒的經驗,他轉而認為「業緣未了,死亡是不太容易的」,以上參自印順導師:《平凡的一生》(重訂本),頁 31-34。

[25] 印順導師:《平凡的一生》(重訂本),頁 35。

[26] 印順導師:《平凡的一生》(重訂本),頁 202。

[27] 印順導師:《平凡的一生》(重訂本),頁 30。

[28] 印順導師:《平凡的一生》(重訂本),頁 203。

[29] 印順導師:《平凡的一生》(重訂本),頁 31。

體最虛弱、生活最清苦之時，卻是寫作與講說最勤的「思想確定」時期。又比如他在《遊心法海六十年》提及著手編纂《妙雲集》，即是因為當時感覺死期近了，所以將自己的寫作與講說集結，以免麻煩後人；繼後，他感受「大病以後，長期的不能思考，在寧靜的衰病中過去」，[30] 直到偶然翻閱《史記》引起興趣，所以做了古代神話的研究；又或者在這之間過了四年的養病時光，他自認色身浮脆，不敢再作遠大計畫，所以專注研考初期大乘佛教的起源、開展。從印順法師的自傳觀之，其一生可謂在屢弱中書寫，而在大病、「業緣未了」之後又多有大部頭的著作問世，似為其在病緣之後學思的另一進境。除了自傳的記述，比如印順法師於《唯識學探源》的序言，提及 1939 年冬天在縉雲山受到月耀法師的鼓勵而開始著作，卻因環境所迫暫時停筆，直到翌年夏天才繼續提筆；面對困處，他說：「一切是無常的！特別是亂離之世；動亂是世間的實相，這算得什麼？」[31] 道出逢離亂之世，寫作的進行本於世間的無常之中，不算什麼大事。又如筆者前文述及，印順法師曾腹痛昏倒，或是疲勞過度導致散步不慎跌下坡地，卻於起身後、好轉後，不離書與筆，甚至如此內省：「求學而沒有能長期的接受教育，自修而又常為病魔所困，這不都是沒有福報的明證嗎！福緣不足，是無可奈何的事，只有憑著堅定的意願，不知自量的勉勵前行！」[32] 足見其面臨外來困境、自我病身，一方面展現出對「諸行無常」的體解，一方面則以堅定意願順應因緣為佛法筆耕墨耘。

　　印順法師在《遊心法海六十年》最後寫道：「我不再悵惘：修學沒有成就，對佛教沒有幫助，而身體已衰老了」，[33] 他認為「世間，有限的一生，本就是不了了之的」，自喻本著精衛啣石的精神做到那裡，那裡即是完成。[34] 另於《平凡的一生》末段寫道：「人的一生，如一個故事，一部小

30　印順導師：《遊心法海六十年》，頁 29。

31　印順導師：《唯識學探源・自序》（新竹：正聞出版社，2000 年新版），頁 1。

32　印順導師：《遊心法海六十年》，頁 3。

33　印順導師：《遊心法海六十年》，頁 60。

34　參自印順導師：《遊心法海六十年》，頁 60。呂勝強針對印順法師「做到那裏，那

說，到了應有的事已經有了，可能發生的事也發生了，到了沒有什麼可說可寫，再說再寫，如畫蛇添足，那就應該擱筆了。」[35] 在最後一句則寫道：「XXX 年 X 月 X 日，無聲無息的死了。」[36] 在走過百年歲月後，他確實靜默安詳擱筆了，擱於 2005 年 6 月 4 日。面對老死無常的態度，或可從此段自述：「『一生難忘是因緣』，我不妨片段的寫出些還留存在回憶中的因緣。因緣雖早已過去，如空中鳥迹，而在世俗諦中，到底是那樣的真實，那樣的不可思議！」[37] 察見其在深明因緣裡，看待空中鳥跡與世俗諦、體解真實與不可思議。

在印順法師回顧人生的字句裡，亦常見得他對自我的分析或是省思。比如他回憶 1953-1954 年遭受最嚴重衝擊的時刻，在得知慈航法師差點提筆抨擊他時，他才意識到自身是睡在鼓裡：「有眼不看，有耳不聽，不識不知的過日子」，[38] 也因此他才警覺：「我不能專顧自己了，非得敞開窗戶，眺望這世間——寶島佛教的一切，情況逐漸明白過來。」[39] 事後他更自省相關的內因與外緣：

> 一、我來臺去日本出席世佛會，占去了長老法師們的光榮一席。二、我來了，就住在善導寺。主持一切法務，子老並沒有辭謝南亭法師，而南亭法師就從此不來了。但是，離去善導寺是容易的，忘懷可就不

裏即是完成」，有如下之看法：「太虛大師晚年覺得鬱鬱，請導師摘梅花給他，因為他深切的知道改革運動的結果是失望的，而導師會說『做到那裏，那裏就是完成』，其實他是參透了，尤其他因為有太虛大師失敗經驗做殷鑑，他瞭解不能逆著因緣走，願力大，業力更大。業是代表著真正的緣起，既然說尊重緣起，那願力也就要尊重緣起。」引自呂勝強、莊春江：〈印順導師的思想特質〉，收入《福嚴會訊》第 6 期（新竹：福嚴佛學院，2005 年 4 月），頁 54。

[35] 印順導師：《平凡的一生》（重訂本），頁 228。
[36] 印順導師：《平凡的一生》（重訂本），頁 228。
[37] 印順導師：《平凡的一生》（重訂本），頁 3。
[38] 印順導師：《平凡的一生》（重訂本），頁 66。
[39] 印順導師：《平凡的一生》（重訂本），頁 66。

容易了！這又決不只是南亭法師，善導寺是臺北首剎，有力量的大心菩薩，誰不想主持這個寺院，舒展抱負，廣度眾生呢！三、我繼承虛大師的思想，「淨土為三乘共庇」。念佛，不只是念阿彌陀佛，念佛是佛法的一項而非全部；淨土不只是往生，還有發願來創造淨土。這對於只要一句阿彌陀佛的淨土行者，對我的言論，聽來實在有點不順耳。[40] 四、我多讀了幾部經論，有些中國佛教已經遺忘了的法門，我又重新拈出。舉揚一切皆空為究竟了義，以唯心論為不了義，引起長老們的驚疑與不安。五、我的生性內向，不會活動，不會交往，更不會奉承迎合，容易造成對我的錯覺──高傲而目中無人。[41]

在其身後出版的《永光集》亦提到：「民國四十二、四十三年間，我受到『漫天風雨』的襲擊，我說：『真正的問題，是我得罪了幾乎是來台的全體佛教（出家）同人』。」[42] 他認為不是自己或是在台灣的長老法師變了（抵台前，他與這些長老相安無事，甚至受到關護），而是因為他出席日本世界佛教友誼會，住進了善導寺，「我不自覺的，不自主的造了因，也就不能不由自主地要受些折磨了。」[43] 遭逢莫大誤解與訕謗，他不見責任何人事，反而檢討自身誤佔他人出席的名額與首剎住持地位、提出不同以往的新思論，方才導致發生一連串的事件而需承受磨難。事件過後，相關單位對他

---

40 此乃導因於印順法師在《淨土新論》提出不同以往的觀念，引起傳統淨土信仰者的反對。楊惠南：「顯然，印順也認為念佛往生西方的『易行道』，並不是菩薩的正常大道，而且也較『難行道』，更不容易成佛。印順的這些主張，雖然有其經論上的依據，但卻不能見容於當今台灣的佛教界。前文已經說過，中國佛教自從清代的雍正皇帝之後，就僅有淨土一宗；而臺灣當今佛教的兩大傳承之一，又恰巧是大陸撤退到臺灣來的佛教。因此，受到這一傳承影響的當代臺灣佛教，自然也以淨土思想為正宗。印順批判念佛往生的易行道，在這些自視正宗的當代臺灣佛教徒看來，必定成為大逆不道而人人喊打的對象。」引自楊惠南：〈臺灣佛教的「出世」性格與派系紛爭〉，收入《當代佛教思想展望》，頁 14。

41 印順導師：《平凡的一生》（重訂本），頁 75。

42 印順導師：《永光集》，頁 261。

43 印順導師：《平凡的一生》（重訂本），頁 64。

的暗查並未真正止息，但是他卻不受這些餘波盪漾的影響，因為他明白自身身體衰弱、生性內向，心在佛法因此對世間的事緣缺乏興趣：「這對於荷擔復興佛教的艱巨來說，是不適合的，沒有用的，但好處就在這裡。……我憑了這無視世間現實，在政局的動盪中，安心地探求佛法。我才能沒有任何憂慮的，安然的渡過了一切風浪。」[44] 陳儀深即指出印順法師不愛活動不會應酬，只是心在佛法，正因為這種「無視世間現實」的個性，所以安然渡過風浪。[45]

印順法師面對所謂的順遂或是成就，他不曾驕矜卻時常反躬內省。比如自傳當中述及建築因緣的順利，有人誇印順法師福報大，但是他認為自己：「我就是沒有福德，才多障多災。建築方面，是佛法的感應吧！也許在這點上，過去生中我曾結有善緣的。」[46] 又如他提到自身的寫作，認為受到讚嘆是因為他人的鼓勵與同情，受到批評是對自己的有力鞭策：「一順一逆的增上緣，會激發自己的精進」；[47] 對於這些著作，他則內省：「自己的缺少太多，壯年沒有理想，晚年當然也沒有過分的希望，盡自己所能寫出而已」，[48] 他也曾經檢討「學力不足」以及「一生多病」，是他探究有心而成就有限的原因。[49] 再如他反省來到台灣至閉關之前，當住持、蓋道場、講經弘法、出國，外界看起來認為他是法運亨通，可是他卻自認：「在佛法的進修來講，這是最鬆弛的十二年」。[50]

從自傳的尾章，則能夠見著印順法師對自我作深入的辨析。首先，他自

---

[44] 印順導師：《平凡的一生》（重訂本），頁 88。

[45] 參自陳儀深：〈政權替換與佛教法師的調適──以一九四九年前後的明真、虛雲、道安、印順為例〉，收入《中央研究院近代史研究所集刊》第 26 期，頁 363。

[46] 印順導師：《平凡的一生》（重訂本），頁 106。

[47] 印順導師：《平凡的一生》（重訂本），頁 151。

[48] 印順導師：《平凡的一生》（重訂本），頁 170。

[49] 參自印順導師：《遊心法海六十年》，頁 3。

[50] 印順導師：《遊心法海六十年》，頁 22。而在另一自傳，亦有如下字句：「五十三年，我來臺灣已十二年了。建寺院，出國，弘法，儘做些自己不擅長的事，比之早年的專心佛法，真是得不償失。」引自印順導師：《平凡的一生》（重訂本），頁 179。

認缺乏藝術氣質，又因體弱的關係故體育也差強人意，且說話沒有幽默感，開門見山直來直往，他自道：「對一個完滿的人生來說，我是偏缺的。」[51] 再者，他提及高小外出求學，生意忙碌的父親無法如慈母般照顧，十一歲時又孤身寄宿學校，不懂得清潔、整理，不願向他人傾吐心事，所以產生自卑感與孤獨感，他自認：「生性內向，不會應酬，是我性格的一面。」[52] 然在學校的功課無論文科或算數，他的成績不算太差，且又以國文特為良佳，他因此認為在自己的性格當中，有自命不凡的一面：「自卑與自尊，交織成我性格的全體。我不愛活動，不會向外發展，不主動的訪晤人。到現在，我也很少去看人的，而只能在安靜的、內向的，發展自己所能表現的一面。」[53] 此外，他自述有一個特點，即使通過理性記憶的事情不容易忘記，但是無法純粹記憶，對門牌、電話從來記不得，對人名、晤面過的人，時常一點印象也沒有，所以被誤以為高傲，所以他說：「不認識路，不認識人，決定了我不會交際，不適於周旋於社交的性格。」[54] 從如上的分析，他得出如下的結論：「從小就身體寡薄，生性內向，不會應酬。自卑而又自尊的我，以後當然要受此因緣所局限而發展了。」[55] 他認為自身的一切，都是由難思的業緣所決定且是從幼年即決定：「前生的業力，幼年的環境，形成了自

---

[51] 印順導師：《平凡的一生》（重訂本），頁 223。

[52] 印順導師：《平凡的一生》（重訂本），頁 223。

[53] 印順導師：《平凡的一生》（重訂本），頁 223。

[54] 印順導師：《平凡的一生》（重訂本），頁 224。

[55] 印順導師：《平凡的一生》（重訂本），頁 224。印順法師在《法海微波》一書的序文，也有類似的自我剖析與喟嘆：「身體衰弱而不喜交際的我，等於將自己局限在狹小的天地裏。對於教內大德，平時少往來；與學術界、文化界人士，可說沒有往來；不通外文的我，對國際佛學界，當然更沒有往來了。一心想對佛教的思想，作一些啟發與澄清的工作，有時講，有時寫，但生成了這一個性，不用說，對佛法在社會、在教內所起的影響，是微小得等於零。何況面對一個不重學的中國佛教，大德們又都惜字如金，不願提供寶貴的意見呢！但想到佛法不用過分從功利著想，盡自己的心力做去就可以，所以五十歲以後，雖明知對佛教不能有什麼貢獻，還是一直的堅持下去。」引自印順編：《法海微波‧序》，頁 4-5。

己的特性」，[56] 他是從「出家前」去理解「出家後」的一切；所謂「出家前」乃指他從孩提時期回顧自己的長處與短處，以之來對應「出家後」的一切際遇。

印順法師更進一步認為若是從完整的人生來說，他是一個知識部分發達、但是能力低弱的人，坦論自己缺乏辦事與組織的能力；更直言真正地認識自我，則是來到台灣之後，並檢討親近他的學友不夠認識他，所以期望過高，來台的長老法師也因不識解他，才會對他產生緊張的看法。他提及會以反省來默察人生，不會固執己見，也不大會評論他人，卻願意接受他人的批評。印順法師雖受到佛教界所敬重，但承受的批判也不少，然他確實「以反省默察人生，不大會評論別人」，從他畢生的著作觀之，自傳為己身解釋的話語相當稀少，唯有在《法海微波》以及身後發行的《永光集》為自己稍微發聲。《法海微波》是收集他人對其思想、著作贊同或評論的文章作為紀念。[57]《永光集》則是有一篇〈為自己說幾句話〉，[58] 分為八個小節談論，其中提及《中國禪宗史》一書，被認為「必須引用柳田聖山等人的研究成果」，他舉出寫作過程的接觸以及修學過程的缺點（不通外文，只能以漢文藏經為主要依據），澄清如此的誤會；[59] 又比如他清楚說明與太虛法師

56　印順導師：《平凡的一生》（重訂本），頁 225。

57　印順法師在《法海微波》的序言，提出成書的動機：「偶爾與性澄等談起：一生寫作、出版而不能對佛教界有些影響，不免有浪費紙墨的感覺。他們認為：不能說完全沒有，在佛教的刊物、書籍中，多少也有些贊同或批評的。我要他們代為搜集，雖然數量不多，也聚集了一些資料。我想，今年已虛度八十一，從認真寫作以來，已有四十六年了，以後怕難有什麼作品。這些見於刊物、書籍的僅有影響，把他編集起來，題為《法海微波》，作為一生的紀念吧！……把資料整理一下，決定分為三編：『上編』是書的評介，無論是『評』，是『讀後』，是『述感』，總之是對全部、一本或一篇文字，一個問題的反響。『中編』是人的評介，當然也還是思想的。『下編』是雜錄，從別人文字中節錄出與我有關的片段文字。」引自印順編：《法海微波・序》，頁 6-7。

58　印順導師：〈為自己說幾句話〉，收入《永光集》，頁 239-269。

59　印順法師以《中國禪宗史》獲頒日本大正大學文學博士學位，卻遭人影射有抄襲柳田聖山研究成果的嫌疑；印順法師當年對於此事並未多作回應，直到晚年（九十歲）提

「大乘三系」或「人生／人間佛教」思想的傳承脈絡；整篇文章為自己說的話，都是圍繞「學術／思想」而論，可見印順法師所關切的（或有心捍衛的），不是個人名譽，而是見解上的純正。

述及自身的情感，印順法師說明沒有特殊的愛恨：「我沒有一般人那種愛，愛得捨不了；也不會恨透了人。起初，將心注在書本上；出家後，將身心安頓在三寶中，不覺得有什麼感情需要安放」，[60] 剖析自己即使情感過於平靜，所以與藝術無緣，也對人缺乏熱情但是不會冷酷刻薄。另外談及自身的意志力，他自評「極強而又不一定強」，[61] 屬於個人的、單純的事情，只要一經決定便不會顧慮任何的艱難，無論身苦或是經濟上的貧苦，透過堅強的心力，他感受都不是嚴重的事情。但是，倘使遇到複雜、困擾的人事，他自認沒有克服的信心與決心。經由這番的自我綜析，他總論自身：「大概的說：身力弱而心力強，感性弱而智性強，記性弱而悟性強；執行力弱而理解力強——依佛法來說，我是『智增上』的。」[62]

筆於〈為自己說幾句話〉澄清並未抄襲。邱敏捷在《印順《中國禪宗史》之考察——兼與胡適及日本學者相關研究的比較》一書，對照《六祖壇經》的作者與版本，並提出各家觀點，作出以下的結論：「對於《壇經》的主體結構，印順旁徵博引，說明東山門下開法傳禪之盛，並認為『大梵寺說法』應是《壇經》的原始內容。至於《壇經》的形成與變化，印順與宇井氏、柳田氏有共同的發現，但他特別標出『南方宗旨』、『《壇經》傳宗』的作用。其中，印順與柳田氏的觀點互有同異：印順同柳田氏一樣，認為洪州宗與牛頭宗互有往來；但他不因『南方宗旨』之『即心即佛』、『見聞覺知之性善能揚眉瞬目』、『其身是無常，其性常也』等說法，直認《壇經》為鶴林法海所作。這是兩者最大的分歧，故印順《中國禪宗史》在這部分應無『抄襲』之嫌。」可謂還以印順法師清白，且指出其不同於他者的看法。引自邱敏捷：《印順《中國佛教史》之考察——兼與胡適及日本學者相關研究之比較》（台南：妙心出版社，2009 年），頁 186-187。

60 印順導師：《平凡的一生》（重訂本），頁 225-226。
61 印順導師：《平凡的一生》（重訂本），頁 226。
62 印順導師：《平凡的一生》（重訂本），頁 227。呂勝強提出印順法師認為自身「智增上」，乃是針對「（信增上）信行人及（智增上）法行人」兩類行者相對而論；然呂勝強指出印順法師「學習釋尊本生（世世常行菩薩道）的夙願」，終其一生堅定信願學習釋尊的道跡，故他認為印順法師「乃是一位以智為導的『悲增上菩薩』之忠實

　　藍吉富歸納印順法師的個性：一、冷靜、理性、喜歡獨處、不擅應酬；二、治學一味求真求實，不迎媚時流、不受中國既往傳統所拘，期能研求出真正的佛法；三、毫無宗派成見，不落入傳統宗派窠臼；四、具有歷史意識，治學特色是先行探求歷史發展的真相，再予以各義理體系作客觀批評；五、不迎合信徒，不走世俗經營寺院的路線，而是甘於平淡將「研求佛法」作為畢生執持的目標。綜合這些個性上的「條件」，加上累積甚多傳統佛教學者所應具備的資糧，且熟知二十世紀的新式佛學研究法，故而「能如此融匯新舊佛學研究於一身，乃使他在未受過學院訓練，又不通曉外文的狀況下，仍能著作等身，卓然有所樹立。」[63]「智增上」而「感性弱」，筆者以為這應是印順法師成為學問僧的一大主因，又如藍吉富指出「個性上的條件」，故而外緣對其干擾的程度可降至最低，能夠專注一志遊心法海、研墨著述。

（二）聖嚴法師

　　聖嚴法師在身分轉換、曲折出家的人生裡，他亦以「因緣」遍觀際遇。他在最後問世的自傳《雪中足跡：聖嚴法師自傳》追憶自己的一生，他直言從未刻意計畫人生：

> 年輕未出家前，我不知道我要做什麼。……我只是聽說一間寺廟在找新人，而我沒有其他的前途，所以就去了那間寺廟，出了家。如果這件事沒有發生，我仍會是鄉間窮人家的小孩，與我的兄姊或兒時的玩伴沒有什麼差別。然而在狼山的歲月中，我得到了人生的大方向──將佛法與他人分享。這個信念深植我心，即使在軍中也未曾改變。當我恢復出家身份時，國民黨政府及高級官員都是基督徒，佛教是被遺

　　履踐者。」參自呂勝強：〈印順導師對於中國佛教復興之懸念探微──以義學為主〉，收入《福嚴會訊》第 26 期（新竹：福嚴佛學院，2010 年 4 月），頁 4。

[63]　藍吉富：〈印順佛學思想的特質及歷史意義〉，收入《二十世紀的中日佛教》（台北：新文豐出版公司，1991 年），頁 216-217。

忘的，我想改善這個狀況，那也是我閉關的原因之一。那時沒有學校接受出家人，但我想深入修行、閱讀、寫作、自學，充實自己，以期未來對社會有所貢獻，這也是我去日本攻讀博士的原因，這一切都是因緣促成的。……我的生命就是一個又一個的因緣際會：如果沈家楨居士沒有請我去紐約布朗區的大覺寺，我不會因應西方學生的需要，而發展出禪修的教學方法；如果我沒有研究這個修行法門，我不會來教禪法；如果我的師父沒有往生，我沒有回台灣，今天也不會有法鼓山這個團體在弘揚佛法。[64]

由於體認人生際會都是因緣促成，所以他說道當時泰國朱拉隆功大學頒予他榮譽學位，該校校長說聖嚴法師接受這個學位，是他們學校的榮耀；聖嚴法師反倒感受慚愧，自認是平凡之人，不值得領受！他依舊強調：「我的成就並不是我個人的，是因緣際會的結果，我沒有閃避，而心甘情願去承擔起來，因為我希望幫助人們離苦得樂。」[65] 面對學歷成就、開山立宗、授禪西方，他不眷戀世間名譽，而是於因緣觀裡表明志願。

其次，可察見聖嚴法師描述出家後所面臨的困挫、貧乏或是磨練，他的心態從不怨懟環境或他人給予的不公，而是自省福德不足，或是檢討自我缺失。比如他前往狼山的路上，很羨慕梳著瀏海頭、著沙彌裝的小沙彌，一心期待能夠「改裝」，結果出家後兩年才穿上家鄉土裁縫以粗布做得不像樣的僧服；即使期待落空，卻能理解是俗家貧窮，狼山的師長不太重視律制且當時時局動亂，所以他說道：「我也並不埋怨什麼人，如要埋怨，應該是埋怨自己的福薄。」[66]

又比如他報考靜安佛學院，死背著其師公代寫的作文應試，文不對題卻能錄取，後來才明白靠關係即能進入，所以他認為在程度參差不齊的同學中，自己是「蹩腳生」；而佛學院位於市區中心，又時常需要幫忙佛事，所

---

64 聖嚴法師著，釋常悟、李青苑譯：《雪中足跡：聖嚴法師自傳》，頁 277-278。

65 聖嚴法師著，釋常悟、李青苑譯：《雪中足跡：聖嚴法師自傳》，頁 279。

66 聖嚴法師：《歸程》，頁 84。

以環境與生活都不寧靜,畢業後其他的同學不甚珍惜這個學歷,但是他卻感念說道:「但在我這個福薄的人來說,對於靜安寺的生活,卻是念念不忘,我能有今天這樣的因緣與些微不足道的一點成就,乃是由於靜安寺的播種而來。」[67] 再次以「福薄」自省境遇。再比如他敘述二次出家後,接受師父東初法師的嚴格訓示,他省思彼時的師徒互動,認為:「透過東初老人的訓練,我對自己瞭解了很多。我有一個特性,會抗拒我認為是不公平的事情,會對我認為是不合理的事情而起煩惱。經過了東初老人的訓練,我去除了這個習性,這讓我在面對人生時,少了些自我中心……然而經過了這訓練,我會把那種狀況當成是一個修行、學習的機緣。」[68] 無論是狼山沙彌、靜安寺學僧、文化館比丘時期,聖嚴法師皆承受不同的「訓練」,這些訓練都不容易,可算是一次次進階的挑戰,但是他卻視之為修行的機緣。

誠然,在聖嚴法師的自傳裡,也不難觀見他的人生觀(或者是人生宗旨)。他在不同的階段敘寫自己的生命經歷,他都懇誠地道出能夠再度出家的珍貴,即使經歷波波折折,人生的路很明確便是「出家」。在他的生命階段裡,出現分隔「常進沙彌」與「聖嚴比丘」的軍中十載,但是他說道:「雖然我過著軍旅生活,但我在夢裡卻一直是個和尚,渴望再回到出家的日子。」[69] 他一再表述對於以往的遭遇,認為自己罪障深重,但是另一方面他以佛教徒的立場觀之:「對於順境與逆境,都該看作使我努力昇拔的增上緣。……沒有正面的援助,我是爬不起來的,沒有反面的阻撓,我是堅強不起來的,鋼是鍛鍊出來的,能說鍛鍊的境遇是不需要的嗎?」[70] 他亦認為最不易爭取的事物,是最寶貴、也是最足以珍惜的事物,所以他的「回頭之

---

67 聖嚴法師:《歸程》,頁 135。

68 聖嚴法師著,釋常悟、李青苑譯:《雪中足跡:聖嚴法師自傳》,頁 160-161。單德興指出:「這種不合理的要求與訓練,宛如現代版的密勒日巴尊者傳記。但也因為這種嚴格磨練(法師稱這種方法是『養蜜蜂』,而不是『養鳥』),培養出傳主不同尋常的耐心、毅力與才能,完成後來常人眼中不可能達成的心願和苦行」。引自單德興:〈雪泥鴻爪法常存:《雪中足跡》評介〉,收入《人生雜誌》第 308 期,頁 32。

69 聖嚴法師著,釋常悟、李青苑譯:《雪中足跡:聖嚴法師自傳》,頁 105。

70 聖嚴法師:《歸程》,頁 206。

路」、他的「歸程」，他視之為「痛苦與折磨的代價」。更進一步，他自言三十歲之後方才真正跨入佛門，學業與德業在此之前等於是繳交白卷，所以必須趕緊在佛學與修持上增進；由此可見，他是用生命在惜護這得來不易的二度出家。回顧此生，他曾說道：

> 回想我六十多年來的生命過程，都不是我預先想到和預做安排的。正因為我沒有預定安排什麼，反而可以左右逢源，隨遇而安；正因為我沒有一定的目標想要完成或者是非得要完成某一項目標不可的念頭，所以落得輕鬆，沒有給自己太多的壓力，也不會受到外境和他人給我太重的壓力。是我該做而能做的，當然做；該做而我不能做的，就不做。不過我自己還是凡夫，對於利害得失名聞利養，不能完全無動於衷，但是這些問題只要通過我對於佛法的認識，就會很快地自我調整與化解。……像我這樣沒有一定目標的人生觀，很可能會被一般人誤認為是消極和逃避現實。的確，如果用之不當，可能真的會變成消極，所幸我有佛教的信心，並且經常提醒自己：要以發菩提心為基礎，要用四弘誓願做前導。我雖沒有個人的小目標，卻在任何情況下，都不會失落全體眾生所共有的大方向、大目標。[71]

據此，再次地見著他隨因緣而走的生命態度，[72] 然而隨遇而安的人生觀裡頭，卻是以發菩提心、四弘誓願為基底，荷擔為佛教與眾生奉獻的如來家業，不為自身有所私求。

71　聖嚴法師：《聖嚴法師學思歷程》，頁 163。

72　以因緣看待人生際遇，在聖嚴法師其他的著作亦有提及，比如在《禪的世界》一書：「我這一生也都是在各種的磨難中走過來，每當我面臨困難時，並不逃避它，而是希望改善它。如果已經盡力尚無法改善，也不立即放棄，但要暫時擱置。因為一切現象的發生，均各有其因緣，並不是僅憑一人的勤惰及意願所能掌控的。凡事必須努力，但也不得強求。若明因緣的道理，就會知道能提即提，當放則放了。」引自聖嚴法師：《禪的世界》（台北：法鼓文化，1999 年），頁 212。

　　聖嚴法師從幼年始，即是在貧病交迫裡成長，從他童稚親眼目睹水災後的慘況，[73] 見到屍首漂浮水面、聞著河水瀰漫屍臭，他自道當時年紀小尚未有宗教信仰，可是已然感受生命的脆弱；另一方面卻又在如此震撼的畫面裡，體認到人能活著是很美好的，並且該當珍惜生命，他也自此領悟當死亡來臨時，任何人都無計可施，僅能無條件地接受。在自傳裡回溯過往今昔，如於《歸程‧自序》：「我自幼瘦弱多病，經歷十來年的困頓折磨，仍能以未老的身心，回到僧團，其間談不上任何成就，只能藉以說明眾生的業力，強大無比，該受的果報，總是無法逃避，所以我也勇於面對現實，承受下來」，[74] 可看到其對於「當下」的接受，包括對於因緣果報的體認。再如他道出簡單明瞭的無常觀：「在這一生中，我經歷了許多的死亡，來自於戰爭、饑荒與病疫。我現在已經走到生命的盡頭，很快地，有一天我也會死去。但在那場洪水中，我所領悟到的道理仍存於心中，我知道擔心死亡是沒有用的！重要的是在死亡來臨之前，好好地、全力地過生活」，[75] 在苦難中存活、在死亡邊緣徘徊之後，他接受無常卻不擔心老死，表明活在當下的信念。向來沒有健朗過的身體，隨著弘法道業的日漸增重，隨著法鼓山的興建、法鼓宗的傳揚，他曾收到如下醫囑：「醫生告訴我，如果我不多休息，

---

[73] 聖嚴法師對於先前家族遭逢的洪災或是出生不久後沖走家園的水災僅是聽長輩提起，而在他八歲那一年，卻實際地目睹可怕的災情：「但當我八歲的那一年，我家已經離江很遠了，我卻親眼見到了這種水災的情景，……許多人家的房子，僅僅留下了屋頂在游移漂浮，在許多漂浮物上，偶然還可以看到隻把已餓得半死的狗子或貓兒。男人、女人、小孩的屍體，也是漂浮物的一類……男屍的面部朝下，整個的身體變成了弓形，……女屍的肚子，幾乎是一律朝上，頭往後仰，腳向下垂，成了與男屍恰巧相反狀態的弓形，散開的長髮，隨著屍體，幽幽地漂蕩；你曾見過城隍廟裡的壁畫嗎？那些罪人，上刀山下油鍋，陰森、恐怖，彷彿是這樣的鏡頭，所差的是沒有猙獰的獄卒而已。兒童的屍體，像是中了炸藥的河豚魚，鼓起了小肚子……所以在熾熱的太陽蒸發下，一股一股的腥臭惡氣，向我們撲襲而來。生命危脆如此，使我驚懼不已。」聖嚴法師：《歸程》，頁 15-16。

[74] 聖嚴法師：《歸程》，頁 3。

[75] 聖嚴法師著，釋常悟、李青苑譯：《雪中足跡：聖嚴法師自傳》，頁 22。

我很快就會死去」。[76]

　　除了自傳之記述，聖嚴法師寫作《天台心鑰——教觀綱宗貫註》一書時，由於體力太弱且台灣、紐約往返，他說道：「有幾度由於勞累，加上氣候變化，使我胸悶氣虛，頭暈目眩，總以為大概已無法寫得完了；每每略事休息，再向觀音菩薩乞願，助我寫畢此書。」[77] 他在晚年常進出醫院時，問了醫生以現在的治療方式是否能將病治好，得到如是的答案：「醫生告訴我：『我是替你治病，但是病能否治好，我不敢保證。』」，[78] 他聽了以後表示：「但是我不會因此覺得失望，因為我一向抱持著『生病的時候，把病交給醫生，把命交給佛菩薩』的想法。」[79] 在病與命之間，他坦然地交給醫生與菩薩，此外不離對法鼓志業的關注、不離對弟子信眾的開示與著述；[80] 在其生命最後的幾年，數度病況告急，進出醫院成為固定行程，他則認為：「在晚年裡，我所遇到的人，我所經歷的事，都是那麼可愛，如果有些不甚可愛的人、不甚可愛的事讓我遇上了，還是覺得可愛。因此，我的晚年是非常美好的」，[81] 足見其淡然豁達、時刻知足無所抱怨的心境。聖嚴法師於 2009 年 2 月 3 日捨報圓寂，他在自傳的最後一句話：「現在，是

---

[76] 聖嚴法師著，釋常悟、李青苑譯：《雪中足跡：聖嚴法師自傳》，頁 264。

[77] 聖嚴法師：《天台心鑰——教觀綱宗貫註》，頁 8。

[78] 聖嚴法師：《我願無窮：美好的晚年開示集》，頁 318。

[79] 聖嚴法師：《我願無窮：美好的晚年開示集》，頁 318。曾是聖嚴法師醫療團隊的蒲永孝醫師，他對聖嚴法師印象深刻，他回憶法師曾向佛菩薩禱告：「如果我的責任已了，沒有我需要做的事，那就讓我隨時走吧；如果佛菩薩還希望我完成任務，那就讓我活下來吧。」蒲醫師對於從這種生死無礙的態度，體會到大修行人展現的真自由；參自蒲永孝口述、蘇奕瑄撰稿：〈雖痛卻不苦的生病觀〉，收入《人生雜誌》第 318 期（台北：財團法人法鼓山文教基金會——法鼓文化，2010 年 2 月），頁 25。

[80] 聖嚴法師在捨報之前，曾向醫院請假至法鼓山中正精舍親自感謝護持法鼓大學的相關人士，當時他贈送剛出版的著作《放下的幸福》予大眾，說道：「我已行至生命的邊沿，仍在出書，這是我唯一可留下的財產，勝過金銀財富，這些書就是我的開示。」引自聖嚴法師口述、胡麗桂整理：《美好的晚年》，頁 317。

[81] 聖嚴法師口述、胡麗桂整理：《美好的晚年》，頁 13。

該放下的時候了。」[82] 呈露當下自在、心無罣礙的從容，誠如其圓寂時，法鼓山園區山門懸掛的示寂偈：「一缽乞食千家飯，孤僧杖竹萬里遊，隨緣應化莫擁有，緣畢放身撒兩手」。[83]

對於自我的剖析，筆者於第二章提及聖嚴法師自述：「有一顆非常堅強的願心，想要回復做出家人」，所以他能夠成功從特殊的軍中單位退役。他述及軍旅生涯所履歷的單位，他都不隱瞞曾經是和尚的身分，在軍中閱讀佛書也曾經被以為消極，但是他送給對方過目以後，扭轉了對方的看法且讚嘆佛教的精深；筆者認為聖嚴法師即是堅定自身的和尚身分，故以和尚的態度做人處事，讓同僚在他的身上感受出家人端正的言行舉止，從而對佛教的刻版印象改觀。

由讀者的角度看待聖嚴法師的一生，會感受他經歷重重難關，但他卻說道：「我自認一生是非常幸運的。我有一個不變的原則：從來不讓自己流於滿足或陷入失望中。一帆風順時，我不讓自己志得意滿；遇到困難、失敗時，我不氣餒。我會找到辦法讓自己走下去，當我走進死胡同時，我會轉彎另找出路，繼續保持前進，因為如果我停下來，就沒有希望了。」[84] 嚮往出家卻淪為趕經懺的小沙彌，傾心佛學院的修習卻逢遇式微之時，決心從戎卻誤入難以抽身的單位，抉擇再度出家卻在病根纏身裡得接受嚴屬不近人情的訓練，堅意閉關卻因存款出借未還差點面臨斷糧危機，果毅赴日卻未受支持阮囊羞澀甚至面臨指導教授過世，榮獲學位卻礙於現實轉於美國教授禪修……這些看似窮途末路的際遇，他卻能夠一回一回地渡越，確實來自於他不讓自身陷入失望之中，他在逆境絕境裡會轉彎尋覓出口；在他人生趨於順利、成就名聲越來越高漲的時候，他也不曾驕滿現狀。

從聖嚴法師的自我評析，可發覺他對人生方向於而立之年早有慧解：

---

82 聖嚴法師著，釋常悟、李青苑譯：《雪中足跡：聖嚴法師自傳》，頁281。
83 林其賢編著：《聖嚴法師年譜》（第四冊），頁2486。
84 聖嚴法師著，釋常悟、李青苑譯：《雪中足跡：聖嚴法師自傳》，頁278。

當三十歲時第二度出家之後，有一位長者居士，聽說我要入山禁足閉關、看經自修，特地前來看我，見面就問：「法師青年有為，前途不可限量，乃是明日佛教的龍象，不過近代中國佛教，有四位大師：印光、弘一、虛雲、太虛，你究竟是要學那一位，走那一條路？」我也不以為然，只回說：「這四位大師，我都學不上，印光的淨土，弘一的戒律，虛雲的禪定，太虛的教理，依我的資質條件，不可能把他們之中的任何一位能學得像。」那位居士嘆了口氣走了。其實我很想告訴他說：「我走第五條路。」我將盡我自己所能，去修學釋迦牟尼佛的遺教，能學多少算多少，能知多少算多少，能行多少算多少，盡心盡力，但不敢跟任何古人比較。[85]

聖嚴法師不盲從模仿古德的路，他選擇第五條路，他亦曾經自喻：「我也只是用佛法為器具而開採自己的鑛藏，同時協助他人開鑛的一個工人」[86]，無論是選擇自身的「第五條路」或是作一位開鑛工人，均可見著聖嚴法師具有「開創」的格局；這不僅需要膽識與卓見突破從經典上習識的高僧之路、另闢自道，還需要毅力與願力自度且度人。

　　李志夫指出由於聖嚴法師出生在困頓的家庭、社會與時代，但因天賦異稟且堅強道心故有所成就，然其成功後仍守住平凡，所以無論村夫村婦、大官富賈，皆能在其臉上讀出謙恭、慈祥與智慧。另也指出聖嚴法師雖然身體單薄，但是舉止神態自若、從容自足，在演講或說法是慢條斯理，娓娓道來；故評論其雖承接臨濟、曹洞二法脈，但從修行生活上看，是更具有「曹洞家風」，呈顯「綿密、清淡，如空鳥行跡，從平淡處，見其高深」的特質；他也直道：「法師之所以具有如此的攝受力，正是佛法感化了他自己，才能感動別人。如果要我們清楚地說出法師之願行，只能引用他自己的一句話：『回歸佛陀本懷，推動世界淨化』。」[87] 筆者認為正如李志夫所言聖

---

[85] 聖嚴法師：《聖嚴法師學思歷程》，頁 161。

[86] 聖嚴法師：《聖嚴法師學思歷程》，頁 156。

[87] 李志夫：〈聖嚴法師行誼簡介〉，收入《中華佛學學報》第十三期，頁 537。

嚴法師是「堅強道心，守住平凡」，並且由自身徹悟佛法，體其珍貴受之感化，方能感動廣大的信眾。[88]

三、自我學思定位

　　筆者已於緒論之處提出印順法師認為自身是重於「學問」（聞思），聖嚴法師則曾言自己具「學者」的身分。這兩位學問僧畢生的著書宏闊、思想弘奧，有人稱印順法師是論師、或認為重於空宗，有人稱聖嚴法師是禪師、或以為戒律專家，實際上由自傳可顯示他們為己所給的身分、定位，亦對自身的思想範疇給予定義：

（一）印順法師

> 　　我立志為佛教、為眾生——人類而修學佛法。……有些人稱讚我，也未必充分的了解我，或可能引起反面作用。有人說我是三論宗，是空宗，而不知我只是佛弟子，是不屬於任何宗派的。……我重於考證，是想通過時地人的演化去理解佛法，抉示純正的佛法，而丟下不適於現代的古老方便，不是一般的考據學者。[89]
>
> 　　……佛法不只是理論，不只是修證就好了。理論與修證，都應以表現於實際事行（對人對事）來衡量。……我是中國佛教徒。中國佛法源於印度，適應（當時的）中國文化而自成體系。佛法，應求佛法的真實以為遵循，所以尊重中國佛教，而更（著）重印度佛教（並不是說印度來的樣樣好）。我不屬於宗派徒裔，也不為民族情感所拘蔽。……我的修學佛法，為了把握純正的佛法。從流傳的佛典中去探

88　聖嚴法師弟子果賢法師談及自身師父的行誼風範：「親近聖嚴師父，感受到師父的身教，就是他自己對自己生命的詮釋：『我的生命，就是一場實踐佛法的歷程。』」另也提及在聖嚴法師身上可看到「全力以赴，專注當下」、「度化的悲心」等特點（摘錄自附錄四〈果賢法師訪談錄〉）。

89　印順導師：《遊心法海六十年》，頁50。

求，只是為了理解佛法；理解佛法的重點發展及方便適應所引起的反面作用，經怎樣的過程，而到達一百八十度的轉化。[90]

（二）聖嚴法師

我本人也被推著走向戒、定、慧三學並重的道路，故也不被侷限於一般人所以為的「律師」、「禪師」、「法師」的範圍，而我自己，則恆以「法師」的身分自處，因為以佛法為師的意思最好。[91]

從整體思想而言，我不屬於任何宗派與學派，但我講解某一部經；某一部論或某一部中國祖師們著作之時，我不會用原始佛教的觀點來解釋他們，他們怎麼講，我也怎麼說，用他們自己的思想來介紹他們的思想。……直到現在為止，我並沒有宗派，我並不一定說自己是禪宗的禪師，或是那一宗的法師。如果把佛法的源流弄得比較清楚，回歸佛陀時代的根本思想，那就可以把自己跟全體佛教融合在一起，能夠理解、同情，和承認各宗各派的各種佛教思想，而不會受到他們之間彼此互異各執一是的影響。應該說：我是站在十字路口的街沿上，看風光宜人的各色風景，這就是我的中心思想。[92]

雖然蕅益智旭大師對我產生了深刻的影響，但我仍然不認為自己是位禪師、律師、或是論師。我只是一個和尚，我只是隨順著生命的因緣，成為我需要成為的人。[93]

印順法師的著作被佛教界喻為「小藏經」，而聖嚴法師一系列不同面向

---

[90] 印順導師：《遊心法海六十年》，頁53-54。

[91] 聖嚴法師：《聖嚴法師學思歷程》，頁4（自序）。

[92] 聖嚴法師：《聖嚴法師學思歷程》，頁173-174。

[93] 聖嚴法師著，釋常悟、李青苑譯：《雪中足跡：聖嚴法師自傳》，頁203。

的專著帶動著佛學的多元化，尤以禪學系列影響甚廣，均可謂「著作等身」的宗教思想家。然而在佛教界擁有崇高的地位，他們對於世人予以的稱謂或是界定，他們於自傳裡，一概表明自身是「佛弟子」、是「和尚」或是「法師」，皆強調自身「不屬於／不是某一宗派的宗師」，印順法師明言非宗派徒裔，聖嚴法師則自述不會侷限於某一範圍；[94] 他們自述研究佛學的過程，一致將佛法拉回佛教的起始處作出省思，進而確立思想的體系。如是觀之，佛教介於信仰與法義之間的定位，在他們兩者身上，展現著難得的平衡。

四、檢討佛教

印順法師與聖嚴法師的自傳裡，對中國佛教文化皆有各自的省察；這當中，兩者均論及「經懺文化」與「隋唐文化」。

印順法師提及在他的故鄉，寺廟中的出家人未著力講經說法、也沒有出家女眾，只有為別人誦經、禮懺且「生活與俗人沒有太多的差別」；更提及在家信佛者僅是求平安、求死後的幸福，少數帶髮的女眾乃為「先天」、「無為」等道門，僅因處於廟裡修行故自認為佛教，[95] 是故引發印順法師學佛以來嚴重關切的問題：「這到底是佛法傳來中國，年代久遠，受中國文化的影響而變質？還是在印度就是這樣——高深的法義，與通俗的迷妄行為相結合呢！」[96] 聖嚴法師則提及在上海的歲月都是過著趕經懺的生活，即使當了學僧，仍然不離經懺，他提出：「經懺，似乎是危害了數百年來的中國佛教。尤其是在清代乾嘉以後，中國的佛教，只剩下徒有其表的空架子，佛教沒有人才，也沒有作為，大叢林，已跟社會脫了節，民間所知的佛教，

---

[94] 筆者採訪辜琮瑜老師時，她強調：「師父立中華禪法鼓宗，特色就是漢傳禪佛教，這當中是充滿包容性消融性」，此處可說明聖嚴法師「開山立宗」與較早期提出「我不屬於任何宗派與學派」並不矛盾。

[95] 參自印順導師：《遊心法海六十年》，頁5。

[96] 印順導師：《遊心法海六十年》，頁5。

就只有經懺薦亡的形態，維持著佛教的慧命！」[97] 他澄清非咒詛經懺，經是佛陀宣說、懺是歷代高僧編集，所以他是去探討經懺的歷史以及法器運用的源流，並且尋出流弊的源頭，強調「我不反對經懺佛事，但卻不得不要求改良」，[98] 並以切身經歷語重心長說道：「我從經懺門中出來，知道經懺的功用，也知道經懺僧的罪惡與痛苦。」[99]

　　印順法師自述抗戰勝利後，與演培、妙欽法師離開漢藏教理學院欲返回江南，途中經西安想順道瞻仰隋唐盛世的佛教中心，結果去瞻禮羅什塔、大慈恩寺等古剎時，感受「西安一帶，寺多僧少，地大寺小，隋唐佛教的光輝，在這裡已完全消失了！」[100] 聖嚴法師則是在日本時，參加幾次佛教度亡法會（日本稱「法要」），認為日本與中國相同之處均有「相信誦經能夠超度亡靈」的觀念，然日本雖誦讀大本的經典如《法華經》、《華嚴經》，卻只讀其中一品或一卷即代表全部，整部經典放置桌上便把未讀的部分像拉手風琴的方式一冊冊開合拉一下，即可算是誦讀完成。[101] 聖嚴法師亦述及最初以為日本的佛教流傳來自中國，所以佛寺所用經懺是相同的，結果發現

---

[97] 聖嚴法師：《歸程》，頁 99。

[98] 參自聖嚴法師：《歸程》，頁 99-104。

[99] 聖嚴法師：《歸程》，頁 104。聖嚴法師曾提過自身對於「經懺」的矛盾感受：「之於經懺，自己一向抱持著一種既複雜、又矛盾的情感。從小，自一落髮剃度，成為一名小沙彌，我便也就是一名趕經拜懺的『經懺僧』了。……然而，即若是在靜安佛學院，在物質非常艱難的窘迫中，學僧們也必須兼作經懺佛事，來維持學院的生活費與教育費。因此，經懺始終如影隨形，成為從幼至長，最大的迷思。我一方面痛恨經懺，恨它使佛法窄化、墮落，淪為某種虛有其表、浮濫不實的商品模式──僅為超度死人、亡靈、鬼神而用。將佛法簡化為『經懺』，而汲汲營營。徒然代表了『法』的衰微，及僧才、僧格的墮落。然而，另一方面，唯其從小便不斷拜懺、持咒，經由佛菩薩的慈悲加被，而不住地跨過一段段肉體、精神的困厄與障礙，我更深刻地體驗了懺法中所具有的不可思議的『洗滌』與『淨化』、『悔罪』與『拔贖』的力量──透過懺法，行者的確可以滌淨累世累劫，由於人性的無知無明、惡質雜質，以及瞋癡愛恨，所積澱的業力障礙。」引自聖嚴法師口述、梁寒衣整理：《聖嚴法師教觀音法門》，頁 49-50。

[100] 印順導師：《平凡的一生》（重訂本），頁 36。

[101] 參自聖嚴法師：《聖嚴法師學思歷程》，頁 101。

他們沒有梁皇懺、大悲懺、水懺、焰口，經思量才發覺這些懺儀或焰口，是在宋代以後或明末才成立，然日本所吸收是隋唐以及宋代的模式，所以他理解到「今天的中國佛教，不是日本人所學習的中國佛教。日本人傳回去的中國佛教，已經不是我們現代人所以為的中國佛教」；同時，他也觀省有人認為日本人數典忘祖將中國人忘記，用自己的東西發展他們的佛教，但他認為這是正常現象，且檢討「連我們現在的中國人，也早已忘掉了隋唐時代或唐宋時代中國佛教的面貌」。[102]

誠如上述，可歸納出印順法師與聖嚴法師對經懺佛事的看法，前者是對佛道混同、僅重經懺的佛門生發疑惑，故而願入釋教尋探純正教法；後者則是進入僧團後，身處經懺的生活之中，故而引發省思針砭弊端。又，他們兩者是於旅途、參訪之中，對於興盛的隋唐佛教已然逝去外觀、本質，各自有所感歎與檢討。

從印順法師與聖嚴法師的自傳觀之，不但能夠由單向的觀察發掘學問僧的個人特質，也可從雙向的對照察見學問僧的思維特色，藉此也可同時識得「同中有異」的學問僧典範。

第二節　僧侶自傳的貢獻與價值

自傳即是個人的生命史，然僧侶自傳除了是個人生命史的呈現，因為「出家」乃人生重要決定，所以每一位僧侶當初成為釋子的重要機轉，是自傳裡不可或缺的關鍵部分。本書所研究的兩位學問僧，均被譽為當代的高僧，故透過兩者的自傳，不但能夠明瞭他們之所以願意為「僧」的緣由，更可從他們曲折的僧涯裡，見識他們的高僧風範、為佛教所做的奉獻，他們筆下的「僧涯」點滴亦深具珍貴的史料價值。

---

[102] 參自聖嚴法師：《聖嚴法師學思歷程》，頁 101-102。

一、高僧風範的呈現

　　印順法師與聖嚴法師備受廣大佛教僧眾、信眾所敬重，他們書寫的自傳，內容的著重之處為何、筆下的自身如何呈現，都影響世人用何種的角度去認識他們；故而文字敘事的營造方式，亦會成為自傳的重點。比如兩者均有敘寫「遭受迫害與誤會」的篇章，面對攸關生命的逆境困局，他們僅是淡淡走筆回顧當時、說明事件，不慍不火；比如，他們皆有「獲取博士學位」的經歷，但是面對此等殊榮，他們平鋪直敘，不疾不徐；又比如他們均陳述「閉關」的歲月，而他們單純記述的字句，不但自然地揭開讀者對僧眾閉關的好奇，且明瞭他們閉關生活的面貌、閉關當中對佛教的奉獻。誠如筆者前文提及無論印順法師或聖嚴法師的撰寫，都有一個特性，即是他們的淡泊與謙懷；在這般書寫的筆調裡，讓讀者認識「出家人的自傳」如此平實樸質，老實筆述不渲染不誇張、人生涉歷大風大浪不起伏，淡然運筆讓讀者感受他們德高行厚的修為。[103] 另外，二者自傳體現佛教哲學的特見「因緣／緣

---

[103] 傳道法師曾評述印順法師的自傳：「在『平凡的一生』一書中，處處可見其隨緣平實的風範：幾乎是終生的漂泊，讓人感到他老人家像一片平靜的白雲，卻又像處在不安定氣流中的落葉，既平淡又平凡，沒有一點點其他傳記中的傳奇情節，也沒有凌雲壯志的敘述。」引自釋傳道：〈記一位平實的長老〉，收入《印順導師的思想與學問：印順導師八十壽慶論文集》，頁 155。呂勝強提出讀《平凡的一生》，有以下體會：「而從《平凡的一生》自傳裡，我領會到導師『教從宗出』的寂靜『宗風』，讀來內心法喜踴躍，但也令人生起『高山仰止』之感，雖然此生『不能至』，但是基於『種、熟、脫』之因緣必然，我們願意『千里之行，始於足下』，從當下開始學習。要學習導師何種宗風呢？個人以為，首先要體會『無事的落葉白雲』般不攀緣（但是要『無所得』地與眾生結法緣）的『自甘於平凡』，這可以從導師為其自傳定名為《平凡的一生》看出，也可以從其自傳記載受到『漫天風雨』的打擊，而『僅發生等於零的有限作用』，看出導師宿植德本的偉大──『最難得的平凡』的修養。在凡夫地的我們學起來，當然困難，因為『甘於平凡』是與眾生性的『找找所愛』相違逆的，因此『學道如逆水行舟』，可是既然學佛就不能不學。」引自呂勝強：〈以智慧為導的「悲增上菩薩」典範──永懷導師〉，收入《福嚴會訊》第 10 期（新竹：福嚴佛學院，2006 年 4 月），頁 30。鄧美玲提及讀《聖嚴法師學思歷程》的心得：「這個『平凡的和尚』，順著因緣，也靠著堅定的信心與毅力，一步一步完成許多艱鉅的

起」以及「無常」觀，凸顯僧侶書寫的重要特質。

　　由於大眾（無論有佛教信仰與否）對「僧人」有既定的評價與印象，尤其本書研究的兩位主角是佛教界聲譽崇高的僧侶，所以他們在書寫自傳的過程，兼顧自己的立場與讀者的感受（包括已存在的刻版印象）是必要的──誠然，此處乃設定「自傳早晚會出版」的情況。首先，自傳的書寫，他們對自己與讀者的坦白程度必須是多少？什麼能寫、或是有什麼不能寫？或者，某些事件寫出是否引發爭議？比如，印順法師在自傳裡提及自己需面對「父母之命」行結婚禮且有傳宗接代之責，晚年回鄉的時候曾去看望兒女孫輩；誠然，除了當年陪同他大陸之行的幾位弟子後輩知曉，以及親近的弟子可能事後被告知，他的子孫向來也極為低調，這部分若是他未書寫，也許會是個祕密。但是，在他返鄉回台後，竟於最後一版的自傳（《平凡的一生‧重訂本》）記錄下來，接著交代「身後出版」。雖然這在一般人的生命不是大事，可是在一位佛教界導師的身上，將成為一件大事；印順法師要記下這件事情的同時，必定考慮到閱讀者的觀感，並非他刻意規避這個問題，以筆者認識的「印順性格」，應該是他不想在晚年的生活裡，又出現歧出的一章。又比如聖嚴法師提到自己確實是「因病退役」，可是因為身處情報單位甚難退職，最後仍得透過鄭介民將軍及其夫人的居中幫忙方能順利離開；他在最初版的自傳僅簡單帶過，爾後晚年的自傳才清楚描述過程，這也許是聖嚴法師當時所待的單位特殊，讓他更為謹慎面對這份「幫忙」，同時也是保護援

　　工作，不但在對佛法充滿誤解的社會環境中，『提高教育的學術地位以及僧人的素質，開創了佛教教育的新局面』，也對漢傳佛教的復興，起著重要的影響力。」引自鄧美玲：〈平凡中的不平凡《聖嚴法師學思歷程》讀記〉，收入《人生雜誌》第 308 期，頁 22。筆者訪問辜琮瑜老師時，她也提及聖嚴法師甘於平凡的特質：「我印象很深刻的事情，就是師父的個性會把我們所有要出刊的刊物從頭到尾都看過一次，從第一個字看到最後一個字，連廣告都不放過；有次我的同事在廣告上寫『聖嚴大師』，師父一看到就說：『撤回！誰跟你們說寫聖嚴大師？我說過我就是『聖嚴法師』，不要給我亂加字。』我就覺得師父這些堅持不是為了凸顯他個人，他的堅持是『不要凸顯我這個人』。」（摘錄自附錄六〈辜琮瑜老師訪談錄〉）

助者的家人不受打擾，[104] 直至當前的時局已然方便將過程透露，故作補充。據上所舉，隨著自傳的「補述」能夠讓讀者看到他們更完整的人生經歷，而在後出的自傳才寫出真相，筆者認知這是兩者低調的性格使然，且他們身為撰主也是傳主，所以真誠地顧及信眾與讀者的反應；[105] 侯坤宏曾提出在撰寫《印順法師年譜》時，將其結婚生子的事跡納入，但他表明「不妨礙對一代佛學思想大家印順法師之評價」，[106] 筆者亦認為無論印順法師與聖嚴法師自傳的補充書寫，實然不妨礙後人對他們的評價，卻更能讓讀者看到真實無隱、磊落光明的僧伽範式。

此外，筆者先前已述及在印順法師與聖嚴法師的自傳裡，可發覺兩者的生命歷程與病痛緊繫，學思歷程更是病痛相隨，但是他們皆著作等身，時時病痛、刻刻筆耕，時刻以文字報三寶恩，以文字般若弘揚佛教法義、開示眾生。印順法師在書寫自身的寫作、出版因緣後，結語是「一生的寫作、記錄而已出版的，就是這些。願以這些書的出版，報答三寶法乳的深恩！」[107] 亦曾表示做一日和尚撞一日鐘，不急求解脫，[108] 表示自己是「一個平凡的

---

[104] 李玉珍在研究論文裡曾提及鄭介民將軍的夫人「鄭柯漱芸」非常低調，花了一番工夫才找到這位「鄭夫人」的名諱，認為這與鄭夫人的大婿、兒子都擔任情治或黨政高職、「在當時詭譎多變的政局中極度小心自制」有關；另外亦提及在鄭夫人的協助下，聖嚴法師才得以順利退伍，而她主動協助的原因：「是相出聖嚴面貌莊嚴，日後必為佛門龍象，因此還幫助他重新受戒。」這段經過在聖嚴法師身後出版的自傳亦有敘寫，內容說道鄭夫人曾告訴他很少要求夫婿鄭介民將軍的幫忙，但是為了聖嚴法師願意再對先生開口請之協助，她說：「因為我是佛教徒，我覺得你當和尚會比當軍官的貢獻更大。」以上參自李玉珍：〈斯文弘法：台灣戰後崛起的優婆夷典範之群體意涵〉，收入《戰後臺灣佛教與女性》（台北：博揚文化，2016 年），頁 174-177 以及聖嚴法師著，釋常悟、李青苑譯：《雪中足跡：聖嚴法師自傳》，頁 130-134。

[105] 筆者此處所舉關於印順法師與聖嚴法師「後出自傳才作補充」的例子，恰好皆是於「身後出版」的自傳才能見著，出版之後鮮有議論之聲，筆者認為這是兩者當初顧及讀者／事件相關者的用意。

[106] 侯坤宏：〈探討印順法師的生平與思想——以《印順法師年譜》、《真實與方便：印順思想研究》為例〉，收入《法印學報》第一期，頁 192。

[107] 印順導師：《平凡的一生》（重訂本），頁 186。

[108] 對於印順法師不急於解脫的信念，楊惠南曾指出印順法師人間佛教的理想，來自於

和尚」。[109] 聖嚴法師曾慨歎佛教的道理如此之好，然一般人時常將佛教世俗化或者鬼神化，最好的也僅是將佛教學術化；然實際上「佛教是淨化人間的一種以智慧與慈悲為內容的宗教」，故他畢生鑽研法義、手不輟筆，盼以契應現代人的語言文字介紹佛法。[110] 從此處即可觀見「病痛與寫作」時刻相伴的兩者，不但平凡看待一生著作等身的成果，也將一生默默著述的筆耕歲月視作為佛教與眾生奉獻的衲子本分。大陸來台僧侶為台灣佛教注入多向的面貌，也多了山頭、寺院、教團，而印順法師與聖嚴法師亦各有主持的寺院，卻都著重於「著作」；從這當中筆者以為可觀見學問僧從早期耕耘至思想成熟的演變軌跡，他們僅有國小學歷卻能成為文學博士、佛學權威，這般的奮鬥過程具有深刻的勵志作用，這也是另一番的高僧風範。

二、見證歷史與互動交集

聖嚴法師自道：「十三歲出家，今已七十七歲。我的一生宛如是一部中國近代史縮影」，[111] 也曾自嘆：「我真是生不逢辰，趕上了兵荒馬亂的一個歷史過程」，[112] 因為他出生的時候，正是中華民族面臨外有強敵環伺、內有軍閥割據的時代。印順法師比聖嚴法師早先趕上清末民初的改朝換代，但是之後便是在相同的時代、近似的空間見證歷史了。[113]

在兩者的自傳裡，皆有描述「見證戰亂／戰爭」的歷史；他們在大陸時

「不厭生死，不欣涅槃」這種「不求急證」的精神，誠如「菩薩甘願做一個留在苦難世間的人菩薩，佛陀也甘願在苦難的人間成佛。」參自楊惠南：〈不厭生死，不欣涅槃──印順導師「人間佛教」的精髓〉，收入《印順長老與人間佛教海峽兩岸佛教學術研討會（第五屆）》（佛光山文教基金會、法鼓山中華佛學研究所、慈濟大學宗教與文化研究所、佛教弘誓學院主辦、出版，2004 年 4 月 24 日），頁 A3-A4。

[109] 參自印順導師：《平凡的一生》（重訂本），頁 31。
[110] 參自聖嚴法師：《聖嚴法師學思歷程》，頁 3-4（自序）。
[111] 聖嚴法師著，釋常悟、李青苑譯：《雪中足跡：聖嚴法師自傳》，頁 6（作者序）。
[112] 聖嚴法師：《聖嚴法師學思歷程》，頁 11。
[113] 筆者所謂「近似的空間」，乃指印順法師與聖嚴法師身處「大陸」或「台灣」是相同的大空間，但是因為聖嚴法師另有暫居「日本」求學、長居「美國」弘化歷程，所以兩者的生命雖在重疊的時間裡，但在空間上卻有些許的不同。

期均面臨中日戰爭的爆發，述及避難的過程；爾後則是面對國共戰事的爆發，述及因此直接或輾轉抵台的過程。另外，在印順法師的自傳裡，曾提及對於新加坡與馬來西亞的遊化，早於 1958 年已然受邀本當成行，但是因為金門八二三炮戰的發生，他認為應當在國內與大家共住，所以臨時改變主意暫未前往。[114]

　　此外，兩位學問僧有「學術交集」的見證——這成為往後兩者生命史「曾有互動」的見證，也讓讀者在自傳裡尋得「高僧的交會」。在聖嚴法師的自傳裡，他回憶自己從軍期間，曾至台北善導寺見到演培法師，法師知道他喜歡讀書，因而蒐集「印順法師」與自己的著作、譯作贈送給當時的「張採薇」。聖嚴法師又說道當初閉關時期研讀《阿含經》，即是見著印順法師的《佛法概論》乃是將《阿含經》的內容以自身的方式組織、分門別類，再作層次性的介紹；他本身在閱讀《阿含經》之後，也製作卡片分類寫筆記，爾後則成為《正信的佛教》的素材。聖嚴法師自傳裡曾回顧留學期間發生「感人的故事」，敘寫 1973 年牛場真玄教授翻譯印順法師《中國禪宗史》一書申請博士學位的過程，也敘寫自身代為跑腿的過程，說道：「對於印順法師雖然不算什麼，但對於佛教在國內和國際的地位而言，關係的確重大，對我的感受也很重要」，[115] 並且提及特地寫了〈劃時代的博士比丘〉寄給

---

[114] 參自印順導師：《平凡的一生》（重訂本），頁 133。

[115] 聖嚴法師：《聖嚴法師學思歷程》，頁 88。對於代領博士學位的感受，聖嚴法師說道：「……當我得到了瑞士某大善士的資助之後，頗有自信，中國第一個博士比丘，願以我的努力來爭取它了。因為我那完成碩士學位的論文和以前的各項著作，頗得指導教授坂本先生的好印象，並且希望我完成博士學位之後，再離開日本。現在，雖以坂本先生的去世，我要延長一年，始可提出論文。但是，意外地，不，應該說是當然的，在今（一九七三）年的六月二十七日，我卻以代理人的身分，接受了大正大學的一名博士學位的證書。這項文學博士學位的取得者，是位比丘，但不是我，而是一位長老比丘，印順老法師。……我與印順長老之間，從來未發生過直接的師生關係，從系統上說，他與家師東初老人，同是太虛大師的門下，敘輩分，我只是印公的姪輩，沾不上門下的光榮。然在日本的佛教學界，因為知道印公盛名的不少，見到我時，總以為我是出於印公的門下，關口真大先生，便是其中之一，直到六月底的一次會晤之時，還為我向他的學生們作如此的介紹，我說不是，他還以為我在客氣。也就由於這

國內發表，[116] 其中有段話則是直接告訴國人勿把印順法師的博士學位看成不費力：「他在本人申請過程中，好像未曾費力，而他已經費力數十年了」，[117] 筆者認為這句話是聖嚴法師以自身研修的閱歷和體驗，給予印順法師深切的肯定與讚佩；另外他在自傳裡也有提到曾發表文章介紹近代中國四位佛教思想家，印順法師是其中一位，他說明：「其目的依舊是為了介紹印順法師給世界的佛教學術界知道，我們中國現在也有這樣的一位思想家。」[118] 在《留日見聞》一書，聖嚴法師談及完成博士學位欲出版論文時，[119] 曾向國內外僧俗大德發出求助出版費的信件，很快得到諸多資助，

麼一點光彩的誤會，我和另一位真正的印公的門生，現在擔任大正大學講師的吳老擇先生，被關口先生指名成了印公的代理人。又因為我是比丘相的僧侶，故在各種的聯繫和奔走接洽方面，也喧賓奪主，被大正大學指為印公的主要代理人了。直到六月二十七日下午三點，於大正大學校長辦公室裡，也由我代理印公，從該校校長福井康順博士的手中，接受了這項中國比丘有史以來的第一張博士文憑。……因為這是代表了中國佛教的光榮，也是象徵了中國佛教比丘人才的國際學術水準，所以，我和吳先生，均有如同身受的感觸。」爾後於〈印順長老的佛學思想〉再度寫道：「中國出家人獲得博士學位，印老是第一位，這也說明了中國有符合國際水準的佛教學者。當時的我距離得到文學博士學位尚有兩年，然心中覺得縱使我得不到學位，我們這個時代也沒有交白卷，所以感到無限高興」。以上引自聖嚴法師：〈劃時代的博士比丘〉，收入《評介‧勵行》，頁 54-57 以及聖嚴法師：〈印順長老的佛學思想〉，收入《評介‧勵行》，頁 69-70。

[116] 印順法師亦有寫〈我為取得日本學位而要說的幾句話〉一文，文中說明取得學位的原委，也有對聖嚴法師等相關協助者表達謝意。

[117] 聖嚴法師：〈劃時代的博士比丘〉，收入《評介‧勵行》，頁 65。

[118] 聖嚴法師：《聖嚴法師學思歷程》，頁 104。此篇文章全名是〈近代中國佛教史上的四位思想家〉，分別是蕅益智旭、太虛唯心、歐陽竟無、印順盛正，三位法師、一位居士；聖嚴法師認為元明兩代佛教幾近空白的情況下，能出現蕅益智旭堪稱奇蹟，而民國以來能出現太虛、歐陽竟無、印順等三位大思想家，則是受到歐美文化刺激，特別是接觸到日本與西藏佛教所影響的結果。聖嚴法師：〈近代中國佛教史上的四位思想家〉，收入《評介‧勵行》，頁 9-24。

[119] 聖嚴法師表示：「我的論文共印初版五百部，其中的二百五十部，歸我處理。由我付出的費用是一百六十萬日圓，折合美金是六千多元，這是一筆相當不小的數字。很多人以為我是出不起的，有人勸我譯成中文在國內出版。可是我相信，既然已經寫了出

而印順法師即是其中一人；[120] 他亦提及畢業時，礙於國內環境無法發揮所長，故而先至美國發展，當時印順法師知道他暫時不回國的消息，捎信表示對於他不能為國內做些貢獻而遺憾；[121] 由此二事，得以見著印順法師對於聖嚴法師赴日留學的關注與重視。

　　從這幾則敘述，可觀察到無論是軍旅期、閉關期、留學期，[122] 印順法師在聖嚴法師的學思歷程上有著某種程度的影響；而循自傳的線索往兩者的其他著作觀之，即可察見彼此的深刻交集。儘管在《中國禪宗史》的評論上，聖嚴法師直指印順法師未盡完美之處，但他肯定之語居多，且是提出己身研究禪宗的學術獨到之見評論；又或者在其他著作裡，聖嚴法師曾評論印順法師：「不過他的著作太多，涉及的範圍太廣，因此使得他的弟子們無以為繼，也使他的讀者們無法辨識他究竟屬於那一宗派」，[123] 或是曾言：「可惜他自己沒有建立僧團，也未真的依據印度律制的精神原則，設計出一套比較可以適應於現代社會的僧團制度來。單從這一點看印順長老，倒頗近於只會看病而拙於治病的學者風貌了」，[124] 針對這兩大評論，印順法師第一反應均為「非常正確」，對於前者則以〈契理契機的之人間佛教〉一文回

來，必定有龍天護法，使它在日本出版，否則我用日文寫成的一番苦心，除了取得一紙文憑，便無意義了。」引自聖嚴法師：《留日見聞》，頁 160。

[120] 引自聖嚴法師《留日見聞》，頁 160。

[121] 引自聖嚴法師《留日見聞》，頁 164。

[122] 在聖嚴法師的留學階段，實際上有與印順法師簡單聊及博士論文的研究：「本（一九七三）年元月二十四日至二十六日，印順法師赴美療養，道經東京，我告訴他，我在研究蕅益大師，又談到西藏的宗喀巴大師和太虛大師，在氣派上頗有類似處。印老說，太虛大師既受宗喀巴大師影響，也受了蕅益大師的影響。」這段記錄雖然未於自傳提及，但是筆者認為這一段互動不但是他們彼此在學術上的交流，也由印順法師口中證明蕅益大師影響之人還涵括太虛法師；太虛法師對印順法師、聖嚴法師的影響深刻，故筆者認為這段對話對兩者一生思想傳承與法業開展的共同導源，富含時空性的特殊意義。以上引文引自聖嚴法師：《悼念・遊化》，頁 57。

[123] 聖嚴法師：〈印順長老的佛學思想〉，收入《評介・勵行》，頁 70。

[124] 聖嚴法師：〈印順長老護教思想與現代社會〉，收入《中華佛學學報》第四期（台北：中華佛學研究所，1991 年 7 月），頁 10。

應，[125] 對於後者則是於〈為自己說幾句話〉一文稍作解釋。[126] 聖嚴法師曾自道於著述中會「提到印老的思想」，也提及印順法師《法海微波》上中下三編皆有收錄他的文章：「共計四十四篇二十九位作者，我的作品佔了五篇，是被收篇數最多的一人」，另外也指出自身的名字「見於印老文章中的，也有好幾處」，是故聖嚴法師自認作為晚輩，但是「能與印順長老這樣的一代大師之間，有如許多的文字因緣，使我覺得是一份幸運」。[127] 據上，可觀著聖嚴法師提出己身識見評析印順法師，印順法師則是坦然接受誠懇回應，兩者之間未掀筆戰、也未造成兩派門生有所論爭，並且珍視「文字因緣」，筆者認為此即「學問僧論學問僧」的風範。

除了學術方面的交集，對於「閱藏／閉關」的心境、抉擇，筆者認為兩者是互予理解及支持的。印順法師在自傳裡曾提及：「聖嚴來看我，說：『老法師似乎很孤獨』。『也許是的』。……他問我：『掩關遙寄諸方中說：時難感親依，折翮歎羅什，是慨歎演培、仁俊的離去嗎？』我說：『不是

---

[125] 印順導師：〈契理契機之人間佛教〉，收入《華雨集》（四），頁 1-70。

[126] 印順導師：〈為自己說幾句話〉，收入《永光集》，頁 267-268。

[127] 釋聖嚴：〈序「印順導師九秩華誕文集」〉，收入《佛教思想的傳承與發展──印順導師九秩華誕祝壽文集》（台北：東大圖書公司，1995 年），頁 3（序文）。聖嚴法師除了在此書序中，提及印順法師的著作有收錄其文章，他在參與「印順導師與人間佛教：慶祝印順導師九十嵩壽」座談會時，更詳細地說道：「可說，多多少少是受了印順導師思想的影響，我不曾親近過他，我對他的感恩和尊敬，卻十分地虔誠，所以在導師於一九八六年自編的《法海微波》一書，共集二十九人四十四篇文章，都是討論及評介導師著述的，我個人所寫的即被採入了五篇。茲後我曾為宏印法師的《怎樣讀妙雲集》、《印順導師八秩晉六壽慶論文集》、《印順導師九秩華誕紀念論集》分別寫序，也曾於一九九一年『印順導師思想討論會』中，宣讀一篇〈印順長老的護教思想與現代社會〉，連今天這篇短稿，我已為表示對於印順導師的崇敬而寫了十篇文章，我們中華佛學研究所的學生畢業論文中，也有一位清德法師，由我指導而寫了〈印順導師的戒律思想研究〉。」闡述自身對於印順法師的崇敬因而書寫多篇相關文章，並且指導學生研究印順法師的思想；以上引自聖嚴法師等：〈印順導師與人間佛教：慶祝印順導師九十嵩壽〉，收入《聖嚴法師與宗教對話》（台北：法鼓文化，2001 年），頁 155-156。

的，那是舉真諦（親依）、羅什，以慨傷為時代與環境所局限罷了』。」[128]
筆者認為由於兩者均有閉關的心路歷程，所以聖嚴法師對於印順法師的〈掩
關遙寄〉會特地注意且致思其中的意涵，更感受一種屬於法海筆耕的孤獨
感；在聖嚴法師另一著作《步步蓮花》，提及曾至普陀佛頂山寺憑弔正待重
修的閱藏樓，面對廢墟卻思及：「印順長老年輕時，既不求名聞，也不求利
養，只求有一個沒有人麻煩他的地方，自自由由的自修閱讀藏經。所以能在
普陀山住了又住，終身懷念。……如果普陀山也常指派閱藏樓的比丘們去拜
梁皇寶懺，印順長老這樣的人才，就難得出現了」，[129] 筆者認為這即是聖
嚴法師對於印順法師性格的瞭解，亦從自身閉關閱藏的心境去體解印順法師
的心境。儘管在聖嚴法師的自傳並未提及，但是在其他文章卻曾述及：「我
從台北南下到了高雄美濃山中禁足及閉關，印順長老曾經兩度到了山中的關
房前來慰訪，[130] 甚至於有一度要把福嚴精舍的住持交給我，而請他的學生
印海法師特別到美濃關房前來邀請，可見得印老並沒有門戶之見，而對於年

---

[128] 印順導師：《平凡的一生》（重訂本），頁 120-121。這段對話應是在印順法師與聖
嚴法師皆閉關期間所發生，印順法師是於 1964-1965 年掩關，此時聖嚴法師也在美濃
掩關，唯兩者相關年譜中都未記載聖嚴法師訪妙雲蘭若的日期。而筆者於本書第三章
敘寫印順法師閉關自修之處，曾引用闞正宗、陳劍鍠採訪：《走過妙雲蘭若五十年：
慧理、常光妙雲弘法記》一書，其中當年為印順法師護關的慧理法師提及在印順法師
閉關期間，聖嚴法師曾經來訪。

[129] 聖嚴法師：《步步蓮花》（台北：法鼓文化，1999 年），頁 306。

[130] 有關印順法師至美濃探訪聖嚴法師，可見於鄭壽彭：《印順導師學譜》：「二十二
日，午抵壽山寺……下午，煮雲、星雲法師等陪同，往美濃朝元寺。於瓔珞關房晤聖
嚴法師，聖師就便提有關教義問難，導師一一為之解答。」此為 1964 年 3 月 22 日的
記事，引自鄭壽彭：《印順導師學譜》，頁 81；亦可見侯坤宏所載：「3 月 22 日，
午抵壽山寺，旋往棲霞精舍訪月基法師。下午，與煮雲、星雲法師，同至美濃朝元
寺，會晤閉關中的聖嚴法師，並解答其所提教義問難。」引自侯坤宏：《印順導師年
譜》（第貳冊），頁 814。另外，林其賢參考鄭壽彭之《學譜》，在年譜記述：「三
月二十二日，印順法師由煮雲、星雲法師等陪同，蒞臨美濃朝元寺，於瓔珞關房晤會
法師，並解答法師所提教義問難。」引自林其賢《聖嚴法師年譜》（第一冊），頁
202。

輕的僧才都很愛護,這是我永遠感激的。」[131] 據此,確能見著學問僧對學問僧的惜視與關懷。[132] 以上所述,乃從兩位學問僧的自傳及著作發掘他們彼此除了有法義的交流,[133] 亦有實際會面的互動。無論是「真正相遇」或是「內心相遇」,筆者認為此即生命因緣共通共匯之所在,甚至屬於一種不需言語的生命理解。

除此之外,尚能從他們的自傳裡,發現某些人物與之皆有交集,比如印順法師回憶慧雲法師拿了二十元給印順法師,引發他的遊興,意外地離開普陀、遠離戰亂;聖嚴法師回憶林子青居士[134] 在「常進沙彌」欲從軍之際,

---

[131] 聖嚴法師:〈印順長老與我〉,收入《印順導師永懷集》(新竹:福嚴精舍,2006年),頁44。

[132] 聖嚴法師另曾說過:「在我的印象中,中國的佛教徒,似乎將修行與經教的研究分開,一位好的修行者,不須研究經教,像印老如此深入研究經教者,通常被視為只是一位學者,這點讓我為印順導師感覺有一點委曲。」筆者認為聖嚴法師會有此番感受,也是學問僧對學問僧的深刻體認;以上引自聖嚴法師等:〈印順導師與人間佛教:慶祝印順導師九十嵩壽〉,收入《聖嚴法師與宗教對話》,頁162。

[133] 在聖嚴法師的文章裡,有這段記述:「印老在一九八五年三月,出版了一本小書《遊心法海六十年》,以明他六十年間努力弘傳佛陀正法的苦心,以及告訴大家,他一生著述的心路歷程,也可以說,那是一篇印老著述的導論,可讓讀者們知道他的思想重心是什麼?他的目的是什麼?那冊小書出版以後,似乎是非賣品,我也得到印老親筆簽贈的一冊,並且以夾頁方式附有一紙便箋,印了三行字,內容是這樣的:修學佛法以來,偶有講說及筆述,文字漸多,遍讀為難,深虞或摘取片言以致疑誤。爰作《遊心法海六十年》小冊,略敘學法之歷程,及對佛法之基本信解,以求正於方家。謹奉聖嚴法師　印順合十」。可知印順法師曾贈《遊心法海六十年》予聖嚴法師,此是修學歷程的分享,也屬於學問僧之間的法義(對研究佛法的信念)交流。以上引自聖嚴法師:〈印順長老著述中的真常唯心論──我讀《大乘起信論講記》〉,收入《學術論考II》(台北:法鼓文化,2005年),頁7-8。

[134] 聖嚴法師:「林子青居士,就是曾來臺南傳戒當教授阿闍梨的慧雲法師,他可能是我們學院老師之中學問最好的一位了,……當我向他告假的時候,他是一臉的苦笑;臺灣對於他,並不陌生,在日治時代,他到臺灣曾被日本軍閥當作中國的間諜下過牢。他仰起頭想了一想,才對我說:『在大時代的洪爐裡,願你鍛得更加堅強。』」引自聖嚴法師:《歸程》,頁144-145。林子青(1910-2002),曾於1925年出家,法名為「慧雲」,而後於1939年還俗;筆者於第四章已提及慧雲、隆耀二位法師被誤為

沉吟地給了他語重心長的祝福，「我也就在這樣的信念下，一直鍛鍊到現在，真要感謝他的鼓勵。」[135] 由此顯示慧雲法師（林子青居士）在他們兩者生命「轉折」的歷程中，都被記上了一筆。比如在印順法師的自傳裡提及：「美國佛教會沈家楨居士邀我去美國靜養」，[136] 聖嚴法師說道：「美國佛教會的共同創辦人沈家楨居士，幫助我取得入美簽證……他贊助我留學日本，那期間我們常常通信。他從未告訴我，他就是贊助我的人，他只是表示熱切的關注與興趣」，[137] 讀者就此即能明曉「沈家楨居士」這位商業鉅子對僧侶的供養之行與護念之心。又比如他們的自傳裡皆有提及「優婆夷」對其布施之心，筆者在前文述及聖嚴法師感謝「鄭夫人」的幫忙，印順法師在自傳有一章節敘寫〈有緣的善女人〉，在在顯示出戰後台灣佛教僧侶能夠在內修、外弘上受到四事供養、開展法業，與這些優婆夷的護持有緊密的關係，誠如李玉珍所言：「歷史上，佛教女性對於佛教貢獻良多，但是戰後佛教女性的表現，更加見證佛教開放女性參與後，整個佛教能夠回饋社會的多元與豐富，轉危機為轉機，堪稱佛教歷史上的盛事」。[138]

　　再者，從兩者的自傳還能尋得某些的「重要會晤」，比如印順法師提及年輕時期至鼓山休養時，禮見當時候的名德虛雲與慈舟長老；[139] 又比如他提及大陸之行曾與趙樸初老居士相見，談論兩岸的佛法交流。[140] 比如聖嚴法師記述受邀出席國建會海外學人的會議，在當中接觸不少知名的海外學

間諜而入獄，此處聖嚴法師之敘述可為補充。聖嚴法師曾向林子青的女兒林志明提議：「最好能夠把老居士的著作，出版成為一套文集，可以讓後人做為研究的參考；否則只留下一些初稿，是永遠沒有人可以看得到的」，故林女著手整理相關資料後，聖嚴法師交由法鼓文化出版；以上出版因緣參自〈聖嚴法師序：創造歷史的林子青居士〉，收入林子青：《白雲深處一禪僧：林子青傳記文學集》，頁 3-5。

[135] 聖嚴法師：《聖嚴法師學思歷程》，頁 24。

[136] 印順導師：《平凡的一生》（重訂本），頁 136。

[137] 聖嚴法師著，釋常悟、李青苑譯：《雪中足跡：聖嚴法師自傳》，頁 205。

[138] 李玉珍：〈斯文弘法：台灣戰後崛起的優婆夷典範之群體意涵〉，收入《戰後臺灣佛教與女性》，頁 189。

[139] 印順導師：《平凡的一生》（重訂本），頁 10-11。

[140] 印順導師：《平凡的一生》（重訂本），頁 211。

者、認識多位政府高層官員，而當時的教育部次長陳履安還邀請聖嚴法師與幾位好友回到住家談論「佛學與學佛」相關問題；[141] 又比如他在《法源血源》一書，記述參訪多間寺院，該寺的住持或代理住持、當地的宗教局長官，時常親自接待或是率眾候迎，表示對聖嚴法師來訪的重視。上述所引，倘若他們不曾提起，也許這些會面只能在歲月裡沉寂消逝，然因他們為此記上一筆，讓讀者明白他們和筆下的與會者曾留下如是的歷史畫面，從中獲悉他們和與會者的互動緣由，或者從中見識具有時代意義的代表人物，故筆者認為這些「記錄」是相當珍貴的資訊。

三、集體記錄時代意義

　　筆者在前文提出印順法師與聖嚴法師皆具「謙虛平實」的特質，所以自傳內容關乎自身修行、成就、困挫、害病等等的敘寫，通常僅是簡單實在地書寫經過；然而，這些事件也許在同時代的僧人親筆親述的自傳或回憶錄卻是重要記事（意指印順法師與聖嚴法師成為其他僧人自傳／回憶錄的要角），故取之對照往往能窺見事件的完整性。另外，對照閱讀與他們年紀相仿的僧人自傳／回憶錄，俾使讀者能透過他們筆下「共同的見聞」、親身體驗，而對彼時的歷史景象更為清晰。

　　生處於印順法師（1906-2005）與聖嚴法師（1930-2009）之間的成一法師（1914-2011）、演培法師（1917-1996）、真華法師（1922-2012），在各自的自傳或文集之中，均提及「家鄉小廟／當前佛教」的景況。比如成一法師回憶當年想要出家，祖父馬上強烈反對，表示這是很消極的想法，因為那時候出家人被譏諷為「朝中的懶漢，社會的蛀蟲」；又回憶自己在觀音禪寺出家能吃素、讀經書是「很有福氣」，因為其他的寺院不但食葷且一輩子只能趕經懺。[142] 比如演培法師回顧自己出家的小廟樸素、師父很老實，但是因為受戒後師父傳以住持大任，他無興趣擔任因而選擇外出參學；首先前往

---

141 參自聖嚴法師：《聖嚴法師學思歷程》，頁 132-133。

142 參自卓遵宏、侯坤宏採訪、廖彥博記錄：《成一法師訪談錄》（台北：國史館，2006年），頁 10、18-20。

其二哥（亦是出家眾）掛單的「上海玉佛寺」，在佛事繁忙以外，僧眾會去外面堆四方城（打麻將），有一次他跟隨二哥前去，發現竟有女性出現招待和尚，不但打情罵俏，和尚也對女性有不安分的舉止行為，讓他當場很反感，也對二哥的墮落感到失望；繼後到了「法藏寺」掛單，也是有做不完的佛事，他說：「玉佛寺與法藏寺的禪堂，只是其名沒有其實，完全是做經懺大眾住的」，他在法藏寺半年也都是趕經懺的生活，更見到黑暗的一面，故而再度離開踏上求學的道途。[143] 再如真華法師在回顧式的文集裡，提及曾看續明法師（1918-1966）寫道在出家的小廟「福生寺」，裡面的出家人即是兩位師爺，他們除了光頭著和尚衣物外，「葷羶煙酒，生活起居，與俗人無異」，真華法師述及自身出家的小廟「泰山廟」（也稱「泰山禪院」）亦是如此，正殿供奉並非佛像，而是「泰山奶奶」，正殿兩邊則供奉「眼光奶奶」與「送子娘娘」；在他出家的那一年，廟內還有其他四位小和尚，除了他甫出家未讀書，其他小和尚都在私塾裡讀書，廟裡還有幾位輩分不同、年齡不等的老和尚，成天以吸鴉片、搓麻將、摸紙牌度日，真華法師除了讓老和尚們呼來喚去做雜事以外，每天下午還得提籃去野草裡找雞蛋，並且在積雪天裡仍須辛苦地上下山為老和尚們買煙、沽酒、割羊肉、提牛肉湯，尤有甚者即是舊曆年來臨時，會請屠夫從豬圈中拉出最肥大的豬隻宰殺，另外也需要宰殺一、二十隻的雞，更會買數十條魚、海參、蝦米等葷物，再者煙酒的購買量也遠超於山下小店的存貨；真華法師在出家的第二年終於入塾讀書，可是教書先生的程度有限，師父也不太重視讀書一事，只好靠著自己的努力為國文程度奠下基礎。[144] 據上，他們可謂一同見證當時的佛教亂象，

---

[143] 參自釋演培：《一個凡愚僧的自白》（台北：正聞出版社，1989 年），頁 12-13、21-27、34-42。

[144] 參自真華：《行化雜記》（台北：正聞出版社，1991 年（第三版）），頁 180-193。真華法師第一本自傳是《參學瑣談》，後來又集結多年的投稿舊作，是為《行化雜記》，於 1981 年出版；真華法師解釋書名意思是「於自行化他之餘而寫的一種拉雜記述」，本書雖是文稿的蒐羅之作，但筆者認為可視為自傳《參學瑣談》的補充，丁敏亦曾提出：「名曰《參學瑣談》，正足以突顯這本自傳的內容都是和佛門有關的。除此書外，法師另有《行化雜記》一書出版，其中〈我的回憶〉及〈悠悠歲月六十

或者只流於趕經懺的寺廟風氣。

再者，真華法師亦曾提及：「河南的佛教，自從民國十六七年間被『基督將軍』馮玉祥破壞以後，昔日清淨莊嚴的道場，在我出來的時候，百分之九十都已成為『古寺無燈憑月照，山門不鎖待雲封』一般無人住持的破廟了！好一點的不是改為學校，即是變為軍營，經像則任人褻瀆，寺產則由人瓜分。」[145] 又如樂觀法師（1902-1987）提及對日抗戰期間，他曾經加入「僧侶救護隊」，描述曾與隊員們在敵軍偷襲時，渡江欲往對岸救人，但是在空中盤旋的敵機不斷瘋狂朝他們的木船投彈、掃射，他在船頭請大家誦念佛號，所以在江面上聽到的是「機槍聲」與「觀音菩薩音聲」；下船後，則在煙霧瀰漫中摸索找尋受傷的災胞包紮、送往醫院。[146] 又如悟明法師（1911-2011）提及 1937 年是中國歷史上黑暗的一年，有七七盧溝橋事變與八一三戰役（淞滬會戰），他所待的留雲寺，在用齋或休息時毫無預警地受到炸彈攻擊，在寺殿裡爆炸；另外他也經歷國共戰爭，穿著戎裝抵台方換回僧服，卻找不到棲身之處僅能待在殯儀館，更逢遇慈航法師被捕、國民政府開始「抓和尚」的佛教白色恐怖時期。[147]

再如星雲法師（1927-2023）也提及：「『盧溝橋事變』揭開了中日戰爭的序幕。……日軍攻進南京城，當時十歲的我，身上扛了一條被單，跟著

年〉二篇文章，亦可補自傳的不足。而書中其餘文章，也是法師三十年來在台灣佛教界的所見所聞所思所感的片段（見自序中言），皆是了解法師全貌的重要參考文獻。」以上引文引自真華：《行化雜記》，頁 2（自序）以及丁敏：〈台灣當代僧侶自傳研究〉，收入《台灣佛教的歷史與文化》，頁 172。

[145] 真華法師：《參學瑣談》（南投：中道學苑，1999 年），頁 4-5。《參學瑣談》最初是 1965 年時，由星雲法師出資，以「佛教文化服務處」發行；爾後 1978 年，由台北天華出版社重訂出版。筆者所用版本為重版第二刷。

[146] 參自釋樂觀：《六十年行腳記》（台北：海潮音社，1977 年），頁 57-61。

[147] 參自釋悟明：《仁恩夢存──悟明法師回憶錄（一九一一─一九六二年）》（台北：海明寺，2007 年），頁 108-112、頁 160-169。悟明法師的自傳原是一些散抄於日記、信札的生活瑣憶，後經由陳慧劍在 1964 年冬季為其整理、校勘，並於佛教刊物《獅子吼》連載（陳慧劍乃刊物主編）；爾後 2000 年台北海明寺曾印行：《仁恩夢存》一書，筆者所用乃是海明寺又於 2007 年刊行之版本。

一般民眾開始了逃亡的日子」，[148] 他與外婆逃亡的日子，外婆一度被日軍抓至軍營當伙夫，而孤身流落的他只要看到遠方有日軍，就趕緊躲入死人堆裡，聽著軍隊腳步聲從旁走過，體會所謂的「生死邊緣」，所幸後來外婆順利逃出，祖孫也順利重逢；他也提及當時的日軍司令官松井石根下令「三光」政策，即燒光、搶光、殺光，所以從南京到江都一路的景象就是「殺人放火，姦淫擄掠」；[149] 除了中日戰爭的記憶，他更提及國共戰爭時，他的祖庭大覺寺，白天有國民黨的軍隊進出，夜晚則輪到共產黨的人員行動，尤有更甚的遭遇讓他慨歎道：「我在宜興的那段歲月，國民黨說我是『匪諜』，共產黨指我為『國特』，我被關了十多天的土牢，竟連對方是什麼黨、什麼部隊都沒有搞清楚」；[150] 此外他憶及 1949 年夏天來到台灣，卻因為當時台灣省政府聽信廣播，認為大陸派遣五百多位僧侶入台從事間諜工作，所以他與一群同由大陸而來的僧青年分別被關在台北與桃園等處，後來是孫張清揚女士、吳經熊先生、董正之與丁俊生等人的搭救，才不致入了鬼門關，他說道：「在那個『白色恐怖』的年代裡，人民只要一經逮捕，很少能活著出去的。」[151] 由此些親身描述，可想見這群僧侶當時身處烽火相連、戰事危急、九死一生的景象，即使從大陸來到台灣，雖逃離了戰爭卻又馬上地面臨無妄之災，在在道盡彼時僧侶的艱難處境。另從真華、星雲法師的描述，可對照聖嚴法師也敘述國共戰爭時，狼山的寺院即是被先後來到的國共二軍侵佔或損毀，他們的記述都為當時大陸寺院受到軍事波及的慘況作了表證。

此外，如成一法師曾提出受到孫張清揚女士的護持照顧，直指「甚至她能力所及也影響到整個佛教界」，再次地凸顯優婆夷典範對台灣佛教的貢獻；[152] 又如他述及當時抵台後觀察局勢：「眼見共產黨就要渡江，他們是

---

[148] 星雲大師：《合掌人生②：關鍵時刻》（新北市：香海文化，2011 年），頁 18-19。

[149] 參自星雲大師：《合掌人生②：關鍵時刻》，頁 19-22。

[150] 參自星雲大師：《合掌人生②：關鍵時刻》，頁 27-31。

[151] 參自星雲大師：《合掌人生②：關鍵時刻》，頁 32-33。

[152] 參自卓遵宏、侯坤宏採訪、廖彥博記錄：《成一法師訪談錄》，頁 97-98。

無神論，不容許宗教存在，這是我請太師公智光老人及師公南亭老和尚過來
的主要原因」，[153] 文章裡詳細地訴說原委，而這兩位被他迎請來台的重要
僧侶，爾後成為聖嚴法師自傳（或著作裡）再三道謝的恩人；又如他道敘擔
任中國文化學院佛學研究所副所長的過程，將聖嚴法師辦學的經過更為清楚
地說明。[154] 再如悟明法師述及 1947 年 5 月太虛法師於上海玉佛寺辭世：
「中國佛教界的僧界大德學者，像法尊、法舫、大醒、道源、芝峰、巨贊、
印順、演培、續明諸法師都到了上海。那時我由佛性法師介紹，得以親近印
順法師……大師奉龕那天，步行執紼緇素四眾達數萬人……一代大師，留下
舍利五百餘粒……」，[155] 據此，可讓讀者了解太虛法師辭世時，佛教界送
別一代大師的壯觀場面，也可了解為何印順法師晚年的大陸行旅會特地到太
虛法師的舍利塔處（文革時期已遭毀滅）憑弔。

　　另如演培法師的自傳裡，述及在漢藏教理學院親炙法尊法師、印順法師
學習的過程，[156] 亦述及太虛法師命其籌辦合江法王學院、印順法師慈允擔
任最高導師的過程；[157] 並憶述太虛法師示寂時，與印順法師趕赴上海，他
對印順法師不忘折回靈峰梅花供養之舉表示讚嘆：「此種尊師重道精神，多
麼值得今日學習」。[158] 除此，自傳內容也詳述與印順法師一行人同處香港
期間的景況，爾後亦詳述興建、共住福嚴精舍的情景，[159] 也還原當時印順
法師出席日本世界佛教友誼會的經過；[160] 另亦述及印順法師接任善導寺住

---

[153] 卓遵宏、侯坤宏採訪、廖彥博記錄：《成一法師訪談錄》，頁 95。

[154] 參自卓遵宏、侯坤宏採訪、廖彥博記錄：《成一法師訪談錄》，頁 265-268。

[155] 釋悟明：《仁恩夢存──悟明長老回憶錄（西元 1911-1962 年）》，頁 160。

[156] 參自釋演培：《一個凡愚僧的自白》，頁 82-99。

[157] 參自釋演培：《一個凡愚僧的自白》，頁 100-111。

[158] 參自釋演培：《一個凡愚僧的自白》，頁 140。

[159] 參自釋演培：《一個凡愚僧的自白》，頁 157-167、頁 188-203。

[160] 演培法師所還原的情況：「到印公受中國佛教會請來寶島，出席日本召開的第二屆世
界佛教友誼會大會，原說有大德居士二三十人左右出席，所以當時寶島老少大德，沒
有一人反對邀請印公，且極贊成的表示歡迎，那知最後政府限定五人出席，子老堅請
導師為五代表之一，不得出席的出家大德，開始發出閑言，說臺灣不是沒有僧人，為
什麼定要遠從香港來的印順去？但這都是暗中流言，不說導師不知，我在臺也不

持的經過以及之後曲折的寺務發展，[161] 且記錄印順法師在善導寺舉行晉山典禮時，章嘉大師多有讚許，並從印順法師的致詞來為其平反：「可知導師接任善導寺住持，不是為得權利，而是住持正法」；[162] 由上述的內容，都可為印順法師《平凡的一生》所敘之事作更詳盡的補充。除了演培法師的自傳，當時正在學團裡參學的真華法師道：「真的，印順導師教學的態度不但自由，方法也很活潑」，[163] 而曾出家為僧的吳老擇教授（通妙法師，1930年-），[164] 他於訪談錄裡也提及在福嚴精舍的經歷，他是1953年到福嚴精舍當學生，1957 年始任尼眾佛學院講師，他回憶福嚴有自由研究的學風，而讓他牢記不忘的事情即是印順法師所講的「考證學」，對他啟發甚大，也述及當時他是去女眾佛學院任教法師中最年輕者，面對尼眾與一半還未出家的女眾，感到不太自然，卻因印順法師的肯定故而戰戰兢兢，認真在台上把課教好，先後教過《初機佛學》與《大乘起信論》等課；[165] 另外他也提到在印順法師受到教界圍剿之時，有淨土信仰者把市面上近千冊印順法師所寫的《淨土新論》買去焚燒，當時福嚴精舍尚有百冊的《淨土新論》，他與常覺法師以坑埋的方式保護處理，他不禁感嘆：「秦始皇有焚書坑儒之事，未曾有佛教徒焚佛書訶僧侶的歷史」；此外他更補述「佛法概論事件」的人物關係，也直接說道這個事件「不是教理思想之對立，確確實實是利益的鬥爭」，[166] 甚至為印順法師提出正義之聲，認為「若印順老法師不經這一

知。」由此敘述，可客觀地證明印順法師當時是被李子寬的堅持所牽連，因此得罪佛教界的諸位長老大德。引自釋演培：《一個凡愚僧的自白》，頁 206。

[161] 參自釋演培：《一個凡愚僧的自白》，頁 204-257。

[162] 參自釋演培：《一個凡愚僧的自白》，頁 210-211。

[163] 真華：《參學瑣談》（南投：中道學院，1999 年）。

[164] 此處筆者所引資料乃為吳老擇教授還俗之前，身為「通妙法師」的內容。

[165] 參自卓遵宏、侯坤宏主訪：《台灣佛教一甲子：吳老擇先生訪談錄》（台北：國史館，2003 年），頁 103-105、頁 119-120。

[166] 卓遵宏、侯坤宏主訪：《台灣佛教一甲子：吳老擇先生訪談錄》，頁 111。丁敏曾經指出：「這樁大陸僧侶來臺後所展開的重大內鬥事件，截至目前為止，有較完整的資料僅見於印順法師的《平凡的一生》，姑不論對事件的記載是否非常地客觀，至少它提供了對國民政府遷台以後，台灣當代佛教史省察與探討的重要線索之一。」並於註

著，我們就沒有這麼多具有國際水準以上之佛法研究的佳作可讀了。」[167]
由這些說明，一方面見著印順法師對年輕僧才的提拔與信任，也可體會其對
女眾佛學教育的重視與安排；此外，根據這些身歷其中的敘述，方能將彼時
風聲鶴唳的情景具象呈現，顯出印順法師艱險的處境。

　　再者，如真華法師將印順法師自傳中短短一段提及晚年住院三十八天的
大病，寫成一篇〈印公導師住院記〉，[168] 將住院的前因與始末都仔細地寫
了下來，當中他與印海法師在「手術自願書」上簽名、印順法師交代遺囑的
過程，皆詳細地敘寫，甚至為了讓經歷兩次手術而感到疲累的印順法師能夠
重振精神與病體，遠在國外幾位親近的晚輩分別返國至台北宏恩醫院問安打
氣，所以出現「使每天早晨徒步到醫院探病的陣容更壯大了，八、九個高高
低低胖胖瘦瘦的和尚，由演師帶班搖搖擺擺地從慧日講堂出發，經遼寧街而
長安東路……過復旦橋再穿越復興國中即到醫院，日日如此，直到老人出院
為止，從未中斷」[169] 的特殊景觀；這篇記述詳明的文章，補足印順法師簡

解中指出楊惠南曾於受訪時提出書寫〈台灣佛教的出世性格與派系鬥爭〉一文，論及
印順法師被鬥的事件，多採用印順法師之說與同情印順法師的資料（如道安法師的日
記），原因在於「批鬥印老那一面的人沒有出版任何文獻可供參考」，上述引自丁
敏：〈臺灣當代僧侶自傳研究〉，收入《台灣佛教的歷史與文化》，頁 190-191、頁
206。筆者以為道安法師的日記是「當時／事件當下」的記事，而此處通妙法師（吳
老擇教授）是「事過境遷」亦經還俗（他在福嚴佛學院的時間並非很長）的情況，卻
將這個事件在訪談錄裡特地說明作出評論，故筆者認為這是為印順法師當年的處境再
添可信的事實。

[167] 關於吳老擇所述之「佛法概論事件」，參自卓遵宏、侯坤宏主訪：《台灣佛教一甲
子：吳老擇先生訪談錄》，頁 108-115。

[168] 真華：〈印公導師住院記〉，收入《行化雜記》，頁 107-118。

[169] 真華：〈印公導師住院記〉，收入《行化雜記》，頁 116-117。厚觀法師述及曾有在
醫院照顧印順法師的經驗，讓他更體會印順法師的風範：「導師對學生、甚至是弟子
都很客氣。有一次他腦部積血到台大住院開刀治療，那時我就從日本回來照顧導師，
輪值的是晚上的時間。值班的時候，導師每次一翻動身體，我就馬上起來問他有沒有
什麼要幫忙，他就叫我睡覺；經過幾次以後，我發覺導師如果要翻身，動作就很輕
微，原來怕驚動到我。後來只要我發覺導師翻動，就先靜靜地觀察動靜，如果真的需
要幫忙才起身照顧。其實我是導師的弟子啊，他不用這樣客氣的。」（摘錄自附錄八

潔數句的內容，讓讀者明白這實是一場生死交關且讓後輩門生心緒大落大起的住院記。真華法師的文集另有一篇〈環島侍遊日記〉，[170] 記載陪侍印順法師環島十一天參訪寺院的生活動態與行程，其中一日即記錄與星雲、煮雲法師隨同至美濃朝元寺瓔珞關房的過程，他讚賞聖嚴法師的智慧高、文名高且福報也大，退役後即能禮拜一位很好的師父再度出家，且又有殊勝因緣到青山綠水、妙境天成的朝元寺掩關；他說道當天下午到達關房時，聖嚴法師早已將接見叩關者的小窗開啟，且為了彼此看得方便、談得方便，所以小窗兩邊的大玻璃亦一併拿掉；見面後，聖嚴法師便提出許多疑難問題請教印順法師，印順法師如數家珍一一解答，他們其他三人則當起「旁聽生」，晚飯以後一行人又再度陪印順法師到關房外與聖嚴法師續聊，直至晚間十點才各自就寢，這期間聖嚴法師曾提出：「演培、續明、仁俊等法師都親近老法師多年，但他們似乎沒有一個與老法師的思想相同的，我覺得很奇怪！」[171]印順法師則笑而未答，一旁的真華法師卻想到應早點告知聖嚴法師「福嚴開話」裡，印順法師表示過自身的教學態度是尊重且自由的，認為自己所認識的佛法授於他人，不一定能圓滿或理想，每個人的根性、興趣、思想不同，所以「何必每個人盡與我同？」[172] 此處詳悉描述印順法師與聖嚴法師難得的「關房晤面」，並且敘寫出兩位學問僧探究法義滔滔不絕、珍惜思想交流的互動。筆者認為這當中有趣之處，即是兩位學問僧的問答之間，竟引發「旁聽生」對問答的感想。

　　闞正宗曾提出戰後台灣佛教的史料運用，認為：「戰後台灣佛教是站在『人間佛教』的面向上開展出來的，因此特別注意文字的弘法，其主要目的

〈走訪福嚴：記與厚觀院長之訪談〉）

[170] 真華：〈環島侍遊日記〉，收入《行化雜記》，頁 119-150。

[171] 真華：〈環島侍遊日記〉，收入《行化雜記》，頁 145-146。聖嚴法師的這段問話，對照他往後探望印順法師時，針對〈掩關遙寄〉的提問，仍圍繞演培與仁俊法師。

[172] 參自真華：〈環島侍遊日記〉，收入《行化雜記》，頁 146。

是釐清神佛之分、法義之辯」，[173] 故佛教的雜誌、期刊紛紛創辦，而法師或居士的日記、年譜、紀念集、同戒錄、回憶錄與傳記，也是不可或缺的資料，這當中他亦選列印順法師與聖嚴法師的自傳為例，[174] 認為這是研究兩者生平、思想的重要書籍。黃敬家指出：「每一篇高僧傳記，都是一位高僧的宗教實踐史，同時也是佛教整體歷史的部分縮影」，[175] 又指出：「透過僧傳的敘事來重現一位高僧的人格典型，以高僧的宗教實踐歷程為內容，提供一個足以垂範後世的修行典範」；[176] 印順法師與聖嚴法師都有跨海來台的經歷，兩者在自傳裡皆體認戰亂之下中國佛教的衰微景象、目睹並經歷僧侶避亂逃亡的過程，抵台以後他們如何一步一腳印樸實內修、篤實外弘，開展各自續佛慧命的如來家業，筆者認為這些都是他們的宗教實踐史，也各為一部活生生的戰後台灣佛教史。然而，這些年紀與他們相仿或者生處於同時期的僧侶自傳／回憶錄等資料，具有彌足珍貴的「補述」或是「見證」的作用，[177] 並且是站在相同背景時空下為佛教史筆耕，闡述大陸、台灣時空移

---

[173] 闞正宗：〈戰後台灣佛教史料的查找與運用〉，收入《佛教圖書館館訊》第 39 期（嘉義：財團法人伽耶山基金會，2004 年 9 月），頁 24。

[174] 參自闞正宗：〈戰後台灣佛教史料的查找與運用〉，收入《佛教圖書館館訊》第 39 期，頁 28。

[175] 黃敬家：〈佛教傳記文學研究方法的建構——從敘事的角度解讀高僧傳記〉，收入《世界宗教學刊》第十期（嘉義：南華大學宗教學研究所，2007 年 12 月），頁 111。

[176] 黃敬家：〈佛教傳記文學研究方法的建構——從敘事的角度解讀高僧傳記〉，收入《世界宗教學刊》第十期，頁 112。

[177] 「自傳、人物傳記與口述歷史，都記載一個人的過去。在出版流傳後，它們都成為社會記憶的一部分。這種社會記憶，以兩種方式保存與流傳。首先，它以書的形式保留在圖書館、檔案室與個人藏書中，形成一種靜態的、絕對的社會記憶。其次，它們被有不同社會文化背景的讀者閱讀；讀者對於書中所記載的『過去』，有不同的選擇與詮釋。然後，這些『過去』又在不同的社會情景下，以各種方式被傳述，如此形成一種動態的、相對的社會記憶。因此，自傳、當代人物傳記與口述歷史，可說是個人記憶與社會記憶間的橋樑。」引自王明珂：〈誰的歷史：自傳、傳記與口述歷史的社會記憶本質〉，收入《思與言》第 34 卷第 3 期，頁 149-150。

轉的「集體受難經驗」，[178] 皆可作為這些僧侶對近現代佛教史的觀察紀實與心得——他們筆下的文字，對筆者而言，即是研究印順法師與聖嚴法師可供參考的第一手資料，也可成為替印順法師或聖嚴法師作傳者的重要依據。

第三節　從高僧傳到僧侶自傳

　　一般而言，《梁高僧傳》咸被認為是首部有系統編寫的僧傳；但其成書之前，已有數本僧傳類型的書籍流行，如：《高逸沙門傳》、《僧傳》、《遊方傳》、《出三藏記集》、《僧史》、《京師寺記》、《益部寺記》等，[179] 內容多以記述一時一地之僧人或寺塔僧事為主；隨後，則有梁朝釋寶唱所著之《名僧傳》。[180] 至梁代釋慧皎時，乃以此些文獻作為參考素材、吸取前人成果，而有第一部蒐羅廣泛、分類詳細的《高僧傳》問世。繼之，唐代釋道宣、宋代釋贊寧、元代釋曇噩又據此為底本，進而擴充或重新編排《高僧傳》。另者，專書比丘尼的傳記，則有梁朝釋寶唱所著的《比丘尼傳》。筆者將諸成書內容整理列表如下：

---

[178] 「集體受難經驗」的概念來自王明珂曾提出關於抗戰、勦共與逃難的記憶，透過傳記、自傳、口述歷史、教科書、其他媒體，會成為台灣非常重要的社會記憶，或者稱作「集體受難記憶」。以上參自王明珂：〈誰的歷史：自傳、傳記與口述歷史的社會本質記憶〉，收入《思與言》第 34 卷第 3 期，頁 168。

[179] 《高逸沙門傳》，竺法濟著，內容偏重記載清高、超逸之僧人事跡。
　　《僧傳》，釋法安著，此書特點為「但列志節一行」，意指記載志節高尚的僧者。
　　《遊方傳》，釋僧寶著，此書記載印度來華的遊方僧。
　　《出三藏記集》，釋僧佑著，此書記載東漢至梁代所譯經論的目錄與譯經者的傳記。
　　《僧史》，王巾著，此書偏於「僧史」的統攝與貫連。
　　《京師寺記》，釋曇宗著，記載京都之寺塔，並提及僧人事跡。
　　《益部寺記》，劉俊著，記載寺記與僧人事跡。

[180] 此書在僧名之上，必標示時代與寺名，若無寺名則標示地名，這項創舉的目的在於避免同名僧人之混淆，亦為其後之僧傳沿用。《名僧傳》雖已比前人之作詳細，但在分科、分類方面，不若後起慧皎《高僧傳》清晰、有條理，故被取代之。

表二：歷代《高僧傳》之整理

朝代	作者	書名	內容分類	分類依據
梁	慧皎	《梁高僧傳》（又稱《高僧傳初集》）	譯經、義解、神異、習禪、明律、亡身、誦經、興福、經師、唱導	十科
梁	寶唱	《比丘尼傳》	以「苦行之節、禪觀之妙、立志貞固、弘震曠遠」等德行立傳	取材自「書承」與「口承」資料
唐	道宣	《唐高僧傳》（又稱《續高僧傳》、《高僧傳二集》）	譯經、義解、習禪、明律、護法、感通、遺身、讀誦、興福、雜科聲德	十科
宋	贊寧	《宋高僧傳》（又稱《大宋高僧傳》）	譯經、義解、習禪、明律、護法、感通、遺身、讀誦、興福、雜科	十科
元	曇噩	《新修科分六學僧傳》（又稱《六學僧傳》）	慧學——譯經、傳宗 施學——遺身、利物 戒學——弘法、護教 忍辱學——攝念、持志 精進學——義解、感通 定學——證悟、神化	六學十二科
明	明河	《補續高僧傳》（補《宋高僧傳》所遺漏者，續《宋高僧傳》至明代之高僧）	譯經、義解、習禪、明律、護法、感通、遺身、讀誦、興福、雜科	十科

　　在贊寧與明河之間，有明代釋如惺《大明高僧傳》，[181] 但本書乃作者翻閱史志、見名僧之事而「隨喜錄之」，故不若前列諸本之詳盡；清代，則有徐昌治按道、法、品、化四科纂寫的《高僧摘要》，[182] 但篇幅已減少甚

---

[181] 明・釋如惺：《大明高僧傳》（台北：文殊出版社，1988 年）。

[182] 清・徐昌治：《高僧摘要》，收入《卍續藏經》第一四八冊，共四卷（台北：中國佛教會影印卍續藏經委員會，1967 年）。

多。另有諸本如北宋釋惠洪《禪林僧寶傳》、北宋釋道原《景德傳燈錄》、南宋釋祖琇《僧寶正續傳》、南宋釋元復與釋元敬《武林西湖高僧事略》、明朱棣《神僧傳》、清彭希涑《淨土賢聖錄》等，[183] 乃以一宗、一區、具特定條件之僧人為主題。呈上舉述，目前廣為人知的高僧傳仍以梁、唐、宋傳為主，也是目前研究歷代高僧者所依據主要典籍。

　　在民國以前與民國初期，鮮少出現僧人撰寫自傳的風氣，「僧傳」皆是由後世者針對某朝代或某時期的「群僧」而作。李玉珍指出：「柯嘉豪認為僧傳所推展的高僧典範是一種建立在基本的修行模式上的『理想的形象』（ideal types）。這些修行模式即密克特爾・特那爾（Victor Tunner）所謂的宗教行為之『根本典範』（root-paradigms）。在僧傳繁瑣而公式化的陳述之中，蘊含了教團對宗教實踐的基本概念。」[184] 觀察歷代高僧傳記，除了語體形式的變化、分科的差異，其「作者」也是探究僧傳的要素。由於是「僧人」的傳記，所牽涉的包括作傳者有否信仰立場？是否為佛教徒？有信仰與無信仰者、佛教徒或非佛教徒，兩者之間寫出的僧傳必有差異。誠然，觀看古時僧傳的編寫者多屬僧人，故作者是以出家身分對前代高僧的仰重之心虔誠而作，其筆下的高僧形象必然是當世或後世尊敬的法門龍象，值得流傳千古；筆者相信此些僧傳的作者多數是以極為虔敬的心態著述，甚至本身亦具高僧典範，故而成就高僧筆下的高僧傳。然而，無可忽略之處，即是這

---

[183] 北宋・釋惠洪：《禪林僧寶傳》（台北：新文豐出版公司，1973 年）。

　　北宋・釋道原：《景德傳燈錄》（台北：新文豐出版公司，1974 年）。

　　南宋・釋祖琇：《僧寶正續傳》，收入《卍續藏經》第一三七冊，共七卷（台北：中國佛教會影印卍續藏經委員會，1967 年）。

　　南宋・釋元復、釋元敬：《武林西湖高僧事略》》，收入《卍續藏經》第一三四冊（台北：中國佛教會影印卍續藏經委員會，1967 年）。

　　明・朱棣：《神僧傳》（江蘇：廣陵古籍刻印社，1993 年）。

　　清・彭希涑：《淨土賢聖錄》，收入《卍續藏經》第一二五冊（台北：中國佛教會影印卍續藏經委員會，1967 年）。

[184] 引自李玉珍：〈John Kieschnick (柯嘉豪), *The Eminent Monk: Buddhist Ideals in Medieval Chinese Hagiography*〉，收入《新史學》第 9 卷第 2 期（台北：新史學雜誌社，1998 年 12 月），頁 191。

些高僧傳的作者亦不乏「奉詔而作」者、「宣揚佛教」者,故筆者揣想也許少數作者的心態具迎奉上級之嫌、或有刻意呈顯不凡奇蹟之筆,[185] 透過細讀,可能讀出作者的說法與事實出入,是在某種社會背景下,作為一種敘事策略,或許是來自官方壓力而不得不發展出既迎合又抗拒的部份。歷代僧傳內容時有「不同凡人」的神異之處,常提供一種知識,這種知識可能被賤斥為迷信,可能被奉為神諭;因此僧傳的內容真或假不至於最重要,重要的是那讓人信以為真或者讓人感到虛假的原因為何?這些成分,是否持續保留於僧傳的書寫傳統之中?

　　上述的情況是由僧者去詮釋、讚揚歷代高僧的生命而著作;然而,隨著「自傳」的出現與逐漸流行,由僧人親身自我書寫的時候,不單是生平某些特別事蹟的舉隅,也不再是純粹的稱善頌德,而是「我手寫我人」的記述。將生命的細節敘寫成書,自傳內文也許出現自責、自揭己過,或是講述遭遇困頓、自我貧病,不再只是莊嚴、殊勝的僧者形象。[186] 比如本書所探究的兩位主角印順法師與聖嚴法師均為當代高僧,但是筆下的自身卻如此平常,也將過往的窮苦、伴隨的病苦、人生的曲折遭遇具體描述,呈現平凡卻也呈現親和力,把一位僧者「有血有淚」的面向表達出來,使得讀者不但與之更為貼近,也能夠在其生命裡得到真切的感動。據此可觀察到這般的僧人自傳,已明顯去除、淡化屬於神化的色彩,突破制式化、規律化的原則,「理

---

[185] 這當中牽涉作傳者的寫作動機、時代背景,更有可能是為護教弘法而作,故筆者並非認為迎奉上級或書寫不凡奇蹟的心態是負面的,僅認為這是研究者考閱僧傳該留意之處。

[186] 丁敏在〈台灣當代僧侶自傳研究〉一文,以樂觀法師、達進法師、印順法師、悟明法師、真華法師的自傳為例,其於結論指出:「綜觀各本僧尼自傳可以發現,在自傳的撰述視野上,是有盡他們最大可能的真實,來對自我生平進行敘事與詮釋。他們不虛美、不藏拙,在語言文字間自然流露出真誠的風格,表現出具有自知之明的崇高。所以這幾本僧尼自傳,是具有自我反省與確認的特質,並不只是自我表現而已。」據此,可更肯定台灣僧尼自傳的書寫已然不同以往高僧傳的「僧者形象」,而是真誠、自省的生平敘述。以上引文引自丁敏:〈臺灣當代僧侶自傳研究〉,收入《台灣佛教的歷史與文化》,頁197。

想的形象」可能與傳統相去甚遠，但是筆者認為這是另一種「根本典範」的建立，而且是契合時代的「新僧傳典範」，也是「宗教生命書寫」的範式。

再者，如《聖嚴法師學思歷程》這本自傳，曾獲得「中山文藝創作獎」，[187] 評審指出此書：「以傳記體裁闡揚佛教義理，深入淺出，匠心獨運，為哲學著述闢一新途徑」，[188] 聖嚴法師則於得獎感言提及：「作為一個佛教的僧侶，也能得到文藝創作獎，表示著今日的若干佛教作品，已有其相當程度的可讀性，不僅是宗教的，也是文學的」、「我今天得獎，便說明了我們的社會，正需要這樣的宗教讀物」。[189] 無論是哲學著述的新途徑，或是宗教文學的新契機，必須肯定之處即為這是一位僧侶的自傳，在國家單位的文藝獎評選中脫穎而出，證明僧侶自傳有其文學性、宗教性、哲學性，也符合社會閱眾的接受度與期待。丁敏則在僧侶自傳的研究裡，提出僧尼會為自己挖出一條通往「度人與自度」的雙向通道──向外是志業的展現，向內是自我信仰的確立；她又提及在僧尼自傳裡可見著不同的生活境遇，匯成廣闊的時代背景，於其中呈現出他們所面對佛教界的種種問題，並見著他們如何在傳統與現實間提出省思的諍諫或因應之道。[190] 她進一步指出：「然而能在識見上做到全方位的省思與沉澱，對佛教的體質探源其根本精神，扒梳其流變，以之應用於中國佛教歷史現象的整體性篩選與光照，而提出回歸佛陀本懷，切合時代動脈的改革方針的是印順法師，他是以理智且合於人性

---

[187] 「中山文藝獎」已於 2013 年停辦。「中山文藝獎」主辦單位乃為中華民國中山學術文化基金會所設文藝創作獎審議委員會，主管學術著作獎之審議事宜。此基金會獎勵的文藝創作分為「文學類」與「藝術類」，文藝創作須為國人最近五年內「完成且已出版」之作品。申請中山文藝創作獎者，須經國內省（直轄市）級以上文藝學術團體機構，或國內公私立大專院校校長、院長、系所主任或該審議委員會委員負責推薦，且推薦人須在推薦表上寫明職銜，並加蓋職銜章及機關印信。以上資料來源：http://www.sysact.org.tw/index.php?action=grants_detail&fid=39&cid=47&id=77 （上網日期：2017 年 3 月 11 日）

[188] 引自林其賢編著：《聖嚴法師年譜》（第二冊），頁 924。

[189] 聖嚴法師：〈獲中山文藝獎感言〉，收入《教育・文化・文學》，頁 326。

[190] 參自丁敏：〈台灣當代僧侶自傳研究〉，收入《台灣佛教的歷史與文化》，頁 197。

來處理佛法的思想內涵,並提出『人間淨土』的具體實踐藍圖。」[191] 綜合上述,筆者認為一者能呈露僧侶自傳的寫作意義,一者則是反映僧侶自傳的普世價值。

「我們的生命感並不是直直的一條線投向未來,而是彎彎曲曲的縈繞,每個時刻都是由生命的過去返回現在的心頭,而成就此時活著的生命感。過去的時光並不是整整齊齊的排個秩序,而是由現在的任何一言一行所召喚;被召喚的記憶並不是重新被我們溫習,卻似生命之屋裡面的喧鬧,我們在屋子門外探頭。」[192] 僧侶自傳的書寫,他們在走過離家、出家、弘法的人生階段,重新回到那條彎彎曲曲的生命線上時,也將引領作為讀者的我們,一起往屋內探頭與聆聽;在他們用活著的生命感敘寫過往的生命故事時,我們也將用活著的生命感進入「出世」的生命故事。回到本書的兩位主角身上,印順法師與聖嚴法師都經歷顛沛流離的人生,也從未離開病痛,他們將一生以文字書為自傳,在或沉澱、或流動、或累積的生命解會及順逆交織的人生際遇中(棄俗而出家、出家不離人間之弘法度眾的歷程),是否隱微地想留予閱眾某種形式的以身示教?以「僧者」身分所寫的自傳,看得到人性、也見得到佛性,提供讀者明白「僧者」這個出世又不離世間身分的生平事蹟,他們除了單純為一生記錄的動機,背後是否又可能隱含以文字度世的心懷?讓讀者明白「信受奉行」佛陀的教法,不需特殊身世或特具優勢者。他們兩者從小貧病、畢生曲折,唯因堅定出家度眾的心志,而走上各自的弘法之道;誠如印順法師特地將《增壹阿含經》:「諸佛世尊皆出人間,非由天而得也」轉作「諸佛世尊皆出人間,不在天上成佛也」,筆者認為他即是想強調諸佛都是於人間成佛,並非於天上成佛,成佛以後度化的對象亦是於人間,將普羅大眾印象中對佛菩薩的不凡地位拉回人間,如實地呈現在「人間修行」的過程。[193]

---

[191] 丁敏:〈台灣當代僧侶自傳研究〉,收入《台灣佛教的歷史與文化》,頁 198。

[192] 余德慧、李宗燁:《生命史學》,頁 6(〈自序〉)。

[193] 越建東提出:「『人間佛教』最重要的出處,莫過於《增一阿含經》『諸佛皆出人間成佛』的用例。導師在多處做了如是引述:『諸佛皆出人間,終不在天上成佛也。』

　　黃敬家提出：「僧傳的內容具有歷史性、文學性和宗教性的特質，作為歷史文獻，足以反映一個時代的佛教實況，因為僧傳的對象不同於傳統史傳人物，而是一群特殊的宗教實踐者，他們的生命實踐呈現何種宗教意涵；作者藉由文學手法所塑造的宗教實踐典範，將對讀者產生什麼樣的教化作用，都是僧傳敘事所關注的問題。」[194] 筆者以僧侶自傳／傳記研究作為學術志趣，不禁思量相較於以往的僧傳形式與內容，苟若針對當代僧侶自傳／傳記做全新的審度，該如何賦予準則？另外，僧侶自傳的貢獻，實際上已經橫跨史學、文學、宗教、思想、文化等層面；且僧侶自傳的書寫意義並非記錄僧人一生的事蹟而已，事實上則是富含教化與淨化社會閱眾的作用，引發讀者（尤其是佛教信仰者）產生敬慕且動容的情愫，除了僧人本身的行誼感動人心，也是敘事書寫者的表達牽動人心。比如從印順法師的字裡行間，感受讀者即是他自己或是在對佛菩薩覆講；但是聖嚴法師的字句記述是不斷與信眾互動，可看出他的書寫是為了培植、凝聚「法鼓山」這個團體；兩相對照可明顯察覺印順法師與聖嚴法師的自傳是兩種全然不同的風格，但他們的文字都各自發揮生命力帶給讀者有所啟發。故筆者設想倘若僧侶自傳成為獨立的文類，是否大大提升其作為宗教生命書寫的價值與地位？筆者認為這是僧傳從傳統到現代的演進過程中，值得深思的議題。

　　根據藏經所收的經文，其出處為《增一阿含經》卷 26〈34 等見品〉的第 3 經（T2, 694a），原經文曰：『諸佛世尊皆出人間，非由天而得也。』導師所引述者與目前所查得的經文，在文字上稍有差異的地方為後半句。固然，『終不在天上成佛』與『非由天而得』的意思很可能是一樣的，只是，在字面上亦可解讀成前者為成佛之處，後者則為不是以天的型態成佛，似乎稍微有些差異。」引自越建東：〈聖嚴法師與印順導師之思想比較——以人間淨土和人間佛教為例〉，收入《聖嚴研究》（第八輯），頁 215。

[194] 黃敬家：〈佛教傳記文學研究方法的建構——從敘事的角度解讀高僧傳記〉，收入《世界宗教學刊》第十期，頁 111-112。

第六章 結 論

印順法師與聖嚴法師是華人佛教界夙負盛名的高僧，在佛教學術上的豐碩成果有目共睹；筆者總結前面各章的探討，認為兩位學問僧闡發的時代意義，在於呈現佛教發展的「必要性」。「必要」乃指佛教需要有如此的僧才研究佛學、宏傳佛法，「法義」與「文字般若」方能使佛教不斷傳承下去；另一層面，「佛教學術化」則代表著某種變革與創新的時代趨勢，對佛教的發展具有激盪與提升的作用。

筆者認為正由於印順法師與聖嚴法師是同一時代、不同走向的兩位學問僧，卻又同時深刻影響華人佛教的發展，賦予佛教新氣象與新視域，是故兩者既分向又交疊的學思歷程、生命歷程，必須對照觀探，方能顯出兩位學問僧的特質與貢獻，以及聯繫起學問僧在共同時代裡相識、互動的僧侶情誼。以下，筆者將嘗試提出本書的研究省思與發現。

一、研究省思

（一）生命書寫中的共性與不共性

1995 年，法鼓山文教基金會與佛教青年文教基金會，聯合舉辦一場「印順導師與人間佛教：慶祝印順導師九十嵩壽」的座談會，邀請專精於印順思想的法師以及學者與會討論，聖嚴法師當時有如下的發言：

> 印順導師是當代中國佛教思想史上的一朵奇葩，他是繼承太虛大師教理、僧制、寺產的佛教三大革命的現代化啟蒙期，而開展出中國佛教新契機的一位大師。……印順導師從太虛大師所倡導的人生佛教而弘

> 揚人間佛教的理念。……印順導師主張我們應繼承人生佛教的真義，
> 來發揚人間佛教……明文的依據，是《增一阿含經》所說「佛世尊皆
> 出人間，非由天而得也。」這對於當代的中國佛教思想，有著決定性
> 的影響力。我們法鼓山推行「提昇人的品質，建設人間淨土」的理
> 念，已有五年，慈濟功德會於前年曾推出「預約人間淨土」的運動，
> 佛光山也在闡揚人間佛教，以及其他僧俗大德的佛教人間化，這些均
> 與受到印順導師的思想啟發有關。[1]

據此可知，聖嚴法師肯定印順法師繼承太虛法師人生佛教思想，並從經論中
找到依據，弘揚人間佛教的理念，進而影響法鼓山、慈濟、佛光山等佛教教
團；他亦曾以「發酵的酵母」比喻印順法師，且直言其自身、證嚴法師、星
雲法師等，可謂如酵母所發的饅頭，皆推動人間佛教。[2] 而印順法師圓寂之
時，聖嚴法師在悼念文中，則認為其堪稱「人間佛教之父」、是現代佛教的
世界級偉人。[3]

　　第二屆「聖嚴思想國際學術研討會」閉幕時，聖嚴法師親蒞致詞，時值
其捨報的前一年（2008 年）。聖嚴法師現場提及想解答一個問題，即是：

---

[1] 聖嚴法師等：〈印順導師與人間佛教：慶祝印順導師九十嵩壽〉，收入《聖嚴法師與
宗教對話》，頁 152-154。此外，聖嚴法師曾以如下文字悼念印順法師，其中亦闡述
自身所受到的啟發：「一生堅持佛教人間化的佛陀本懷，在他早期，雖然非常孤獨，
但在晚年，則是此德不孤而譽滿天下，我個人福薄，未曾有緣側列於長老的門牆之
下，他卻是我一生學佛的指路明燈，從佛教的義理研究，到佛法的生活實踐，我都是
在印順長老的大樹蔭下走過來的。我們法鼓山推出『人間淨土』及『心靈環保』的世
界性運動，主要的構想，也是出於人間佛教的啟發。」引自聖嚴法師：〈佛門星殞
人天哀悼〉，收入《人生雜誌》第 263 期（台北：法鼓文化，2005 年 7 月），頁 17。

[2] 聖嚴法師曾作此比喻，形容印順法師與推動人間佛教理念者之關聯：「導師可以說是
一個酵母，發酵的酵母，如果沒有這個酵母，饅頭發不起來。那我們呢？我們就是饅
頭。譬如我也好、慈濟功德會的證嚴法師、還有佛光山的星雲法師，以及其他許多年
輕的法師，都在推動人間佛教，這都是落實到實際的生活、實際的社會層面去。」引
自大愛電視台，《印順導師傳紀錄片文稿》，頁 8-9。

[3] 參自聖嚴法師：〈佛門星殞 人天哀悼〉，收入《人生雜誌》第 263 期，頁 17。

「我與印順法師不同的地方在哪裡？」他指出：「印順長老主張的是『人間佛教』，而我主張的是『人間淨土』，兩者聽起來好像差不多，但是內涵並不相同。」[4] 承上所述，聖嚴法師表示受到印順法師人間佛教理念的影響，然而同是學問僧形象、皆推動人間佛教，兩者具體差異之處為何？

　　事實上，彼此差異的解答，可以追源自 2006 年的學術研討會與《聖嚴法師學思歷程》一書。聖嚴法師於第一屆「聖嚴思想與當代社會國際研討會」開幕致詞的開端，即說明在其成長的時代，佛教界是以太虛法師、印順法師的思想為主流，且說道當時的台灣佛教界約莫有三、四十年間，幾乎一面傾向以印順法師的思想為依歸，所以他在這般的風氣下，也深受影響；[5]但是他鄭重提出：

　　　　我十分感恩印順長老帶給我的啟發，然而我走的路，一開始就跟長老不同。我走的是太虛大師的路，也是我師父東初老人的路……將佛法普及於人間，是漢傳佛教的特色，特別是漢傳佛教中的禪佛教。不

4　聖嚴法師：〈以研究「聖嚴」來推動淨化世界〉，收入《聖嚴研究》（第一輯）（台北：法鼓文化，2010 年），頁 32-33。

5　參自聖嚴法師：〈如何研究我走的路〉，收入《聖嚴研究》（第一輯），頁 19。聖嚴法師另於〈印順長老的佛學思想〉亦曾提出印順法師的著作太多，並未全部閱讀，所以不敢說對印順法師的思想了解透徹，但是他又言每讀印順法師的著作：「不論短篇或大部，都會為我帶來啟發，並對佛法有些新的認識；因此我的著作中，或多或少帶有他老人家的影子。」也於《印順導師九秩華誕文集》的序文提及：「我不是印老的門生，卻是印老思想的受益者，我的思想雖然未走印老的路線，但我對他有極高的敬意，其實是我受他影響很多，所以非常感恩。」而聖嚴法師於法鼓僧伽大學「高僧行誼」課堂上，述及印順法師時，也向學僧表示：「我走的不是他的路，也走不上他的路，因緣環境是這樣。但我受他的影響，我們對他非常尊敬、敬仰，對所有的高僧，我們都應該抱持這樣的態度。」以上分別引自聖嚴法師：〈印順長老的佛學思想〉，收入《評介‧勵行》，頁 68、釋聖嚴：〈序「印順導師九秩華誕文集」〉，收入《佛教思想的傳承與發展——印順導師九秩華誕祝壽文集》，頁 3（序文）、演運：〈讀高僧，學高僧：記聖嚴師父講「高僧行誼」〉，收入《法鼓文苑》第十期（新北市：法鼓山僧伽大學，2019 年 9 月），頁 88。

　　過，禪佛教本身的理論依據，與原始印度佛教密切相關，也與中國其
他宗派交互影響，因此我走的路，便是將印度佛教和中國漢傳佛教的
特質結合起來。[6]

啟發中保持差異，《聖嚴法師學思歷程》亦有這麼一段文字：

　　我必須承認，受到太虛大師和印順法師兩人很大的影響。到了日本，
撰寫論文期間，也受到蕅益大師的影響。我在前面已經講過，蕅益及
太虛兩人，都有佛法一體化的所謂「圓融」的主張，那也就是中國本
位佛教的特色。我是中國人，我對中國的佛教不能沒有感情，所以不
僅能理解他們的用心，也很佩服他們的用心。……至於印順法師，他
是從印度佛教的基礎來看佛教的發展，所以他並不因為自己是中國人
而對中國的佛教做偏袒的理解。印順法師的佛學思想是淵源於《阿含
經》及《中觀論》，那就是以「緣起性空」、「性空緣起」為他的立
足點，然後再去博涉印度的大小乘佛法以及中國的各宗派思想。[7]

承上所述，能夠看出聖嚴法師清楚地陳述自身同時受到太虛法師與印順法師
甚大的影響，但也區分出他走的是太虛法師的路，[8] 並且一開始即與印順法
師走的路不同。

6　聖嚴法師：〈如何研究我走的路〉，收入《聖嚴研究》（第一輯），頁 19-20。
7　聖嚴法師：《聖嚴法師學思歷程》，頁 169-170。
8　聖嚴法師在〈紀念一代宗教師〉（為《太虛——人生佛教的追尋與實現》一書所寫之
序言）寫道曾有媒體訪問他「心目中最敬佩的人是誰」，他回應：「『近代的人物之
中，我最佩服的是太虛大師。』我佩服他一生都以宗教師的身分要求自己。他的生活
不離戒律，他的言談不離佛法。……為了振興佛教，他推動很多改革，其中最令我敬
佩的是致力於興辦佛教的教育，培養佛教的人才。」並於文末強調：「法鼓山『建設
人間淨土』的理念，是根據太虛大師的思想而來的」。引自白德滿著、鄭清榮譯：
《太虛——人生佛教的追尋與實現》（台北：法鼓文化，2008 年），頁 3、頁 5（代
序）。

（二）生命書寫之未來導向／漢傳佛教發展路線之抉擇

　　印順法師與聖嚴法師一生皆關心中國佛教的發展，同是承繼太虛法師思想，以太虛法師為共同師承，從兩者的著作內容，皆可見著對太虛法師的敬重，且兩者都曾為其編寫年譜或作傳，[9] 大陸之行也都前往憑弔或瞻仰其舍利塔遺址。[10] 聖嚴法師與太虛法師之間的連結點，源於理念思想的啟迪及認同、亦導源自東初法師的傳承關係；[11] 印順法師則是曾在太虛法師創辦

---

[9]　印順法師是《太虛大師全書》的主編，也編寫《太虛大師年譜》一書。聖嚴法師則是閱讀《太虛大師年譜》後，產生寫作〈太虛大師評傳〉的動機；他在文中提及：「我不算是瞭解太虛大師的人，但是，當我讀完《太虛大師年譜》之後，總覺得有許多話要說，並且縈迴腦際，久久不去。所以，這篇文字，實也只是其『年譜』的讀後感而已。《太虛大師年譜》，是由印順法師編述的，故從年譜之中，不但看到了太虛大師的崇高偉大，同時也看到了印順法師的治學精神。……最先，當我看過太虛大師的自傳以後，總以為年譜與自傳出入無幾，同時我也知道，印順法師與太虛大師的思想，互有出入，以印順法師編述太虛年譜，可能難保持平客觀的態度，所以一直沒有看它。想不到當我看完年譜，除對太虛大師更加瞭解與更加崇仰之外，對於印順法師竟也肅然起敬了。」引自聖嚴法師：〈太虛大師評傳〉，收入《評介・勵行》，頁25。

[10]　筆者於前文曾述及印順法師返回大陸時，特地前往奉化雪竇寺憑弔已被摧毀的太虛法師舍利塔。聖嚴法師則是在《步步蓮花》一書，提及去奉化雪竇寺時，向寺僧問起：「雪竇寺曾出過不少高僧，如五代的永明延壽、宋代的明覺重顯、明代的石奇通雲、民國年間的太虛唯心，現在可有什麼紀念的場所，給人瞻仰禮拜？」但年輕的寺僧僅表示由於文革時期寺院全毀，所以不甚清楚。參自聖嚴法師：《步步蓮花》，頁245-246。

[11]　聖嚴法師在著作中，多次論及東初法師是太虛法師的學生，且繼承太虛法師「人生佛教」思想、創辦《人生》月刊，故其也繼承東初法師的理念發展法鼓山的志業。筆者援引數則下：「因為東初老人畢業於太虛大師所設立的閩南佛學院，所以繼承了『人生佛教』的理念，要把傳統佛教轉化為文化的佛教、教育的佛教，並且根據佛法建設一個『人間佛教』的世界」、「我的先師東初老人也是一樣，他是太虛大師的學生；在他來臺以後，從民國三十七年起（西元一九四八年），即創辦《人生》雜誌，鼓吹人生佛教。一直到現在，我還繼續在出版。那就是以推展人生佛教和人間佛教的目標與宗旨，作為我們努力的方針」、「先師東初老人是太虛大師的學生，我是太虛大師的第三代」、「近世以來，中國佛教所有的大師們，也都提倡以人為本的佛教精神，如太虛大師主張『人成即佛成』的人間佛教，東初老人倡辦《人生》月刊等。而

的佛學院就讀、任教，且直接親近太虛法師。

　　筆者曾於前文述及印順法師說過：「我與大師，永遠是思想與文字的關係」，然其卻亦有如下的區別：

> 我與虛大師是有些不同的：一、大師太偉大了！「大師是峰巒萬狀，而我只能孤峰獨拔。」二、大師長於融貫，而我卻偏重辨異。……三、大師說「人生佛教」，我說「人間佛教」……四、在印度大乘佛教中，大師立三宗，我也說三系，內容大同。不過我認為：在佛教歷史上，「真常唯心論」是遲一些的；大師以此為大乘根本，所以說早於龍樹、無著。我與大師間的不同，除個性不同外，也許我生長的年代遲些；遵循大師的研究方針，世界性（佛教）的傾向更多一些。[12]

直述自身與太虛法師在法義思想上的異同以及性格的差異。[13] 侯坤宏曾舉出道安法師言及太虛門下四哲（印順、法舫、芝峰、法尊法師），其中印順法師體弱深思，目光如日，精密的思想體系獨具一格，「非太虛大師所能及」，又舉藍吉富提及，在太虛法師門下專攻佛學有成，並且「佛學上之成

法鼓山的理念，也朝著這個方向來努力」。以上依序引自聖嚴法師：《我願無窮：美好的晚年開示集》，頁 303、聖嚴法師：《神通與人通》（台北：法鼓文化，1999年），頁 246、聖嚴法師《學術論考》，頁 337、聖嚴法師：《法鼓山的方向》，頁 27。

[12] 印順導師：《華雨集》（五），頁 101-102。

[13] 在《平凡的一生》其中「寫作的回憶」一章，印順法師記錄 1967 年乃太虛法師捨報二十週年，所以他作〈略論虛大師的菩薩心行〉，爾後見到澹思（張曼濤）寫的〈太虛大師在現代中國佛教史上之地位及其價值〉，心有所感，所以寫了〈談入世與佛學〉，侯坤宏指出：「是一篇理解太虛、印順二人師徒思想傳承及其異同的重要文章」。以上參自印順導師：《平凡的一生》（重訂本），頁 161；〈談入世與佛學〉收入印順導師：《無諍之辯》，頁 175-251；侯氏之語引自侯坤宏：〈從太虛大師到印順法師：一個思想史角度的觀察〉，收入《真實與方便——印順思想研究》，頁 20。

就大有邁越太虛之處者，是印順法師」；[14] 從道安法師與藍吉富的評論，可見得他們認為印順法師是青出於藍，超越太虛法師，筆者認為這也可作為師生之間的另一種「差異」。龔雋曾提出在民國時期最具佛學研究特色的教界代表為太虛法師的武昌佛學院、歐陽竟無的支那內學院兩個系統；儘管兩系的思想立場不太一致，但是身為兩系的第一代學人「都重在傳統佛教經學研究與書寫的方式下，有限制地運用近代知識史學來研討佛學，即以經學或義學為首，史學為輔」，直到第二代的印順法師與呂澂，方「在經史之間更多地側重於以史化經，經為史學之方向了」。龔氏亦指出太虛法師對佛學重在義理探求，「為了確認中國佛教思想傳統的合法性，他通常都是基於經學的立場而反對以歷史的方式來研探經論」，儘管太虛法師對近代歷史學有所反感，但是受到時代風潮的影響，「在確定佛法修學的前提下，承認佛教史學研究的必要」；故而，太虛法師對「佛教史學」產生一定程度的肯定之後，也啟發其後學，包括了印順法師。承龔雋所述，筆者認為這也是印順法師與太虛法師師生之間為學方式的不同，但是因為太虛法師能夠接納新時代的風潮，也因此讓印順法師在研學探究上，始終注重「史」的重要。[15]

　　太虛法師可謂是革命僧，也是學問僧，然而本書這兩位自述受其影響很大的學問僧，顯然是承繼其思想，卻從「人生佛教」之後，各開出「人間佛教」、「人間淨土」不同的路；印順法師走回印度佛教尋根純正佛法，聖嚴法師走向漢傳佛教並重視乏人關注的明末佛教思想。[16] 筆者曾於緒論提出

---

[14] 參自侯坤宏：〈從太虛大師到印順法師：一個思想史角度的觀察〉，收入《真實與方便——印順思想研究》，頁 92-93。

[15] 參自龔雋：〈經史之間：印順佛教經史研究與近代知識的轉型〉，收入《法印學報》第二期，頁 27-29。

[16] 聖嚴法師說道：「過去，在我寫《明末中國佛教之研究》以前，世界上，不論是歐美或日本佛教界，都認為漢傳佛教到末朝以後，就沒有什麼值得研究了，這對漢傳佛教來說，非常不公平。明末佛教的研究，我是第一人。我研究之後，有一位美國學者看到我的書，便開始研究。在中國也一樣，譬如于君方教授，我寫蕅益大師，她就寫蓮池大師，後來有人研究憨山德清，明末四大師就逐一有人研究了。」引自聖嚴法師：《我願無窮：美好的晚年開示集》，頁 106。

　　兩位學問僧以自身的方式關懷省思漢傳佛教，[17] 印順法師因為關懷中國佛教的衰敗，所以從源頭去探索，[18] 是為「溯源導正」的學問僧；而聖嚴法師直接關懷漢傳佛教的開展，[19] 則為「繼往開來」的學問僧。

---

[17] 此處筆者須做一說明，實際上聖嚴法師對於「漢傳佛教」的正信思維，來自印順法師的影響，其曾說道：「我受印順長老的影響還是非常深刻，他把我從迷信的漢傳佛教拉出來，而我因此看到了有智慧、正信的漢傳佛教。」引自聖嚴法師：〈以研究「聖嚴」來推動淨化世界〉，收入《聖嚴研究》（第一輯），頁 34。

[18] 印順法師在《印度之佛教》的序言提出：「印度之佛教，自以釋尊之本教為淳樸、深簡、平實。……能立本於根本佛教之淳樸，宏闡中期佛教之行解（梵化之機應慎），攝取後期佛教之確當者，庶足以復興佛教而暢佛之本懷也歟！中國佛教為『圓融』、『方便』、『真常』、『唯心』、『他力』、『頓證』之所困，已奄奄無生氣；『神秘』、『欲樂』之說，自西而東，又日有泛濫之勢。乃綜合所知，編《印度之佛教》為諸生講之。」由此可見，印順法師是洞見中國佛教的癥結、關心漢傳佛教的發展，故而溯源印度佛教的精神，導正中國佛教的缺失，並且以印度佛教的演變來警戒漢傳佛教的發展；否則佛教在印度已然滅亡，印順法師為何要去關心呢？一般人多以為印順法師偏重關懷印度佛教，但是筆者認為應去明白他關懷的初衷，並體察他對中國佛教的用心，聖嚴法師曾提出：「印順法師的博士論文是研究中國禪宗史的一部著作，他對中國佛教的認識極深，所以他能拋下中國形態的傳統思想，回歸到接通於印度原始佛教的大乘性空思想。這在中國佛教思想史上，尚無先例可見。」慧璉法師在〈印順導師與中國佛教研究〉一文，亦曾提出印順法師雖然中國佛教的著作遠遠少於印度佛教的數量，卻是「見人所不能見，言人所不敢言」，即使是極短篇也字字珠璣；認為印順法師卓越的見地，能振聾啟瞶並發人深省。以上引自印順導師：《印度之佛教》，頁 6-7（自序）、聖嚴法師：〈近代中國佛教史上的四位思想家〉，收入《評介・勵行》，頁 21、以及參自慧璉法師：〈印順導師與中國佛教研究〉，收入《第七屆「印順導師思想之理論與實踐」論文集》（桃園：佛教弘誓學院，2008 年 5 月），頁（C4）1。

[19] 聖嚴法師對漢傳佛教的關懷，包括意識到式微的跡象，其在〈告誡眾弟子書〉語重心長做出此述：「數十年來使吾憂心而晝夜不已者有四：漢傳佛教人才寥落，其一也。漢人佛教界能通宗通教而對其本末源流得識權實者極少，其二也。漢人佛教徒中願意探索漢傳佛教而予以重新為現代人釐清脈絡次第者極稀，其三也。淺學自驕者流競相奔走於南傳及藏傳門下成群成隊者，其四也。」另亦言及自身在世界各地行腳並參與各宗教之間的會議，所見著的「佛教宗教師」甚少，其中「漢傳佛教」的華僧又更少，反倒南傳、藏傳、日韓與越南的出家眾較多一些；是故，其認為從世界各國及各大宗教的角度視之，此現象正顯示漢傳佛教的危機。然而，聖嚴法師指出漢傳佛教的

太虛法師
（人生佛教）

印順法師
（人間佛教）———— 印度佛教（溯源導正）

聖嚴法師
（人間淨土）———— 漢傳佛教（繼往開來）

　　筆者於結論之始提出印順法師與聖嚴法師在佛教發展裡呈現其「必要性」，誠然也有其「必然性」。他們兩者檢討漢傳佛教的視角，一個採取批判性，溯源印度批判中國佛教，一個則繼往又開出新的路向，關注明清佛教的發展；這兩條路線，皆是對於中國佛教在清末民初的衰弱作出深刻的檢討。太虛法師畢生所處的時代動盪不安，且其特質學識淵盛但革命精神也高盛，在學問與革命之間難以取得平衡，較缺乏長時間沉潛寫作、發酵所思，因此《太虛大師全書》多為講述／講學、書評、時論、酬對等內容之集結。然而，印順法師與聖嚴法師的境遇與太虛法師不同，印順法師在大陸時期，盡可能避亂深入縉雲山等處寫作，而兩者來到台灣之後，大時代環境是平寧而安定的狀態，不須避戰與逃難，得以有時空沉澱所思、醞釀運筆。兩位學問僧承繼太虛法師的思想，抱持堅苦卓絕研修佛學的心志，學思有成，並建立代表漢傳佛教的兩種典範性，此乃兩者在具足「必要性」條件下所彰顯的「必然性」時代趨勢。此外，聖嚴法師語言通暢有趣，是現代社會中產階級、廣大知識分子所接受推崇的一位法師，與印順法師引經據典的語言特色有明顯差異；故筆者認為兩人不但代表兩種典範性，亦是連結承先啟後的兩種學問僧形象。

二、研究發現／研究成果

　　印順法師記述自身的寫作回憶之後，說道：

智慧、功能與性質，是最具包容性與消融性，且賦予佛教積極住世、化世的精神，故其自身辦學培育研究佛學的人才並畢生致力復興漢傳佛教，同時積極呼籲大眾對漢傳佛教要有信心。以上參自聖嚴法師：《承先啟後的中華禪法鼓宗》，頁 34-36，以及聖嚴法師口述、胡麗桂整理：《美好的晚年》，頁 7。

我的寫作，就是這一些了。寫作的動機，雖主要是：「願意理解教理，對佛法思想（界）起一點澄清作用」……然我從經論所得來的佛法，純正平實，從利他中完成自利的菩薩行，是糾正鬼化、神化的「人間佛教」。[20]

聖嚴法師在書寫學思歷程之始的序言，說道：

因此，我便發願，要用現代人的語言和觀點，介紹被大家遺忘了的佛教真義，讓我們重溫釋迦牟尼遊化人間時代的濟世本懷。就這樣，我便勤讀世間群書，尤其專攻佛典，不斷地讀書，也不斷地寫作。……佛教是一種重視身體力行的宗教，由協助個人心志的堅定與安定，做到身心平衡，提昇自我，消融自我，以關懷他人，淨化社會。所以我個人讀書寫作的宗旨，是在理論觀念及實踐方法的疏通及指導。[21]

印順法師與聖嚴法師共同面對中國佛教衰弱的問題，生命與佛教的興衰扣繫，他們一生為學、著述不輟的背後關懷為何？他們承繼太虛法師走出兩條不同的路，這兩條路頗具差異，卻又為何含藏共同之處？根據本書之研究，答案來自於二人共具的「學問僧」特質，為學其實是為了修道，學問乃菩薩願行的實踐，其中包括：

（一）立基於「菩薩」的願行

學問僧並非一般讀書人或是學者，學問僧實應具有大悲心、信與智合一的特質，[22] 這正是發菩薩心、行菩薩道的基準。《成佛之道偈頌》：「趣

---

[20] 印順導師：《平凡的一生》（重訂本），頁 170。

[21] 聖嚴法師：《聖嚴法師學思歷程》，頁 3-4。

[22] 聖嚴法師曾向學僧提及，高僧常是在佛教的危機中發大悲願：「從高僧的傳記可以看到，佛教隨時隨地都有危機，每一代高僧都遇到危機，他們發現危機而面對危機，從危機中走出來，所以新一代的佛教又出現。因此，佛法就會發揚光大，否則的話，佛教就沒有了。」演運：〈讀高僧，學高僧：記聖嚴師父講「高僧行誼」〉，收入《法鼓文苑》第十期，頁 88。

入大乘者，直入或迴入」，意指趣入大乘佛法的修學者，具「直入」與「迴入」的差異，「直入」乃直接往菩薩道而行，「迴入」則是先修別道再轉入大乘道；然「直入」者，正是依人乘行入於佛道，深富「慈悲增上」之特質。[23] 佛教有三藏十二部經典，印順法師與聖嚴法師皆遍覽大藏經，並在孜孜不倦的讀經歲月裡，身體力行八正道——於正定、正精進中培養正見、正思惟、正語、正業、正命、正念——從而體解佛法的豐富、開明、理性、包容等特性，進而獨立思考、思惟著作。此外，二人皆甘於平淡，定靜撰寫，這種功夫無法速見成果，有可能需要數月、數年、數十載，甚至更為久長的時間，筆下寫出的字句方可成書流傳。這般「聞思修」的過程，正是古代那些偉大論師奠定學問的必經之路——在孤獨的歲月裡凝念、淬鍊出文字經義，潛神默思為佛教與眾生奉獻；是故學問僧形象雖是呈顯「智增上」特質，然其為法追尋的初衷與堅心皆出於「為佛教，為眾生」，[24] 更可謂是「悲增上」特質的表露。再觀印順法師與聖嚴法師的生命歷程，均曾歷經戰事動盪、渡海來台，聖嚴法師甚至遠赴日本求學，爾後必須在台、美東西半球間勞碌奔波；然而二人卻都能在每次易地而住之間異地而著，思想越見成熟、法義越見深刻，這全因他們的內心一直堅定信仰，不離法義思惟，方能於「學佛與佛學」之間不相妨礙，且恆持奉獻的悲願。

（二）以「佛法」作為菩薩志業的承擔

　　印順法師與聖嚴法師分別說過自身重於學問或者是為學者，但是也都曾說自身不是為研究而研究，或者否認自己只是一個作學問的人。筆者認為這前後之說並未矛盾，而是他們視「研學佛法／作學問」為「弘法利生」之行，秉持不忍聖教衰、不忍眾生苦的願力。誠如印順法師對學僧開示：「為佛

---

[23] 印順導師：《成佛之道》（增註本），頁 264-266。

[24] 聖嚴法師的從戎之舉，出發點也是為佛教、國家、人民而奉獻：「這是這一大動亂的大時代，使我做了當兵的決定，為了苦難的國家，為了垂危的佛教，為了個人的安全，我必須採取這一當兵的措施。」引自聖嚴法師：《歸程》，頁 147。

法而學，不作世間學問想；自淨其心，利濟人群」；[25]「不作世間學問想」這種佛法本位的研究路線，筆者認為正是學問僧的修行法門，也凸顯他們身為受人敬重的學問僧的特質。換言之，學問僧是以菩薩願行在聞思修，於這個前提之下方能成為合格的學問僧，或言如此才真正為學問僧的品格風範。

（三）學問僧實則是「菩薩僧」

歷代如龍樹、世親、無著、鳩摩羅什、嘉祥吉藏、玄奘這些高僧（甚至被尊為菩薩），他們身為論師、義解僧，廣義而言均是學問僧，在佛教思想史上皆具卓越的貢獻。他們真正偉大之處在於作學問以菩薩願行為不變的初衷，作學問行研究乃為自淨其意而寫，也來自菩薩自利利他的精神。筆者曾在研究動機提出，學問僧給大眾的印象是作學問而缺漏行證，但是筆者在本書希冀突破這個既有（或者稱慣性）的認知，給予重新理解與定位。[26] 筆者認為學問僧實際上是涵容「菩薩僧」的格局，以本書兩位研究對象而言，

---

[25] 印順導師：《平凡的一生》（重訂本），頁 210。這是印順法師返回出家的福泉庵，在地設立的佛學院學生列隊歡迎，故而簡略為其開示；筆者認為印順法師以一生的體認來教導後輩，在祖庭作如是的勉勵別具意義。

[26] 厚觀法師曾提出：「有些人或許認為印順導師沒有修證，也不重視修證。其實，導師所推崇的菩薩精神，是從利他中完成自利，而不是急證自利解脫。菩薩要長久於生死世間利益眾生，除了『堅定信願』、『長養慈悲』而外，主要的是『勝解空性』。……雖然菩薩道長遠、難行，而菩薩仍任重而道遠，精勤行之，這正是菩薩難能可貴之處！」引自釋厚觀：〈印順導師讚嘆的菩薩精神〉，頁 27。又比如聖嚴法師曾與印順法師有如下的對話：「印老很喜歡談定，智慧也很高，可是從未見過他打坐，有一次我問印公導師：『您老人家有沒有打坐呀？』他說：『我常常在坐呀！我喝茶、寫書、看經，是在打坐呀！』又問：『是不是不打坐也有智慧？』他說：『什麼是定？什麼不是定？定的意思是看你的心是不是隨時隨地都能夠安定，只要不受環境影響，不為外境所動，不攀緣，這就是定。』印順導師的定，表現在慧之中，亦即禪宗所說的『即定之時慧在定，即慧之時定在慧。』」筆者認為聖嚴法師本身深入禪學、禪修，其來談論印順法師的「定」，是專業的檢視，也是對印順法師修持的肯定。以上引自聖嚴法師等：〈印順導師與人間佛教：慶祝印順導師九十嵩壽〉，收入《聖嚴法師與宗教對話》，頁 180-181。

他們的筆下不會特意書寫自身的修行、自身的修證，[27] 但即是他們終生保持平凡、平實故呈顯了修證的功夫，讓吾人觀感學問僧的養成實則是以一生的毅力與堅持潛心積累而來；又他們在自學（修學）有成以後的弘化方式，雖然路線大不相同，但皆是他們在教育文化方面所耕耘的菩薩志業，可謂菩薩行願不同範式的體現。

聖嚴法師曾評論：

> 有三種人留名在世間。一種是專門讓人來寫的，一種是專門寫人的，另一種既讓人寫他又寫人。這其中當然以第三種人最偉大，既有事功，又能為後人留下思想的遺產。印順長老即是屬於第三種人。……他是一位偉大的三藏法師，他對佛學的深入和廣博是超宗派、超地域、超時代的。以他的著作而言，古往今來的中國佛教史上，還沒有第二個人能有這樣的涵蓋量。他除了不似古代的三藏法師立下譯經的

---

[27] 筆者所指乃是兩位學問僧不會特地標榜自身的修持、善行、學養，但是身旁的弟子門生卻感受得到他們的菩薩行誼。比如仁俊法師曾如此描述印順法師：「導師不論對任何人，表面上似乎是平平淡淡，內心卻是非常真誠地關心每一個人。這也是真菩薩的風範，因為菩薩平等視眾生，慈悲遍灑世間每一個眾生。」另如辜琮瑜曾跟隨聖嚴法師勘災，她表示：「記得九二一隔天，就跟師父到台中當隨行記者，那一路上，是我這輩子第一次見到那麼多屍體，而且好多倒塌的房子。其實那時候師父身體也不是很好，戴著口罩嘴角也有點發炎，但是我們一路都追不上他」、「我記得有一段時間我們找不到師父，突然發現師父不見了，看了半天，原來師父在一個冰櫃前，那裡坐了一個小女孩，只有師父看到她面目呆滯坐在那裡，原來她的家人都走了，只剩下她一個人，她太震驚了，師父覺得她的眼神不對，所以去拍拍她，問她：『小菩薩，妳還好嗎？』小女孩被師父一碰，才回過神來，大聲哭了出來。我當下覺得師父永遠都看得到我們看不到的角落，而那裡就是有需要幫助的人；在忙碌的行程裡，哪裡需要師父，他就靠過去。」引自單慈衿：〈用心、真心、恭敬心：美國新澤西同淨蘭若創辦人　仁俊法師〉，收入《禮敬追思人間佛教導航師——印順導師》（台北：慈濟人文志業中心中文期刊部，2005 年），頁 165；以及摘錄自附錄六〈辜琮瑜老師採訪錄〉。

偉業之外，對於佛法的探討和認知極少有人能出其右。[28]

筆者感受這段話也適用於聖嚴法師本身，[29] 佛以一音演說法，眾生隨類各
得解，筆者認為他們的相似與差異，即是閱讀佛陀一生的教示並且用心體
解，以自身的方式實踐成佛之道，以自身的悟解書寫佛法要義。

印順法師曾道：「我選擇了佛教，為我苦難中的安慰，黑暗時的明燈。
可惜我的根性太鈍，讚仰菩薩常道，不曾能急於求證。然而從此以來，我過
著平淡安定的生活，不知別的，只是照著我所選擇的，坦然直進。」[30] 聖
嚴法師與單國璽主教對談時，述及歷史上有許多的高僧，皆是從艱苦之中走
出來的，並且表示以佛教的修行人論之，無論發願成佛或成為一名高僧，都
須經過「苦難的試煉」，[31] 其舉印順法師為例：「他十多歲起即患了結核
病，一生都是在吃藥打針中度過，跟醫藥結了不解之緣。但是也因為經常害
病，體力孱弱，因此專志投入於佛經和學問的研究，最後在佛學上有相當高
的成就」；[32] 進一步則自述：「因為生長在戰爭不斷的時代和環境中，所
以我的一生也都是苦難。……我很感恩這一生有此際遇、有此一生，感恩佛
菩薩為我安排了這樣一個生命的歷程，讓我有機會奉獻」、「我三十多歲時
已經寫了很多書，這幾十年來，即使再忙、再累，每年還是會寫幾本書，所
以到現在我已經寫了一百多本。……其實是佛菩薩給我的使命……我從小就

---

[28] 聖嚴法師：〈印順長老的佛學思想〉，收入《評介・勵行》，頁 68。

[29] 果賢法師受訪時，提及聖嚴法師的著作所展現的力量：「『色身不在，法身常存』，
在聖嚴師父捨報後，我常以此自我提醒也勉勵週遭所有思念師父的菩薩們，每當失落
感傷來襲，總在編輯、閱讀本書文稿的同時，深刻體會到師父的法身隨處皆在，只要
提起正念，法的陪伴就在那裡。師父捨報的第一年，大眾對師父的深刻緬懷與失落，
多還停留在情感上，但隨著時間推進，我們發現，引領大眾前進且時時照亮生命幽暗
角落的明光，正是師父畢生倡議且實踐履行的理念與悲願，而這些理念則是透過師父
著作，展現在前。」（摘錄自附錄四〈果賢法師訪談錄〉）。

[30] 印順導師：《我之宗教觀》，頁 306。

[31] 聖嚴法師、單國璽樞機主教：《真正的自由》（台北：財團法人聖嚴教育基金會，
2015 年），頁 32。

[32] 聖嚴法師、單國璽樞機主教：《真正的自由》，頁 32-33。

有一個願心，我想『佛法這麼好，知道的人這麼少，誤解的人卻這麼多！』因此我要竭盡所能把我所知道的佛法的好處、佛法的智慧，傳播、分享給全世界的人」、「這幾年來我提倡用『心靈環保』來『提昇人的品質，建設人間淨土』，希望世上所有苦難的人，都能分享到佛法慈悲和智慧的力量。有的人是將佛法慈悲和智慧的光普照出去，有的人則是被照耀。……因此，我這一生走來，雖然多病、雖然艱苦，總是充滿感恩。」[33] 兩者都是從苦難中遇見佛法的明燈，不畏前程之困難遙遠，挺過無數逆順之境，進而為世間佛法燈明盡最大之發心立願提燈照路。

　　在世亂中、在病緣裡，印順法師與聖嚴法師以堅定的意志力面對無常，不在乎何時停止、成敗與否，只把握此生有氣力的時候不斷地寫下去，所展現是學問僧隨順因緣、豁達卻深富積極的態度，映現菩薩僧強烈顯露的宗教情操。誠如他們的自喻「冰雪大地撒種的愚癡漢」與「風雪中的行腳僧」，堅忍篤定地播種與前行；又誠如他們的發願「願生生世世在這苦難的人間，為人間的正覺之音而獻身」[34] 以及「在無限的時空之中，哪裡需要我我便去，哪個時空需要我出使命我便赴任，哪個地方的緣成熟了我就去」，[35] 無畏一生的病苦與磨折，悲心與願力時時刻刻堅毅、生生世世奉獻。

　　回到本書的主題「學問僧的生命書寫」，印順法師與聖嚴法師即是以最平實簡樸的文字，寫下自認最平凡樸實的一生，但這正是他們不平凡的所在——學問僧暨菩薩僧的高度、深度與氣度，據此可見。

---

[33] 以上引自聖嚴法師、單國璽樞機主教：《真正的自由》，頁 33-36。

[34] 印順導師：〈契理契機之人間佛教〉，收入《華雨集》（四），頁 70。

[35] 聖嚴法師口述、胡麗桂整理：《美好的晚年》，頁 326。

參考文獻

一、本書研究之自傳文本

（一）印順法師

〈平凡的一生〉，收入《華雨香雲》，新竹：正聞出版社，2000 年新版。
《遊心法海六十年》，台北：正聞出版社，1985 年。
《平凡的一生》（增訂本），新竹：正聞出版社，1994 年。
《平凡的一生》（重訂本），新竹：正聞出版社，2005 年。

（二）聖嚴法師

《歸程》，台北：法鼓文化，1999 年。
《法源血源》，台北：法鼓文化，1999 年。
《聖嚴法師學思歷程》，台北：法鼓文化，1999 年。
《雪中足跡：聖嚴法師自傳》，台北：三采出版社，2009 年。（釋常悟、李青苑
　　　譯）

二、本書所參考印順法師與聖嚴法師之著作

（一）印順法師

（筆者案：本書引用印順法師著作之出處，以實體紙本為主，並以「佛法推廣中
心：印順法師佛學著作集」為對照，網址為 http://yinshun-edu.org.tw/Master_yins
hun/books）
《妙雲集》系列
《般若經講記》，新竹：正聞出版社，2000 年新版。
《中觀今論》，新竹：正聞出版社，2000 年新版。
《淨土與禪》，新竹：正聞出版社，2000 年新版。

《唯識學探源》，新竹：正聞出版社，2000 年新版。

《青年之佛教》，新竹：正聞出版社，2000 年新版。

《勝鬘經講記》，新竹：正聞出版社，2000 年新版。

《性空學探源》，新竹：正聞出版社，2000 年新版。

《我之宗教觀》，新竹：正聞出版社，2000 年新版。

《成佛之道》（增註本），新竹：正聞出版社，2000 年新版。

《無諍之辯》，新竹：正聞出版社，2000 年新版。

《中觀論頌講記》，新竹：正聞出版社，2000 年新版。

《太虛大師年譜》，新竹：正聞出版社，2000 年新版。

《教制教典與教學》，新竹：正聞出版社，2000 年新版。

《攝大乘論講記》，新竹：正聞出版社，2000 年新版。

《佛在人間》，新竹：正聞出版社，2000 年新版。

《佛教史地考論》，新竹：正聞出版社，2000 年新版。

《學佛三要》，新竹：正聞出版社，2000 年新版。

《華雨香雲》，新竹：正聞出版社，2000 年新版。

《佛法概論》，新竹：正聞出版社，2000 年新版。

《以佛法研究佛法》，新竹：正聞出版社，2000 年新版。

《佛法是救世之光》，新竹：正聞出版社，2000 年新版。

《華雨集》系列

《華雨集》（一），新竹：正聞出版社，1993 年初版。

《華雨集》（二），新竹：正聞出版社，1993 年初版。

《華雨集》（三），新竹：正聞出版社，1993 年初版。

《華雨集》（四），新竹：正聞出版社，1993 年初版。

《華雨集》（五），新竹：正聞出版社，1993 年初版。

專書系列

《空之探究》，新竹：正聞出版社，1992 年六版。

《印度之佛教》，新竹：正聞出版社，1992 年三版。

《印度佛教思想史》，新竹：正聞出版社，1992 年五版。

《說一切有部為主的論書與論師之研究》，新竹：正聞出版社，1992 年七版。

《中國禪宗史》，新竹：正聞出版社，1994 年八版。

《中國古代民族神話與文化研究》，新竹：正聞出版社，1992 年四版。

《原始佛教聖典之集成》，新竹：正聞出版社，1994 年修訂本三版。

《雜阿含經論會編》（上），新竹：正聞出版社，1994 年重版。

《雜阿含經論會編》（中），新竹：正聞出版社，1994 年重版。

《雜阿含經論會編》（下），新竹：正聞出版社，1994 年重版。

《初期大乘佛教之起源與開展》，新竹：正聞出版社，1994 年七版。

《法海微波》，新竹：正聞出版社，2005 年再版。

《永光集》，新竹：正聞出版社，2005 年。

（二）聖嚴法師

《法鼓全集》

（筆者案：本書引用聖嚴法師著作之出處，以實體紙本為主，並以「法鼓全集 2005 年網路版」為對照、以「法鼓全集 2020 紀念版」為參考，網址為 http://old.ddc.shengyen.org/pc.htm、https://ddc.shengyen.org/?doc=main）

第一輯　教義論述類

《明末佛教研究》，台北：法鼓文化，1999 年。

《大乘止觀法門之研究》，台北：法鼓文化，1999 年。

《戒律學綱要》，台北：法鼓文化，1999 年。

《比較宗教學》，台北：法鼓文化，1999 年。

《基督教之研究》，台北：法鼓文化，1999 年。

《菩薩戒指要》，台北：法鼓文化，1999 年。

第二輯　佛教史類

《印度佛教史》，台北：法鼓文化，1999 年。

《中國佛教史概說》，台北：法鼓文化，1999 年。

《漢藏佛學同異答問》，台北：法鼓文化，1999 年。

第三輯　文集類

《學術論考》，台北：法鼓文化，1999 年。

《神通與人通》，台北：法鼓文化，1999 年。

《教育・文化・文學》，台北：法鼓文化，1999 年。

《留日見聞》，台北：法鼓文化，1999 年。

《評介・勵行》，台北：法鼓文化，1999 年。

《悼念・遊化》，台北：法鼓文化，1999 年。

《學術論考 II》，台北：法鼓文化，2005 年。

第四輯　禪修類、法門指導類

《禪門修證指要》，台北：法鼓文化，1999 年。

《禪門驪珠集》，台北：法鼓文化，1999 年。

《禪的體驗‧禪的開示》，台北：法鼓文化，1999 年。

《禪的生活》，台北：法鼓文化，1999 年。

《拈花微笑》，台北：法鼓文化，1999 年。

《禪的世界》，台北：法鼓文化，1999 年。

《聖嚴說禪》，台北：法鼓文化，1999 年。

《聖嚴法師教默照禪》，台北：法鼓文化，2005 年。

第五輯　佛教入門類

《正信的佛教》，台北：法鼓文化，1999 年。

《學佛知津》，台北：法鼓文化，1999 年。

《聖者的故事》，台北：法鼓文化，1999 年。

第六輯　自傳、遊記類

《金山有鑛》，台北：法鼓文化，1999 年。

《火宅清涼》，台北：法鼓文化，1999 年。

《東西南北》，台北：法鼓文化，1999 年。

《春夏秋冬》，台北：法鼓文化，1999 年。

《步步蓮華》，台北：法鼓文化，1999 年。

《空花水月》，台北：法鼓文化，1999 年。

《兩千年行腳》，台北：法鼓文化，2005 年。

《抱疾遊高峯》，台北：法鼓文化，2005 年。

《五百菩薩走江湖》，台北：法鼓文化，2005 年。

第七輯　經典釋義類

《四弘誓願講記》，台北：法鼓文化，1999 年。

《絕妙說法——法華經講要》，台北：法鼓文化，2005 年。

《天台心鑰——教觀綱宗貫註》，台北：法鼓文化，2005 年。

《佛遺教經》，台北：法鼓文化，2005 年。

《八正道》，台北：法鼓文化，2005 年。

第八輯　生活佛法類

《聖嚴法師心靈環保》，台北：法鼓文化，1999 年。

《法鼓鐘聲》，台北：法鼓文化，1999 年。

《叮嚀》，台北：法鼓文化，1999 年。

《法鼓山的方向》，台北：法鼓文化，1999 年。

《台灣加油》，台北：法鼓文化，2005 年。

《法鼓晨音》，台北：法鼓文化，2005 年。

《法鼓家風》，台北：法鼓文化，2005 年。

《法鼓山的方向 II》，台北：法鼓文化，2005 年。

續編

《方外看紅塵》，台北：法鼓文化，2007 年。

《聖嚴法師教話頭禪》，台北：法鼓文化，2009 年。

《法鼓山故事》，台北：法鼓文化，2007 年。

《華嚴心詮：原人論考釋》，台北：法鼓文化，2006 年。

《生死皆自在：聖嚴法師談生命智慧》，台北：法鼓文化，2009 年。

其他

（筆者按：由聖嚴法師口述，經他人整理、翻譯或身後出版的著作；另外，則是未納入「法鼓全集」的早年文章）

聖嚴法師：〈我到山中六個月〉，收入《慈明月刊》第 1 卷第 11 期，台中：慈明雜誌社，1962 年 7 月，頁 42-46。

聖嚴法師：〈我到山中六個月〉，收入《慈明月刊》第 1 卷第 12 期，台中：慈明雜誌社，1962 年 8 月，頁 43-46、53。

聖嚴法師等：《聖嚴法師與宗教對話》，台北：法鼓文化，2001 年。

聖嚴法師口述、梁寒衣整理：《聖嚴法師教觀音法門》，台北：法鼓文化，2005 年。（本書有收入《法鼓全集》「第四輯——禪修類、法門指導類」）

聖嚴法師著、單德興譯：《無法之法——聖嚴法師默照禪法旨要》，台北：法鼓文化，2009 年。

聖嚴法師口述、胡麗桂整理：《美好的晚年》，台北：法鼓文化，2010 年。（本書有收入《法鼓全集》「續編」）

聖嚴法師：《我願無窮：美好的晚年開示集》，台北：法鼓文化，2011 年。（本書有收入《法鼓全集》「續編」）

三、專書著作

于凌波：《中國近現代佛教人物志》，北京：宗教文化出版社，1995 年。

———：《改變歷史的佛教高僧》，台北：東大圖書公司，2002 年。

川合康三著、蔡毅譯：《中國的自傳文學》，北京：中央編譯出版社，1999 年。

太虛大師全書編纂委員會編：《太虛大師全書》，台北：善導寺佛經流通處，1980
　　年。

白德滿著、鄭清榮譯：《太虛──人生佛教的追尋與實現》，台北：法鼓文化，
　　2008 年。

冉雲華：《從印度佛教到中國佛教》，台北：東大圖書公司，1995 年。

朱秀蓉：《當代佛學人物演義》，台北：法鼓文化，1999 年。

江燦騰：《人間淨土的追尋──中國近世佛教思想研究》，台北：稻鄉出版社，
　　1989 年。

───：《台灣佛教文化的新動向》，台北：東大圖書公司，1993 年。

───：《台灣佛教百年史之研究》，台北：南天書局出版社，1996 年。

───：《當代台灣人間佛教思想家──以印順導師為中心的薪火相傳研究論文
　　集》，台北：新文豐出版公司，2001 年。

───：《認識臺灣本土佛教：解嚴以來的轉型與多元面貌》，新北市：台灣商
　　務印書館，2012 年。

江燦騰、侯坤宏、楊書濠合著：《戰後台灣漢傳佛教史》，台北：五南圖書出版
　　公司，2011 年。

呂澂等著：《中國佛教人物與制度》，台北：彙文堂出版社，1987 年。

李基鴻（子寬）：《百年一夢記》，收入沈雲龍主編《近代中國史料叢刊續編第
　　43 輯》，台北：文海出版社，1977 年。

李桂玲：《台港澳宗教概況》，北京：東方出版社，1996 年。

李亦園：《宗教與神話論集》，台北：立緒文化事業公司，1998 年。

李有成：《離散》，台北：允晨文化，2013 年。

───：《記憶》，台北：允晨文化，2016 年。

李玉珍：《戰後台灣佛教與女性：李玉珍自選集》，台北：博揚文化事業公司，
　　2016 年。

余德慧：《詮釋現象心理學》，台北：心靈工坊，2004 年。

───：《生命宛若幽靜長河》，台北：心靈工坊，2010 年。

───：《觀山觀雲觀生死》，台北：心靈工坊，2010 年。

───：《宗教療癒與身體人文空間》，台北：心靈工坊，2014 年。

余德慧、李宗燁：《生命史學》，台北：心靈工坊，2003 年。

李豐楙、廖肇亨主編：《聖傳與詩禪：中國文學與宗教論集》，台北：中央研究

院中國文哲研究所，2007年。

李紀祥：《時間‧歷史‧敘事》，台北：華藝學術出版社，2013年。

邱敏捷：《印順導師的佛教思想》，桃園：法界出版社，2004年。

———：《印順《中國佛教史》之考察──兼與胡適及日本學者相關研究之比較》，
　　　台南：妙心出版社，2009年。

———：《印順學派的成立、分流與發展訪談錄》，台南：妙心出版社，2011年。

周芬伶：《芳香的秘教：性別、愛欲、自傳書寫論述》，台北：麥田出版，2006
　　　年。

周慧珠：《在風雪中行腳的僧人》，台北：中華文化復興運動總會，2004年。

周志健：《故事的療癒力量：敘事、隱喻、自由書寫》，台北：心靈工坊，2015
　　　年。

吳汝鈞：《佛學研究方法論》（全二冊），台北：台灣學生書局，2006年。

———：《龍樹中論的哲學解讀》，台北：台灣商務印書館，1997年。

吳老擇編：《雜阿含經之研究》，高雄：元亨寺妙林出版社，1988年。

吳經熊著、吳怡譯：《禪學的黃金時代》，台北：台灣商務印書館，2009年。

林富士、傅飛嵐主編：《遺跡崇拜與聖者崇拜：中國聖者傳記與地域史的材料》，
　　　台北：允晨文化實業公司，2000年。

林煌洲等合著：《聖嚴法師思想行誼》，台北：法鼓文化，2004年。

林其賢：《聖嚴法師七十年譜》（上下冊），台北：法鼓文化，2000年。

———：《聖嚴法師年譜》（第一冊－第四冊），台北：法鼓文化，2016年。

林美容、丁世傑、林承毅訪問：《學海悠遊‧劉枝萬先生訪談錄》，台北：國史
　　　館，2008年。

林子青：《白雲深處一禪僧：林子青傳記文學集》，台北：法鼓文化，2008年。

林泰石：《聖嚴法師禪學著作中的生命教育》，台北：法鼓文化，2009年。

卓遵宏、侯坤宏合著：《台灣佛教一甲子：吳老擇先生訪談錄》增訂本，台北：
　　　國史館，2006年。

卓遵宏、侯坤宏採訪、廖彥博記錄：《成一法師訪談錄》，台北：國史館，2006
　　　年。

卓遵宏等採訪：《台灣佛教人物訪談錄》，台北：國史館，2007年。

卓遵宏、侯坤宏訪問：《紅塵掠影：李志夫先生訪談錄》，台北：國史館，2013
　　　年。

法鼓文化編著：《一缽千家飯（法鼓山攝影集）》，台北：法鼓文化，2009年。

施叔青：《枯木開花——聖嚴法師傳》，台北：時報文化出版企業公司，2000 年。

胡紹嘉：《敘事、自我與認同——從文本考察到課程探究》，台北：秀威資訊科技公司，2008 年。

星雲法師：《合掌人生②：關鍵時刻》，新北市：香海文化，2011 年。

紀元文、李有成主編：《生命書寫》，台北：中央研究院歐美研究所，2011 年。

侯坤宏：《真實與方便——印順思想研究》，桃園：法界出版社，2009 年。

———：《印順法師年譜》，台北：國史館，2008 年。

———：《印順導師年譜》（第壹冊－第肆冊），台北：慈濟人文出版社，2023 年。

張曼濤：《中國佛教史論集——台灣佛教篇》，台北：大乘出版社，1979 年。

梁漱溟：《東西文化及其哲學》，台北：里仁書局，1983 年。

———：《東方學術概觀》，台北：駱駝出版社，1987 年。

陳榮捷著、廖世德譯：《現代中國的宗教趨勢》，台北：文殊出版社，1987 年。

陳慧劍：《當代佛門人物》，台北：東大圖書公司，2001 年增訂二版。

陳　兵、鄧子美：《二十世紀中國佛教》，北京：民族出版社，2000 年。

陳清香：《台灣佛教美術的傳承與發展》，台北：文津出版社，2005 年。

陳啟淦：《人間導師：聖嚴法師的故事》，台北：文經出版社，2009 年。

麻天祥：《晚清佛學與近代社會思潮》（上），台北：文津出版社，1992 年。

符芝瑛：《雲水日月：星雲大師傳》（上）（下），台北：天下文化出版公司，2006 年。

連秀美：《蚊子博士連日清——抗瘧大師的傳奇一生》，台北：遠流出版事業公司，2007 年。

清德法師：《印順導師的律學思想》，台北：雲龍出版社，2001 年。

———：《當代佛教戒律新詮——印順導師人間佛教的戒律思想》，台北：紹印精舍，2022 年。

現代佛教學會編：《佛教文化與當代世界：慶祝印順導師百歲嵩壽學術論文集》，台北：文津出版社，2005 年。

道安法師遺集編輯委員會：《道安法師遺集》（七），台北：道安法師紀念會，1980 年。

傅偉勳：《從創造的詮釋學到大乘佛學》，台北：東大圖書公司，1990 年。

單德興：《法緣‧書緣》，台北：法鼓文化，2021 年。

雲庵法師：《台灣比丘尼現代行腳——踏尋祖庭與佛國》，台北：千華圖書，1996

　　年。

辜琮瑜：《聖嚴法師的禪學思想》，台北：法鼓文化，2002 年。

菲力浦‧勒熱納著、楊國政譯：《自傳契約》，北京：北京大學出版社，2013 年。

游勝冠、熊秉真編：《流離與歸屬：二戰後港臺文學與其他》，台北：國立台灣
　　大學出版中心，2015 年。

黃運喜：《中國佛教近代法難研究（1898-1937）》，台北：法界出版社，2006 年。

黃敬家：《贊寧《宋高僧傳》敘事研究》，台北：台灣學生書局，2008 年。

郭　朋：《印順佛學思想研究》，台北：正聞出版社，1992 年。

郭惠芯、林其賢合著：《聖嚴法師人間行履》，台北：法鼓山基金會，2009 年。

褚伯思：《佛門人物志》，台北：傳記文學，1973 年。

福嚴佛學院編：《印順導師百歲嵩壽祝壽文集‧論文篇》，新竹：福嚴佛學院，
　　2004 年。

聖嚴教育基金會學術研究部：《聖嚴研究》（第一輯），台北：法鼓文化，2010
　　年。

———：《聖嚴研究》（第二輯），台北：法鼓文化，2011 年。

———：《聖嚴研究》（第三輯），台北：法鼓文化，2012 年。

———：《聖嚴研究》（第四輯），台北：法鼓文化，2013 年。

———：《聖嚴研究》（第五輯），台北：法鼓文化，2014 年。

———：《聖嚴研究》（第六輯），台北：法鼓文化，2015 年。

———：《聖嚴研究》（第七輯），台北：法鼓文化，2016 年。

———：《聖嚴研究》（第八輯），台北：法鼓文化，2016 年。

———：《聖嚴研究》（第九輯），台北：法鼓文化，2017 年。

———：《聖嚴研究》（第十輯），台北：法鼓文化，2018 年。

———：《聖嚴研究》（第十一輯），台北：法鼓文化，2018 年。

———：《聖嚴研究》（第十二輯），台北：法鼓文化，2019 年。

———：《聖嚴研究》（第十三輯），台北：法鼓文化，2020 年。

———：《聖嚴研究》（第十四輯），台北：法鼓文化，2021 年。

———：《聖嚴研究》（第十五輯），台北：法鼓文化，2022 年。

楊惠南：《當代佛教思想展望》，台北：東大圖書公司，1991 年。

———：《佛教思想發展史論》，台北：東大圖書公司，1993 年。

劉紹唐編：《什麼是傳記文學》，台北：傳記文學出版社，1967 年。

劉春成：《慈雲悠悠——達進法師八十自述》，台北：圓神出版社，1988 年。

劉成有：《佛教現代化的探索——印順法師傳》，台中：太平慈光寺，2008 年。

廖卓成：《自傳文研究》，新北市：花木蘭文化出版社，2012 年。

潘　煊：《看見佛陀在人間：印順導師傳》，台北：天下遠見出版公司，2002 年。

———：《證嚴法師：琉璃同心圓》，台北：天下文化出版公司，2004 年。

———：《法影一世紀：印順導師百歲》，台北：天下遠見出版公司，2005 年。

———：《聖嚴法師最珍貴的身教》，台北：天下文化出版公司，2009 年。

鄭壽彭：《印順導師學譜》，台北：天華出版社，1981 年。

鄭郁卿：《高僧傳研究》，台北：文津出版社，1987 年。

鄭尊仁：《台灣當代傳記文學研究》，台北：秀威資訊科技公司，2006 年。

鄭阿財等著：《佛教文獻與文學》，高雄：佛光出版社，2011 年。

韓　昇：《遣唐使與學問僧》，香港：中和出版社，2011 年。

瞿海源：《台灣宗教變遷的社會政治分析》，台北：桂冠圖書公司，1997 年。

鐮田茂雄著、關世謙譯：《中國佛教史》，台北：新文豐出版公司，1987 年。

藍吉富：《二十世紀的中日佛教》，台北：新文豐出版公司，1991 年。

———編：《印順導師的思想與學問》，台北：正聞出版社，1986 年。

———主編：《印順思想：印順導師九秩晉五壽慶論文集》，新竹：正聞出版社，
　　　2000 年 4 月。

釋東初：《中國近代佛教史》（上）（下），台北：中華佛教文化館，1974 年。

———：《佛教文化之重新》，台北：法鼓文化，2013 年。

釋樂觀：《六十年行腳記》，台北：海潮音，1977 年。

釋真華：《印順導師略傳》，花蓮：佛教慈濟基金會，1990 年。

———：《行化雜記》，台北：正聞出版社，1991 年，三版。

———：《參學瑣談》，南投：中道學苑，1999 年，重版。

釋妙然主編：《民國佛教大事年紀》，台北：海潮音雜誌社，1995 年。

釋恆清主編：《佛教思想的傳承與發展——印順導師九秩華誕祝壽文集》，台北：
　　　東大圖書公司，1995 年。

釋昭慧：《人間佛教的播種者》，台北：東大圖書公司，1995 年。

———：《活水源頭——印順導師思想論集》，桃園：法界出版社，2003 年。

釋昭慧、江燦騰編著：《世紀新聲——當代台灣佛教的入世與出世之爭》，台北：
　　　法界出版社，2001 年。

釋演培：《一個凡愚僧的自白》，高雄：慈源禪寺，1996 年。

釋開證：《慈恩集 1：年譜讚頌篇》，高雄：宏法寺，1996 年。

釋常慧：《聖嚴法師佛教教育理念與實踐》，台北：法鼓文化，2004 年。

釋厚觀發行：《印順導師永懷集》，新竹：福嚴佛學院，2006 年。

釋悟明：《仁恩夢存──悟明法師回憶錄（一九一一－一九六二年）》，台北：海明寺，2007 年。

釋悟因：《魚趁鮮，人趁早：明宗上人走過台灣佛教六十年》，嘉義：香光莊嚴出版社，2007 年。

釋大願：《重走江湖》，南投：人乘佛刊，2011 年。

闞正宗：《台灣高僧》，台北：菩提長青出版社，1996 年。

───：《台灣佛教一百年》，台北：東大圖書公司，1999 年。

───：《重讀台灣佛教：戰後台灣佛教》（正編），台北：大千出版社，2004 年。

───：《重讀台灣佛教：戰後台灣佛教》（續編），台北：大千出版社，2004 年。

闞正宗、卓遵宏、侯坤宏：《人間佛教的理論與實踐──傳道法師訪談錄》，台南：妙心出版社，2010 年。

闞正宗、陳劍鍠採訪：《走過妙雲蘭若五十年：慧理、常光妙雲弘法記》，新北市：常春樹書坊，2015 年。

Michael White、David Epston 著，廖世德譯：《故事‧知識‧權力：敘事治療的力量》，台北：心靈工坊，2001 年。

William James 著，蔡怡佳、劉宏信譯：《宗教經驗之種種》，台北：立緒文化事業公司，2001 年。

William Mckinley Runyan 著、丁興祥等譯：《生命史與心理傳記學──理論與方法的探索》，台北：遠流出版事業公司，2002 年。

四、期刊、專書、研討會論文

丁　敏：〈台灣當代僧侶自傳研究〉，收入《台灣佛教的歷史與文化》，台北：靈鷲山般若文教基金會，1994 年，頁 163-207。

───：〈煮雲法師的佛教經驗與佛教事業──1949 年大陸來臺青年僧侶個案研究〉，收入《中華佛學學報》第 12 期，台北：中華佛學研究所，1999 年 7 月，頁 275-302。

───：〈當代台灣旅遊文學中的僧侶記遊──以聖嚴法師《寰遊自傳系列》為探討〉，收入《佛學研究中心學報》第七期，台北：國立臺灣大學文學院佛學研究中心，2002 年 7 月，頁 341-378。

───：〈知恩報恩溯本源《法源血源》導讀〉，收入《人生雜誌》第 308 期，
　　　台北：法鼓文化，2009 年 4 月，頁 16。

丁仁傑：〈進步、認同與宗教救贖取向的入世性轉向〉，收入《台灣社會研究季
　　　刊》第六十二期，台北：臺灣社會研究季刊社，2006 年 6 月，頁 37-99。

人醫心傳：〈隨侍導師，法喜充滿──醫療成員的照護分享〉，收入《人醫心傳》
　　　第 18 期，花蓮：財團法人臺灣佛教慈濟慈善事業基金會發行，2005 年 6
　　　月，頁 17。

于君方著、余淑慧譯：〈比丘尼何以神聖〉，收入《聖傳與詩禪──中國文學與
　　　宗教論集》，台北：中央研究院中國文哲研究所，2007 年 9 月，頁 169-
　　　190。

于君方：〈聖嚴法師與漢傳佛教〉，收入《傳燈續慧：中華佛學研究所卅週年特
　　　刊》，新北市：法鼓山中華佛學研究所，2010 年 7 月，頁 115-124。

王鴻仁：〈現代傳記文學的面貌〉，收入《書評書目》第 55 期，台北：洪建全
　　　教育文化基金會，1977 年 11 月，頁 6-38。

王順民：〈當代台灣佛教變遷之考察〉，收入《中華佛學學報》第 8 期，台北：
　　　中華佛學研究所，1995 年 7 月，頁 315-343。

王亞榮：〈日嚴寺考──兼論隋代南方佛教義學的北傳〉，收入《中華佛學學報》
　　　第 12 期，台北：中華佛學研究所，1999 年 7 月，頁 191-203。

王明珂：〈誰的歷史：自傳、傳記與口述歷史的社會記憶本質〉，收入《思與言》
　　　第 34 期第 3 卷，台北：思與言雜誌社，1999 年 9 月，頁 147-184。

王邦雄：〈說一切有部與中國佛教史研究〉，收入《印順思想：印順導師九秩晉
　　　五壽慶論文集》，新竹：正聞出版社，2000 年 4 月，頁 117-123。

王雷泉：〈批判與適應──試論「人間佛教」的三個層面〉，收入《印順思想──
　　　印順導師九秩晉五壽慶論文集》，新竹：正聞出版社，2000 年 4 月，頁
　　　371-381。

───：〈印順導師的宗教觀與宗教史觀〉，收入《第六屆「印順導師思想之理
　　　論與實踐」學術會議論文集》（上），新竹：玄奘大學宗教系等主辦，2006
　　　年 5 月，頁（五）1－（五）10。

王見川：〈還「虛雲」一個本來面目──他的年紀與事蹟新論〉，收入《圓光佛
　　　學學報》第 13 期，中壢：圓光佛學研究所，2008 年 6 月，頁 169-188。

天下雜誌：〈人心微塵勤灑掃：聖嚴〉，收入《天下雜誌》第 200 期，台北：天
　　　下雜誌社，1998 年 1 月，頁 133。

伊吹敦著、釋證道譯：〈關於《續高僧傳》之增補〉，收入《諦觀》第 69 期，台北：諦觀雜誌社，1992 年 4 月，頁 197-221。

朱崇儀：〈女性自傳：透過性別來重讀／重塑文類？〉，收入《中外文學》第 26 卷第 4 期，台北：國立台灣大學外國語文學系暨研究所發行，1997 年 9 月，頁 133-150。

田芳華：〈自傳記憶與事件──生命史調查之應用與前瞻〉，收入《調查研究：方法與應用》第 6 期，台北：中央研究院人文社會科學研究中心調查研究專題中心，1998 年 10 月，頁 5-38。

江燦騰：〈從解嚴前到解嚴後──戰後印順導師的人間淨土思想在臺灣的變革、爭辯與分化發展〉，收入《玄奘佛學研究》第十二期，新竹：玄奘大學宗教學系，2009 年 9 月，頁 1-28。

李豐楙：〈慧皎高僧傳及其神異性格〉，收入《中華學苑》第 26 期，台北：國立政治大學中國文學系出版，1982 年 12 月，頁 123-137。

李奭學：〈文學上的「傳記」〉，收入《當代》第 55 期，台北：合志文化事業股份有限公司，1990 年 11 月，頁 54-62。

李玉珍：〈John Kieschnick (柯嘉豪), *The Eminent Monk: Buddhist Ideals in Medieval Chinese Hagiography*〉，收入《新史學》第 9 卷第 2 期，台北：新史學雜誌社，1998 年 12 月，頁 187-192。

───：〈問學成佛道上之千年邂逅：悼念學問僧印順導師〉，收入《弘誓雙月刊》第 75 期，桃園：佛教弘誓學院，2005 年 7 月，頁 92-96。

───：〈雲水不住──曉雲法師的比丘尼典範〉，收入《2006 年華梵大學創辦人曉雲法師思想行誼研討會暨第十三屆國際佛教教育文化研討會會議論文集》，新北市：華梵大學東方人文思想研究所，2007 年 5 月，頁 11-38。

李志夫：〈佛教對中日文化影響之比較〉，收入《中華佛學學報》第 11 期，台北：中華佛學研究所，1998 年 7 月，頁 103-117。

───：〈從《說一切有部研究為主的論書與論師之研究》探討印老的思想與行誼〉，收入《印順思想：印順導師九秩晉五壽慶論文集》，新竹：正聞出版社，2000 年 4 月，頁 105-116。

───：〈聖嚴法師行誼簡介〉，收入《中華佛學學報》第十三期，台北：中華佛學研究所，2000 年 7 月，頁 531-537。

李坤寅：〈釋迦牟尼佛傳記的神話性格分析〉，收入《中華佛學研究》第 8 期，台北：中華佛學研究所，2004 年 3 月，頁 249-278。

李芝瑩：〈印順法師自傳書寫特色及內涵〉，收入《玄奘佛學研究》第十八期，
　　　新竹：玄奘大學宗教學系，2012 年 9 月，頁 63-90。

李振弘：〈認識論就是生命史：一個寫作者對「生命書寫旨趣」的自我敘說〉，
　　　收入《輔導季刊》第 51 卷第 1 期，台北：台灣輔導與諮商學會，2015 年
　　　3 月，頁 19-28。

呂勝強：〈以智慧為導的「悲增上菩薩」典範──永懷導師〉，收入《福嚴會訊》
　　　第 10 期，新竹：福嚴佛學院，2006 年 4 月，頁 28-32。

───：〈印順導師對於中國佛教復興之懸念探微──以義學為主〉，收入《福
　　　嚴會訊》第 26 期，新竹：福嚴佛學院，2010 年 4 月，頁 1-48。

呂勝強、莊春江：〈印順導師的思想特質〉，收入《福嚴會訊》第 6 期，新竹：
　　　福嚴佛學院，2005 年 4 月，頁 34-54。

杜維運：〈傳記的特質和撰寫方法〉，收入《傳記文學》第 45 卷第 5 期，台北：
　　　傳記文學出版社，1984 年 11 月，頁 39-43。

吳汝鈞：〈佛陀傳記之研究〉，收入《獅子吼》第 29 卷第 7 期，台北：獅子吼
　　　雜誌社，1990 年 7 月，頁 14-21。

吳季霏：〈《比丘尼傳》的研究〉，收入《法光學壇》第 4 期，台北：法光雜誌
　　　社，2000 年 9 月，頁 105-123。

吳光正：〈從「從戎不投筆」到「超越高峰」──聖嚴法師的宗教書寫與「寰遊
　　　自傳」的文體意識〉，收入《聖嚴研究》（第八輯），台北：法鼓文化，
　　　2016 年 6 月，頁 235-284。

何建明：〈人間佛教的百年回顧與反思──以太虛、印順和星雲為中心〉，收入
　　　《世界宗教研究》第 4 期，北京：中國社會科學院世界宗教研究所，2006
　　　年 1 月，頁 15-24。

周志煌：〈近代中國佛教改革思想中「回溯原典」之意涵及其實踐進路──以太
　　　虛，印順，歐陽竟無之論點為核心的開展〉，收入《中華佛學研究》第 1
　　　期，台北：中華佛學研究所，1997 年 3 月，頁 157-193。

邱敏捷：〈印順導師佛教著作及其對台灣佛教出版界之影響〉，收入《佛教圖書
　　　館館訊》第 20 期，台北：財團法人伽耶山基金會，1999 年 12 月，頁 6-
　　　19。

林鎮國：〈布特曼與印順的解神話詮釋學〉，收入《含章光化──戴璉璋先生七
　　　秩哲誕論文集》，台北：里仁書局，2002 年 1 月，頁 103-126。

───：〈多音與介入──當代歐美佛學研究方法之省察〉，收入《正觀雜誌》

第 1 期，南投：正觀雜誌社，1997 年 6 月，頁 1-27。

林純綾：〈說似平凡其實不凡〉，收入《人生雜誌》第 251 期，台北：法鼓文化，2004 年 7 月，頁 12-15。

林谷芳口述，張靜茹、王瑩採訪整理：〈等待大師——讀《枯木開花》有感〉，收入《台灣光華雜誌》第 25 卷第 11 期，台北：光華雜誌社，2000 年 11 月，頁 112-117。

林建德：〈近二十年來臺灣地區「人間佛教」研究發展概述〉，收入《佛教圖書館館訊》第 52 期，台北：財團法人伽耶山基金會，2011 年 6 月，頁 6-17。

———：〈印順及聖嚴「如來藏」觀點之對比考察〉，收入《臺大中文學報》第 40 期，台北：國立臺灣大學中國文學系，2013 年 3 月，頁 291-330。

———：〈試論聖嚴法師對中華禪之承傳和轉化：以印順法師觀點為對比的考察〉，收入《聖嚴研究》（第五輯），台北：法鼓文化，2014 年 6 月，頁 235-268。

———：〈「抉擇」與「傳承」：印順和聖嚴對於「中國佛教」的兩種立場〉，收入《人間佛教研究》第七期，香港：香港中文大學「人間佛教研究中心」，2016 年，頁 177-212。

姚仁祿：〈鏡頭下的壯闊人生〉，收入《人生雜誌》第 251 期，台北：法鼓文化，2004 年 7 月，頁 20-23。

袁瓊瓊：〈有情眾生的無情人重讀《歸程》心得〉，收入《人生雜誌》第 308 期，台北：法鼓文化，2009 年 4 月，頁 12-15。

侯坤宏：〈戰後臺灣白色恐怖論析〉，收入《國史館學術集刊》第十二期，台北：國史館，2007 年 6 月，頁 139-203。

———：〈沉澱歷史重量的傳記——《聖嚴法師七十年譜》讀後〉，收入《人生雜誌》第 308 期，台北：法鼓文化，2009 年 4 月，頁 50-54。

———：〈印順法師的著作因緣〉，收入《玄奘佛學研究》第十三期，新竹：玄奘大學宗教學系，2010 年 3 月，頁 125-193。

———：〈探討印順法師的生平與思想——以《印順法師年譜》、《真實與方便：印順思想研究》為例〉，收自《法印學報》第一期，桃園：財團法人弘誓文教基金會，2011 年 10 月，頁 185-210。

———：〈探索青年印順法師的思想〉，收入《法光雜誌》第 273 期，台北：法光文教基金會，2012 年 6 月，頁 2-3 版。

———：〈台灣佛教人物口述訪問經驗談〉，收入《法光雜誌》第 307 期，台北：

法光文教基金會，2015 年 4 月，頁 2-4 版。

───：〈從「人際關係」看戰後臺灣佛教〉，收入《圓光佛學學報》第四十期，
　　　中壢：圓光佛學研究所，2022 年 12 月，頁 137-174。

孫中曾：〈印順法師與佛教教團的藍圖──從《教制教典與教學》談起〉，收入
　　　《法光雜誌》第 67 期，台北：法光文教基金會，1995 年 4 月，第 4 版。

涂豔秋：〈論四念處與聖嚴法師的默照禪〉，收入《聖嚴研究》（第七輯），台
　　　北：法鼓文化，2016 年 1 月，頁 121-172。

曹仕邦：〈淺言現存兩種最古僧傳的傳記分類與編次〉，收入《普門學報》第 51
　　　期，台北：普門學報社，2009 年 5 月，頁 166-172。

張漢良：〈傳記的幾個詮釋問題〉，收入《當代》第 55 期，台北：合志文化事
　　　業公司，1990 年 11 月，頁 29-35。

張戌誼：〈五十位「影響力人物」〉，收入《天下雜誌》第 203 期，台北：天下
　　　雜誌社，1998 年 4 月，頁 82-83。

梅靜軒：〈民國以來的漢藏佛教關係（1912-1949）──以漢藏教理院為中心的探
　　　討〉，收入《中華佛學研究》第 2 期，台北：中華佛學研究所，1998 年 3
　　　月，頁 251-288。

通　一：〈中日佛教徒攜手中之不幸事件〉，收入《人海燈》第二卷，香港：人
　　　海燈社，1935 年 11 月，「社言」版。

陸子康：〈閑坐階沿石上的回想──印順導師與故鄉的緣〉，收入《福嚴會訊》
　　　第 70 期，新竹：福嚴佛學院，2023 年 1 月，頁 20-62。

許勝雄：〈中國佛教在臺灣之發展史〉，收入《中華佛學研究》第 2 期，台北：
　　　中華佛學研究所，1998 年 3 月，頁 289-298。

許育銘：〈民國以來留日學僧的歷史軌跡與聖嚴法師東渡留學〉，收入《東華人
　　　文學報》第六期，花蓮：東華大學人文社會科學學院：2004 年 7 月，頁
　　　195-222。

梁金滿：〈八十載壯闊弘法行腳〉，收入《人生雜誌》第 308 期，台北：法鼓文
　　　化，2009 年 4 月，頁 8-11。

陳儀深：〈政權替換與佛教法師的調適──一九四九年前後的明真、虛雲、道安、
　　　印順為例〉，收入《中央研究院近代史研究所集刊》，台北：中央研究院
　　　近代史研究所，1996 年 12 月，頁 341-367。

陳慧劍：〈轉眼四十年〉，收入聖嚴法師：《歸程》（附錄三），台北：法鼓文
　　　化，1999 年，頁 287-319。

陳美華：〈個人、歷史與宗教──印順法師、「人間佛教」與其思想源流〉，收入《中華佛學學報》第十五期，台北：中華佛學研究所，2002 年 7 月，頁427-456。

陳玫娟：〈漢傳禪法弘揚東西方──法鼓山推廣禪修 30 年特別報導〉，收入《法鼓雜誌》第 239 期，台北：財團法人法鼓山文教基金會──法鼓文化，2009年 11 月，第 8 版。

單慈衿：〈用心、真心、恭敬心：美國新澤西同淨蘭若創辦人　仁俊法師〉，收入《禮敬追思人間佛教導航師──印順導師》，台北：慈濟人文志業中心中文期刊部，2005 年，頁 164-166。

單德興：〈雪泥鴻爪法常存《雪中足跡》評介〉，收入《人生雜誌》第 308 期，台北：法鼓文化，2009 年 4 月，頁 28-32。

野川博之：〈印順導師日本好友牛場真玄：其事蹟與著作之概觀〉，收入《法印學報》第三期，中壢：財團法人弘誓文教基金會，2013 年 10 月，頁 137-182。

黃文樹：〈印順導師的教育行誼與教育思想芻探〉，收入《印順思想：印順導師九秩晉五壽慶論文集》，新竹：正聞出版社，2000 年 4 月，頁 403-425。

黃德賓：〈我國近代佛教圖書館興起背景因素之考察〉，收入《佛教圖書館館訊》第 30 期，台北：財團法人伽耶山基金會，2002 年 6 月，頁 42-57。

黃秀花：〈悠遊法海一輕舟：泉州崇福寺長老常覺法師〉，收入《禮敬追思人間佛教導航師──印順導師》，台北：慈濟人文志業中心中文期刊部，2005年，頁 168-176。

黃敬家：〈佛教傳記文學研究方法的建構──從敘事的角度解讀高僧傳記〉，收入《世界宗教學刊》第 10 期，嘉義：南華大學宗教研究所，2007 年 12月，頁 99-138。

───：〈中國僧傳對傳統史傳敘事方法的運用──以《宋高僧傳》為例〉，收入《台北大學中文學報》第 6 期，台北：國立台北大學中國語文學系，2009年 3 月，頁 85-114。

程恭讓：〈歐陽竟無先生的生平、事業及其佛教思想的特質〉，收入《圓光佛學學報》第 4 期，中壢：圓光佛學研究所，1999 年 12 月，頁 141-191。

越建東：〈聖嚴法師與印順導師之思想比較──以人間淨土和人間佛教為例〉，收入《聖嚴研究》（第八輯），台北：法鼓文化，2016 年，頁 191-233。

馮品佳：〈生命／書寫〉，收入《英美文學評論》第 15 期，台北：中華民國英

美文學學會，2009 年 12 月，頁 v-vii。

福　善：〈從中日國情說到慧雲法師之死〉，收入《人海燈》第二卷，香港：人
　　　　海燈社，1935 年 11 月，「事評」版。

楊惠南：〈不厭生死，不欣涅槃——印順導師「人間佛教」的精髓〉，收入《第
　　　　五屆印順長老與人間佛教海峽兩岸佛教學術研討會》，佛光山文教基金會、
　　　　法鼓山中華佛學研究所、慈濟大學宗教與文化研究所、佛教弘誓學院主辦、
　　　　出版，2004 年 4 月 24 日，頁 A3-A25。

楊曾文：〈考察禪中國化的卓越嘗試——讀印順法師《中國禪宗史》〉，收入《印
　　　　順思想——印順導師九秩晉五壽慶論文集》，新竹：正聞出版社，2000 年
　　　　4 月，頁 345-354。

楊書濠：〈戰後臺灣佛教雜誌的發展——以在臺復刊後的《海潮音》月刊為主
　　　　（1949-2010）〉，收入《佛教圖書館期刊》第 55 期，台北：財團法人伽耶
　　　　山基金會，2012 年 12 月，頁 23-43。

楊　蓓：〈默照禪修中促進轉化的慈悲與智慧〉，收入《聖嚴研究》（第八輯），
　　　　台北：法鼓文化，2016 年 6 月，頁 285-310。

劉嘉誠：〈我看印順導師的學風〉，收入《法光雜誌》第 127 期，台北：財團法
　　　　人法光文教基金會，2000 年 4 月，第二版。

———：〈印順法師的方法論——以三法印、中道及二諦說為中心〉，收入《玄
　　　　奘佛學研究第十七期》，新竹：玄奘大學宗教學系所，2012 年 3 月，頁
　　　　33-58。

劉苑如：〈重繪生命地圖——聖僧劉薩荷形象的多重書寫〉，收入《中國文哲研
　　　　究集刊》第三十四期，台北：中央研究院中國文哲研究所，2009 年 3 月，
　　　　頁 1-51。

演　運：〈讀高僧，學高僧：記聖嚴師父講「高僧行誼」〉，收入《法鼓文苑》
　　　　第十期，新北市：法鼓山僧伽大學，2019 年 9 月，頁 86-89。

蒲永孝口述、蘇奕瑄撰稿：〈雖痛卻不苦的生病觀〉，收入《人生雜誌》第 318
　　　　期，台北：財團法人法鼓山文教基金會——法鼓文化，2010 年 2 月，頁
　　　　24-28。

蕭輪顯量：〈現代臺灣佛教與印順法師——五大本山與人間佛教的背景一探〉，
　　　　收入《佛光學報》新二卷‧第二期，宜蘭：佛光大學佛教研究中心，2016
　　　　年 7 月，頁 31-53。

蔡纓勳：〈《高僧傳》中的文學史料〉，收入《圓光佛學學報》第 1 期，中壢：

　　　圓光佛學研究所：1993 年 12 月，頁 241-251。

鄧美玲：〈平凡中的不平凡《聖嚴法師學思歷程》讀記〉，收入《人生雜誌》第
　　　308 期，台北：法鼓文化，2009 年 4 月，頁 20-23。

鄭石岩：〈枯木開花劫外春：讀《枯木開花》有感〉，收入《人生雜誌》第 308
　　　期，台北：法鼓文化，2009 年 4 月，頁 24-27。

澹　思：〈印順法師著：說一切有部為主的論書與論師之研究新書評介〉，收錄
　　　自《華岡佛學學報第 1 期》，台北：中華學術院佛學研究所，1968 年 8 月，
　　　頁 237-240。

蕭阿勤：〈世代認同與歷史敘事：台灣一九七〇年代「回歸現實」世代的形成〉，
　　　收入《台灣社會學》第 9 期，台北：中央研究院社會學研究所，2005 年 6
　　　月，頁 1-58。

蕭麗華：〈唐朝僧侶往來安南的傳法活動之研究〉，收入《中正大學中文學術年
　　　刊》第 18 期，嘉義：國立中正大學中國文學系主編，2011 年 12 月，頁
　　　189-218。

簡瑛瑛：〈性別、記憶與認同：臺灣女性歷史書寫與口述藝術〉，收入《中國女
　　　性書寫國際學術研討會論文集》，新北市：淡江大學中文系主編，1999 年
　　　9 月，頁 409-428。

藍吉富：〈楊仁山與現代中國佛教〉，收入《華岡佛學學報》第 2 期，台北：中
　　　華學術院佛學研究所，1972 年 8 月，頁 97-112。

───：〈台灣佛教思想史上的後印順時代〉，收入《第三屆「印順導師之思想
　　　理論與實踐」論文集》，桃園：財團法人弘誓文教基金會，2002 年 4 月，
　　　頁 1-12。

───：〈印順法師在台灣佛教思想史上的地位〉，收入《第六屆「印順導師與
　　　人菩薩行」海峽兩岸學術會議論文集》（上），新竹：玄奘大學宗教系主
　　　辦，2006 年 5 月，頁（四）1-（四）12。

藍日昌：〈論師的時代──對僧傳中六朝義學論師的分析〉，收入《普門學報》
　　　第 11 期，台北：普門雜誌社，2002 年 9 月，頁 51-80。

釋道安：〈新書評介──中國禪宗史〉，收入《華岡佛學學報》第 3 期，台北：
　　　中華學術院佛學研究所，1973 年 5 月，頁 141-148。

釋東初：〈民國肇興與佛教新生〉，收入《現代佛教學術叢刊》86，台北：大乘
　　　文化，1978 年 12 月，頁 13-58。

───：〈民國以來海外之留學僧〉，收入《現代佛教學術叢刊》86，台北：大

乘文化，1978 年 12 月，頁 357-373。

釋傳道：〈記一位平實的長老〉，收入《印順導師的思想與學問：印順導師八十
　　壽慶論文集》，台北：正聞出版社，1986 年，頁 153-166。

釋慧嚴：〈日本曹洞宗與台灣佛教僧侶的互動〉，收入《中華佛學學報》第 11 期，
　　台北：中華佛學研究所，1998 年 7 月，頁 119-153。

———：〈略探尼僧在台灣佛教史上的地位〉，收入《玄奘佛學研究》第八期，
　　新竹：玄奘大學宗教學系，2007 年 11 月，頁 55-74。

———：〈從臺閩日佛教的互動看尼僧在臺灣的發展〉，收入《中華佛學學報》
　　第 12 期，台北：中華佛學研究所，1999 年 7 月，頁 249-274。

釋悟殷：〈從有部譬喻師發展到經部譬喻師之思想流變——記一段印順導師在佛
　　教思想史上的特見〉，收入《印順思想：印順導師九秩晉五壽慶論文集》，
　　新竹：正聞出版社，2000 年 4 月，頁 27-61。

釋果徹：〈聖嚴法師與人間佛教的人間淨土——《法鼓全集》之思想概介〉，收
　　入《漢學研究通訊》第 19 卷第 3 期，台北：漢學研究中心，2000 年 8 月，
　　頁 384-391。

釋昭慧：〈出世與入世的無諍之辯〉，收入《香光莊嚴》第 69 期，嘉義：香光
　　莊嚴雜誌社，2002 年 3 月，頁 86-129。

釋厚觀：〈印順導師讚嘆的菩薩精神〉，收入《印順導師百歲嵩壽祝壽文集·論
　　文篇》，新竹：福嚴佛學院，2004 年 4 月，頁 1-31。

釋悟因：〈戰後佛教在台灣——佛教面對現代挑戰的回應〉，收入《香光莊嚴》
　　第 84 期，嘉義香光莊嚴雜誌社：2005 年 12 月，頁 16-25。

釋慧璉：〈高岡鳳鳴異世同聲——印順導師〈點頭頑石話生公〉一文探綜〉，收
　　入《第六屆「印順導師思想之理論與實踐」學術會議論文集》（上），新
　　竹：玄奘大學宗教系等主辦，2006 年 5 月，頁（十七）1-（十七）14。

———：〈印順導師與中國佛教研究〉，收入《第七屆「印順導師思想之理論與
　　實踐」論文集》，桃園：佛教弘誓學院，2008 年 5 月，頁（C4）1-（C
　　4）14。

釋聖凱：〈印順導師對攝論學派的詮釋——「中間路線」的堅持與游離〉，收入
　　《玄奘佛學研究》第五期，新竹：玄奘大學宗教學系，2006 年 7 月，頁 23-
　　50。

釋德晟：〈博士比丘的交會——以印順導師與聖嚴長老的自傳為研究〉，收入《第
　　十一屆海峽兩岸「印順導師思想之理論與實踐」學術會議論文集》，桃園：

佛教弘誓學院，2012 年 5 月，頁 493-525。

闞正宗：〈善導寺時期（1952-1957）的印順法師——「佛法概論事件」前後相關人物的動向〉，收入《印順思想：印順導師九秩晉五壽慶論文集》，新竹：正聞出版社，2000 年 4 月，頁 383-402。

———：〈戰後台灣佛教史料的查找與運用〉，收入《佛教圖書館館訊》第 39 期，台北：財團法人伽耶山基金會，2004 年 9 月，頁 23-34。

闞正宗、蘇瑞鏘：〈台南開元寺僧，高執德的「白色恐怖」公案再探〉，收入《中華人文社會學報》第二期，新竹：中華大學人文社會學院，2005 年 3 月，頁 252-288。

龔　雋：〈作為思想史的禪學寫作——以漢語語境禪學研究為中心的方法論考察〉，收入《佛學研究中心學報》第五期，台北：國立台灣大學文學院佛學研究中心，2000 年 7 月，頁 79-112。

———：〈唐宋佛教史傳中的禪師想像——比較僧傳與燈錄有關禪師傳的書寫〉，收入《佛學研究中心學報》第十期，台北：國立台灣大學文學院佛學研究中心，2005 年 7 月，頁 151-184。

———：〈經史之間：印順佛教經史研究與近代知識的轉型〉，收入《法印學報》第二期，中壢：財團法人弘誓文教基金會，2012 年 10 月，頁 15-70。

———：〈聖嚴法師的佛教通史著述與近代佛教史學〉，收入《聖嚴研究》（第六輯），台北：法鼓文化，2015 年 6 月，頁 449-469。

五、學位論文

王秉倫：《印順法師的生命觀及其生命教育義蘊》，台北：國立臺灣師範大學教育學系博士論文，2007 年。

王靖絲：《聖嚴法師對淨土思想的抉擇與詮釋》，屏東：國立屏東教育大學中國語文學系碩士論文，2011 年。

王子兆：《聖嚴法師教育思想之研究》，台東：國立台東大學教育學系碩士論文，2015 年。

朱文光：《佛教歷史詮釋的現代蹤跡：以印順判教思想為對比考察之線索》，台中：國立中興大學中國文學系碩士論文，1996 年。

李政憲：《朱斐及其《菩提樹》雜誌之研究》，嘉義：國立中正大學歷史研究所碩士論文，2007 年。

李芝瑩：《印順法師傳記書寫及其生命教育意涵》，台中：國立台中教育大學語文教育學系博士論文，2009 年。

李素英：《「印順學」之形成與展望》，新竹：玄奘大學宗教學系碩士論文，2013年。

林長青：《以僧人精神統合生命：聖嚴法師的心理傳記》，台北：輔仁大學心理學系碩士論文，2006 年。

林其賢：《聖嚴法師的倫理思想與實踐──以建立人間淨土為核心》，嘉義：國立中正大學中國文學所博士論文，2008 年。

林宜蓁：《從中國傳統文化看戰後台灣佛教的振興運動》，宜蘭：佛光大學社會學系碩士論文，2008 年。

林美香：《聖嚴法師大普化教育之研究》，台北：中國文化大學文學院史學系碩士論文，2011 年。

林莉如：《當代比丘尼的生命書寫──以個人在「靜思精舍」修行經驗為例》，花蓮：慈濟大學宗教與人文研究所碩士論文，2014 年。

周霖芳：《中國佛教會在臺灣之發展（1945-1955）》，桃園：國立中央大學歷史研究所碩士論文，2004 年。

柳人尹：《聖嚴法師旅遊書寫之人間淨土意涵探析──以《佛國之旅》為例》，雲林：雲林科技大學漢學資料整理研究所碩士論文，2010 年。

涂孟惠：《曉雲法師與張其昀先生之人文品格研究》，台北：華梵大學東方人文思想研究所碩士論文，2008 年。

陳姵璇：《李叔同的自我覺察與實踐之路──李叔同的心理發展歷程》，台北：輔仁大學心理學系碩士論文，2002 年。

陳佩鈺：《僧侶自我轉化經驗及其自我觀之敘事研究》，彰化：國立彰化師範大學輔導與諮商學系碩士論文，2004 年。

陳彥伯：《承先啟後的孤僧──釋東初及其佛教文化學行初探》，嘉義：南華大學宗教學研究所碩士論文，2009 年。

張家榮：《臺灣佛教學術高等教育發展現況之研究：以南華大學宗教學研究所佛學組與中華佛學研究所為例》，嘉義：南華大學宗教學研究所碩士論文，2007 年。

陸　柯：《逆流而行：聖嚴法師漢傳佛教之主張與其時代背景》，新北市：法鼓佛教學院佛教學系碩士論文，2014 年。

廖淑珍：《當代臺灣佛教的佛陀觀及其宗教實踐》，新竹：玄奘大學宗教學系碩

　　士論文，2002 年。

廖憶榕：《印順導師與妙雲蘭若——兼論「精神典範」對於比丘尼僧團發展之影
　　響》，花蓮：慈濟大學宗教與文化研究所碩士論文，2006 年。

蔡美端：《出世與入世的葛藤——從義學僧侶到開國元勳的巨贊法師之研究》，
　　新竹：玄奘大學宗教學系碩士論文，2005 年。

釋法嚴：《印順法師在台灣——以活動事蹟與思想影響為考查中心》，桃園：圓
　　光佛研所碩士論文，1999 年。

釋如斌：《近代中國佛教教育事業之研究——以閩南佛學院為例》，桃園：圓光
　　佛學研究所碩士論文，2000 年。

釋道修：《梁《高僧傳》「論贊」之研究——以歷史性與文學性的考察為主軸》，
　　桃園：圓光佛研所碩士論文，2000 年。

釋德謙：《印順法師的淨土思想研究》，嘉義：南華大學宗教學研究所碩士論文，
　　2012 年。

釋地印：《以緣起三法印論實相的內涵——以印順法師的思想為主》，新北市：
　　法鼓佛教學院佛教學系碩士論文，2012 年。

六、影音／多媒體資料

大愛電視台：《ᴸ印ᴬ順導師傳》（紀錄片 DVD），台北：靜思文化事業有限公
　　司，2003 年。

法鼓文化發行：《他的身影：聖嚴法師弘法行履》（DVD），台北：法鼓文化，
　　2011 年。

張釗維導演：《本來面目：聖嚴法師紀實電影》（DVD），台北：財團法人聖嚴
　　教育基金會製作，2020 年。

七、電子資料庫及網路資源

（一）印順法師佛學著作集 http://www.mahabodhi.org/files/yinshun/index.html

（二）印順文教基金會 http://www.yinshun.org.tw/firstpage.htm

（三）聖嚴法師法鼓全集 http://ddc.shengyen.org/pc.htm

（四）法鼓山聖嚴法師生平介紹網 http://www.shengyen.org/index.aspx

（五）財團法人聖嚴教育基金會 https://www.shengyen.org.tw/index.aspx?lang=cht#

（六）佛學數位圖書館暨博物館 http://buddhism.lib.ntu.edu.tw/DLMBS/index.jsp

（七）香光資訊網／佛教傳記 http://www.gaya.org.tw/library/b-ip/b_biography.htm

（八）台灣佛教數位博物館/佛教人物 http://buddhistinformatics.dila.edu.tw/taiwanb
　　　　uddhism/formosa/index-people.html

（九）佛教弘誓學院/學術活動 https://www.hongshi.org.tw/meeting-B.php#gsc.tab=0

附錄一

印順法師簡歷年表（以農曆記年月為主）

	年　歲	大　事　紀
暗中摸索時期	1906 年（一歲）	⊙三月十二日（清明節前一天），誕生於浙江省海寧縣張角兜，取名張鹿芹。
	1911 年（六歲）	⊙六月，進私塾就讀，學名張明洲。
	1918 年（十三歲）	⊙夏天，畢業於開智高等小學。
	1925 年（二十歲）	⊙閱讀馮夢禎〈莊子序〉：「然則莊文郭注，其佛法之先驅耶」，引起探索佛法的動機。
	1930 年（二十五歲）	⊙通信應考北平「菩提學院」，得到覆信：「考試及格，准予入學」。閏六月抵達發現辦學告吹，輾轉前往普陀山福泉庵。 ⊙十月十一日，在福泉庵依止清念法師圓頂出家，法名印順，號盛正。月底至天童寺受戒。
求法閱藏時期	1931 年（二十六歲）	⊙二月，前往廈門南普陀寺「閩南佛學院」求學。 ⊙撰寫〈抉擇三時教〉等文章，為印順法師寫作之開端。
	1932 年（二十七歲）	⊙上學期，應大醒法師之命，為同學講授《十二門論》。 ⊙夏天，離開閩南佛學院。 ⊙初秋，前往佛頂山慧濟寺閱藏樓閱藏。
	1934 年（二十九歲）	⊙正月，為閱覽三論宗章疏，前往武昌佛學院半年。 ⊙新年前往「雪竇寺」，第一次禮謁太虛法師。
	1935 年（三十歲）	⊙正月，回到佛頂山繼續閱藏。
	1936 年（三十一歲）	⊙秋天，完成全藏的閱讀。
	1938 年（三十三歲）	⊙七月，抵達四川「漢藏教理學院」，認識法尊法師。
	1940 年（三十五歲）	⊙撰寫《唯識學探源》，進入認真且較有體系的寫作。

	1941 年（三十六歲）	⊙秋天，演培法師前往四川合江創辦「法王學院」，禮請其為導師，「印順導師」之名由此而來。 ⊙十二月，發表〈法海探珍〉，提出大乘三系：「性空唯名」、「虛妄唯識」、「真常唯心」
思想確定時期	1942 年（三十七歲）	⊙撰寫《印度之佛教》，乃其研究印度佛教思想發展的第一部著作。
	1943 年（三十八歲）	⊙講授《中觀論頌講記》，此為其闡釋中觀思想的重要著作。
	1947 年（四十二歲）	⊙正月底，於玉佛寺禮見太虛法師。三月十七日下午，太虛法師於玉佛寺直指軒捨報，眾人推舉印順法師主編《太虛大師全書》，翌年五月完成七百萬餘言的編纂。
	1948 年（四十三歲）	⊙十月，應閩院性願法師邀請，與剃度恩師清念法師皆任戒壇尊證，這是其首度參與傳戒。
	1949 年（四十四歲）	⊙六月，離廈門赴香港。
隨緣教化時期	1952 年（四十七歲）	⊙秋天，應中國佛教會之邀為世界佛教友誼會第二屆大會代表，七月中旬抵台灣。八月，代表團由章嘉大師任團長，與趙恆惕、李子寬、李添春等一行五人前往日本。 ⊙九月，受聘為善導寺之導師。
	1953 年（四十八歲）	⊙國曆十月十八日，新竹福嚴精舍竣工，舉行落成開光典禮。
	1954 年（四十九歲）	⊙國曆一月，發生「佛法概論」事件。 ⊙年底，赴菲律賓弘法。
	1956 年（五十一歲）	⊙國曆三月，受善導寺聘任，晉山為住持。
	1957 年（五十二歲）	⊙九月，成立「新竹女眾佛學院」。
	1960 年（五十五歲）	⊙赴菲律賓弘法，促成能仁學校之成立。
	1961 年（五十六歲）	⊙一月下旬，慧日講堂舉行落成啟用。
	1964 年（五十九歲）	⊙四月八日，在嘉義妙雲蘭若掩關，恢復內修生活。
	1965 年（六十歲）	⊙春天，張澄基博士來訪，代表中國文化學院張其昀院長帶來聘書，敦請擔任大學部哲學系教授。

		⊙四月，掩關滿一年出關；十月起，開始至文化學院授「佛學概論」及「般若學」，乃我國首位至大學授課的比丘。
	1967 年（六十二歲）	⊙前教育部長張其昀創中華學術院，網羅國內外具有人文教育、自然科學等權威人士，置哲士及議士，聘印順法師為哲士。
	1969 年（六十四歲）	⊙冬天，開始編集《妙雲集》，到 1973 年秋末全部出版。
獨處自修時期	1971 年（六十六歲）	⊙書寫自傳《平凡的一生》，記錄一生出家、修學、弘法的因緣。 ⊙六月，二十八萬字的《中國禪宗史》出版；年底，日本學者牛場真玄教授，將此書譯成日文。
	1973 年（六十八歲）	⊙六月二十日，以《中國禪宗史》獲日本大正大學文學博士，成為中國第一位博士比丘。
	1979（七十四歲）	⊙國曆六月七日，在花蓮靜思精舍訂女眾弟子輩法脈法號。
	1981 年（七十六歲）	⊙五月，《初期大乘佛教之起源與開展》出版，乃近九十萬字之鉅著。
	1982 年（七十七歲）	⊙《雜阿含經論會編》出版，受到日本學者水野弘元評讚「遠遠超逾日本學者的論說」。
修檢集結時期	1985 年（八十歲）	⊙三月，《遊心法海六十年》出版，是為「學法之歷程，及著作的導論」。
	1988 年（八十三歲）	⊙四月，《印度佛教思想史》出版，此為其對印度佛教思想發展研究的結論。
	1991 年（八十六歲）	⊙暑期，印順法師口述，由昭慧法師整理，完成〈《大智度論》之作者及其翻譯〉之專論。
	1993 年（八十八歲）	⊙四月，《華雨集》五冊全部出版。
	1994 年（八十九歲）	⊙七月，《平凡的一生》（增訂本）出版。 ⊙國曆九月六日至二十九日間，由侍者與弟子陪同，返普陀山禮祖庭，巡訪廈門南普陀寺閩南佛學院、寧波天童寺、奉化雪竇寺等處，並回到家鄉海寧與俗家親人見面。

1995 年（九十歲）	⊙國曆四月一日，法鼓山文教基金會、佛教青年文教基金會，聯合舉辦「印順導師學術座談會」，為印順法師慶祝九秩壽辰。（此後，每一年均以「印順導師研討會」方式為其祝壽）
2003 年（九十八歲）	⊙國曆十月十八日，親臨福嚴精舍創建五十週年慶致詞。 ⊙國曆十一月三十日，返回嘉義妙雲蘭若親自主持擴建動土典禮。
2005 年（一〇〇歲）	⊙國曆四月十日，發燒住進花蓮慈濟醫院檢查，發現心包膜積水。 ⊙國曆六月四日（農曆四月二十八），由於心臟衰竭，上午十點零七分圓寂。 ⊙自傳《平凡的一生》（重訂本）出版。

參考及引用來源：

印順導師：《平凡的一生》（重訂版）（新竹：正聞出版社，2005 年）。

印順導師：《遊心法海六十年》（台北：正聞出版社，1985 年）。

鄭壽彭：《印順導師學譜》（台北：天華出版社，1981 年）。

侯坤宏：《印順導師年譜》（第壹冊－第肆冊）（台北：慈濟人文出版社，2023 年）。

釋厚觀發行：《印順導師永懷集》（新竹：福嚴佛學院，2006 年）。

https://www.yinshun.org.tw/yinshun/chronicle.html （財團法人印順文教基金會網站）

附錄二

聖嚴法師簡歷年表

	年　歲	大　事　紀
張保康時期	1930 年（一歲）	⊙農曆十二月四日（國曆：1931 年一月二十二日），生於江蘇南通小娘港附近，取名張保康。
	1938 年（九歲）	⊙入私塾就讀，學名張志德。
沙彌學僧期	1943（十四歲）	⊙夏季，初小四年級結束學業。 ⊙秋天，於江蘇南通狼山廣教寺出家，法名「常進」。
	1947 年（十八歲）	⊙插班至「靜安佛學院」就讀，於「學僧天地」發表文章。
軍中寫稿期	1949 年（二十歲）	⊙五月，以「張採薇」之名從軍入伍，由上海抵台。
	1950 年（二十一歲）	⊙六月，擔任通信兵，分發至金山海邊，是為與「金山」結緣的開端。
	1956 年（二十七歲）	⊙撰寫第一本著作《評〈駁佛教與基督教的比較〉》。 ⊙以「醒世將軍」的筆名於佛教刊物發表多篇文章。
	1958 年（二十九歲）	⊙春天，至高雄拜訪月基法師，與靈源老和尚同榻，獲得參悟體驗。
	1959 年（三十歲）	⊙十二月，獲允退伍，從軍共十年。
佛刊編輯期	1960 年（三十一歲）	⊙一月六日，二度披剃，於東初老人座下圓頂出家，法名字號「慧空聖嚴」，接任《人生雜誌》主編。
閉關留學期	1961 年（三十二歲）	⊙九月，赴基隆海會寺受三壇大戒。 ⊙十一月，抵高雄美濃朝元寺閉關，共計六年出關。
	1968 年（三十九歲）	⊙出版第一本自傳《歸程》。
	1969 年（四十歲）	⊙三月，獲日本東京「立正大學」的入學許可，赴日留學。
	1971 年（四十二歲）	⊙二月，以《大乘止觀法門之研究》論文獲碩士學位。

	1973 年（四十四歲）	⊙六月，代表印順法師領取日本大正大學文學博士文憑。
	1975 年（四十六歲）	⊙二月，以《明末中國佛教之研究》，獲日本立正大學文學博士學位。 ⊙七月，返台出席國建會主辦「第四屆海外學人國家建設研究會」。 ⊙十二月，應「美國佛教會」沈家楨居士邀請，赴美弘化講學。
授禪遊歷期	1976 年（四十七歲）	⊙擔任美國佛教會副會長及大覺寺住持。 ⊙九月，獲東初老人曹洞宗法脈傳承。
	1977 年（四十八歲）	⊙十二月，東初法師圓寂，奉其遺命返台承接中華佛教文化館、農禪寺法務。
	1978 年（四十九歲）	⊙十月，任中華學術院佛學研究所所長。 ⊙十二月，獲靈源老和尚臨濟宗法脈傳承，字號「知剛惟柔」，接受法脈傳承譜《星燈集》。
	1979 年（五十歲）	⊙於美國紐約創立「禪中心」，後更名為「東初禪寺」。 ⊙於農禪寺成立「三學研修院」，並擬訂〈院訓〉。
	1980 年（五十一歲）	⊙成立「東初出版社」，紀念東初法師。 ⊙九月，在北投文化館首次剃度四位弟子，為聖嚴法師建僧之初始。
	1982 年（五十三歲）	⊙第一本英文著作「Getting the Buddha mind」出版，為禪七系列開示結集。
	1985 年（五十六歲）	⊙八月，於中華佛教文化館創辦「中華佛學研究所」。
	1988 年（五十九歲）	⊙博士論文《明末中國佛教之研究》，由關世謙翻譯中文本，於學生書局出版。 ⊙四月，返回大陸尋根，回返祖庭與佛學院舊址，以及與俗家親人見面。出版《法源血源》一書。
	1989 年（六十歲）	⊙三月，創建法鼓山，以「提昇人的品質，建設人間淨土」為理念。

	⊙四月，首度至英國威爾斯指導禪七。 ⊙十月，與日本京都佛教大學佛教研究所簽約交流。 ⊙十二月，《法鼓雜誌》創刊。
1990 年（六十一歲）	⊙一月，舉辦「第一屆中華國際佛學會議」，擔任總召集人。
1992 年（六十三歲）	⊙提出「心靈環保」，成為法鼓山的核心理念。 ⊙赴捷克、比利時弘法。 ⊙九月，向教育部申請籌備法鼓人文社會學院。
1993 年（六十四歲）	⊙獲「中華民國社會運動協會」頒發第三屆「傑出社會運動領袖和風獎」。 ⊙六月，出版《聖嚴法師學思歷程》一書；十一月，獲「中山文藝傳記文學獎」。 ⊙十一月，將著作集結成《法鼓全集》出版，共七輯四十冊。
1994 年（六十五歲）	⊙於美國成立「法鼓山佛教會」（Dharma Drum Mountain Buddhist Association，DDMBA）。
1995 年（六十六歲）	⊙十月，法鼓山奠基大典。 ⊙十一月，成立法鼓文化事業股份有限公司。
1997 年（六十八歲）	⊙紐約象岡道場成立。 ⊙十月，出席梵蒂岡「第十一屆國際各宗教領袖和平會議」，會後並晤見前教宗若望保祿二世。
1999 年（七十歲）	⊙十二月，增補出版《法鼓全集》，全套共七十冊。
2000 年（七十一歲）	⊙八月，參加由國際宗教中心假聯合國承辦的「千禧年世界宗教暨精神領袖和平高峰會」，並發表主題演說。 ⊙榮獲行政院文建會頒發「終身貢獻文化獎」。
2001 年（七十二歲）	⊙九月，於法鼓山世界佛教教育園區主持「僧伽大學佛學院創校暨開學」典禮。
2004 年（七十五歲）	⊙二月，出席「世界宗教領袖理事會」於泰國曼谷召開的「亞太地區世界青年和平高峰會」。
2005 年（七十六歲）	⊙五月，獲頒泰國朱拉隆功佛教大學榮譽博士學位。

法鼓教化期		⊙七月，《法鼓全集續編》出版，共計一百零二冊。 ⊙九月，舉辦「傳法大典」，將「中華禪法鼓宗法脈傳承證書」傳予十二位法子。 ⊙十月，在法鼓山世界佛教教育園區，舉行「法鼓山落成開山大典」。
	2006 年（七十七歲）	⊙十月，率十五位「法鼓山青年領袖代表團」青年代表，參加於紐約聯合國總部召開之「聯合國全球青年領袖高峰會」。 ⊙十月，於台北圓山大飯店舉行「第一屆聖嚴思想與當代社會國際學術研討會」，由聖基會主辦，爾後兩年舉辦一次。
	2007 年（七十八歲）	⊙四月，創辦台灣第一所獲得教育部核可設立的單一宗教學院——法鼓佛教研修學院。2015 年，與法鼓人文社會學院合併成為「法鼓文理學院」。 ⊙五月，與美國哥倫比亞大學簽署合作設置「聖嚴漢傳佛學講座教授」。 ⊙十一月，多年推動環保自然葬，並與新北市政府合作規畫之「新北市金山環保生命園區」正式啟用。
	2008 年（七十九歲）	⊙五月，獲中國文藝協會榮譽文藝獎章「文化貢獻獎」。
	2009 年（八十歲）	⊙二月三日因病圓寂。 ⊙英文自傳中譯本《雪中足跡：聖嚴法師自傳》出版。

參考及引用來源：

林其賢：《聖嚴法師年譜》（第一冊－第四冊）（台北：法鼓文化，2016 年）。

https://www.old.dila.edu.tw/ja/node/295（法鼓文理學院-創辦人年表）

附錄三

慧璉法師訪談錄

慧璉法師（2016 年 10 月採訪）
學歷：日本早稻田大學東方哲學碩士
現任：成蹊精舍住持
經歷：擔任圓光佛學院、香光尼眾佛學院、台南竹溪寺、
　　　北投覺風學院等多處佛教團體之講師
專長：中國佛教史、印度佛教史、中國文學

**一、請師父簡單談談自身的求學過程，以及請問師父是何時開始接觸佛
　　教，以之為信仰？**

　　我是成功大學中國文學系畢業的，曾在彰化女中、再興中學等校教書。
出家後才去日本早稻田大學大學院研讀佛學，取得東方哲學碩士學位，因嚴
重肺病返國，無法繼續攻讀博士學位。

　　我在大學時接觸佛教，但沒有信仰。教了數年書後，想要了解佛教，因
此開始聽經。直到聽了演培法師講《心經》後，才真正信仰佛教。

**二、師父留學的時候，對於日本大學的學術訓練，最有感受之處？或是認
　　為收穫最深之處？**

　　日本有關佛學研究的工具書很多，不管在印度佛教方面或中國佛教方
面，日本學者的研究都是領先亞州各國的，資料非常豐富。日本對梵文、巴
利文的訓練，都是從學生就讀大學部時便開始的。直至今日為止，日本在中
國佛教方面研究的成果，沒有任何國家得以超越。但是隨著日本西化日深，
新秀學者漢文程度低落，我認為將來中國佛教的研究中心會回到中國。

　　我在早稻田就讀時，老師們對我的要求很嚴格，不因我是外國人而有所

寬待,有的老師對我的要求比日本同學更高,以此督促我認真學習。早稻田的學風很好,寧缺勿濫,我記得文學院的博士班入學考,常發生一個學生都不錄取的情形,碩士班所錄取的名額也很少。

日本的佛學研究,基本上是追隨西方「文獻學」的方法,所謂「文獻學」也就是我們中文系所說的文字、聲韻、訓詁的「小學」的基本功夫。佛學研究的「文字」當然就是梵文、巴利文、漢文、藏文,因為日本學者多少有漢文基礎,所以他們特別重視梵、巴二文,可以教梵、巴文的學者不少,因為他們在清末時便與世界佛學研究接軌。東京、京都佛學書籍、刊物出版,是很受歐美各國重視的。

日本比較嚴格的研究所,上課都是由學生輪流講課,老師及同學負責問難,如此,除了訓練學生研究以外,還有集思廣益的好處。不過有的同學為了提出異於眾人的看法,難免有怪異的說法,但大家似乎也不以為意。日本是很害羞、保守的民族,很怕與眾人不同,但上課時卻有這樣的現象出現。

除了大通家以外,日本學者的研究常有「見樹不見林」的弊端,這大概與所有佛學語文對他們而言都是外國語有關吧,因此他們無法博大、精準、快速地掌握這些語文。

三、請問師父與印順導師相處、互動的經驗中,最令師父印象深刻的事情,或是影響深刻的事情。(或是請師父簡單談談對印順導師最敬重之處、又或者導師對師父您最深刻的教育或是影響為何?)

這個問題曾有人問過我,我是這麼回答的:

我覺得導師是個性情非常溫和的人,對弟子的教導都是「道德的勸說」;對別人很寬厚,有人對他無禮,他也不放在心上。我自己用兩句話來形容他老人家——「不聞金剛有怒目,但見菩薩常低眉」,老人家的道德風範,實在值得我們晚輩學習。

導師生活很規律,自制力很強,白日著述完畢,書桌上一定收拾得乾乾淨淨,晚上不寫作,準時就寢;外表柔弱,卻是「南方之強」!導師生性澹泊,有次我提到錢穆先生稱讚好友施之勉先生因為凡事皆「淡」,所以雖體

弱而長壽，導師很嚴肅地對我說：「我也一樣。」若沒有遇到導師，我大概不會出家。閱讀老人家的著作，我常有「仰之彌高，鑽之彌堅，瞻之在前，忽焉在後」的感慨，也常有「如撥雲霧見青天」的喜悅！

四、師父多年來在佛學院授課，皆以印順導師的思想為主，師父認為導師的思想特色為何？

我最近的演講談到這個題目，我認為導師的學思特色有如下數點。

一、理性質疑，以追求真實純正的佛法為標的。

二、重視歷史考證，回歸於印度佛教的巨幅歷史視野。

三、重視大義，重視佛法的整體性。

四、超越大小乘，以印度根本佛教三法印（諸行無常、諸法無我、涅槃寂靜）作為判教依據。

五、以大乘三系（性空唯名、虛妄唯識、真常唯心）釐清大乘經典的屬性，而他本人在「性空學」方面的研究成果，如孤峰獨起，無人可及。

六、重視佛教的宗教性，明辨方便與究竟。

七、對中國佛教做整體的批判，而非囿於宗派之見。

另外，我認為導師對中國佛教的貢獻有以下數點。

一、為衰疲的中國佛教理出可循之道。

二、對未來佛學及佛教的發展提出超越大小乘的新方向。

三、為佛學研究者樹立解析、抉擇的標準。

四、影響全球各地華人知識分子學習正法，提升華人佛教徒的義學素養。

五、提倡「人間佛教」以落實理念，開展正確信仰佛教的新路。

六、規劃中國僧團的理想制度與生活方式。

附錄四

果賢法師訪談錄

> 果賢法師（2017 年 4 月採訪）
> 學歷：文化大學經濟系
> 經歷：投入新聞採訪工作達三十年
> 　　　曾任《人生》、《法鼓》雜誌採編、主編
> 現任：法鼓山文化中心副都監、法鼓文化編輯總監

一、請問法師在法鼓山出家的因緣，當時印象最深刻的「僧團特色」為何？

　　我是在 1997 年 9 月，在法鼓山農禪寺出家。但之前已在法鼓文化工作兩年，擔任《人生》、《法鼓》雜誌的採編工作。進入法鼓山出版社工作，可說是我初入佛門、初探佛法的開始，因此，與其說是在這工作，更真確的是，在這學佛、修行。工作上，浸淫在法海當中；生活則是身在清淨的寺院中。

　　因此，兩年中，最大收穫即是找到人生的目標。這是我自小的疑惑：生從何來？人活著的意義是甚麼？

　　兒時、少年時，心中有此疑惑，不知如何尋求答案。問父親，但具儒家思想的父親，只能回應說：來到人世間就是扮演好自己角色，盡責任、盡義務。心性就是要定、靜、安、慮、得，並進一步奉獻社會。但父親所說，是無法解答一個問題：我為何出生在這家庭？每個人為何在性格上、福報上、資質上，有所不同，其差異又是誰決定的呢？隨著時間成長，這問題仍在心頭，但因升學壓力、就業因緣，也就只能放在心上。直到有次在誠品書店，我就像平時那樣地翻書。忽然間，我看到一本聖嚴師父所著的《禪的生活》，才翻讀幾頁，當下便確定這就是我要尋找的師父。

　　雖然人生答案未找到，但卻在閱讀聖嚴師父著作時，感受到一股清涼的智慧。後來因朋友介紹，來到法鼓文化擔任採編，《人生》的專題，每每都在探討生命和佛法的議題，讓我在每一期的製作中，可以不斷地探索內在，也一探佛法的浩瀚無邊。

　　同時，因採訪法鼓山官方報刊《法鼓》雜誌，讓我有因緣深入聖嚴師父的思想，尤其「提昇人的品質，建設人間淨土」的理念，更是接引了眾多認同者加入團體，並在此學習，在生活中去實踐。因此，往往在採訪活動新聞中，看到一位位奉獻自我、成就大眾的菩薩行者，讓我也心嚮往之，藉採訪因緣，也投入其中，體驗他們以宗教心作奉獻的歡喜與快樂。

　　而特別在聖嚴師父身上感受到他說的：「菩薩道的精神就是自己未度先度人。只要放下自我中心，你就會是一位快樂的人。」看到許多菩薩的言行身範，就是在實踐師父所說的話，而自己也投入，終於領略到，師父給我們的教法：「用菩薩道完成解脫道」的修行方向，實在是太好了！

　　而在一次禪七中，透過同事的轉述：師父說：「人生的目的，在於受報；生命的意義，在於盡責；人生的價值，在於奉獻。」師父的這一段話，讓我醍醐灌頂，幾乎可說是找到了生命的目標。我們是為了受報而來，善惡兩種業報都要接受。人生過程中，無論我們扮演什麼樣的角色，都應負起責任，這就是人生的意義。有了生命目標，就能踏實的面對每個不同的境遇，因為在因緣、因果法則下，知道萬事萬物都有其緣起，都有其所以然，因此都可以坦然面對和接受。

　　因此，在心中埋下一個出家的因緣，直到 1997 年 9 月決定出家。當初的法鼓山僧團只在農禪寺，每天跟僧團法師同在農禪寺過堂、共事，感受到出家生活的單純、清淨，雖然每天都非常忙碌，但看見法師們身上所散發的清心自在，非常嚮往。其實，當時也能體會，所謂的無事，不是閒閒沒事做，而是不管外境如何變化和衝擊，但內心不受影響，而能保持安定與清淨。這樣的生活態度，讓我非常嚮往，尤其出家生活就是全生命的奉獻三寶，在法鼓山僧團是個充滿福田的教團，絕對是能發揮個人生命潛力。能在聖嚴師父座下出家，真是太感恩了。

二、末學在作研究當中，閱讀聖嚴法師的自傳，感受師父是一位很平實謙
　　虛的長者，面對人生的關卡、境遇處處充滿智慧。在此，想請法師談
　　談與聖嚴師父相處之中，是不是有特別感動、難忘的互動經驗？或是
　　懇請法師談談從聖嚴師父身上感受到的行誼風範？

　　親近聖嚴師父，感受到師父的身教，就是他自己對自己生命的詮釋：
「我的生命，就是一場實踐佛法的歷程。」在師父身上看到幾個特色：

　　1. 全力以赴、專注當下：學佛的人，往往把老師分成經師、論師和律
師三種，而我認為師父是人師，因為師父是一位行動力、執行力很強的人。
師父曾說：「我的生命是一場實踐佛法的歷程。」師父的一生面對很多考
驗，但他說，佛法講因緣，所以一定要觀其因緣、隨順因緣。例如法鼓山的
創建過程，也是順應時代的因緣，不斷去調整、適應而產生的，師父還要包
容前後不同階段的弟子，照顧提攜我們，漸漸才有現今法鼓山這個團體。從
師父身上，我看到一個禪修者的風範，即使前一個行程讓師父非常疲累，但
是師父並沒有因此感到負擔或是受到影響，而是馬上專注於當下。每當採訪
完師父後，師父也沒有時間休息，馬上接續下一個行程。我真的很佩服師
父，原來修行人的自在是這樣的，師父身上所流露的那種安定專注，在提起
與放下之間的無礙自在，使我非常嚮往。

　　2. 對專業的尊重：我經常跟法鼓文化菩薩們分享師父對專業的尊重。
師父每當完成一篇文稿，總是會說：請你們看看這篇文稿適不適合刊登？從
世間的價值觀來說，師父是我們的老闆，應指示交辦即可，但師父不會這
樣，而是充分尊重編輯同仁，每次讓秘書傳來文稿，最後都會加上一句：
「請你們看看，適不適合刊登？適合放哪個刊物？」

　　3. 深具悲心：因為當時執事於《法鼓》雜誌，常親臨採訪，很多情
景，歷歷在目。印象最深刻的事件之一，是 921 大地震。當時僧團在法鼓山
上結夏，師父得到消息後，隔天即南下災區，展開一連串的救災行動，並規
畫出「三階段救災計畫」，成為法鼓山往後救災的指標。那時師父因勞累過
度，嘴角發炎，整個人乾枯瘦弱，但他不顧身體狀況，不斷找人一起研商如
何救災，也不斷打電話請大護法捐助救災。

　　印象更深刻的是：2008 年發生四川大地震，當時，病中的師父在中正精舍調養，每週三次的洗腎，但師父卻透過電話往返於大陸和法鼓山的救災行政中心，指揮調度。有次我前往報告公事，看見師父為了籌組醫療團，打電話給幾位在家弟子，請求他們能投入四川救災。聽著這一通通電話，讓我有慚愧、有不捨，更有學習。慚愧於讓師父親自尋求救災的資源；不捨每週仍要洗腎三次的師父，往往一回到精舍，就是關心救災進度，思考還有哪些工作需要投入；學習的是，師父那份鍥而不捨的精神與慈悲，對於大多無法幫忙的人，不但感恩，還要寬慰其無法應允的歉意。四川震災後不到一個月，師父便指示要將相關歷程編印成書，做為記錄，書名亦由師父定名為《四川的希望》，希望能供後人學習面對災難時，應如何展開救援行動。師父總在最壞的環境中，給予世人希望和光明，提醒人們樂觀以對。凡此種種太多太多，記事報導只能呈現事件大概的樣貌，但其背後師父親力親為的苦心和投入，只有身邊的弟子們才能體會其萬一。

　　4. 度化的悲心：有一次在台南關懷護法會悅眾時，師父一一點名，發現很多人未出現，當時的輔導法師則一一報告，哪一位菩薩因家庭或工作因素無法來了、哪一位菩薩遇到狀況而起煩惱不來了……師父聽了，語重心長地說：「每個人原本都坐在蓮花上，但無明煩惱一起，老往外面跳，做師父的就是把各位再拉回蓮花座上。」

三、法師身負「法鼓文化總監」的要職，需要編輯、整理諸多聖嚴師父的文稿，法師是否感受從文字中更親近了聖嚴師父？而在聖嚴師父圓寂之後，每一次出版關於師父的著作（或是相關的文集），是否有更深重的期許（無論對自身或是廣大閱讀群眾）？

　　過去擔任採編，我的工作就是採訪，記錄受訪者的言談，再配合對時局的觀察，綜合整理便可完成一篇報導，便是所謂的傳播。但是進入法鼓文化以後，我才知道原來我不只是一個採編而已。這是從聖嚴師父在 1990 年 5 月 11 日，在美國東初禪寺寫給「東初出版社」（「法鼓文化」前身）出版部同仁的一封信。師父寫道：「大家都是代佛宣化的法門健將，要以弘法的

熱誠、度化的悲心、虔敬的信心、和藹的言行、愉快豁達的胸襟，為我們廣大的讀者將珠玉連成的篇篇文稿調和鼎鼐，化成美味可口而又營養豐富的盤盤法食，要以諸佛供養人的恭敬心態，把書刊捧現於諸善上人之前。所以推廣人間淨土的起點，就在你與我的編輯出版諸仁者之間。願與出版部門諸仁者共勉。」

　　原來師父看待出版社的同仁，不只是一份媒體工作而已，而是要從心態、言行、胸襟、做法和呈現樣樣提醒。師父叮嚀從事文化事業的同仁，首先要具備弘法的熱誠，如果自己無法感受到佛法的好，沒有生起一種想要和大眾分享法益的熱誠，那便是不足的。所謂弘法熱誠，就是當你看到別人還在苦難之中，內心生起一種想要分享佛法來幫助他人的赤忱。

　　這也就是說，所有編輯同仁筆下的每一篇文章，都載有幫助他人脫離苦海的一份重責。其次要有虔敬的信心，對佛法的信心。此外還要具有和藹的言行。師父常常勉勵我們，法鼓山的出版品，筆觸一定是光明正向、勉勵人心，而不是負面的批評。同時，和藹的言行不能流於字面說教，而是自己的身心行為平時就是這樣的表現，才能夠進一步從文字表現出來。然後，師父告訴我們，要有愉快豁達的胸襟，唯有自己的心態是快樂健康的，胸襟是廣大豁達的，才能夠與人分享。

　　對於寫作的心態，師父的用字遣詞非常之美。師父寫道：「將珠玉連成的篇篇文稿調和鼎鼐，化成美味可口而又營養豐富的盤盤法食。」師父形容，寫作就如同烹煮法食，要營養豐富，要美味可口。我想師父是在告訴我們，所有法鼓山的出版品，一定要讓現代人吸收，也是現代人所需要的。至於作品完成以後，如何呈現？師父提醒：「要以諸佛供養人的恭敬心態，把書刊捧現諸善上人之間。」所以諸位不僅是讀者而已，而是師父所說的諸善上人。

　　最後，師父結語：「推廣人間淨土就在你與我菩薩之間。」這句話更是意義深重，使命遠大。因此當我初次讀到這封信時，真是非常的震撼，我也才發現原來我不是一般的採編，在師父的叮囑下，那種以文字弘法的使命感，自然而然會生起的。

　　師父對編輯部同仁的勉勵，也正是他自己的文字風格和特色。「平易近人、深入淺出、光明正向、中道分享。」這幾點是我感受到的。有人看到師父生活佛法的書，認為很淺，但師父是用淺顯的文字說深奧的佛法。「色身不在，法身常存」，在聖嚴師父捨報後，我常以此自我提醒也勉勵週遭所有思念師父的菩薩們，每當失落感傷來襲，總在編輯、閱讀書本文稿的同時，深刻體會到師父的法身隨處皆在，只要提起正念，法的陪伴就在那裡。

　　師父捨報的第一年，大眾對師父的深刻緬懷與失落，多還停留在情感上，但隨著時間推進，我們發現，引領大眾前進且時時照亮生命幽暗角落的明光，正是師父畢生倡議且實踐履行的理念與悲願，而這些理念則是透過師父著作，展現在前。

　　針對師父的寫作目地，他在《法鼓全集》的序中提到：「寫作目的，不是自己有話要向讀者傾訴，而是感受到讀者們急需要知道些什麼；是站在讀者的立場，提供我的所學及所知。我在執筆之時，首先考慮的是讀者的閱讀興趣及閱讀效果。如果讀完我的一篇文章，而不能清晰地獲得有益的觀念和實用的知識，便等於浪費了讀者的時間。」

　　至於師父如何養成其寫作，他在《留日見聞》提到：「我是一個沒有受過現代制度基礎教育的人，但也始終沒有放下閱讀和寫作的努力。初期，是在求知欲的驅使下讀書，又在發表欲的鞭策下寫作。二十八歲之後，即轉為求法、護法、弘法的熱忱所動，從事於佛典的鑽究和寫作了。……我的寫作，是出於不能自己的為法的熱忱。我除了盡心盡力地為佛法獻身，至於客觀影響的功過得失、利害是非，實在不是我的智慧與福德所能決定的事了！」

　　師父的一本本書，在編輯過程中，謹遵師父對編輯部同仁的教誨，如烹調法食，以饗大眾。而一本本書，我也視為一份師父送給世人的禮物，因為，師父曾說過的，他給人的禮物，就是佛法。這份禮物當不僅只是文字，更隱含著師父開示時對大眾的關懷與勉勵，不但句句懇切，更是師父在的諄諄教誨。這些悲智的法語，也期望能送達所有有緣眾生的眼前，讓我們共同承接師父的願，以佛法的手接上苦難的手，在苦難世間創造安頓身心的人間淨土。

附錄五

林建德老師訪談錄

<u>林建德老師</u>（2017 年 3 月採訪）
學歷：國立臺灣大學哲學博士
現任：慈濟大學宗教與人文研究所教授（2019 年始任所長）
專長：佛教哲學、人間佛教思想、佛道比較宗教

一、請問老師的求學過程，一路都選擇哲學系所嗎？老師從何時對佛學（或說佛法、佛教）產生興趣，引以為研究的方向？

　　我因為高中聯考沒考好，選擇就讀五專（臺北工專），由於對所學沒有興趣，卻對人文思想有高度嚮往。就讀第二年的寒暑假，報名參加了中華民國佛教青年會主辦的佛學冬令營。那時宏印法師為佛青會的理事長，一直在弘揚印老的思想，佛教青年會在他的帶領下，都是以印順導師思想為主，讓我開始對佛教感到興趣，漸漸從理論、觀念和思想上來認識，於是開始靜下心來讀佛書。我看的第一本導師的著作是《學佛三要》，看完後有種茅塞頓開、豁然開朗的感覺；接下來讀《佛在人間》、《成佛之道》、《佛法概論》等書，都給我有莫大的啟發。

　　因為我是讀五專，二十歲要畢業時，想到自己畢業了要做什麼？與工程相關的工作我完全沒意願，反而對人文有高度的嚮往，又對佛教有高度認同，於是決定插班考哲學系，於 1996 年進入臺大讀哲學。我進大學第一件事就是把《妙雲集》整套買下來，開始閱讀，且越讀越覺得歡喜。其實那時我想讀的是佛學，但當時像佛學院、佛研所的學歷教育部都不承認，只好藉由哲學系來研讀佛學。當時臺大哲學系有楊惠南老師、恆清法師，我也都修過他們的課。這段時間佛書讀得較多，對印順導師思想的認識也是在那幾年當中建立了。

二、老師所發表的論文，多篇論題和印順法師相關，或是以印順法師與聖嚴法師的思想作共同探究。老師對於這兩位當代高僧，是否有親身拜訪、互動的經驗？兩位高僧讓您最敬重之處為何？以及將他們兩者放在一起討論的動機為何？

　　我在大學時讀導師的文章，已頗有心得，當時學術界與佛教界對導師思想有不同的聲音我也注意到，覺得應該提出來討論。第一篇和導師有關的文章是〈印順人間佛教的修行觀研究──以現代禪的質疑考察起〉，寫於1996年，這也是我的學士論文，請楊惠南教授當指導老師。寫這篇文章，乃是想回應一些對導師思想觀點有質疑的人。那時我也喜歡讀「現代禪」的書，於是從這方面展開探索。可能因為楊老師的關係，這篇文章輾轉的讓宏印法師、昭慧法師等人看到了，我也主動寄給現代禪。因為我覺得這是以他們的觀點做探討，應該讓他們知道。後來溫金柯回應一篇文章〈回應林建德考察之現代禪〉，我們的筆戰就從那時開始。因此，在2003年考上博士班前，我已經寫了一些文章討論導師思想，特別是回應外界對導師思想的質疑。這過程中我也感謝昭慧法師對我的支持和鼓勵，法師在2003年帶我到慈濟靜思精舍拜見導師，第一次親眼見到導師本人。當時是9月，過了幾個月後，2004年1月過年時，我又到臺中華雨精舍向導師拜年。拜見導師，主要就是這兩次的因緣。

　　此外，學生時代我也喜歡聖嚴法師的書，到過他的道場打過禪七、受菩薩戒。在我剛開始認識佛教時，最早閱讀的正是法師的《正信的佛教》、《學佛群疑》等書。法師理性流暢的行文風格，自然吸引了我，增進了我對佛教之認識。其中法師的諸多話語，在我學佛的過程中，一直有著引導作用，如「道心第一，健康第二，學問第三」及「衣食之中無道心，道心之中有衣食」等，皆深深地烙印在我心裡。

　　1995年初，我在農禪寺參加法師親自主持的禪七，其間的開示，往往直指人心，說法的內容好像就只針對你一個說，使人深受啟發；聖嚴法師那時體力尚佳，仍有機會與其小參，讓我們有機會當面向他請教禪修問題。

1998 年初，我在農禪寺也參加四天三夜的菩薩戒盛會，正式成為法師的在家弟子，法名「果霑」。2003 年拙作《諸說中第一》經李志夫老師轉呈到聖嚴師父手上，師父翻閱後，請侍者打電話給我，相約於農禪寺一見，為時一個鐘頭左右，能得到師父百忙中的接見，內心自是份外高興，尤其師父拖著接二連三見客後的疲累身軀，仍勉力地表達出對後輩的關心與珍惜，更是令人感到溫暖。2004 年法鼓山在台大設立人文講座，並請聖嚴師父於台大演講，彼時我也出席並提問了問題，私下並向師父請安問好。

　　我認為印順思想未來之弘揚，可以注意聖嚴法師所立下的範式。聖嚴法師雖傳承臨濟宗與曹洞宗，重視漢傳佛教之承先啟後，但他個人已經不是傳統的禪跟淨，而有他個人的提煉和開創。因為聖嚴法師是個讀書人，深受太虛大師、印順導師的影響，因此他所說的禪和淨土已有所融合、現代化，他的漢傳佛教是繼承又創新。我一篇文章〈抉擇與傳承——以印順與聖嚴為例談中國佛教的兩種立場〉，指出導師對於中國佛教是「抉擇」，對於很多流變、歷史的產物，在究竟與方便之間作出抉擇。而聖嚴法師則重視「傳承」，他自覺有這個使命，畢竟他接了法脈，即東初法師（1908—1977）給了他曹洞宗，靈源長老（1902—1988）給了他臨濟宗，而他不只承接，也再下傳給法子。可知，聖嚴法師和印順導師的思想並不一樣，但不一樣不代表沒有可參學之處；相對的，正因為不同，所以有諸多取法借鏡的空間，而這正是聖嚴法師的立場和態度。

　　印順導師進步的佛教觀念，中國佛教保守之流者難以接受，不是批評之、就是置若罔聞；但聖嚴法師很不一樣，他雖立基在漢傳禪佛教，卻大量吸收印順思想養分，以此來轉化和提昇中國佛教的信仰品質。這種開放胸襟及開明思想，相當值得參照。將他們兩者放在一起討論，即試著說明這點。

　　也就是說，聖嚴法師雖堅守中國佛教本位，卻不斷地創新、改變；他雖不全然認同印順思想，但卻虛心學習，將之深深地烙印在自己的佛教思想中。這樣不即不離、又即又離，可說作了良好示範，來溝通傳統中國佛教及重佛法本義的印順的人間佛教。如我論文中提到：「聖嚴吸收不同佛教傳統和現代的正面要素，進行調和與融攝，而強化漢傳佛教的體質和內涵。他雖

未依循著印順所標示的路徑，而走他自己思想和信仰的路，但卻對印順的見解保持高度的重視與關注，並深刻地吸收印順思想養分，融入其佛法知見之中，因此他所闡發的中國佛教，已不全是傳統的中國佛教，而是經過他提煉、昇華後的中國佛教。如此，聖嚴面對印順思想的方式及態度，乃是相當值得借鏡的。」（筆者按：林建德〈印順及聖嚴「如來藏」觀點之對比考察〉，收入《台大中文學報》第四十期（台北：國立台灣大學中國文學系，2014 年 3 月），頁 291-330。）

三、印順法師於 2005 年捨報，聖嚴法師於 2009 年捨報，在他們兩者捨報後的五年、十年內，也許能以影音、紀錄片的形式供弟子們（無論出家弟子或是在家信眾）緬懷，或者墨寶結緣（如小書籤、春聯）的方式緬懷，或者舉辦研討會的方式緬懷；但是，十年後、二十年後或是更長的時間，若要讓兩位高僧的思想流傳或傳承下去，老師認為最究竟的方式為何？

人才是保證永續發展的前提，而人才培養不外是透過教育；因此一方面要網羅人才，一方面也要培育人才，特別是「僧才」，使得佛法的宣講、法義的論究，以及實際修行的體驗等，都可讓兩位高僧的思想永久傳承。

「隋唐第一流人才在佛門，二十一世紀菁英也是」——多年前法鼓山僧伽大學招生海報中看到這句話，印象十分深刻。不只佛教興盛和人才密切相關，歷代高僧之開宗立派是否能長久發展，乃至開枝散葉，亦是關乎人才。若兩位高僧思想後繼有人，將可使他們的思想的綿延不斷，甚至發揚光大。

四、老師從事教育工作，並且以佛學專題為主；佛學在大學院校推廣並非易事，尤其深入思想可能面臨學生缺乏興趣、或是較難理解。老師多年教書的經驗，是否能分享給後輩教書者一些心得？又或是談談自身對於這條教學之道往前走的期許？

在大學從事佛學教育工作，主要不是為了傳教；相對的如何透過佛法的認識，幫助學生過好生活，才是教育的重點；因此這些年來，我常強調價值

優先於信仰。

所謂價值優先於信仰，在於因嚮往某些價值，例如智慧、幸福、德性、美善等，確認此等價值在人生的重要性，想要追求、實現之，於是透過一宗教信仰去助於完滿該價值。換言之，人雖然可以沒有特定的宗教信仰，但為了過一有意義的人生，我們當有終極關懷，相信一超越、客觀的價值遍在宇宙之中。

如就儒、道、佛三教而言，若對於謙謙君子有所期盼，成為一道德高尚的人，則儒家或可符合需求；而若對復歸自然、任性逍遙，則道家隱士或可為模範；如果一心厭離、急欲除去世間苦難，則佛教解脫道可為其選項；而如果不只是想自了生死，對於他人苦痛亦有深切關懷，發願普渡眾生，則大乘菩薩道可為參照方向。此外，如果想望有一外在偉大力量，透過信靠、祈求來安頓生命，則神教信仰或可滿足所需。

如此，先做一個人，再做一個宗教人；先確立自己的價值取向，再去選擇某種信仰或宗教，以這樣的信念、信仰作為理想和關懷，來引導我們去探索意義和實現價值，我想這才是宗教的功能、目的。

總之，佛法信仰之為追尋價值，價值之為實現幸福，所以真正的佛法信仰者應該是喜悅的、快樂的。以此來檢測自身佛法信仰的正誤，當是重要的參考指標，日後從事佛法教學者或可多著重此一向度。

附錄六

辜琮瑜老師訪談錄

辜琮瑜老師（2017年3月採訪）
學歷：中國文化大學哲學研究所博士
現任：法鼓文理學院生命教育碩士學位學程助理教授（已升等副教授）
專長：生命教育、生死學、聖嚴法師思想與當代應用、哲學家咖啡館對話

一、請問老師的背景原是中文人，為什麼會想轉換跑道讀哲學呢？吸引或是促使老師轉變的原因為何？

考大學時，所填即中文、歷史、哲學三個系，後來進入中文系。雖然我喜歡寫文章，但是已過了傷春悲秋的年紀，也不喜歡純粹寫詞藻優美的文章；由於我的導師周志文、王邦雄等教授，他們的思想都很強，我因此也喜歡讀思想史，並從中想探索安身立命的問題。所以，考研究所的時候，我選擇了哲學；儘管西洋哲學史、中國哲學史讀得很辛苦，卻也不小心考上了。然而，考上以後，我與另外一位同學不被所長看好，所長認為我們是女生、將來也是選擇走入家庭，讀哲學所是浪費資源；到了第二年，所長看了我們的報告，才說：「辜琮瑜不是像一般中文系來讀哲學的人一樣，也不是走家庭主婦路線，是可以訓練的孩子」，從此受到肯定。這是我從中文轉換哲學一個大概的過程。

二、老師曾在法鼓文化擔任《人生雜誌》主編，老師進入法鼓山的因緣為何？這本雜誌是聖嚴法師很重視的刊物，編輯雜誌當中，是否別有觸動心頭的地方？

碩士畢業後，我沒有馬上去考博士班，因為看自己的老師們讀書、教書，一輩子都在學校，所以我想去外面看一看。我在各式各樣的領域工作，

當過律師事務所助理、當過軟體維護工程師，作廣告、傳播等等，我覺得都很好玩，學夠了就再換，甚至曾考慮與一位朋友開企管顧問公司。但是，我這位朋友後來想到農禪寺上班，我問他想合夥的顧問公司怎麼辦？朋友說：「不然你也來農禪寺上班」，因此我就戴耳環、踩著高跟鞋，很時髦地到了農禪寺。

法師與我聊聊後，我不知道自己能做什麼，他們也不知道能給我做什麼，後來法師問我：「那可以先寫一本高僧小說嗎？」法師把高僧傳的清單拿出來，大部分都已經有人負責書寫，後來看到一位「阿底峽尊者」，我就指著說：「我認識這個名字，上次當志工時看過」，結果回去才體會有多麼難寫。

返家後仔細想想，覺得自己的狀態（一直在活潑而熱鬧的場域工作）在寺院上班好奇怪，所以我就告知朋友還是不過去了。但是說也奇妙，我自從去農禪寺以後，好像無法把心安定在工作上，心裡面一直有個聲音告訴我：「妳還是去農禪寺吧！」於是，這麼過了一兩個月，我把想法告訴當時所待廣告公司的老闆，老闆也是聖嚴師父的弟子，便告訴我：「你要去別家廣告公司我就不讓你走，但你要去農禪寺我不能阻止。」

我又打給我的朋友：「我還是到農禪寺上班好了」，朋友說：「我不想理妳了，我已經告訴法師說妳不來，要的話自己來談。」於是，我又到了農禪寺，這次是跟果毅法師（那時尚未出家，還是行者）談。談談後，即決定來上班，這時旁邊另一位法師問：「那我們要不要跟妳簽約啊？」我答：「簽什麼約呢？就做到老做到死啊！」法師發出讚嘆說：「琮瑜菩薩，妳剛才在觀音菩薩面前發願耶！」我納悶有什麼菩薩？法師說果毅旁邊就擺著一尊觀音菩薩，我看過去：「是耶，那什麼是發願啊？」法師說：「妳剛才說的話就是發願啊！」然而，我自己也不曉得為什麼就自然說出那句話。

這當中其實還要說一個因緣，就是我念文化哲研所的時候，聖嚴師父剛好在我們所當兼任老師（正值中華學術院停辦，文化館中華佛研所正籌備之時，師父本來就同時在文化大學哲研所兼課），當時他才五十五歲很年輕。有一回，有位淡江中文系的同學來找我，已現出家相，他離開以後，聖嚴師

父就問：「剛才那是誰啊？」我說：「我同學啊！」他又問：「妳同學出家了，那妳什麼時候出家？」我愣愣說：「因緣還沒到」。後來，我還被其他同學嘲笑如果當時出家，「戒臘」肯定很高。當時，聖嚴師父上課的內容我們聽不太懂，我還天真地覺得會整理人天善法和五乘就很厲害。我們上華嚴哲學時，內容非常地難，講到華嚴五教的時候，師父就會問：「這是唐朝什麼時候啊？」我就會回答這時候是高宗、是什麼宗，師父就說：「妳歷史很厲害啊！」殊不知當時正在上演「一代女皇武則天」一劇。從此，師父可能印象我這孩子的歷史不錯，有時候就會說：「來，幫我寫板書」，我覺得我就是跟師父結這麼有趣的緣，當時感覺師父非常有親和力、講話生動，一點都不覺得「特殊的出家人來當老師」。

我們最後一個禮拜上課時，聖嚴師父說：「以後你們可以來農禪寺找我玩」，所以我們的概念就是「走入農禪寺，就可以找到我們老師」，當下感覺這樣的老師好親切。所以，我到農禪寺以後，就覺得：「這是老師的寺院，來這裡應該是不錯的。」

我印象很深刻的事情，就是師父的個性會把我們所有要出刊的刊物從頭到尾都看過一次，從第一個字看到最後一個字，連廣告都不放過；有次我的同事在廣告上寫「聖嚴大師」，師父一看到就說：「撤回！誰跟你們說寫聖嚴大師？我說過我就是『聖嚴法師』，不要給我亂加字。」我就覺得師父這些堅持不是為了凸顯他個人，他的堅持是「不要凸顯我這個人」。

師父在世時，我們的出版品媒體刊物都不准用他的照片，他說：「你們是來學我的法，不是來看我的人，不要偶像崇拜。而且萬一有人看一看丟在地上，你們不是又擔心了？不要自尋煩惱」。我的博士論文《聖嚴法師的禪學思想》在法鼓文化出書，法師就用了師父的照片，師父沒有說不行，而且捨報時就是用那張照片。每回看到這本書，就特別想念師父，那好像就是一個印記、一個提醒，讓我時刻不忘師父的法和師父的願。

三、老師的博士論文是研究聖嚴法師的禪學思想，也是第一本研究聖嚴法師禪學思想的專書，老師當時想研究的動機為何（選擇聖嚴師父的

「禪學思想」原因何在）？是否能談談進行研究之後的心路歷程？

我在農禪寺工作一陣子後，覺得自己的「佛法」好像不夠用了，當時撰寫《人生雜誌》的內容時，遇到不懂的佛法觀念，我們都會去找師父和印老的書來讀，除此之外我似乎也不知道怎麼企劃佛法的主題，甚至採訪時曾經聽不懂某些佛教術語，覺得很丟臉，因此升起：「是不是該去把博士班讀完」的念頭。我的念頭才一動，就有同學問我：「我多買一本簡章，妳要不要？」拿到簡章後，看到需要回淡江申請成績單，才一猶豫，就有認識的人在農禪寺出現：「妳要申請成績單啊？我幫妳啊，我就在淡江教務處工作」，感覺一切的因緣就是推著我去考試。

考筆試時，我西洋哲學史沒讀完，只讀到亞里斯多德，結果考試就考到這裡；口試的時候，口委之一李志夫老師看我進去就抬頭問我：「妳是不是前一陣子有來採訪我啊？」我說是啊！所長就讓李老師專問我，也給了我很多未來研究的建議。因緣就這樣又推著我考上了，考上以後除了必修課，其他全部都選與「佛教」有關的課。

到了該思考博士論文的時候，我覺得佛法很好玩，所以看來看去很多題材都有興趣，但是一旦擇定某一領域，老師或是學長就覺得太難要做很久，或是我自己覺得很深奧，所以題目一直沒有訂下來。直到有一次，我們雜誌正在錄「不一樣的聲音」，聖嚴師父就找我去約江燦騰，要我也一起去討論事情。那一次是師父在與江教授談如何為東初師公的思想辦研討會，說著說著，江教授就對師父說：「師父，不過您的思想也要有人整理吧，您也寫很多書啊！」師父點點頭就突然轉頭問我：「妳博士論文題目訂了沒？」我說沒有，師父就問：「那妳要不要寫我的思想？」我當時以為師父只是開玩笑，所以就隨口說：「好啊！」

回去以後我把這事情告訴李志夫老師，李老師說：「妳要多想想啊，自己的弟子合適寫自己的師父嗎？而且他還活著，未來還可能會有更多的著作和思想的熟成。」加上當時沒人研究師父的思想，所以可能讓學術界存疑「這能夠當成學術論文？」李老師也覺得在那個時空環境下，如果研究師父

的思想，那我畢業以後學術專長可以寫什麼？但是我當時不覺得自己會非得進入學界，所以反而不擔心，只是單純覺得：「如果師父的思想值得研究，那身為師父的弟子，不是就該做這件事嗎？」過沒多久，李志夫老師告訴我：「師父從紐約傳真給我，說妳要寫他的思想，那妳就寫吧！」

而在這過程中還有個因緣，就是那時出版社要找施叔青女士寫師父的傳記，她因為接受過我的專訪，就說：「你們採編辜琮瑜很厲害啊，叫她寫很適合啊！」可是對方回應：「但師父是希望妳來寫。」後來，我們兩人在中華佛研所的研討會上碰到，會後去喝咖啡，我就問她：「妳怎麼不接師父的傳記啊？」她就說：「那這樣好了，如果妳寫師父的思想，我就寫師父的傳記」，我們當下都不敢承諾，各自又回到自己的生活，也未再連絡。

一直到我取得博士學位的隔年，有人找我去紐約談師父的思想，我去到現場才知道是雙主題的講座，跟我對談的就是施叔青，她講師父的傳記、我談師父的思想，然後我們對話。這時候，我們才想起當年的「發願」，原來我們回去以後，各自過自己的生活，但卻默默地一個寫思想、一個寫傳記。我就想到果毅法師告訴過我：「來者不拒，去者不追」，來到面前的因緣推也推不掉，離開的事情則因緣結束也不用去追。我體會到跟師父有關的事，真的不用多想，做了就會明白因緣。

我記得寫博論時，去請教師父問題，他聽一聽就會站起來，走去書櫃前從裡面抽出某本書，告訴我：「妳問的問題在裡面」，師父就是思緒如此清晰的回應我諸多的問題。當時師父也告訴我：「妳寫我的思想，但是妳寫的東西是妳的詮釋跟理解，我不會去說妳寫得對寫得錯，這就是妳的論文。不過，妳如果有發覺我哪裡寫不對了，妳要提出來。」

在寫博論的過程中時，一邊在看一邊整理師父的書，覺得很像是師父在講給我聽，人家說聽覺入心，我就這樣很自然知道我該怎麼進行下去，找到那個脈絡。我想，這也是一個讓我能跟著師父學習的因緣！

四、老師與聖嚴法師的法緣深厚，是否能分享與師父互動過程，特別難忘的回憶？或者師父的身教、言教，讓老師特別感動之處？影響深刻之

處？

師父是一個生活過得很簡單的人，飲食也很簡單，有一次學者來拜訪，我帶他們去見師父，師父說：「你們今天就跟我一起吃好了」，我心裡想終於可以嘗到「沒有味道的食物」，果然就是一碗有青菜的清湯麵。

記得九二一隔天，就跟師父到台中當隨行記者，那一路上，是我這輩子第一次見到那麼多屍體，而且好多倒塌的房子。其實那時候師父身體也不是很好，戴著口罩嘴角也有點發炎，但是我們一路都追不上他！師父想在那麼短的時間內，能照顧幾個人就照顧幾個人，他經過的地方，總會有人跪下來說：「師父，救救我們」，他就會走過去拍拍他們。到醫院去的時候，師父就坐在病床旁，聽聽傷者說一說委屈。我記得有一段時間我們找不到師父，突然發現師父不見了，看了半天，原來師父在一個冰櫃前，那裡坐了一個小女孩，只有師父看到她面目呆滯坐在那裡，原來她的家人都走了，只剩下她一個人，她太震驚了，師父覺得她的眼神不對，所以去拍拍她，問她：「小菩薩，妳還好嗎？」小女孩被師父一碰，才回過神來，大聲哭了出來。我當下覺得師父永遠都看得到我們看不到的角落，而那裡就是有需要幫助的人；在忙碌的行程裡，哪裡需要師父，他就靠過去。那天晚上開會時，師父就交代大家：「要掌握新聞稿，在這麼熱的天氣，冰櫃、屍袋都不夠……」，開會開到很晚，又去中興新村視察當地狀況，結束以後他回頭看到我，就問：「妳怎麼回台北？」旁邊的人趕快說：「師父放心，我們會把她帶回去」，我當下覺得師父已經這麼忙了，卻還是注意到哪些人要回台北、哪些事情要關心，他一眼掃過去，該交代就做交代。

也記得有一次，在農禪寺上課，我在大殿跟志工聊幾句話，走出來以後，師父也從辦公室開完會走出來，當時我有剛在聖嚴教育基金會的研討會發表一篇論文，就是嘗試把師父的思想跟心理學還有哲學諮商的對話做連結與探討，師父就叫住我：「那篇論文我從頭到尾都看過了，妳想把我的思想拿來做什麼？」我說：「拿來跟不同學科心理學做對話」，師父微笑說一句：「好好，妳就從文字工作者轉成學術研究者了」。當下，看著師父，心

裡很動容。

　　後來師父生病時，我已經跟醒吾辭職，準備回當時的法鼓大學籌備處工作，所以那段時間常回法鼓文化幫忙。有一天果賢法師就問我：「師父今天在樓上，妳要不要上去看看他？」我就想師父在休息不要去吵他，但是法師又說一句：「我就覺得妳應該上去看一下師父」。剛好那天林光明老師帶著季羨林老師的學生王邦維來送季老師的書給師父，林光明就走進來找果賢法師，果賢法師就告訴他：「琼瑜也在」，林光明老師一向很照顧我，所以就說一起上去找師父吧！也因此，那天我們都得到師父送的書，這也是我拿到第二本師父親筆簽名的書，第一本是《天台心鑰》，第二本就是《華嚴心詮》，這是師父講漢傳禪佛教很核心的兩本著作，所以我只好乖乖讀！真的覺得很多事情該做，就是有那個安排有那份因緣。

　　我跟師父的因緣很自然一路這樣過來，對師父除了情感，就是對於「法」的理解與體驗。以前看到漢傳佛教那麼龐大就嚇著了，看到禪就覺得好煩，因為以前老師說的禪都聽不懂。可是一聽到師父的法，就能明白原來禪是這樣、原來漢傳就是這樣，也才開始理解「佛法」是如此，不是那些聽不懂、用古文講古文的內容，原來佛法可以跟生命這麼地貼近！我因此更明白師父所說：「佛法這麼好，知道的人這麼少，誤解的人那麼多」，我們在這當中受用了，就能體會師父為何會發這樣的願。

　　博班畢業之後在學校除了上課，也兼在諮商輔導中心陪伴學校的孩子們，同時在幾個社區大學上課，面對這些人的困境與苦惱，常會試著把自己體會的佛法或師父禪修的提點帶到對話中、課程上。雖然不直接用佛法或禪修講課，而是試著從師父那裡學到的法轉換成看起來沒有直接涉及宗教的語彙，可是學生上了一段時間就會說：「老師，裡面有藏東西哦！」而他們也願意從心靈成長的課題直接進到經典。我在這當中發現，師父這輩子做的不是為了一個宗教，是為了生命的智慧，這個智慧是佛的教說、是佛法，超越任何宗教、哲學、心理學……，就是活生生「生命的學問」。

　　有時候我們開會時，師父會說：「你們眼裡不要只有法鼓山，我都跟我那些出家弟子說不要只看到法鼓山，要站在世界的眼光去看世界需要什麼，

佛法是世界性的，佛法的智慧是給全世界的人用」，師父總是不時這樣提醒我們。

　　這時候我回頭去想當時念中文為什麼想轉念哲學？因為我就是要找一個安身立命的生命的學問，我因而發現原來這就是師父給我的！或者是說師父能讓這麼多人讀他的書、聽他講法，看著他的生命歷程，會覺得他就是讓人學習的典範！因為有這個「典範」，遇到問題的時候，就會覺得誰累得過師父啊？但是師父為什麼能有那麼大的願心？

　　我最近在看一本《靈性復興──科學與宗教的整合道路》，它裡面有一個光譜，當作是生命不同層次的進階，它談到道德的四個層次：第一個層次是在言語行為，第二層次是認知，第三層次是微細靈魂（所舉例子是聖人與菩薩），最後一層次是自性空，即緣起自性的靈魂。作者指出一般人的道德觀念多半是規範性的，從言語行為著手；第二個就是知識性的東西，比如倫理道德的教導；第三個就是聖人與菩薩的層次，他們是真正去體踐實踐，不是理論或規範性，一個人體證到這個層次，成為菩薩不再是一種道德規範與勸說，而是內在靈性的渴望與召喚，這時候根本不用告訴他成為一個菩薩要自利利他，他有很強的內在動機是要自覺以後而覺他。而到最後一個階段，就是空性的角度，到了那時候已不會去談事情符不符合道德，就如孔子說的從心所欲不踰矩，好像體證空性之後，已經超越了世間道德的定義。我看這本書時，就想到師父為什麼有那種力量，讓人們聽聞他的法以後，會升起那股的好樂心，會想跟師父學習！包括師父可能只是輕描淡寫地說幾句話，比如他告訴我們：「你們現在來學啊，將來就是你們要出去上課」，我們就會自然而然回答「對」，不會感到困難或是抗拒，因為拿師父教的東西在自己身上用的時候產生作用，就會覺得這麼好用的東西別人不知道很可惜。所以我還是再度回到那句：「佛法這麼好，知道的人這麼少，誤解的人那麼多」，師父就是自身體證了佛法這麼好，那一定要讓更多的人明白、理解。

　　記得不久前，我在學院有個學生是基督徒，輪到他報告時，他說一直想跟我分享一個聖經裡的故事，就是耶穌問他的弟子彼得：「你愛不愛我？」彼得說：「愛啊！」耶穌過了一會兒又問：「你愛不愛我？」彼得說：「愛

啊！」耶穌又問第三次：「你愛不愛我？」彼得就緊張地說：「很愛啊，但是您為什麼一直問呢？」耶穌說：「如果你愛我，你就要幫我餵我的羊。」我的學生說完這故事，就說：「老師，我覺得師父如果還在，他就會跟您說這句話」，不過，我想應該不是只有我要餵羊，是大家要一起去餵羊。我後來去上課，也會問大家：「你們有沒有很愛師父啊？」大家就說「有啊」，我就會說：「那你們去餵羊」，並且問他們：「餵羊要餵什麼？」他們說是「草」，我就再問：「那餵草之前，你們會先吃嗎？你自己如果沒吃，怎麼知道這個草是羊喜歡吃的？怎麼知道這個草是對的？怎麼知道你餵給羊吃什麼？」佛法就是這個草，你沒有去實證、體驗，你就無法去教別人啊！師父就像是牧羊人，我們都是被他餵大的，喝法鼓山的法乳長大，「長大」就是指生命的滋養。人們找到滋養的所在，就會自己去繼續找來喝。

又比如像師父寫的東西，他的文字就是有一種能量跟說服力，應該就是所謂的「證量」，他證到了什麼，就教我們什麼，所以解行、教觀並重就是這麼重要。我看師父的書，會覺得他是一個很活潑的禪者，把自己的生命透過法的陶冶或禪修的體驗，然後煥發出來，觸動人心！

之前曾因為聖嚴師父數位典藏專案去日本拜訪師父的朋友跟三友健容教授，三友教授告訴我們師父非常用功，每天在圖書館是坐在固定的位置，面前攤滿天台、華嚴好多好多書，即使外面有示威遊行都干擾不了他；師父從一大早坐定位就開始讀書作筆記，晚上走回住的地方煮很簡單的東西吃，然後再度走回去讀書，持續不斷認真地閱讀整理。由於師父的論文是在「山喜房」出版，我們也去拜訪老闆，他說師父用功到他們都不敢打擾，隨時隨地就是專心在讀書；我們問山喜房老闆有沒有什麼話鼓勵師父的弟子們？老闆說：「你們的師父，一輩子都不做浪費時間的事，不做無意義的事，生命每一分每一秒都很有意義，你們就繼續用這樣的學習就可以了」，當下，我們真是感到很慚愧啊！更覺得一個時代出一個這樣的人，真的讓很多人的生命意義改變。

雖然師父在日本非常用功讀書，但他也不只是讀書，他還去參訪日本當時各新興宗教、參與各種宗教活動，寫成《從東洋到西洋》以及《留日見

聞》，他就是一個隨時隨地把握機會在學習的人。我在農禪寺當採編的時候，會跟果賢法師輪流寫師父的採訪稿（他人來拜訪師父），不管是一行禪師、索甲仁波切……，師父都很認真問他們問題，想了解他們的禪修、修行、閱讀與佛法，他絕不是客氣聊聊天，每一次的對談都當作是學習，永遠都保持這樣認真的態度去學、去聽。

最近我們典藏組在整理師父的書，因為師父之前有把他的書捐給圖書館，師父的字很小，寫了好多的筆記。記得以前有次師父的侍者要我去幫忙買小筆記本，我想不要虐待師父的眼睛，所以買了大中小三種尺寸，師父果然就是挑最小的那本，認為隨身攜帶很方便。我們現在看這些筆記，寫得密密麻麻，師父到哪裡就寫到哪裡，坐飛機在微弱燈光下寫字，回紐約就出一本書了。他去日本、去哪裡，一本本書就這樣出來，寫每一本書都拼早拼晚，珍惜時間寫出來。說到出書，師父的記性也非常了不起，比如他曾要寫一本去哪裡旅行的書，就把兩個負責的人找來，對一個人從第一天說，對另一個人從最後一天說，說到中間的時候，也就記錄完成了。說到這兒，有時候不禁會覺得師父就是操勞過度，所以太早走了，這是我們不肖，因為我們沒能跟上。

五、聖嚴法師向來重視教育志業，培養僧伽、培養有心向佛的學子，老師在師父期待甚高的佛教高等學府任教，是否對自身有著不同以往的教學期許？心底深處是否與師父有默默卻堅定的承諾？

我寫完博論時，師父是七十歲。但是師父在七十到八十歲之間，做了很多事、整理了很多著作、寫了很多東西，讓之前他所有的思想都清晰呈現，這就是我後面要繼續做下去的原因。因為我只寫到七十歲，這樣是不夠的，我要把他這最後十年的東西跟之前的東西整合起來看。師父說過法鼓山的使命就是要弘揚漢傳禪佛教，要跟心靈環保、人間淨土連結，這些現代化語言背後的深義是從哪些經典、思想而來？且經過師父咀嚼後系統化出現！師父立中華禪法鼓宗，特色就是漢傳禪佛教，這當中是充滿包容性消融性。我想這是我該去更體會與明白的。

記得當時師父曾問我寫完論文以後，有什麼打算？我說法鼓山有需要我的地方我就去，師父笑著說好。其他人就笑我：「你是拿空白支票給師父填」，然而我現在在整理漢傳禪佛教的東西，覺得這輩子做這些事就做不完了，這就是值得我一直做下去的事情。

我想師父重視的教育就是回到「三大教育」的精神。其實師父所謂真正的教育，就是讓佛法能入到人心，大學院、大普化、大關懷教育是環環相扣的。早期師父辦學校，從接中華學術院到中華佛研所，師父因為拿到學位以後，被笑有駕照但是沒有車子可以開，所以他就想要弄很多車子給很多人開。師父一點一滴募款存錢辦學，但是即使佛研所辦得再好，也培育出很多優秀人才，可是卻不被教育部承認，在裡面教書的老師也拿不到資歷。師父於是提出想法：第一，讓佛研所成為單純的學術單位；第二，用人文社會學院的概念辦一個學校；第三，與其他學校合作；第四，用推廣教育的方式，結果，這四個想法如今都一一實現了。

對於籌辦人文社會學院的想法，師父從 1992 年就開始籌劃，直到 2006 年教育部來視察，2007 年成立法鼓佛教學院，成為全國第一所單一宗教研修學院，到了 2014 年與法鼓人文社會學院合併為法鼓文理學院。

有人問師父到底想辦什麼樣的學校？早期師父是為了讓中華佛研所正式化，所以當時以佛法來擴展，比如外文系就以梵巴藏為主，社工系就以社會關懷為主。後來師父再找劉安之校長來籌備、進一步規劃，劉校長想辦四個學院，可是只想到三個「公益學院」、「環境學院」、「藝術文化學院」，師父就說那還有一個就是「人生學院」。師父其實辦學校最重要也不是系所，而是要培養什麼樣的人。我們要培養的是未來世界的領導人，這個「領導」的意思是「心」的領導人，我們想讓這裡成為未來世界發光發熱的源頭、善能與動能的發源地。所以學生來這裡，除了是腦的訓練，更多是心的鍛鍊。

我記得我跟劉校長去拜訪鄭石岩老師時，他說：「這間學校，是師父對所有信眾的承諾」，我們聽了壓力好大，可是也有更大的使命感，學校會成立「校史館」，也就是把過程對信眾做一個交待。師父說過即使你捐一塊

錢、五塊錢，你都是法鼓山的創辦人，所以來這裡的學生，我們也希望他們能了解這是一處十方護持理想中的教育機構。

　　師父很重視「境教」，所以在山上，希望這裡的師生用心去體會。師父說建設人間淨土不是叫人把淨土蓋好，然後你才進來享受人間淨土，是每個人來到這裡，從自己的問題去修鍊、成長、調整，在這裡提昇自己的品質。每個人進來，都提昇了自己的品質，這裡才叫人間淨土。師父說過煩惱本來就會有，如果沒有的話，那你們要做什麼？每個人遇到困境很正常，而非一個淨土在那裡，菩薩都不會生氣、法師人都很好、大家和樂融融，這就不是提昇人的品質、建設人間淨土的精神了。

　　回到師父這輩子最重要的願：「佛法這麼好，了解的人這麼少，誤解的人這麼多」，早期透過閱藏、日本留學，是因為那個誤解需要透過學術、高等教育，讓一般人把誤解釐清。然後之後有駕照沒地方開車，所以他成為禪師，透過教禪修傳達佛法這麼好。後來回到台灣接農禪寺，辦中華佛研所，讓高等教育正式把佛法研究當作學科，接著就談一大使命、三大教育、心五四、心六倫。師父把法鼓山定位為「法鼓山世界佛教教育園區」，仍然是回到那個核心的願，不是定位寺院或叢林而是教育園區，大學院教育去培養人才，人才培養出來去做大普化跟大關懷，用法去作關懷，如古時托缽是以法度人。

　　我辭掉醒吾，回到山上報到的第二天，師父就捨報了。果光法師說：「我是要說妳很孝順，回來送老人家？還是該說妳很不孝呢？」我說：「還是說我孝順吧！」因緣真的不可思議，我在法鼓山就是秉持「接到就做」，支票不管開給誰填，法鼓山的事就做吧！走在對的路上，再累都值得，而且這就是自己想走的路，就開心做下去！

附錄七

走訪農禪寺──專訪^上聖^下嚴法師

採訪：李明國、莊安硯、廖憶榕
撰稿：廖憶榕
日期：2001.3.4
地點：北投・法鼓山農禪寺

前言

　　這天早晨，我們抵達農禪寺恭聽聖嚴師父講《楞嚴經》。聞法以後的法喜，顯露在大夥兒的臉上。這時候，學長找到機會拜訪聖嚴師父的侍者果禪法師，表達佛學社想採訪的意願。果禪法師慈悲地把邀訪的意願很快地傳達給聖嚴師父，我們一行人尚未走到齋堂，法師已前來告知：「師父說馬上就讓你們訪問！」身為主編的我，由學長、學姐陪同走向會客室，卻不知道腳步是如何行進的……腦海中僅覺得這訪問來得太迅速了！

　　沒有訪題、沒有錄音器材，手上的紙筆與錄音機，都是果禪法師臨時準備來的。尚在努力想問題之際，身著袈裟的師父，竟然已來到會客室，還好有法師一旁提醒，我們慌亂地頂禮，起身後，師父慈祥地說：「不要緊張啊！」法師幫忙我們告訴師父：「他們說沒有準備題目，不知道今天可以訪問。」師父笑著說：「我們沒有人知道明天跟無常是誰先到啊，約什麼日子呢？要問就當下問吧！」一陣安靜後，師父又說話了：「不要緊張啊，我們就來聊聊天，有什麼就說什麼，都不要緊的。」

　　這一場沒有準備的訪談，就在「聊聊天」當中展開……

　　學生請法：我們是大學佛學社社團的學生，想請示法師「同學們學佛，應該持有什麼樣的正確態度，才能引導未學佛的人進入佛門」？

　　法師開示：一般人對「學佛」普遍都存有誤解，認為這是一種逃避的、消極的選擇，甚至沒有將來性或前瞻性，而且是脫離了現代社會，往深山去修道的一種生活方式。事實不然，我建議大學生們在參與佛學社團時，除了宗教修持的活動之外，同時也應該要有一般青年們正常的、健康的各種活動。倘若只一味地拜佛、拜懺那就顯得太單調乏味了，不但無法引起他人學佛的意念，更遑論參與及接觸了。因此，一個理想的佛學社團固然要以「學佛」為主軸，但也應該舉辦一些多元性的活動，在活動中帶入若干學佛的理念，才能使得青年們感到有興趣及懂得如何應用在日常生活當中！最重要的是，如此一來，就不會再繼續傳遞錯誤的印象──「學佛」和生活、社會環境是脫節的。

　　進一步來說，當同學們參與社團漸久之後，可以引導他們閱讀容易明瞭且健康的佛學書籍刊物，讓他們覺得佛法對現在、對平常生活、對人生都是受用不盡的，如此「解」、「行」才能配合。

　　一般初機學佛的人或不明白佛教義理的人，總會將佛教和「神秘的經驗」混為一談，譬如：神通、開悟、特異功能等等……一開始學佛時就是迷信，於是乎就成為老是講一些他人聽不懂的話的「怪人」；例如，讓人誤解學了佛一定可以知過去、未來的事……事實上，這些都不是正確的知見，更不是健康的觀念，作為一個學佛社團的倡導者，應該要避免這些形象的產生。我舉「法鼓山」這個團體為例子來說明，我所推動的理念，不論是對個人、家庭、社會、日常生活、工作環境等都非常實用且都很健康，而且是很正面的形象。

　　再者，比較具有善根、悲願心的人，經過長時間修行之後，若發起想要更深入、更專門的參與修行的心願時，我們可以鼓勵他，提供一些修行上正確的方向及意見。總而言之，我們必須要有計劃的以階段性的、有層次性的方式推出佛法的理念！請大家要深切地記住，若因緣還沒有成熟，不要隨便鼓勵他人來出家。我們法鼓山對於出家因緣成熟者，固然歡迎、鼓勵，但絕對不會隨便勸人來出家。

學生請法：現在佛學團體及法門眾多，我們該如何選擇學生時代修行的法門？如何判斷正信的佛教團體？

法師開示：在我們現代這個開放、多元的環境中，的確有許多的佛教團體與修持的法門。至於有哪些是正確的、是不是有健康的信仰，我們不能妄下斷言及批評，畢竟這是見人見智的！然而如何選擇，的確很難，但是我們要有一個標準的觀念：「佛在人間成佛，成佛後也是在人間弘法，度化的對象也是人。」雖然在《阿含經》或《律藏》中，佛和佛的弟子有神通之說；但是最純粹、純樸的佛經，像《雜阿含經》，就是從人的立場去談解脫、從煩惱去談解脫、從「佛法」修持的體驗去談解脫。

這些佛法的原則便是「三法印」──諸行無常、諸法無我、涅槃寂靜；修行的方法最基本就是「三十七道品」，再加上「六波羅蜜」和「四攝法」，而「三十七道品」歸納起來就是「戒、定、慧」三學，發揮的功能便是「悲智雙運」。

但是，如果只講慈悲和智慧，忘了三法印的原則，便會有問題。我們所說的慧就是「三法印」；戒就是「願修一切善，願斷一切惡，願度一切眾生」；定就是「心不煩、不亂、不慌、不恐懼、不奢望」，這和涅槃寂靜有點相應，要「涅槃寂靜」就是要有智慧、持戒加上修定的，不能偏執某一種修持或境界。

健康的佛法應該從以上的原則作為規範，無論大乘、小乘佛教都是如此。只要是特別強調某一種現象或特異功能的法門團體，我們不能說一定是外道，但這或許就是不太健康的。

法師開示：我曾經在你們學刊的封面題字「映月千江」，因為你們都是水月觀音，都是菩薩（千江有水千江月的千手千眼觀世音菩薩）！要深切記得你們心中有個堅固的願，要發願、再發願！

後記

　　初發的菩提心念，無所雜染，點滴鏤印的是生命漸長的覺光。發一顆長長遠遠菩薩道的精進心，是自我最深切的願。感恩因緣和合，讓我們入「慈悲門」洗塵，沐浴在一代高僧聖嚴師父的禪智淨範中。

　　帶著聖嚴師父的祝福，菩提心念更深澈了，我們會記得發願再發願……

附錄八

走訪福嚴──記與厚觀院長之訪談

採訪：蔡孟倩、廖憶榕

撰稿：廖憶榕

時間：92.11.13

地點：新竹・福嚴佛學院

前　言

　　早晨七時時分，筆者偕同同學到達福嚴佛學院。佇立門口，微冷，山頭朝暉卻相迎，感染著這份晨光氛圍，一份莊嚴、寧謐之感襲上心頭，抖落了原本撲身的陣陣寒涼，油然升起一股肅穆之意；踏入山門，平靜的步伐代表已放下先前滿心的緊張與不安，沒想到入境隨俗竟是這般容易印證。

　　厚觀院長帶著笑顏出現在我們的面前，和藹親切的風範，讓我們在歡悅的閒談中自在進行著訪談。

成長與求學歷程

　　我是苗栗苑裡鎮人，來自一個很單純善良的家庭。淡大機械系畢業後，曾至中華佛研所就讀，畢業後便到日本東京大學攻讀印度學佛教學，修完博士課程才回台灣。

學佛因緣

　　我的家庭是民間信仰，但祖母吃早齋，我們全家也跟著吃早齋。

　　大學時代認識一位就讀碩士班的學長，他引導我學佛，告訴我學佛能在體會定靜安慮得之中專心讀書。之後開始贈佛書給我看，譬如《梵網菩薩戒》、《大智度論》等等，當然像《大智度論》比較深，我就是看看裡面的

故事，真正對其韋編數絕是在念中華佛研所的時候了。

　　學長讓我印象深刻的一件事，就是有一回洗好頭髮，打開抽屜要拿吹風機時，因為抽屜太緊，我用力拉開後，裡面的東西就全盤落在地上。那時有一個陶瓷的盤子就這樣摔破了，我一看竟是無價的紀念品，當下覺得不知怎麼賠償；結果當我很惶恐告訴學長時，出乎意料地，他卻笑著告訴我：「沒關係，凡事本來就有成住壞空，你就不要為此不安了。」這段話給我很大的影響。

　　當時我都傻傻的，書看完了就跟學長要求再看，學長很慈悲，也到台北再買書送我看。幾次以後，漸漸地書看多了，瞭解布施持戒等等的道理，便覺得不能這樣要求學長，同樣大家都是學生，經濟能力也是有限，而且那時我有了回饋他的想法。我旁敲側擊地知道他喜歡的書籍，專程到台北買回來送他。他收到書後，很高興我有這份心意與體悟，但告訴我下不為例，並告訴我很多人沒有接觸佛法，如果要送就送他們，讓更多人瞭解佛法，功德這樣散播出去會更有意義。之後我就遵從這樣的精神贈書給他人，也會把學長的話轉述，這一層互動讓我印象十分深刻、啟發良深。

　　這是我接觸佛法的因緣，之後出家，是啟發家人學佛的第一人，如今父親母親都已皈依，母親還受五戒，阿姨舅舅也都有參與佛教團體。

出家因緣、與導師的師徒之情

　　我在大學時，曾稍微看過導師的著作。退伍工作後，就有出家的念頭，經由介紹住進慧日講堂，當時的住持是我的老師兄厚行法師，他知道我有出家的意願，很慈悲地說讓我住住看。當時講堂住眾不多，住持希望我幫忙講堂附設的正聞圖書館，剛好我喜歡看書，便很歡喜負責著這份工作。

　　之後，我看到中華佛研所招生的消息，就告訴厚行法師我想應考的想法，他非常地贊成，要我試試看。考前一天，惠敏法師、惠空法師正好來掛單，那時也不知道他們是誰，隔天要考試才知原來大家都是考生，後來就成了同學。那一段期間，和導師的接觸就是偶爾導師到講堂來，便去跟他請法；另外的機緣就是過年時，厚行法師便會帶著我前去拜謁。

　　念佛研所期間，因為惠敏法師研究的專題，我們跟導師也有一些接觸；

後來佛研所畢業，我們要到日本唸書前，惠敏法師就問我：「什麼時候出家啊？時機到了吧！」那時厚行法師想請導師為我剃度，但其實沒有什麼把握，因為導師好久好久沒有再為人家剃度，尤其是男眾。當時厚行法師與惠敏法師便帶著我說要幫我跟導師說好話，導師就問了我幾個問題：

　　「在慧日講堂住幾年啊？」「四年。」（當時慧日講堂其他住眾都待不長久）

　　又問：「出家生活很苦啊，你撐得住嗎？」

　　我回答：「我家庭生活從小就不富裕，也是一路這樣吃苦支持家計走過來的；加上我在慧日講堂住四年，已經習慣這樣的生活。」

　　導師又說：「我年紀大了，八十歲了，這時剃度怕無法照顧你。」

　　我回答說：「弟子對於基本的治學方法、基本的佛學教育都懂了，但是仍然有一些義理需要有師父慈悲開示與指導。」

　　導師就說：「好吧！既然這些你都考慮過了，那就和你結個緣吧！」

　　我就成為導師吊車尾的弟子，今年也十八歲了（指出家受戒以後至今已十八年）。取法名時，導師為我取的外號是「厚觀」，內號是「證中」。（因為我喜歡中觀，剛好法名就用這兩個字。導師希望弟子具備龍樹菩薩「深觀廣行」的精神，所以為我命名「厚觀」，而師兄則是「厚行」。）

　　當時我出國唸書，每半年會回來跟導師請安，那時我在研究《大智度論》，總是會跟導師請教問題；有一次請教問題告一段落時，導師忽然站起來說有東西要送我，就是《大智度論》的筆記，這是導師研究最勤、花很多時間整理的筆記，拿在手上我的歡喜與感動真的是不可言喻！

　　另外就是曾陪導師回去大陸的祖庭，平日看導師都是很理智，結果當時竟然掉下眼淚，這也是我和導師相處中感觸比較深的事情。

　　還有就是每次我到台中探望導師，為了讓導師不要耗費太多體力，對於他的身體狀況，我都請教侍者，面對導師我都單刀直入請教問題；而導師總是滔滔不絕和我談，侍者有時會怪我不讓他老人家休息，其實是導師自己煞不了車啊。不過導師也有說過：「這個厚觀，來都不先問候我，馬上就直接問問題！」之後，我學乖了，請安問候的話還是不能省的！

　　導師對學生、甚至是弟子都很客氣。有一次他腦部積血到台大住院開刀治療，那時我就從日本回來照顧導師，輪值的是晚上的時間。值班的時候，導師每次一翻動身體，我就馬上起來問他有沒有什麼要幫忙，他就叫我睡覺；經過幾次以後，我發覺導師如果要翻身，動作就很輕微，原來怕驚動到我。後來只要我發覺導師翻動，就先靜靜地觀察動靜，如果真的需要幫忙才起身照顧。其實我是導師的弟子啊，他不用這樣客氣的。（侍者平日照顧導師，剛開始因角度、姿勢不對弄痛他的脊椎，他總是不會說，也是等到很熟了才會講出不舒服。）

對弘揚導師思想的期許、對福嚴的期許

　　導師個人曾說過「自己不是宗派的門徒，所關心的是什麼才是佛教的正法？怎樣讓正法久住？怎樣能利濟眾生、淨化身心？」有好幾次導師勉勵我們要把握三個原則：「一，淨治身心；二，弘揚正法；三，利濟有情。」淨治身心主要是自己的修持與成長，弘揚正法就是使正法得以流傳，利濟有情就是自利利他。我也同樣地在秉持這些原則，與其說弘揚導師思想，不如說導師對正法已為我們開了一條路、契理契機的研究方向，往後如何發展弘揚，推動普及甚至深入，就要靠後面的人一起繼往開來。

　　福嚴佛學院這裡是直接接受導師的薰陶，責任當然是非常的重大。我們希望訓練各地來的學生，深入學習導師的正法，讓他們回常住或自己的國家以後可以去發揚去推展。

　　除了佛學院的僧教育，我們也有推廣教育班，讓平日不得其門而入卻有心求法的人，能有機會在不同法師的課堂中聞法。另外我有一個新構想，就是集結校友的人力，同樣受過導師的思想薰習，理念也比較有默契，平日大家疏於聯絡，這次藉由福嚴五十週年的校慶，我就成立一個校友會，選出負責人，我希望將校友分散各地去講課；還有就是譬如講《成佛之道》的人很多，可能大家講的都不太一樣，我是希望如果有機緣的話，就讓這些師資能夠交流互相研習，然後再出去帶領讀書會。思想人才的培養是真的需要很長的時間，所以要好好運用這些人才去弘揚、去發展。

對初學佛者之勉勵

其實人面臨了一些是既古老又現代、既現代又古老的問題，譬如解脫生死的問題。大家面對這些根本的問題，所要把握基本的原則，就是三法印──諸行無常、諸法無我、涅槃寂靜。

現代是網路時代，很多年輕學子若想解決佛法上的疑問，經常會從網路上去找答案，這其實是有隱含危機的。要檢索這些佛學的知識並不難，真正要培養的是抉擇的能力，要辨別正邪，要知道所找到的資料是否妥當正確。完全靠網路的答案並不保險，架設網站的人可能有侷限對象，而佛陀說法卻是隨機的，針對不同根器的人在宣講佛法，所以我覺得還是要聽經聞法、親近善知識是非常重要的，有基本的正見再去使用這些資訊是比較妥當的。

後記

伴著福嚴上下課鐘聲的幾回起落，我們今日的聽經聞法也告一段落。院長一路送我們到山門口，不忘訓勉筆者要紮實研究、奠定根基，讓筆者既感慚又感動。

此時筆者發覺天候已放晴；望著院長的背影遠去，再次佇立於山門口，這次看的是門柱上的對聯，想起《風城法音》上有法師寫道：「『福嚴』，就是有福氣的人，在這裡接受嚴格的訓練。」剎那，我似乎能夠感受那份宗教家背負的使命，在不斷試鍊中，提煉最深層的智慧與力量，為奉獻佛教、為度化眾生，衲履足跡一路行去……也無風雨也無晴。

附註：筆者因博論所需，聯繫厚觀院長將置放此採訪稿於論文附錄。厚觀院長提及邱敏捷老師《「印順學派的成立、分流與發展」訪談錄》一書，其中「呂勝強老師」的訪談內容，有談到「厚觀法師與福嚴佛學院」的部分，可供筆者參考。

（內容詳見邱敏捷：《「印順學派的成立、分流與發展」訪談錄》，頁74-77。）

附錄九

印順法師、聖嚴法師掩關之「關房」

印順法師閉關之「嘉義‧妙雲蘭若」

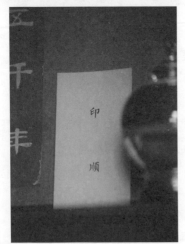

◀印順法師關房所存放之「名片」，名片上無任何頭銜，僅有「印順」二字。本書以印順法師《平凡的一生》作探究，筆者認為此名片亦可呈顯「平凡」風格。

（照片出處：筆者 2010 年拍攝以及翻攝自妙雲蘭若文書組建檔之資料）

聖嚴法師閉關之「美濃・朝元寺 瓔珞關房」

（照片出處：財團法人法鼓山文教基金會　授權）[1]

---

[1]　本書所有關於「聖嚴法師」的照片，皆由「財團法人法鼓山文教基金會」授權（限於本專書之使用），筆者在此向「財團法人法鼓山文教基金會」敬申謝忱。

附錄十

印順法師、聖嚴法師之「學位記」

印順法師之「日本・大正大學文學博士學位記」

▲民國62年6月27日，日本大正大學頒發予導師的博士學位証書。

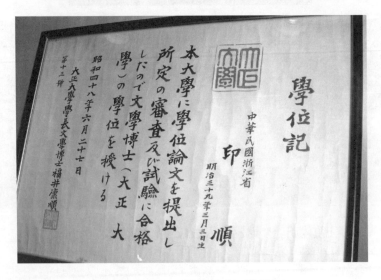

（照片出處：福嚴精舍 提供）

聖嚴法師之「日本・立正大學文學博士學位記」

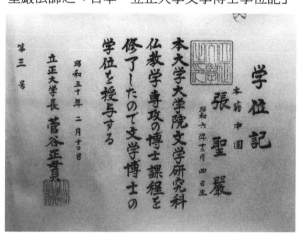

（照片出處：財團法人法鼓山文教基金會　授權）

附錄十一

「學問僧」之形象

印順法師

（照片出處：筆者 2010 年翻攝自妙雲蘭若文書組建檔之資料）

聖嚴法師

（照片出處：財團法人法鼓山文教基金會　授權）

附錄十二

「學問僧」相見歡

聖嚴法師與印順法師合影於嘉義妙雲蘭若

照片左起：聖嚴法師、印順法師、真華
法師、仁俊法師合影於新竹福嚴精舍

（照片出處：財團法人法鼓山文教基金會　授權）

後 記：致謝與自期

　　拙作出版過程，如冬雪融作春露、滴滴匯聚成一方池塘的漫長，感謝學生書局的耐心等待與細心編輯，感謝兩位匿名審查學者給予的肯定和見教。

　　距離博班畢業已過數載，由衷地感謝幾位師長的敦促，讓我重拾博士論文潤飾文辭並稍作修補，此間雖因庶務、身體微恙而有拖延，好在也順利交稿成書。

因緣，隨順而深刻

　　回顧兩位研究對象之於我的人生歷程，委實影響至為深刻。

　　畢業後，我第一處兼課的學校，即是「法鼓文理學院」。每回閑步在古樸的靈山勝境中，體驗著禪悅境教，總是令人想起聖嚴法師自喻是開鑛的工人，以佛法為器具，開採自身也協助他人開鑛。又每次行走在 108 公尺的大願橋上，「大願興學，橋渡眾生」的立板，即便在冬霧籠罩裡仍顯靜定，經常使我憶念聖嚴法師自比為風雪中的行腳僧，無畏艱辛一步一履堅篤前行，感佩與感動已不覺湧現。猶記大學時期，跟隨佛學社學長姐至農禪寺聽經聞法，順道尋機請示訪談之可能性，未料學長轉達來意予果禪法師（當時任聖嚴法師侍者）後，得到如下回應：「師父說馬上讓你們訪問」；旋即前來的聖嚴法師微笑說道：「我們沒有人知道明天跟無常是誰先到啊！約什麼日子呢？」還親切地告訴我們不必緊張。因為忝為主編，所以主要由我與師父對話，至今依舊清晰的印象是，聖嚴法師與我談話間，用慈藹而深邃的眼神注視我、也叮嚀我：「要記得妳心裡有很大很深刻的願，要發願再發願！」、「凡事發願了，就不難！」當下，我所覺受是震撼是動容，卻忘了頂禮道謝。直到博士班決定論文題目了，翻閱書籍看著聖嚴法師的法相，再度被深邃明澈的眼神震撼；爾後上山教書，每每見著牆面上、迴廊間任一聖嚴法師

的法影，我總是尊敬地問訊，幾度默默發願，堅固而法喜。

　　在此任教之時，感謝楊蓓、辜琮瑜、郭文正、蕭麗芬和李婷潔等諸位老師的和善關照；也感謝學生們課堂或課後的勤學交流以及溫暖眷注，締結教學相長的芬芳善緣。另外，也特別感恩果暉方丈的勉勵，以及果光法師、常實法師的關懷。

　　第二處是我擔任博士後研究員的學校，即證嚴法師創辦的「慈濟大學」，也是我的母校。入職報到當日，在人事室外面，首先映入眼簾的，是多年前曾參加啟用儀式的印順導師銅像；對著銅像問訊，俯身之際難掩激動地在心中說：「師公，我回來了！」腦海不禁遙憶就讀宗研所的那年，印順師公正好回到靜思精舍靜養，我因此有機會數度至精舍拜謁老人家；而有一回，師公問起我的研究方向（聽不懂師公鄉音的我，自然是由侍者法師幫忙翻譯），伸出手表示想看，慈祥中帶著些許威嚴叮囑我：「要一直寫下去！」二十來歲的我，呆呆恭敬地向師公點頭說好，卻在多年後，走在學術道途上才真正有後知後覺的意會；尤其進入慈大的博後歲月，研究的主題圍繞著「印順導師與證嚴法師」，這股意會更深重了。

　　思及師公在自傳的首頁，敘述靜靜地回憶自己、觀察自己，並形容自己如水面的一片落葉，在向前流去之時，時而停滯、時而團團轉、時而激起浪花，為浪花掩蓋，接著又平靜地流去；他看待在這無限複雜因緣中推移的一切，直道是那樣地真實與不可思議！……我念想著自身在因緣之河漂流中，竟也再度回到慈大！感謝主管林建德老師給我的機會，感謝簡玟玲、周柔含、盧蕙馨、林美容、林安梧、張憲生、鍾隆琛、戴愛蓮等諸位老師的鼓勵與關心，以及所辦秘書桂香、宗研所學生們的溫馨照應與熱心協助，讓我深深感受如同一家人的情誼。此外，也感謝靜思精舍德劭、德桐、德穇等幾位法師的法情關懷、相互扶持；以及感謝數位曾經給予協助的慈大同仁、慈濟基金會鈞長及師兄姐們。

生命／故事之相逢

　　博論的題目，似乎是很隨順因緣而定案，當時曾猶豫的問題，僅是擺盪

於「自傳」與「傳記」間的抉擇。後來，我思索既是「生命書寫」，便應以「自傳」為主；也因此，整體書稿中，凡引述於兩位研究對象自傳的文句，幾乎以「標楷體」呈現，意欲讓傳主的表達更顯鮮明。以僧侶的生命書寫（自我生命敘說）為方向，其實是受到已故的余德慧老師所啟迪，雖然沒有太足夠的把握，可是我想嘗試讓研究活出生命，同時能呈出「人的溫度」。

記得彼時在博論陷入瓶頸之際，阿貴導演來校演講，之後一同走到停車場的路上，聊到我遭遇的挫折困境，阿貴以己身的經驗與我交流，並且告訴我：「兩位高僧大師一生遇到的挫折艱難都比我們多太多、難太多了，如果不遭遇一些人事考驗、生命困頓、身體病痛，如何深入他們？這些經歷會幫助妳更深入他們的生命，更為清楚理解他們，這是好事。」也記得 2023 年 5 月下旬至法鼓德貴學苑（教室背景是聖嚴書房）分享博論主題與寫作的心路歷程，丁興祥老師回饋時，提及書寫／研究者與自傳傳主的生命相遇、因緣際遇，是所謂的「故事之相逢」。細細回想與思量，於過去、於當下、於未來（前行中的際遇、成長中的慧命），自己的確與兩位傳主有著生命之相逢、故事之相逢；而在撰寫論文的許多時刻，我不但深入發掘且體解兩位傳主彼此之間的相逢，我自身於論述中，與兩位傳主也有更為深刻的相逢。

誠然，所相逢者，在論文內外、在讀書的數年之中、自畢業至今時，可說有甚為多數的善因緣。

感恩因緣讓我成為中正大學的學生，在中文博班研修期間，感謝中文系師長們的教導與愛護，也感謝同窗的共學相伴、歡聚相惜；兼課之後，更認識不少學長姐、學弟妹，美好的友情於今仍然濃厚。感謝我的指導教授鄭阿財老師，對我的教誨與包容，以及師母朱鳳玉老師的溫柔照拂；每當到老師日式風格的住居 meeting，雖難免忐忑是否會被慘批（好在老師都很手下留情），但也在書室中薰陶文人雅氣。論文啟動之後，十分感謝蔡榮婷老師特地撥冗給予寶貴意見，這份無私授業、解惑之情，我始終置於心頭。感謝我的口委丁敏、李玉珍、邱敏捷、陳佳銘等校內外老師，詳盡審閱且提供諸多精闢的見解、中肯的建議，又細膩指引章節的調整，令我受益匪淺也裨益論文內容更臻充實與完備，謹此致上最真摯的謝忱！畢業後數次與邱敏捷老

師、師丈黃文樹老師在研討會會場相遇,兩人予以的懇切勉勵,再再化為我研究道途上的莫大力量。此外,任教傳播系的盧鴻毅老師、企管系的曾光華老師,是我在中正相識而且難忘的老師;過往在博論書寫階段,給了我安心的力道,現今依然帶給我甚多溫暖與啟發,在此獻上赤誠的感謝!在中正求學期間,受到系辦行政人員琄葦、秀娟以及影印店阿霞姐的協助與打氣,這些情誼於今都使人倍感窩心。

我的博論進行可謂且戰且走,有些構想是臨時冒現的,比如訪談。感謝慧璉師父的受訪,使我對於印順師公的德行典範、思想特質有更熟悉而深遠的瞭解;也感謝師父始終寬厚成就我的學業與道業,畢業之後我從事研究工作,師父也總是給予支持與期勉;對於師公與師父的法乳深恩,我默默自期精進以報一切恩德。感謝法鼓文化編輯總監果賢法師、法鼓文理學院辜琮瑜老師,在百忙中接受我的專訪,分享許許多多親炙聖嚴法師的心得與領會,之於我、之於有緣讀到採訪稿的讀者,將是一大珍貴收穫,透過她們得以再度緬懷聖嚴法師的高僧行誼、體會高僧悲智;亦感謝果賢法師在照片與相關資料上的提供與授權。於此,也一併感謝法鼓山退居方丈果東法師,曾經協助、關心我的訪談安排。另外,也感謝林建德老師應允約訪,同我分享其與印順法師、聖嚴法師的法緣,以及鑽研他們兩者思想的學思所得,助益我的研究視角更加廣闊。除此,也打從心底感謝大學時代擁有福緣擔任佛學社的主編,何其有幸能夠親訪聖嚴法師,而後也拜訪了厚觀法師(至福嚴精舍訪問兩次),方能把採訪紀實呈現於往昔的博論以及現在的專著之中。

專著的推薦序,感謝丁興祥、李玉珍、林建德三位老師的相挺襄助,這份恩情,實在無以為報。實際上,我與丁老師只有數面之緣,除了工作坊學員身分,第一次正面對談,即是前述至德貴學苑的分享會,會後與老師一行人餐聚,彼此才較為熟悉;繼後,我同丁老師提起推薦序一事(感謝佑維、雯煌、雅君居中聯繫),竟然獲得允諾!丁老師認真地看過整本論文,一字一字書寫在紙張上,謄打後又來回檢查潤稿,如是嚴謹的學者精神,撼動了我——這其中包含著深刻的觸動,我何德何能,讓一位老師如此用生命投入為我寫序!李玉珍老師,參與了我碩論與博論的指導及口考,在教學和研究

的過程，我們雖是師生關係，卻也如欣悅相知的忘年好友；我的研究領域雖與老師有重疊之處，然老師總是不吝賜教提供建言、討論發想或分享創見，引領著我提昇與進步，讓我銘感於心。林建德老師，是我進慈大投入研究工作的貴人，也是督勉我下定決心出版博論的重要推手；與老師進行研究後，哲學思辨力強大、重於理性的他，與感性且習慣文學思維的我，經歷了些微的磨合與激盪！然感謝建德老師保持一貫的耐性與我研討論題、涵容我的想法，目前已累積數篇共同研究成果；而如今老師在所務繁忙中亦抽暇為我作序，於此至誠表達敬重的謝意。

在我讀博班期間，阿嬤、外公、外婆、阿公相繼往生，尤其我與阿公、阿嬤情感深厚，他們盼望著我順利畢業，卻未等到（阿公在我通過初審後辭世）；所以在本書的後記，我想藉由文字，給他們、給我自己一份屬於親情維繫的紀念。

感恩我的父母、弟弟、弟媳、兩個侄子，一直都是我的支柱與後盾，大恩雖無法以筆墨言謝，仍衷心地感恩您／你們！感恩我生命中的大太陽──蔡英玲老師，對我的一切支援與資助，深重恩情我願以行動點滴報答；也感恩師丈劉錦添老師，在學術研究的道路上，以身教、言教訓勉我知所上進。感恩林以正老師，在我畢業後首次發表博論內容時，擔任講評人；也在非常特殊的緣分裡，成為我人生中的重要他者。感恩越建東老師以及師母劉秀麗師姐，在為學之道、修行之道上的指教開解與經驗分享。感恩蕭蕭（蕭水順）老師──我敬愛的白眉毛，從我寫論文之始，直至我即將出版專書之際，都慈愛地給我祝福與希望！感恩翁國超師兄、彭莉慧師姐，對我的幫助與提攜甚多，也感謝他們夫妻倆帶領的原境團隊（美編建和、淑娟）為我設計典雅且別具人文氣質的封面。

感恩昭慧法師從我學生時代直到現時，對我的愛護與鼓勵。感恩法藏法師、德謙法師、宗禪法師、淨航法師、傳妙法師、印隆法師、人寬法師的關切互勉。感恩余安邦老師以及師母吳綉鳳師姐、許俊雅老師、顏尚文老師、蔡奇林老師、賴錫三老師、丁仁傑老師、李佩怡老師、薛榮祥老師，在學術研究、做人處事上對我的教導、幫助與影響。感恩王惠鈴老師、古佳峻老

師、羅雅純老師、陳榮基醫師、張詩吟護理長、楊士毅（阿貴）導演、李俊賢老師、洪梓修心理師、鄭雅芳主編、李長修老師、賴世寶師兄、張德芳師兄、林文成師兄、勞海新師兄、賴志銘師兄、張桂芬師姐、游梅師姐、張麗足師姐、林奕言師姐、黃文慧同學、陳玫娟學姐等，一路以來的相助與相勉。感恩發心贊助我出版事宜的大善知識，這份厚恩，感激不盡。

　　感恩三寶加被，生命裡對我有恩的對象著實良多，無法悉數寫出（有些師友還事先表示只想繼續默默護持與付出，不須列名）；每個階段、每個轉彎處，為我提燈照路或患難相扶的貴人們（無論熟識與否），在此誠摯向大家敬申謝意。「用長遠的心境看待人事際遇」，每一遭的逆增上緣，會使人成長；每一回的善緣好運，則使人感恩──或平順或迂迴的境遇，待回頭看，方了然於心。

初心的光與發亮的願

　　雖言修潤與增補，卻礙於現實因素無法悉心竭力盡數修訂，但盼日後的發表及論著皆更為謹嚴與細緻。

　　我在本書結論提出「學問僧」即是「菩薩僧」，印順法師、聖嚴法師確實均被敬稱為「度人師菩薩」；而聖嚴法師在著作中曾論及：「所謂大修行者的定義，應該是全心投入，至少已經開了心眼，而依舊不露聲色……一旦因緣成熟，即能登高一呼，萬山相應，廣度眾生，有教無類而不著痕跡。如果因緣未熟，雖終其一生默默無聞，也不減其生命之光輝」，最後這句「雖終其一生默默無聞，也不減其生命之光輝」，讓我更體解「度人師菩薩」、「大修行者」的深意（尤其是僧涯中的苦難與悲願／逆緣與願行）；亦更堅定對於僧侶敘事、僧侶傳記的探究，將持續且有規劃性地開展研究！誠如余德慧老師所言：「心燈燃起之時，生命動容，而且，吹搖不熄」，我願恆持初心，在菩薩道上、學術道上護念此些僧範光輝和煦地映照、續照……光明遠大。

釋德晟（廖憶榕）謹誌

國家圖書館出版品預行編目資料

學問僧的生命書寫——印順法師與聖嚴法師自傳之研究

廖憶榕(釋德晟)著. – 初版. – 臺北市：臺灣學生，2024.01
面；公分

ISBN 978-957-15-1930-2 (平裝)

1. 僧侶文學　2. 自傳　3. 比較研究

224.51　　　　　　　　　　　　　　　　112019724

學問僧的生命書寫——印順法師與聖嚴法師自傳之研究

著　作　者	廖憶榕(釋德晟)
出　版　者	臺灣學生書局有限公司
發　行　人	楊雲龍
發　行　所	臺灣學生書局有限公司
地　　　址	臺北市和平東路一段 75 巷 11 號
劃 撥 帳 號	00024668
電　　　話	(02)23928185
傳　　　眞	(02)23928105
E - m a i l	student.book@msa.hinet.net
網　　　址	www.studentbook.com.tw
登 記 證 字 號	行政院新聞局局版北市業字第玖捌壹號
定　　　價	新臺幣五〇〇元
出 版 日 期	二〇二四年一月初版
I　S　B　N	978-957-15-1930-2

22405　　　**有著作權・侵害必究**